Perdoo-te

Íris
(Espírito)

Perdoo-te

Memórias de um Espírito

Médium
Eudaldo Pagés

Organização
AMALIA DOMINGO Y SOLER

lachâtre

Instituto Lachâtre
Caixa Postal 164 – cep 12914-970 – Bragança Paulista – sp
Telefone: 11 4063-5354
Página na internet: www.lachatre.org.br
E-mail: editora@lachatre.org.br

Produção Gráfica da Capa
Andrei Polessi sobre arte de Sônia Carolina

Tradução e Adaptação
Aristides Coelho Neto
Original espanhol: *Te Perdono*
(exemplar considerado: Buenos Aires, Argentina, Kier, 1986)

Revisão Textual
Alexandre Caroli Rocha

12ª edição – Julho de 2013
Tiragem: 5.000 exemplares

Impresso no Brasil
Presita en Brazilo

CIP-Brasil. Catalogação na fonte

Pagés, Eudaldo

Perdoo-te. Eudaldo Pagés (pelo espírito Íris), organizado por Soler, Amalia Domingo y. Bragança Paulista, SP : Instituto Lachatre, 2013, 12ª edição. 720p.

1. Espiritismo. 2. Romance Espírita . 3. Literatura espanhola. I.Título. II. Subtítulo.

CDD 133.9 CDU 133.7

Sumário

Apresentação

Amalia Domingo y Soler refere-se a uma "religião única" em seu prefácio. Tanto pode estar aludindo à fé cristã sem dogmas e preconceitos, aquela que nos foi legada em toda a sua pureza por Jesus, como pode estar se referindo ao Espiritismo – chamado por muitos de Cristianismo Redivivo –, não com o intuito de singularizar, privilegiando a nossa Doutrina Espírita, mas por ter Amalia vivido num tempo e num país em que o poder clerical tinha preponderante influência nas esferas governamentais. Era época ainda de muitos abusos em nome do Cristianismo, e em que a doutrina nascente codificada por Kardec era criticada e perseguida pelos que abraçavam a fé católica na Espanha.

Amalia foi considerada mulher brilhante e cristã verdadeira por seus contemporâneos. Empreendeu luta ferrenha na divulgação e defesa dos postulados fundamentais do Espiritismo. Honesta, resignada, dedicou-se inteiramente ao bem de seus irmãos em Cristo. Sua maior obra foi o exemplo da própria vida, pautada em trabalho e honestidade, o que nos levou a colocar à disposição dos leitores uma breve biografia sua nas orelhas desta publicação.

O presente livro foi obtido através do médium psicofônico Eudaldo Pagés, de 1897 a 1899. Eudaldo falava e Amalia transcrevia. Só posteriormente, as *Memórias de um Espírito* foram alinhavadas e corrigidas por ela, sendo publicadas em 1904 sob o título *Perdoo-te*.

No Brasil, esta obra permaneceu muito tempo sem ser reeditada, deixando uma lacuna até 1997, segundo simpatizantes dos romances espíritas. De 2006 a 2010, mais uma lacuna. Ao colocarmos, neste ano de 2011, novamente o *Perdoo-te* nas mãos dos leitores – espíritas ou simplesmente admiradores da literatura espírita –, continuamos nos revestindo de todo cuidado na fidelidade à obra original. Continuam os nomes dados por nós aos capítulos, objetivando uma melhor compreensão. Em relação às edições brasileiras mais antigas (anteriores a 1997), esta nova edição melhor condiz com a forma de expressão atual. Agora pelo Instituto Lachâtre, acha-se cuidadosamente revisada e devidamente adaptada ao Novo Acordo Ortográfico.

O romance *Perdoo-te – Memórias de um Espírito* tem alguns pontos que podem suscitar polêmicas, dentre eles a menção a uma encarnação do Cristo na Terra anterior à que conhecemos. Na qualidade de tradutor/adaptador, achamos que não nos cabe qualquer comentário.[1] O leitor é livre para tirar suas conclusões, não sem antes ler o prefácio e o esclarecedor apêndice desta obra.

Não restarão dúvidas de que as acidentadas e sucessivas existências da nossa personagem – de desencontros, amores e desafetos, de frustrações e esperanças luminosas, enfim, de lutas de toda espécie – deixam patente que a vida sem a chave da reencarnação é, em verdade, um teatro enigmático e grosseiro.

Em meio às agruras da personagem central da história, já em sua encarnação como religiosa, emerge o detalhe da personalidade forte. É extremada, radical, mas sobretudo sincera na maioria das suas atitudes. Lembremo-nos, porém, de que só erra aquele que faz. Adotada essa premissa, podemos concluir que a classe dos indiferentes e dos hesitantes seria então mais problemática que a dos impulsivos...

Ao ler-se o *Perdoo-te*, fica claro, também, que, na caminhada inexorável de nós todos em direção a Jesus e a Deus, faz-se imperioso e urgente saber perdoar, auxiliar e amar sem restrições, pois a hora é chegada! Hora da renovação íntima.

Aristides Coelho Neto
Brasília, maio de 2011

[1] Nota da editora: A defesa da tese de que Jesus teve uma encarnação anterior na Terra não é exclusividade desta obra. Léon Denis afirma categoricamente: "Em cada renascimento volve o indivíduo à massa; a alma, reencarnando, toma nova máscara; as respectivas personalidades anteriores apagam-se temporariamente. Reconhecem-se, entretanto, através dos séculos, certas grandes figuras do passado; torna-se a encontrar Krishna no Cristo e, em ordem menos elevada, Vergílio em Lamartine, Vercingetorix em Desaix, César em Napoleão." (Denis, Léon. *O problema do ser, do destino e da dor*. Capítulo XVII, FEB, Rio de Janeiro, 1985.)

Prefácio

Dentre as muitas comunicações obtidas no Centro Espírita La Buena Nueva, destacam-se as *Memórias de um Espírito*, relato histórico verdadeiramente interessante. Embora tenha defeitos, estes não podem ser atribuídos ao espírito que deu as comunicações, que começaram nos primeiros dias do ano 1897, sendo concluídas em meados de 1899. Durante tão longo espaço de tempo, sofreram interrupções por causas diversas.

Assim é que a obra, em seu conjunto, ressentiu-se da falta de conclusão em alguns capítulos, em que as principais figuras aparecem apagadas, com pouco relevo, desconectadas dos acontecimentos. Quisemos, contudo, que as *Memórias* conservassem, tanto quanto possível, seu sabor especial, ou seja, o estilo peculiar do espírito que com tanta boa vontade nos contou uma parte dos seus pesares, passando-nos ensinos verdadeiramente evangélicos e instruções morais de tal valor que são, se assim se pode dizer, um tratado perfeito de moral filosófico-social.

As *Memórias de um Espírito* precisam ser lidas nas entrelinhas. O leitor não pode fixar-se unicamente na letra. Necessita procurar o espírito que dá vida a frases que podem soar como revestidas de exageros.

Ainda que o médium falasse pausadamente, eu procurava escrever com toda a rapidez possível, de forma a não perder nenhuma de suas palavras. Apesar disso, por tratar-se de duas pessoas diferentes na transmissão do pensamento, a comunicação perdia grande parte de seu valor intrínseco.

Mas, como não dispúnhamos de um taquígrafo, tínhamos que nos valer dos meios que possuíamos, apesar de não muito eficientes. Unicamente a nosso favor, a grande vontade que nos excitava, tanto ao médium como a mim. E os dois desejamos ser tão fiéis intérpretes do espírito, que este pudesse estender-se em considerações filosóficas, dando à escola espírita uma obra que suscitasse estudo, uma obra para consulta, verdadeiramente imortal. E o espírito que ditou as suas *Memórias* podia muito bem legar à humanidade uma obra imperecível sobre sua passagem pela Terra, se tivesse escolhido outros transmissores de seu pensamento.

Ele não quis assim. Preferiu valer-se (Deus sabe por quê) de dois seres de boa vontade, que lhe ofereceram seus melhores e veementes desejos de interpretar fielmente seus elevados pensamentos.

Por isso a obra aparece com algumas imperfeições, que eu, de maneira alguma, quis corrigir. O médium que a recebera não mais estava neste mundo. E pareceria uma profanação fazer a mais leve correção no original.

Muitos espíritas pediram aos editores Carbonell & Esteva[2] a publicação do *Perdoo-te*, que é como costumam chamar as *Memórias de um Espírito*. Esses senhores, atendendo mais ao desejo de seus irmãos em crença do que aos seus próprios interesses, vão publicar uma obra que merece ser lida e estudada de maneira determinada.

Não há dúvida de que a boa vontade é o laço divino que une os obreiros do progresso!... Ontem, Eudaldo[3] e eu recolhíamos ansiosos as comunicações de Íris. Hoje, Carbonell & Esteva unem-se a nós, para dar maior publicidade às *Memórias de um Espírito*. Unidos todos no bem, para difundir a luz, para demonstrar a grandeza da única religião!... Que bela união em torno desse objetivo!...

Como é bom começar uma grande obra! No início, Eudaldo e eu. Vieram depois Carbonell & Esteva e centenas de espíritas, enviando suas contribuições para ajudar na reimpressão de minhas obras.

Espíritas! Eu os cumprimento a todos! E lhes envio a expressão da minha gratidão. Bendita seja a verdade, porque a verdade é a primogênita de Deus!

Amalia Domingo y Soler
Gracia, 5 de janeiro de 1904

---

[2] Jacinto Esteva e Cláudio Carbonell foram figuras expressivas do espiritismo na Espanha à época.

[3] Nome do médium por meio do qual foram dadas as comunicações. Eudaldo Pagés foi peça importante na divulgação do espiritismo ao longo de 25 anos de admiráveis comunicações.

Considerações iniciais

Dentre os muitos espíritos que se comunicam no Centro *La Buena Nueva*, existe um que, desde algum tempo, vem nos contando uma série de suas tempestuosas existências, cada qual mais interessante e terrível, demonstrando vivos desejos de que eu escreva algo sobre a sua vida agitada e novelesca. Não que escreva, precisamente, a história de cada uma de suas encarnações, mas a do conjunto de todas elas, particularmente daquelas em que pertenceu ao sexo feminino, que foram muitas e consecutivas.

Tal espírito quer demonstrar que o primeiro passo é fundamental para se descer rapidamente pelo desfiladeiro do vício e do crime e que, quanto mais rápida é a descida, mais depressa se chega às profundezas da perversidade. Penosa, então, é a ascensão, até chegar-se à superfície plana onde crescem as aromáticas virtudes; que se deve evitar a queda, pelas funestas consequências advindas do primeiro passo, porque, embora o tempo seja eterno e o passado, um átomo comparado ao infinito do porvir, o espírito pensante impressiona-se profundamente quando contempla seus feitos de muitas existências, nas quais não praticou senão atos recrimináveis.

E quando considera que suas atividades, suas energias e sua poderosa vontade, empregadas no bem, poderiam ter-lhe proporcionado dias de glória, gozos puríssimos, delícias inefáveis e adiantamento significativo, e por havê-las empregado no mal, encontra-se postergado, aviltado, submerso no abismo profundo da degradação, como sofre o espírito que reflete e compreende a sua triste e humilhante situação!

Isso acontece com o espírito que nos vem contando alguns episódios da sua acidentada história. Percebe-se que está triste, muito triste, e evoca suas amargas lembranças como se com elas quisesse dar a Deus o que é de Deus, e a César o que é de César. Ele mesmo se acusa e se defende e, em suas acusações, não procura inocentar-se. Quer, ao contrário, queimar, com o fogo das recordações, a chaga profunda do seu remorso.

Mas escutemos o espírito que, na sua primeira queda, chamava-se Íris.

1. Um jogo desprezível

Na noite dos tempos, numa época longínqua, era uma das cidades mais florescentes da Terra. Nela, as artes resplandeciam de criações maravilhosas, o comércio enriquecia muitas comarcas e a indústria produzia telas preciosíssimas e objetos de rara beleza. Uma civilização exuberante de vida e de riqueza proporcionava o bem-estar e a abundância, tanto aos palácios quanto às choupanas humildes, sob um céu de luz e cores deslumbrantes. Tudo nessa cidade falava aos sentidos. A alma se impregnava das influências da arte e do amor, debaixo de um pavilhão de folhagem verdejante e formosas flores. Foi ali que dei eu meus primeiros passos na senda de minha vida terrena, pois, embora meu espírito já contasse com muitas encarnações na Terra, em nenhuma havia produzido nada de notável, quer na sublimidade da virtude, quer na abjeção do vício. Minha alma dormia.

Por que não foi eterno esse sono?!... Ah! Porque nenhum espírito humano dorme eternamente; porque tudo se move, tudo se agita, tudo evolui. A evolução é a lei da vida universal. Desde o átomo até o mundo mais gigantesco, tudo gira na sua órbita de rotação, e o meu espírito não podia eximir-se do cumprimento da lei.

O que pude evitar foi a sua queda, porque ninguém nos impulsiona a cair; quando o espírito não quer, não cai, e quando se deixa levar pela correnteza, aceitando sem rechaçar as más sugestões, é porque sente simpatia. Sente atração pelo mal, pelo pernicioso, pelo abjeto, pelo miserável.

Diz-se que, sem o conhecimento do mal, não se pode apreciar o bem, que é necessário cair para conhecer o gozo divino da ascensão. No entanto, tudo isso são palavras em torno da verdade, porque se fosse preciso cair para sentir o desejo de subir aos céus, bastaria uma queda. Mas aqueles que caem e se encontram bem no fundo do abismo e que, em vez de olhar para cima, olham para baixo; que, em lugar de atrair a luz, atraem a sombra e descem cada vez mais, buscando maiores horrores, e ferem e matam, e seguem descendo, enfim, como me sucedeu, é porque abusam da sua liberdade. Fazem mau uso do seu livre-arbítrio, como eu fiz.

Quantos séculos perdi!... Quantos!... É verdade que o tempo não tem fim, porque o tempo é o símbolo de Deus. Desaparecem os povos, fundem-se as cidades mais populosas, monumentos levantados pelas civilizações caem sob o peso dos séculos, montanhas gigantescas submergem no fundo dos mares pelas convulsões da Terra e surgem ilhas preparadas pela natureza para oferecer albergue às tribos nômades. Abrem-se negros abismos e neles precipitam-se torres, muralhas, centenas e centenas de casas com seus habitantes. Onde outrora bosques frondosos ofereciam seu hospitaleiro copado ao cansado viandante, hoje só encontramos rochas disseminadas e água salobra. Mas, sobre todas as desolações, sobre todos os abismos, sobre todas as catástrofes, há o Sol com os seus raios vivificantes, a noite com a sua sombra, a Lua com a sua luz prateada, a aurora com as suas esperanças luminosas, o crepúsculo vespertino com seus sombrios pressentimentos, a vida, enfim, vida infinita. Essa é a vida dos espíritos, essa é a minha vida...

Mas, que amargura!... Quantas recordações... e todas desagradáveis! Quero fugir de mim mesma e me é impossível! Como querer afastar de mim a minha história se a minha história é a minha vida!

Sou aquela que nasceu sob um céu de luz e cores extasiantes, numa cidade onde a alma sentia as influências da arte e do amor. Ali, dei os meus primeiros passos na senda do crime, na senda da mais horrível traição.

Parece incrível que o meu espírito não sentisse aquela influência divina de tantos e tantos gênios que floresciam em torno de mim! Lá, uma geração de espíritos adiantadíssimos davam vida às próprias pedras. Seus cantos rivalizavam com os das aves, contando histórias de amor com suas melodias; homens eminentes anunciavam uma época de redenção, falando nas academias, nas praças públicas, em toda a parte, enfim, onde se aglomeravam as multidões.

Vivia-se a vida da arte, do estudo, da criação. Tudo o que me rodeava era grande, sublime, maravilhoso!... Eu vivia na luz... em plena luz, difundida pelos artistas, pelos poetas, pelos sábios, pelos homens admiráveis, cujas obras haviam de servir de base a outras civilizações.

Assisti ao despertar de um povo que acordou para o bem, para o adiantamento, para a mais grandiosa das civilizações que a história registra. Mas minha alma despertou em sentido inverso.

E por quê? Não posso explicar, e esta impotência da minha razão às vezes me desespera. Desejo falar muito, muito! Quisera encontrar muitos médiuns a quem comunicar os meus pesares. E são tantos!... Reconheço-me tão culpada!... Tive ao meu alcance a felicidade suprema, porque fui amada pelo mais nobre, pelo maior, pelo sábio mais eminente que jamais encarnou na Terra.

Como disse, nasci numa das cidades mais formosas desse mundo, rodeada de espíritos adiantadíssimos e, embora a nenhum deles me prendesse por laços materiais, o eflúvio de suas ideias chegava a mim. Eram astros cujo valor vivificante reanimava o povo em massa, e a essa massa eu pertencia. Meus pais, honrados filhos do trabalho, viram-me crescer, admirando, como todos, minha esplêndida formosura. Chamavam-me Íris, e minha mãe dizia que eu era o íris da manhã. Muitos artistas tinham pedido a meu pai que me deixasse servir de modelo para a criação das suas deusas e transladá-las para o mármore, mas meu pai nunca quis aceder a essas artísticas pretensões.

Por que se negou a entregar-me aos braços da luz e acedeu complacente a entregar-me ao grão-sacerdote da religião que, naquele reduto de artistas, queria impor a sua vontade? Não sei. Certo é que, ao completar quinze primaveras, realizaram-se grandes festas na minha cidade natal para celebrar a vitória obtida pelos bravos combatentes que, meses antes, tinham partido em conquista de um pedaço de terra habitado por heróis. Entre os artísticos festejos, organizou-se uma procissão das quatro estações. O outono, o inverno e o verão eram simbolizados por três elegantes rapazes vestidos com a maior propriedade. A primavera foi representada por mim.

O grão-sacerdote pediu a cooperação de meu pai, que, cheio de alegria e satisfação, levou-me ao templo onde as sacerdotisas me abraçaram dizendo: – Como você é formosa!...

Cobriram meu corpo com uma ampla e larga túnica de tecido preciosíssimo que levava o meu nome. Realmente, era uma vestimenta maravilhosa, com todas as cores do arco luminoso. Meus cabelos fartos foram soltos e seus cachos, adornados com rosas belíssimas. Colocaram-me na mão direita uma taça de ouro com pedras preciosas, cheia de flores de um perfume embriagador. Aquela taça simbolizava a vida, e o meu corpo, coberto de galas, simbolizava a primavera. Mais de duzentas jovens vestidas de branco e coroadas de flores me circundavam, e eu era a mais formosa dentre todas elas. A mais formosa de corpo!... E por que não o fui também de alma?!...

A procissão pôs-se em marcha e uma turba invadiu as ruas e as praças para ver passar as *quatro estações*. Eu percebia um murmúrio de admiração. Todos diziam: – É Íris! Como é linda!...

Chegamos a uma grande praça onde os artistas, os poetas e os sábios ocupavam estrados luxuosos. Em meio àqueles príncipes do talento, destacava-se um homem de idade mediana, vestido de forma singela.

Sua nobre figura atraía todos os olhares. Era o rei da ciência, o sábio dos sábios, o profeta, o enviado, o precursor, o astrônomo, o homem que possuía todos os conhecimentos humanos, o mentor daquela juventude adiantadíssima. Era o fundador de uma escola filosófica que ameaçava derrubar os templos da idolatria. Seu nome: Antúlio, o casto Antúlio que, sem ter pronunciado votos, sem viver asceticamente em nenhum deserto, tanto havia se consagrado aos seus estudos e observações astronômicas, que nenhuma mulher ainda havia feito palpitar seu coração.

A ciência era a sua amada, sua inseparável companheira; a ela tinha dedicado as melhores horas da sua juventude e os primeiros anos da segunda idade. Compadecia-se das mulheres e das crianças, dizendo que viviam sem viver, porque quando se despende o tempo na Terra sem nos relacionarmos com a ciência, vive-se à semelhança do bruto.

A pureza dos seus costumes, a sua doçura e simplicidade haviam conquistado a simpatia de todas as classes sociais, exceto a da sacerdotal. A casta sacerdotal o odiava. Os sacerdotes juraram arruiná-lo, fazê-lo cair do seu pedestal, e eu fui a eleita para realizar obra tão iníqua. Por isso, cobriram-me com toda aquela ostentação. Por isso me escolheram dentre todas as jovens da cidade, porque eu era a mais formosa!

Ao chegarmos ao estrado ocupado pelos artistas, sábios e poetas, tinha a ordem de parar, mas dirigi-me a Antúlio e ofereci-lhe a taça da vida para que se dignasse colher uma rosa.

O sábio, diante do meu gesto, aproximou-se de mim, deslumbrado com a minha beleza. Os sacerdotes haviam escolhido a hora mais oportuna para a minha apresentação. Os últimos raios do sol poente realçavam meu traje simbólico. Meu rosto, iluminado pelos resplendores da juventude e de minha vaidade satisfeita, oferecia todas as seduções. Antúlio, embora sábio, era homem! E ao ver-me, não pôde conter seu manifesto de admiração:

– Como você é formosa!... Como se chama?

– Íris.

– Nome merecido. Você é o íris da vida, pela extraordinária beleza.

E, virando-se para seus discípulos, exclamou: – Meus filhos, aproximem-se! Admirem esta mulher que é a obra mais perfeita do Escultor Universal. Em seus olhos está a promessa divina de todos os prazeres; seu corpo reúne todas as perfeições. Deus, ao modelar esta figura, fez a estátua da beleza humana! É uma maravilha da arte divina! Admirem comigo esta obra de Deus, esta obra única! Filha da luz, eu me prostro a seus pés, pois sua formosura e a perfeição de suas formas me dizem que existe Deus, porque só Ele poderia criá-la tão bela!

As palavras de Antúlio foram ouvidas em religioso silêncio. Eu não sabia o que se passava. Ignorava o papel que eu representava. Meu ego estava satisfeito, porque Antúlio era venerado como um deus, e, ao vê-lo arrojado a meus pés, acordou em mim a criança e sorriu a vaidade de mulher, crente de que era justa a homenagem do sábio à minha beleza.

O primeiro passo estava dado, e eu já não voltei à casa de meus pais. As sacerdotisas e o grão-sacerdote se encarregariam da minha educação.

Entretanto, Antúlio procurava-me por toda a parte, entristecendo-se porque ninguém lhe dava notícias do meu paradeiro. Os livros já não tinham para ele tanto atrativo. As estrelas já não atraíam completamente a sua atenção. E as ciências exatas já não lhe pareciam tão exatas; faltava-lhe uma unidade entre tantos algarismos. Sentia um vácuo que nada conseguia preencher. Às vezes escrevia meu nome, sorrindo amargamente. E assim se passou mais de um ano.

Uma manhã, na ocasião precisa em que ele ensinava a seus numerosos discípulos, apresentei-me em sua academia acompanhada de meu pai, que lhe pediu desse sequência à minha educação, já que eu mostrava disposição para os estudos superiores.

Para Antúlio, era como se visse um abismo aberto a seus pés; como se pressentisse algo, como se escutasse uma voz que lhe dizia: – Salve-se!

Deteve-se por alguns momentos a olhar meu pai, sem responder-lhe. Quando, porém, dirigiu seus olhos para mim, que estava perfeitamente orientada e ensaiada, olhei-o de um modo tão especial que o homem, e não o sábio, tomando a minha mão entre as suas, disse-me, com voz trêmula de emoção: – Se a sua alma é tão bela como seu corpo, e se eu não acreditasse que Deus é único, diria que você é uma fração do Seu ser.

Desde aquele dia, Antúlio encarregou-se de instruir-me e eu, de destruí-lo.

Foi a consecução de um plano assaz laborioso para mim, porque Antúlio era um sábio, conhecia profundamente as misérias humanas. Às vezes olhava-me e dizia: – Na Terra não existe a perfeição. Você é belíssima, leva em seus olhos a promessa de todos os prazeres; há em sua boca o néctar da vida. Sua voz é doce e acariciante. Seus ombros, seu colo, suas mãos, seus pés, tudo é perfeito. Os escultores, ao olharem para você, destroem as suas estátuas porque as acham disformes. E os pintores rasgam as suas telas porque as suas ninfas e as suas deusas são figuras vulgares e grosseiras comparadas a você. Sua inteligência é suficiente para ser a primeira entre os meus alunos. Onde esconde a imperfeição humana? Onde?!...

Eu sorria, acariciando-o com a maior ternura. Lentamente, sem que ele percebesse o abismo em que caía, fui me apoderando da sua vontade até fazê-lo completamente meu.

Vangloriava-me em ver aquele grande homem render-se aos meus encantos. E eu zombava da sua sabedoria, que sabia ler nas estrelas e não sabia soletrar em meu coração. Fiz dele um joguete. Quis que conspirasse, e conspirou; quis que ambicionasse, e ambicionou.

Mas, às vezes, ele me encarava com profunda tristeza, e dizia: – Por que fui conhecê-la! Eu antes era feliz, a ciência enchia toda a minha vida!... Hoje... sinto um vazio! Necessito de você, da sua formosura! Você é a vida, mas também é a dor, porque me impulsiona, me precipita e me arroja a um caminho que não é o meu! Não quero honras, não quero riquezas; basta-me o produto do meu trabalho. Por que o que tenho não a satisfaz? Seríamos tão felizes!...

Mas, aconselhada pelo grão-sacerdote e ao mesmo tempo satisfeita a minha vaidade de fazer daquele sábio um brinquedo, não perdoei nenhum meio para arruiná-lo.

O grão-sacerdote e seus seguidores tinham preparado habilmente uma emboscada, e Antúlio, o sábio astrônomo, o enviado, o fundador da primeira escola filosófica do mundo, o adorador do Deus único, foi acusado de traidor, idealizador de uma terrível conspiração. Provou-se que ele tinha pacto sacrílego com os gênios do mal e foi acusado de perverter menores. E quando o fizeram comparecer ao tribunal que devia condená-lo à morte, eu me apresentei para fazer-lhe as mais horríveis acusações.

Ao ver-me, a dor e o assombro turvaram-lhe o semblante. Ao escutar as minhas caluniosas acusações, sorriu com amargura, dizendo-me:

– Ainda que tarde, já sei onde você esconde a imperfeição humana. O que não consigo compreender é como, a um corpo tão belo, pode estar unida uma alma tão perversa! Oh, ciência, como ensina pouco! Oh, sabedoria, quão pouco vale!...

E, voltando-se para os juízes, disse: – Não percam tempo em acusar-me. Já sei que não querem matar, em mim, o homem, mas a ideia filosófica que represento e que chegou a formar escola. Julgam que, morto o mestre, meus adeptos, meus discípulos sentirão medo e, para não morrerem como eu, emudecerão e se dispersarão, para não se encontrar e cair na tentação de propagar meus ideais... Esperam que isso aconteça e esperam com convicção. Nem assim alcançarão vitória, porque não vou morrer! Destruirão o meu corpo, dar-me-ão de beber o tóxico que vai gelar meu sangue e petrificar-me o coração. Minha carne e os meus ossos serão reduzidos a pó, mas minha alma, meu espírito é imortal. Voltará para o seu centro de ação e dali organizará novo plano de batalha e voltará à Terra para dizer e provar que só há um Deus, que o espírito vive eternamente, habitando, segundo o seu progresso, os diferentes mundos que contemplamos nas noites claras de luar. Abreviem a acusação, ditem a sentença. Não percam tempo. Aproveitem-no em tarefa mais útil que a de condenar um inocente.

Voltou-se então para mim e disse com ternura: – E você, pobre Íris, vá esconder a sua vergonha onde ninguém a conheça. Prepare-se para sofrer e para seguir-me os passos. Eu serei o seu céu e o seu inferno ao mesmo tempo. Amei você sobre todas as coisas da Terra. Ofereci-lhe um lugar tranquilo e uma vida honrada. Desejei que a sua alma fosse tão formosa como o seu corpo, instruindo-a, elevando-a, aproximando-a de Deus por meio da ciência. Não recuo de meu propósito. Quando voltar a mim, serei para você o que tenho sido. Eu a amarei e a farei acercar-se de Deus por meio do amor e da ciência. Mas antes que eu me reúna a você no trabalho, muitos séculos hão de passar. Terá que chorar muito, terá que ir juntando, átomo por átomo, o mundo de felicidades que a sua infâmia acaba de destruir. Pobre Íris!... Tão linda! Tão amada! Dona de um coração que só pulsava por você!... Infeliz, como me compadeço de você!... porque, antes de recobrar o que hoje você perde, quantos espinhos ferirão o seu coração!

Adeus, Íris! Eu a perdoo! Perdoo porque a amo; e como sempre a amarei, há de ressoar sempre em seus ouvidos a última frase que pronunciarei ao deixar a Terra... *Eu a perdoo!*

Os juízes estavam comovidos. Mas era preciso matar Antúlio, porque, eliminando-o, poderiam exercer seu domínio por mais tempo. E o sábio, tranquilo e sorridente, submeteu-se ao martírio. Rodeado de seus discípulos, tomou o copo de veneno que devia privá-lo da vida e, ao cair em seus lábios a última gota, disse ao seu discípulo mais amado: – Vá e diga a Íris que a perdoo!...

2. Casamento: novos compromissos

Após o desfecho, imediatamente o grão-sacerdote providenciou que me levassem para bem distante da cidade, porque a morte de Antúlio naquelas circunstâncias provocou uma verdadeira revolução. Seus discípulos foram perseguidos e muitos foram presos. Outros, como predissera o mestre, refugiaram-se como puderam. Em poucos dias, porém, a ordem restabeleceu-se e a casta sacerdotal ficou tranquila, dona da situação por muito tempo.

Agora eu estava bem longe do teatro de minha infâmia. Deixaram-me o indispensável para não sentir as angústias da fome, e proibiram-me terminantemente de abandonar aquele lugar, que se apresentava tão triste para mim.

Embora tarde, percebi então como fora torpe o meu crime!

Acreditava que o grão-sacerdote, satisfeito com a minha atuação, continuaria a proteger-me, fazendo-me brilhar na sociedade. Enganei-me. Afastou-se de mim como se temesse o contágio da peste ou a influência do mal. E fiquei completamente sozinha na cidade para onde me degredaram, já que meus pais já tinham morrido.

Embora ninguém soubesse de minha história, os habitantes do lugar olhavam-me com desconfiança, com receio, com prevenção. Todos convinham que eu era muito bonita, mas que parecia acompanhada por uma sombra.

E não se enganavam, não. Levava comigo a sombra do remorso, porque, a cada dia que passava, via mais claro o meu crime!

Recordava o sábio Antúlio, tão bom, tão doce, tão simples, tão amante, tão cheio de confiança, e comparava a retidão do seu caráter à minha astúcia, sua lealdade à minha traição. Recordava as suas lições quando, contemplando o céu nas noites temperadas de verão, falava-me de Deus, dos mundos habitados por outras humanidades mais perfeitas, do futuro sem limites de que dispõem as almas para progredir eternamente. Quão pouco eu havia aproveitado aqueles momentos de instruções elevadas! Com que saudade eu me lembrava daquela sociedade seleta dos discípulos do sábio, daquele enxame de artistas e poetas que zumbia em torno de mim, dizendo: – Como é bela!... Bem disse o mestre, você é a obra única! É o protótipo da beleza humana!

Minha vida mudara completamente. Uma transição terrível... A monotonia era-me insuportável. Não consegui resistir à solidão e uni-me a um homem a quem não amava. Não queria ficar só, e desejava satisfazer a minha vaidade.

Meu esposo era um soldado, homem rude, e casou-se seduzido pela minha beleza. Não pôde resistir à minha sedução, aos meus encantos. Foi atraído pela fêmea, pelo instinto brutal, pela necessidade imperiosa que sentem os seres irracionais e os que parecem racionais de unir os sexos.

Ele buscou o meu corpo, e eu busquei... o que não encontrei.

Tive dois filhos, a quem recebi sem alegria; eram filhos do homem que não amava e que, a cada dia, mais antipático se tornava para mim.

Pensava em Antúlio e me desesperava, recordando as últimas frases que me dirigiu: – "Antes de recobrar o que hoje você perde, quantos espinhos ferirão o seu coração!"

Certamente, Antúlio foi um profeta, porque inúmeros espinhos feriam todo o meu ser. E como os maus instintos me dominavam, como não me contentava com as carícias dos meus filhos, como queria separar-me do homem que só queria o meu corpo, pus de novo em ação as minhas seduções e encantos. Entreguei-me, então, a outros homens. Inevitavelmente veio a disputa, e meu esposo não teve alternativa senão a de bater-se com um rival, acabando morto num duelo.

Ao ficar viúva, respirei aliviada, mas meus filhos vingaram a morte de seu pai. O mais velho, inteirado de tudo, disse-me um dia, cheio de mágoa: – Pobre mulher! Envergonho-me de ser seu filho; se eu não morrer em breve, deixarei que me matem no campo de batalha. Não quero sofrer esse tipo de afronta. E engajou-se num grupo guerrilheiro, morrendo na primeira ação em que tomou parte.

O mais novo foi mais clemente. Não me recriminou diretamente, mas os seus olhos atravessavam-me o coração. Quanta compaixão eles revelavam!... Adoeceu gravemente e, em seus últimos momentos, ao ver-me chorar, disse: – Pobre mulher! Chore! Chore!... Conheço-a e sei que tem motivos de sobra para chorar. A maldição a acompanha. Todo aquele que se liga a você morre. Morreu meu irmão e morro eu... Pobre mulher!... Quanto mal nos faz!... Detenha-se em seu caminho, pare e reflita! Minha pobre mãe... Eu a perdoo!...

Ao ouvir suas últimas palavras, levantei-me, querendo fugir de mim mesma, mas meu filho deteve-me e expirou.

Nesse momento, pareceu-me ver uma sombra junto ao seu cadáver. E escutei uma voz longínqua, que repetia: – Perdoo-a... Perdoo-a!...

3. O despertar no espaço

Tantas e tão violentas emoções abateram-me o organismo. Dolorosa enfermidade prostrou-me ao leito por muito tempo e, quando pude levantar-me, mais parecia um esqueleto. Estava completamente decrépita, não pela idade, mas pela luta das minhas paixões.

Um terrível incêndio havia destruído a propriedade que me proporcionava o sustento, deixando-me reduzida à miséria. Tive que ir mendigar de porta em porta, dependente da piedade alheia.

Vivi nesta triste situação por muito tempo e, durante os meus sonhos, via sempre Antúlio, que me falava: – "Aprenda, mulher! Aprenda! Repare até onde a infâmia a levou!... Onde está a sua beleza? Onde os seus encantos? Onde as suas seduções? Onde os seus atrativos?!... Reflita no que é e no que já foi, na felicidade que você destruiu e no remorso que você mesma criou. Não esqueça a lição que está recebendo nesta existência! Ai de você se a esquecer! Mulher, volte seus olhos para mim, porque eu sou o seu porto de salvação. Sou o que lhe dará amanhã a água da vida, porque a amei e a amarei eternamente. Por isso digo-lhe hoje e vou lhe dizer sempre: Íris de um dia que ainda não brilhou! Eu a perdoo!..."

Num desses sonhos, deixei a Terra e, para maior tormento do meu espírito, assisti ao meu enterro, sendo forçada a ver dois quadros.

Por um caminho solitário, ao cair da tarde de um dia de primavera, caminhavam quatro homens do povo. Maltrapilhos, levavam sobre os ombros umas tábuas mal unidas em forma de caixa. Dentro dela via-se um corpo seminu. Aquele corpo sem vida era o meu! Chegaram ao pé de um barranco que servia de vala comum e ali me arremessaram, pronunciando uma blasfêmia e lamentando a sua longa caminhada com carga tão depreciável.

O outro quadro que se apresentava era bem diferente. Uma grande praça rodeada de pórticos, estátuas e estrados luxuosíssimos ocupados por pessoas ilustres e mulheres formosas. No mais amplo deles agrupavam-se os artistas de mais renome, os poetas e os sábios. Destacando-se dos demais, um homem de meia-idade, vestido modestamente. Sua nobre figura atraía todos os olhares – era o rei da ciência, o sábio dos sábios, o homem que possuía todos os conhecimentos humanos, que ameaçava destruir os templos da idolatria.

A praça fora invadida por centenas de jovens vestidas de branco, coroadas de rosas. Dentre elas, destacava-se uma mulher belíssima, que simbolizava a primavera. Cobria seu corpo uma túnica larga preciosamente trabalhada, de um tecido maravilhoso, em que se mesclavam com graça todas as cores do arco-íris.

Aquela jovem, privilegiada pela sua formosura, tinha uma esplêndida cabeleira que se assemelhava ao vestido. Mudava de cor ao sabor dos raios de sol. De seus cabelos em cachos pendiam rosas belíssimas. Tinha na mão uma taça de ouro cheia de flores, que simbolizava a taça da vida. Ao chegar diante do sábio dos sábios, este exclamou, admirado com tanta beleza: – Como é formosa!...

Aquela jovem era eu! Era Íris!... Íris antes da sua queda. E junto dela via-se o seu cadáver seminu, esquelético, repugnante e fétido. Que contraste, meu Deus! Que contraste!...

Íris, antes da sua queda, era o símbolo da beleza e da juventude. Seu corpo exalava o mais delicioso perfume. Seu traje parecia feito pelas fadas. Rosas formosíssimas adornavam seus cabelos loiros. Nas mãos, levava a taça do mais precioso e mais cobiçado metal, adornada com pedras preciosas e flores aromáticas.

Jamais a primavera fora representada por uma alegoria mais encantadora. Mas, também, a abjeção e o crime nunca foram mais bem simbolizados que pelo meu cadáver. Parecia até incrível que aqueles restos denegridos e pestilentos tivessem feito os sábios exclamarem que eu era a obra única do Escultor Universal!...

Não sei por quanto tempo estive contemplando os meus restos materiais. Só sei que aquelas duas figuras me atraíam – uma palpitante, cheia de vida e de juventude, a outra, inerte e repulsiva. Eu via, ao mesmo tempo, a aurora de um dia esplêndido e a sombra de uma noite de terror. Queria fugir dos meus restos putrefatos, mas não me era possível. Queria colher uma flor da taça que a primavera carregava na mão, mas, ao tocá-la, as pétalas desprendiam-se, convertendo-se em cinza impalpável.

E minha angústia aumentava, até que uma mão poderosa me segurou e uma voz melancólica murmurou ao meu ouvido: – Você terá que ir juntando, átomo por átomo, o mundo de felicidade que a sua infâmia destruiu. Infeliz! Quanto me compadeço de você!... Adeus, Íris. Eu a perdoo. Perdoo-a porque a amo e amarei sempre, e sempre soarão aos seus ouvidos as minhas frases de amor.

Depois... vi todos a quem eu havia prejudicado. Todos se afastavam de mim. Fiquei num repouso relativo, então, porque já ninguém me acusava, ninguém me atirava à face o lodo do aviltamento.

E para quê? Não era preciso. A mim bastavam minhas próprias recriminações. Não tinha noção de tempo e só sentia desejos de fugir. Mas era impossível!... Para onde quer que dirigisse o meu pensamento ou a vontade, lá estava Antúlio rodeado de seus juízes: – Não percam tempo, senhores. Ditem a sentença, abreviem a execução para se entregarem a tarefa mais útil que a de condenar um inocente!

Aquela infâmia era obra minha! Eu havia gozado com aquela perversa manobra, porque, se uma voz maldita me dizia para ferir, eu estudava com prazer o modo de ferir melhor. A sabedoria de Antúlio fazia-me rir. Satisfazia-me a vaidade tê-lo feito escravo de meus caprichos, e dizia: – A vitória da matéria sobre o espírito é um fato. Minha beleza pode mais que todos os escritos dos sábios. A sedução de uma mulher formosa vence todos os filósofos...

E, parodiando as palavras que muitas vezes ouvira de Antúlio, exclamava, possuída de júbilo maligno: – "Ó ciência, como ensina pouco! Ó sabedoria que não vale nada! A minha vontade é superior a todos os seus ensinos".

Como foi horrível o meu despertar no espaço! Eu não desejaria ao meu maior inimigo semelhante tormento. Via claro, muito claro, as funestas consequências das minhas faltas. Via muitos discípulos de Antúlio, que, dominados pelo medo, tinham se anulado. Via que inúmeros luzeiros, destinados a iluminar o abismo da ignorância, haviam se apagado antes do tempo. Eu havia produzido maior mal no mundo das ideias do que milhares de conquistadores arrasando cidades e queimando bosques frondosos.

O meu passado era horrível. Meu futuro... meu futuro, o caos!...

De vez em quando, via muito longe um foco luminoso, no meio do qual destacava-se a figura de Antúlio, dizendo-me com a maior ternura: – Não tema, não se amedronte. Se você teve vontade e energia bastante para precipitar-se no abismo, com essa mesma vontade e energia poderá sair dele. A Terra espera por você de novo. Volte a percorrer seus vales e subir suas montanhas. Crie novas famílias, ame seus filhos, honre aos que lhe derem seu nome, que o infinito pertence a você. Pode amar, pode progredir, pode desfazer-se da túnica da degradação e cobrir-se com o manto da sabedoria e da sublimidade. O que é o desvio de um momento ante a imensidade do desconhecido? Caminhe e siga-me que eu a espero! Espero-a, porque a amo e, porque a amo, perdoo-a!

Oh! Como me faziam bem as suas palavras!...

Um sono reparador – não acho outra palavra para exprimi-lo – devolveu-me as forças esgotadas. A esperança começou a sorrir-me e, cheia de nobres desejos, disse a mim mesma: – Voltarei à Terra e serei muito boa.

Conseguiria?

Por hoje não posso continuar, preciso coordenar as ideias... Quantos séculos perdidos!... Mas... ante o infinito, o que são os séculos? Menos que átomos. À minha frente tenho a eternidade, e se esta não existisse, Deus não amaria seus filhos. E Deus... é amor!

NOTA DE AMALIA DOMINGO Y SOLER: *O espírito de Íris continua a dar as suas comunicações semanais, sempre que o médium pode dispensar-lhe uma hora. Essa hora é muito desejada e esperada pelos espiritistas que assistem às sessões, pois a sua história é interessantíssima, por muitos motivos.*

Não vou descrever detalhadamente as suas tormentosas encarnações, pois em todas elas há assunto para muitos volumes, e o desejo do espírito não é encarregar-me de um trabalho tão extenso. Deste, quem sabe, ficará encarregado outro médium, que reúna melhores condições que eu. Deixando à parte meus parcos conhecimentos, a persistente enfermidade da minha vista impede-me de dedicar-me com assiduidade a esta tarefa.

Eu bem quisera transladar para o papel tudo quanto escuto nas sessões em que Íris evoca suas amargas recordações, mas não sendo isto possível, descreverei apenas os episódios que me parecem mais interessantes.

E que não se pense que a minha tarefa é fácil, porque "para escolher bem, é preciso entender bem". E eu me insiro tanto na verdade deste ditado, que a minha cabeça às vezes fica confusa, o que me leva a perguntar ao meu guia invisível qual o episódio que devo escolher para continuar o relato de Íris.

Por fim decido-me, ou melhor dizendo, decidem por mim, e continuo a minha tarefa, descrevendo o começo da segunda encarnação de Íris depois da sua queda. Ela dita e eu escrevo.

4. Uma luz após novas quedas

Passou-se o tempo, muito tempo, ao menos assim me pareceu, porque a imobilidade da alma é uma medida inexata: não serve para precisar, com exatidão, se transcorrem séculos ou segundos. Só sei que, num desses momentos de torpor, escutei uma voz a dizer-me: – Volte à luta. Quem cai é obrigado a levantar-se.

Levantei-me? Não. Reencarnei? Sim.

Num lugar tranquilo e aprazível, onde brilhava o sol e as flores adornavam os caminhos nas campinas, onde a brisa murmurava amores, onde tudo era luz e harmonia, ali abri de novo os olhos, alegrando, com a minha chegada, o lar humilde de dois seres unidos pelos laços sinceros do amor.

Cresci entre afagos e sorrisos doces. Puseram-me o nome de Aurora, e o meu nome era precisamente uma alegoria do que desejavam que fosse minha aparência: bela como a aurora. Mas parecia uma flor arrancada da haste antes do tempo, porque minha pele era por demais branca e minhas faces, sem cor. Meus olhos eram enormes, mas eu só os entreabria, como se me faltasse alento. O corpo era flexível e franzino, parecendo uma palmeira ao dobrar-se.

Cresci rapidamente. Tornei-me uma menina alta, mas sem graça. As feições eram corretas, mas sem expressão. Era uma verdadeira estátua; faltava a mim a alma do amor.

Chegou, porém, o momento em que a menina sentiu algo desconhecido em seu ser. Chorava sem saber por quê, suspirava sem dar direção aos meus suspiros. Tive, enfim, desejos de correr, e corri sem sentir a menor fadiga. Como por encanto, os olhos abriram-se, as faces coloriram-se, os meus lábios começaram a tomar uma cor rubra, minhas formas se arredondaram, e todos passaram a admirar-me.

– Como Aurora é formosa!... – diziam.

O meu organismo desenvolveu-se, e a minha alma sonhou amores impossíveis, porque eu amava uma figura que via em sonhos.

Certa manhã, um rumor longínquo e densas nuvens de poeira me anunciaram que gente estranha se acercava do lugar. Em meio a gritos e relinchos, aumentou o ruído. Eram legiões estrangeiras que por ali passavam, para levar a civilização a outros povos.

Homens e cavalos invadiram o pequeno lugar onde nasci. O chefe daqueles guerreiros era um homem arrogante. Olhou-me fixamente e me perguntou com tom de mando:

– Como se chama?

– Aurora – respondi.

– Aurora, que anuncia um formoso dia, preste atenção.

E, aproximando-se mais, estreitou-me a mão entre as suas e, suavizando o tom de voz, prosseguiu:

– Aurora, você e eu formaremos um bonito dia. Espere-me. Vou para muito longe, mas voltarei. E voltarei para levá-la comigo, para dar-lhe o meu nome, fazê-la minha esposa. Levarei você para muito longe daqui, a um local da Terra onde as flores brotam dentre os rochedos, onde o sol aquece mais os corpos, onde tudo sorri, onde tudo renasce com uma fecundidade prodigiosa. Não se impaciente com a minha demora. Tenho muito que caminhar, e a minha missão é árdua. Mas alcançarei a vitória e voltarei por você, para que os frondosos lauréis da minha glória lhe deem sombra. Suceda o que suceder não se ligue a outro homem, porque vou arrancá-la de seus braços, destruirei o seu lar e matarei os seus filhos, se você os tiver. Evite uma série de crimes, vivendo consagrada à minha memória. Leio em seus olhos que já tem sonhos de amor. Que seja eu a realidade dos seus sonhos. Espere-me, até que eu volte. E ai de você se não me obedecer!

Emudeci diante daquele homem. Não tive palavras para contestar, mas olhares e lágrimas. Lágrimas que ele bebeu sofregamente com seus lábios de fogo!

Sensações estranhas percorreram todo o meu ser! Aquele homem era, de fato, a realidade dos meus sonhos! Estreitou-me nos braços, dizendo: – Não me esqueça! Eu voltarei!...

Foi-se o guerreiro com a sua gente. Tudo ficou tranquilo como antes, exceto o meu coração. Uma profunda tristeza invadira o meu ser. Passava dias e dias sentada em uma pedra à beira-mar. Meus pais se desesperavam com o meu abatimento e, para ver se me reanimavam, falaram-me de um casamento de muito futuro com o jovem mais rico da região. Tive então de contar-lhes o ocorrido e disse-lhes que estava disposta a esperar o caudilho.

Meu pai ficou possesso de cólera e minha mãe duvidou da minha virtude, da minha pureza.

O amante desprezado inventou, para vingar-se de mim, a historia mais infame que se possa imaginar. Nessa história todos acreditaram, porque uma mulher bonita sempre tem inimigos, começando pelas mulheres que a rodeiam. Embora eu jurasse minha inocência, minha mãe exasperou-se a ponto de perder a razão. Meu pai, para fugir da sua desonra, subiu no cume de uma montanha e precipitou-se em um abismo. Fiquei só, sem o amparo de quem quer que seja. Assinalada com o dedo por todos os habitantes do lugar e das imediações.

Tive ímpetos de dizer ao meu caluniador: – Serei sua, dê-me o seu nome – mas, nessa hora, recordava-me das frases do caudilho: "– Suceda o que suceder, não se ligue a outro... destruirei o seu lar e matarei os seus filhos... evite uma série de crimes..."

Acabei por resignar-me com minha triste sorte. Todas as jovens do lugar voltavam-me as costas. Suas mães dirigiam-me olhares compassivos, olhares que me faziam mais mal do que cem dardos envenenados. E o pior de tudo isso era que eu não podia abandonar aquela lugar de ingratos. Tinha que esperar pela volta do guerreiro.

Certo dia, quando menos esperava, comecei a sentir calafrios. Ora frio, ora o calor mais sufocante. Febre alta, zumbidos nos ouvidos. Fiquei imóvel sobre o leito.

O que havia de fazer? Quis andar, quis gritar, pedindo socorro, mas... nada consegui.

Mas um desgraçado nunca está só, e graças a um ancião, amigo íntimo de meu pai, fui socorrida. Aquele velho era o único que não me havia abandonado. Acreditava na minha inocência, na minha pureza e, desafiando comentários ignaros, visitava-me com frequência. Naquele dia, veio como de costume trazer-me a sua palavra de conforto. Ao ver-me naquele estado, prometeu cuidar de mim em minha enfermidade, como se fosse sua própria filha.

Graças a ele, não estive só naqueles dias de tribulação, em que a varíola negra deixou meu corpo indelevelmente marcado.

Quando foi possível abandonar o leito, o nome de Aurora pareceu-me um sarcasmo. Noite tenebrosa, é do que deviam chamar-me, porque a minha beleza havia desaparecido. Rosto enegrecido, sem pestanas, sem sobrancelhas, cabelos escassos. Parecia um monstro. Causava repulsão a mim mesma, e pensei até em suicídio. E reprisava com amarga ironia: "Suceda o que suceder, não se ligue a outro, porque vou arrancá-la de seus braços, destruirei o seu lar..." E esperei!...

Primeiro, esperei com desespero, depois com esperança, refletindo: – É verdade que a minha beleza desapareceu e o meu rosto jamais será o que foi, mas a minha alma é a mesma, ou antes, é muito melhor do que outrora. Sinto que meu sentimento se desenvolveu. Sei compadecer-me, o que antes não sabia. Comovo-me com facilidade. Sou melhor, sem dúvida, pois já sei o que é a dor. Aprendi que a beleza da alma é muito superior à do corpo, porque este adoece e desfigura-se, enquanto a alma não está sujeita a essas transformações.

Então eu pensava na volta dele e acariciava a esperança de que me diria, cheio de compaixão: "Repouse em meus braços, que você bem merece".

Nessa doce ilusão eu vivi muitos meses. As manchas avermelhadas foram desaparecendo, os cabelos começaram a nascer de novo.

Um dia – nunca esquecerei – ouviu-se o tropel de cavalos ao longe. Nuvens de poeira obscureceram o horizonte. O coração dizia-me que era ele e assim, apressadamente, saí ao seu encontro, acompanhada da maioria dos moradores do lugar.

Avançavam os guerreiros e, rodeado de seus capitães, vinha o comandante, com o rosto mais queimado pelo sol. Vinha com mais luz em seu olhar.

Sem medo dos cavalos, adiantei-me até chegar ao pé de seu cavalo. O nobre corcel relinchou ao sentir-se obrigado a parar. O cavaleiro apeou decidido e, dirigindo-se a mim, olhou-me cheio de espanto, murmurando com desalento:

– É você, Aurora?!...

– Sim, sou eu. Você me disse que, sucedesse o que sucedesse, não me ligasse a outro. Por ter guardado fidelidade a você, eis-me aqui abandonada por todos.

– Pobre criatura! Mas o que lhe aconteceu? O que é feito da sua cútis cor de neve, de seus lábios rosados, de seus belos cabelos, suas sobrancelhas arqueadas, de sua maravilhosa beleza, enfim?

– A varíola levou-me toda a formosura do corpo, mas a dor engrandeceu-me a alma...

– Pobre criatura! No entanto, sua alma não me serve para o cruzamento de raças que tinha em mente. Eu queria levá-la ao meu país como modelo de perfeição humana. Queria que meus filhos fossem tão belos como você era... e isso... agora é impossível... mas não fique triste. Se, por ter sido fiel a mim, vê-se abandonada por todos, irá com as minhas numerosas servas. Vou repousar um pouco e, enquanto isso, prepare-se para me seguir.

Há sensações que não podem ser descritas. E não posso descrever a dor que senti ao ouvir o que me disse aquele homem, a quem passei a adorar, e por quem tanto havia sofrido.

Tudo havia perdido por ele!... meus pais, minha reputação, uma posição honrosa e sem privações... tudo, por ser-lhe fiel. E ao ver-me sem a beleza de outrora, a única coisa que me concedia era ir como sua criada!...

Que infâmia! Que ingratidão!... Mas continuar naquele lugar onde havia nascido também era horrível. Todos, com exceção daquele pobre velho, viravam-me as costas... Todos! Que fazer...?!

Não hesitei por muito tempo. Ao vê-lo de novo, senti o que ainda não tinha sentido. Pareceu-me mais belo, mais gentil... Indo com ele, podia continuar a vê-lo e depois... quem sabe... Não se deve perder nunca a esperança, porque a esperança é a seiva da vida.

Dominada pela dor e por um amargo prazer, eu lhe disse:

– Irei com você, já que por sua causa perdi tudo na vida.

Ele me olhou friamente e murmurou com tristeza: – Que pena! Uma beleza que não deu fruto!

Naquela época, a mulher era simplesmente instrumento de prazer, ou a fêmea necessária à reprodução da espécie. Aos seus sentimentos, à sua doçura, aos demais dotes e qualidades humanas, não se concedia a mínima atenção. Por isso, a minha ternura e o meu desenvolvimento intelectual lhe passaram completamente desapercebidos.

Durante a viagem procurei aproximar-me dele, mas foi em vão. Dizia tão somente: "Que lástima!... beleza que não deu fruto!..."

Chegamos ao término da viagem. Já no palácio do caudilho, poucos dias depois, este chamou-me à sua presença e disse-me:

– Destinei um homem a você. Prepare-se para tomá-lo por esposo. Se perdeu tudo por mim, eu lhe dou um homem com quem formará família.

E, em seguida, fez entrar um de seus criados, homem vulgar, feio, repulsivo, que mais parecia um idiota. Ao vê-lo, senti-me tão ferida em meu amor próprio, tão humilhada, que nem soube contestar. E... o que podia fazer uma serva, senão obedecer ao seu senhor?...

Obedeci. Uni-me àquele homem, a quem detestei desde o primeiro momento.

Triste sina aquela! E encerrei-me em minha casa, para chorar todas as lágrimas do mundo e para odiar todo o gênero humano!...

Meu marido era um ser de sentimentos deletérios, um homem capaz de toda a sorte de crimes, desde que lhe pagassem bem. Para minha desgraça, fui mãe, e me envergonhava de sê-lo. Custava-me acreditar que estivesse unida àquele miserável e que as leis naturais tivessem-nos aproximado o bastante para ter um filho. E depois do primeiro vieram outros... Causavam-me repulsão aquelas infelizes criaturas, simplesmente por serem filhas daquele miserável.

Desejei uma separação sem alarde, sem escândalo, mas ele se opôs, porque gostava do meu corpo. Desesperada com aquela união absolutamente insuportável, resolvi envenená-lo. Queria ver-me livre a todo custo. E assim fiz.

Enganei-me, porém. Sua sombra me perseguia. Via-o a todo instante e, às vezes, sentia-o tão próximo, que chegava a sentir sua respiração.

Passei noites angustiosas, cercada dos meus filhos. Estes já não me eram tão repulsivos após a morte do pai, mas minha vida era horrível. Odiava e amava, ao mesmo tempo, o autor do meu infortúnio, o valente caudilho que nem sequer se dignava olhar-me.

O amor e o ódio são dois sentimentos que se confundem. Entre um homem e uma mulher poderá haver amor sem ódio, mas não é possível haver ódio sem amor. Quando um homem e uma mulher se odeiam, é porque se amam. Eu o amava com toda a minha alma, e por isso o odiava com todo o meu coração.

Como sofria ao vê-lo!... Com que sentimento recordava seus beijos de despedida... Meus sonhos, minhas esperanças, minha perseverança em esperá-lo... E tudo para quê?!... para entregar-me a um homem que nunca pude querer...

Dado o primeiro passo, é fácil seguirem-se outros, tanto mais quando se carrega um inferno no coração. E eu o carregava. Não tolerava ver aquele homem rodeado de todos os prazeres, enquanto eu vivia em meio a tantos tormentos.

E mais uma vez humilhei-me. Procurei-o e arrojei-me um dia a seus pés, pedindo-lhe compaixão, a esmola do seu amor. Disse-lhe que era impossível viver sem ele. A sua resposta, porém, olhando-me com o maior desprezo, foi:

– Julga que ignoro o crime que praticou? Sei de tudo. Em consideração a você, não mandei dar o castigo que merece, mas a minha clemência não desce a ponto de aceitar as suas carícias. Vá ocultar o seu crime e não desafie a justiça.

Naquele instante jurei vingar-me daquele homem. A leoa estava ferida profundamente!... Esperei algum tempo, mas não muito, porque eu tinha sede do seu amor! Eu lhe queria tanto!... tanto... Mas também o odiava de tal maneira, que necessitava o seu amor ou a sua vida. Negou-me o amor... tirei-lhe a vida. Ele e eu não cabíamos na Terra.

O meu crime ficou oculto. Depois... depois... rios de lágrimas e rios de sangue, visões espantosas e momentos de angústia terríveis, ao ouvir uma voz que me dizia: "Até quando, infeliz, até quando continuará descendo? Detenha-se, não baixe mais, porque a subida lhe custará muito!"

Corramos um véu sobre o final daquela existência. Suspendamos a sua narração e passemos à encarnação que se seguiu. Vamos diretamente à existência em que minha alma despertou.

Nasci num lugar em que o Sol abrasava os campos. Filha de pais rudes e muito pobres, que não se ocupavam dos filhos senão em seus primeiros meses. Desde o momento em que podiam arrastar-se no solo, os pais não se fixavam mais neles, e a natureza, muito pródiga, encarregava-se de fortalecê-los.

Cresci no campo. Minha cor era de um moreno escuro e, embora não fosse feia enquanto menina, estava longe de ser bonita, se bem que os meus olhos tinham um brilho extraordinário e os meus cabelos eram negros, cacheados e abundantes. Ágil e esbelta, enroscava-me pelos troncos das árvores e vivia deslizando pelas pedras. Escondia-me, às vezes, por entre a vasta vegetação campestre. Tanto é que os meninos começaram a chamar-me *o réptil*, apelido que conservei até a juventude.

Tinha ainda poucos anos e, junto com diversos rapazes, abandonei o lugar onde nasci. Todos lamentaram a minha ausência, por estarem acostumados às minhas traquinadas e correrias.

Andei por muito tempo com os meus companheiros de expedição. Até que um dia desviei-me sozinha por um atalho, e segui andando até encontrar um povoado.

Ali me detive. E um pequeno grupo que lá descansava convidou-me a correr mundo em sua companhia. Aceitei, muito satisfeita, porque meu espírito era dado a aventuras. Segui, então, com aqueles vagabundos, que de tudo me ensinaram, menos ser boa.

O que de pior se possa imaginar na Terra, em matéria de impurezas, enganos, más ações e vícios, tudo conheci viajando com aqueles desgraçados que também me chamavam *o réptil*. Eu o era, na verdade. O meu espírito, porém, começou a cansar-se daquela vida. Estava na hora de deixá-los.

Certo dia, pretextando ler a sorte, dirigi-me a um homem que me pareceu autoridade, a quem expus a minha situação. Relatei a ele o modo como aquela gente me obrigava a trabalhar, enganando uns, roubando outros, mentindo sempre. Pedi-lhe auxílio para libertar-me daquela escravidão.

O homem escutou-me atento, e disse: – Você está salva, já que quer salvar-se. Tenho poderes suficientes para reclamá-la.

E quando os meus companheiros vieram buscar-me, meu protetor fez com que se retirassem daquele lugar imediatamente, se não quisessem ser presos. A ameaça surtiu efeito e acabaram por deixar-me em paz. Devem ter sentido muito, porque eu era muito útil a eles.

Respirei melhor quando me encontrei só naquele porto da salvação. Não tinha muito trabalho, mas ninguém me molestava. Ali fiquei bastante tempo, até que me cansei da monotonia daquela vida e, uma manhã, sem despedir-me de ninguém, dirigi-me para a cidade próxima em busca de aventuras.

Naquela época eu estava no auge da minha juventude e, para meu mal, era formosa. Na cidade grande caí com prazer no abismo do vício. Entreguei-me à libertinagem desenfreadamente, tornando-me célebre por minhas loucuras. Acabei enferma, vítima de moléstia das mais repugnantes.

Estive meses e meses entre a vida e a morte. Parecia impossível que me salvasse. Mas triunfou a juventude e pude deixar o leito. Estava esquálida, extremamente debilitada. Convertida em esqueleto, mal podia suster-me de pé. Para recuperar minhas desgastadas forças, abandonei a grande cidade. Detive-me numa aldeia muito pitoresca, onde bosques frondosos me brindavam com sua hospitalidade, onde mananciais inesgotáveis convidavam a saciar a sede, onde generosas árvores frutíferas e gente simples ofereciam alimento e grata companhia.

Eram poucas as minhas economias, mas o suficiente para poder viver alguns meses naquele delicioso retiro. Ali me instalei. Bem necessitavam o meu corpo e a minha alma daquele repouso, daquela quietude inalterável...

Sem me aperceber da mudança benéfica que se operava em mim, passava horas e horas sentada no bosque. Às vezes, ali mesmo adormecia profundamente, sem receios, confiante na natureza. Experimentava, ao despertar, um bem-estar indizível.

Depressa me afeiçoei aos costumes daquela gente saudável da aldeia. Levantavam-se com a aurora e recolhiam-se quando desapareciam do horizonte as últimas tintas avermelhadas do crepúsculo vespertino. A vida metódica daquelas mulheres que, durante todo o dia, não repousavam nem um segundo atraía-me docemente. O exemplo do trabalho enchia-me a alma de novas aspirações.

Contemplava as donzelas que viviam tranquilas sob o teto paterno, e lembrava-me então das minhas companheiras de libertinagem. Olhava as aldeãs tão robustas e cheias de vida e comparava-as comigo, tão abatida e desgostosa. Que contraste! E eu era ainda muito jovem. Bem podia ensaiar um novo plano de vida... E por que não?! Não era impossível. O que precisava era fugir da grande cidade. Ali, certamente, cairia de novo, enquanto, no campo, em contato com a natureza, a minha salvação era certa.

Mas... e os meios para viver? As minhas economias iam se acabando. Era preciso trabalhar. Mas onde? Em quê? Mais certo seria num lugar em que não me conhecessem. Em que me ocuparia? Quem sabe, no mais singelo serviço, no mais humilde, em apascentar gado. Era preciso romper com o meu passado, era necessário cobri-lo com um véu tão espesso, que eu não me recordasse dos seus odiosos encantos.

Fui ao bosque e confessei às árvores amigas todas as minhas faltas. A brisa fazia mover a sua frondosa ramagem, como se fosse uma resposta dos filhos da natureza aos meus queixumes. Quanto mais falava, mais desejo tinha de falar. Não ocultei aos meus confessores o mais leve dos meus desacertos e desencontros. Contei-lhes tudo, e as árvores inclinavam suas verdes folhagens, como se dissessem: – Sim, nós compreendemos!

Eu acreditei que elas me compreendiam, e essa certeza confirmou-se ao escutar uma voz que me disse:

– Já era tempo!... Você caiu muito e depressa!... É necessário que tenha agora a mesma pressa para levantar-se. Olhe bem para o seu passado. Indispensável se faz que contemple toda a sua infâmia, todos os seus crimes, para que não lhe doam os sacrifícios que a sua expiação exige, que serão muitos e dolorosos. Não se engane a si mesma, não confunda a alucinação com a realidade; consulte bem a sua consciência e escolha: ou a coroa de flores ou a de espinhos. Não perca tempo em vacilações. Já perdeu muitos séculos, já praticou muitos crimes. Já é hora de pensar na regeneração. Esta, porém, será lenta, muito lenta; não se perdem hábitos ruins e viciações em poucos segundos, como não se praticam todas as faltas a um só tempo.

O chamamento continuava:

– Tudo é questão de tempo. Horas, dias, meses, anos... e até séculos. Você se levantará e, dado o primeiro passo na estrada do bem, ascenderá rapidamente; o bem a atrai, o bem lhe abre os braços. Olhe longe, muito longe, e verá na noite do seu passado uma figura luminosa. Olhe bem, não a vê? Ela olha você docemente. Não ouve o que ela diz?... Eu repetirei para você: – "Perdoo-a!... Perdoo-a, porque a amo!..." Vê? Você não está só, alguém a alenta, alguém a ama, e aquele que é amado não está só.

Realmente, não sabia bem o que se passava, mas era feliz, muito feliz! Ia começar a ser boa. Já não serviria unicamente para satisfazer os caprichos impuros dos homens; deixaria de ser coisa, para ser mulher. A mulher valia muito em seu lar; eu via em torno de mim muitas mulheres felizes e queria viver como elas.

Indaguei sobre a existência de outro povoado onde houvesse muita luz e vegetação, e encaminharam-me para um lugar tranquilo onde a natureza parecia sorrir.

Cheguei a uma granja rodeada de árvores seculares. Dirigi-me a um homem de meia-idade que estava sentado a uma sombra e pedi-lhe albergue e trabalho.

Ele me olhou num misto de tristeza e melancolia, e disse-me:

– Você pede muito! Mas a quem muito pede, muito será dado. Percebe-se que vem de muito longe, e que tem o corpo e a alma cansados. Precisa de trabalho moderado e muitas horas de repouso e meditação. Tem vivido muito intensamente! Tem andado muito!... Está fatigada, mas aqui repousará. Vê todas essas aves domésticas? Esses humildes irracionais, esses cordeirinhos soltos pastando?... Cuidará de todos para que não lhes falte alimento e água. Comida, temos aqui de sobra. Água, tem que ir buscá-la a grande distância, mas o caminho é plano e, em suas margens, crescem sândalos floridos nos quais os passarinhos entoam seus gorjeios maviosos. Esse caminho a conduzirá mais tarde à pátria eterna. Procure percorrê-lo com esperança e alegria em seu coração.

As palavras daquele homem foram um consolo muito grande para mim. No dia seguinte dei início ao trabalho. Com sincera satisfação, tomei de duas ânforas e dirigi-me à fonte. Realmente, o meu novo protetor não me havia enganado; o caminho era delicioso, guarnecido por imponentes arbustos. De ramo em ramo, os pássaros trinavam, transmitindo um bem-estar indizível. A fonte, escondida entre uma moita de folhagens verdejantes, era um verdadeiro oásis. Como tudo aquilo me parecia encantador!... Aquele lugar agreste parecia não ser deste mundo! Respirava-se melhor ali. Sentia-me despindo a túnica manchada do passado para vestir a da virtude.

Ir à fonte era o meu trabalho favorito. Sentia-me tão bem!... Parecia-me que acabava de nascer e que nunca havia pecado. Minha mente era um livro em branco, cujas folhas não haviam sido manchadas por nenhum pensamento mau.

Uma tarde, ao chegar à fonte, fui surpreendida com a presença de um homem por entre a mata espessa. Não se parecia com nenhum habitante daquele lugar, embora, pelo seu vestuário, parecesse um homem do povo. Sua cabeça e o seu rosto eram de uma beleza majestosa. Seus cabelos compridos descansavam sobre os ombros e, em sua fronte, de um branco-mate, não se via a menor ruga.

Seus olhos... ah! Os seus olhos brilhavam de uma maneira extraordinária e em seus lábios havia um sorriso singular, doce e triste ao mesmo tempo. Jamais havia visto um homem tão belo. Mas sua beleza não falava aos sentidos. Olhando para ele, não se sentiam desejos materiais de tê-lo nos braços. Involuntariamente, dobravam-se os joelhos e sentia-se o desejo irresistível de perguntar-lhe se era Deus em pessoa!

Fiquei absorta. Depois, olhei-o extasiada, mas não tive coragem de dirigir-lhe a palavra. Em compensação, ele se dirigiu a mim, dizendo:

– Mulher, esperei-a aqui para que me desse água.

– Água!... O senhor necessita de água?...

– Sim, mas não da água que sacia a sede do corpo; quero que me dê a água que acalma a sede do espírito.

– Pobre de mim, senhor! Se tenho sido uma grande pecadora, o que poderei dar-lhe?...

– A água das suas boas ações, a água do seu sincero arrependimento, a água da sua enérgica vontade para seguir pela estrada do bem.

– Ah!... então beba, senhor, na humilde fonte do meu pensamento. Eu quero ser boa!... Quero purificar-me!... Quero amar, não a um homem, mas a um deus!...

– Bem sei e, por isso, vim buscá-la para lhe dizer que o ideal dos seus amores acha-se, atualmente, na Terra e que com ele você se reunirá quando chegar a hora. Trabalhe na purificação do seu espírito até sua completa regeneração. Agora volte para casa; eu irei com você.

Eu não sabia o que se passava; meu corpo já não pesava, e percorri todo o caminho sem sentir os pés tocarem o solo! Ao chegar à granja, disse-me aquele homem: – Não se impaciente. Quando chegar o momento de nos vermos de novo, eu virei ao seu encontro.

Dito isto, deu alguns passos e desapareceu sem que eu soubesse explicar que caminho havia tomado.

Quando o meu protetor voltou, contei-lhe o ocorrido e ele me respondeu, sorrindo: – Tudo o que está dizendo é obra da sua imaginação, é obra do seu desejo abençoado de ser boa.

– Ah! Não – repliquei firmemente –, minha mente não poderia conceber uma figura tão bela. Eu o vi e ouvi. O que acabo de dizer é uma realidade superior a todas as alucinações.

Daquele dia em diante vivi consagrada à lembrança daquele homem-deus porque, para mim, ele não era um homem como os demais. Seus olhos e suas palavras não eram deste mundo, e tanto a sua lembrança me acarinhava, tantas ânsias sentia de vê-lo e adorá-lo, que planejei ir à sua procura, plenamente convencida de que o encontraria.

Onde? Ignorava-o. Mas eu sentia o seu sopro alentador e divino. Decidida a tudo, dirigi-me à fonte. E, novamente, naquele oásis, ele me apareceu e disse-me em tom de doce repreensão: – Então, é assim que me obedece? Não lhe disse que a avisaria da hora em que, de novo, nos encontraríamos? Por que se impacienta? Por que quer adiantar-se?... Não é possível colher o fruto antes de amadurecer!

– Senhor... é porque tenho necessidade de vê-lo e adorá-lo!...

– Volte e consulte a sua consciência, que receberá o desejado aviso. Agora acompanhe-me, se desejar.

Ele foi caminhando e eu o seguindo até chegarmos ao alto de um despenhadeiro que havia entre duas montanhas. Ali, ele se voltou. Ao olhar-me, caí de joelhos, enquanto ele, como se o terreno fosse plano e sem obstáculos, cruzou o abismo e subiu ao cume da montanha. Então, a sua figura se desfez como a bruma aos primeiros raios de sol, e só pude murmurar: – Esse homem não é homem, é um deus!

Algum tempo depois, ouvi do meu protetor o seguinte: – Prepare-se para a segunda colheita. As espigas que lhe pertencem estão muito distantes daqui; o que muito vale muito custa. Despeça-se deste albergue, que temos que atender ao chamado de um redentor.

Acompanhada daquele homem que tão bom havia sido para mim, empreendi viagem extremamente longa. Quantas noites! Quantos dias sem chegar ao local pretendido!... Havia momentos em que, vencida pelo cansaço, deixava-me cair na estrada; então, meu companheiro dizia: – Descanse, mulher, descanse. Recupere as forças para ser feliz.

Finalmente, chegamos, numa tarde, ao lugar onde estava o homem-deus. Em volta dele, uma multidão imensa. Ao ver-nos, sorriu com doçura e disse-me: – Sente-se e repouse, que vem cansada!...

Falou ao meu companheiro, e este, seguido de outros homens, dirigiu-se não sei para onde.

Por fim, ficamos a sós, e ele me disse: – Estou satisfeito com você. Tem se espiritualizado, tem se elevado sobre o lodo dos seus vícios. Resolveu regenerar-se e está disposta ao sacrifício. Eu vim à Terra para curar os enfermos, porque os sãos não precisam de médico; eu vim dignificar a mulher, porque digna deve ser a mãe do homem. Vim trabalhar com o povo e para o povo, mas para isso necessito de colaboradores que, em meu nome, possam ir aos lugares onde campeiam o vício, a prostituição e o crime. Os sábios e os bons não precisam de redentores, porque eles se elevam pelo amor e pela sabedoria. Mas, quanto às mulheres perdidas e aos homens degradados, é preciso ir arrancá-los de seus antros de perdição. É preciso descer até eles e, em meio aos seus festins, em meio às suas orgias, falar-lhes de outra vida, da vida que não acaba, da vida em que a alma se engrandece por seus méritos e se eleva pelo sacrifício até acercar-se de Deus. Você, que ontem pecou, que sabe como as mulheres choram em meio à devassidão, voltará a esses antros de degradação, tornará a sentir os espinhos da dor em seu corpo e em sua alma. Sofrerá, mas que importa o martírio, se é para conduzir ao porto de salvamento náufragos infelizes que estavam condenados a desaparecer sob as ondas do crime e da prostituição?!...

Sim, mulher, prepare-se para voltar ao lugar onde foi pedra de escândalo; e lá, entre as desventuradas, entre as almas enlameadas no vício, semeie a semente da esperança numa vida melhor. Se está decidida a regenerar-se, não creia que o conseguirá separando-se do contágio do mal. A vida contemplativa, como medicina temporal, é boa, mas perpetuar a contemplação é o auge do egoísmo. Não sentir... Não chorar... não compadecer nem tomar parte nas dores alheias, é trabalhar para o endurecimento do coração. E, de um coração cristalizado, não brotará jamais a água viva da consolação.

Você tem acreditado, mulher, que para alcançar a felicidade suprema basta abster-se de pecar, e está enganada. É preciso procurar fazer com que os outros não pequem; é preciso evitar a queda do semelhante.

O repouso e a meditação eram-lhe necessários para sanear o físico e tranquilizar a alma. Agora, volte ao lugar onde se vendem os corpos e se degradam as almas, e dê início ao seu belo trabalho entre as mulheres desventuradas.

Diga-lhes que, por muito tempo, têm sido escravas da tirania do homem. Necessário é que se dignifiquem, que compreendam o quanto valem e como podem ser úteis à redenção da humanidade. Volte, sim, não se detenha. São chegados os tempos anunciados pelos profetas. Em todas as línguas e por toda a parte soará este grito: – *Redenção*!

– Mas, senhor – murmurei –, tenho medo de voltar à luta. Acredita-me mais forte e melhor do que sou na realidade. Estou arrependida do meu passado, horroriza-me pensar nas minhas faltas, é certo, mas necessito estar perto do senhor para engrandecer-me. É o que penso. Não estou preparada para tanto.

– Mulher de pouca fé, que ainda necessita tocar as coisas para convencer-se! Faço-lhe falta para regenerar-se... Crê que não me vendo e não me ouvindo estará só, perdida na imensidade das paixões e dos vícios?! Mulher, não seja tão material! Eu estarei com você ainda que imensa a distância que nos separe porque, para as almas, não existe a distância.

– Ah! Mas não poderei vê-lo!... e sem vê-lo, senhor... é impossível, não faria nenhuma obra digna...

– Mulher, você disse que ama o meu espírito. Pois amando meu espírito, não lhe faz falta contemplar o meu envoltório físico.

– Oh! sim, sim. Eu necessito vê-lo!

– Ver-me-á em sonhos e receberá as minhas instruções. Agora, durma, enquanto eu velo. Durma, para despertar para uma nova vida de luta e de vitória, de estudo e de progresso para você e para os outros.

E estendeu a destra sobre minha cabeça. Adormeci.

5. Missão de resgate

Jamais esquecerei o que vi durante o sono. Ante meus olhos passaram milhares de seres de diferentes raças. Vi cidades populosas, templos gigantescos, monumentos admiráveis que, à minha vista, ficavam reduzidos a pó. E das ruínas levantavam-se figuras luminosas, formosíssimas. Quando meu espírito começava a enfadar-se, ouvi uma voz dizer-me: – Olhe bem!

Olhei e vi um espaço enorme cheio de ondas de luz. Aquelas ondas levantavam montanhas de fogo e sobre estas caía uma chuva de diversas cores, como se o arco-íris as envolvesse. Que espetáculo maravilhoso!... Não me cansava de admirar. A luz que fazia fundo àquele quadro começou a aumentar, produzindo um efeito prodigioso. Impossível descrever.

Depois, aquela luz vivíssima foi se atenuando. Ondas de espuma branca formaram então um círculo incandescente, e do centro dele surgiram dois homens. Um apoiava a cabeça sobre o ombro do outro.

Olhei... e não pude conter um grito de assombro, porque naqueles dois homens eu reconhecia Antúlio e... o homem-deus, o qual eu adorava. O sábio reclinava docemente a cabeça no peito daquele que queria a dignificação da mulher.

Quando eu olhava extasiada, vi que Antúlio movia os lábios; observei com mais atenção, e pude então escutar as seguintes palavras:

– Íris... como você tardou! Mas já não mais me deixará, será minha por todos os séculos! A minha ciência não pôde redimi-la, mas meu amor... o meu amor conseguiu!

Então, vi o homem-deus estreitá-lo em seus braços e, nesse momento, o sábio despiu-se de sua envoltura corpórea. Coisa estranha! Pareceu-me, então, que aqueles dois espíritos formavam um só; no homem-deus eu via Antúlio, e neste o homem-deus, transfigurado, formosíssimo! Sua incomparável beleza não era da Terra...

Aquela figura adorável estendeu-me os braços e eu me refugiei neles, escutando, então, de novo: – Íris!... como tardou!...

O tempo é medido de diversos modos, mas ninguém soube ainda medir as horas felizes. Por isso, não sei precisar se foram horas ou segundos, o tempo que permaneci sonhando. Só sei que acordei e vi o homem-deus sentado numa pedra, rodeado de muitas criancinhas que o acariciavam. Virou-se, então, para mim e disse:

– Mulher, já descansou o bastante. Prepare-se agora para empreender a sua viagem.

– Sozinha? – perguntei-lhe.

– Não está só aquele que ama e é amado. Eu a inspirarei e vai me ver em seus sonhos. Virá a mim quando terminar a sua missão no lugar para onde se dirige.

Eu titubeava. Mas ele me olhou daquele modo que só ele sabia olhar, estendeu a destra sobre a minha cabeça, e eu empreendi viagem, alegre e triste, ao mesmo tempo.

Não quis voltar à cidade grande sem visitar, ainda uma vez, a granja onde encontrei guarida. Detive-me ali por breves momentos e dirigi-me à fonte, ao oásis da minha vida. Os passarinhos, cantando em coro, pareciam dar-me adeus.

Como os invejei!... Eles podiam viver entre as flores... Eu tinha de ir viver entre espinhos!...

Cheguei, por fim, à cidade. Como era natural, muitos dos seus habitantes me reconheceram, achando-me até mais formosa. Procurei o lugar que frequentara em outros tempos. Das minhas antigas companheiras, algumas haviam morrido, outras seguiam na sua vida miserável. Muitas jovens, quase crianças, davam os primeiros passos no caminho da degradação.

A dona daquele antro recebeu-me de braços abertos, disposta a guardar-me como seu mais precioso tesouro. Tive o cuidado de ocultar-lhe o meu verdadeiro propósito. Impus-lhe condições que ela aceitou e evitei, tanto quanto possível, entregar-me aos libertinos.

Todos achavam em mim alguma coisa estranha, achavam-me mais bonita que antes, mas diziam que a minha beleza tinha agora um toque especial. Realmente eu estava mais preocupada com a alma do que com o corpo. E minha alma sentia asco naquele foco de vícios e torpezas.

A dona do prostíbulo dominava aquelas infelizes com mãos de ferro. Assim, usando de toda cautela e perspicácia, comecei a lançar a minha rede. Passado algum tempo, consegui sensibilizar algumas daquelas desgraçadas, que assim se manifestaram certo dia:

– Leve-nos com você, iremos para onde quiser, contanto que nos salve, que nos afaste deste imundo lodaçal.

Como eram horríveis as minhas noites diante de tantas cenas deprimentes com aquelas jovens, que ainda lembravam os jogos infantis! Ali corriam rios de ouro para satisfazer caprichos impuros. Em compensação, lá fora, centenas de criaturas morriam de fome pelas ruas da grande cidade!...

Milagrosamente, eu ia evitando sofrer aquelas humilhações, até que um dia fui notada por uma autoridade do Estado e tive que aceder aos seus desejos. Impus-lhe, porém, condições vantajosas para mim: ouro em abundância e uma concessão, por ele firmada, para poder sair livremente da cidade, em companhia de quantas mulheres quisesse levar comigo.

Ele a tudo aquiesceu. Tinha sobre ele uma ascendência poderosa. Tanto é que ele me dizia com tristeza:

– Não vejo em você apenas uma mulher. Você é algo mais. Já não serve para prazeres impuros. Ao mesmo tempo que olho para você e sinto vontade de acariciá-la... eu sinto respeito, e um temor inexplicável. A mim parece uma profanação o que quero fazer com você, mas o fogo do desejo me consome! Por que voltou aqui?!...

Como foi horrível para mim aquela noite!... Fingir que sentia, para conseguir a realização do meu plano: ouro e o documento por ele firmado para nos livrar da perseguição da dona daquele antro de corrupção.

Ao romper da aurora, o salão, onde se tinha celebrado um grande festim, apresentava um aspecto desolador e repugnante. Mulheres e homens embriagados dormiam pelo chão. Entre aquelas infortunadas, porém, muitas haviam me jurado obediência. Advertidas, haviam evitado a embriaguez e aguardavam minhas instruções.

– Não há tempo a perder. Agora podemos sair sem sermos vistas, rumo à liberdade. A luz, o ar, as flores nos esperam!

A maior parte obedeceu-me e saí daquele inferno com as conjuradas, apertando o passo, antes que a grande cidade despertasse. Livres, então, paramos num bosque para descansar.

Como estava satisfeita!... Dei por bem empregada a minha noite de orgia. Meu sacrifício havia servido para salvar aquelas infelizes da sua horrível escravidão. Recordava-me das palavras do homem-deus e reconhecia a sua sabedoria: "...não tomar parte nas dores alheias é trabalhar para o endurecimento do coração... e de um coração cristalizado não brotará jamais a água viva da consolação".

Aquelas mulheres ainda eram jovens. Algumas, quase crianças. Podiam ainda ser úteis à humanidade! Muitas iriam formar família, teriam um lar, seriam amadas! E toda a sua felicidade seria obra minha!

Gratificada e com novo ardor, pus-me a caminho com as companheiras, em direção à granja, meu porto de salvação. Adiantei-me a elas ao chegar, dirigindo-me ao dono daquele paraíso oculto. Ele me recebeu de braços abertos.

– Não venho só – disse-lhe eu, constrangida.

– Sei quem a acompanha. Já fui avisado. Entre com elas, repouse o necessário para recuperar as forças e depois volte, novamente, a resgatar mais escravas.

As minhas companheiras acharam ali franca hospitalidade. Depois de descansar pelo tempo indispensável, dirigi-me à fonte, ao meu oásis, lugar onde a minha alma despertou diante daquela figura formosíssima que me disse: "Mulher, esperei-a aqui para que me desse água".

Ao chegar, sentei-me, na esperança de vê-lo aparecer de novo, mas... esperei em vão. Uma profunda tristeza apoderou-se de minha alma. Pensei que ia desfalecer. Horrorizava-me pensar em voltar à cidade. O que me esperava? Lá não tinha amigos, não conhecia mais que mercadores dispostos a comprar as minhas carícias. Pensava na minha degradada noite... Apesar de ter sido tão proveitosa para mim, envergonhava-me a sua lembrança. É verdade que havia resgatado muitas vítimas daquela corrupção moral; é verdade que possuía um salvo-conduto do governador, com o qual podia sair e entrar livremente na cidade, visitar seus cárceres e fortalezas.

Havia conseguido muito em poucas horas, mas... naquele momento, a sua lembrança muito humilhava! Pensava no homem-deus, e não achava frases com que pudesse demonstrar-lhe a minha imensa gratidão. Quanto lhe devia! Quanto!... Por isso precisava obedecer às suas ordens, por isso devia ir resgatar escravas. Oh! sim!... sim!... Ele queria isso, e o que ele queria, eu devia querer também.

E parti, animada com tão nobres pensamentos. Mas, ao chegar perto da cidade, o desalento se apoderou novamente de mim. Senti medo, muito medo. Por fim, entrei. Perguntava a mim mesma: – Aonde deveria dirigir-me? Aos lupanares?... Impossível, era conhecida de todos. Meus trabalhos de redenção não seriam perdoados pelos exploradores daquelas desventuradas. Poderia correr até perigo de vida! Pensei em apresentar-me ao governador, mas... não. Devia estar furioso comigo, pela fuga das meretrizes.

Olhava para todos os lados. Não via nenhum semblante amigo. Por fim, detive-me numa grande praça, ante uma torre célebre na história, que era ocupada por soldados. Olhei a sombria fortaleza e uma sensação dolorosa percorreu todo o meu ser, como se milhares de espinhos se cravassem em meu corpo. Um homem cruzava a praça e dirigia-se a mim. Quis fugir, mas ele me alcançou, segurando-me pelos ombros e dizendo, com alegria infernal: – Até que enfim a encontrei! Agora você não me escapará mais!

Aquele homem era o chefe da pequena tribo a que eu pertencera. Sob suas ordens passei a minha infância. Havia feito de mim o que quis, pervertendo-me e ensinando-me toda sorte de vícios. Foram momentos horríveis aqueles!... Pensei que ia morrer, ao ver-me sujeita a ele. O meu corpo caiu ao solo e ele me levantou, dizendo: – É inútil, não me escapará! Viva ou morta, irá comigo.

Não conseguiu, porém, o que queria; acudiram alguns soldados e um deles nos separou, dizendo ao meu verdugo: – Não é homem aquele que maltrata uma mulher indefesa.

– Essa mulher é minha! Comprei-a de seus pais! Ela me pertence!... – respondeu ele enraivecido.

Era uma mentira grotesca. Meus pais não haviam tomado parte naquela infâmia. Eu é que os tinha abandonado, trocando uma vida de privação, de fome e de sede pela de andarilha, junto daquele agrupamento devasso.

Ao ver-me protegida, pedi que me levassem à presença do governador. O miserável tremeu de raiva, mas teve de acompanhar-me.

O meu protetor, ao ver-me, ficou visivelmente contrafeito. Mas, ao inteirar-se do ocorrido, disse: – Esse homem ficará preso e incomunicável. Quanto à mulher, eu me encarrego dela.

Ao ficarmos a sós, prostrei-me diante dele e beijei-lhe as mãos profundamente comovida. Ele levantou-me e disse, com doçura:

– Devia estar muito zangado com você, porque promoveu um verdadeiro escândalo. Mas não sei o que tem que a quero bem. Aceito-a e sinto admiração por você. Nunca esquecerei a minha última noite de prazer, em que escutei de seus lábios frases que nunca tinha ouvido. Você me falou de um homem a quem chamam o filho de Deus, e entendo que você seja alguma coisa mais que uma mulher perdida. Creio mais, creio que está purificada pelo martírio. E desejoso de amenizar o seu sofrimento, ofereço-lhe, de hoje em diante, casa e alimento nas dependências deste palácio. Pode sair e entrar livremente; ninguém vai lhe pedir conta de seus atos, porque sei que tem um único objetivo: o bem!

Não cabia em mim de contente, ao ver-me só num grande aposento, em que encontrei todo o necessário: alimento e um leito macio onde repousar o meu corpo extenuado.

Continuei ativamente a minha missão de salvamento, e muitas infelizes atenderam aos meus rogos. Tantas foram, que o meu trabalho começou a chamar seriamente a atenção, produzindo grande descontentamento entre os depravados e exploradores da juventude. Só por causa da proteção do governador é que não fui incomodada.

O meu protetor, um dia, porém, viu-se forçado a dizer-me que fazia-se necessário que me retirasse da cidade por algum tempo. Ele não poderia responder pelo que me sucedesse, tal a exaltação de ânimo de pessoas muito influentes. Diziam que eu lhes arrebatava suas horas de prazer. Privava-os das mulheres mais belas, as que lhes alegravam as sombras da noite, as que davam vida aos festejos.

Deixei a cidade triste e pensativa e dirigi-me à granja. Minhas antigas companheiras receberam-me com um carinho alentador. Parecia impossível que entre tanto lodo pudesse germinar a gratidão! Mas germinava!... germinava, sim. E a maioria daquelas mulheres demonstrou mais tarde o quanto me estimava.

O dono da granja, ao ver-me, disse com estranheza:

– Por que veio? Não sabe que ainda não pode permanecer aqui?

– Sei, mas fui obrigada a vir – e contei-lhe o ocorrido, ao que ele me respondeu:

– Mesmo assim, tem que voltar. Ele assim quer e é preciso obedecer-lhe.

Tomei o caminho de volta, não sem antes dirigir-me à fonte, alimentando a esperança de ver o homem-deus. Quanto o chamei! Inútil, ele não vinha!... Prossegui, então, minha penosa jornada e, a meio caminho, não pude continuar: procurei uma sombra e deixei-me cair, adormecendo. Durante o sono, vi o amado da minha alma; ele aproximou-se de mim e, colocando-me a mão na fronte, disse, com doçura:

– Mulher de pouca fé, já não me quer? Já se cansou de fazer boas obras?... Pois, para chegar a mim, é preciso que continue o trabalho começado. Siga-me! Eu assim quero!

Despertei subitamente e senti-me ágil e forte. Continuei então a andar e entrei na cidade pensando no belo sonho que tivera.

Absorvida em minhas cogitações, perdi-me nas tortuosas ruas da cidade grande, indo parar em um beco tão estreito que, abrindo os braços, tocava seus muros escurecidos. Aquela paragem sombria causou-me um mal-estar indescritível. Quis retroceder, mas parecia que estava em um labirinto. Continuei. Era como se não tivesse fim aquela rua. Passei, então, a ouvir gritos horríveis, uivos e lamentos, imprecações e vozes débeis que pediam: – Piedade! Socorro! Ajudem!...

Parei aterrada, não sabia para onde me dirigir. Os gritos continuavam, e eu sentia-me enlouquecer, porque só via paredões e aberturas estreitas bem altas. Por fim, depois de muito andar, encontrei-me numa praça deserta na qual se erguia um velho casarão. A porta estava fechada. Os gemidos chegavam até ali e eu, dominada por estranha força, bradei com vigor à porta, até que esta foi aberta. Apresentei a permissão do governador e disse aos homens que me rodearam: – Quero visitar esta prisão.

Olharam-se uns aos outros e um deles disse: – Deixem-na passar. É protegida do governador. Aqui não precisamos ter receio de que resgate escravas.

Um deles acompanhou-me por longos corredores, onde havia muitas portas numeradas. Depois, fez-me descer por uma escadaria comprida, entrando numa espécie de caverna.

– Espero a senhora aqui. O chão é plano e pode percorrer o subterrâneo sem temor de tropeçar. Não se assuste se, ao tocar as paredes, sentir corpos. São as prisioneiras que enchem este lugar – e sentou-se no último degrau, disposto a esperar-me.

Ao ver-me naquele lugar, onde só penetrava um fraco raio de luz, detive-me assombrada do meu arrojo. Mas eu já estava dentro. Não devia nem podia retroceder, porque ainda ouvia uma voz longínqua a dizer-me: – "Siga em frente, não tenha medo! Siga!"

E segui, apalpando, sem ver, ao tempo em que escutava lamentos, soluços e vozes entrecortadas pela dor!

Nunca sofri tanto como naqueles momentos! Minhas mãos estendidas topavam em corpos humanos. Ao sentir o contato, algumas infelizes soluçavam, enquanto outras blasfemavam enlouquecidas pelo martírio. Quis falar, mas não pude: o espanto me fizera muda. Continuei andando até que toquei a parede de fundo daquele abismo. Ao voltar-me, guiei-me por um quase imperceptível raio de luz que penetrava pela escadaria. Quando cheguei à porta, meu acompanhante levantou-se e teve de amparar-me, porque eu já não podia resistir ao peso da minha angústia. Só pude dizer: – Ar!... Ar!...

Aquele homem foi compassivo. Tomou-me nos braços como se eu fosse uma criança e subiu, rápido, a escadaria. Ao cruzar os corredores, vi que algumas pessoas me olhavam admiradas, dizendo uma delas: – Até aqui chega essa mulher?!...

Quando me vi na rua nem acreditei. Corri como louca por aqueles becos desertos, até que cheguei à grande praça. Procurei, em seguida, o governador; ao contar-lhe onde tinha ido, disse-me espantado: – Que fez, desgraçada? Onde foi? Você quer me arruinar!

– Por quê?

– Porque você não pode chegar até aquelas mulheres. São traidoras da pátria! Derrubaram os altares dos deuses, adoram outro deus, rechaçam os sacrifícios e os antigos ritos. Não se atreva, entende? Não se atreva a voltar lá, porque serei obrigado a expulsá-la desta cidade, embora a contragosto, pois lhe quero muito, e a admiro.

– Mas, senhor, aquelas infelizes devem ser atormentadas tão cruelmente?!

– Preste atenção, não toque no fogo para não ser envolvida nas chamas.

Compreendi que devia calar-me e dissimular. Retirei-me para o meu aposento e, até lá, parecia escutar os lamentos daquelas desventuradas.

6. Porões do sofrimento

No dia seguinte e em todos os que se sucederam, não fiz outra coisa senão rondar a prisão. Queria convencer-me de que era impossível qualquer tentativa de fuga. Pensei, porém, comigo mesma: – Eu só, nada posso fazer, mas muitos braços... quem sabe!... – e dominada pelo mais nobre dos desejos, dirigi-me à granja. Pus as minhas antigas companheiras a par do que havia descoberto. Pedi-lhes auxílio, e a maioria delas colocou-se à minha disposição para ajudar-me.

Mas quando expus meu plano ao dono da granja, este me disse, severamente: – Você quer apanhar a colheita muito depressa! Não é tempo ainda! Estas mulheres irão segui-la mais tarde; agora, volte para o seu posto.

– Será inútil – disse eu desesperada. – Que farei sozinha diante daquelas muralhas?! É-me impossível salvar aquelas infelizes, enquanto, juntas, promoveríamos uma revolução.

– O impossível não existe; volte a escutar os lamentos das que adoram um novo deus.

– Mas, que farei? De que me adianta escutá-las, se a minha impotência é tão grande como a minha dor?!...

– Mulher de pouca fé, confie e volte para a cidade.

Resolvi voltar àquele lugar de sofrimento e, durante o percurso, orei com fervor, como nunca tinha orado. Praticamente, eu não orava, falava com ele, com o homem-deus.

– Inspire-me! Dê-me ânimo! Dê-me forças! Eu quero me aproximar de você, quero libertar as prisioneiras e dizer-lhes que o adorem porque você é a verdade e a vida!...

O caminho pareceu-me longo e curto ao mesmo tempo, porque temia chegar à cidade sem ter achado uma solução para o problema. O governador estava furioso comigo. Com ele não podia contar, e a quem dirigir-me, se não a ele?!

Horas amargas aquelas! Encontrava-me tão só... e é tão triste a solidão! Por diversas vezes detive-me no meio do caminho, dizendo, com a maior angústia: – Senhor!... Senhor!... Conceda-me a felicidade de morrer. Não posso mais! Tire-me a vida ou tape-me os ouvidos, para que não cheguem até mim os lamentos daquelas desventuradas... Mas o que estou dizendo?! Estou me desesperando diante do impossível. Devo ter perdido a razão, porque, a tão grande distância, não é possível que com os meus ouvidos materiais escute os seus lamentos; é a minha alma que está com elas. Sim, sim, percebo claramente as vozes daquelas infelizes dizendo-me: – Salve-nos! Socorra-nos! Ampare-nos! Venha! Venha, que esperamos você!

Elas me esperam!... e para quê, meu Deus? Se eu nada posso fazer por elas! Se a minha impotência é tanta quanto o meu desejo! Se sou uma mulher perdida, abandonada por todos!...

Por fim, entrei na cidade. Tudo nela me pareceu repugnante!... Redobrei meus esforços e pude chegar até onde sabia que encontraria repouso e alimento.

Quando me vi só naquele amplo aposento, senti-me melhor. Deitei-me. Dormi muito, mas não um sono comum. Entrei num estado de torpor produzido pelo cansaço, pela fadiga, pela tristeza, pelo abandono, pela dolorosa convicção da própria inutilidade.

Ao despertar senti-me muito melhor. Durante o sono eu tinha visto as prisioneiras e elas haviam suplicado que não as abandonasse, que velasse por elas. Tinha ouvido, também, a voz do homem-deus, que me dizia: – Só você pode abrir aquelas portas. Tenha fé em si mesma! Tenha fé, que eu estou com você.

Como se uma força superior me impulsionasse, saí do meu quarto e pedi para falar com o governador. Ao vê-lo, prostrei-me a seus pés chorando amargamente. Tal era a minha dor, tal a sinceridade do meu pranto, que ele se comoveu. Levantou-me e disse-me, ternamente: – Deveria estar muito aborrecido com você, mas fico sensível à sua dor e ao seu desespero. Acho-a de tal beleza, não de corpo, mas de alma, que me sinto atraído. Você me seduz e tenho um pressentimento de que você será a minha perdição. Conte-me o que tem. O que se passa? Por que se angustia?

– Aquelas infelizes, cujos lamentos escuto sempre – sempre, entende!? – vejo-as em pensamento. Cercam-me, falam comigo, e vou enlouquecer se continuar a ouvi-las. Ao senhor, que tudo pode, não lhe peço que as ponha em liberdade, mas ao menos que as faça mudar de prisão para amenizar o seu tormento. O senhor pode ser para elas mais que um deus!

– Elas estão ali porque erraram muito. Não estão lá somente as que adoram outro deus; também estão as adúlteras, as rameiras que gostam do que fazem, que são mais culpadas que as que vendem seus corpos. As mulheres que ali gemem foram a desonra de suas famílias, foram a causa do desespero de muitos homens de Estado, e o seu castigo é mais que justo.

– Por maiores que sejam os seus crimes, a pena que sofrem ainda é maior. É preciso que veja para poder acreditar. Já viu alguma vez?

– Não, não vi.

– E não pode ir visitar as prisões?

– Posso.

– Pois vá, senhor, vá. Se quiser que o acompanhe, eu irei, para oferecer-lhes algumas palavras de conforto, para que tenham uma esperança. Consente que o acompanhe?

– Você é a minha tentação! Quero-lhe tanto bem que, para que não a veja chorar, irei onde quiser. Agora vá. Não saia do seu aposento, não se deixe ver por ninguém na cidade. Não se impaciente por esperar, tenha fé na minha promessa, que vamos ver essas desventuradas.

E, olhando-me com a maior ternura, acompanhou-me até a porta dos meus aposentos. Eu estava cética. Parecia-me impossível que me concedesse cumprir a promessa.

Esperei muitos e muitos dias. Por fim, certa manhã, recebi um chamado do governador. Atendi prontamente.

– Partamos – disse-me ele.

7. O contato inesquecível

Como me pareceu formosa aquela manhã! O sol brilhava em todo o seu esplendor!... E um sol de esperança iluminava o meu espírito!

Meu companheiro ia silencioso e preocupado. Chegamos à prisão e, acompanhados de várias pessoas empunhando archotes, descemos aos subterrâneos onde gemiam aquelas infelizes.

Se aquele lugar me pareceu horrível no escuro, à luz avermelhada dos archotes tornou-se macabro. Pobres mulheres! Algumas delas eram muito bonitas. As mais belas eram as mais cruelmente castigadas!

Os corpos seminus e ensanguentados deixavam transparecer as torturas inconcebíveis a que eram submetidas. Ao ver-nos, todas queriam falar ao mesmo tempo, implorando piedade! Misericórdia! Perdão!...

O governador estava visivelmente comovido. Com voz imperceptível, pedi o seu consentimento para que eu interrogasse algumas delas, para saber o que as tinha levado até ali.

Ele aquiesceu. E a primeira a quem me dirigi, uma jovem belíssima, disse-nos:
– A minha única falta foi ter adorado um novo deus. Conheci um homem que cura os enfermos, que levanta os mortos, que fala da igualdade entre os homens, que anuncia uma vida melhor. É um profeta, um enviado. Ao vê-lo, não pude deixar de prostrar-me a seus pés e adorá-lo, e ele me levantou, dizendo: "Levante-se, mulher, que não quero que adore senão meu Pai que está nos céus; eu vim levantar as mulheres para que adorem um só Deus, porque ele é a verdade e a vida".
– Este é o meu crime, senhor, adorar o enviado do Deus único.

O governador escutou atentamente muitas outras mulheres que confessaram suas culpas. Ao terminarem as revelações, disse-me ele:

– Espere-me aqui, mas não se atreva a dirigir-lhes a palavra. Não destrua a obra começada.

Obedeci e calei-me. Mas, em compensação, quanto ouvi! Aquelas infelizes diziam-me: – O que vê não é nada em comparação a outros martírios. São mulheres enterradas vivas, apenas com a cabeça fora da sepultura, recebendo alternadamente ferros candentes e gotas de água gelada. Horrível!... Horrível!

Quanto sofri naqueles momentos por não poder dirigir-lhes palavras de consolo... Mas guardei silêncio para não piorar a situação, já que os homens que nos haviam acompanhado ainda estavam ali me olhando.

Por fim, o governador voltou e disse-lhes, compassivo: – Suas súplicas serão atendidas; seu suplício vai terminar.

Se aquelas infortunadas pudessem mover-se, todas se teriam posto de joelhos em sinal de gratidão! Mas quanto disseram seus olhos!... Muito mais do que diriam suas entrecortadas frases.

Ao sairmos daquele triste lugar, ele disse-me: – Acontece comigo a mesma coisa que a você: ouço os gemidos delas dentro de mim mesmo. Por que tive de conhecê-la? Por quê?

– Para praticar o bem, senhor, e feliz daquele que o pode praticar.

Separamo-nos, recomendando-me ele que me abstivesse de sair à rua. A sós comigo mesma, senti-me satisfeita da minha ação. Ao mesmo tempo, assombrada. Parecia impossível que meu protetor tivesse tomado aquela atitude.

Passaram-se alguns dias e, uma tarde, fui avisada de que o governador me esperava em sua residência. Fui até ele. Ao ver-me, disse-me, sorrindo:

– Prepare-se para receber muitas notícias e todas agradáveis. Já está quase resolvida a transferência daquelas desgraçadas para outro lugar em que tenham ar e luz, em que possam *viver*. As menos culpadas recobrarão a liberdade. Para ultimar detalhes, reuniremos esta noite muitos homens de armas e de Estado e faremos uma festa. Você estará lá. Não lhe proponho uma noite de infâmia, não. Será uma noite de prazer mais puro, uma noite que nunca esquecerá. É preciso, porém, que se vista bem, que esteja formosa. Tem outros trajes?

– Apenas este, senhor.

– Já imaginava. Agora mesmo será conduzida a uma sala onde se vestirá como convém.

Realmente, duas horas depois, eu admirava-me num riquíssimo traje branco adornado de pedras preciosas. Ostentava um artístico penteado sobre o qual descansava uma coroa de pequenos sóis. Haviam me transformado por completo. Estava belíssima, e a minha vaidade ressuscitou por alguns momentos.

Quando entrei deslumbrante no salão de festas, acompanhada do governador, ressoaram pelo recinto expressões de aprovação e admiração. A pomposa recepção só começou quando me sentei no lugar preferencial que me haviam destinado...

Quando o esplêndido banquete terminou, deram início à reunião. Concordou--se em transladar as prisioneiras para lugar que oferecesse melhores condições, e ultimar os processos pendentes das menos culpadas.

Depois desse humanitário acordo, começaram a falar de um homem singular. Um homem que era um gênio, um mago, um profeta. Deslizava sobre a terra sem deixar marcas, elevava-se sem ter asas. Um homem que falava de um deus único, que era o porto, o caminho da vida. Fazia curas milagrosas e preferia a companhia dos humildes e pobres à dos ricos e potentados. Este homem, segundo eles, preparava uma verdadeira revolução. Compreendi que falavam do homem-deus.

Tremi quando ouvi dizer que queriam prendê-lo. Mas, ao mesmo tempo, pensei: – Não o prenderão. Não é um homem como os demais. Ele transpõe abismos...

Apesar do meu raciocínio, desgostava-me o rumo que a conversação tomava, e mais ainda quando o governador, referindo-se a mim, disse: – Ela o conhece, tem-no visto e ouvido e pode falar-nos dele.

– Sim – exclamei com entusiasmo –, é um homem muito bonito, mas a sua beleza não fala aos sentidos. Ao vê-lo sentem-se impulsos de adorá-lo e, inconscientemente, cai-se de joelhos a seus pés. A sua cabeleira é abundante e sedosa e seus olhos... Ah! Seus olhos são dois sóis.

– Dois sóis! – replicou o governador.

– Sim, dois sóis que brilham de maneira que nunca vi igual.

– Pois, favor por favor, concedemos a você a salvação daquelas infortunadas, mas, em compensação, há de ajudar-nos a encontrar esse homem. Se é Deus, ele se salvará; se é homem, ficará sujeito à justiça humana.

Ao ouvir tais palavras um tremor gelado percorreu todo o meu ser, mas compreendi que era preciso dissimular para não perder o que havia ganho. Pedi que me concedessem a palavra como última graça daquela noite. Acederam ao meu pedido, e eu falei do homem-deus com todo o entusiasmo da minha alma. Pintei a sociedade tal como se achava naquela época e a necessidade que havia de um renascimento, de uma redenção. Falei com eloquência tal que, por fim, o governador beijou-me a fronte, dizendo: – Você é uma das reabilitadas. Eu a admiro e a respeito.

Todos me saudaram, não como mulher perdida, mas como uma esperança de tempos melhores.

Ao terminar a festa senti imenso prazer por haver melhorado a situação daquelas desventuradas, embora tivesse o horrível encargo de ir ao lugar onde tinha me encontrado com o homem-deus, e ali o entreter para que pudessem prendê-lo. Mas eu tinha a convicção íntima de que não seriam realizados os seus desejos perversos.

Quando tirei o precioso vestido branco e desprendi de meus cabelos a luminosa coroa, olhei aqueles adornos com tristeza. Como não eram meus, procurei devolvê-los, mas disseram que me pertenciam. Sinceramente, confesso que isso me alegrou muito. Quando estava guardando o traje e as joias com o máximo cuidado, passou diante de meus olhos um raio de luz alaranjado e escutei a voz do homem-deus a me dizer: – Ainda renasce em você a vaidade! Ainda gosta de galas! Renuncie a elas, que a sua missão não é a de ostentar joias.

Fiquei muito triste. Afinal de contas, eu era mulher e jovem ainda. Tinha sede de alguma coisa, queria amar e ser amada, e os homens só tinham buscado o meu corpo. Minha alma estava completamente virgem. É verdade que adorava o homem-deus, mas... estava sempre tão longe de mim... e eu era ainda tão fraca, tão pequena!... Haviam me dado missão superior à minha inteligência, tanto assim que me sentia desfalecer a cada momento. Para recuperar as minhas esgotadas forças, acostei-me e adormeci.

Durante o sono, transportei-me à prisão e assisti ao translado daquelas infelizes. Ao verem-se livres das algemas, prostravam-se a meus pés e me adoravam, atribuindo a mim a sua salvação.

Quando despertei estava satisfeitíssima. Vesti, apressadamente, o meu traje pobre e dirigi-me à fonte, certa de encontrá-lo. Não o encontrei. Só estavam lá os passarinhos, mais falantes do que nunca: uns cantavam, outros pareciam dar-me as boas-vindas.

E, então, dizia eu: – Assim cantarão aquelas desgraçadas quando estiverem fora da prisão. Oh! Como é bela a liberdade!... e dizer que eu sou livre e não sou feliz! Vivo tão só!... por que não vem, se sabe que o espero, se sabe que necessito tanto de você?!...

Bebia água para acalmar-me, quando, olhando para o horizonte, vi uma pequena nuvem que foi se condensando até formar uma figura. Essa figura era ele! Quando dei-me conta, achava-se ao meu lado, sorrindo docemente!

Ao vê-lo quis lançar-me a seus pés, mas ele me impediu, dizendo: – Eu vim libertar as mulheres. Só os escravos se prostram perante o seu senhor. Sente-se e escute. Já se convenceu de que basta querer para se conseguir? Tem feito muito pelas vítimas da intolerância, mas muito mais poderá fazer.

– Mas, senhor, para lutar sem esmorecer, eu necessito vê-lo.

– Aqui estou para que me veja.

– Isso não basta. Tenho uma sede que nada sacia.

– Você tem sede do infinito! Sede que eu tenho desde a noite dos séculos e, apesar disso, apenas me é permitido umedecer os lábios com uma gota do néctar divino que acalma a ânsia das almas que querem progredir. Quando passarem muitos séculos, também cairão em seus lábios secos algumas gotas do orvalho divino que vivifica.

– Mas, senhor! estou tão só!...

– Só, ouvindo sempre a minha voz? Só, sabendo que não a abandono?!

– Não é o bastante, senhor, não é o bastante!

– É mais do que merece. Acredita que o amor das almas tem alguma semelhança com a atração dos corpos? Muito já lhe foi concedido. Não peça mais e não retroceda na senda percorrida, se não quiser sofrer mais do que já tem sofrido.

– Ah! Não, não! Todo o meu desejo é vê-lo, porque o amo não como a um homem, mas como a um deus. Deixe-me seguir os seus passos, deixe-me aspirar o seu alento.

– Seguirá os meus passos e aspirará o meu alento, trabalhando na minha obra de redenção. Agora, porém, não é ocasião para místicos deleites, mas para a luta, porque vai começar a perseguição.

– Ah! sim, querem prendê-lo!

– Por ora isso não acontecerá; tudo virá a seu tempo. Não se altere com o que possa acontecer de extraordinário. Continue firme resgatando mulheres e deixe que me persigam, que me prendam e que o povo se agite. Cumpra cada qual com seu dever, como você e eu o cumpriremos. Associo você à minha obra, dou-lhe parte na minha missão, mas iremos por caminhos diferentes. Na Terra só mais uma vez poderá falar comigo.

– Senhor! senhor! Esse castigo é demasiado cruel!

– Não é castigo, mulher, é o cumprimento de uma lei sábia e justa. Os bons agricultores não cavam todos no mesmo lugar. Há muita terra para lavrar e faz-se necessário disseminar-se por diferentes vales. Não me verá, mas ouvirá sempre a minha voz, desde que não se desvie no caminho que resolveu seguir.

– Ah! Não, não! Isso é impossível! Se eu lhe quero tanto!...

– E já era tempo, mulher, de me querer.

– Eu o amei desde o momento em que o vi pela primeira vez.

– Não. Você me amou desde que me compreendeu, desde o instante em que o meu amor pela humanidade comoveu o seu coração. A ciência nos ensina a ver as estrelas, mas não as profundezas do coração humano. Acima de toda a sabedoria do mundo, estão as criancinhas quando abraçam ternamente seus pais e lhes dizem: "dê-me um beijo, porque lhe quero muito". É preciso trabalhar para que os povos, à semelhança das criancinhas, abracem os libertadores, os implementadores da doutrina do amor, dizendo-lhes: "deem-nos o pão da alma! Deem-nos a água da saúde! Deem-nos a igualdade, para não gemermos na escravidão!"

E continuou: – Quanto há que se trabalhar! Quanto há que se sofrer! Mulher, nossa obra não é de um século, de dois, nem de cem ou de mil. Não tem prazo fixado, como também o progresso das almas não o tem. Hoje, atiramos a semente à terra e passarão muitos séculos antes que ela frutifique. Mas o que importa? Deixará, por isso, de ser benéfica a nossa obra? As flores deixarão de ter aroma por não poderem, durante muito tempo, abrir seus botões? A impaciência é má conselheira. A perseverança é a nossa melhor amiga. Continue, mulher, a sua obra. Caminhe sem desânimo, pois você está unida a mim para remir suas faltas, porque viu a luz, porque ama aquele que a amou e a perdoou.

Ao pronunciar as últimas palavras, o homem-deus estreitou-me em seus braços e uma lágrima sua caiu em meus lábios! Senti-me elevada. Pareceu-me que não pisava mais na Terra, e depois... depois... vi-me envolta numa bruma densa que foi se desfazendo pela ação do sol, e achei-me junto à fonte.

Naqueles instantes sentia-me cheia de vida. Aquela lágrima que havia caído em meus lábios devolvera-me a saúde e a vida. Como me senti feliz então! E, realmente, a minha felicidade era superior a todos os gozos da Terra, onde todos os prazeres sonhados ou imaginados, todos os desejos que agitam a criatura têm por único objetivo o prazer material. A ânsia das comidas finas, bebidas alcoólicas em abundância, festas, banquetes, orgias, união de corpos – quanto mais belos melhor –, eis os sonhos da Terra!

E a felicidade que senti ao cair-me nos lábios aquela lágrima do homem-deus, aquela gota morna do seu pranto, não há linguagem neste mundo que possa expressar, tão puras foram as sensações, sem que nelas tomasse parte a menor agitação sensual. Por isso mesmo, quando me vi sozinha, a minha dor foi imensa, aterradora! Sozinha, depois de haver sentido o calor de seus braços!... Sozinha! depois de haver estado às portas do paraíso, depois de haver sentido o calor do seu abraço, depois de ter contemplado o céu naqueles olhos tão formosos, que pareciam dois sóis!... olhos que nunca vi iguais em minhas andanças, de tanto brilho!... Olhos que tanto atraíam e fascinavam, que tantas e tantas felicidades prometiam!

Por isso eu o chamo homem-deus, porque não havia ninguém como ele. Em minhas viagens pela Terra, nem antes nem depois de conhecê-lo, havia visto alguém que se lhe assemelhasse. Pode-se dizer que a sua cabeça, especialmente, era de outra matéria, de uma substância delicada e radiante, porque os seus cabelos, em certos momentos, pareciam feitos de fios luminosos. Seu rosto, doce e melancólico, ao anoitecer, todo ele exalava raios de uma luz suave entre branca e azulada, difícil de descrever-se. Eis a razão de achar-me tão feliz de vê-lo e senti-lo tão perto.

Mas foi tão breve aquele momento! Desapareceu tão rapidamente!...

A transição que experimentei foi tão violenta para o meu pobre organismo, que fiquei inerte, sem poder fazer o menor movimento. Quis me levantar e caí. Experimentei novamente e convenci-me de que havia esgotado todas as forças. Ante a realidade da minha impotência, desesperei-me. Mas o pranto afluiu dos meus olhos e isso deu-me certo alívio.

Permaneci num estado de letargia durante certo tempo, até que pude levantar-me. Já estava, então, mais ágil e forte. Sobressaltei-me por ver que um tempo considerável se passara. Nuvens avermelhadas cobrindo o horizonte anunciavam a aproximação da noite. Ir à granja não fazia sentido; não tinha o que fazer lá. Regressar à cidade era quase impossível antes da noite, porque tinha de vencer uma grande distância. Não havia tempo a perder; era necessário partir e chegar antes que as portas se fechassem.

Com passos acelerados, percorri uma grande distância, e ia tão absorta em minhas cogitações, que me enganei de caminho, esbarrando numa árvore enorme. Olhei em torno, estranhando por completo o lugar onde me achava. As sombras da noite haviam se assenhoreado de uma parte da Terra, e só o fulgor das estrelas me permitia ver que estava no interior de um bosque. Estava perdida!... Não sabia onde estava. Por toda a parte só via árvores; um labirinto formado pela natureza... Tremia de medo porque chegavam até mim rumores surdos das aves de rapina, rugidos de feras, mil zumbidos estranhos que eu não podia classificar. Tudo formava um conjunto aterrador, agigantado pelas sombras da noite, que conferiam ao cenário um aspecto monstruoso. Que fazer? Que decisão tomar? Que rota seguir? Desconhecia por completo o lugar...

Mas como a inércia nunca foi minha conselheira, comecei a andar ao acaso. O terreno era pedregoso demais e eu sentia dores agudas nos pés, que a toda hora se prendiam entre as pedras pontiagudas. Quando me livrava das pedras, minha túnica se enroscava nas sarças espinhosas. Onde quer que estendesse os braços, tocava troncos espinhosos das árvores.

Que situação horrível, meu Deus!... e se eu caísse, estaria sobre um leito de espinhos. Então, louca, desesperada, gritei:

– Você, que prometeu não me deixar, por que me abandona tão cruelmente? Por que me levou às portas do paraíso, se havia de me deixar cair neste inferno?!... Já não posso mais! Misericórdia, senhor! Misericórdia!

Ao terminar a minha súplica, senti as ramagens das árvores agitando-se violentamente, quebrando-se algumas delas, e ouvi uma voz cavernosa, de um ódio latente, dizer: – A melhor caça é a dos espiões!

Ato contínuo, senti-me presa por um braço de ferro. Levantaram-me e, com a rapidez do raio, encontrei-me no fundo de uma caverna onde muitos homens avivavam o fogo de uma fogueira.

– Que traz, Arael? – perguntaram todos ao ver-me.

– Uma espiã.

– Ao fogo com ela, ao fogo.

– Deixem-na falar primeiro – disse o que parecia chefe.

Em seguida, ataram-me a um poste e disseram-me: – Confesse, e depois veremos.

Pedi, por piedade, que me desamarrassem, pois as cordas cravavam-se nas carnes, e o próprio chefe me atendeu, escutando atento a minha confissão. Contei-lhes tudo e, ao falar-lhes do homem-deus, Arael aproximou-se mais e me perguntou, com tom de voz mais humano:

– Você o ama?

– Se o amo?!... Ele é o meu Deus! É a minha vida, o meu amor!... por ele me sacrificarei eternamente.

– Como eu e os meus – disse Arael. – Por ele passamos as noites acordados, por ele sofremos, por ele destruiremos sem piedade todos os inimigos. Você esteve muito perto da morte, mas agora é respeitada por nós. Não a salva o documento que leva do governador. Salva-a o seu amor a ele. Esta noite dormirá aqui e ao amanhecer será conduzida, com os olhos vendados, ao caminho que leva à grande cidade. Você e eu tornaremos a nos ver porque, quem sabe, tenhamos que lutar juntos.

8. A ameaça à ordem vigente

Ao amanhecer, fizeram-me levantar, vendaram-me os olhos e carregaram-me como se fosse a um menino. Em poucos instantes chegamos à estrada real, onde tiraram-me a venda e me deixaram só. Procurei ver quem me conduzira, mas eles haviam desaparecido rapidamente.

Estava toda descomposta. Minha pobre túnica estava rasgada, meus pés ensanguentados e os meus cabelos em completo desalinho. Que vergonha! Entrar na cidade naquele estado deplorável... mas como não havia outro remédio, apressei o passo quanto pude, até chegar à minha casa. Dominada por intensa febre, deitei-me e permaneci acamada por muitos dias, o que me contrariou muito, porque ali só sofria: não podia ser útil a ninguém.

Por fim, levantei-me e pedi para ver o governador. Este recebeu-me friamente, e perguntou:

– O que tem? Está tão desfigurada! Tornou a cair?!

– Não, senhor! O meu corpo já está morto; somente a minha alma vive e é essa a que precisa de beijos, sim, de beijos. As almas também se beijam, as almas também têm perfumes que os vícios da carne não conseguem destruir. Minha alma tem sede de amor, mas de amor sem conotações sensuais. E a sociedade em que vivo é tão insensível...

– Mas... e o seu passado, mulher? o seu passado?... Faz pouco tempo era uma mulher perdida!... Quem há que não se recorde das suas loucuras... da sua sede desenfreada de prazer?!... É certo que não parece a mesma, que há em você alguma coisa que comove, que emociona docemente, e é por isso que lhe concedi abrigo, é por isso que não quero que viva à mercê de ninguém. Mas... não peça mais do que já tem. Você já caiu tantas vezes!

– É verdade, mas a minha alma então dormia, rolava pelo despenhadeiro do vício, sem gozar o prazer da queda. Ao despertar, desejei até, se fosse possível, viver sem este corpo que odeio, que me envergonho de contemplar. Esta carne inspira-me a repulsão e o asco de um cadáver em putrefação.

– Oh! Não exagere. É ainda muito formosa, apesar de estar abatida e dos seus olhos terem perdido parte do brilho de outrora. É ainda tão bela que, sem desejar passar com você uma noite de prazer, é-me gratificante contemplá-la e querê-la. Mas... já me levou a praticar muitas imprudências e eu não posso, nem devo, ceder à tentação de ter intimidades com você.

– Por acaso já o conduzi à prática de algum crime?

– Não vale a pena discutir esse assunto. Agora vá e cuide-se, que está muito enferma.

Na verdade, eu estava muito doente. Sentia como que alguém do meu lado me falasse, contando-me coisas tristes, muito tristes.

À noite, durante o sono, eu via multidões amotinadas que gritavam, pedindo liberdade e direitos até então preteridos.

No palácio do governador notava-se um movimento anormal. Uma tarde vi-o sair acompanhado de altos funcionários e de muitos soldados. Segui-os à distância e os vi penetrar no templo onde permaneceram até o anoitecer, apesar de não ser aquela a hora em que se rendia o culto aos deuses. Por fim saíram graves e silenciosos. Ao chegar ao palácio, o governador deteve-se com outros dois chefes, e ouvi que lhes dizia: – Acima de tudo e antes de mais nada, é preciso que defendamos os nossos deuses. Seus altares serão firmados com as cabeças dos seus inimigos.

Aquelas palavras encheram-me de espanto e, louca, fora de mim, pedi para falar-lhe e disse, logo que cheguei à sua presença: – O que se passa, senhor? Vi-os entrar e sair do templo. Porventura, os seus ídolos correm perigo?

– Não, porque saberemos defendê-los. A propósito, de hoje em diante vamos nos ver todos os dias. Mudará de aposento para estar mais perto de mim. Disse que obedeceria às minhas ordens e é chegada a ocasião de cumprir essa promessa. O movimento popular aumenta a olhos vistos. Esse homem arrasta, com a sua palavra, populações inteiras. Nossos deuses estão ameaçados. É preciso defendê-los e evitar a quebra de nossas tradições.

O meu temperamento aventureiro não se conformava com o repouso. Mas, ao pensar que ele corria perigo, desejei a quietude absoluta. Recostei-me muito triste, pressagiando dias de luto. Durante o sono, vi o homem-deus mais belo do que nunca, que me disse, docemente: – Não se esqueça do que lhe disse, que eles só me encontrarão quando eu quiser que me encontrem, que só me prenderão quando eu quiser que me prendam. Os homens só farão uso do seu poder quando chegar a hora de selar com o meu sangue o testamento que lego à humanidade. Uma só é a nossa obra. Trabalhe nela, não desanime um só momento, porque, se retroceder, o seu sofrimento será espantoso, a sua expiação, terrível, porque mais se pedirá a quem mais se tiver dado. Você já tem recebido cem por um. Pediu beijos para a sua alma e beijos recebeu; mais que isso, já sentiu em seus lábios uma lágrima daquele que você vendeu e que a perdoou, daquele que quis elevá-la pela ciência e que hoje a purifica pelo amor.

Ao despertar, senti-me cheia de vida e com o corpo tão leve como se não fosse de carne e osso. Levantei-me alegre e satisfeita. O sol brilhava em todo o seu esplendor e saí para fora da cidade para pensar melhor. Os arredores da populosa capital eram muito pitorescos. Havia jardins encantadores feitos pela mão do homem e bosques enormes e extensas planícies, onde só a natureza havia trabalhado.

Atravessando uma daquelas planícies, deparei com um homem que me olhava fixamente. Ambos encurtamos a distância que nos separava e pude reconhecer aquele que tinha me arrancado dentre os espinhos. Era Arael, homem de formas atléticas, olhar de fogo, pele queimada de sol que, ao ver-me, amenizou a aspereza do olhar e disse-me:

– Que procura por estes desertos?

– Ar e luz.

– Nada mais?

– É o que necessito, por ora.

– O que há de novo?

– Conspira-se.

– Já sei.

– Viu o homem-deus?

– Vi, e você?

– À noite, em sonhos.

– E que lhe disse ele?

– O que me diz sempre: que os homens só o encontrarão e prenderão quando ele quiser, e só farão uso do seu poder quando chegar a hora de selar com o seu sangue o testamento que nos lega.

– Essas mesmas palavras ele também tem me repetido muitas vezes. Vi-o nascer e, desde pequenino, ele me dizia: – Arael, eu venho libertar os cativos. O meu sangue será a seiva generosa que, depois de muitos séculos, fertilizará a terra e a humanidade será livre, praticando a minha lei. Minhas palavras e meus atos não serão compreendidos ainda. Parecerá que meu sangue resvalará sobre a pedra lisa, mas as minhas palavras ressoarão mais tarde. Meus atos serão submetidos à análise científica e meu sangue abonará a terra. Em terrenos férteis os povos redimidos vão se unir, bendizendo o meu nome.

– Ah! Que belas palavras!

– Mais bonitos são os seus feitos. Agora, escute. A partir de hoje estaremos juntos com mais frequência. Vou avisá-la sempre que necessitemos ver-nos. Não falte nunca aos meus chamados porque precisamos unir-nos para lutar por ele.

Deixando-me dentro da cidade, Arael retirou-se, olhando-me quase com ternura.

Ao ver-me só no meu aposento, senti alegria e tristeza ao mesmo tempo. Com que familiaridade os homens me tratavam! Ainda que não procurassem o meu corpo, todos me falavam em tom de mando. Era uma folha seca a que todos tinham direito de jogar de um lado para outro, mas... eu não podia queixar-me. Meu protetor tinha razão; ainda viviam os homens que tinham sido testemunhas das minhas loucuras e eu devia dar graças por não ter tido oportunidade de acercar-me de nenhum deles.

Quando estava imersa em minhas amargas reflexões, recebi ordem de transladar-me para outro aposento muito melhor do que aquele em que estava. Lá encontrei o governador, que me disse, sorrindo, com tristeza: – O momento se aproxima. O seu homem-deus atreveu-se a tocar nos altares dos deuses. Disse que não há mais de que um deus e, como sabe, todos os problemas sociais têm custado rios de sangue aos povos...

9. A cura da criança: exercício de fé

Não havia dúvida: eu estava melhor em meu novo aposento, mas a tristeza me consumia. Tanto era, que ficava muitas vezes num estado de letargia que durava vários dias. Aquele estado de sonolência me reanimava. No tempo que passava dormindo, deixava de pensar na minha impotência. Eu compreendia que, depois de haver arrebatado aquelas infelizes dos lugares viciosos em que gemiam, já não era possível voltar aos prostíbulos, porque me expunha a dois perigos: o de morrer ou de ver-me obrigada a entregar meu corpo aos libertinos, o que me horrorizava. Não queria, de maneira alguma, cair de novo no abismo do vício. A virgem mais casta não poderia sentir maior repulsão do que a que eu sentia ao recordar meu passado.

Também sabia que nada mais podia fazer de proveitoso para as prisioneiras, e bastava um passo imprudente para ficar malquista com o governador, que, afinal de contas, era a minha providência na Terra. Graças a ele, tinha casa e alimento; não precisava rodar pela cidade, exposta ao desprezo.

Mas os libertinos quase não se lembravam mais do meu nome. Quando saía à rua, como meu traje era modesto e pobre, passava completamente despercebida. E que maior prazer podia eu esperar? Não ser vista! Não ser conhecida! Era um bem imenso não ver o sorriso jocoso e depreciativo das mulheres honestas e o gesto de desdém dos homens de bem.

Mas como a insatisfação é própria das almas, a minha estava insatisfeita. Eu vivia tão só!... tão isolada que, mesmo quando enferma, não via ninguém junto ao meu leito de dor. É verdade que o governador tinha me pedido que o visitasse todos os dias, mas eu não o fazia, só para não ter que mudar de roupa.

Um dia levantei-me tão aborrecida de mim mesma que saí em busca de alguma distração e percorri todos os cômodos do palácio que o governador habitava. Este era uma verdadeira fortaleza, imenso, cercado de jardins e bosques, de inúmeras casinhas onde moravam os jardineiros, de dependências suntuosas para os escritórios e de moradas dos altos funcionários, tudo guardado por altas muralhas.

Consegui distrair-me percorrendo os salões maravilhosamente mobiliados. Num deles, elevava-se ao fundo um trono em que os artistas tinham empregado o melhor de seu talento na combinação de pedras preciosas e metais riquíssimos, jaspes, púrpuras e quanto de admirável e belo se encontra neste mundo. Quanta riqueza! Quanta arte!... Como era belo tudo aquilo!...

E não era só naquele imenso salão. Também os demais eram adornados com magníficas tapeçarias, jarrões artísticos, flores maravilhosas e pequenas fontes de onde jorravam águas perfumadas pelas mais deliciosas essências. Ao ver tanta riqueza junta, meu pensamento voou e lembrei-me do meu passado. Vi a minha pobre aldeia, de miseráveis barracos de terra, cobertos de palha. Num deles, vi meus pais e meus irmãos seminus. Vi-me entre eles ainda pequenina, depois abandonando a aldeia e dirigindo-me com outros companheiros ao povoado próximo, onde encontrei o grupo de vagabundos que se apoderou de mim, que explorou a minha meninice e inocência, que me ensinou a mentir, a enganar, a furtar de mil modos. Vi aquele que, à viva força, manchou o meu rosto com os seus beijos lascivos, que me estreitou em seus braços, convertendo a inocente criança em desenvolta rameira.

Vi-me pobre, faminta, coberta de trapos, em seguida... jovem, formosa, envolta em sedas e ornatos, e... depois, num leito miserável, com o corpo coberto de úlceras, acometida da mais repugnante enfermidade. Quantos horrores!... Quantas misérias para o corpo e para a alma!... Que contraste formava a minha vida com aquelas moradas suntuosas em que abundavam os excessos do luxo! E o que era eu naqueles salões? Uma partícula de pó a depositar-se num de seus divãs...

Saí dali triste, muito triste e, confesso, acusei a Deus de injusto. Continuei andando e, entre bosques de rosas e palmeiras carregadas de frutos, vi uma série de pavilhões com belíssimas torres de marfim artisticamente trabalhadas, que mais pareciam ninhos de fadas. Guardando esses pavilhões estava um forte contingente de soldados, que me disseram, secamente, ao me aproximar:

– É proibido entrar, porque aqui mora a família do governador.

Olhei, então, mais atenta, para aquele paraíso, murmurando: – Este é o templo onde o meu protetor tem os seus verdadeiros ídolos, a sua família!... Sua família!... A mulher que leva o seu nome não rolou, como eu, pelo mundo! Como são felizes as mulheres honestas!... mas, meu Deus, quando eu caí, desconhecia a profundidade do abismo em que me precipitaram!

E, febril, contrariada, cansada de tudo, corri para o meu quarto. Achei-o, então, pobre e mesquinho. Para minha surpresa, esperava-me o governador, que, ao ver-me, tomou-me as mãos e disse, com doçura:

– O que é feito de você?... Ninguém a vê! Bem, isso até certo ponto me satisfaz, por ver que cumpre as minhas ordens. Mas eu recomendei a você que me procurasse todos os dias e não tem feito isso! Mas... está abatida, não parece a mesma! Tem estado doente?

– Sim, senhor, do corpo e da alma. A vida tornou-se insuportável para mim. Vivo tão só!... Não posso ir resgatar mais escravas, porque os meus inimigos me impediriam. Não posso ir visitar as prisioneiras, pois não devo nem quero desgostá-lo. Não tenho amigas, porque uma mulher honrada não irá querer compartilhar minha intimidade. Não posso ir visitar as minhas antigas companheiras resgatadas, porque lá não me querem. Não posso seguir o homem-deus, porque ele me disse que *quer trabalhadores para a sua obra e não adoradores da sua figura*. Não tenho senão o senhor, mas manifesta o seu afeto tão friamente...

– Pobre mulher! Queixa-se com razão porque, realmente, a sua vida é muito triste e a inércia em que vive não é do seu temperamento. Entendo que devo ocupar-me de você mais do que tenho feito até agora e desde já eu lhe prometo dulcificar as suas horas. Vá mudar de roupa, mas não se cubra de galas. Não precisa ostentar maior luxo que a brancura da sua túnica modesta. Vá, e prepare-se para receber impressões muitas e variadas. Não se intimide por nada, porque é minha protegida e, mais ainda, é minha aliada. Você precisa de mim e eu de você. Para mim morreu a mulher perdida e renasceu uma mulher sem história. Vista-se, que a espero.

Em breves momentos mudei de traje e o governador, ao ver-me de volta, sorriu com ternura, murmurando triste:

– Será sempre a minha tentação!

Saímos, e qual não foi o meu espanto ao ver que nos detivemos diante dos pavilhões das torres de marfim!

– É aqui que vamos entrar? – perguntei, admirada.

– Sim, aqui. É hora da refeição e, de hoje em diante, comerá à minha mesa.

– Ah! senhor, isso é impossível! O que dirá a sua família?

– Não se preocupe com isso. Resista com coragem ao primeiro impacto. Deixe o resto por minha conta.

Entramos. Os céus descritos pelas religiões não eram tão belos como aquela morada!... Quantas flores! Quantos perfumes! Quantos passarinhos entre redes de seda e ouro!... Senhoras, donzelas, meninos, escudeiros e damas de honra rodeavam uma grande mesa coberta de iguarias finas.

À entrada do governador, todos, como que movidos por uma mola, levantaram-se e rodearam uma mulher assaz formosa, a quem o governador se dirigiu, levando-me pela mão. Eu olhava sem ver, ou melhor, só via aquela mulher que parecia a deusa da ira. Era o que se lia no seu olhar! Que olhos aqueles! Ardia neles todo o fogo dos infernos!

Fiquei aterrada! Senti as pernas fraquejarem. Fechei os olhos, parecia que ferros em brasa os espetavam. Ao mesmo tempo, porém, senti que o governador apertava-me a mão com inusitada força e, fazendo um esforço supremo, consegui me manter de pé.

O governador, dirigindo-se, então, à sua esposa, disse com firmeza:

– Azara, apresento-lhe uma mulher que tomei sob a minha proteção por ser-me útil o seu trato e confiança. Poderá vir a servir-me muito em época de revolução. Espero que a sua intimidade seja-lhe agradável.

Ninguém se manifestou. A esposa do governador olhou-nos com visível ódio, com todo o despeito de uma mulher ciumenta. Ele, como se nada compreendesse, fez-me sentar à mesa, à sua esquerda, sentando-se sua esposa à direita.

Havia ali iguarias, manjares, doces, maravilhas indescritíveis. Não consegui comer nada a princípio; tinha como que um nó na garganta. Pensei então no homem-deus. Pedi-lhe auxílio, coragem e energia e subitamente senti no rosto como que uma rajada do seu alento. O nó que tinha na garganta se desfez, e tomei parte na refeição, superando a angústia daquele momento.

Ao terminar, passamos a outro salão onde belíssimas escravas serviam patês, doces e bebidas excitantes. Para mim eram superfluidades da gula...

Azara não tirava os olhos de mim. Sentara-se próxima, e a sua conversa com outras pessoas foi somente para ferir-me sem piedade. Sofri em silêncio aquelas horas de martírio, até que o governador ordenou a um de seus escudeiros que me acompanhasse até o meu aposento e que todos os dias fosse buscar-me à hora das suas refeições. Todos emudeceram ao escutar as suas palavras. Saudei-os com uma leve inclinação de cabeça e Azara, tremendo de raiva, disse-me com ironia: – Então... até amanhã.

Quando saí daquele ninho de fadas, olhei para as torres de marfim iluminadas pela claridade da Lua e disse comigo: – Nunca acreditei que no céu existissem os tormentos do inferno. Nessa mansão há muitas flores, mas creio que a quantidade de espinhos é maior. Como me sentia mal ali dentro! Não voltarei lá! Não voltarei, suceda o que suceder, ainda que perca tudo. Não posso mais suportar os olhares de Azara. Neles transparece todo o desprezo das mulheres honestas pelas rameiras. Como eles me fizeram mal!

Quando me vi só, pude respirar. Deitei-me e adormeci. Durante o sono vi o homem-deus mais belo do que nunca. Olhou-me com os seus olhos doces e, apoiando a mão na minha fronte, disse com tristeza:

– Mulher de pouca fé, como esquece depressa os meus conselhos! Não sabe que não há vitória sem luta? Fui eu quem inspirou o seu protetor para que a apresentasse à sua família. E aquela mulher, cujos olhares tanto mal lhe fizeram, necessita muito de você e de mim. É uma alma que sofre e que precisa ser consolada. É uma enferma que necessita de médico, e o seu médico será você.

– Mas, senhor, se ela me odeia! Se há nos seus olhos todas as ameaças, todas as injúrias, todo o furor do ciúme!...

– Pois tenha compaixão dela. Uma mulher ciumenta é como que uma louca incurável.

– Não posso, senhor, não posso!

– Vai poder, sim, porque eu assim quero! Porque assim quer a lei do amor universal. Confie em minhas palavras, que os fatos irão confirmá-las. Não diz que me ama? Pois aquele que me ama, crê.

– Sim, eu o amo! Eu lhe quero sobre todas as coisas da Terra. Quisera possuir todas as virtudes para ser digna de acompanhá-lo em sua peregrinação pelo mundo. Quisera nunca me separar do senhor. Quem me dera ser boa!

– Será um dia, mulher... Será, porque você assim quer. Mas não acredite que, ainda que fosse a própria virtude, eu consentiria que percorrêssemos juntos o mesmo caminho. Cada qual deve levar o seu arado por terras ainda não lavradas. Os trabalhadores precisam reunir-se para trocar impressões e tomar fôlego, mas depois cada um vai para seu lado, porque os bons conselhos e o bom exemplo devem ser como a chuva que cai em todas as partes. Devem ser como os raios do sol que, desde o cume da montanha até o vale, tudo acalentam e tudo vivificam. Volte, pois, para o lugar em que está a mulher dos olhos de fogo. Atrás daquele fogo há muitas lágrimas a enxugar.

Quando despertei, lembrei-me, de forma confusa, das palavras do homem-deus. Sentia-me forte e animada, tanto que saí em direção ao campo.

Pouco havia andado e encontrei-me com Arael, que me disse:

– Esperava-a. Conte-me o que há.

Contei-lhe o que sabia e o meu sonho com o homem-deus, ao que ele me disse:

– De fato, é assim que ele pensa. Não quer adoradores, quer trabalhadores. Obedeça, então, ao seu mandato.

– Sim, obedecerei. E você que o vê, diga-lhe que o adoro com toda a minha alma, e que necessito vê-lo, mas não em sonhos.

– É inútil me pedir isso. Nada lhe direi.

– Por quê?

– Porque quando lhe falo, ele me interrompe, dizendo: – *Não prossiga. Sei tudo. Sei quais são os que me estimam e os que me abominam, os que dariam a vida por mim e os que gozam pensando na minha morte*. Siga suas instruções e não me oculte nada do que lhe suceder. Acuda sempre aos meus chamados, sempre que eu precisar, porque se aproxima a hora da perseguição ao justo.

Separei-me de Arael e voltei ao palácio. Sem raciocinar no que fazia, dirigi-me aos pavilhões das torres de marfim. Sem saber por quê, entrei. Foi quando Azara saiu ao meu encontro, dizendo-me: – Fez bem em vir. Preciso falar-lhe.

Entramos numa sala bem agradável, e ela sentou-se num divã, indicando-me um almofadão a seus pés. Ajoelhei-me nele e observei que os seus olhos como que projetavam fogo.

– Por Deus, senhora! Não me olhe assim! – disse-lhe tremendo.

– Acredita que eu possa olhar de outro modo as mulheres perdidas que meu marido me obriga a receber em minha casa? Não sabe que o amo e que morro de ciúmes por ele?... Mas olhando para você ontem à noite, acalmei-me, porque vi que você não vale nada, que é uma rosa sem viço.

– Tem razão, o meu corpo já não tem atrativos e isso me alegra muito.

– O quê!... é certo o que diz?!

– Escute-me e ficará convencida da verdade.

Contei-lhe, então, toda a minha vida, o meu amor ao homem-deus, meus desejos, meus sonhos, minhas esperanças. À medida que eu ia falando, o seu olhar ia perdendo a agressividade inicial. Quando terminei, Azara teria chorado comigo, se não fosse uma de suas escravas entrar dizendo:

– Senhora, o menino está morrendo!

Azara levantou-se como louca e saiu correndo. Fui atrás dela. Chegamos a um aposento onde um menino de poucos anos rolava no solo vítima de horríveis convulsões.

– Este também!... – gritou ela, desesperada.

E, voltando-se para mim, disse: – Todos os meus filhos morrem assim, todos, todos!

Aos seus gritos acudiu toda a criadagem do palácio, membros da família, escravas, médicos e o próprio governador. Era uma confusão indescritível. Os médicos transportaram o menino para seu leito e tudo fizeram para ministrar-lhe algum medicamento, mas ele tinha os dentes tão cerrados, que não houve força humana capaz de separá-los.

Foi quando eles disseram desanimados: – Este menino está dominado por espíritos malignos, e a ciência é impotente para neutralizar a influência dos filhos das trevas. Que venham os sacerdotes! Talvez consigam, em nome dos deuses, o que a ciência não pode conseguir.

Azara, diante dessa constatação, disse, encolerizada: – Corram, voem, tragam-me os sacerdotes, os inspirados. Mas eu abomino os deuses que assim permitem atormentar um inocente. Meu filho! Filho da minha alma! Ele que é tão bom... que nem pode ver chorar um escravo!... É de enlouquecer...

Chegaram os sacerdotes com suas túnicas brancas. Rodearam o leito do enfermo, queimaram mirra e outras substâncias, enchendo o ambiente de nuvens de fumaças aromáticas. Elevaram suas orações, rogaram aos poderes superiores que afastassem os espíritos maus, mandando que deixassem o corpo do paciente. E o pobre menino gritava como um endemoniado, dizendo: – Estão me matando!... Estão me açoitando!... Estão me arrastando!... Mãe! Minha mãe! Salve-me!...

Azara, frenética, desesperada, estreitou seu filho ao coração e exclamou: – Fora! Saiam! Fora todo mundo!

Todos obedeceram e só ficamos ela, o menino em seu leito, seu pai e eu. Azara e seu esposo caíram nos braços um do outro, dizendo entre soluços: – Oh! como somos infelizes!...

Ao vê-los assim unidos pela dor, senti uma comoção extraordinária e ouvi a voz do homem-deus a me dizer: – *Mãos à obra! Obre em meu nome! Salve-o! Salve esse menino!...*

Disse-lhes então, resoluta: – Escutem-me. Querem que eu tente salvar o seu filho?

– Você!... – disse ele com assombro.

– Você!... – repetiu ela com imensa alegria –, sim, sim, faça o que quiser. Devolva a vida ao meu filho e vou querê-la sobre todas as coisas da Terra.

– Que vai dar ao menino? – perguntou ele, receoso.

– Nada, deixe-me trabalhar.

Os dois abriram caminho e eu me aproximei do menino que gemia debilmente. Mentalizei o homem-deus e, ouvindo a sua voz potente, pus a mão na fronte do pequeno, dizendo: – Durma! Durma o sono tranquilo da sua inocência. Durma e, ao despertar, quero que esteja livre de todo o sofrimento. Que não se recorde nem em sonhos dos que agora o atormentam. Durma e desperte curado, para ser a alegria de sua mãe. Durma, eu assim quero!

E, estendendo as mãos sobre o menino, fui tocando levemente seu corpo até as pontas dos pés. Foi então que ele respirou livremente, sorriu como sorriem os anjos e, abrindo os braços, murmurou docemente: – Minha mãe!...

A mãe, temerosa, sem compreender o que se passava, não se atreveu a tocar o menino. Compreendeu que alguma coisa muito superior atuava naquele instante. E eu, dominada por estranha força e por uma convicção inexplicável, disse-lhe: – Azara, seu filho está salvo. Ele, só ele pôde salvá-lo.

O menino virou-se no leito para dormir melhor. Seus pais, anelantes, notaram sua respiração tranquila. O seu rosto, que estava lívido, tinha se colorido. Seus lábios entreabriram-se e, sorrindo, murmurou de novo: – Minha mãe!

Azara lançou-se em meus braços e, daqueles olhos de fogo, brotou caudaloso pranto, balbuciando emocionada: – Se me restitui o filho querido, juro que vou querer a você *sobre todas as coisas da Terra*.

As nossas lágrimas confundiram-se, enquanto o pai, contemplando o menino, dizia comovido e exultante: – Meu filho, meu filho! Não sei quem devolve você aos meus braços. Algo de misterioso me envolve, algo invisível acaba de agir, devolvendo vida! Força desconhecida! Amor imaterial! Ser que estou descobrindo de forma tão incrível, eu o adoro sobre todos os deuses, porque um só deus devemos adorar na Terra!

E, prostrando-se ante o menino adormecido, aquele pai elevou fervorosa prece, enquanto Azara e eu chorávamos abraçadas em silêncio. Naquela hora uma voz ressoava ao meu ouvido: – *Tenha fé em minhas palavras, que os fatos responderão a você*.

E, realmente, mais depressa não podiam responder. Poucas horas antes, aquela mulher, se pudesse, ter-me-ia matado com suas próprias mãos. Agora, ante a ideia de salvar-lhe o filho, estreitava-me contra o coração e as suas lágrimas caíam como o orvalho benfazejo sobre meu rosto.

Por fim, Azara, já mais calma, sentou-se a velar o sono tranquilo do menino. Eu, então, senti subitamente uma angústia indefinível. Olhei a criança e pareceu-me que ela de novo empalidecia, que de novo se agitava e, tremendo diante da ideia de que as convulsões voltassem, pedi licença para retirar-me, alegando achar-me cansada. Azara disse como o maior carinho: – Sim, sim, vá descansar enquanto eu velo o seu sono. Se alguma coisa suceder, vou chamá-la imediatamente.

Saí dali e, como se tivesse asas, com rapidez assombrosa, percorri o trecho que me separava da minha alcova. Quando me encontrei só, onde ninguém me podia observar, caí sobre o leito chorando amargamente. Parecia-me um pesadelo terrível tudo o que se passara. Mas era verdade: eu tinha me atrevido a pôr a mão sobre o menino enfermo e lhes havia dito que ele, só ele tinha podido salvá-lo... E se tudo tivesse sido uma alucinação do meu espírito? Se, ao despertar, o menino se queixasse novamente?!... Que angústia horrível diante dessa possibilidade!...

Talvez devesse fugir, ir procurá-lo e contar-lhe a baixeza que tinha praticado. Quem era eu para servir de intermediária de sua potente vontade?!...

Há de se levar em conta que a minha intenção tinha sido boa, muito boa, mas, e se os tivesse enganado? Se aqueles pais tornassem a ver seu filho retorcer-se como serpente faminta?!... Todas as torturas, todos os martírios pareceriam pouco a eles para castigar-me!

O melhor era fugir, sim. Eu ali estava mal. Ali estava oprimida pela ideia do que me pudesse vir a acontecer. Mas na verdade não sabia onde me refugiar. Na granja não me queriam. Na cidade todos me conheciam e as pessoas honradas negar-me-iam o pão e o sal da hospitalidade, e até os meios para trabalhar. Aos prostíbulos também não queria voltar. Quem sabe, procurar Arael... Contaria o que se tinha passado e pediria o seu conselho.

Passei horas amargas, pensando naquele angustiante problema, até que me decidi: levantei-me, rapidamente, e dispunha-me a sair quando deparei com o governador. Ao vê-lo, julguei que vinha-me dizer que o menino tinha piorado, e lancei-me a seus pés, pedindo-lhe misericórdia. Ele olhou-me assustado, fez-me sentar e disse, ternamente:

– O que tem? O que se passa com você?!

– O menino...

– O menino está dormindo tranquilamente e sua mãe contempla-o extasiada porque é o único que nos resta.

– Ah! senhor! Não pode imaginar quanto estou sofrendo!

– Por quê?

– Atormenta-me a ideia de estar sendo vítima de uma alucinação. Seria mesmo a voz do homem-deus a que escutei? Ou teria mentido sem querer?... E se os tivesse enganado no que têm de mais caro? ...na cura de seu filho? Esta dúvida, senhor, como me faz sofrer!

– Afaste seus temores. Tenho a convicção íntima de que salvou o meu filho. E vim procurá-la porque preciso dizer-lhe que, se ontem a busquei por noites de prazer, hoje é para mim a mulher mais sagrada, a minha filha mais querida. Vejo em você todas as sublimidades da virtude. Adoro-a como a um ser sobrenatural, e não só a você como a ele, ao homem-deus, com quem desejo falar, ao qual você irá buscar enquanto meu filho não precisa de você. Agora venha comigo. Todos precisamos comer alguma coisa e Azara nos espera.

Não pude deixar de tremer só de pensar em Azara. Por muito que me agradecesse pela vida de seu filho, podia ser que no fundo de seu pensamento, no mais recôndito da sua alma, longe... muito longe, onde ela não se atrevesse a olhar, estivesse latente o seu ódio por mim, empanando o que fiz para curar o menino. A água da gratidão nem sempre é bastante para apagar o fogo do ódio. Este custa a apagar-se. Contudo... cumprirei com o meu dever.

Chegamos junto ao leito e o menino dormia relativamente calmo. Olhei-o fixamente. Ele abriu os olhos, sentou-se e abraçou sua mãe com a maior ternura. Depois, virou-se para mim e disse: – Fez-me muito bem a sua medicina, já estou bom – e deixou-se cair de novo nos almofadões, cerrando os olhos.

Nesse momento, senti de novo a influência dele, e disse para o menino: – Não quero que durma, quero que se alimente, quero que se levante. Não diz que já está bom?

– E estou!... – disse ele, saltando alegremente da cama.

Abraçou sua mãe e correu, veloz, na nossa frente, rumo ao refeitório. Azara abraçou-me, então, pela cintura, e disse gravemente:

– Vendo-o assim, não acredito... Devo-lhe o meu filho. Ele está curado! Acreditei-a uma mulher perdida, mas não é. É impossível que no lodo haja as qualidades que há em você. Tão grande quanto foi meu ódio, assim será o meu carinho para com você – e estreitando-me contra o coração, beijou-me na testa, e aquele beijo me tranquilizou.

Durante a refeição o menino falou e riu alegremente. Naquela noite, toda a família e a criadagem, que até então me olhavam com o maior desprezo, já se acercavam de mim. Chegavam a tocar as bordas da minha túnica. Que diferença!

Terminada a refeição, o governador insistiu no seu pedido de que, sem demora, eu fosse procurar o homem-deus. Prometi-lhe ir fazer isso no dia seguinte, e retirei-me para descansar.

Durante aquela noite fui atormentada por sonhos horríveis. Vi multidões banhadas em sangue, ouvi hinos de glória e sentenças de morte. Vi sacerdotes oferecendo vítimas aos seus deuses, e grande número de pessoas que gritavam: *Glória a Deus nas alturas e paz na Terra aos homens de boa vontade*!... Que movimento! Que tumulto! Quanta perturbação!... E eu corria perguntando a cada um: – Onde está ele? – e todos me diziam: – Lá! Aqui!... em toda a parte!

– Isso não é possível! – eu dizia. E passei a noite toda correndo e perguntando. Acordei tão fatigada que não me senti com coragem de sair. Passei todo o dia muito triste e abatida.

O governador procurou-me e, estranhando me encontrar em meu aposento, repetiu: – Eu lhe rogo que se reanime e que me conceda o que lhe pedi. Diga-lhe que quero vê-lo, que sou um desgraçado, que procuro prazeres terrenos que só me causam tédio, que no meu lar não me amam por causa dos meus vícios, que vi morrer todos os meus filhos, só me restando um que você e ele salvaram. Diga-lhe que os deuses já não me inspiram confiança, que considero os sacerdotes tão imperfeitos como eu, e por isso tudo, preciso crer em um só deus. Diga-lhe que a minha alma necessita dele.

Naquela noite dormi tranquila. Na manhã seguinte saí forte e animada. Percorri os arredores da cidade e notei um movimento incomum. Grupos de homens, multidões de mulheres, enxames de meninos, todos falavam dele, do *homem que curava*, do *profeta* que anunciava dias de redenção, mas ninguém sabia dizer onde ele estava.

Passei assim todo o dia. Busquei também Arael, mas em vão. Já começava a escurecer e eu me dispunha a voltar ao palácio, quando o encontrei reunido a muitos outros homens. Logo que me viu, Arael apartou-se deles e dirigiu-se a mim, perguntando, carinhosamente:

– Que quer?

– Vê-lo. E perguntar por ele.

– Antes de mais nada, conte-me o que sabe.

Contei-lhe tudo o que se tinha passado comigo e ele ficou muito contente, dizendo-me:

– Você é uma felizarda!... Já cura em seu nome. E cura o filho de um homem que nos pode vir a ser muito útil. A hora se aproxima. Os sacerdotes estão furiosos, rugem como leões famintos, incitam os seus rebanhos e falam a seus servos que só os deuses lhes serão benignos. Que esse homem, que se diz o *profeta*, é um embusteiro que os quer destruir... E o povo vacila entre a palavra do homem-deus e as ameaças dos sacerdotes. Assim é que se o governador se filiar à nossa causa, será uma aquisição preciosa. Estou orgulhoso de você, porque sabe trabalhar. Agora vá descansar. Não sei onde ele se acha. Amanhã nos veremos de novo e terei notícias mais precisas.

Ao chegar ao palácio o governador saiu ao meu encontro e disse, sorrindo: – Já sei que não o viu. Vejo desânimo em seu semblante. Em compensação eu, sem sair daqui, tenho boas notícias para você.

– Quais são?

– Não adivinha?

– Não.

– Não lhe disseram nada?

– Sobre o quê?

– Sobre a sua vinda à cidade.

– À cidade! Ele virá aqui?

– Sim, atreve-se a vir!

– E o que fará, se ele vier?

– Cumprirei com meu dever.

– E qual acredita ser o seu dever?

– Evitar que promova tumultos e garantir que ninguém o insulte. Ele vem disposto a falar e falará na grande praça, em frente ao templo, diante das autoridades divinas e humanas. Vou permitir que o escutem, mas não que o aclamem. Não perderei nenhuma de suas palavras, mas vou me guardar de não fazer a minha nova profissão de fé para não me prejudicar nem prejudicá-lo. Saberei ouvir para aprender. Mas saberei usar da minha autoridade para não consentir manifestações de entusiasmo exagerado, nem alaridos dos fanáticos. Você, procure estar junto dele, e fale de mim.

Aquela noite pareceu-me um século. Não amanhecia nunca! Por fim, a aurora surgiu com o seu manto de nuvens avermelhadas e eu, alegre e ágil, como se tivesse apenas quinze primaveras, saí ao campo para orientar-me e para saber de que lado ele vinha. Todos os caminhos estavam cheios de gente e um ancião venerável me disse:

– Por que corre tanto? Ele vem à cidade, não sabe? Não percebe o grande movimento de povo?

– Mas por onde ele vem?

– De lá – e indicou-me uma direção. – Deteve-se numa aldeia e vai se deter em todas aquelas por onde passar, porque em toda a parte há enfermos do corpo e enfermos da alma. Todos o procuram e ele acolhe a todo aquele que crê em suas palavras. Vê esta menina?... Os médicos davam-na por morta – eu que a levei –, e ele, sem tocá-la, não fez mais que olhar para ela e, sorrindo docemente, me disse: – *Volte para casa com a menina, que ela já está curada*... – e, desde então, a minha filha esbanja saúde.

Eu não quis permanecer na cidade. Queria percorrer o caminho com ele... E tive que andar muito, mas andei cheia de júbilo, porque todos falavam nele com tanto entusiasmo, que me contagiava e ficava eufórica. Todos o amavam, mas eu queria amá-lo mais que todos.

Cheguei, por fim, à aldeia onde tinham dito que ele estava. Indicaram-me uma grande casa, onde ele se achava repousando por alguns momentos, esperando pelos enfermos. Sentei-me à porta dessa casa, aguardando que saísse. Muitas outras pessoas seguiram o meu exemplo.

Enfermos de todos os tipo entravam e saíam, até que a porta não se abriu mais. O tempo passou e chegou a noite. Muitos dos que estavam comigo se cansaram e foram embora. Por fim, a porta abriu-se e um homem de semblante bondoso olhou para nós e perguntou:

– O que esperam?

– Que saia o *profeta* – disse uma mulher.

– Que saia?... Pois não o viram sair?!

– Não! – exclamamos todos.

– Pois não faz muito tempo que saiu e passou por vocês. Admira-me não o terem visto!

A admiração foi geral. Mas eu senti um pesar imenso, pois já não podia ir com ele a caminho da cidade. Não tive alternativa senão de pedir albergue por algumas horas numa casa daquele lugar. Muito antes de amanhecer, pus-me a caminho com muitos outros, quase toda a população da aldeia, pode-se dizer, porque todos desejavam estar junto dele.

Que bela manhã aquela! O céu sem uma nuvem, as árvores cobertas de flores, os meninos colhendo ramos e as mulheres com os seus filhinhos nos braços, dizendo umas às outras: – O meu filho será curado, porque farei com que toque a sua túnica!

Até os velhos, maltratados pelos anos, diziam, cheios de entusiasmo: – Hoje vou nascer de novo, porque o enviado vai me curar!

Todos, enfim, colocavam suas esperanças nele.

Cheguei por fim aos muros da cidade e tive de esperar abrirem as suas portas, que, aliás, foram estreitas para dar passagem àquelas ondas de gente. Todos foram se acomodando na grande praça, que, apesar da sua extensão, tornou-se pequena para conter tantos sedentos de justiça e de luz e tantos famintos de saúde. Eu, com sofreguidão, já que não pude acompanhá-lo em seu trajeto, coloquei-me no melhor lugar, ao pé das grades do templo. Ali os soldados formavam um pequeno círculo para conter a multidão que, se não fossem eles, teria subido até nos altares dos deuses para ouvir falar o homem-deus, tal o entusiasmo que dominava a todos.

Como estava contente o meu espírito! Eu ia vê-lo!... e desta vez não poderia escapar-me: iria vê-lo em plena luz. Os raios do sol iluminariam seus cabelos sedosos e eu ouviria a sua voz muito de perto, bem pertinho, pois tentaria aproximar-me o mais possível. Precisava tanto do seu alento!...

Sentia-me tão feliz pelos momentos que me esperavam! Era necessário serenar-me para não morrer de felicidade!

Por fim, começou a ouvir-se um rumor ao longe, que foi aumentando até parecer um mar encapelado invadindo montanhas com suas ondas bravias!... E, em verdade, era o mar das paixões humanas que se agitava violentamente.

Que tumulto! Que gritaria!... Quantas aclamações! Quantas súplicas!... porque todos os enfermos queriam aproximar-se dele ao mesmo tempo! É impossível, absolutamente impossível, descrever com detalhes o quadro que oferecia a grande praça, onde se confundiam todas as classes sociais e onde os sofismas do passado e as verdades do futuro achavam-se frente a frente, dispostos ao mais encarniçado combate. Que agitação! Que burburinho!...

Quando ele surgiu, bastou a sua presença para que se acalmassem todos os ânimos. Aquela imensa multidão emudeceu, dando passagem a ele e a centenas de meninos que, solícitos, rodeavam-no.

Jamais esquecerei aqueles momentos solenes. O homem-deus, mais belo do que nunca, com seus cabelos luminosos, com a sua fronte radiante, com os seus olhos que soltavam raios de luz, com o seu melancólico sorriso, com aquela expressão que ainda não vi em nenhum rosto humano, deteve-se ante as grades do templo. Nesse momento, tornaram-se desnecessários os homens armados para conter a multidão. Ninguém mais se movia, ninguém se atrevia a transpor as grades do lugar sagrado.

Todos os olhares estavam fixos nele, todos os ouvidos estavam atentos para não perderem uma só das suas palavras.

O homem-deus relanceou, então, o olhar por sobre a multidão, até fixá-lo no governador e nos sacerdotes, e disse assim:

– Aqui me têm. Venho para dissipar dúvidas e desvanecer temores. Venho dizer-lhes que eu não sou a lei, mas que sou o amor; que não venho colher, que venho unicamente semear, e que o fruto da semente, que hoje atiro à terra, não será colhido senão quando se passarem muitos séculos. Venho dizer-lhes que só há um deus, ao qual devem adorar em espírito e verdade, um deus único que é meu Pai que está nos céus. Venho dizer-lhes que os seus deuses e seus templos estão fadados a desaparecer e que sobre as pedras dos seus escombros serão levantados outros templos para o saber. Venho dizer-lhes que só há uma religião – o Bem – com um só mandamento – *Amem-se uns aos outros*! Eu venho redimir a humanidade por meio do meu amor e do meu martírio. Venho curar os enfermos, porque estes precisam do médico da alma.

Não me tolham o passo. Deixem-me fazer o bem e deixem que os seus meninos se acerquem de mim, porque trago para eles todo o amor de meu Pai que está nos céus. Meu Pai lhes quer muito, porque as crianças são limpas de coração e será para elas o reino da paz e da justiça. Deixem vir a mim os pequeninos, e vocês outros, poderosos da terra, assemelhem-se a eles, porque só os limpos de coração entrarão no reino dos céus. Guardem bem as minhas palavras: *só há uma religião – o Bem – com um só mandamento – Amem-se uns aos outros*.

O homem-deus disse ainda muito mais, mas esta é a síntese imperfeita da sua preleção. Não posso realizar esse trabalho de outra forma, pelos meios imperfeitos de que disponho. Apesar disso, sou agradecida aos seres que, com a maior boa vontade, transmitem as *minhas memórias*, e desejo constatar, como satisfação que lhes devo, que preferi a sua boa vontade à sabedoria de outros.

Quando ele acabou de falar, a multidão abriu-lhe passagem respeitosamente e, acompanhado pelos meninos e por centenas de enfermos, deixou a cidade.

Eu fiquei imóvel no meu posto, sem saber o que se passava comigo. Tanto lhe queria falar, tanto lhe queria dizer, e nada disso fiz... Sim, mas... eu fiz alguma coisa – adorei-o! A minha alma prostrou-se diante dele e não se achou digna de levantar-se. Senti-me tão pequena que julguei uma profanação acompanhá-lo. E o que era eu ante a sua grandeza? Partícula de pó confundida na areia dos caminhos...

Repentinamente, levantei-me, olhei para o palácio e disse: – Não, aí não entro enquanto não falar com ele. O que diria o governador? Diria que não sei ser grata à bondade que me tem dispensado, e é meu dever ser agradecida. Além disso, eu preciso falar-lhe. Aqui ele falou para todos, mas comigo usa de outra linguagem, que compreendo melhor.

Dirigi-me, decidida, em direção à granja. O seu dono recebeu-me carinhosamente e disse-me: – Já a esperava. Descanse, que você bem merece.

– E minhas companheiras?

– Estão na cidade. Foram vê-lo e ouvi-lo, para trabalhar na sua obra.

Descansei na granja por alguns dias, pois me sentia extremamente esgotada. Uma tarde, ouvi rumor de muitas vozes. Estranhei, e pedi explicações ao meu antigo protetor, que me respondeu:

– Nada de particular. Hoje vamos nos reunir aqui para tomar certas precauções, pois sabemos que ele corre sério perigo. Embora tenha saído ileso da grande cidade, sabemos que preparam para ele terríveis emboscadas.

Efetivamente, chegaram muitos homens que falaram, discutiram e até brigaram, por não estarem de acordo em seus pontos de vista. Sem que ninguém esperasse, quando mais acalorados estavam, eis que ele surge no recinto.

Eu não os via, mas ouvia tudo, porque estava escondida atrás de uma porta. Ao vê-lo todos emudeceram, e ele disse-lhes, visivelmente triste: – Como empregam mal o seu tempo! Como seguem mal os meus conselhos! Eu tenho dito que não se preocupem comigo, que o que tiver que ser, será. *Só me encontrarão quando eu quiser que me encontrem, só me prenderão quando eu quiser que me prendam, e a lei será cumprida quando chegar a hora de a terra ser fertilizada pelo sangue de um homem*. Homens de pouca fé, procurem trabalhar mais proveitosamente, porque ressentimentos e rancores nunca produziram nada de bom.

Os homens afastaram-se e ele ficou à porta da casa. Eu quis sair ao seu encontro, mas não pude levantar-me. Meu corpo estava gelado e paralisado. Ao ver-me em tal situação, gritei angustiadamente: – Meu Deus! O que está acontecendo comigo?...

E, no meu desespero, ouvia a sua doce voz dizer-me: – Por que não vem?... eu a espero...

O meu corpo imediatamente readquiriu toda a sua agilidade. Levantei-me, cheguei até onde estava o homem-deus e ele, olhando-me com ternura, disse-me: – Por que tanto se empenha em seguir-me? Não sabe que não pode acompanhar-me?

– Infelizmente, eu sei, senhor, que não sou digna disso.

– Não é essa a causa. É que cada um tem que trabalhar em lugar diferente. Eu já lhe disse que não quero *adoradores da minha figura*, *mas trabalhadores da minha obra*. Estou contente com você, que, em meu nome, já cura os enfermos.

– Ah! senhor! Foi grande o meu atrevimento! Quanto me arrependi depois!...

– Porque não tem fé.

– E... salvar-se-á o menino?

– Sim, salvar-se-á, se você quiser que se salve.

– E... não tomará alguma precaução para evitar um insucesso?

– Procure fazer a sua parte, nada espere de mim, porque é chegado o momento da vinda do homem para regenerar a humanidade. Faça a sua parte, que muito tem ainda que palmilhar a terra.

– Que me diz, senhor! Que viverei ainda muitos anos?

– Anos, você disse? Muitos, muitos séculos terá que andar na Terra. Olhe para o céu. O que vê?

– O azul da imensidão.

– Nada mais? Olhe bem.

Olhei fixamente o céu, e tanto olhei, que me pareceu ver, no fundo da abóbada azulada, o homem-deus. Baixei os olhos para olhá-lo e vi o céu em seus olhos. Confusa, olhei para cima, vendo-o no céu e o céu em seus olhos, e disse-lhe emocionada: – Olho para o céu e vejo-o lá, e olho para o senhor e vejo o céu em seus olhos!...

– Olhe mais, veja bem que perceberá algo mais.

E eu olhei e vi, lá... muito longe, um arco-íris e, no meio do seu círculo luminoso, uma mulher de rara beleza. Um tremor percorreu o meu corpo, quando ele me disse com tristeza:

– Olhe bem para essa mulher envolta em luz. Ela, quando vivia na luz, chamava-se como o arco luminoso que a circunda. De um salto, precipitou-se no abismo do crime e no lodaçal do vício. Pelo sacrifício, pela abnegação e pelo martírio ascenderá até chegar à órbita luminosa da qual se precipitou. Para chegar mais depressa ela precisava do perdão de um homem, e esse homem a perdoou...

O que senti não sei explicar. Pareceu-me que perdia o corpo, que a minha alma se desligava da sua envoltura e que, mais livre e feliz, navegava por mares para mim desconhecidos.

Sem dúvida, eu devia ter entrado no estado de torpor em que ficava sempre que falava com ele. Um letargo justificado, porque, realmente, a emoção que sentia quando estava na sua presença era tão diferente das que se sente na Terra que, necessariamente, o meu espírito tinha que se render. Tinha que se curvar ante sensações tão grandiosas, tão extraordinárias, tão surpreendentes, tão fora dos limites do espaço em que o meu ser vivia!

Esse estado deve ter durado muito tempo, e eu não posso descrevê-lo com a medida que se usa na Terra. O que sei é que, quando dei conta de mim, quando senti que ainda vivia, fiquei muito desconsolada. Estava só na granja, no casarão enorme, onde não havia nada, absolutamente nada, que me prendesse a atenção.

Que tristeza!... Que abandono!... Que solidão!... Que frio eu senti na alma e no corpo!...

Recordava o que ele já me tinha dito, que não o veria mais na Terra e, desolada, dizia: – Se não o verei mais, para que viver? O que farei no mundo se sou uma folha seca arrancada da árvore da vida?!...

Não tinha um lar, porque o abrigo que me concedia o governador não preenchia a minha alma. Estava tão abatida e sentia-me tão abandonada que já não podia mais. Morrer era o melhor para mim. Ele não me queria a seu lado e, mais ainda, não tornaria a vê-lo... Meu Deus! Meu Deus!...

A vida pesava-me tanto que, novamente, perdi os sentidos e fiquei como morta. Naquele estado angustioso permaneci até sentir que batiam fortemente na porta. Levantei-me maquinalmente e, como se uma mão invisível me guiasse, fui abrir. Em meio à débil luz das estrelas, apresentou-se um homem que não reconheci.

O recém-chegado disse-me, então, carinhosamente:

– Mulher, acenda a luz! Já basta a treva em que ambos vivemos e não devemos aumentá-la com as sombras da noite.

Acendi a luz e identifiquei Arael. Olhamo-nos com profunda tristeza e ele disse:

– Falou com ele?

– Sim, vi-o pela última vez e estou a ponto de morrer...

– Eu também, embora seja outra a razão. Por isso vim. Preciso de alguém que me console. Sou tão infeliz!...

Enquanto Arael falava, senti que os meus olhos fechavam-se e que, sem que eu tivesse controle, minha cabeça buscava apoio em alguma parte. Ele, então, continuou com amargura:

– Como é grande o meu infortúnio!... Venho aqui para ouvir uma frase de consolação, e você é vencida pelo sono! Durma, mulher, durma. Quem tem esperado toda uma vida, esperará mais uma noite...

E eu, sem poder suster-me, levantei-me cambaleando e dirigi-me para o meu antigo aposento. Ali me deixei cair.

Passei muitas horas sonhando, sofrendo, lutando com recordações e pressentimentos, com dúvidas e certezas, com alegrias e desesperos.

Por fim, os raios do sol iluminaram o meu aposento e eu me levantei, um tanto mais forte, dirigindo-me ao lugar onde tinha deixado Arael. Encontrei-o dormindo, e o seu sono não era mais calmo do que havia sido o meu. Ele chorava e ria, blasfemava e murmurava palavras doces chamando sua mãe. E eu, ao ouvi-lo, estremeci, porque, de pronto, pensei na minha, em meu pai e meus irmãos. Nenhum deles tinha seguido os meus passos, e se me amassem, com certeza, teriam corrido, apressados, até me acharem. Mas ninguém me tinha procurado!... Que castigo! Que abandono cruel!...

Ao observar que Arael continuava chorando, despertei-o, perguntando-lhe o que tinha e por que chorava.

"– Porque sofro muito – replicou ele com profunda tristeza. – Porque despertei do sonho do crime e agora só vejo o castigo. Reconheço a minha baixeza e, como as minhas lágrimas não produzem água bastante para lavar as faltas que pratiquei, preciso das lágrimas de outrem, de alguém que me ame e que se compadeça de mim.

Leio o assombro em seu semblante, vejo que olha para o meu rosto queimado de sol e que lhe parece impossível que uma figura tão rudemente talhada tenha uma alma sensível, sedenta de carícias e de amor. Estremece? Tem medo? Acredita, por acaso, que, aproveitando a solidão em que estamos, eu buscaria a fêmea que há em você, na ânsia de satisfazer desejos impuros? Tranquilize-se, mulher, tranquilize-se. Eu preciso de você, é verdade, por isso vim procurá-la, mas não preciso do seu corpo. Preciso de algo muito mais importante. Venho pedir-lhe compaixão para o culpado, lágrimas para o delinquente, orações para o morto, porque eu vou morrer.

Não sabe ainda?... procuram-me como procuram-no, embora sejam distintas as causas da perseguição.

A ele perseguem porque têm medo que derrube os altares dos deuses. A mim procuram porque a justiça humana, há tempos, condenou-me à morte afrontosa. Essa morte sei que a mereço, pelas minhas próprias obras, pelos meus instintos ameaçadores.

O que a justiça ignora é que estou arrependido de meus crimes e que, depois de escutar a palavra divina do homem-deus, tenho chorado muito, muito... O meu pranto queimou-me o rosto e, ao mesmo tempo, curou-me o coração. Sim, eu já não sou mau! Já me comove o pranto da criança, já me impressiona o abandono do ancião, já me privo do pão para dá-lo ao que tem fome, já me deixo ficar sem água para matar a sede do meu semelhante. Mas isto não é o bastante porque, embora eu diga, ninguém me acreditará. Os juízes da Terra não sabem julgar as almas. Destroem os corpos, matam o que matou, sem lhe perguntar o que sente, o que pensa, o que espera e em que crê.

Por isso eu sei que vou morrer e é justo que eu morra. Não morri ainda porque tenho burlado a ação da justiça, porque tenho fugido sempre a tempo. E sempre fugi porque queria viver para ele, porque queria ser-lhe útil. Convertido em espião, eu sabia onde se ocultavam os seus perseguidores.

Ele nos disse, da última vez, que não trabalhássemos para ele, que procurássemos cada um trabalhar para si. Que são inúteis a espionagem de uns e a cilada de outros, porque aproxima-se a hora e que é necessário estar cada um firme em seu posto. O meu posto, na Terra, está no madeiro humilhante, onde as mãos que tanto dano têm feito serão mutiladas.

Vou morrer, mas não tenho coragem bastante para ir só. Necessito de alguém que me acompanhe, não para morrer comigo, mas para chorar por mim e para dizer à multidão: – Veem este homem que foi tão mau? Pois ele o transformou. Ele, com as suas preleções, comoveu o seu coração de bronze e o fez chorar muito. E o tigre converteu-se em manso cordeiro.

Esse homem, que a ninguém tinha amado, porque viveu só no mundo, suspirou por um carinho, sonhou com um lar na Terra, e ter ali o que até os animais têm: pedacinhos de seu coração, alimentados e protegidos pela sua ternura.

Sim, eu quero que se diga tudo isso, e as pessoas acreditarão porque já não estarei vivo.

Tenho procurado, com afã, uma mulher que compreenda a minha situação penosa. E você, que também pecou muito, você, que também tem rolado no mundo como a pedra desprendida da montanha, pode encarregar-se de dizer ao povo quem foi Arael. Ao fazê-lo praticará duas boas obras: irá conceder-me o que lhe peço e manifestará o poder da palavra daquele que disse: – *Deixem vir a mim os meninos porque eles são os limpos de coração*.

Diga ao povo que eu vi nascer o homem-deus e que, desde pequenino, ao olhar-me, ele me fazia tremer, e que, quando me encontrava, dizia-me sempre: – Até quando há de ser um criminoso? Ainda não está farto de crimes?

E eu, envergonhado de mim mesmo, cruzava os braços e respondia:

– Quem é você, menino, para me falar como um homem?

– Sou o enviado de meu Pai que está nos céus – dizia ele.

Conte tudo isto às pessoas, diga-lhes que devo a minha redenção ao homem-deus, que as suas palavras calaram fundo no meu coração e que já não sou um criminoso. Que desde muito tempo, quando vejo uma formiga, evito pisá-la. Diga-lhes que tudo isso eu devo a ele e que quisera ter mil vidas, para empregá-las todas no bem, todas!...”

As palavras de Arael comoveram-me profundamente e eu pude admirar a delicadeza do seu sentimento. Compreendi quanto valia a palavra do homem-deus, que fazia da dura rocha corações de cera delicada, que se derretiam ao calor divino do amor.

Olhei Arael com admiração, estendendo-lhe a mão e dizendo-lhe carinhosamente: – Tem razão. Ninguém melhor do que eu pode compreendê-lo, porque eu sei o que é viver desprezado de todos, sem um lar, sem ouvir uma voz carinhosa que nos pergunte por que choramos. Eu também me julgo demais na Terra, desde que ele me disse que eu não tornaria a vê-lo. Por isso prometo-lhe que, se for cumprida a lei e uma morte humilhante destruir o seu corpo, eu estarei ao seu lado para que me veja e diga, ao chegar o fim: *tenho alguém que vai chorar por mim.*

Arael, ao escutar as minhas palavras, não pôde ocultar sua emoção. De seus olhos brotaram lágrimas de gratidão, num copioso pranto. Suspendendo-me com seus braços de ferro, apertou-me contra o coração, dizendo: – Como estou contente!... Já não estou só, já posso morrer tranquilo. Você chorará por mim e dirá ao povo que odeio o delito, que abomino o meu passado e que sonho com a minha redenção...

Eu, então, como se estivesse inspirada, disse-lhe: – Sim, sim! Direi que você quer reparar-se e... quem sabe se poderemos consegui-lo um dia!... O corpo é destruído na morte, mas a alma... a alma, se é imortal, de algum modo tem que manifestar-se, trabalhando em seu próprio aperfeiçoamento. Talvez tenha que voltar à Terra em diferentes corpos e, então, o criminoso de hoje será o menino inocente de amanhã, que receba os beijos de sua mãe e que seja a alegria do seu lar...

– "Ah! sim, tem razão – exclamou Arael com entusiasmo. – É fatal que seja assim. Os meus propósitos de emenda não podem ficar sepultados com o meu corpo. O que há em mim de divino não pode confundir-se com estas mãos que um dia se mancharam com o sangue dos meus semelhantes. A grandeza, a sublimidade dos meus pensamentos, não pode assemelhar-se ao fogo-fátuo.

As prédicas do homem-deus têm que ser mais úteis, têm que dar melhores resultados. Os redentores não vêm ao mundo somente para ajudar os criminosos a morrer bem. As suas palavras devem ser mais assimiladas, devem ressoar por séculos e séculos nos corações dos homens redimidos.

Como é grande a alegria que a minha alma experimenta!... Mulher, seremos outra vez crianças! Você disse a verdade; ele deve ter falado pela sua boca.

Feliz de você, e feliz de mim porque pude ouvi-la! Dizia-me o coração que, em você, eu acharia o consolo. Sabe, porventura, o que é ter achado consolo?... É renascer para a vida da esperança e da felicidade...

Quando eu deixar este mundo, sei que vai chorar por mim, sei que dirá que o homem-deus converteu-me de tigre em cordeiro, e sei também que, quando a minha alma despertar, além do sepulcro, vou encontrar-me com você. Sim, eu encontrarei você!

Agora sim, vou contente e não preciso mais ocultar-me. Meu trabalho na Terra está terminado. Que se cumpra a lei dos homens. Eu cumprirei a lei de Deus, que é viver eternamente, progredindo sempre. Você assim disse e ele falou pela sua boca. Adeus, mulher, adeus!"

E, levantando-me em seus braços, deu-me um beijo na fronte, dizendo, ternamente:

– Ao despertar na eternidade, recordarei este beijo para esperar e amar, porque serei bom, muito bom!... Você verá!...

Que impressão causou-me o beijo daquele desventurado!... Ao vê-lo partir, meu coração angustiou-se, mas, ao mesmo tempo, uma doce esperança fez-me sorrir. Eu ia ser-lhe útil porque adoçaria os seus últimos momentos e, depois, além-túmulo, Deus sabe o que eu poderia fazer por ele...

Comigo dava-se o mesmo que com Arael. Em sua longa conversação, ele havia me dito:

– Eu adoro o homem-deus, mas como ele é um sol, fico ofuscado, não posso olhá-lo, não posso aproximar-me. Parece-me que entre mim e ele deve existir sempre uma grande distância. E, embora as suas palavras tenham-me feito compreender que os criminosos navegam na sombra e que na sombra não se vive, isso não é o bastante para uma alma abandonada a si mesma. Os seres humanos têm necessidades humanas. O que é divino maravilha-nos, extasia-nos, mas não o podemos estreitar em nossos braços porque alguma coisa o impede.

Era exatamente o que me acontecia em relação ao homem-deus. Quando estava perto dele, ao mesmo tempo que o meu ser sentia, deixava de sentir, porque a sua superioridade me aniquilava. Mas eu também necessitava algo para mim, algo culpável e pequeno como eu.

Pensei, divaguei muito, e acabei por entristecer-me ao ver que ninguém voltava à granja.

Que fazer? Comecei a sentir medo e já me dispunha a voltar à cidade, quando chegou o seu proprietário, que me disse, satisfeito:

– É uma boa vigia. Agora já pode retirar-se.

– Sim, já me preparava para isso.

– Antes de sair, porém, contemple bem estas paragens. Olhe-as atentamente, despeça-se delas, pois não tornará a descansar sob o seu teto hospitaleiro.

– Não?... Por que me expulsa daqui?

– Eu não a estou expulsando. É que também me vou, para não mais voltar. Esta casa já não me pertence. Agora são outros os seus donos.

– E para onde vai?

– Seguir o homem-deus, seguir o profeta, o enviado, e se ele se arruinar, vou arruinar-me com ele. Adeus, mulher, parto contente com você. Prossiga na sua obra e seja forte na luta – e, fazendo um gesto de despedida, apontou-me o caminho da fonte.

Tantas sensações! E todas distintas, todas desencontradas, deixando-me o mesmo resultado: o abandono. Todos me deixavam e perdia tudo, até aquele refúgio onde a minha alma tinha encontrado a saúde!

Com quanta pena eu me despedi daqueles lugares! Quanta tristeza! Quanto silêncio... até os pássaros não cantavam mais! Só a fonte continuava murmurando a sua eterna história! A água caía sem interrupção por sobre as pedras abruptas, sem aumentar nem diminuir o seu fluxo. E eu, olhando o curso da água, disse, com íntima convicção:

– Assim deve ser o amor de Deus! Eterno! Imutável! Deus deve amar a todos os seus filhos sem sentir, jamais, aumento ou diminuição no seu carinho. E, criando-nos para a eternidade, ao mesmo tempo criou leis que se cumprem rigorosamente.

Eu não podia compreender por que havia caído, mas me arrependia de todo o coração de não ter seguido o bom caminho.

– Meu Deus! Meu Deus! Tudo se acaba! Já não verei mais o homem-deus! Arael disse que vai morrer, este lugar mudou de dono e, num momento de apuros, não tenho mais onde refugiar-me. Resta-me o palácio do governador, mas lá não é o meu lugar, lá estou fora do meu meio. Não obstante, é para lá que tenho de voltar e já, porque a noite se aproxima e não quero ficar ao relento.

E, recobrando o ânimo e as forças, pus-me a caminho e cheguei à grande cidade pouco antes de as portas serem fechadas. Pressurosa, dirigi-me para o meu aposento, onde me deitei imediatamente. Precisava muito de repouso.

No dia seguinte, dirigi-me aos pavilhões encantadores das torres de marfim. Ao entrar, a primeira coisa que perguntei às escravas foi pelo estado do menino. Antes que elas tivessem tempo de me responder, saiu o menino Abelin ao meu encontro. Estendeu-me os braços, dizendo-me carinhosamente:

– Você é muito má. Por que se afasta? Não sabe que a estimo muito, que por sua causa estou bom?... Minha mãe e meu pai aguardam você. Todos a queremos bem e você se afasta. Por quê?

E Abelin, fixando em mim o seu doce olhar, deu-me um beijo. Ao sentir no rosto o contato dos seus lábios, recordei-me do beijo de Arael e não pude deixar de fazer uma comparação entre aqueles dois beijos.

O do primeiro era o laço de união para consolar a um desventurado, beijo que vibrava ainda na minha mente. Naquela manhã, ao despertar, sentimentos desencontrados haviam me tomado de assalto e parecia que me diziam: – *Lembre-se da promessa que me fez. Conto com as suas orações na Terra e a sua aliança no espaço*.

O beijo do segundo – o de Abelin, daqueles lábios ainda não manchados pelas impurezas da materialidade – era algo que me falava de outra vida melhor. Oh! sim, a voz do menino era a voz do porvir, abrindo-me as portas dos céus, dos céus da minha redenção. Como me comoveu o beijo daquela criança!... Fiquei tão perturbada que não soube corresponder às suas carícias e ele despertou-me, dizendo, a sorrir: – Mas você não beija?

– Beijo sim, meu filho – e beijei-o na testa.

– E na face, não?

– Sim, meu filho – e beijei-lhe uma das faces.

– E na outra, não?... Minha mãe diz que os beijos devem ser completos e, por isso, ela me beija na testa, na boca e nas faces. Beije-me também assim.

E o formoso menino me apresentava o rosto, repetindo: – Beije-me, beije-me.

Eu me sentia tão bem com a sua inocente insistência! Beijei Abelin com toda a minha alma e, guiada por ele, entrei no aposento de sua mãe, que me disse com a maior satisfação: – Por que demorou-se tanto?... Não sabe que a esperávamos?... Viu o homem-deus?

– Sim, vi.

– E o que lhe disse ele do menino?

– Que viverá!

– Sim?! O meu filho viverá para consolar-me de tantas amarguras? Ah! quanto lhe devo, mulher! Quanto lhe devo! Nem pode imaginar! Você acredita que só se sofre rolando pelo mundo... Aqui dentro também, entre ricos tapetes, tendo sido embalada ao nascer por mais de um soberano, em meio a todas as grandezas, enfim, também se chora! Aqui também se passam noites sem sono e dias sem pão, pois tudo é supérfluo quando a alma chora. O corpo desfalece de fome, mas falta-nos a coragem para beber ou para comer. Os homens não tratam mal somente as mulheres perdidas. Também desprezam a mãe de seus filhos, também a abandonam nas suas horas de tribulações.

Chegou o governador e perguntou-me, com ansiedade:

– Você o viu?

– Vi, senhor, e ele me disse que o seu filho viverá.

– Que viverá!... Quanto devo a ele e a você!... Temos muito, muito que falar, e por isso, depois do almoço, vou acompanhá-la ao seu quarto.

Terminado o banquete, porque na sua residência a mesa era sempre esplêndida, o governador acompanhou-me até os meus aposentos. Fez-me sentar e, sentando-se na minha frente, disse gravemente:

– São chegados os momentos de prova, e eu tenho de cumprir com dois deveres: primeiro, o dever de homem de Estado; segundo, o de pai agradecido.

Todos os meus filhos morreram atormentados pelos gênios do mal. Abelin, porém, salvou-se porque o homem-deus serviu-se de você para salvá-lo, e a minha consciência grita: – Avise-o, diga-lhe que a sua vinda à cidade enfureceu os sacerdotes e estes trabalham com ardor incansável para derrotá-lo, valendo-se de todas as infâmias imagináveis. Já compraram, por bom preço, muitos homens sem consciência para fingir-se de enfermos e que dizem que ficaram feridos de morte quando passaram pelo profeta, e que este é rodeado de gênios do mal. As rameiras contam histórias inverossímeis e as mais escandalosas, dizendo que o enviado tem todos os vícios. As multidões ignorantes gritam que o homem-deus as aconselha a que cometam todos os crimes, a que destruam todos os poderes.

Tanto, enfim, tem-se dito, tanto tem-se mentido, que o rei ordenou a sua perseguição, sua prisão e sua morte.

Tudo está arranjado, por isso, quero que saia à sua procura e que diga a ele que, se como governador sou obrigado a prendê-lo, como pai agradecido aviso para que se afaste, para que desapareça destas cercanias, porque não quero ver a morte daquele que salvou o meu filho. Vá depressa, não se detenha mais.

– Senhor, é inútil ir procurá-lo porque ele me disse que *só irão prendê-lo quando ele quiser que o prendam*.

– Não se importe com isso, vá falar-lhe em meu nome. Não é você que vai dizer que se afaste para longe, sou eu que lhe rogo. Amanhã bem cedo você irá procurá-lo. Eu sei onde ele se encontra.

Não tive remédio senão obedecer. Porém, de manhã cedo, segui convicta de que nada conseguiria. Andei três dias sem parar para chegar ao lugar onde se encontrava o homem-deus. Uma enorme multidão esperava-o no campo e centenas de enfermos formavam um círculo à sua espera. Uma aclamação unânime fez-me compreender que ele chegava e então a sua voz se fez ouvir, dirigindo palavras de consolo e encorajamento aos enfermos.

Só que eu via a multidão, ouvia a sua voz, mas não o via. Olhava para todos os lados, mas era inútil. Então, quis andar e abrir passagem para procurá-lo, mas não pude me mover. O que mais me deixava angustiada era não poder vê-lo. Não entendia por que via todos, menos ele.

Por fim, ouvi a sua doce voz, que me disse: – O que tem? Por que não vem?

– Porque não posso, senhor, porque estou sem movimento e, o que é pior, ouço-o e não o vejo!... Senhor! Terei ficado cega?

– Cegos ficam todos aqueles que se entregam à idolatria. Você me idolatra e por isso não me vê. Não quero idólatras da minha figura, mas trabalhadores para a minha obra de redenção. Diga ao que a enviou que já sei de tudo, que não se preocupe comigo. Aproxima-se a hora de grandes transtornos. Irão prender-me para comover o mundo e não a mim, porque eu, ao vir à Terra, sempre soube do caminho que tinha a percorrer. Sabia que, sem o martírio, a minha obra não ficaria sedimentada. Volte ao lugar de onde veio e diga ao que a enviou que não dê um passo por mim, que no dia propício vamos nos encontrar e que cada um, a seu tempo, terá que cumprir com aquilo que lhe competir.

10. Segunda cura: chamamento ao trabalho

As palavras do homem-deus ressoaram por muito tempo em meus ouvidos e, como não o tinha visto – esse era o meu objetivo maior –, a minha impressão foi mais profunda, mais duradoura e mais dolorosa.

Eu não me conformava de não tê-lo visto. Era um sacrifício superior às minhas forças. Não vê-lo!... não vê-lo, eu, que lhe quero tanto, tanto!... E por que todos os outros tiveram a graça de vê-lo, menos eu?... Ingrato!... Acaso quero o homem?... Quero o ar que ele respira, quero a sua alma, tudo o que é ele, menos o seu corpo.

Parecia-me a profanação mais espantosa considerar-me digna de aproximar-me dele!... O meu afã é outro, o meu desejo é mais elevado, mais puro, mais intenso! Meu Deus!... Meu Deus! Eu não posso viver sem ele!...

Como sofri!... Nem sei se passei ali aquela noite, se passaram-se alguns dias, não sei, porque não se pode medir o tempo que se chora, e eu chorei muito.

Em torno de mim acampavam muitas outras pessoas que se preparavam para voltar aos seus lares, e eu ouvi alguém dizer: – Os que querem partir precisam se apressar, se não quiserem ser alcançados pela tempestade. Essas nuvens, negras de um lado e avermelhadas do outro, anunciam uma chuva torrencial. Salve-se quem puder, corram, voem!

Os mais jovens e ágeis, e os mais dispostos, puseram-se a caminho rapidamente. Os mais fracos e doentes e os velhos procuraram abrigar-se o melhor possível nas cavidades das rochas. Fiquei com estes últimos, porque não podia mover-me. A dor tinha me aniquilado e o meu sofrimento era tal que murmurei, com dolorosa satisfação: – A tormenta se aproxima e dizem que será horrível. Não posso mover-me e, se for arrastada pelas águas, tanto melhor! Assim acabarei de uma vez, já que de nada sirvo neste mundo!

Foi quando, imediatamente, ouvi a voz dele: – Ande, egoísta! Ande! Não dizia que queria trabalhar em meu nome? Pois é tempo de começar.

Ao ouvir a sua voz envergonhei-me da minha fraqueza, pedi-lhe perdão com minhas lágrimas e refugiei-me, a tempo, debaixo de uma rocha.

A tormenta da natureza estava em consonância com a tormenta da minha alma. Como chovia!... Parecia que as nuvens tinham sugado a água de todos os mares do universo e que a Terra ia desaparecer, arrastada pela impetuosa corrente daquele mar que se precipitava, destruindo quanto achava em seu caminho.

Que luta terrível sustentava o meu espírito! Quando os raios iluminavam o espaço, meu corpo era abalado violentamente e eu dizia, com íntimo prazer, que ia sucumbir. Mas, por outro lado, não queria morrer sem tornar a vê-lo.

Ele dizia que não o adorasse, mas eu não podia deixar de adorá-lo. Desesperava--me ante a ideia de não tornar a vê-lo. Tanto assim que, quando passou a tempestade, quando de novo brilhou o sol e os caminhos permitiram ser transitados, em lugar de voltar à cidade, decidi acompanhar a multidão que ia à procura do homem-deus.

Muitas famílias se dispuseram a pôr-se em marcha. Juntei-me a um casal com uma menina de poucos anos, que não podia andar. O pai era velho, a mãe mais jovem, mas os três pareciam enfermos. Aproximei-me deles, entabulamos conversa e o ancião, muito desanimado, disse-me, com profunda tristeza:

– Chegamos tarde. Como a minha filha não pode andar e as minhas forças já estão escassas para sustentá-la nos braços, sua mãe e eu a trouxemos até aqui. Mas chegamos quando o profeta já se havia retirado. É preciso andar muito para chegar onde ele descansa e por isso desisto de ir procurá-lo. Que os deuses venham em meu auxílio, para que a minha pobre filha sare...

– Os deuses? Os deuses não farão o que faz o homem-deus. O que tem a sua filha?

– Ela não pode andar.

Eu, então, lembrei-me do filho do governador, do formoso Abelin, e, sentindo--me impulsionada como daquela vez, aproximei-me da menina. Ela estava deitada no solo, tendo a cabeça apoiada nos joelhos de sua mãe. Olhei-a fixamente e disse:

– Levante-se!... Levante-se e ande.

A menina olhou-me assombrada e tratou de levantar-se. Conseguiu sentar-se e eu tomei-lhe as mãos, repetindo imperiosamente:

– Levante-se e ande.

Ela se levantou aturdida, dizendo-me, ao ver-se de pé:

– Pode largar-me.

Soltei as suas mãos e a menina, louca de alegria, deu alguns passos, abriu os braços e caiu ao solo, dando a todos um grande susto. Fiquei arrasada. O pai ameaçou-me, com o punho cerrado, que se a filha morresse, eu teria que pagar caro a sua morte.

A mãe chorava em silêncio e a menina sorria. Eu, apesar do susto, pensei nele, pedindo-lhe auxílio. Aproximei-me novamente da menina, dizendo-lhe:

– Levante-se e ande! Assim ele quer!...

E a menina levantou-se imediatamente, deu alguns passos e atirou-se em meus braços, dizendo ternamente: – Alma minha! Devo-lhe tudo! Já estou boa!

Seu pai ficou pasmado. Via a filha andar e não podia acreditar, pois estendia os braços na ânsia de ampará-la, para que não voltasse a cair. Porém, ela recusava o seu apoio, dizendo-lhe: – Deixe-me! Deixe-me. Já estou boa!

E abraçava-me de novo, voltando a correr.

Falamos muito, o ancião e eu, sobre o homem-deus. Exaltei-o tanto que resolvemos seguir até encontrá-lo. Mas o ancião ponderou: – Se já curou a minha filha, o que vou fazer lá? A mim ele não curará, que o peso dos anos, só se tira com a morte.

Mas eu estava tão contente de ter encontrado aquela família, que lhe disse: – Se tanto agradece a cura da sua filha, dê-me uma prova da sua gratidão, acompanhando-me até que o encontremos.

O ancião acedeu às minhas súplicas e, reunidos a muitos outros, pusemo-nos a caminho.

A menina não queria afastar-se de mim. Seus pais olhavam-na extasiados. Todos os que nos acompanhavam, ao saberem do que se tinha passado, olhavam-me com respeito e veneração.

Seguimos tranquilamente a jornada até chegarmos a um caminho muito estreito, à beira de um abismo.

Mais adiante aquele caminho dividia-se em dois. Um deles era um atalho, mas tão estreito e perigoso que ninguém quis ir por ele, apesar de poupar em muito a caminhada. Só eu me empenhei em ganhar tempo. A menina, decidida a acompanhar-me, disse aos pais: – Eu não me separo daquela que me salvou a vida. Quero ir com ela ainda que seja até o fim do mundo.

O ancião não se conformou com o que disse a filha, mas a pobre mãe concordou e ele não teve remédio senão ceder.

Ninguém mais quis acompanhar-nos. Seguimos somente os quatro pelo desfiladeiro, um atrás do outro. Era tal a excitação, o desejo que tinha a minha alma de encurtar caminho para chegar mais depressa ao lugar onde ele estaria, que me esqueci do velho senhor. Diante da minha impetuosidade, ele disse-me, pouco tempo depois de termos entrado naquela senda estreita e perigosa: – Mulher, detenha-se, detenha-se, porque eu não posso mais. Não sei se os bons espíritos a acompanham, porque, em verdade, curou a minha filha, mas creio que aqui morreremos todos, pois nem sequer há lugar para descansar. Minhas pernas se dobram e sinto tanta dor que parece que seres invisíveis me golpeiam sem dó.

Ao ouvir as suas palavras comovi-me profundamente. Reconheci a minha loucura e, pensando nele, disse ao pobre ancião: – Olhe para mim, porque vou fazê-lo voar.

E, virando-me, não sei como, apoiei as minhas mãos nos seus ombros, olhei-o fixamente e disse-lhe, convicta: – Chegará são e salvo, porque ele quer, está ouvindo? Ele quer, e o que ele quer é justo e sempre será cumprido.

O pobre velho estremeceu e murmurou: – Parece que nas minhas veias corre sangue novo, mulher! Não sei quem você é, mas as suas obras são boas. Estou mais forte. Sigamos.

E, realmente, não se queixou mais. Somente depois de termos transposto o desfiladeiro é que refleti com assombro. Parecia impossível que tivéssemos passado por aquela borda estreita de caminho. O ancião estava perplexo. Podíamos ter caído naquele insondável precipício, morrendo na certa.

Mas o que importava isso, se tínhamos passado? Se havíamos cortado muito caminho?

Fomos dos primeiros a chegar ao lugar onde o enviado era aguardado. O ancião contou a várias pessoas o que lhe tinha acontecido no caminho comigo e a cura da filha. Surgiram, então, rumores de que eu era ele, pois diziam que a sua aparição acontecia de diversas maneiras.

Quanta ignorância! Confundiam a luz com a treva, o ser maior que já pisou na Terra com a mulher mais fraca e mais pecadora!...

Esperava-se a chegada de muitos enfermos. Ali, como em toda a parte, tinha ele muitos adversários, e estes diziam: – Vamos ver se o profeta consegue curar um cego de nascença.

Chegou o cego, um homem de meia-idade e rosto simpático, do qual me acerquei e disse:

– Não enxerga nada?

– Não. Pouco depois de nascer fiquei cego, mas dizem que há um homem que faz milagres e venho ver o que fará comigo.

Sem dar-me conta do que fazia, pus as mãos em seus olhos e disse-lhe, pensando nele:

– O que vê?

– Ai! Não sei, mas já não estou na obscuridade. Não sei explicar, mas não estou como antes.

– Olhe, olhe bem.

E diante dos seus olhos arregalados pus as mãos a curta distância. O cego deu um grito e levantou-se, exclamando: – Vejo uma mão!... Quem é você, mulher?! Quem é?...

Outros se aproximaram fazendo o que eu tinha feito, mas o cego não via senão a minha mão. Isto deu margem a muitos comentários: uns diziam que eu devia ser uma das muitas que ele havia seduzido e ensinado a enganar; outros, que os bons espíritos tinham-me eleito para curar em nome dos deuses. Todos falavam ao mesmo tempo, discutindo tão acaloradamente que parecia quererem enfrentar-se.

O ancião que tinha me acompanhado, referindo-se a ele, dizia com seriedade: – Sem sombra de dúvida teremos grandes transformações, porque parece que os deuses estão caindo e que Deus apresenta-se aos homens com toda a sua imponente majestade. Todos os que têm visto o homem-deus dizem que os seus olhos despedem uma luz que ilumina o mundo.

Ao ouvir as palavras do meu companheiro, dizia a mim mesma com amarga tristeza: – E por que ele, que ilumina o mundo, cega a mim?...

Todos continuaram a falar e a falar, até o momento em que ele apresentou-se... A sua presença fez arrancar um murmúrio de admiração e, de todos os lados, começou-se a ouvir gritos de aclamação, vozes entrecortadas por soluços pedindo misericórdia, lamentações dos doentes exigentes que queriam ser atendidos em primeiro lugar e verdadeiros uivos dos paralíticos que, deitados em suas camas improvisadas, gritavam: – Venha, não se esqueça de mim! Ah! Se eu pudesse levantar-me veria se é tudo verdade!...

Aquela indescritível confusão chegou a tal ponto que ele disse, severamente, aos que nem sequer lhe deixavam dar um passo:

– Afastem-se, não me encerrem em círculo tão estreito. Venho a vocês para dar-lhes luz, para curar os seus corpos e iluminar as suas almas e irei a toda parte onde se ouça um grito de dor. Meu Pai! Meu Pai!... todos me querem e, não obstante, não me entendem. As minhas palavras ressoarão sempre, mas agora... agora não farão eco, porque os que agora me seguem continuarão a ser tão egoístas como dantes. Abram passagem e eu curarei os seus corpos, já que não posso curar as suas almas.

A multidão obedeceu por um momento, alargou o círculo e ele pôde avançar. Mas era tal a atração que todos sentiam pelo homem-deus, que não era possível se afastarem, e até aquele que se tivesse aproximado não mais podia mover-se.

Eu não o via, mas apoiada ao ancião ia abrindo caminho, acercando-me o mais possível. E o meu companheiro, que nunca o tinha visto, dizia-me: – Tem razão, vê-se o céu nos seus olhos. Tudo nele é belo, mas a sua fronte e os seus olhos são admiráveis!...

Inúmeros enfermos receberam dele a consolação e a vida.

Havia naquele lugar uma mulher que, segundo diziam, era vítima dos gênios do mal. O profeta foi à sua casa, encontrando a infeliz a contorcer-se como uma serpente faminta. Aproximando-se dela, disse-lhe docemente:

– Conhece-me?

A mulher olhou-o assustada. Chegou mais perto e respondeu-lhe:

– Não me lembro de tê-lo visto nunca, e creio que o tenho visto sempre.

– Mulher! mulher! Por que persiste em viver como escrava? Tem pecado, mas também tem sofrido, e por isso ficará curada.

– Meu Deus!... Você é o meu Deus!...

E a mulher caiu de joelhos a seus pés.

– Não, não sou o seu Deus. O seu Deus e o meu está na natureza. Levante-se, mulher, que eu não quero escravos. Lembre-se bem das minhas palavras: amando, será livre, e enquanto odiar será escrava...

É impossível descrever detalhadamente as curas e as pregações que ele fez naquele lugar... Era tal o entusiasmo da multidão que muitos disputavam espaço para poderem aproximar-se, tocar a sua túnica e encostá-la, se pudessem, nas suas chagas.

Ele, então, lhes dizia: – Eu não venho unicamente curar os corpos, venho dar luz às almas. Não se aproximem tanto de mim porque não é isto o que eu quero. Também não quero que me sigam. Quero, sim, que vão por outros caminhos e façam o bem em meu nome. Necessito de gerações que raciocinem e não que creiam cegamente. A humanidade, ajoelhada, será sempre escrava, e eu quero-a de pé, olhando para o céu. Vão! Voem com os seus bons anseios. Pensem em mim, peçam de boa-fé e eu lhes darei a inspiração, o calor e a vida. Trabalhem em meu nome, trabalhem, corram em todas as direções, ajudem-me na minha obra que é a obra dos séculos.

Quando ele falava tudo se iluminava. As multidões que o escutavam, miseráveis e repulsivas que fossem pela ignorância, parecia que se transfiguravam ao ouvi-lo. E todos levantavam a cabeça, olhavam para o céu e a luz da inteligência brilhava em seus olhos. O ancião que me acompanhava parecia rejuvenescido.

E eu testemunhava tudo isso... via tudo... menos a ele, e tal foi o meu desânimo, a minha angústia, que teria caído por terra se o meu companheiro não me amparasse. Lágrimas de fogo queimaram-me as faces e eu ouvi a voz dele, que me dizia com ternura, com aquela ternura que tanto mal e tanto bem me fazia:

– Por que teima em me seguir se é para buscar desgostos? Por quê?... Se tem tanto que fazer!... Por que teme a minha morte?... se não se morre nunca, mulher! Vive-se eternamente. Percorra o caminho de volta, não siga os meus passos, porque outros precisam seguir os seus.

Enquanto ele falava, sentia-me morrer e renascer ao mesmo tempo. Mas sofria tanto por não poder vê-lo que, tomando rapidamente uma resolução, disse-lhe com profunda amargura:

– Obedecerei, não virei mais procurá-lo. A luz do seu espírito cega-me e não quero viver sem vê-lo. Adeus! Adeus, formoso sonho da minha vida! Aonde irei agora, meu Deus? Aonde irei?

– Trabalhar! – replicou-me, imperiosamente.

Fiquei como que aniquilada, mas disposta a não mais segui-lo, porque sofria horrivelmente.

A multidão foi se retirando e ele, acompanhado por muitos outros, dispôs-se também a seguir viagem, segundo disse-me o ancião. Então, senti a vertigem do desespero e, louca, frenética, disse ao velho: – Ouviu o que disse o homem-deus? Ele lhe falou diretamente, dizendo que também podia fazer o bem em seu nome, porque, se leva consigo o peso dos anos, leva também a doce carga das suas virtudes, para lhe servirem de contrapeso. Eu salvei a sua filha. Pois bem, por Deus lhe peço que empregue toda a vontade da sua gratidão em fazer com que eu veja o homem-deus, por um momento que seja.

E o ancião, dominado e exaltado por tudo o que tinha visto e ouvido, sentindo, indubitavelmente, singulares emoções, colocou-me no mesmo caminho por onde ele se afastava e, com voz potente, levantando a sua destra sobre a minha cabeça, disse assim:

– Que o poder da minha imensa gratidão lhe faça ver o que deseja.

E eu vi, sim! Vi, mas não vi nada da Terra. Os caminhos, os vales, os montes, tudo tinha desaparecido da minha vista. Em compensação, vi um mar de luzes, cujas ondas eram formadas por inúmeros sóis. O céu que, embora distante, unia-

-se àquele mar incandescente também era luminoso, mas de tons muito diferentes. Eram luzes brancas, suaves, como que refletindo-se em finos tecidos de seda e prata que cobriam o fundo azul do firmamento.

As ondas luminosas daquele mar, como que levantavam montanhas de espuma formando as cores do arco-íris, ondas tão altas que tocavam o céu. Este, abrindo-se, deixava ver uma estrada não muito larga. Nessa estrada nasciam flores de tal beleza que eu nunca tinha visto, e em tal profusão que bem se podia dizer que aquilo era um mar de flores.

De repente, vi-o caminhar por essa estrada e as flores inclinavam-se para ele como se quisessem saudá-lo. À sua passagem levantavam as pétalas espargindo perfumes embriagadores, crescendo então os seus talos como que a buscarem a luz que se irradiava dos olhos do homem-deus.

Ele não estava triste como na Terra, não! Sorria como nunca o tinha visto sorrir. Deteve-se e as flores cresceram, buscando a luz de seus olhos... Que quadro admirável e encantador! Ali tudo era luz e vida, beleza indescritível!

Ele olhou, então, para um ponto que eu não pude distinguir, e exclamou com voz harmoniosa:

– *Paz na Terra aos homens que querem trabalhar!... Paz na Terra às mulheres que querem ser virtuosas!...*

11. Em ação a justiça dos homens

O eco da sua voz harmoniosa ressoou por muito tempo aos meus ouvidos. Só dei por mim quando escutei a voz do ancião, que me dizia: – É preciso que prossigamos em nossa viagem.

Percorremos um longo trecho do caminho, até que chegamos ao desfiladeiro. Ele, então, olhou com tristeza para o perigoso atalho e murmurou, desalentado: – Não tenho condições para me expor de novo. Acredito que Deus, na sua grandeza, não quer que seus filhos abusem das suas forças, e as minhas estão gastas por tantas emoções. Siga o seu caminho, que eu voltarei para a minha aldeia.

– Não está cumprindo com a sua promessa. Ao curar-lhe a menina, afirmou que eu podia contar com uma família, e que me seguiria por onde quer que eu fosse.

– Muitas vezes falamos sem saber bem o que dizemos.

– Então, deixe sua filha comigo. Necessito tanto de carinho e de consolo!...

– Mulher, você está delirando! Não peça a um pai que se separe de sua filha. É pedir o impossível.

Eu bem compreendia que o meu pedido era imprudente, mas... eu estava tão só!... Estava tão necessitada de carinho e de afeto, que chorei amargamente quando beijei a menina pela última vez. Eles também choraram, mas partiram, deixando-me à entrada do desfiladeiro.

Como nos parece belo o abismo, quando temos só a solidão por companheira!... Um redentor poderá redimir um mundo, mas não consola uma alma! E a minha estava inconsolável desde que perdi a esperança de vê-lo e de ouvi-lo. Eu estava desalentada.

É verdade que o tinha visto num mar de flores e que as suas palavras ainda ressoavam em meu coração, mas... ele estava tão alto!... Tão longe de mim!...

Quanto mais pensava na sua grandeza, mais aumentava, na minha mente, a distância que nos separava.

– Nunca o alcançarei! Nunca! – dizia eu. – Por que, então, ele se aproximou de mim?... Até os salvadores são cruéis?...

Quanto eu sofria!... Quanto!... E, olhando para o abismo aos meus pés, disse com ironia: – A morte não consola o espírito, mas... se eu morrer, o meu corpo poderá servir de alimento para algumas aves e nada mais restará de mim. Perder algo do meu ser já é ganhar alguma coisa. Experimentemos.

E pus-me a caminho, convicta de que me precipitaria no abismo, mas não foi assim que aconteceu. Consegui atravessar sem nem saber como, caindo então desfalecida. Parecia que era chegada a minha última hora.

Perdi a fala, mas continuei ouvindo. Não via nada, a não ser com os olhos da alma. Estava convencida de que haviam terminado as minhas amarguras. Foi quando senti braços robustos a me levantar e percebi uma voz viril: – Pobre mulher! Creio que não está morta.

– Não está, não – disse outra voz. – A água irá reanimá-la.

Conduziram-me a uma nascente próxima e terminaram por conseguir o seu intento humanitário de fazer-me voltar à vida. Abri os olhos e vi dois homens do povo que me olhavam compassivamente. Um deles disse-me:

– Ia em busca do homem que faz milagres? Nós também vamos e, se quiser, iremos juntos. Dizem que ele faz milagres e prodígios, que dá a visão aos cegos e que faz andar os paralíticos.

– Eu já o vi e não me curou. Vão vocês, se têm fé.

– Viu-o e ele não a curou?!

– Minha enfermidade é incurável, já não se cura o vazio da alma. Mas ele cura as outras enfermidades. E não é preciso correr ao seu encontro; basta invocá-lo que ele transmite o seu poder, que é a seiva do bem, a todos aqueles que o chamam com fé.

– Nós preferimos vê-lo. Só nos assusta ter de passar por esse desfiladeiro.

– Pensem nele e estarão protegidos do perigo.

– Tem certeza disso?

– Tenho. Eu mesma passei por este caminho. E como vocês me ajudaram a voltar à vida, pagarei favor com favor. Eu também sei curar e minha vontade lhes dará ânimo para que não se sintam desfalecer. Vão, que não perderão o equilíbrio. Andem! Pensem nele e em mim.

Os dois homens olharam-me assombrados e dominados pela minha vontade, passaram por sobre o abismo sem vacilar. Quando os vi fora de perigo, murmurei com tristeza: – Felizes deles que vão vê-lo e falar-lhe! Felizes todos aqueles que podem alcançar tanto bem! Também vivi por muito tempo embalada por essa doce esperança, mas hoje... tudo se acabou para mim. Não quero mais vê-lo nem falar-lhe. Para quê?... para que, se ele não me quer?! Eu o chamo *homem-deus*, mas... Ele não é Deus porque, se fosse, iria me querer. Deus deve ser todo amor, todo misericórdia, e o profeta, o enviado, é cruel para comigo, eu que lhe quero tanto!... Quanto custa renunciar a toda a esperança! Como pesa a vida quando nada mais se espera!... Enfim, voltarei à cidade, pois ali tenho albergue. Correndo pelo mundo são só privações e não encontro mais que desenganos. Não quero mais andar por aí. Terminaram minhas viagens, tenho necessidade de repouso.

E apressei o passo tanto quanto foi possível para chegar mais depressa à cidade. Os seus muros nunca me pareceram mais formosos. Olhei carinhosamente as suas torres largas e entrei pressurosa, dirigindo-me à minha morada.

Pouco depois de minha chegada recebi um chamado do governador, que atendi imediatamente. Fui recebida carinhosamente. Ele olhou-me fixo e interrogou-me:

– O que tem, que está tão abatida?

– Tenho sofrido muitíssimo, senhor.

– Viu-o e falou-lhe?

– Falei com ele, mas não o vi.

– Não a entendo, mulher, não a entendo!

– Pois é muito simples. Quando estou perto dele, vejo tudo e a todos que me rodeiam, menos ele, porque não quer que eu o veja! Está cansado de mim!... Os redentores também são ingratos!

– É estranho o que está me contando!

– Pois acredite. Ouvi tudo o que ele dizia aos enfermos e demais pessoas que o rodeavam, mas também ouvi as suas palavras aconselhando-me a não seguir os seus passos e dizendo que outros precisam seguir os meus. E tanto me desesperei ao ver que tinha que renunciar à felicidade de acompanhá-lo, que pedi a Deus para vê-lo um só momento, um só... E o vi, mas de que modo o vi!...

– Como o viu, então?

– Muito longe, entre nuvens, num mar de luz!... Eram muitos sóis e o céu juntava-se no horizonte àquele mar incandescente. Espetáculo indescritível de luzes e cores das mais variadas tonalidades. Como que pinceladas prateadas enriqueciam aquele quadro inesquecível, cujo fundo era o azul suave do firmamento. E as ondas luminosas levantavam montanhas de espuma nas cores do arco-íris, confundindo céu e mar.

Contei que, quando o céu se abriu, vi um caminho muito largo. E descrevi a cena das flores que margeavam o caminho, aquelas que, quando ele passava, estendendo os braços, reverenciavam-no de forma singular. Levantavam suas corolas e espargiam seu perfume, buscando a luz dos olhos do homem-deus. Quadro admirável e encantador! Tudo era luz e vida! Sua voz harmoniosa ainda ressoava em minha mente: *Paz na Terra aos homens que querem trabalhar! Paz na Terra às mulheres que querem ser virtuosas!*

– Impressionaram-me tanto as suas palavras – continuei –, que perdi a noção de tudo. Deixei de ver, mas não de ouvir, e quanto mais escutava as suas palavras mais me convencia de que entre mim e ele há uma distância tão grande que nem ele descerá até mim, nem eu subirei até ele. Essa constatação deixou-me frustrada.

– Deixe de desânimo, mulher, que ainda tem muito que trabalhar na Terra. E nesse momento há um sentenciado à morte que pede para vê-la. A quem se dispõe a ouvi-lo, ele só fala de você.

– Quem é esse homem?

– Arael, o terror dos viajantes, gênio do mal encarnado, o miserável que tem cometido mais crimes do que os cabelos que tem em sua vasta cabeleira.

– E como deixou-se prender?

– Pode-se dizer que ele mesmo veio apresentar-se pesaroso, e confesso.

– Arael tem no coração um mundo de desejos insatisfeitos. Tem vivido, como eu, só e abandonado, e agora não lhe importa morrer, porque sabe que já tem quem o chore.

– E é você a encarregada de chorá-lo?

– Sim, porque merecem ser chorados até os seres mais abjetos na Terra. Conhece-se o desenrolar e o desfecho de muitas histórias, mas não o seu princípio. Dado o primeiro passo na senda do crime, muitos caem porque não encontram uma mão amiga que os detenha.

– Tem razão. Pois bem, esse infeliz quer vê-la.

– Eu gostaria de vê-lo, desde que me permita.

– Espere um pouco, que não é fácil, como julga, visitá-lo na prisão. Arael não é um criminoso vulgar: é um agitador do povo. Diz que viu nascer o homem-deus e conta coisas maravilhosas. Diz que foi convertido ao bem e que o profeta o transformou, de tigre, em manso cordeiro. Entusiasma o povo com as suas narrativas, e os habitantes de muitas aldeias seguiram-no para ouvir falar das coisas do homem-deus. Por isso a sua captura é considerada de muita importância e está incomunicável para que não faça propaganda na prisão. Por essa razão é muito difícil, por enquanto, que possa visitá-lo.

– Pois eu insisto, mais do que nunca, em vê-lo, senhor. Que me acompanhem seus soldados, que me levem amarrada se quiser, mas que ele me veja, porque fizemos um pacto. E não creia que haja, neste acordo, alguma coisa das misérias terrenas. O que há é que juramos proteção mútua na outra vida e nas últimas horas desta. Ele morrerá logo e eu não tardarei a segui-lo. E, de dois condenados à morte, nada há a temer. Deixe-me vê-lo, senhor, por favor!

– Não seja impaciente, que haverá tempo para tudo. Arael não morrerá tão depressa como pensa porque toda a atenção está voltada para o homem-deus. O rei entregou-o aos sacerdotes, e estes, ansiosos para devorarem a sua presa, não perdoam meios nem oportunidades para amontoar calúnias e inventar infâmias. Homens subornados acompanham o profeta, aclamando-o, louvando os seus feitos, para, logo após, dizerem que o abandonam porque ele os perverte, porque lhes ensina todos os vícios, todas as imoralidades, todas as impurezas que possa ensinar o ser mais degradado e envilecido. Os sacerdotes reúnem-se amiúde para trocarem ideias e formularem a acusação mais iníqua com que possam arrasar com um inocente. Pois bem, não lhe parece que esta questão é mais importante do que a prisão e morte de Arael?

– Para o mundo, para a sociedade, interessa muito mais a perseguição ao justo do que o castigo ao criminoso. Mas eu, que pertenço à classe dos caídos, que não posso erguer a fronte no meio das pessoas honradas, que não posso ver o homem-deus porque ele não quer que eu o veja, tenho grande interesse pelo caso de Arael. Ele é dos meus, é dos caídos, dos vencidos, é dos regenerados pelo homem-deus. Entre Arael e mim há circunstâncias muito semelhantes.

– Não, mulher! Profanaram o seu corpo, mas não a sua alma. Se teve uma infância impura, não foi sua a culpa. Você não matou e não furtou, desde que compreendeu que era crime matar e furtar, enquanto Arael persistiu no mal por anos e anos.

– Por isso mesmo vale tanto a sua conversão ao bem, por isso necessita de mais consolação, porque a sua enfermidade foi longa e terrível. Quanto mais fundo se cai, mais faz falta quem nos ajude a subir. Sei por mim e por isso quero consolar o criminoso arrependido. E o homem-deus nos disse que buscássemos uns aos outros, fizéssemos a nossa parte, porque a ele só irão prendê-lo quando quiser que o prendam.

– Será tudo como quiser. Não esqueço que devo-lhe a vida do meu filho e cumpro com o dever da minha consciência fazendo-lhe saber que perseguem o homem-deus. Quanto ao seu criminoso arrependido, você o verá, mas não hoje, nem amanhã. Por ora, alguém a espera de braços abertos. Não adivinha quem possa ser?

– Não! Quem poderá esperar-me?

– Eu! – gritou Abelin, que se atirou em meus braços e me beijou no rosto repetidamente. Depois, olhou-me atentamente e disse aborrecido:

– Sempre que se ausenta volta mais feia, e eu não quero que fique feia. Estas faces – e as tocava – estão queimadas pelo ar, pelo sol e pelo pranto. Você deve ter chorado muito. É verdade que chorou? Não me engane, diga-me a verdade: chorou?

– Sim, meu filho, é verdade que tenho chorado muito.

– Sim, dá para perceber, porque está muito feia, e eu quero que esteja muito formosa e que não se separe de mim. Quando você vai embora, fico com medo de ficar doente e não ter quem me cure.

– Quanto a isto não tenha receio, porque nunca mais ficará enfermo.

– Nunca? Acredita nisso?

– Bem, bem, agora venha comigo e não saia de perto de mim, porque fico triste sem você.

E Abelin abraçou-me de novo e pôs-se a brincar com os meus cabelos. Seu pai olhava-nos embevecido e dizia em voz baixa:

– Não nos deixe, porque o meu filho precisa muito de você.

Como me comoveram aquelas palavras! Um anjo precisava de mim!... Como são boas as crianças! Bem dizia ele: – *Deixem vir a mim as crianças, porque são limpas de coração*. Abelin tinha razão: ali queriam-me e não me cegavam. Não devia, pois, afastar-me.

Chegada a hora de alimentar o corpo, todos os que estavam à mesa cercaram-me de amabilidades, especialmente Abelin, que repartia seus beijos igualmente entre mim e sua mãe.

Quando me retirei para o meu cômodo e me deitei, notei que a habitual escuridão completa que ali reinava fora substituída por uma doce claridade crepuscular, que foi aumentando como se a aurora se aproximasse em seu carro de fogo. Olhei para cima. O teto havia desaparecido e eu via o firmamento pontilhado de estrelas.

– Meu Deus! Estarei louca? – dizia eu – pois de repente não vejo nada, como vejo o que os outros não veem!... Por que umas vezes vejo o desconhecido, e noutras me cegam por completo?

– Cegam os que querem tudo, cegam os exigentes, cegam os ingratos – disse uma voz que reconheci ser a de Arael.

– Meu Deus! Mas você morreu? Como me fala de tão longe?

– Porque, enquanto o meu corpo dorme, a minha alma vela procurando o bem. E como, para mim, o bem é você, venho lembrar-lhe a promessa que me fez. Aproxima-se a hora da minha morte e eu quero vê-la ao expirar, para levar a sua imagem gravada em minha mente e não me separar de você. Recorda-se do nosso pacto selado com um beijo?

– Não o esqueci, não.

– Como treme, pobre folha seca! Não pode resistir a tantas emoções e, apesar disso, quantas terá ainda que experimentar!

– Apresentam-se muitos obstáculos para que eu o visite na prisão. Não poderíamos nos comunicar assim?

– Não creio. Mas não tenha receio, vamos nos encontrar quando menos esperar. Tenho tanto desejo de vê-la, que isso acontecerá. Adeus.

A claridade foi se amortecendo e eu adormeci profundamente.

Passaram-se alguns dias sem que eu pudesse visitar Arael, porque o governador não se ocupava de outra coisa senão do complô dos sacerdotes. Certa tarde ele me procurou e disse: – Venha comigo. Quero que veja e que ouça os caluniadores do homem-deus.

Conduziu-me por um caminho subterrâneo até o templo, deixando-me num lugar bem alto de onde podia ver e ouvir sem ser vista.

– Nada tema, eu virei buscá-la. Convém que fique inteirada de toda a infâmia.

Eu agradecia o interesse do governador em pôr-me a par do que se passava. Se preciso fosse, avisá-lo-ia. Mas me lembrava das suas frases e da forma que o tinha visto da última vez e dizia comigo: – Se ele vê tudo, se ele sabe tudo, se ele ascenderá aos céus por entre sóis e flores, que lhe importam as maquinações dos répteis! Nada, absolutamente nada! Estou, pois, perdendo aqui um tempo que poderia ser muito mais bem empregado visitando o criminoso arrependido, o pobre Arael. O que posso escutar aqui? Infâmias, infâmias e nada mais.

Foram entrando os sacerdotes ricamente vestidos. Quando chegou o chefe supremo, começou a sessão em que esperava só ouvir iniquidades, mas a realidade contrariou as minhas suposições.

Aqueles homens, com sua magnificência, com os seus luxuosos paramentos, pareciam deuses enganando a humanidade, tal a riqueza com que se cobriam, tal a quantidade e variedade de pedras preciosas com que se adornavam. À parte, porém, os ornatos, pareciam tigres famintos, hienas danadas, leões enfurecidos sedentos de carne humana. E achavam fracas todas as acusações. Todas as monstruosidades que podiam ser inventadas pela calúnia eram pouco, simples fábulas. Necessitava-se de mais, muito mais, para derrubar o colosso.

Entre os sacerdotes havia um mais idoso que conservava-se calado. E quando lhe perguntaram o que tinha a dizer contra o perturbador do povo, ele respondeu simplesmente, com a maior serenidade:

– Nada, porque nem o conheço. Quando ele veio à cidade, não o vi. E o fato de dizerem que disse não é o bastante para que se formule uma acusação. Os que viram os seus feitos não são testemunhas da minha confiança e, por isso, preciso ver eu mesmo para julgar.

– A consciência não precisa de testemunhas de espécie alguma – replicou o sumo sacerdote. – Faz parte do corpo sacerdotal e, por conseguinte, a nossa causa é a sua.

– É que a causa dos senhores é o ódio, o ódio sacerdotal, que é o mais terrível dos ódios, e dele não partilha a minha alma, porque precisa de um rio de amor para acalmar a sua sede. Não posso odiar ninguém e por isso não odeio esse homem. Proponho que seja chamado, que seja interrogado, que seja ouvido, e depois...

– E depois – replicou ainda o sumo sacerdote – que morra! A instituição religiosa em primeiro lugar! Salve-se a nossa instituição e morra o homem ousado que pretende derrubar os altares dos deuses!

Quando o governador voltou, perguntei-lhe, amarguradamente: – Esses homens é que são os intérpretes da vontade dos deuses?... Pois em verdade eu lhe digo que, se a justiça imperasse na Terra, todos esses sacerdotes deviam morrer de morte violenta. Que modo de caluniar! Que modo de mentir para condenar um inocente! Como são injustas as leis da Terra!

– É porque nem o rei, nem os seus dignatários querem intrometer-se nessa questão. São unicamente os sacerdotes que se ocupam do homem-deus.

– E acaso os sacerdotes não podem ser castigados por impostores, por caluniadores, por levantarem falso testemunho? Têm autoridade para praticar toda a classe de crimes?

– Cale-se, mulher, cale-se que as paredes têm ouvidos.

– Meu Deus!... quanta injustiça!

Saí do templo muito triste, não pela morte que pretendiam dar-lhe, pois sabia que ele era superior a tudo aquilo, tanto mais que já sabia que seria martirizado e tinha certeza da utilidade do seu martírio.

Eu não podia compreender a grandeza do seu plano, mas a mim parecia que ocupar-me da sua morte era o mesmo que uma pequena faísca de luz que quisesse colocar-se junto do Sol. O que era eu em comparação a ele? O que era eu comparada àquele a quem vira subir aos céus entre sóis e flores?!

Os sacerdotes tornaram a reunir-se. Conspiraram de novo com mais brio do que na sessão anterior, como se isso fosse possível, e concordaram, por fim, em chamá-lo, em pedir-lhe que viesse à grande cidade. De novo o sacerdote ancião, que escutava a voz da consciência, negou-se a formular qualquer acusação contra o homem-deus. Mas... o que era um homem contra cem?... Todos o olharam com o mais profundo desprezo e disseram em uníssono:

– *A instituição religiosa em primeiro lugar. Salve-se a nossa instituição e que morra o homem*!

Quanta baixeza! Sofri demais ouvindo a discussão dos sacerdotes, porque nenhum deles tinha coração. Só um, só um entre tantos, queria ver para julgar.

12. Quando a esperança se renova

Renuncio a descrever os tormentos morais por que passei depois de ter assistido às sessões dos grandes sacerdotes.

O orgulho cega a razão, e principalmente a das coletividades religiosas. As palavras daqueles miseráveis, que outro nome não mereciam, ressoavam continuamente aos meus ouvidos: – *Salve-se a instituição e morra o homem; morram os reformadores e vivam as instituições seculares*!

Que horror, eu pensava. Estes sacerdotes são menores e mais desprezíveis do que eu. E é a eles que chamam os executores da lei de Deus! Quanta baixeza, meu Deus! Quanta infâmia!

Com que sangue-frio pensam na morte do inocente! Com que sanha perseguem o justo!... E, se fazem isso ao que pratica o bem, ao que dá a saúde ao corpo e à alma, o que não farão aos demais!... Meu Deus!

Chegarão momentos terríveis, e o que farei, então? Chorar no meu abandono!... Serei presa também?... Como deve ser doloroso perecer lentamente numa prisão!...

Os meus pensamentos eram tão tristes e lúgubres, tão perniciosa a influência que os sacerdotes exerceram sobre o meu espírito, que senti os horrores do medo, os espasmos do terror, as angústias dos condenados à morte. Tudo me assustava, tudo me fazia tremer, tudo me produzia penosa impressão. Infelizmente, passei a fugir das pessoas, isolando-me tanto quanto possível, passando horas e horas no meu aposento, sem lembrar-me, sequer, que precisava alimentar-me.

Tanto me debilitei que o governador, fixando os olhos na minha esquálida figura, a sós comigo, disse:

– Que é isso? Já não tem esperança? Tudo morreu para você?

A sua voz tirou-me de meu letargo e eu lhe disse:

– Tem razão, vejo tudo negro e em parte a culpa é sua. Quis que eu ouvisse os grandes sacerdotes e, desde então, não sei o que se passa em mim. Tremo por sombras que não toco nem vejo, fujo de toda gente porque todos me parecem carrascos cruéis. Quisera morrer mas não tenho coragem para procurar a morte. Nunca sofri tanto, acredite-me!

– Eu acredito. E sabe por que sofre?

– Por quê?

– Porque nunca foi tão ingrata como agora.

– Eu, ingrata!!!...

– Sim, você. Quando, como agora, esqueceu os desgraçados da sorte?

– Eu!... e a quem é que esqueci?

– Ao infeliz Arael que, continuamente, chama por você e pede todos os tormentos, se com isso pudesse vê-la.

– Tem razão, nunca fui um ente tão desprezível. Agora compreendo o meu sofrimento. O peso da minha afronta me agonia, o peso da minha ingratidão me vence e me domina. Meu Deus, como me tornei pequena e miserável! Pensando e temendo a possibilidade de que pudessem prender-me, esqueci o infeliz prisioneiro que só verá a luz do dia no momento de morrer! Tem razão, tenho vergonha de mim mesma. Bem faz ele em não querer que o veja. Os ingratos não merecem ver o sol!

– Deixe de exclamações, porque nem sempre se pode estar na mesma altura moral. Se causou algum dano, pode ainda remediá-lo. Vá vê-lo e consolá-lo, que é o mínimo que se pode fazer por um condenado à morte.

Agitada, convulsa, muito descontente comigo mesma – que é o pior dos descontentamentos –, dirigi-me à prisão para ver Arael. Vê-lo nem era o caso: para ouvi-lo, pode-se dizer. Seu calabouço era simplesmente horrível, lugar sombrio onde nunca havia penetrado a luz do dia, pouco que fosse.

Em uma galeria subterrânea estavam diversos condenados à morte. Uma estreita abertura era o único meio de comunicação que aqueles desgraçados tinham com os seus carcereiros, pela qual mal se podia ver metade do rosto do prisioneiro, e muito menos passar uma mão. Confessando a minha fraqueza, devo dizer que, ao ver-me naquele lugar, tive um medo indescritível. Espantada, senti-me como que sepultada viva.

– Até que enfim você veio! – exclamou Arael. – Quantos dias já se passaram desde que aqui estou e você sem vir!... Dias?... Noites, devo dizer, noites intermináveis! Mas, enfim, você veio, e não sabe o bem que a sua presença me faz!

A voz de Arael comoveu-me profundamente. Lágrimas de fogo brotaram dos meus olhos e eu chorei de vergonha e de dor. Procurava abafar os soluços mas não podia, e tal foi a minha angústia, que Arael disse muito alarmado:

– Não chore tanto, mulher, não chore assim com esse desconsolo. Quero que me queira, quero que se recorde de mim e que recolha os meus restos quando a lei se cumprir. Quero que cumpra com o seu dever lembrando-se do nosso pacto, não esquecendo também o que combinamos quanto à nossa vida futura. Recorda-se do que me disse?

– Se me recordo do que disse?

– Sim... que viveremos amanhã e depois e sempre, e que chegaremos a ser, você uma mulher virtuosa e eu um homem honrado, que ganharei o nosso pão com o suor do meu rosto, porque você e eu formaremos uma família. Vejo, lá longe, luz, muita luz. O meu corpo purificado pelo sofrimento formará parte dos alicerces do nosso futuro, lembre-se bem. Aproxime-se. Os desgraçados precisam estar perto um do outro. Chegue o ouvido a essa fenda. Ouça bem, eu pressinto que seremos muito felizes e que você me amará muito.

As palavras de Arael a mim pareciam melodias do céu. Mas, naqueles momentos supremos, pareceu-me um crime enganá-lo, e disse-lhe:

– Não sei o que sucederá amanhã, não sei o rumo que tomará o meu espírito, mas eu quero dizer-lhe a verdade: a você eu amo por compaixão, porque toda a força do meu amor é para aquele que me repele e que me cega.

– Não me importa que o seu carinho seja movido pela compaixão, porque bem sei que é o único sentimento que lhe posso inspirar. Os homens, com as suas misérias; os redentores, com as suas grandezas. Eu também adoro quem você adora. Ele nos ilumina e nós o adoramos. Você me ama do modo que me pode amar, e eu também a amo sem pensar, um segundo sequer, que amo uma mulher. O que é o corpo comparado ao sentimento? Um pouco de barro e uma caudal de luz, e eu quero a sua luz para iluminar-me. Lutemos, mulher, lutemos. Você, para a vida, chorando e sofrendo, e eu, para a morte do corpo e para a liberdade da alma.

Quanto falou Arael! E com que eloquência! Tanto assim que me consolou e animou para a luta, dizendo-me, por último: – Tenha sempre presentes as minhas instruções e nosso pacto. Quando tombam os corpos dos maus, as suas almas levantam-se, buscando a luz. Você já é luz e por isso buscarei você. Adeus, adeus até o dia da minha morte. Diga ao governador que nunca esquecerei a graça que me concedeu e que já não me importa sofrer todos os martírios que me impuserem. Já a vi e nada mais me resta fazer aqui. Vê-la na hora da minha morte me faz feliz.

Saí da prisão impressionadíssima. Cheguei à minha morada em tal estado de cansaço que nem sequer podia sentar-me. Deixei-me cair no leito.

Lembrava-me das frases carinhosas de Arael e recordava-me também do homem-deus com o seu afastamento e o seu desdém. Chorando, amargamente, dizia: – Por acaso o Sol se nega a dar calor e vida a um átomo sequer?... E os grandes do céu, também serão ingratos?... Estou perdendo as forças, meu Deus! Não posso mais.

E, realmente, aquele sofrimento era superior às minhas forças. Adoeci. Quis levantar-me e não pude, quis gritar e a voz afogou-se na garganta. Quis pedir misericórdia e o meu pensamento rebelde negou-se a implorar o que julgava pertencer-me de direito. E acusei novamente o homem-deus, chamando-o de ingrato!...

O governador, estranhando a minha ausência à hora da refeição, veio ver-me. Julgou que eu morria e falou-me com o rigor do mando e com a doçura da súplica. Acusou-me de ingrata e disse-me que lhe parecia impossível ali estivesse a mesma mulher que havia curado o seu filho.

– Ah! senhor! Não sabe que às vezes pode-se levantar rochas enormes e não se pode levantar uma alma!

– Mas, mulher, está tão mal assim? O que lhe falta?

– Tudo!... porque ele não quer que o veja. Não me acuse de ingrata, porque beijarei, se for preciso, a terra que os seus pés pisam. Quero o seu filho com toda a minha alma e perderia de bom grado a minha vida para salvar a dele. Mas... ao considerar que ele me condenou a não vê-lo mais, sinto-me desfalecer. Quero recobrar as minhas forças e vejo que já as gastei todas. Deixe-me morrer e não me chame de ingrata.

O governador imediatamente mandou chamar um velho médico em quem tinha muita confiança. O sábio olhou nos meus olhos e disse, grave como um juiz:

– Mulher, o seu corpo está muito debilitado, mas, mais ainda, está sua alma. Eu curo corpos, não sei curar almas. Vou lhe dar, porém, umas gotas maravilhosas que, ao tomá-las, até quem agoniza recobra forças. Não sei que efeito poderão produzir em você, mas como desejo que viva, una o seu desejo ao meu.

Tirou do bolso um frasquinho de ouro e deixou cair em meus lábios secos três gotas daquele precioso licor. Fechei os olhos e, momentos depois, senti uma sensação muito agradável em todo o organismo. Meus membros entorpecidos tornaram-se flexíveis; um suor abundante devolveu-me à pele o calor e a suavidade de sempre. Emocionada e surpresa, abri os olhos, fixando-os no ancião que me observava atento.

– Estou melhor! – exclamei com alegria.

– Está curada, mulher, está curada, eu sei. Respondo pela saúde do seu corpo. Assim pudesse responder pela sua alma, porque essa continua enferma... Mas... diga-me, mulher, você que tem olhos de visionária... diga-me com lealdade se esse homem prodigioso, que devolve a visão e movimento aos paralíticos, também a alucinou.

– Alucinou não é o termo, senhor. Não estou fascinada, estou convencida, diante dos fatos, que ele é superior a todos nós.

– Você diz que os seus feitos a convenceram? E não sabe que os feitos também enganam, também se prestam ao embuste?

– Os feitos a que me refiro não se prestam ao embuste, porque eu mesma tenho tomado parte neles.

– Você!

– Eu, sim senhor! Eu, pensando nele, pedindo o seu auxílio, disse a uma menina paralítica que se levantasse e que andasse, e a menina levantou-se e andou louca de alegria.

– E que meios empregou para isso?

– Tão somente a minha vontade unida à daquele que fala de um só deus.

– Eu sei que há forças desconhecidas; uma vez que você as possui, amanhã irá comigo ver uma irmã minha que sofre de um abatimento que julgo incurável.

No dia seguinte o ancião veio buscar-me, e eu, muito reanimada, acompanhei-o à sua casa. Pelo caminho ele insistiu que eu própria devia curar-me da alma, ao que lhe respondi: – Quando a alma chora não pode curar-se a si mesma. As feridas da alma costumam ser incuráveis.

– E julga que poderia ser curada por outro?

– Sim, por ele, porque eu idolatro os seus olhos luminosos, o ambiente que o cerca, a magia da sua voz, todo o seu ser, enfim. Eu o adoro sobre todas as coisas, porque a luz está nele e ele é luz!

Chegamos à morada do ancião e, antes de entrarmos no quarto da doente, disse-me seriamente: – Advirto-a que não deve proceder como os adivinhos. Não quero palavras, quero fatos resultantes das forças que desconheço.

Entramos no aposento da enferma, e pude ver uma mulher, já idosa, recostada num divã, rodeada de luxuosos almofadões. No seu rosto retratava-se o sofrimento e a resignação, ao mesmo tempo. Absorvida em seus pensamentos, nem se voltou para olhar-nos, e, como o meu companheiro me havia proibido de falar, tive de esperar muito tempo até que ela me olhasse e eu pudesse aproveitar-me da sua natural curiosidade.

Entretanto, eu, sem pensar em nada mais, só nela, considerando como seria bom curá-la, pela classe a que pertencia, empreguei toda a minha força de vontade para fazê-la levantar a cabeça. Ao olhar os seus olhos, senti-me dominada por imensa força e, esquecendo a recomendação do médico, estendi as minhas mãos até tocar-lhe ligeiramente os ombros e disse-lhe: – Mulher! Está curada. *Levante-se e ande*, para que todo mundo saiba disso.

A mulher, com a docilidade de uma criança, afastou os almofadões que a amparavam e pôs-se de pé. Seu irmão deu um grito e quis ampará-la, mas ela o repeliu, sorrindo, e andou pela casa, até deixar-se cair em meus braços, chorando de alegria.

O médico, assombrado, fitou-me por alguns momentos e disse-me: – Diga-me a verdade, a que Deus pediu auxílio?

– A nenhum. Chamei em meu auxílio as minhas forças, a minha boa vontade, chamei por alguma coisa que pressinto, que intuo, uma força desconhecida, enfim.

– Força que existe, sem dúvida! E é dela que se vale o homem-deus. Acima do saber humano há outro saber, mulher! Quem é que lhe dá essas forças? Você conseguiu num minuto o que não conseguiu a minha ciência em muitos anos... Isto é um fato extraordinário!...

– Pois posso ainda lhe relatar outro, e recente. Lembra-se do filho do governador?

– Ah! Esse foi curado pela ciência.

– Engana-se, eu o curei, ou melhor, ele o curou, porque o invoquei tremendo de pavor.

– Como fez isso?

– Tal como agora, isto é, hoje não chamei a ninguém. Se ele aqui está... não o vejo!... porque já não o posso ver...

A enferma tinha se sentado e escutava o nosso diálogo. Levantando-se, disse profundamente comovida: – Mulher, você me deu a vida, e se pode dar a saúde pensando no homem-deus, eu também creio nele como você crê. Eu também o amarei como você o ama.

Seu irmão olhou-a descontente e disse-lhe: – Como se atreve a esquecer o poder dos deuses?

– Porque o seu poder e a sua ciência foram impotentes para a minha cura.

– Senhor, é um sábio e, por isso mesmo, deve reconhecer que há forças que ignoramos. Desde que constata os seus efeitos, ninguém mais do que o senhor é obrigado a procurar-lhes a causa – disse eu.

– Tem razão, mulher, mas os deuses...

– Acredite-me, senhor, os deuses caem quando a ciência se levanta.

E cheia de vida e de esperanças saí daquela casa onde, sem eu mesma esperar, havia sido útil com a minha própria vontade.

Voltei para o meu aposento. Precisava isolar-me; não sabia o que se passava e estranhava profundamente ter realizado aquela cura sem ter pensado nele. Eu me reconhecia pequena e incapaz de produzir alguma coisa boa. Teria ele ido comigo? Teria estado na casa da enferma? Estaria mais perto de mim do que eu mesma pensava? Velaria por mim sem eu mesma saber... Meu Deus! Meu Deus! Quanta luz e quanta sombra em meus pensamentos!...

Sentia aquele desvanecimento, prenúncio da depressão que tantas vezes me prostrava, mas o meu espírito como que se reanimou. Ao deixar-me cair no leito, ouvi uma voz dulcíssima que dizia:

– Enquanto for ingrata nada verá nem ouvirá. Mas desde que trabalhe fazendo o bem, irá vendo, irá ouvindo, irá colocando-se em relação com os seres que ama.

Aquela voz era muito doce, mas não era dele. Seria a voz da minha consciência?... Meu Deus!... eu teria perdido a razão?... Eu queria ser boa e praticar o bem, mas precisava de alguma coisa mais do que o que tinha e, sentindo uma sensação inexplicável, disse:

– Senhor, eu estou muito só, tenho sede de vida, sede de amor. Não haverá uma gota de orvalho para acalmar a minha sede de infinito? Não haverá uma voz que me diga...?

A voz dele interrompeu a minha súplica:

– Amanhã, depois, no presente e no eterno terá sempre a minha proteção.

– Senhor! Senhor! Ouço-o e não o vejo, tenha piedade de mim!

– Pois olhe o homem, olhe-o bem.

Olhei... e o vi! Mas olhava-o com tal sofreguidão que deixava de vê-lo. Por fim ele surgiu aos meus olhos, tão belo como sempre, como o tinha visto na fonte, com a sua formosura de homem, não com o resplendor divino que irradiavam seus olhos. Surpreendi-me por vê-lo sem os atributos da sua grandeza e disse-lhe:

– É o homem? O homem simplesmente? Por que não irradia luz dos seus olhos, como das outras vezes?!

Ele então se transformou e os seus olhos irradiaram luz, como o tinha visto sempre em meus sonhos.

– Observe-me bem, disse ele sorrindo docemente, mate o seu desejo de olhar-me, porque hão de morrer alguns homens para que as gerações pensem e sintam. A hora aproxima-se, olhe-me bem!

– Irei vê-lo sempre, porque recolherei os seus restos mortais.

Quando eu disse que recolheria os seus despojos, ele se transfigurou de tal modo que, sem perder a sua natureza humana, começaram a desprender de todo o seu ser fosforescências luminosas de tal brilho e colorido que não encontro palavras para traduzir o quadro. Ele era todo luz e, em derredor, arco-íris luminosos se confundiam com a sua túnica branca.

Eu olhava-o extasiada e ele disse-me então: – Recolhem-se os corpos dos criminosos e dos desprovidos de virtudes. Recolha aquele a que se comprometeu recolher e não se preocupe com o meu, porque meu corpo já não necessita de quem o recolha. Suas partículas revolutearão quando do rompimento do laço que une a minha alma ao meu corpo.

– Mas, senhor, se não posso recolher o corpo do homem, quando serão satisfeitas as minhas esperanças?

– Mulher – replicou-me ele ternamente –, recolherá, uma por uma, todas as partículas deste corpo a seu devido tempo, então será seu o homem, porque com elas formará o mais belo prêmio da sua força humana, das suas virtudes e de tudo o que deseja até alcançar a grandeza do seu espírito. Depois, muito além, quando a sua alma tiver chegado até a mim, então e só então, você haverá de me compreender. Olhe-me bem agora, porque levará muitos séculos recolhendo os fragmentos do meu corpo. Não são células materiais o que eu esperarei da Terra; buscarei as virtudes dos homens, para com elas iluminar um mundo que hoje deixarei em trevas.

Depois, vi-o elevar-se, até desaparecer lentamente num horizonte sem-fim, deixando atrás de si uma esteira luminosa. Vi-me envolta naquela luz. Sentia-me renascer. Os meus temores, as minhas ansiedades, as minhas angústias desapareciam ante a esperança de que chegaria um dia em que seria meu *o homem*, aquele homem tão amado.

Quanto a compreender a grandeza do seu espírito... acreditava que o tempo, conquanto infinito, não me seria bastante para tal.

13. Relatos de mãe

Aquele sonho, se assim se pode chamar, foi reparador para mim. O meu corpo, muito enfraquecido, já tinha recobrado o fôlego com as gotas balsâmicas do velho médico. Organicamente equilibrara-me, mas a minha alma tinha ficado abalada pela dor, porque não são os remédios do corpo que dão alento à alma. No entanto, depois de tê-lo visto e ouvido as suas palavras, o meu espírito renasceu para a vida da esperança. E ter esperança é viver.

Levantei-me tão contente e fortalecida, que eu mesma me admirei. Estava tão bem, tão ágil, que desejava correr e brincar com os meninos. Desejava dizer às flores e aos passarinhos que a minha alma desfrutaria um dia de felicidade.

Pensei em Abelin e fui buscá-lo. Ao avistar-me, seu semblante se iluminou. Veio ao meu encontro e, lançando-se em meus braços, disse, cheio de alegria e ternura:

– Como está bonita! Hoje os seus olhos e a sua face não estão abatidos pelo pranto. Quero vê-la sempre assim e não quero que você vá embora mais, está ouvindo? Porque desejo passear com você e tê-la sempre a meu lado. Sinto-me muito melhor quando está perto. Agora venha comigo aos jardins que quero mostrar-lhe umas flores muito bonitas.

Ia seguir o menino quando, subitamente, senti um estremecimento estranho em todo o meu ser. Passava-me pela mente a ideia de ir, sem demora, ao campo. Beijei Abelin e disse-lhe: – Acabo de me lembrar de uma incumbência que me haviam dado. Vou me ausentar, mas não demoro.

Abelin olhou-me aborrecido e respondeu:

– Sempre me abandona, mesmo sabendo que fico muito triste sem você.

A voz do menino comoveu-me profundamente, mas, ao mesmo tempo, o desejo de sair era irresistível. Dei-lhe muitos beijos, prometendo-lhe que voltaria logo e dirigi-me para o meu aposento.

Olhava para trás, e via que Abelin havia se sentado pensativo. Pobre menino! Precisava do calor da minha alma! Mas o desejo de preparar-me para sair era mais forte. E rapidamente eu estava no campo. Quando lá me vi, disse para mim mesma com estranheza: – Afinal de contas, por que vim aqui?

Andei muito tempo por um caminho estreito guarnecido de flores e sombreado por árvores frondosas. Era um caminho delicioso! Andando-se por ele sentia-se o amor à vida. Tudo ali era tão belo que, sem sentir, comecei a afrouxar o passo para contemplar melhor tudo o que me rodeava.

Por fim deixei o caminho florido e entrei numa imensa planície atapetada de folhagens e sombreada por oliveiras antigas. Ao pé de uma dessas árvores encontrei uma mulher sentada no chão. Recostava a cabeça no tronco da árvore. Pelo aspecto de seus trajes parecia uma mendiga. Coberta com um manto negro, de longe, não se via o seu rosto.

Fui me aproximando lentamente, porém ela não fez o menor movimento com a minha chegada. Parecia que olhava sem ver. Era relativamente jovem, mas o seu semblante estava tão enrugado e abatido, que mais parecia uma velha. O seu rosto revelava traços de beleza. Seus olhos eram grandes e formosos, mas sem brilho algum, e as suas grandes pestanas não deixavam que as lágrimas corressem pela face empalidecida.

Mas, apesar da pobreza do seu vestuário, não parecia uma mulher vulgar. Seu aspecto impunha respeito, pelo menos a mim.

Ajoelhei-me aos seus pés e perguntei-lhe com certo temor:

– Está doente?

– Sim – respondeu-me ela.

– O que lhe dói? Tem algum ferimento no corpo?

– A minha enfermidade é de alma.

E fechou os olhos, como se desse por terminada a conversação. Pensei, então: poderia ser útil de alguma forma àquela mulher?

Tomei-lhe uma das mãos, dizendo-lhe carinhosamente:

– Parece que tem vontade de morrer!...

– Oh! sim! Sofro tanto!...

– Os infortunados devem ser muito amigos, porque se compreendem facilmente. Creio que a senhora e eu vamos nos entender; olhe-me de frente.

Ela, com dificuldade, abriu seus grandes olhos e olhou-me fixamente. O que li nos seus olhos e o que ela encontrou nos meus... não sei, mas lágrimas abundantes banharam-lhe o rosto e respirou com menos dificuldade. Pobre criatura! Estreitei-lhe as mãos, que estavam ressecadas, ardentes... rígidas. Pobre mulher! Senti por ela uma compaixão muito grande. Estava só como eu...

Quis fazê-la falar, porém ela só respondia *sim* ou *não*, e com esforço. Por fim, disse-me:

– Deixe-me, que preciso de repouso. Estou muito cansada. Venho de muito longe.

– Mas aqui não é lugar adequado para descansar. Aqui você está mal.

– Não, aqui estou muito bem. Estou só e longe dos homens.

– Não, não me convence. Venha comigo e vou lhe oferecer um leito macio para descansar.

– Mas ... onde mora?

– Na cidade, no palácio do governador.

– O quê! Mora no palácio do governador?!... Não, não quero ir. Não quero entrar nas grandes cidades porque, nelas, a justiça pratica injustiças, perseguem-se os inocentes, e não quero que me persigam como a ele.

– E quem é ele? – perguntei tremendo, porque calculei que ela se referia ao homem-deus.

– Não sei bem. Sigo-lhe os passos mas nunca o encontro, chego sempre mais tarde!...

E a pobre mulher cobriu o rosto com as mãos, chorando desconsoladamente. Ao vê-la chorando, tive ciúmes, ciúmes terríveis. Aquela mulher lhe queria e era muito formosa. Valia muito mais do que eu. Ah! mas eu necessitava saber por que ela o seguia e disse-lhe, em tom imperioso:

– Estou intrigada com você. Quem é? Que laços a prendem ao homem-deus?

– Todos... e nenhum; são mistérios de família.

– Mistérios de família?... mas então não o ama como se ama a um homem?!

– Não, mulher, não. Eu o amo sobre todas as coisas do mundo, e por ele senti o prazer mais puro que a mulher pode sentir na Terra. Eu o beijei antes que qualquer pessoa o beijasse. Senti-o chorar e vi-o andar antes do que ninguém. Eu o tive nos braços antes de todos, por isso, esse homem é meu... mas, ao mesmo tempo, não é. Tenho poder sobre a sua vontade, mas a minha obedece-lhe cegamente... Há entre mim e ele todos os amores... e há muito tempo que não o vejo!...

Quando aquela infeliz falava, os seus olhares eram de tal modo vagos, que eu a julguei louca. Para certificar-me, disse-lhe: – Está bem, mas aqui não pode permanecer.

– Mas se eu não posso andar...

– Poderá porque eu quero.

E pensando nele, disse: – Mulher, levante-se e ande.

E ela levantou-se docilmente, sem saber o que se passava. Passei-lhe o braço pela cintura e pusemo-nos a caminho. Ela caminhava em silêncio, mas ao chegarmos aos muros da cidade, deteve-se e me disse:

– Não quero entrar aí.

– Entrará, porque eu quero.

Ela resistiu com veemência mas, como estava fraca, rendeu-se. Pedi auxílio a uns soldados que estavam perto e a conduzi para o meu aposento. Coloquei-a em meu leito. Ela não tinha muita consciência do que se passava. Contemplando-a, disse para mim mesma:

– Daqui não sairá sem que eu saiba se está louca ou com o juízo perfeito. É muito bela esta mulher! Está muito pálida e abatida pela dor, mas tenho inveja da sua beleza e ciúmes da sua intimidade com ele!

Pensei em buscar um médico. Fui procurar o governador para contar-lhe o que se tinha passado, e Abelin saiu ao meu encontro, ameaçando-me com as mãozinhas e dizendo ao me abraçar:

– E você sempre a me abandonar! Já estou convencido de que não gosta de mim.

Nisto, chegou o governador. Contei-lhe o que se passava, pedindo a assistência de um médico.

– Por que não a cura você mesma? Já se esqueceu do poder que tem?

– Tem razão, senhor.

E saí pressurosa, deixando Abelin a chorar, pedindo a seu pai que me detivesse.

Entrei em meu quarto e a enferma continuava desmaiada. Pus-lhe as mãos na fronte, pensando nele, e o seu rosto começou a colorir-se, os lábios secos umedeceram-se e as mãos crispadas abriram-se, dirigindo-se ao coração. Abriu, então, os olhos, passeou a vista por tudo o que a cercava, dizendo com vivacidade:

– Encontramo-nos outra vez?!...

– Eu não a tinha deixado e quero saber o seu segredo. Quero saber por quê, primeiro do que ninguém, beijou, ouviu chorar, viu andar esse homem que é a minha vida, a minha salvação. Já faz tempo que o conheço. Vi-o pela primeira vez junto a uma fonte, onde me falou com a maior doçura e prometeu-me que, passados muitos séculos, voltaríamos juntos à Terra. Esse homem é a minha vida, entende? Não posso tolerar que outrem lhe queira mais do que eu. Se outra mulher lhe quisesse mais, eu morreria de angústia e de dor, só em pensar que teria de renunciar a ele.

Ela olhou-me então, com dolorosa compaixão, e disse-me:

– Não estranho a sua linguagem porque todos os que o veem o amam. Ele é tão formoso!... É tão bom!... fala de um só deus e de uma só família. Realmente, antes que todos, escutei a sua palavra divina e por isso lhe quero sobre todas as coisas da Terra. Não o tirarei de você nem como homem, nem como Deus: toda mãe ama o seu filho, e eu amarei sempre o filho da minha alma.

– Que diz? Ele?!...

– Ele... é meu filho!

Ao ouvir aquela declaração, caí de joelhos a seus pés, beijando-lhe as mãos, dizendo: – Se é seu filho, eu devo adorá-la como a ele...

Ela, porém, levantou-me, estreitou-me contra o coração e respondeu-me: – Ame-o, sim, ame-o muito, porque o meu filho merece ser amado. E agora que sabe o meu segredo, agora que já me ajudou, deixe-me partir. Acompanhe-me até fora da cidade, porque sinto-me sufocar nas cidades. Além disso, necessito vê-lo. Há tanto tempo que não o vejo!

– Bem, irá, mas não dessa maneira. Mais parece uma mendiga, e a senhora não deve mendigar, enquanto ele distribui o céu a todos aqueles que querem escutá-lo. Não quero, tampouco, que vá só. Farei com que vá acompanhada por uma pessoa que nos permitirá um contato constante. Não tenha receio, arranjarei tudo. E, como para andar assim pelo mundo é preciso dinheiro, eu trocarei algumas pedras preciosas que possuo por um punhado de moedas, que vão ser úteis à senhora para obter notícias do seu filho.

Peguei então meu vestido branco, aquele traje que eu guardava como última lembrança da minha juventude, arranquei-lhe as ricas joias que o adornavam e saí, dizendo-lhe: – Espere-me um pouco que eu já volto.

Saí apressadamente e, a poucos passos, saiu-me Abelin ao encontro, dizendo-me:

– Aonde vai?... estou esperando você há muito tempo, mas agora não me escapará! – e a inocente criança abraçou-me disposta a não me largar.

Nisto, chegou o governador, que leu, de certo, a angústia e contrariedade em meu rosto, porque me disse:

– O que se passa? Nunca está tranquila!... Conte-me tudo.

Contei-lhe o que tinha acontecido e aonde ia com as joias, e ele me respondeu aborrecido:

– Ia me fazer desfeita. Volte com as suas joias. Se são suas, não é para desfazer-se delas. Quanto a essa mulher, vou verificar se é uma impostora, pois não posso crer que um homem que promete a todos o céu e a vida eterna tenha sua mãe mendigando pelo mundo.

Vi que não havia remédio, senão obedecer. Voltei para o meu aposento acompanhada pelo governador, e ela, naturalmente, reconheceu-o porque lançou-se aos seus pés, pedindo-lhe perdão.

– Levante-se – replicou ele. – Só os criminosos precisam ser perdoados e como não sei se você o é, abstenho-me de dar-lhe o que provavelmente não precisa. Esta contou-me alguma coisa muito importante que lhe diz respeito. Quero, pois, saber toda a verdade. Sente-se e fale, que eu a ouvirei com atenção e a defenderei, se alguém a acusar injustamente.

E a pobre mãe, animada por aquela linguagem quase carinhosa, sentou-se. Eu e o governador sentamo-nos também. E ela passava a mão pela fronte, como que para avivar a memória e organizar suas recordações. Até que falou longamente. Do seu relato extenso farei uma síntese, por julgar que nem todos os detalhes são de interesse capital.

Disse que pertencia a uma família nobre e que a casaram, muito criança ainda, contra a sua vontade; que seu marido, apesar de ser muito bom, era-lhe muito antipático. Que pediu-lhe na noite de núpcias que, como graça especial, renunciasse a fazer uso dos seus direitos conjugais; que o marido acedeu aos desejos da sua infantil esposa e que, no dia seguinte, retirou-se do povoado, deixando a menina livre do jugo marital. Que ela viu-se, pouco tempo depois, em situação embaraçosa, difamada por uns e outros, sem que realmente tivesse dado motivos para tal; que, arrependida da sua irrefletida exigência para com o marido, foi procurá-lo, pedindo-lhe desculpas, suplicando a ele que a recebesse de volta, pois reconhecia a sua imaturidade. Ele, reconhecendo que o erro da esposa merecia perdão, voltou com ela ao antigo lar; que, meses depois, ela deu à luz um menino admirável pela sua beleza e pela expressão dos seus olhos; que o menino, apesar de ser o encanto de quantos o viam, assim não era para o seu pai, que abandonou esposa e filho, indo viver muito longe. O menino começou a andar e a falar bem antes do tempo determinado pela natureza, assombrando a todos, pela sua rara beleza, inteligência precoce e por alguma coisa superior que ela não sabia definir.

Disse mais, que, tendo ainda poucos anos de idade, saiu o menino para o campo a brincar com outros e todos voltaram para casa de seus pais, exceto ele; que ela o procurou, desolada, por toda a parte, não faltando quem lhe dissesse que seu filho tinha sido levado para ser educado por uma associação religiosa, que não seguia a religião do Estado, mas que era tolerada por serem bons os seus ensinos; que ela pediu para lhe deixarem ver seu filho, mas que não o conseguiu, sendo obrigada a desistir do seu maternal empenho; que sempre esteve perto da fortaleza onde sabia estar o seu filho, até que, muito tempo depois, soube que ele ia recobrar a liberdade. Seus mentores davam por finda a sua educação; que a mãe carinhosa sabia que conseguiria reconhecê-lo entre mil, e como o seu filho sairia em meio a muitos outros, ela colocou-se junto à porta pela qual haviam de sair as alegrias e as esperanças de muitas outras mães.

Continuando o comovente relato, disse que começaram a sair diversos jovens; de repente, ela deu um grito de júbilo, porque tinha visto o seu filho, mais formoso do que nunca; que ele já não era o menino de outrora, e sim um homem na flor da juventude, elegante, garboso, com uma cabeleira formosíssima, com uns olhos que pareciam sóis e com um sorriso celestial; que ela, ao vê-lo, foi ao seu encontro para abraçá-lo, gritando: – Meu filho! Meu filho!...

Mas, no momento de abraçá-lo, ele a recebeu friamente, dizendo-lhe:

– Afaste-se, mulher, não a reconheço. Não tenho mãe, a minha mãe não está na Terra, a minha mãe é a natureza!

14. Num palco de criminosos segredos

As frases daquela infeliz senhora impressionaram-nos profundamente, especialmente ao governador, que lhe disse, admirado:

– Mulher, eu tenho o seu filho em muito boa conta. Digo-lhe até que, se eu estivesse em outra posição social, gostaria de tê-lo seguido para escutar a sua palavra divina. Por isso, custa-me crer que um homem de tanto carisma, que alivia os sofrimentos cruéis somente pela ação da sua vontade, comporte-se dessa forma, repelindo sua mãe. E, embora pareça-me honesta e de sentimentos nobres, embora seus olhos revelem algo inexplicável que fala a seu favor, chego a pensar que é uma impostora, um instrumento dos inimigos do homem-deus. E, se assim fosse... Oh! se assim fosse, não sairia mais daqui, porque no meu palácio também há prisões para os caluniadores.

A pobre mãe olhou fixamente o governador e disse-lhe:

– Eu jamais menti. Esse homem que quer remir o mundo é meu filho. Eu o senti agitar-se no meu ventre. Eu recebi os seus primeiros beijos e foi buscando a mim que deu os primeiros passos. Está me ameaçando com a prisão!... e que maior tortura pode haver na Terra do que procurar o que não se encontra?!... A minha dor é imensa, porque é a dor de todas as dores...

– Realmente, o seu semblante não a deixa mentir, porque o seu rosto chora e tem motivos de sobra para isso, porque deve ser horrível ver-se abandonada por um filho que vale tanto para os outros, que distribui tantos benefícios aos estranhos e que a repele dizendo: *minha mãe é a natureza*.

– Eu já compreendo que o meu filho não é um homem como os outros. E não creia que, ao contar-lhe o que ele me disse, eu o faço para acusá-lo de ingratidão. Não! Sinto por ele um amor que não tem nada de humano. Sei que tem o poder de curar, e por isso empenho-me em procurá-lo para ver se cura também a minha alma. Não tenho sede de ser sua mãe, melhor dizendo, que ele me considere como tal. Quero que me ame como se visse em mim algo superior às coisas da Terra, sem exigências de espécie alguma. Sei que ele vem combater as preocupações humanas de hoje, dizendo que só há um deus, que este deus não tem filhos prediletos. E, embora eu saiba muito bem que sou sua mãe carnal, não desejo fazer valer a minha maternidade. Prefiro que me considere sua irmã na natureza, porque me parece que valho muito pouco para ser sua mãe. É isto o que eu queria dizer-lhe, mas nunca o encontro.

– Para dizer a verdade, mulher, eu não a compreendo, porque uma mãe tem sempre direitos sobre os seus filhos. Seu filho a rechaça e você quase se conforma com isso!

– É que o homem-deus – repliquei eu – não parece um homem como os demais. Ainda não vi outro que, como ele, atravesse abismos sem cair ao fundo e se eleve aos céus envolto em ondas de luz.

– Como ficamos então? O seu corpo é ou não como o nosso?... Parece que sim, já que esta mulher diz tê-lo carregado em suas entranhas. Mas os demais, como você, dizem que ele sobe as mais íngremes montanhas, no alto das quais envolve-se em nuvens luminosas e eleva-se majestosamente, até perder-se na profundidade dos céus. Quem é que mente: a mãe ou os outros?

– Ninguém, senhor – continuei eu. – Todos dizem a verdade. Eu o vi como qualquer mortal, próximo da fonte, onde me falou com a maior simplicidade e, no mesmo lugar, pude vê-lo, também, perder-se nas nuvens. Sua túnica era de luz. Ele era todo luz.

– Temos que confessar que esse homem é incompreensível. Atrai e seduz. Confesso que sinto por ele uma espécie de adoração. E já que não posso falar-lhe nem protegê-lo, que a minha proteção sirva para sua mãe. Mulher, pode dispor de mim. Peça e vou conceder-lhe o que quiser.

– Pois, então, deixe-me ir. Vou tranquila, porque deixo aqui amigos do meu filho.

E, virando-se para mim, disse-me, sorrindo com doçura: – Tinha ciúmes de mim! Pobre criatura!... Você não sabe que eu quero o paraíso do seu amor, e não o dos deleites materiais!... Se ele morresse, eu a quereria a meu lado, porque preciso de alento e esse alento está em você – e caiu em meus braços chorando silenciosamente.

O governador estava emocionado. Embora haja uma distância imensa entre o sentimento do homem e o da mulher, ele era muito bom, no fundo. A dor daquela mãe desventurada o impressionara profundamente e teve para ela frases de consolação. Ofereceu-lhe um guia e os recursos indispensáveis para a viagem. Pediu encarecidamente que dissesse ao homem-deus que nele tinha um amigo, porque lhe devia a vida de seu filho. Ela mostrou-se muito agradecida de tantas atenções e partiu, prometendo trazer-nos sempre a par de tudo que acontecesse.

Quando ficamos a sós, disse-me o governador:

– É um mistério esse homem e tudo o que lhe diz respeito; essa mãe desventurada aceita a sua ingratidão e ele, que parece um deus, que distribui benefícios e consolações, tem para com ela um procedimento inqualificável! E você, que também tem estado em contato com ele, também é um problema indecifrável. É boa, é agradecida, mas ao mesmo tempo é ingrata. Quando o meu filho, pobrezinho, que tanto precisa de você, julga poder gozar da sua companhia, eis que desaparece sem dar a menor explicação. Você faz muita falta, e quando Abelin pergunta a Azara por você, ela fica triste e chora desconsoladamente. E eu também necessito da sua presença, também a amo despretensiosamente e, apesar disso, quando lhe apetece, simplesmente se vai...

– Não julgue que me ausento por simples capricho, nem que aproveite quando estou longe daqui. Este lugar é o meu porto seguro, e as carícias do seu filho proporcionam-me um prazer indizível. Mas, quando uma força estranha me impulsiona a sair, se não pudesse sair pela porta, creio que sairia pela janela, arrojando-me da maior altura. Mas, tranquilize-se, estou muito bem e não sairei tão cedo.

E assim foi. Conservei-me muitos dias consagrada ao menino. Abelin estava cada vez mais bonito; corria pelos jardins e o seu maior prazer era cobrir de flores o caminho que me indicava a percorrer, dizendo-me, então, muito entusiasmado:

– Vê? Assim devia encontrar o caminho por toda a parte, porque é muito boa. Mas é tão boa quanto infeliz, porque o sofrimento se retrata em seu rosto. Seu olhar é tão triste!... Não se separe de mim, que sou o único que vai lhe dar flores, entende? O único!

Eu o escutava e me comovia com o seu carinho. Fazia todo o possível para ser agradável. Sua mãe me tratava carinhosamente e tudo caminhava bem, até que, uma tarde, senti a ansiedade que precedia os meus desejos de sair.

Abelin compreendeu logo e disse-me, muito triste:

– Não precisa dizer nada, já sei que se vai.

– Voltarei logo, meu filho.

– Já sei, como sempre.

Azara também procurou deter-me, perguntando aonde eu ia e dizendo que o céu ameaçava tempestade, que se aproximava a noite e que eu devia esperar pelo dia seguinte.

– Não, não – respondi-lhe –, alguém me diz que devo ir já.

– Para onde?

– Nem eu sei, só sei que uma vontade superior à minha me diz: *levante-se e ande*. Por isso, eu me levanto e vou.

Abelin, aborrecido, negou-me os seus beijos, refugiando-se nos braços da mãe, enquanto eu, dominada por uma vontade indomável, pegava o salvo-conduto do governador e me dirigia a uma das portas da cidade, que já estava fechada por ser de noite.

Quando me vi no campo, exclamei perplexa e angustiada: – Meu Deus! Estou perdendo a razão?... Por que saí de noite? Quem me espera? Não vejo ninguém, e na cidade deixei um anjo que encontra o céu nos meus braços!

Olhei para todos os lados e maquinalmente segui por um caminho que logo reconheci: era o que conduzia à granja. Apressei o passo porque as nuvens negras começavam a amontoar-se. Mas, a meio caminho, começou a chover torrencialmente. Brilhou o raio e ribombou o trovão e eu continuava a perguntar a mim mesma: – Mas aonde vou?...

Por fim cheguei à granja e chamei por alguém. Uma mulher abriu a porta e eu não tive tempo senão de atravessar o umbral e deixar-me cair sem sentidos. Quando voltei a mim, deparei com duas antigas companheiras, redimidas da prostituição por meus conselhos. Elas me perguntaram:

– A que vem?

– Não sei, e vocês, o que fazem aqui?

– Estamos de passagem. Amanhã continuaremos a nossa jornada. Mas, você, por que veio?

– Já não lhes disse que não sei? Tanto é verdade que continuarei a caminhar logo que passe a chuva.

– Mas para onde?

– Para onde encontrar o que procuro.

– Mas o que procura?

– Quisera saber. Só sei que não está aqui quem eu quero, porque continuo com a mesma ansiedade, com a mesma inquietação. Deixem-me, deixem-me sair.

E aquelas pobres mulheres, que me queriam extremadamente, abriram-me passagem.

Ao ver-me só, em contato com a natureza, respirei melhor. A chuva tinha cessado, as estrelas brilhavam de forma surpreendente e o vento fazia mover as árvores, cujas ramagens, no seu agitar, deixavam gotejar a água da chuva acumulada. Vento e água que acalmavam a minha angústia. Instintivamente, tomei o caminho que conduzia à fonte, ao meu paraíso na Terra! Meu templo! Meu oásis!...

Ali chegando, sentei-me numa pedra. A água brotava e caía com a abundância de sempre. O som produzido parecia um hino ao Criador. Aquele lugar delicioso permitia que eu respirasse à vontade. Uma satisfação íntima invadiu-me o ser e senti um relaxamento extraordinário. Evoquei todas as minhas recordações, que acudiram em tropel. Mas não cessava de perguntar a mim mesma: – Por que havia vindo?

Para evocar recordações amargas não era preciso ter abandonado a minha tranquila estância, nem ter feito temerariamente aquela viagem, desafiando a tempestade.

– Esperemos – disse a mim própria.

Distraía-me a contemplar as estrelas, quando me pareceu ouvir passos. Prestei mais atenção e também ouvi vozes. Compreendi, então, que tinha ido ali para escutar alguma coisa e procurei esconder-me na cava de uma rocha, para poder ouvir sem ser vista.

Escondida, pude ver que saíram dois homens da espessa vegetação do bosque. Um deles dirigiu-se à fonte e começou a beber tão sofregamente que parecia ter no peito um vulcão ardendo em chamas. E para apagá-lo precisava de todas as cataratas do céu. O seu companheiro não bebeu. Sentou-se e disse-lhe autoritário:

– Isaac, nós viemos aqui para você beber ou para receber as minhas ordens?

– Perdoe-me, senhor, eu tinha uma sede abrasadora e não pude resistir a esta nascente tão boa.

– Bem, bem, despachemo-nos, porque não tarda a romper o dia e eu não quero, de maneira alguma, que nos vejam juntos.

– Está me depreciando, não? – disse Isaac com amarga ironia.

– Não, homem, não. É que não convém, nem a você nem a mim. Mas vamos ao assunto. Está decidido a denunciar esse homem e a entregá-lo aos sacerdotes como perturbador da ordem pública, como conspirador contra o rei e os deuses?

– Sim, estou decidido, mas... para dar semelhante passo, preciso de garantias para o meu futuro...

– Você sabe que temos ouro em abundância. O que não temos, de algum tempo para cá, é a tranquilidade e a estabilidade dos nossos destinos. O povo já não é o manso cordeiro de outrora que acudia apressado ao nosso chamamento. Já se permite pensar e agir por si mesmo desde o momento em que esse homem começou a dizer às multidões que só há um deus e que não privilegia nenhum de seus filhos, que a humanidade foi criada para ser livre e que os que crerem nas suas palavras vão curar-se, se estiverem enfermos.

"E, realmente, legiões de fanáticos, plenos de todos os males, rodeiam-no em toda parte, rogando-lhe a saúde! E ele cura a todos com a sua palavra eloquente e com o seu olhar amoroso. Mas nós precisamos afogar em sangue esse movimento, esse despertar das inteligências.

Como esse homem tem muitos partidários, o rei não se atreve a lhe declarar guerra, com receio do povo. É preciso, então, que se faça uma acusação formal. E você que anda com ele, que segue os seus passos, que sabe os seus mais íntimos segredos, é o indicado para darmos cabo dele, porque pode repetir as suas próprias palavras, dando a elas o sentido subversivo que nos convém. Você, que conhece as mulheres que o seguem, pode acusá-lo, provando que ele é um homem imoral e que leva a desordem aos lugares por onde passa. E, como é muito querido por todos, é preciso que a sua acusação seja terrível, para que o peso da balança se incline para o lado das suas iniquidades, e não para a admiração que o povo, em geral, sente por ele.

Há que se inventar todos os abusos, todas as ambições, para fazê-lo parecer um homem sedento de poder, que quer ser adorado, ao mesmo tempo, como um deus e como um rei, na ânsia de absorver todos os poderes."

– Liquidá-lo não é tão fácil como parece, porque, eu mesmo, confesso, sinto-me dominado por ele quando escuto as suas palavras e...

– E acaso tem você liberdade de pensar? Não sabe que o seu dever é obedecer? Esqueceu que, se saiu da prisão, para onde foi levado por seus crimes, foi unicamente para servir como escravo aos grandes sacerdotes? Não sabe que tem só dois caminhos a seguir?

– E quais são?

– A liberdade será a recompensa pelo seu trabalho, se acusar esse homem pela forma que acabo de lhe indicar, ou a prisão, de onde não sairá senão para a morte, se não cumprir as minhas ordens.

– Não tenho muita escolha. Pode dispor de mim como quiser. Mas... receberei muito dinheiro?...

– Já disse que terá mais do que sonha ter. Os sacerdotes são ainda os reis do mundo, e para sustentar o seu poderio podem distribuir minas de ouro! Agora, vamos nos separar. Você vai de novo reunir-se a ele e, quando eu avisar, voltará à cidade para apresentar a sua acusação e entregá-lo quando estiver tudo pronto para a sua prisão. Não se mova daqui senão passada uma hora.

Isaac inclinou-se humildemente e seu interlocutor desapareceu, não sem que eu visse que era um dos grandes sacerdotes que tinham aprovado a proposta de matar o homem-deus.

Quando Isaac ficou só, tornou a beber com afã. Pude vê-lo de frente. Como me pareceu repulsivo aquele homem! Era a imagem da traição!... E pensar que aquele miserável estava tão perto dele, enquanto eu, que tanto o amava, não podia vê-lo!... Julguei enlouquecer ao imaginar tal situação.

A aurora começou a anunciar o dia e tive medo que ele me visse. E sabe Deus o que poderia acontecer-me, estando sozinha e naquele lugar... Não queria morrer. Aproveitei um momento em que Isaac virou-se, buscando onde sentar-se e saí do meu esconderijo. Dei a volta por trás da fonte, mas tive tanta infelicidade, que fui vista por ele. Isaac, lançando um rugido de fera, agarrou-me, dizendo:

– O que faz aqui? Veio espiar a minha traição? Não sabe que eu mato sem piedade?... Já a conheço, você é a mulher que entra e sai do palácio do governador a qualquer hora. O que faz aqui?

Naquele instante tive medo de morrer, porque as garras do bandido já me rodeavam a garganta. Subitamente, senti uma força sobre-humana e separei suas mãos com violência tal, que o miserável bamboleou e caiu de costas sobre as pedras.

Olhei-o fixamente e disse-lhe: – Sabe por que estou aqui? É para deter os seus passos, para paralisar o seu corpo e a sua língua, a fim de evitar o maior crime dos séculos.

Ele olhou-me espantado, querendo recobrar a serenidade, e deu uma ruidosa gargalhada, dizendo:

– Pobre mulher! Você delira! Quem é você para me subjugar?!

E quis levantar-se, mas não pôde. Eu tinha estendido as mãos sobre o seu corpo e ele ficou imóvel pela ação da minha vontade.

– Ficará preso aí enquanto vou denunciar o seu crime, porque não merece andar aquele que procura fazer o mal, e você queria consumar a mais horrível das traições. Como pode você, estando tão perto dele, ser tão miserável?! Parece impossível que junto do maior ser da Terra possam se arrastar répteis como você!

Como não lhe cega a sua luz? Como, ao escutá-lo, não o adora?... Meu Deus! Você é a perversidade encarnada!...

– Mulher, não sei que poder tem que me amarra, que me prende. Corra, vá denunciar-me, porque o meu destino está traçado.

15. Abraçando o trabalho no bem

As últimas palavras de Isaac deram-me a impressão de uma sentença irrevogável. Embora parecesse impossível que aquele miserável deixasse de praticar um crime tão horrendo, o meu desespero aumentava e a minha raiva era cada vez maior contra aquele malvado. Por isso, peguei-lhe as mãos com o desejo de esmagá-las, se possível fosse, e disse-lhe, louca de dor:

– Miserável, será você um ser tão infame, a ponto de cometer o mais horrível dos crimes?

– Já lhe disse que a minha sorte está selada e só tenho dois caminhos a seguir: matar ou morrer.

– E não sabe que é melhor morrer do que matar? Não sabe que ele é a luz, enquanto você, agindo assim, será sempre treva? Não sabe que não é homem aquele que vende outro homem, ainda mais sendo este, não só um inocente, mas um ser perfeito que quer remir a humanidade? Ah! A sua infâmia é inqualificável.

– Quem quer que a ouça dirá que você é um anjo de perfeição. Só que eu sei que a sua história não é nada edificante, pois, até há pouco tempo, era uma mulher perdida. E, entre as rameiras e os criminosos, deve concordar, há pouca diferença. Sei quem é e o que foi, porque todo mundo conhece você.

– As suas palavras não me ofendem e o meu passado vergonhoso faz-me reconhecer ainda mais a grandeza desse homem divino que salva com a sua palavra, que encanta com os seus olhos e que seduz com os seus sentimentos. Ele, da pedra dura, faz brotar flores perfumadas e eu, em agradecimento às suas boas obras, sacrificaria uma eternidade de prazeres, somente para viver de joelhos a seus pés, adorando-o como se adora a Deus, porque esse homem é a verdade e a vida. Acabemos com isto de uma vez. Vá embora, que eu não posso mover-me enquanto olho para você. Siga cada um o seu caminho e não percamos tempo inutilmente.

Senti, então, uma voz longínqua a me dizer que o soltasse. Soltei suas mãos, e os seus braços caíram sem forças. Revelava no semblante o mais profundo assombro.

– Vou deixá-lo – disse-lhe –, porque me ordenam que o deixe só com a sua infâmia.

E, chorando de tristeza, abandonei a fonte de tão gratas recordações para o meu espírito, convertida agora, pelos miseráveis ambiciosos, num antro de sombras e criminosas maquinações. Até a incessante queda da água agora me aborrecia. A mim parecia que ela também devia compartilhar da minha dor. Entretanto, Isaac ria ruidosamente e dizia:

– Chore, chore enquanto tem tempo, porque a minha sorte está traçada.

Suas gargalhadas ressoavam em meus ouvidos de um modo tão sinistro e aterrador que, para não ouvi-las, apressei o passo.

Longe dali, perguntei a mim mesma: – Para onde irei, que não encontre homens infames? Deverei voltar para a cidade?... Não. Sinto que tenho mais alguma coisa a fazer e que não saí do palácio unicamente para inteirar-me da mais horrorosa traição de todos os séculos. Estou ansiosa, angustiada, e ainda tenho desejos de conhecer novas dores. Mas aonde irei?

Maquinalmente, dirigi-me para o lugar onde conheci o infeliz Arael e seus companheiros.

Cheguei à gruta e bati à pequena porta que encobria a sua entrada estreita.

À curta distância divisei a cabeça de um homem feio e antipático que, olhando-me fixamente, disse:

– Conheço-a. Esteve aqui uma noite e Arael salvou você de uma morte certa, pois todos a acreditávamos inimiga da nossa causa. Quem procura aqui? Arael partiu para não mais voltar.

– Já sei. Venho apenas para saber que notícias têm do homem-deus.

– Nenhuma. O nosso chefe em má hora o seguiu, porque por ele se perdeu. Não queremos morrer por esse embusteiro que, com as suas prédicas, tem feito maior mal do que parece. Promete o céu a todos, e aqueles que o seguem só encontram, como recompensa, sombrios calabouços. As únicas que têm saído ganhando são as mulheres perdidas, pois enamoram-se do homem que as perdoa e seguem-no, como você, fanatizadas pelas suas palavras enganadoras.

Aconselhei quanto pude aquele infeliz, mas ele mostrou-se insensível às minhas palavras. Só lhe interessava a prisão do seu chefe. Tudo mais era-lhe indiferente. Compreendi que aquele homem não podia dar mais de si, e deixei-o entregue à sua ignorância e à sua revolta.

Fui assaltada por sensações dolorosas, no contato com aquele ser miserável. Mas, quanto mais pessoas desprezíveis encontrava, mais se engrandecia, a meus olhos, a majestosa figura do homem-deus. Com os olhos do corpo eu admirava a sua escultural beleza e, com os olhos da alma, a elevação e a grandeza do seu sentimento.

Via-o tão superior aos homens comuns, que o meu amor por ele espiritualizava-se a ponto de não mais desejar segui-lo. O seu ideal enchia a minha alma de puríssimas sensações e eu não precisava correr para encontrá-lo, porque sentia-o em mim mesma. Parecia-me que o seu alento refrescava a minha fronte. Eu era feliz porque sentia-o em mim mesma.

Detive-me por alguns instantes num pequeno caminho orlado de flores silvestres. Ali me dirigi a ele em pensamento, contando-lhe tudo o que sentia e suplicando-lhe que não me repelisse na hora do seu sacrifício, que eu taparia a boca para não gritar, mas que queria vê-lo, nem que fosse no seu último momento.

Ali, na mais completa solidão, eu o chamava dizendo-lhe: – Meu amor, amor dos meus amores, vida da minha vida! Céu das minhas ilusões!...

Naquele lugar a minha alma recebia novo alento. Tudo o que me rodeava era belo e majestoso. Bem que o meu espírito necessitava daquilo. Mas comecei a sentir-me fraca por falta de alimento e dirigi-me a um pequeno lugarejo, onde encontrei diversas crianças brincando. Estas, ao me verem, foram chamar um homem já velho, que me reconheceu logo, por ser pai de uma menina que eu tinha curado. Recebeu-me com muita satisfação e ofereceu-me a sua casa para que eu repousasse e me alimentasse.

A menina abraçou-me, dizendo que não se tinha esquecido de mim e que me queria muito, porque eu lhe tinha devolvido a saúde, e que o pai, quando a via triste, repetia-lhe sempre as minhas palavras, que prontamente a faziam reanimar.

Foram horas tranquilas as que passei ao lado daquela gente humilde e boa! E acabei por contar ao ancião tudo o que tinha ouvido na fonte, respondendo-me o pobre velho, indignado:

– Sinto em mim o peso dos anos, mas, para evitar a consumação desse ato criminoso, creio que até recobraria as minhas energias de moço, reunindo outros companheiros para salvarmos o homem-deus ou morrermos todos com ele.

– Eu também irei, meu pai – disse a menina –, porque, desde que vi aquele homem rodeado de luz, ele não me sai do pensamento. Dormindo ou acordada, eu o vejo sempre. E é tão bonito! Não podemos deixá-lo morrer. Quero-lhe tanto como a você – e a menina atirou-se nos meus braços, beijando-me com ternura.

Passada a tempestade, como é belo um raio de luz! Ouvindo a menina e seu pai, a minha alma regozijou-se, e despedi-me deles convicta de que por-se-iam a caminho com muitos outros, para seguir o homem-deus, para protegê-lo e evitar que o traidor Isaac se aproximasse.

Continuei o meu caminho fortalecida de corpo e serena de alma. Ia satisfeita, porque tinha despertado algumas almas que dormitavam. Quando ia entregue às minhas reflexões, ouvi gritos e xingamentos. Vi, então, duas mulheres que se agrediam violentamente, dispostas a destroçar-se.

Imediatamente intervim, colocando-me entre elas. Com muita dificuldade, ouvindo insultos torpes e grosseiros, consegui separá-las. Quem os proferia era uma bonita mulher, em cujos olhos brilhavam as chamas do ciúme. A outra procurava justificar-se, mas percebia-se que estava isenta de culpa.

A ciumenta não se deixava convencer pelos meus argumentos, mas tanto me esforcei em apaziguar, que ela disse à sua rival: – Deixo-a com a sua infâmia, que é o pior dos tormentos.

E, virando-se para mim, disse: – Você salvou a vida desta mulher. Prometo-lhe deixá-la entregue a si mesma. Evitou que eu cometesse um crime e por isso nunca vou esquecê-la.

E a ciumenta afastou-se, enquanto a outra, confusa e envergonhada, retirava-se para outro lado sem dirigir-me um olhar sequer. Estava vencida, ao peso da desonra.

Aquela cena impressionou-me profundamente, e comecei a dizer a mim mesma: – As mulheres também matam quando amam! Amar!... Como deve ser bom amar um homem!... mas um homem de carne e osso, que não se eleve pelos ares. Amor da Terra, com suas lutas e sofrimentos, mas seus prazeres delirantes também! Nunca ninguém me amou! Nunca tive que disputar a minha presa, porque nunca amei nem fui amada! Na verdade, eu nunca vivi...

"E que diferença há entre morrer e ser abandonada por todos?!... A solidão! o abandono!... Triste sina! Agora reparo, aqui, nesta planície, foi que o homem-deus não quis que eu o visse mais! Cegou-me! Que crueldade!... Não vê-lo! A ele que é a razão da minha vida!... e para que vivo então?! Para quê?!...

Mas, pensando bem, não devo ser ingrata a ponto de queixar-me desta jornada. Fiz algo de bom: conheci o traidor, e descrevi-o para que o identifiquem e o denunciem. Aquela família boa vai reunir gente para proteger o homem-deus. Contribuí para evitar a consumação de um crime! De que me queixo?"

Novamente reanimada, desci por uma ladeira deliciosamente sombreada por árvores floridas. A curta distância, viam-se algumas casinhas. Seus muros eram todos revestidos por belíssimas trepadeiras. Pareciam pequenos paraísos e, por isso, detive-me a contemplá-las:

– Como devem ser felizes os habitantes deste oásis! Viver entre flores! Respirar um ambiente perfumado. Isso é que é viver!...

Daquele momento, senti que um ser invisível me chamava a atenção: que não julgasse pelas aparências... E ouvi, de repente, um leve gemido. Atrás dele, outros e mais outros. Eram lamentos amargos e provinham daquelas casas. Mas eu não sabia de qual.

De repente, eis que sai de uma delas uma mulher jovem e bela, com o cabelo em desalinho. Olhou para o céu, como a queixar-se da sua dor, e exclamou: – Não posso mais!

E deixou-se cair junto de uma árvore. Corri até ela, perguntando-lhe o que a afligia. Ela, no entanto, olhou-me surpresa, respondendo secamente:

– Deixe-me, a minha dor não tem remédio.

– Todas as dores têm remédio.

– Percebe-se logo que não é mãe! E se o é, nunca perdeu nenhum filho. Eu tenho só um, que está morrendo! – e a pobre mulher chorava desconsoladamente.

– Acalme-se um pouco. Se está vivo, ainda há esperança. Corra em busca do homem-deus.

– Quem? Aquele que passou há pouco por aqui? Antes nunca tivesse passado! É verdade que curou muitos, mas o meu filho estava bom e caiu doente logo que ele se foi. Agora, está morrendo aos poucos.

– Deixe-me vê-lo.

– Não me diga que é também dessas alucinadas que o seguem! Vá-se embora, que eu não quero ver nem a sua sombra.

Curvei a cabeça e afastei-me, mas detive-me com os gritos da mãe desesperada: – Venha! Venha depressa!...

Voltei e entrei com ela em sua casinha. Sobre almofadas macias, deparei, então, com um menino de aproximadamente doze anos. Rosto cadavérico, olhava a mãe desgostoso.

E eu, dominada por uma força superior à minha, sentindo uma maravilhosa lucidez, olhei a criança, pus-lhe a mão na testa e disse-lhe:

– Por que se queixa? Por que, se tem o corpo sadio? O que você tem é outra enfermidade!

– Qual? – perguntou a mãe.

– O ardente desejo de ser amado. Você ama um homem que não é o pai de seu filho. Este, embora criança, odeia aquele que pretende ocupar, em seu leito, o lugar de seu pai. Não se case, mulher, não se una a outro homem, se quer conservar a vida do seu filho.

Ela me olhou admirada. Olhou também para o menino e este lhe disse:

– Viva para mim e eu viverei para você.

Nesse instante o amor maternal falou mais alto. Ela abraçou o filho, murmurando-lhe ao ouvido algumas palavras que deviam ter sido uma promessa, porque ele sorriu satisfeito e disse, voltando-se para mim:

– Acaba de curar-me. Agora já quero viver. Desde que você aqui entrou, parece que renasci.

– Não tanto por mim. Está curado, sim, porque o amor de sua mãe era a medicina de que seu corpo e sua alma necessitavam. E você, mulher, se a fortuna lhe sorri, se não precisa sacrificar-se para sobreviver, consagre-se ao seu filho. Agradeça a Deus a sua fecundidade. Mostre-se grata e satisfeita por ser a árvore que deu tão formoso fruto. Feliz da mulher que é mãe, porque é útil à humanidade! Abrace-o, queira-lhe muito. Feliz de você, mil vezes, porque tem um filho a quem entregar o seu amor!

E mãe e filho abraçaram-se de novo. Deixei aquela casa, contente com a minha obra.

Quando me encontrei de novo no campo, senti-me tão forte e tão feliz, que disse a mim mesma: – Eu já curo enfermidades e já descubro os segredos íntimos de cada um! Como sou forte! Eu sou o bem encarnado!... E o bem se encontra no prado florido da esperança. O bem é a vegetação do espírito. Eu posso muito, porque já consigo vencer a fraqueza humana. Já posso regenerar um mundo!...

Depois... depois, arrefeceu-se o meu entusiasmo e murmurei desanimada: – Como pretende você dar água a uma fonte?!... Uma coisa é utilizarmo-nos do que recebemos, e outra é traçar o rumo que os outros devem seguir.

E, lutando entre o desalento e a esperança, lembrei-me do pobre Arael e da minha ingratidão para com ele. Só uma vez tinha-o visitado na prisão. Era como *deixar o certo pelo duvidoso*: tinha ido dar aos outros, aos desconhecidos, o consolo que de direito lhe pertencia, pois que era o mais necessitado. Pensando nisso, via-me tão pequena e tão ingrata como as demais. E eu queria regenerar o mundo!

Continuei a andar pela encosta de uma montanha. Encontrei uma queda d'água que formava pequenos riachos, derramando a fertilidade e a vida por todas as direções. Arroios penetravam prados deliciosamente floridos, tornando encantadora a paisagem. Mas a cerração anunciava a chegada da noite. Com a umidade intensa, minhas pernas começaram a fraquejar. Não podia descansar em lugar nenhum, pois o terreno era pantanoso.

A água corria por toda a parte, e eu me via obrigada a continuar andando. Chegou, enfim, a noite com o seu silêncio e os seus misteriosos ruídos. Rendida de cansaço, andava mesmo sem poder.

Nem sei quanto andei. Por fim, pareceu-me ver, muito longe, uma tênue claridade. Precisava chegar até ela. Sem dúvida, lá acharia alguma casa hospitaleira. Para ganhar novas forças, bebi um pouco daquela água que me cercava por todos os lados. Água boa! Como me fez bem!

Continuei, então. Caminhava já havia muito tempo, sempre à beira de um rio de águas tranquilas. Percebi que a claridade provinha do cume de uma das montanhas imponentes que ficavam na margem oposta do rio.

Súbito, assaltou-me a ideia de atravessar aquele rio como ele atravessava. Eu não curava como ele? Pois se eu era útil aos outros, poderia ser também a mim mesma. Se eu pudesse flutuar como ele, quanto caminho adiantaria!...

Decidi experimentar. E já estava com os pés enterrados no lodo da margem, quando escutei uma voz forte que me disse enérgica: – Não se atreva a dar um passo, porque não pode atravessar flutuando. Os corpos não voam. E as fantasias só servem para perturbar as almas. Volte e encontrará o que deseja.

Retrocedi então e, realmente, a poucos passos, encontrei uma pequena ponte que, embora frágil, permitiu-me ganhar a outra margem.

O terreno era agora mais seco e firme, o que me permitiu subir por um dos montes até o cume, para procurar a débil claridade que tinha visto do fundo do vale. Era apenas a luz da aurora o que eu divisara de longe...

Tinha andado toda a noite na esperança de achar repouso... um porto seguro. Do mesmo modo caminhamos na Terra, esperando alcançar o paraíso que nos oferecem os diversos ideais religiosos ou filosóficos, segundo o adiantamento de cada época e o desenvolvimento da civilização.

Amanhecera. Pude, então, contemplar uma paisagem admirável! Em meio à exuberância da natureza, erguia-se uma grande cidade. Suas muralhas e suas ruas largas eram adornadas por flores e arvoredos frondosos.

Animada, penetrei na cidade. Chamaram-me a atenção dois homens de aspecto agradável, que discutiam acaloradamente enquanto andavam. Ao passar por eles, pude perceber que falavam dele. Ajustei meu passo ao deles e pude escutar melhor, mesmo porque falavam aos gritos, de tanto que estavam exaltados. Um falava mal dele. O outro, mais ponderado, aconselhava a não julgar sem ver.

– A mim basta saber que ele fala de um só deus e que pretende desvirtuar o poder dos nossos deuses, para que eu o odeie – dizia o primeiro.

– E eu, só depois de apreciar os seus feitos e ouvir os seus argumentos é que poderei acusá-lo ou defendê-lo.

– Seria capaz de abandonar a religião dos nossos pais?

– Se esse deus que ele apregoa falar à minha alma, é certo que sim.

– Pois eu, ainda que todos os meus estivessem morrendo e esse homem pudesse e quisesse salvá-los, deixá-los-ia morrer, antes que ele se aproximasse.

– Não penso assim. Tenho minha esposa como morta, e se alguém me dissesse que poderia salvá-la, ainda que esse alguém fosse o gênio do mal, eu não titubearia em aceitar, para ver tornar à vida a mãe dos meus filhos.

Aproveitei-me daquela oportunidade para dirigir-lhe a palavra, oferecendo-lhe os meios de que dispunha para a cura da sua esposa. O homem olhou-me admirado, mas tomando-me a mão, disse-me: – Venha, corra comigo, se puder. Quero a saúde e a vida, venham de onde vierem.

O inimigo do homem-deus enfureceu-se ainda mais com a minha presença e disse que as curas dele eram falsas, porque os doentes recaíam de novo quando ele ia embora.

– Ele cura as almas – respondi. – Mas se elas persistem no mal, certamente enfermam de novo.

– Ele não levanta os mortos.

– Mas desperta os que dormem, como eu os desperto.

Por fim, chegamos à casa da doente, que era jovem ainda e simpática. Descansava num leito rodeada de muitos parentes e amigos.

Aproximei-me e todos me olharam com desdém e desconfiança, dizendo uma das mulheres:

– O que vem esta fazer aqui, se ela já está morta?

Não me preocupei com o que ouvi e inclinei-me sobre a enferma. Realmente, não se percebia a sua respiração. Tinha os olhos fechados, mas o coração ainda batia débil.

– Esta mulher não morreu, o seu coração ainda palpita.

– Palpita a sua mão – replicou um ancião. – Não profane os mortos.

Eu, porém, sentindo-me impulsionada por ele, disse à doente, com a maior energia: – Mulher, abra os olhos.

E a morta abriu os olhos. Dominada pela minha vontade, reanimou-se e sentou-se no leito.

O marido, louco de alegria, estreitou-a nos braços e voltou-se para mim:

– Quem é você?... Quem quer que seja, minha vida lhe pertence, já que devolveu a vida à minha Raquel.

Estabeleceu-se naquela casa uma confusão indescritível, e todos me assediavam com perguntas, até que Raquel pediu silêncio para contar o que tinha sofrido. Disse que, embora o seu corpo estivesse estado imóvel, tinha conservado toda a lucidez. Sabia que já teria sido levada para a cova pela vontade de todos, exceto pela de seu marido, que se empenhara para que não a enterrassem. Sentira nos lábios os beijos dos pequenos filhos e, no rosto, as lágrimas amargas de seu marido e de seus pais. E só tinha podido abrir os olhos ao escutar a minha voz.

Voltando-se para mim, Raquel indagou: – E você quem é, que me devolveu à vida, aos carinhos dos meus filhos, aos cuidados de meus pais e ao amor de meu marido? É o meu Deus na Terra?

– Sou uma folha seca que ele levantou do pó. Sou uma pobre mulher que adora o homem-deus.

– Pois eu também quero adorá-lo – disse ela.

– Pois levante-se e saia ao seu encontro. Vá esperá-lo e dizer-lhe que eu a curei em seu nome.

16. Inolvidáveis lições

Depois da cura de Raquel, despedi-me de sua família, ávida de adiantar-me à multidão que ia ao encontro do homem-deus. Diziam que ele já estava perto da cidade. Saí apressada, então, e uma legião de infortunados indicou-me o caminho que devia seguir. Quantos enfermos, meu Deus! Quantos seres inutilizados!... Eram mancos, cegos, paralíticos, leprosos e outros que, enraivecidos, gritavam como loucos, contorcendo-se pelo chão.

Em meio à multidão chamou-me particularmente a atenção um pobre homem, que abria os braços e mostrava as mãos corroídas de repugnante moléstia. O infeliz tinha olhos grandes e bonitos, e um semblante expressivo. Olhamo-nos e ele disse-me em tom de zombaria: – Por que corre? Não sabe que nunca chegará ao reino dos céus? Que lá não há lugar para você?

A sua voz impressionou-me. Tomada de surpresa, detive-me, quando ouvi dentro de mim mesma uma voz que me dizia: – Adiante! Adiante!

Continuei andando e, à medida que me aproximava dele, ia se apoderando de mim um temor inexplicável. Eu tremia ante a possibilidade de ele não me permitir vê-lo. Decidi ocultar-me num mato próximo para vê-lo passar e depois segui-lo. Assim fiz, sentando-me ao pé de uns arbustos floridos.

Fiquei à espera. Como batia o meu coração! As têmporas latejavam, como se golpeadas sem piedade por um martelo invisível. As lágrimas brotavam. Que angústia, que ansiedade!

Num dado momento, aumentou o tumulto. Eram todos pedindo misericórdia. De repente, ouvi a voz dele, doce, pausada e harmônica. Falava com um ancião venerável, de longas barbas brancas, ao qual dizia:

– Quantos me esperam!... mas, também, quantos me repelem!... Eu venho semear, não venho colher. Venho, não para que me sigam, mas para que, unidos pelo amor, trabalhem na minha obra. Onde impera o bem está a paz das almas, porque uma só é a lei e um só é o bem.

Todos o escutavam em silêncio. Sua voz ressoava como uma melodia divina. Vibrava de um modo tão particular, que era ouvida à grande distância, embora não gritasse. Como estava belo!...

Deteve-se diante dos arbustos que me ocultavam, e pude olhá-lo, adorá-lo e louvá--lo. E, sem olhar para o lugar em que me achava, sorriu docemente e disse à meia-voz:

– Levante-se, mulher, e venha. Venha e observe as minhas obras, guardando na alma a impressão de tudo o que vir.

Ante o fascínio de suas palavras, não sei como me levantei. Quando me dei conta, estava bem perto dele, a ponto de poder tocar-lhe a túnica. Não me cansava de olhá-lo e escutá-lo, porque cada palavra sua era uma sentença.

Foi então que ouviram-se vozes gritar: – Abram passagem!... que ninguém lhe toque!...

Os doentes afastaram-se e adiantou-se um homem de aspecto terrível. Seu corpo era todo coberto de úlceras. Da cintura até o joelho usava um lenço, todo manchado de sangue e excreção. O peito, os ombros e os braços apresentavam chagas asquerosas, e a cabeça, toda deformada, era mal envolta em panos ensanguentados.

O infeliz, ao ver o homem-deus, deteve-se envergonhado, sem coragem para encará-lo.

Que contraste!... Um extremamente belo; o outro... tão horrível! Um tão bom, tão saudável, tão forte, tão poderoso... e o outro tão fraco, tão doente e tão repugnante!... Um era a fonte da vida e da saúde, enquanto o outro era um manancial purulento de vermes, porque todas as suas feridas liberavam um líquido amarelado e pestilento!

O homem-deus deteve-se a olhar para aquele desventurado, dizendo-lhe com tristeza:

– Ah! Como é horrível a herança do pecado!... Como é pesada a sua expiação!... Infeliz! Quantos séculos de sombra e de crimes eu vejo nos seus ombros... mas, aproxime-se. Não quer vir? Pois eu vou para junto de você, porque vim ao mundo para curar os enfermos. Não acredita?

E o homem-deus, juntando a ação à palavra, aproximou-se do enfermo, que estava imóvel no meio do círculo, sem se atrever a dar um passo, envergonhado, sem dúvida, das suas misérias. Tomando-lhe a mão direita, apoiou-a na sua esquerda, olhando com interesse para as suas chagas. Disse, então:

– Pobrezinho! Deve sofrer muito, não é verdade?

– Muito, senhor.

– E é certo que quer curar-se?

– Ah!... se fosse possível!...

– Tudo é possível, desde que haja vontade. Eu vou curar o seu corpo, mas precisa ajudar-me, curando a sua alma... – e, olhando bem dentro dos olhos, continuou: – Eu promoverei a cura de sua matéria putrefata; faça você o mesmo ao espírito, faça tantas obras boas quanto os abusos que tem praticado. Quero que o seu organismo fique são. Queira isso você também.

Tomando novamente a mão do enfermo, tocou-a ligeiramente. Os que estavam mais próximos viram, com assombro, que aquela mão, que antes destilava água sanguinolenta, ficou enxuta como que por encanto, acontecendo o mesmo com todo o corpo!

O infeliz estremeceu de júbilo e quis ajoelhar-se, dizendo-lhe: – Você é Deus! Você é Deus! Bendito seja!

Mas ele o impediu, respondendo-lhe: – Os homens não se ajoelham, levantam-se e elevam-se trabalhando na prática do bem. O céu é tão grande como a esperança. Cure a sua alma e, na medida em que a curar, sarará o seu corpo.

Não é possível descrever, dar uma ideia sequer do que foi aquela maravilhosa cura. O corpo do doente instantaneamente adquiriu forças e as suas chagas ficaram secas. O infeliz olhava os braços, as mãos e o peito. Ria e chorava, pronunciando palavras ininteligíveis. Era natural, pois, quando nos comovemos profundamente, todas as manifestações do sentimento parecem insuficientes para demonstrar o prazer e o assombro que toma conta de nós.

Os outros muitos doentes que havia ao longo do caminho estranhavam a demora do homem-deus, começando a murmurar, na impaciência da dor.

Ele continuou, por fim, o seu caminho. Denotava haver escutado todo aquele murmúrio e sorriu melancolicamente, estendendo os braços, exclamando para a multidão: – Salve-os a sua fé! Fiquem sãos para serem bons! Ressuscitem para a vida do bem, da abnegação e do sacrifício!

As suas palavras foram repetidas pelo eco. Como era sonora, doce e melodiosa a sua voz!... nunca tinha ouvido outra que se assemelhe!

O velho homem que o acompanhava propôs-lhe que parassem por ali. Seria melhor que mandassem vir até aquele local os enfermos da cidade. Ele, porém, replicou: – Não, nós é que devemos apressar o passo, porque são muitos a esperar e o meu dever é ir ao encontro da dor.

Continuamos, até que entramos na cidade, onde ele visitou muitos sofredores, deixando em toda a parte a consolação e a esperança. Chegamos, por fim, a uma casa cujo dono saiu ao seu encontro e disse-lhe:

– Ah! O senhor não é homem! É um deus!

– Não diga isso. Eu sou apenas um homem e venho falar-lhes, para que amanhã me compreendam.

Entraram naquela casa, e o dono apenas entreabriu a porta, para evitar que entrassem todos. Muitos homens entraram, mas não me atrevi a segui-los, porque todas as mulheres ficaram do lado de fora. Mas, como nunca me cansava de vê-lo e admirá-lo, encostei-me à porta, a pensar numa maneira de entrar, quando ouvi a voz dele, que me dizia meigo: – Você está aí? O que quer ver?... Você, que trabalha e cura em meu nome, entre e observe.

Permitiram que eu entrasse e, uma vez a seu lado, dirigimo-nos a um quarto onde estava um jovem que parecia morto.

Então, disse-me ele:

– Examine-o e diga o que lhe parece.

Aproximei-me, tocando-lhe a testa. Estava gelada. Escutei-lhe o coração, notando que não batia.

– Que lhe parece? Fale...

– Eu creio, senhor, que está morto.

– Por quê?

– Porque o seu coração não palpita mais.

– E você acredita que se morre?

– Eu... eu, sim.

– Pois não se morre nunca, mulher, porque se renasce eternamente. E se há corpos que se imobilizam, em compensação, as almas despertam, neste ou em outro mundo melhor.

Todos escutavam o nosso diálogo, e ele, olhando para o enfermo, que parecia um cadáver, disse-lhe: – Volte à vida, porque eu assim quero.

O morto animou-se e, mais ainda, pôs-se de pé, ficando imóvel junto ao leito.

– Isso não é o bastante. Reanime-se a estátua, circule o sangue nas suas veias e brilhem os seus olhos.

E à medida que o homem-deus ia ordenando, o enfermo ia lhe obedecendo com uma precisão de pasmar. Num estrado ao lado uma mulher gemia. Ele disse--lhe, então: – Mulher, abrace o seu filho e conclua a minha obra.

E aquela mãe abraçou o filho ressuscitado, colorindo-lhe as faces e dando brilho aos seus olhos, com o calor dos seus beijos delirantes.

Entretanto, o pai dizia ao homem-deus:

– Senhor! O senhor é Deus!

– Não, não sou um deus. Caminho em busca de Deus...

Quando saímos daquela casa, as mulheres que não puderam entrar lançaram--me os insultos do mais baixo calão, e eu me envergonhei... Até me arrependi de ter entrado, sentindo que ele ouvisse aqueles insultos filhos da inveja. Ele, porém, olhou-as e disse, tomado de tristeza: – Querem a cura e se prestam a ofender!... Querem a cura e semeiam o mal!... Pobres gerações! Quando compreenderão que só a harmonia traz a felicidade?!...

Continuou curando todos aqueles que o reclamavam e, por fim, deteve-se ante uma casinha rodeada de árvores. Disse, então, a muitos que o seguiam sem estarem doentes:

– Querem seguir os meus passos? Hão de chorar muito!

Alguém lhe disse que ele era grande como Deus, e a sua resposta foi esta:

– Não sou grande como Deus. Sou grande, porque sou um filho de Deus. Hoje as multidões me seguem com a sua ignorância, e amanhã seguir-me-ão com os seus vícios. Estou cansado de alma. Ah! Se não fosse pelo progresso eterno, eu também desfaleceria! Mas quando se sabe que se vive eternamente, não se deve, nem se pode esmorecer.

E, olhando para o céu, os seus olhos iluminaram-se e o seu rosto adquiriu aquela transparência especial que não sei descrever, revestindo-se todo o seu ser de um encanto inexplicável. Todo ele era luz: rosto, cabelos e traje. E, o que era mais estranho, parecia elevar-se. Sua estatura parecia agigantar-se. Como se tivesse ido a outros mundos e voltasse, murmurou por fim com ternura àqueles que, atônitos, observavam-no: – Veem como me engrandeço? Pois assim irão se engrandecer todos um dia...

O ancião que o acompanhava sugeriu-lhe, então, que entrasse em sua casa para se alimentar e descansar um pouco, pois devia estar muito cansado, o que ele aceitou com as seguintes palavras: – Vamos revigorar o corpo, porque assim nos prepararemos para dar forças ao espírito.

E, virando-se para mim, continuou: – Entre você também e sente-se ao meu lado, que é a última vez que estaremos juntos na Terra.

Sentaram-se muitos em torno da mesa e eu me sentei a seu lado. Grande número de homens e mulheres ficaram em pé, dentro e fora da casa.

Aproveitei um momento em que a conversa se generalizou e disse-lhe:

– Senhor, eu sei que querem prendê-lo, e que o traidor o acompanha por toda a parte. Surpreendi a conspiração na fonte, onde fiquei sabendo de tudo.

– Eu também sei.

– E o que fará?

– Esperarei que se cumpra a lei. Mas hoje... você o viu perto de mim?

– Não, senhor, e Deus permita que não o veja!

– Pois aqui deverá estar, porque a hora se aproxima. Poderia reconhecê-lo?

– Mesmo se ele estivesse entre mil!...

– Pois aqui dentro somos poucos. Olhe bem para ver se o descobre.

Então, tremendo, corri os olhos por todos aqueles que o rodeavam e respondi-lhe cheia de satisfação:

– Não está aqui.

– Olhe bem, mulher. Ele deve estar muito perto...

Olhei de novo e descobri, sentado a um canto da casa, um homem com o rosto coberto pelas mãos.

Nesse momento, ele olhou-me a sorrir e, como se a sua própria vontade impelisse o homem a mostrar-se, este levantou a cabeça. E eu tive que abafar um grito, porque tinha reconhecido Isaac.

– Vê como estava bem perto?

– Mas, senhor, por piedade, livre-nos desse miserável. Oh! Como o detesto! Se o meu ódio pudesse persegui-lo, eu iria amaldiçoá-lo eternamente.

– E por quê, se você também já foi cruel quando vendeu e acusou um inocente? Não seja tão pobre, não maldiga nem odeie a ninguém, porque ele, como você, expiará a sua falta. Ele, como você, pedirá misericórdia um dia, e nem o eco da sua súplica lhe responderá. Ele, como você, será mártir de si mesmo e, no ato de seguir-me, sofrerá o martírio.

"Ele é mais perverso, não há dúvida. Você pecou por vaidade. Sua beleza cegou-a a ponto de querer constatar o poder da sua formosura. Cegou e fascinou também a um homem, o fundador da primeira escola filosófica deste mundo!

Ele e você seguirão os meus passos e só a minha lembrança irá dar-lhes ânimo para sofrerem o martírio. Você, porém, irá ver-me sempre, viverá para mim e eu serei, na sua solidão, o único raio de sol a iluminar o seu confinamento. Quando se arrancam as flores inutilizando os frutos, é preciso ir de novo procurar as raízes nas profundidades dos sepulcros. Mas as flores continuarão a ser arrancadas e os frutos inutilizados à sombra do meu nome."

Falamos ainda por muito tempo, provocando os ciúmes mal reprimidos da parte dos demais, ante o que ele levantou-se e disse:

– Não murmurem. Esta mulher pertence-me desde a noite dos tempos, bem como alguns de vocês. Continuarão a me pertencer, praticando a lei do amor. Não falem mal de ninguém, porque censurar o semelhante é fogo cujas chamas não se extinguem nunca. E ai dos que murmuram! Sigam o meu exemplo. Não venho condenar ninguém. Venho perdoar e perdoo a todos sem exceção.

Levantou-se, então, Isaac do lugar em que estava e, aproximando-se dele, disse:

– A quem haverá de perdoar, se ninguém lhe pode fazer mal?

– Às crianças e aos hipócritas. Às crianças, porque não sabem o que fazem, e aos hipócritas, porque pela sua maldade forjam os elos das suas próprias cadeias.

– E acredita, senhor – disse-lhe um dos presentes –, que as crianças ou os hipócritas poderão fazer-lhe mal?

– Haverá de tudo, porque venho semear, não venho colher.

E, virando-se para mim, disse-me com aquele acento de autoridade que só ele tinha e que só ele sabia irmanar ao maior carinho:

– E você, vá cumprir o seu dever. Arael a espera e, com ele, outro desventurado, aquele com quem falou na caverna e que foi preso logo que você o deixou. Ele crê que é você a causa da sua prisão e por isso a odeia. Vá desvanecer o seu ódio, tanto quanto puder, porque morrer odiando é morrer em desgraça. Ao meu lado já nada mais tem a fazer, enquanto, ao lado daquele que a odeia, pode ser muito útil. Vá cumprir com o seu dever e não chore por mim, chore pelos vícios da humanidade. E, depois que eu morrer, não procure o meu corpo, busque as minhas obras e eu lhe prometo que, no porvir, quando novas civilizações tiverem saneado a Terra, vou dar-lhe uma felicidade que está longe de imaginar.

E estendeu a mão direita, num gesto singular, apontando-me a porta.

Dominada, então, pela sua vontade, inconscientemente, curvei a cabeça e saí, só dando conta de mim quando me encontrei longe, no meio das árvores. Quis tomar o caminho da cidade para cumprir a sua ordem de visitar os dois prisioneiros, mas não pude porque anoiteceu e tive de abrigar-me numa pousada para descansar.

Que noite horrível aquela!... Por toda a parte só via rios de sangue e insondáveis abismos... abismos da minha existência!... Horas amargas me aguardavam! *Mas... muito depois, quando novas civilizações tivessem saneado a Terra, eu gozaria de uma felicidade que estava longe de imaginar*, dissera-me ele.

17. No cárcere: novo pacto para a eternidade

Embora tivesse passado uma noite conturbada, levantei-me animada com a doce esperança das suas palavras. Pensava na felicidade que chegaria um dia, ainda que, para alcançá-la, muitos séculos tivessem que passar. Resignava-me com a lembrança de que *o que muito vale muito custa*. Assim é que empreendi viagem em direção à cidade, para cumprir a determinação do homem-deus de visitar os presos.

Como era natural, fui primeiro visitar o governador, que me recebeu carinhosamente. Contei-lhe tudo o que tinha acontecido, e disse triste:

– Se soubesse as infâmias que estão praticando!... Centenas de enfermos curados por ele têm sido comprados por bom preço, para declararem que foram curados por meio de feitiçarias. Mulheres perdidas também o foram, para contar histórias as mais repugnantes e escandalosas, nas quais ele figura como protagonista. Tudo quanto de absurdo, de mau e de cruel que pudesse ser inventado, nada foi esquecido para fazer morrer um homem que dá saúde ao corpo e vida à alma! Que horror!...

Falei-lhe, então, do chefe dos bandidos, que tinha ordem de visitar, e ele respondeu-me:

– O que diz?... Sabe, porventura, quem é esse homem?!... Sua boca é uma cratera de fogo inextinguível. É uma fera que tudo despedaça, que tudo destrói. Os ferros mais fortes estalam nas suas mãos, como uma débil vara nas mãos do meu Abelin. Não, não quero que o visite!

– Mas ele me ordenou e eu tenho que obedecer.

– Mas se o miserável a odeia e a calunia, porque acredita que foi você que o denunciou!... É mentira, mas ele assim crê!

– Pois, por isso mesmo, faço mais questão de ir. Onde há mais trevas, onde a aberração é maior, mais a luz da razão faz falta.

E o governador, vendo que era inabalável a minha resolução, mandou que alguns dos seus servos me acompanhassem, dirigindo-me eu à prisão.

O companheiro de Arael tinha sido separado dos demais presos, porque parecia uma fera raivosa. Rugia como um leão faminto, agarrado aos barrotes de ferro de sua jaula, que tremia aos seus impulsos violentos. Um dos homens que me acompanhavam aproximou-se da grade e disse-lhe, a respeitável distância: – Está aqui a mulher a quem você odeia e amaldiçoa constantemente.

Ao ouvir aquelas palavras, o preso soltou uma gargalhada horrível desenhando-se no rosto do desventurado um sorriso aterrador e, como animal faminto farejando a presa, aproximou a cabeça das grades do cárcere, dizendo-me com voz cavernosa:

– Aproxime-se mais, que quero dar cabo de você! O sangue que tenho derramado neste mundo não me satisfaz. Preciso do seu para não morrer com essa raiva... Você me arruinou, já que estou aqui enjaulado por sua causa.

– Engana-se – respondi-lhe com serenidade –, os seus crimes sem conta é que são a causa da sua desgraça.

Ele ficou indignado. Seus cabelos e a sua barba eriçaram-se extraordinariamente, e os olhos, esbugalhados, pareciam querer saltar-lhe das órbitas. Estava horroroso, ameaçador. Parecia o gênio do mal, dominado pela vertigem da loucura.

– Vim aqui – continuei – porque ele mandou que eu viesse consolá-lo.

– Acredita que me deixo ludibriar! A sua presença aqui aviva ainda mais o meu ódio por você, porque a sua vinda é uma burla sangrenta. Se ele me arruinou e você o ajudou, que consolo pode me dar?! Eu era um homem livre!... E sabe você, por acaso, o que é ser livre?... Ser livre é ver a luz! É correr quanto se quer! É lutar e vencer! Enquanto, aqui, estou sem luz, porque os archotes, que agora me deixam vê-la, só iluminam este subterrâneo quando me trazem alimento. Depois... a noite me envolve de novo, a mim que era o rei do bosque!... Mas, aproxime-se mais, que está muito longe...

Os guardas que me acompanhavam não permitiam que me aproximasse das grades. Mesmo assim, adiantei-me, aproximando-me daquele desventurado enfurecido pela dor. Mais de perto, olhamo-nos fixamente e ele deve ter sentido alguma coisa diferente, porque deixou pender os braços hercúleos das grades e disse, com ironia cruel:

– E para que quer consolar-me? Não sabe que a odeio?... que o único sentimento que ainda me resta é o de não tê-la matado na noite que passou na gruta?!

– Exatamente porque me odeia, é que preciso provar-lhe que não tem razão para tal. E a melhor maneira de conseguir isso é fazer-lhe todo o bem possível. Devolvo-lhe o bem pelo mal, porque é este um dos mandamentos da lei de Deus. O bem é a seiva benfazeja que devemos transmitir uns aos outros por toda a eternidade. Agora, deixe-me começar o meu trabalho: quando você nasceu teve um pai e uma mãe que o acarinhassem?

– Não, não tive. Não sei quem foram os meus pais, nem quero lembrar-me dos primeiros anos da minha vida, porque foram os mais infelizes!... Lembrança amarga... Ainda saboreio o fel que bebi!...

– Pois olhe, o abandono a que foi relegado nos seus primeiros anos de vida atenua, em grande parte, o seu delito. Não teve ninguém que lhe dissesse como ser grande e, entregue a si mesmo, conseguiu ser grande no crime! Quando mais se falava em você, mais se satisfazia a sua feroz vaidade e mais você se afogava no sangue dos inocentes que morreram por sua culpa. Hoje, essa popularidade o incomoda... Acredito até que, se possível fosse, trilharia de volta todo o caminho percorrido, para ser um homem inofensivo.

– Não sei bem o que quero, mas... seu jeito de consolar é ruim... porque me faz recordar os meus crimes.

– E que bem maior pode haver do que apelar para todos os males causados, para se começar a praticar o bem?

– Essa é boa! Começar a praticar o bem!... quando já devem estar levantando o cadafalso em que devo morrer...

– E por que não espera a morte como o princípio de uma nova vida?

– Sempre acreditei na vida daqui, e só. *Esse homem funesto* que nos arruinou a todos conseguiu que nosso chefe Arael acreditasse nele a ponto de, muitas vezes, nos reunir para ouvirmos o homem-deus falar do prazer que se encontra na prática do bem. Ficava mais formoso quando nos falava assim! E todo ele era luz, que iluminava como se fosse um sol. Mais de uma vez, olhando-me dentro dos meus olhos, dizia: – *Quando você deixar este mundo, não se lembre dos seus crimes, lembre-se de mim, porque morreremos juntos. Juntos a virtude e o vício serão sacrificados*. E agora, agora que vou morrer, lembro-me das suas palavras, lastimando tê-las ouvido. Amaldiçoo a sua memória, ao mesmo tempo que não sei explicar a mim mesmo por que comparam um homem como ele aos assassinos. Ah! Os grandes matam porque abusam do seu poder, e os pequenos, por sua vez, porque ninguém se ocupa deles. Todos matamos, todos somos iguais no crime!

– Está delirando! As injustiças sociais têm causas que eu mesma não sei explicar.

– É porque você também foi uma abandonada, e uma mulher perdida, dentre muitas outras rameiras. Mas há em você alguma coisa diferente das outras, e quanto mais a escuto e mais a observo, mais me convenço de que já não é como elas. Há em você um raio de luz, daquela luz que o rodeia quando fala do seu deus e... Não! Não quero comover-me. Vá, vá embora, que um homem como eu ri dos redentores e das rameiras arrependidas.

Conversamos ainda por muito tempo. O preso tão depressa blasfemava, maldizendo a ele e a mim, como ficava pensativo e murmurava: – Viver sempre... já é alguma coisa... mas... quais são as alegrias da vida? Nunca tive nenhuma.

– Porque tem vivido no crime.

Tornou a exasperar-se, e eu compreendi que era conveniente deixá-lo só. Insultou-me de novo, terminando por dizer-me que não voltasse lá, que nunca mais fosse visitá-lo, mas, ao ver que eu me retirava, não pôde conter-se e exclamou com impaciência febril: – Volta amanhã?

– Não. Você precisa de mais tempo para refletir.

Quando saí da prisão, pareceu-me que tinha tido um horrível pesadelo. Dirigi-me então para os meus aposentos. Abelin lá estava.

Pobre menino! Com que alegria estendeu-me os braços! Com que satisfação beijou meu rosto abatido!... Que diferença entre aquele anjo de luz e o outro, filho do crime, que acabara de visitar. E os dois eram filhos de Deus!... O menino levou-me até sua mãe, e ela, olhando-me atentamente, repreendeu-me por eu ter ido à prisão, dizendo:

– São miseráveis que não merecem a água que bebem e muito menos um sacrifício.

– Pois ele não fala assim, ao contrário, diz que os criminosos são doentes graves e por isso são os que mais precisam de cuidados e atenções.

Quando estávamos nesta conversa, chegou o governador e disse-me: – Já sabe?... está tudo preparado para o prenderem esta noite!

Triste realidade aquela! Embora já soubesse que tramavam a sua prisão, vivia sempre na esperança de que não conseguiriam. Agora, o ato estava prestes a consumar-se!... Quanto sofri com aquela notícia!

O governador prometeu-me fazer o que pudesse por ele, e esta promessa conseguiu reanimar-me um pouco. Apesar disso, fiquei num estado de não poder concatenar as ideias. Minha capacidade de pensar estava petrificada. Maquinalmente, dirigi-me ao meu aposento. Deixei-me cair no leito tal como cai uma pedra pela ação da lei de gravidade. Dormi toda a noite, completamente esquecida de tudo. Como é bom o esquecimento!...

No dia seguinte, disseram-me que ele ainda estava em liberdade, o que me deixou exultante de felicidade. Dirigi-me à prisão onde tinha estado na véspera, porque havia sido avisada de que o prisioneiro queria ver-me.

Ao chegar, que diferença! Aquele infeliz já não rugia: chorava em silêncio. Logo que me viu, disse: – Olhe-me. Os seus olhos são a luz na minha triste solidão! Luz que você não vê, mas que tem!... Tanto quanto a amaldiçoei, hoje quero chorar com você, porque não tenho ninguém. Ninguém me procura, a não ser você, e eu preciso convencer-me de que a minha condenação não será eterna.

Às vezes o pranto fala mais do que o melhor dos discursos, do que todos os oradores da face da Terra, porque aquele que chora começou a sentir. Fiquei profundamente comovida quando aquele desgraçado me pediu que o quisesse. Disse que me compadecia das suas penas, mas ele não se conformou com isso: queria mais, muito mais! E como há mentiras piedosas que não prejudicam, disse-lhe, então: – Eu o amo como uma mãe.

– Sim! Ame-me como as mães aos filhos e eu vou segui-la na eternidade.

Estremeci ante aquela promessa, porque aquele desventurado era para mim como um horroroso pesadelo. Mas era preciso adoçar os seus últimos momentos. E falei-lhe com entusiasmo da continuação da vida e do bem que poderia fazer nas suas sucessivas existências, no resgate das faltas praticadas.

Falei-lhe dele, dos seus trabalhos de redenção e da sua serenidade esperando a morte. O infeliz, por sua vez, falou-me largamente do homem-deus, das suas prédicas e dos seus conselhos paternais. Era muito feio e repulsivo, mas, ao falar dele, parecia transformar-se.

Por fim, pediu que me aproximasse mais e disse: – A falta de um dos ferros da grade talvez me permita dar-lhe um beijo na fronte. Os seus olhos, já os tenho guardados aqui dentro, mas embora já tenha a sua luz, falta-me ainda alguma coisa: deixe-me dar-lhe um beijo.

Os guardas opuseram-se a que eu me aproximasse tanto quanto ele queria e eu mesma, confesso, tive medo, porque nunca acreditei nas conversões rápidas, e mais, feitas por meu intermédio. Hesitei. Ele então me disse, como que a afastar o meu receio:

– Lembra-se da noite que passou na gruta?

– Sim, lembro-me.

– E o que lhe aconteceu?

– Nada, ninguém se aproximou de mim. Deixaram-me só, num monte de palhas.

– Pois saiba que os homens que lá estavam não respeitavam nem suas próprias mães, mas deram sua palavra que iriam respeitá-la e assim fizeram. E agora, dou-lhe a minha palavra que não lhe farei o menor mal. Não desejo turbar a última gota d'água que beberei neste mundo!...

Verdadeiramente comovida, afastei os guardas que me rodeavam e aproximei-me o quanto pude, encostando a cabeça à grade da cela. Seus lábios procuraram a minha testa. Eram lábios de fogo e, com um beijo ardente e prolongado, saciou a sua sede, dizendo-me, com íntima satisfação:

– Este beijo será o laço que irá uni-la a mim por todo o sempre. Vou sacrificar-me por você e amá-la tanto quanto a tenho odiado, e serei seu filho na eternidade.

18. A hora é chegada: um testamento de luz

Aqueles acontecimentos mudaram minha impressão sobre aquele pobre ser. Quantas ideias fez nascer na minha mente aquele beijo tão expressivo, tão apaixonado, dado por um homem que mais parecia uma fera enjaulada!

Quantos havia que tinham comprado as minhas carícias! Quantos homens de vida desregrada haviam desejado o meu corpo!... E só dois, que viveram fora da lei, sentiram ao beijar-me um imenso prazer, despido de todas as impurezas! Dois beijos sem luxúria! Dois beijos, promessa de amor para a eternidade!

Seriam aqueles infelizes os meus parentes de amanhã? Quem sabe!... Eu não mereceria ter uma família?

E, pensando bem, quem era eu para menosprezar aqueles infortunados? Como tinha vivido? Antes de fartar-me dos prazeres mundanos, que papel havia representado na sociedade? Que família tinha?... Nenhuma! Com que direito, então, havia de repelir a carinhosa oferta daqueles dois seres que juravam amar-me na eternidade? Que orgulho sem razão o meu, que fazia julgar-me digna de melhor companhia!... Seria eu, também, ingrata?! Haveria adquirido esse novo defeito? Ou ele já existia, e a minha pobreza de sentimentos não me deixara conhecê-lo ainda?...

Perdia-me num mar de conjecturas. Tão depressa me via insignificante como me julgava grande. E, travando uma luta comigo mesma, dirigi-me para o meu aposento. Logo que entrei, sem pensar, olhei para o móvel em que estava guardado o meu vestido de gala. Recordei, então, as minhas noites de orgia do passado e murmurei com desalento:

– Com todos esses enfeites não consegui nunca o amor de um homem. Hoje, com o meu traje modesto, com o rosto cansado e com os olhos nublados pelo pranto, dois homens, arrependidos de seus crimes, juraram amar-me na eternidade!... É preferível a pobreza e a humildade, se nelas encontramos os germes da futura felicidade. Ser amada!... viver em outro ser e em um só ser... receber dele o alento e a vida!... Como há de ser bom viver assim!...

E, pensando em um amanhã risonho, deixei-me cair no leito para dar descanso ao corpo.

Teria descansado também o meu espírito? Não, durante o sono corri muito, até chegar a uma imensa e encantadora planície. Ao longe, relevos cobertos de viçosa vegetação.

Quanto verde ao meu redor! Quanta riqueza natural! Árvores tão frondosas! Arbustos tão floridos! Que ramagens encantadoras!... Admirada, sentei-me. Foi quando vi-o aproximar-se... o ídolo da minha alma, o amado do meu coração, completamente diferente de quando o via na Terra.

Não poderia descrever a sua envoltura. Sua roupagem mais parecia um conjunto de troféus, de símbolos e de alegorias de todas as eras. Os seus olhos brilhavam mais que nunca, e os seus cabelos, suavemente agitados, irradiavam centelhas diamantinas! E eu, ao vê-lo aproximar-se, não pude conter a minha satisfação:

– Venha, venha amado da minha alma! Venha que eu o espero! Venha só para mim! Os seus olhos têm o brilho dos sóis e os meus, todas as doçuras do amor! Luz e amor... que bela união!...

Continuei olhando e vi que ele não vinha só, que era seguido por enorme multidão. Conforme ia se aproximando, parecia que a natureza sentia a sua presença. Até as flores exalavam mais perfume. Chegou, enfim, e, detendo-se no lugar em que eu estava, disse com doce autoridade:

– Aproxime-se, que é chegada a hora da minha despedida. Acredita-me jovem, mas não o sou. Assisti ao despertar de muitas humanidades. Não corra, porque não chegarão primeiro ao reino da felicidade os que atropelarem os demais, pensando ganhar distância.

Que bela cena aquela! Os trajes da multidão eram tão estranhos quanto diversos. E todos, tomados pelo entusiasmo, queriam estar perto dele, que sorria bondosamente, dizendo:

– Há lugar para todos em meu coração.

Eu também tentei aproximar-me, mas não pude mover um passo sequer do lugar onde estava. Isso me contrariou, pois queria estar como os outros, muito pertinho dele. Nesse ínterim, escutei a sua voz. Dirigia-se a mim: – Cale-se e não reclame, eterna descontente, que também chegará a sua vez.

Diante de sua admoestação senti minha face corar. Ele lia o meu pensamento!... Tentei mover-me. Ao perceber que conseguia, tranquilizei-me. Ele, então, passeou o olhar por sobre a multidão, que fez silêncio de imediato, dizendo:

– Eu vim à Terra não para promover a guerra, mas para implantar a paz. Eu falo com Deus, porque começo a compreender a Sua grandeza. Nosso Pai é amor. Criou-nos para amar. Trabalhando e amando, progride-se até chegar a Ele. Não verão nosso Pai aqueles que quiserem vingar-me, nem aqueles que levantarem altares aos deuses. Não chegarão ao reino dos céus os que perturbarem a paz dos trabalhadores simples que forem limpos de coração. Filhos meus, filhos de minh'alma! Hoje me despeço de vocês, porque chegou a minha hora. Não tenham pena de mim, porque eu não vim para despertar a sua compaixão, mas para ensiná-los a compadecer-se uns dos outros. A semente que eu lancei à terra, confundir-se-á com a semente do orgulho, da ostentação e da vaidade. Apesar de tudo, passará o tempo, mas não passarão as minhas palavras, porque elas se farão ouvir sempre que praticarem o bem.

A sua palavra foi interrompida pelas exclamações de muitos que lhe pediam que os levasse consigo, mas ele lhes respondeu que era impossível e, olhando para o céu, continuou:

– Aproxima-se a minha hora que a muitos parecerá terrível, mas que significa o advento de uma nova era. Os que mais me querem sofrerão o martírio, porque o passado não perdoa ao presente, já que este traz o progresso, e com ele a liberdade. Despeço-me de vocês, dizendo-lhes que não me lembro de ter querido mal a ninguém, nem ter causado dano a nenhum ser da criação. Não me ocupei de outra coisa senão em mostrar-lhes que Deus é grande, único e imutável. Tenho procurado ensinar-lhes como se resiste à dor, porque saber sofrer é a ciência da vida. Quando eu deixar a Terra, não me ergam monumentos; consagrem-me as suas recordações, mas que elas não se manifestem senão em sua mente. Não se esqueçam nunca que os regeneradores não chegarão ao porto da felicidade se não tiverem empregado todos os seus esforços em fazer com que os homens se amem uns aos outros. Não se aflijam pelo meu suplício, aflijam-se pela sua ignorância, porque é ela que, em todos os tempos, tem se ocupado em levantar cadafalsos.

Falou ainda longamente sobre a evolução da humanidade, dizendo-me, quando consegui me aproximar: – Enquanto o seu corpo descansa, o seu espírito está aqui receoso de perder-me! Quando eu partir, não busque o meu corpo, busque as minhas obras. E vocês outros, filhos meus, sigam tranquilos, que o reinado da Justiça fará ainda da Terra um paraíso. Voltem para os seus lares e lembrem-se sempre que Deus é amor.

A multidão foi se afastando e eu também, mas não pude resistir ao desejo de voltar-me para vê-lo ainda uma vez. Ele estava sentado numa pequena elevação e parecia que a terra era o seu trono. Observei-o mais e vi que falava com as plantas e com as flores. Surpreendi-me, e ele, lendo no meu pensamento, disse com melancolia: – Sim, falo às plantas, porque são mais dóceis que os homens. Elas dão os seus perfumes; dê você também aos outros o perfume das suas boas obras.

Despertei alegre e satisfeita, recordando-me perfeitamente de tudo quanto tinha visto e ouvido. Dirigi-me ao jardim, onde encontrei Abelin, que ao ver-me exclamou: – Graças aos deuses que está aqui!...

E abraçou-me e beijou-me tão efusivamente que eu não pude deixar de dizer a mim mesma: – Como deve ser bom ter um filho! – e correspondi tanto quanto pude às suas carícias.

Aquele momento de inocente felicidade foi interrompido pelo governador, que chegou ofegante e disse-me:

– Chegou o momento. Já está preso.

– Desde quando?

– Desde ontem ao anoitecer.

– E o que aconteceu? Houve resistência da parte dos seus?
– Não. Ele apenas disse: – *Chegou a minha hora; dou-me por preso.*
– E onde está ele?
– Aqui, nas prisões do palácio.
– E o que farei agora?
– Isso também me pergunto: que farei agora? Parece que enlouqueço. Prender um homem que vive entre os que sofrem! Que consola os pais aflitos, que cura os enfermos!...

Separamo-nos e eu saí pelos jardins. Sentia um torpor estranho, dificuldades para mover-me... O corpo me pesava como se eu arrastasse uma montanha de chumbo!

Fui para os meus aposentos, onde recostei-me. Dormi um sono intranquilo. No dia seguinte, o governador perguntou-me se queria vê-lo. Disse-lhe que não, e fui ocultar-me entre os arbustos em flor. Quanto chorei!

A razão fraquejava-me e, no meu delírio, dizia às flores: – Por que não fecham as suas corolas? Por que continuam exalando os seus perfumes? Não sabem que ele vai morrer?... Céus! Por que continuam a ostentar a sua beleza? Por que não se cobrem de luto? Não sabem que ele vai deixar a Terra?!...

Ouvi passos e deparei com muitos soldados passando. Entre eles grandes sacerdotes e altos funcionários, e o governador, que me olhou como que dizendo que ali não era o meu lugar.

Ele tinha razão, pois podia entrar no templo sem que me vissem e para lá é que devia ter ido, para inteirar-me do que se passava. Onde estava a minha humanidade? Onde a minha vontade? Onde a minha energia?!...

Tive grande dificuldade para andar, mas redobrei meus esforços, conseguindo chegar à porta do templo, onde me pareceu ouvir uma voz, gritando: – Que entre o réu.

Olhei e não vi nada. Quis correr e caí desfalecida, ferindo-me profundamente na cabeça. Derramava muito sangue, e esse incidente chegou aos ouvidos do governador, que me procurou imediatamente, dizendo:

– Já não a reconheço! Agora que devia estar mais forte do que nunca, é encontrada meio morta nos jardins! Agora que mais necessito de você, é quando me deixa mais só!... Os sacerdotes querem a morte dele e há alguns que o matariam por suas próprias mãos. Eu procurei ganhar tempo e consegui que ele seja julgado por outro tribunal, pelo Supremo Conselho.
– E se o condenarem à morte, onde morrerá?
– Não fale em morte, mulher, que me infunde a morte na alma. Eu agitarei a Terra e ela dirá que querem matar um inocente.

As palavras do governador deram-me vida nova. Como é boa a esperança! Por ela se renasce para a luta!...

Como tinha a cabeça ferida, tive de resignar-me a um repouso completo durante alguns dias, até que, amparada por duas escravas, o médico deixou-me sair e passear pelos jardins. Quando vi o meu rosto no espelho natural das águas de uma fonte, fiquei assombrada. Tinha envelhecido dez anos. Detive-me por algum tempo observando a minha imagem nas águas e, quando quis andar, ouvi uma débil voz que me dizia: – Não corra que nada tem a fazer.

Orei, então, a Deus para que me deixasse vê-lo em sonho. E, efetivamente, naquela mesma noite, vi-o rodeado de gente comprada, que o insultava. Ele estava sereno e tranquilo, ainda que ameaçassem agarrá-lo.

No meu sonho contive um miserável que lhe aproximou a mão do rosto, quando ele me disse: – Vá despertar o seu corpo.

Não consegui cumprir a sua ordem. A partir daquele momento, perdi a razão. E a ciência dos homens declarou-me impotente, acreditando que a minha loucura era incurável.

19. Quando se consuma a iniquidade

Quanto sofri durante o meu delírio!... Quantas perdas vertiginosas de consciência! Quantos arrebatamentos! Quantos ataques violentos de desespero!... Eu via tudo o que estava sucedendo sem sair do meu aposento.

Queria falar e não podia. E tal era a minha perturbação que não sabia se estava desperta ou adormecida, se sonhava ou se era realidade tudo o que via.

A única coisa que compreendia era que sofria horrivelmente, que parecia ter dentro do cérebro uma bigorna, onde incansáveis ferreiros malhavam fortemente, como que para lhe darem nova forma. Outras vezes julgava que me derramavam chumbo derretido na cabeça, que se espalhava copiosamente pelos meus olhos e ouvidos.

Percebia em torno do meu leito a presença do governador, de sua esposa e o do velho médico, que da outra vez tanto bem tinha-me feito. Sentia neles um padecimento imenso e sincero. Sua terna compaixão me consolava e dava-me forças para suportar o meu sofrimento. Não estava só nem abandonada, e eles diziam que era uma lástima que eu morresse ou que ficasse louca, pelo benefício que podia prestar à humanidade curando os enfermos e propagando a *boa nova*.

Aquelas almas generosas tinham corrido um véu sobre o meu passado e só tinham olhos para as minhas boas obras! A mãe agradecida recordava a cura do seu filho – do seu formoso Abelin –, e as suas palavras, revestidas de sinceridade, quanto bem me faziam!

E eu olhava para o meu corpo depauperado e dizia a mim mesma: – Preciso conservá-lo, não quero perdê-lo de maneira alguma.

Quando, porém, mais decidida estava a dominar a minha atroz enfermidade, via o homem-deus rodeado de uma multidão inimiga, que gozava vendo-o entre seus carrascos. Escutava um murmúrio ameaçador unido a gritos afogados e soluços comprimidos, e vislumbrava uma enorme tempestade, ameaçando destruir uma parte da Terra. E ele, sereno e tranquilo, caminhava lentamente, como se mais lhe incomodasse o enorme peso da maldade humana do que a sua própria sina.

Quando o vi eu disse: – Vou com você, não vou deixá-lo mais!

Mas ele sorriu melancolicamente e respondeu-me com voz muito débil: – Não venha, cuide primeiro do seu corpo, que precisa de muito repouso.

E, como as suas palavras eram ordens para mim, aproximei-me mais do meu envoltório físico, disposta a conservá-lo a todo custo. Cessaram as visões extraordinárias e pus-me então a observar os meus enfermeiros, que de tudo falavam, menos do homem-deus. Isso aumentava a minha dolorosa ansiedade, minha febril impaciência, fazendo com que eu me perguntasse a todo momento o que lhe teria acontecido, o que teriam feito dele?...

Por fim, a ciência, unida à minha vontade de viver, triunfou, dominando a minha terrível doença. O velho médico fez prodígios. Não me abandonou um só momento e sorriu de satisfação quando me viu de pé, embora debilitada.

O governador, amistoso, fez um desabafo:

– Quando mais preciso de você, quando mais útil me pode ser, eis que passa a delirar e deixa-me só a lutar com inúmeras contrariedades e penosos deveres, pois que nem sempre, nas alturas do poder, pode-se viver feliz e satisfeito. Considero-a não como uma mulher, mas como uma amiga leal, disposta a secundar os meus planos. Prepare-se, pois, para partir imediatamente. Irá acompanhada por dois dos meus melhores auxiliares, que irão protegê-la, permanecendo com você no local para onde se dirige.

– E o que tenho que fazer lá?

– Saberá quando vir a pessoa que lá se encontra. Compreenderá, então, por que a obrigo a sair daqui.

Sem perder tempo, pus-me a caminho até chegar a um casebre miserável, quase em ruínas, onde entrei. No único cômodo cujas paredes se sustinham de pé, uma mulher se atirou em meus braços, lançando um desses gritos próprios de uma mãe que vê seu filho à beira da morte.

Que clamor o daquela mãe sem ventura!... Devia ter ressoado pelo mundo afora, porque nunca ouvi outro igual!... A sua dor era tão grande, tão profunda, que bem pode-se dizer que eram todas as dores formando uma só. Era esposa sem marido, mãe sem filho e mulher sem lar. Para ela não havia na Terra uma árvore que lhe desse sombra!

Ao ver-me, aumentou a sua inquietação, mas procurei consolá-la, dizendo-lhe que ele estava tranquilo e que tudo ia bem. Ela, porém, não aceitou as minhas carícias e respondeu-me com amargura:

– Não minta, mulher, não minta, não diga que tudo vai bem, porque você sabe tanto como eu.

– O quê?

– Que já estão preparando o lugar do sacrifício.

– Ah! não, isso é impossível!

– Não, não é impossível, porque sinto no meu coração todas as marteladas que lhe preparam o suplício.

Havia outra mulher em companhia daquela mãe em desespero, com quem me uni para procurar tranquilizá-la, mas tudo foi em vão. E o seu sofrimento aumentou ainda mais com a chegada de um emissário do governador, com ordem de nos transladar imediatamente a outro local onde estaríamos melhor.

Pusemo-nos logo a caminho. A pobre mãe ia apoiada no meu braço. Desgraçadamente, encontramo-nos com um homem que a olhou fixo e em péssima hora disse: – Pobre mãe!...

Bastaram aquelas palavras para que ela, desprendendo-se do meu braço, cambaleasse e caísse ao solo, ferindo-se bastante.

Resolvi improvisar uma espécie de cama com ramos de árvores, onde colocamos a infeliz. Estava inerte, vítima, naquele momento, daquelas pessoas ignorantes que se comprazem em dar notícias desagradáveis, quando não são capazes de ajudar.

Dessa forma, pudemos continuar a marcha e conduzi-la até uma planície, que me pareceu pedregosa e cheia de abismos, pois tudo via através da lente da dor. Naquela paragem elevava-se uma grande casa de campo na qual entramos. Ali encontrei muitas das minhas antigas companheiras, aquelas infelizes que eu tinha arrancado da senda do vício.

Alegraram-se muito com a minha chegada, e eu desejava falar-lhes, mas antes colocamos cuidadosamente a mãe do homem-deus num leito. Não tinha nenhum membro fraturado, mas não podia mover-se. A dor da alma parecia que lhe triturava os ossos.

Entreguei-a aos cuidados de algumas mulheres e perguntei a uma das minhas companheiras:

– O que sabe a respeito dele? Vão matá-lo?

– Sim, sim – respondeu em voz baixa –, deve estar prestes a consumar-se o sacrifício.

– Ah! pois eu quero vê-lo. Se não for acordada, que seja adormecida – e retirei-me para um bosquezinho próximo, onde fiz esforço para dormir. Inutilmente, porque não consegui.

Compreendi, então, que uma força estranha lutava contra a minha vontade, e, vencida, exclamei com amargura: – Ele não quer que eu o veja e, já que sou a última a saber da sua morte, serei a primeira a velar o seu corpo.

Por fim, adormeci, mas não vi nada; pedi forças, lucidez, mas tudo foi inútil!

Passados dois dias, o emissário do governador, a sós comigo, disse-me:

– Terminou tudo. Ele sofreu muito, mas perdoou a todos os seus inimigos e fez mais: curou um dos seus mais cruéis acusadores, que estava paralítico. Ao passar diante de sua casa, viu-o parado à porta, detendo-se e dizendo: – *Levante-se e ande! Venha ver o que fazem os homens do passado a um homem do futuro.*

Muitas pessoas choraram, muitas. Sempre se chora tardiamente o bem da humanidade.

A mãe dele, prostrada no leito de dor, pressentia que o sacrifício tinha se consumado. Mas, como todos guardavam um piedoso silêncio sobre o ocorrido, e o seu corpo fraco e ferido da queda não lhe permitia mover-se, permaneceu deitada e rodeada por boas mulheres que disputavam por velar o seu sono e atender aos seus menores desejos.

E eu, que tudo sabia e não queria praticar uma indiscrição, retirei-me acompanhada do emissário do governador, sem despedir-me de ninguém, regressando à cidade. Os seus muros pareceram-me, então, mais negros do que nunca. As casas assemelhavam-se a ninhos de víboras e as janelas abertas eram para mim como que as bocas dos caluniadores vomitando infâmias.

Ao entrar em meu aposento, pensei muito nele e disse: – Aqui me apareceu ele muitas vezes, muitas, mas não me aparecerá mais!...

Estúpida afirmação, pois naquele momento, e em perfeito estado de vigília, o meu quarto se iluminou. As paredes desapareceram e uma atmosfera de intensa luz azulada invadiu o ambiente por completo, destacando-se ele no fundo daquele céu improvisado. Sorridente, mais formoso do que nunca, disse-me docemente, estendendo a destra:

– Olhe, observe e siga os meus passos na dor, porque amanhã os seguirá na glória. Tome nota com atenção do lugar onde me sacrificaram, porque lá tornará a ver-me.

– Irei, senhor. Irei, para beijar o rastro do seu sangue.

Mas pronunciei aquelas palavras e enxerguei de novo as paredes do quarto. Desaparecera o belíssimo quadro que me fora permitido admirar!

Em seguida, tive que atender a um chamado do governador, a quem contei o que tinha visto, ao que ele me respondeu com tristeza:

– Os grandes infames sempre podem mais que os homens de bem. Os sacerdotes, os altos dignitários do Estado e pessoas sem escrúpulos compradas por bom preço formaram o pacto mais desprezível para condenarem um inocente. A religião, principalmente, foi a autora de tão monstruoso crime. Crime inútil, porque os deuses cairão apesar de tudo, e com tal estrépito que romper-se-ão em mil pedaços. E altares de pedra, não tendo o que sustentar, rolarão pelo abismo do esquecimento. Minha consciência está tranquila. Um pai agradecido demonstrou sua gratidão, evitando a um réu inocente todas as humilhações e os insultos daqueles que, submissos às minhas ordens, o teriam martirizado sem piedade ao menor sinal que lhes desse. Também procurei afastar para longe do lugar do suplício a sua desditosa mãe e você, que tanto o amou e ainda ama. Leio nos seus olhos o que se passa em sua mente. Sei aonde quer ir, ou antes, pressinto os seus planos de uma vida nova. Você é livre! Siga-o, que é hora. Mas lembre-se sempre que deixa aqui verdadeiros amigos. Minha esposa ama-a muito porque lhe devolveu o filho, e eu também lhe quero porque me fez refletir o bastante para conhecer os meus erros. Fez-me renascer para uma nova vida e creio que não está longe o dia em que eu também vou adorar publicamente o seu deus.

Ao me despedir, Abelin chorou desconsoladamente. Pobre menino! Nessa ocasião não me recriminou, nem tentou deter-me. Parecia compreender que alguma coisa grande e dolorosa obrigava a separar-me dele! Com que firmeza me olhou. Como estava formoso! Seu rosto deixava transparecer que estava convicto da justeza da minha deliberação!

Sem perceber por quê, pensei nele e uni no meu pensamento, ao mesmo tempo, o Homem e o menino. O Homem já tinha cumprido a sua missão na Terra e o menino ainda não. Chegaria este a ser grande como aquele? Quem sabe!... Abelin era um bom menino, amava o bem sobre todas as coisas do mundo e, apesar da sua pouca idade, já era o libertador das aves prisioneiras e um mediador, para que seu pai não permitisse que açoitassem escravos e delinquentes. Era uma alma toda amor, e o amor é a redenção do homem.

Antes de partir, detive-me alguns momentos em meu aposento, refrigério nas minhas horas de agonia. Involuntariamente, olhei para o móvel que guardava o meu antigo traje de gala. Ali o deixei, como o último vestígio da mulher mundana. Jamais tornaria a cobrir o meu corpo com sedas nem brocados, porque eram outros os meus desejos e aspirações. Dei o último adeus a tudo quanto ficava e, acompanhada de alguns soldados, por ordem do governador, dirigi-me ao local do suplício.

Durante o trajeto os meus companheiros iam me indicando: – Aqui se deteve o mártir, ali ele sorriu, mais além falou à multidão.

E eu escutava com místico recolhimento tudo o que aqueles homens diziam, parecendo-me até uma profanação trilhar o mesmo caminho percorrido pelo homem-deus.

Chegamos, por fim, ao lugar onde se tinha cumprido a perversa sentença. Meus companheiros afastaram-se, buscando cada um uma pedra onde se sentaram. Sentei, também, numa outra pedra mais distante, pensando n'Ele e dizendo: – Aqui estou à espera de que cumpra a sua promessa.

Permaneci concentrada, a olhar fixamente à minha frente e, momentos após, vi-o chegar muito lentamente. Era o mesmo, com os seus formosos olhos, com a sua longa cabeleira e a túnica singela, tal como usava na Terra, tal como o havia visto na fonte. Era o homem sem o menor aparato da sua grandeza divina.

Foi se aproximando até chegar junto a mim e eu, temendo que se desvanecesse aquela encantadora visão, fiquei imóvel sem, nem sequer, atrever-me a respirar. Abria os olhos quanto podia. Preparei-me para escutá-lo, pois vi que movia os lábios. Falou, por fim, dizendo-me:

– Aqui estou. Na Terra todos cultivam o erro de acreditar que se morre. Olhe-me bem, mulher. O homem não morre porque o assassinam. Um homem morre em função de suas obras, ou sobrevive por causa delas, quando subsistem suas ideias e ideais, que florescem e frutificam através dos séculos. Você veio a este lugar para lavar com o seu pranto o rastro de sangue que devia ter deixado o meu corpo, e admira-se porque não o vê em nenhuma parte. Contudo, olhe-me bem e verá sobre mim, não o meu, mas o sangue que os meus verdugos derramarão quando, amanhã, defenderem as minhas ideias e morrerem por elas... Preste bem atenção, mulher. Eles me insultaram porque não sabem o que dizem. Caluniaram-me porque não me conhecem e deram-me a morte porque ignoram que o homem não morre nunca. Não lhes guarde ódio nem rancor, porque eles fizeram agora o que você também já fez outras vezes. Por sua causa também morreu um homem inocente de todo o pecado e cuja única culpa era, como eu, amar a humanidade. Levante-se, ande e diga ao mundo que me viu e que me ouviu. Diga, também, aos que me seguirem que, quando precisarem de mim, estarei com eles e com eles trabalharei, e que não morri, porque as minhas obras vivem. Que desde a noite dos séculos venho trabalhando para o engrandecimento da humanidade e seguirei trabalhando eternamente porque eterna é a vida, eterno é o amor de Deus e eterna é a Sua sabedoria.

Assim disse o homem-deus. E com a mesma lentidão com que se tinha aproximado de mim, assim foi se afastando, sorrindo como sorriem os mártires, contentes com seus feitos e alegres dos seus sacrifícios.

Perguntei aos meus companheiros se o tinham visto e alguns deles blasfemaram e me contaram contrariados que foram tomados de um estranho sono, durante o qual tinham visto rios de sangue, montanhas de fogo e multidões degoladas. Acusaram-me de tê-los enfeitiçado, pois haviam dormido contra a sua vontade. Disse-lhes que voltassem à cidade porque não precisava mais deles, e que dissessem a todos quanto encontrassem que o homem-deus tinha ressuscitado.

Quando fiquei só, senti-me ágil e forte e, falando comigo mesma, exclamei: – Esta noite descansarei no primeiro povoado que encontrar. Lá indagarei sobre a sua morte. Quando me derem informações detalhadas sobre o seu cruel suplício, eu lhes direi o que ele me disse. Evocarei, então, a sua lembrança e darei saúde aos enfermos e crença aos desesperados. Falarei dos céus aos desvalidos, farei dia da noite escura e empregarei todas as horas em praticar o bem, sem perder um segundo sequer.

Quando assim monologava, ouvi a sua doce voz, que me dizia:

– Deus dá a todos os seus filhos o tempo preciso para repararem as suas faltas. Não queira, pois, correr tanto. O tempo é semelhante a um tecido de fios delicados, que se rompem facilmente se o tecelão não trabalhar com todo o vagar. Perde o tempo todo aquele que trabalha apressado.

20. Fazendo por merecer

Depois de um descanso breve, entendi aquela crise como benéfica. Parecia que eu estivera morta e ressuscitara, que as minhas forças renasciam com mais vigor do que nunca, e o meu cérebro, como se só então começasse a funcionar, não me deixava mais recordar o meu lamentável passado. Eu era brindada agora com caminhos largos. Uma nova vida se me apresentava, cheia de dilatados horizontes, e a única coisa de que me recordava eram as suas últimas palavras: –"... *Perde o tempo todo aquele que trabalha apressado...*"

– É verdade – dizia eu a mim mesma –, devo trabalhar devagar, porque não quero trabalhar em vão. Quero ser grande, quero ser boa, quero ser útil à humanidade, e para conseguir isso preciso viver a vida da esperança, a vida do amor universal. Vou praticar, mesmo em pequenas doses, as virtudes dos bons. Encontrar-me-á aquele que me chamar. Curarei os enfermos que reclamarem o meu auxílio, aconselharei aos atribulados, consolarei os desvalidos, acompanharei os abandonados. Pode-se fazer tanto bem... tanto... que a eternidade é ainda pouco para um espírito desenvolver todas as atividades de que pode dispor no bem de seus semelhantes. E como a alma é amor, pois que por amor foi criada, o caudal da sua ternura é inesgotável. Em todos os tempos o homem pode ser útil, desde que queira, e a mim sobra-me a vontade.

E, com tão poderoso auxiliar, logo pus-me em contato com muitos daqueles que tinham acompanhado o homem-deus, que tinham sido testemunhas do seu cruento sacrifício. Comecei a estudar com eles os efeitos das preleções daquele que tanto tinha amado a humanidade. Infelizmente, poucos eram os que o tinham compreendido. A maioria tinha se fanatizado, a ponto de adorá-lo. Perguntavam-me se ele era Deus, ao que eu respondia que aquele homem, comparado com as nossas misérias, com o nosso egoísmo e com a nossa perversidade, parecia, de fato, um deus, mas... que não o era porque Este era superior a toda a criação, pois era a luz, era a seiva de toda a natureza, era o Todo vivendo no Todo.

Acompanhando a multidão, dirigi-me às margens de um caudaloso rio, onde eram celebradas cerimônias religiosas em honra de heróis. Supostos heróis, que haviam sucumbido, combatendo aqueles que não adoravam os seus ídolos. Que mundo miserável! Para os fanáticos, o aplauso; para os homens virtuosos, o desprezo primeiro e o martírio depois!... Pensativa e pesarosa, seguia com a multidão que acode a todos os lugares onde se celebra algo fora do comum. Encontrava muitos dos meus antigos conhecidos, com os quais trocava olhares de amizade. Numa dessas ocasiões, um ancião de longas barbas disse-me com um tom acentuadamente triste:

– Os sacerdotes creem-se maiores do que Deus. Você também pensa assim, mulher?

A voz daquele homem distinto fez-me estremecer, pois pareceu-me que não era aquela a primeira vez que me falava. Ele, decerto, leu no meu pensamento, porque prosseguiu:

– Os seus olhos dizem-me que você crê no que eu creio. Não me reconhece? Não se recorda de mim? Estarei tão mudado?... É verdade que tenho sofrido muito e o sofrimento envelhece mais depressa do que o peso dos anos... Sou o antigo dono da granja, onde começou a sua redenção.

Que alegria imensa! Encontrava o homem que me fazia lembrar os dias mais valiosos da minha vida, quando, por meu próprio esforço, rompi os laços que me uniam ao vício e à degradação e comecei a amar o trabalho, o isolamento e a virtude! Ele compreendeu os meus íntimos pensamentos e continuou com doçura:

– O que faz por aqui no meio destas festas em honra aos que morreram matando os fracos e indefesos? Não sejamos testemunhas deste ato de injustiça. Vamo-nos. Sei onde há uma cabana desabitada, onde estaremos resguardados dos ardentes raios do sol.

E apressamos o passo, seguindo sempre pela margem do rio até chegarmos ao ponto indicado pelo meu companheiro, onde havia um velho telheiro no meio de frondosas ramagens. Entramos e nos sentamos sobre feixes de erva seca.

Que lugar delicioso aquele e que belo panorama descortinava-se aos nossos olhos! Meu companheiro e eu sentimos a doce influência da natureza esplendorosa falando às nossas almas. Até que, com a voz embargada pela emoção, ele disse:

– Chore, mulher, chore para podermos conversar. Temos tantas coisas a dizer! Temos sofrido tanto!...

Conversamos por muito tempo. Ele falou de pormenores que eu ignorava. Eu, também, por minha vez, dei-lhe conta de fatos que ele desconhecia por completo. Ao vê-lo tão comunicativo, animei-me a expor-lhe o que tencionava fazer e disse-lhe por último:

– Uma mulher só, embora seja inspirada por um redentor, parece sempre uma folha seca impelida pelo vento. Estou tão cansada de viver só!... Está me dizendo que o senhor tampouco tem alguém no mundo... Mas onde estão os seus companheiros?

– Temos que trabalhar separados porque, desde que ele morreu, todos os seus discípulos brigam, ou melhor, brigamos continuamente, porque todos querem ser os primeiros. Cada um quer ser o seu representante na Terra e isto ocasiona desavenças, polêmicas e uma completa desunião.

– E não tem visto o homem-deus? Eu já o vi.

– Mulher, você delira! Eu não o vi, mas se ele aparecesse, não seria, com certeza, a uma mulher que, afinal de contas, foi uma mulher perdida.

Como me magoaram aquelas palavras de meu companheiro!... Bebi minhas lágrimas e afoguei os soluços. Ele compreendeu o mal que tinha-me feito, e emendou:

– Não se aflija, mulher. Sabe que eu digo o que sinto sem ideia de ofender você nem ninguém. Mas, acredite-me, se disser a alguém que o viu, passará por impostora sem querer. Não o diga então, para não ser motivo de indignação! Se ele tivesse de aparecer a alguém, indubitavelmente, eu teria que ser o preferido, pois por ele sacrifiquei família, bens e tudo quanto tinha. Que glória, mulher, se eu o pudesse ver! Mas isso... isso é impossível!

Enquanto o meu companheiro falava, eu me dirigia a ele em pensamento, rogando-lhe que se apresentasse a nós. E eis que a choça iluminou-se com uma claridade diferente da do dia, aparecendo-nos ele, belo como sempre. O meu companheiro empalideceu. Abafou um grito de assombro e instintivamente levantou-se, estendendo os braços como se quisesse tocar a sua formosíssima figura. Ele, então, disse com um sorriso:

– Aqui estou, porque esta vida me pertence e ninguém pode tirá-la de mim. Ela é o produto do meu trabalho, da minha perseverança e dos meus esforços em prol da humanidade. A natureza é a serva das almas e é dela que tomo os elementos necessários à moldagem da figura com que me conheceram.

– Senhor! O senhor é Deus!... – e o meu companheiro ajoelhou-se aos seus pés.

– Engana-se. Eu sou apenas um filho de Deus. Deus é o supremo Amor, a Lei, a Justiça, a suprema Sabedoria, e sou um dos Seus filhos. Levante-se, meu fiel amigo, e diga aos que acreditarem em mim que não ocupem o tempo em saber quem será o *primeiro*, porque *primeiros* serão todos os trabalhadores de boa vontade e últimos, os perturbadores do amor universal. Acompanhe essa mulher em sua peregrinação na Terra, porque o muito que tem sofrido tornou-a digna de encontrar uma alma generosa que lhe empreste o seu apoio.

Dito isto, desapareceu, e o meu companheiro, extasiado, sem compreender o que se tinha passado, disse-me:

– Tinha razão, mulher. Perdoe a minha ofensa. Venha comigo e eu serei para você um pai carinhoso. Não mais estará só. Vamos aconselhar-nos mutuamente e, em nome dele, faremos tudo quanto pudermos pelo bem da humanidade.

Como se animou a minha alma com tão doce promessa!

Empreendemos viagem e andamos muitos dias. Com que entusiasmo o meu companheiro pregava!... As suas palavras eram sentenças e a multidão ouvia-o atentamente quando ele dizia: – Que despertem os povos! Despertem para a vida da renovação interior! Para a vida do trabalho, para vida do sacrifício mútuo! Para a vida do progresso e do amor!...

Quando encontrávamos enfermos, se eram homens, ele lhes dizia: – Querem curar-se? Pois ficarão sãos porque eu o quero e o seu desejo me ajudará.

E, sem imposição das mãos, somente olhando-os fixamente, eles ficavam curados. Se eram mulheres, eu, a meu modo, as aliviava e até curava.

E, sempre trabalhando no bem, chegamos a uma cidade onde devíamo-nos reunir a muitos dos que o tinham acompanhado até o lugar do sacrifício. Entre eles estava o velho médico que tinha me curado. Quanto me alegrei ao vê-lo. Ele era um homem tão bom!

Uma vez reunidos, começou a discussão entre aqueles homens, e um deles perguntou:

– Quem de nós será o representante dele na Terra?

– Ele disse – respondeu o meu companheiro – que *primeiros* seriam todos os trabalhadores de boa vontade e que últimos seriam os perturbadores do amor universal. Que seriam os *primeiros* os virtuosos e que seriam os *últimos* os que fomentassem a guerra entre os povos.

– E a quem ele disse isso?

– A mim e a esta mulher, que comigo vem cumprindo o seu mandato.

– A vocês, somente?! E os demais não são também dignos de ouvi-lo?

– Ele disse-nos que acudirá sempre que o chamem. Senhor, senhor, eu lhe peço que venha.

As palavras do meu companheiro causaram as mais variadas impressões entre os presentes. Olharam-se uns aos outros e o seu olhar manifestava, em uns, o assombro, em outros, o medo e, em alguns, o desejo de verem-no. Foi quando todos emudeceram ao notarem uma névoa luminosa que se formou e se desfez por completo quando ele apareceu, andando até nós. A maioria tremia. Disse, então, sorrindo: – Aqui estou, olhem-me bem. Aqui estou, aproximem-se e verifiquem se sou eu.

Os mais resolutos se aproximaram. Os mais tímidos acabaram por seguir o seu exemplo, formando um círculo que se estreitou aos poucos até poderem tocá-lo. E ele, abrindo o amplo manto com que se cobria, deixou ver a túnica do sacrifício manchada de sangue.

– Este sangue que veem não é meu, é de vocês todos, porque a humanidade ainda precisa de mais sangue para regenerar-se.

Todos se calaram. Eu estava à distância e ele se dirigiu a mim, dizendo: – Aproxime-se, mulher, e não esqueça as minhas palavras: para que a humanidade sinta e creia, faça-lhe todo o bem que puder. Eu voltarei a vocês quando passarem os tempos fixados, e voltarei não para buscar os que me idolatrem, mas os que trabalhem em meu nome.

E, estendendo os braços, formou com eles um luminoso arco-íris, que rapidamente aumentou de tamanho. Quando, porém, mais extasiados estávamos com aquela maravilha celeste, ele desapareceu.

Foi muito proveitosa aquela aparição, porque os ânimos se apaziguaram. Diminuiu o rancor dos invejosos ao ver que ele não tinha preferidos. Todos o haviam visto, tocado a sua túnica. Suavizaram-se asperezas, encurtaram-se distâncias e, calmos e fraternos, discutimos arrazoadamente, decidindo, por fim, que deveríamos disseminar-nos para continuar a sua obra, pois, juntos, seríamos suspeitos.

Assim, fracionou-se, em grupos de dois e de três, aquela grande massa de homens, na sua maioria dispostos a morrer defendendo a sua causa. Amigos íntimos, companheiros de infância e parentes muito próximos trocaram o último adeus, para empreenderem, cada qual, o seu apostolado, o seu trabalho de redenção. Lágrimas foram derramadas, pois não há sacrifício que não seja batizado pelo pranto, e todos concordaram em ir levar a Boa Nova a terras longínquas, já que naqueles lugares nada mais tínhamos a fazer.

Depois do martírio supremo, sentíamo-nos pequenos diante da sua obra grandiosa. E como não havia de ser assim, se ele era o Sol e nós simples brilhos efêmeros!

Despedimo-nos o meu companheiro e eu daquela terra, dispostos a empreender uma grande viagem. Contemplando os vales e montanhas que se descortinavam à nossa vista, este me disse: – Mulher, tudo o que ele faz é bem-feito. Estou satisfeito por ter-me juntado a você, porque nos apoiaremos um ao outro. E, se tivermos de ir ao sacrifício, não haverá glória maior do que morrermos por ele!

Eu então observei:

– Não, precisamos evitar sacrifícios inúteis. Ele não quer que se derrame sangue, quer que instruamos a humanidade e não que formemos uma legião de mártires para sermos adorados depois. Lembre-se das suas palavras: *Eu voltarei a vocês quando passarem os tempos estabelecidos por meu Pai, não para buscar os que me adorarem, mas os que trabalharem em meu nome* – ao que meu companheiro acrescentou:

– Pois ele também disse, mostrando a túnica manchada de sangue: *Este sangue que veem não é meu; é seu, porque a humanidade ainda necessita de mais sangue para regenerar-se.*

– Mas, ao pronunciar essas palavras, quanto de tristeza expressava!... Lamentava o deplorável estado da humanidade, que ainda precisará, por muito tempo, de verdugos implacáveis e de vítimas inocentes. E nós devemos mostrar, pelos ensinamentos racionais, que é preciso fazer desaparecer os códigos infamantes que mandam matar sem compaixão, conservando, ao mesmo tempo, o povo na ignorância. Não pense assim, não! Depois da sua morte, o nosso papel é ensinar a sua doutrina de amor, de mansuetude e de tolerância. Tenho a intuição de que o seu sacrifício só dará fruto depois de muitas revoluções sociais. Não seremos nós, os continuadores da sua obra, que conseguiremos fazer o povo compreender o seu valor, não. Eu sinto isso. Agora, porque o vimos, aquietaram-se um pouco as ambições. Foi útil a separação dos adeptos, mas fique certo, porém, que mais de um vai se intitular seu representante na Terra. Evitemos o derramamento de sangue, meu amigo. Não queiramos ferir de frente os que nos podem assassinar. Não posso explicar o que sinto, o que prevejo para o futuro, mas tenho a convicção íntima de que nós, os seus continuadores, não seremos dignos dele.

– Pois eu creio que o serei. Enquanto ele esteve na Terra, fui seu amigo fiel, conforme as suas próprias palavras: *Levante-se, meu fiel amigo*. Pois fiel serei sempre à sua memória, dando, até, a minha vida por ele.

– Dê antes os seus ensinos, dê o seu exemplo, praticando boas obras e não queira que a humanidade se manche com mais um crime. É preciso acabar com os cadafalsos, porque enquanto eles se levantarem, os homens não reconhecerão a grandeza de Deus.

21. Um reencontro de marcas profundas

Percorremos juntos muitos lugares. Era meu inspirado companheiro quem sempre usava da palavra. Na verdade, através dele falavam outros seres mais adiantados, pois a sua instrução não era o bastante para proporcionar aquela torrente inspirada de eloquência, que arrebatava os corações. Estava tão convicto de seu papel, tão satisfeito da sua missão, que suportava heroicamente todas as privações e moléstias decorrentes de uma interminável viagem, não perdendo nunca ocasião para falar daquele que tanto amou a humanidade.

Muitos ofereciam-nos as suas casas para descansarmos e outros queriam seguir-nos em nossa peregrinação. Ele, porém, que não queria formar uma comunidade, respondia-lhes: – Reúnam-se em nome dele, mas sem hipocrisia, sem intenção de lucros materiais, pensando unicamente em amar-se uns aos outros; mas se não se sentem inclinados ao bem, não se reúnam. São muitos os que pedem e poucos os que têm fé; são muitos os que nos ouvem para depois nos criticarem.

– E não é para estranhar – dizia eu –, porque entre os homens e as mulheres haverá sempre fraquezas e mistérios.

Quanto andamos! Quanto!... mas o nosso trabalho era frutífero, porque fizemos curas assombrosas. Inspirado e eloquente, ele dava vida às suas palavras. E eu, com a firme vontade de curar em nome dele, restituía a saúde a muitos enfermos. A satisfação que sentíamos, ao vermos nossos esforços coroados de êxito, dava-nos força e resistência bastantes para não desanimarmos em nossa empreitada.

Ele nunca demonstrava estar cansado. Mas eu, quando às vezes sentia-me rendida, perguntava-lhe: – Nós andaremos sempre assim?

– Sempre! O mundo é tão grande! Quero ver o mar. Há tanto tempo que não o vejo!... Já viu o mar?

– Não – dizia eu –, somente grandes rios.

– Pois o mar é belíssimo. É a imagem de Deus! Somente o mar nos fala do infinito! Quando o Sol o ilumina, quando a Lua se reflete em suas águas, quando a tempestade ruge, quando a bonança sorri, sempre, enfim, o mar é maravilhoso! Possui todas as cores, todos os tons, todas as belezas, todas as grandezas com que o homem pode sonhar. E quero vê-lo ainda uma vez.

Depois de uma dura jornada pernoitamos num pequeno povoado cercado de montanhas e precipícios, com bosques adensados de pinheirais sombrios. Era um lugar muito triste, mas os seus hospitaleiros moradores, de boa vontade, deram-nos albergue. Eu e meu companheiro descansávamos sempre em cômodos separados, o que não evitava que muita gente murmurasse.

Mas os que falavam mal, faziam-no injustamente, porque o meu companheiro estava tão desprendido dos prazeres da carne, que só pensava em fazer adeptos para adorar o nosso Deus. Eu, de minha parte, lapidada pelo sofrimento e envergonhada dos meus extravios do passado, tinha tanta sede de consideração e respeito, que sentia-me feliz na vida que tinha escolhido. Só pensava nele, no meu Deus, porque, para mim, o amor dos meus amores era Deus.

Tinha vivido tão humilhada, que o respeito sincero que me devotava o meu companheiro enchia-me de íntima satisfação. Compreendia que, graças a ele, começava a sentir o verdadeiro prazer da virtude. E, mesmo que os sorrisos maliciosos de uns e palavras ferinas de outros conseguissem mortificar-me, como eu sabia da minha vida, dizia satisfeita comigo mesma: – Que importa que falem! Tenho a consciência tranquila. Só o amo, com ele sonho. Nele espero, nele confio, e o meu corpo agita-se na Terra, mas a minha alma está muito longe daqui.

Assim, segundo o costume estabelecido, meu companheiro recolheu-se a um cômodo e eu a outro, completamente separado.

Deixei-me cair sobre um monte macio de ervas aromáticas, e aquele suave perfume reanimou-me tanto que, apesar de estar muito cansada, perdi o sono. Comecei, então, a ouvir os estranhos ruídos que se percebem no campo, principalmente perto dos bosques. Chamou-me a atenção uma espécie de gemido profundo, seguido de uma gargalhada surda. Pensei nos seres perversos que procuram o refúgio das matas... Prestei mais atenção. Podia ser uma alucinação. Voltei a ouvir, porém, o gemido e a gargalhada. Levantei-me maquinalmente e aproximei-me de uma pequena abertura que havia na parede. Através dela pude ver um pedacinho de céu muito estrelado.

Como os gemidos continuavam, decidi sair. O meu aposento era separado da parte principal da casa e tinha uma porta que dava para o caminho, o que me permitia sair sem chamar a atenção de ninguém. Saí decidida a ver quem era que se queixava e ria ao mesmo tempo, com um riso mais doloroso ainda que o lamento. Demorei a orientar-me, primeiro, porque não conhecia o terreno; segundo, porque, embora as estrelas brilhassem esplendidamente, a sua luz não clareava o bastante para distinguir bem os objetos; e terceiro, porque tanto se ouvia o gemido muito perto como que retumbava a gargalhada bem longe.

Dando voltas, avançando e retrocedendo, encontrei por fim uma vereda cercada por arbustos espinhosos que me rasgavam a túnica e feriam as minhas mãos. Mas avancei, porque compreendi que aquele era o atalho para encontrar quem tão amargamente se queixava.

Prosseguindo, passei a ouvir mais de perto aquele grito aterrador e aquela sinistra gargalhada. E entrei no bosque, segura de encontrar o que procurava. Seria um louco, pensava, visto que ria e se queixava ao mesmo tempo... Continuaram os lamentos, e eu disse em voz alta:

– Quem precisa do meu auxílio? Quem está sofrendo tanto?... quem quer que seja, que se aproxime!

A minha voz ressoava e o eco repetia as minhas palavras de um modo tão assombroso e estranho, que tanto parecia o murmúrio da brisa, como o ronco da tempestade. Eu estava aturdida de ouvir a mim mesma e mais aturdida fiquei, quando ouvi muito de perto alguém dizer:

– Quem me procura? Seja lá quem for, que se retire, porque eu mato como o raio, e não quero matar mais.

Continuei avançando, porque o meu feitio aventureiro amava o perigo e procurava-o. Foi quando vi uma sombra, que me pareceu gigantesca, à qual me dirigi com a maior ousadia: – Aqui estou. O que tem? Por que se queixa?

E a sombra soltou uma gargalhada estridente e interminável. Tive a sensação nítida de que nos conhecíamos. Esperei, então, que se acalmasse e disse-lhe: – Perdeu a razão?

– Sim, perdi. Mas você me fazia falta, e agora que está aqui, não poderá, como da outra vez, deter-me.

Aquelas palavras agiram como um raio de luz na minha memória ofuscada. Era Isaac, o miserável que vendeu o meu Deus, e exclamei: – Céus! Você enlouqueceu, infeliz? Infeliz!...

E a sombra adiantou-se. Seus olhos brilhavam como fogo.

Vê-lo mais de perto e sentir no meu eu a ira mais terrível e o ódio mais implacável, foi coisa de um segundo. Dominada por um furor extraordinário, disse-lhe:

– O quê! Quer matar-me? Pois não lhe basta ter assassinado o homem-deus? O ideal da minha vida?!... Mas não me matará, não! Esperemos clarear o dia para gozarmos o nosso extermínio. Olharmo-nos bem de frente será o bastante para nos destruirmos um ao outro, tal a raiva que nos consome, e além disso... matar sem ver será um prazer pela metade.

– Sim, sim, tem razão! Odeio-a tanto que preciso vê-la para completar a minha obra.

Percebi que se deixou cair. Eu não sabia bem o que sentia nesse instante. Parecia que chumbo derretido circulava veloz pelas minhas veias e que todos os meus maus instintos tinham ressurgido. Pensava unicamente em destruir aquele miserável. Queria vingar a morte do homem-deus e rogava forças hercúleas para despedaçá-lo. Nesse instante caí sobre um espinheiro. Em tal estado de ânimo estava naquele momento, que nem sequer senti a dor dos espinhos que se cravaram no meu corpo!...

A única coisa que fazia era permanecer com os olhos fitos no céu, esperando ansiosa que chegasse a luz da manhã. Apenas começou a clarear, levantamo-nos, olhamo-nos frente a frente e eu disse-lhe como que o desafiando: – Maldito! Maldito seja!...

Então, ele se aproximou, com um gesto terrível e ameaçador. Eu também o ameaçava, cega de ira. Crescia cada vez mais a minha revolta e retardava o golpe, para me deliciar com o extermínio próximo. Ao dar, porém, o primeiro passo para estrangulá-lo, fiquei imóvel, porque ouvi o adorado da minha alma dizer-me:

– Insensata! Insensata!... Porventura, dei-lhe essa força para matar? Respeite um infeliz, um miserável como você outrora. Não foi ele quem me levou ao sacrifício. Foi a ignorância dos homens, o egoísmo e o orgulho dos poderosos. Foi a ambição dos velhacos. E foi apenas um crime dentre muitos outros.

Ouvia perfeitamente as palavras do homem-deus. Mesmo assim, não me conformava em deixar vivo aquele miserável. Eu era uma fera humana e estava faminta. Minha sede não se saciava com palavras.

Isaac estava imóvel como eu. Parecíamos duas estátuas petrificadas por uma força desconhecida. Mas ele lutava para avançar. Não conseguindo, disse, por fim: – Garanti que seria hoje o último dia da sua vida, mas você colocou entre nós algo que me detém e me desarma. Mas eu sei que ambos temos os mesmos desejos de nos matarmos. Esperemos recobrar as forças, sem nos darmos por vencidos. As próprias pedras se encontram e, ao chocar-se, produzem fogo.

Eu queria andar e não podia e, por isso, tentei sobrepujar a minha impotência, insultando-o com toda a minha raiva. Ele, por sua vez, também não perdia tempo, pois começou a lançar-me no rosto todo o meu passado condenável. Parecíamos duas feras enlouquecidas... Até que ouvi de novo a voz dele dizer-me: – Como perdem o seu tempo, infelizes!...

Novamente me esforcei para andar, mas caí. Isaac também caiu perto de mim, como se fosse ferido por um raio. O sangue corria dos nossos corpos, misturando-se. Senti uma mágoa profunda quando vi que os dois regatos tintos dirigiam-se para a cava de uma rocha que ficava próxima, confundindo-se. Que vergonha para mim! Que horror!... O sangue daquele miserável e o meu, mesclados! Naquele licor vermelho confundia-se a substância das nossas vidas!... Seria isso a consequência de uma infâmia que ambos tivéssemos praticado?!...

Esta ideia fazia-me enlouquecer e eu sofria tanto que o meu espírito fazia esforços indizíveis para arrancar-me daquele lugar, até que ouvi de novo a voz dele, que me dizia: – Mulher, levante-se e não torne a ver esse homem. Você é boa para adorar, mas não para perdoar.

Tão aturdido e obcecado estava o meu espírito que as suas palavras não conseguiram fazer-me compreender a minha baixeza. Tinha descido novamente ao abismo das paixões mais baixas e por isso não tinha forças para alçar-me à superfície!

Precisava ver o homem-deus, e ele por certo compreendeu, porque, instantaneamente, iluminou-se o espaço. Agora, junto de mim, ele disse: – Mulher, levante-se.

Ao mesmo tempo deu a mão a Isaac e disse-lhe: – Ande você também. Não tenho culpa de que seja tão pequeno. Não se suicide, porque o seu crime não é o maior que se cometeu: é um crime como os demais.

Isaac olhou-me, dizendo: – Estou tonto. Creio que vi o seu Deus e ele nos aparta. Não sei por quê, já não a odeio tanto...

E olhando-me de modo indefinível, afastou-se lentamente, até que desapareceu.

Então, escutei de longe a sua voz, que me dizia: – Vamos ver-nos de novo onde os tormentos não se acabam mais!

Suas palavras o eco repetiu demoradamente, seguindo-se uma das suas terríveis gargalhadas, um grito de agonia, uma maldição dirigida não sei a quem. Em seguida... um ruído surdo como de um corpo que se chocasse contra as pedras e que fosse rolando por um despenhadeiro até chegar ao fundo do abismo.

Ao sentir que ele tinha morrido, tive o desejo de vê-lo, porque achei heroico o seu procedimento. E, na perturbação em que estavam os meus sentidos, exclamei: – Como deve estar belo!...

Com que facilidade o meu espírito descia!... Não era digna de que o homem-deus velasse por mim.

Resolvida a regressar ao lugar de onde saí, não sabia que caminho tomar, quando ouvi a voz do meu companheiro e de outros homens que me procuravam, auxiliados por cães que seguiam meus rastros. Era a primeira vez na minha vida que me procuravam, ao perder-me, e aquela prova de dedicação comoveu-me profundamente. O meu companheiro repreendeu-me severamente, pedindo-me explicações da minha saída tão fora de propósito. Eu, envergonhada do que se tinha passado, respondi-lhe que tinha tido uma visão em que me deparara com um homem disposto a morrer, e que tinha corrido em seu auxílio, perdendo-me na mata espessa, sem conseguir encontrá-lo.

– As feras já devem tê-lo encontrado – disse um dos homens. – É de se estranhar que essa mulher não tenha sido atacada por elas.

O meu companheiro pediu que me dessem alimento e mandou-me descansar, pois me achava toda cortada, com a túnica rasgada e manchada de sangue. Eu mesma me envergonhava do estado miserável em que me encontrava e dizia com amargura: – Como retrocedi!...

Deitei-me e, durante o sono, dirigi-me a ele, dizendo-lhe: – Perdoe-me, eu odeio aquele homem, porque o entregou aos seus verdugos. Odeio Isaac, porque o caluniou de forma infame.

Mas não o vi como tinha-o visto sempre. Sua voz era a mesma, mas apresentou-se a mim outra figura, ao longe... e tão longe que só a pude distinguir depois de um grande esforço. Num templo luminoso, cheio de colunas e abóbadas estava um homem, mais velho pelos sofrimentos do que pelos anos, envolto em brilhantes arco-íris. Aos seus pés estava Isaac. A figura daquele homem era verdadeiramente majestosa. Estendeu o braço, e com o dedo assinalou Isaac, dizendo-me: – Você não o perdoa? Pois eu sempre perdoei aos meus inimigos e já a perdoei também, há muitos séculos. Por isso ressoará sempre a minha voz aos seus ouvidos: – *Perdoo-a*!...

22. Um mar de experiências memoráveis

Recuperadas as minhas forças, e concluído o nosso trabalho naquele lugar em que nos hospedamos, o meu companheiro me disse: – Vamos continuar a nossa viagem, mas proíbo-a de separar-se de mim, a não ser nas horas de repouso. Não deve ir a parte alguma sem a minha licença, pois, com os seus caprichos, as suas loucuras e o seu caráter aventureiro, provoca contratempos que a deixam em deplorável estado, como agora. Esgota as suas forças sem se lembrar de que precisa fazer uso delas no bem dos seus semelhantes.

Ele tinha razão de sobra e, por isso, eu me calava. Tinha um profundo respeito por ele e, realmente, eu estava esgotada. Sentia em meu corpo um cansaço extremo. Na alma, um profundo desconsolo. Meu encontro com Isaac tinha me ferido de morte; a baixeza, a vileza, o mau procedimento daquele miserável tinham despertado em mim as paixões primitivas adormecidas pelos meus propósitos de emenda. É que, quando já se tem vivido no lodo, este nos salta ao rosto sempre que lhe atiramos a pedra do ódio.

Como me envergonhava a lembrança da cena do bosque, em que nem a sua voz conseguiu acalmar a minha raiva!... Ele me compreendia muito bem... Era boa para adorar, mas não o era para perdoar! E a minha perturbação era ainda maior quando me lembrava que ele tinha me dito que ressoaria sempre em meus ouvidos a sua voz: *perdoo-a!* E que já tinha me perdoado, havia séculos...

Que tinha me perdoado!... prova inegável que eu já o havia ofendido! ao justo! ao bom! ao sábio!... Que vergonha! que afronta! que horror!... E, como a carga que mais pesa é a da nossa inferioridade, a das nossas misérias, havia momentos em que, fisicamente, eu não podia dar um passo, esmagada pelo peso da minha infâmia!

O meu companheiro, carinhoso e bom, compreendia o que se passava e redobrava as suas paternais atenções. Dizia-me que eu trabalhasse em benefício dos seus semelhantes e veria assim como se torna leve o peso do passado. Eu bem queria trabalhar, mas... não podia.

Por fim, chegamos a outro local, onde os nossos trabalhos foram recebidos com grande consideração, especialmente os do meu companheiro, porque eu, embora pedisse forças a ele, já não o via nem ouvia a sua voz: justo castigo à minha perversidade.

Ele tinha me falado bem alto e eu não o havia atendido. Agora que o chamava... não me respondia. Mas... outra devia ter sido a causa, porque ele perdoava sempre!...

Seria que o meu corpo já se preparava para baixar à sepultura?... Meu companheiro, com o seu habitual modo brusco, olhava-me às vezes e me dizia: – Não quero que vá. Espere, que quando contemplar o mar, sentir-se-á renascer. Com certeza! Você renascerá!

Tanto desejo tinha ele de chegar ao final da sua viagem, que deixou a propaganda de nossa doutrina para melhor ocasião. Assim, descansando somente o indispensável, avançamos. Até que chegamos ao pé de uma colina. Subimos em uma pedra que havia e o meu companheiro, ao ver o mar, lançou um grito de imensa satisfação, dizendo: – Graças a Deus realizei o meu desejo!...

Mas eu olhava e nada via. Uma espessa névoa cobria os meus olhos cansados. Ele, observando o meu estado, olhou-me fixo e disse, categórico: – Quero que veja!

Um momento depois olhei e... vi o mar que me pareceu um misto de céu, água e horizonte! Fiquei maravilhada. Meu companheiro, entusiasmadíssimo, dizia-me: – O mar encerra admiráveis preciosidades! Há no seu fundo vegetações que se assemelham aos risos dos anjos que devem povoar os céus...

Ao nosso encontro vieram dois homens que o abraçaram fortemente, chorando os três em silêncio. Também chorei, porque compreendi que lamentavam a morte do homem-deus.

Conduziram-me depois a uma casinha situada à beira-mar, que parecia o símbolo da poesia. O meu companheiro contou então o que se tinha passado após a morte do homem-deus, falando das divisões e das rixas entre os seus adeptos para verem quem seria o *primeiro*. Demonstrou a necessidade de se unirem para trabalhar, em vez de disputarem por obter honras mundanas. Todos os seus ouvintes concordaram, jurando fidelidade à memória dele.

Enquanto eles falavam eu contemplava o mar, dizendo para mim mesma ao observar as ondas se quebrando contra as rochas: – Vê? Aí dentro também há dor! Essas gotas são outras tantas vozes do infinito contando a história das gerações! Aí dentro devem ter-se passado cenas terríveis, vinganças de antigos ódios!... Se aí nos tivéssemos encontrado Isaac e eu... que horror!

Ficamos naquela poética casinha, e eu não pude dormir a noite toda com o rumor das ondas. Mas, ao amanhecer, abri a janela e vi os raios solares refletindo na água. Que belo espetáculo! Parecia-me contemplar o arco-íris de outras vezes. Regozijava-me e sofria, temia e esperava!...

Ante tamanha grandeza, eu me olhava e não me encontrava. Minha individualidade desaparecia à minha própria vista contemplando o mar e céu!... Sentia-me como uma ínfima partícula do universo!...

Saí à praia e, ao contar ao meu companheiro que não tinha dormido durante a noite, ele me disse: – Tem razão, não se pode dormir quando, pela primeira vez, ouve-se o mar a falar.

Fizeram-nos ir visitar muitos enfermos e, entre outros, recordo-me de uma velhinha de fisionomia doce e tranquila, que me olhou sorrindo e me disse com ternura:

– Eu a conheço.

– Sim? Onde me viu?

– Em meus sonhos. E muitas vezes você corria... corria muito... ia buscar água.

– Onde?

– Numa fonte escondida entre pedras e folhagens.

– E que mais viu?

– Vi na fonte aquele bonito homem, que também passou por aqui. Ele falava com você. É verdade que lhe quer muito? Eu também o amo... Era tão bom o sonho!

As palavras daquela mulher fizeram-me um bem indizível, porque me recordaram os dias mais felizes da minha vida, os dias que passei separada dos homens, em contato com a natureza, somente vendo o meu salvador e ouvindo a sua divina voz. Como me pareceu formosa aquela anciã, na sua tranquila velhice! Se eu tivesse tido uma mãe igual a ela... Quem me dera chamá-la: – Minha mãe!...

Não sei se a curei ou se foi ela que me curou. Ambas, bem juntinhas uma da outra, sentíamo-nos muito bem, ao tempo em que me dizia:

– Não se aflija, porque eu já sou muito velha e bem depressa deixarei o mundo. Entendo que você também deseje partir, porque tem o corpo e a alma cansados. Você, desta vez, não viveu. Eu sim. Tenho uma prole numerosa. Mas quando voltar também a terá, porque a sua alma precisa de flores. Não amou nem foi amada e, por isso, não viveu.

O tempo passou. E ao longo de nosso convívio a velhinha definiu o amor de uma maneira maravilhosa, falando das inefáveis doçuras que a família proporciona.

Um dia fechou os olhos e eu pensei até que ela tivesse morrido, mas abriu-os novamente, olhando para mim e dizendo: – Não tenha medo, que eu não posso ir sem ver os queridos de minh'alma. Eles já vêm todos, benditos sejam!

E sentou-se, para receber todos os seus. Que belo quadro aquele!... homens, mulheres e crianças, que a rodearam e a quem ela abençoou carinhosamente.

Todos choravam e ela lhes dizia: – Não chorem, porque eu já cumpri o meu dever. Fui boa filha, esposa honesta e mãe diligente. Jamais desejei sair deste lugar e aqui adorei a Deus servindo à minha família, porque ela era o meu mundo, a minha única felicidade. Não chorem por mim, pois os que amam não morrem e eu... amei muito. Não se amofinem, não podem me curar. Só o homem-deus faria o que vocês não podem fazer. Mas... eu já vivi bastante e semeei entre vocês o amor que, felizmente, floresceu. Observem, que flores preciosas! – e apontava a criançada que procurava subir-lhe ao leito.

Que belo quadro! Todos os seus filhos rodearam-na, olhando-a e indagando entre si sobre o que deviam fazer. Enquanto isso, pegando a minha mão, ela dizia-me ao ouvido: – A paz e a família darão consolo ao seu espírito, e você não tardará a seguir-me, porque já nada mais tem a fazer aqui. Ambas cumprimos a nossa missão. Você será amanhã o que eu fui desta vez. *A paz e a família darão consolo ao seu espírito*.

Dito isto, apertou-me a mão e, suavemente, sem a menor contração, com um sorriso doce desenhado nos lábios, adormeceu para não tornar a despertar na Terra. E a sua numerosa família rodeou o cadáver, beijando-o com religioso respeito.

Há sensações que não podem ser descritas. Aquele quadro imponente e comovedor impressionou-me profundamente. Ante aquela mulher, que parecia um anjo adormecido, como eu me via pequena, meu Deus!...

Ela não tinha odiado! Eu, ao contrário... que horror! Que contraste!... Recordei a cena do bosque e envergonhei-me diante do corpo daquela anciã.

Deixei com um aperto no coração aquele lugar encantador e aquela gente tão boa que adorava o homem-deus. O meu companheiro admirava-os pela sua imensa fé e eu ouvia a voz dele, que nos dizia: – *Não quero pessoas que me adorem. Quero gerações que trabalhem em meu nome*.

Disse ao meu companheiro o que ele dizia, ao que ponderou: – Haverá tempo para tudo. Os homens adoram, antes de raciocinar, porque é muito mais fácil crer do que saber. Mudaram de ídolos... já é alguma coisa...

Continuamos, pois, a nossa marcha e chegamos a um local agreste e triste. Seus moradores estavam, na sua maioria, doentes. Sentia-me muito mal ali. Sentia um medo inexplicável. Tal atitude fez com que meu companheiro me repreendesse, dizendo:

– Aqui é o lugar que necessita de nós. Lugares onde impera a tranquilidade convidam à meditação e ao gozo íntimo, e nem você nem eu estamos preparados para essas doçuras. Pelo contrário, precisamos viver entre os espinhos que ferem, mas que ensinam o cumprimento do dever.

E em obediência às suas palavras, entrei numa casinha, na qual rugia desesperadamente uma mulher de meia-idade. Tinha o corpo completamente paralisado, exceto a língua. Que repugnância causou-me aquela infeliz!

Abandonada de todos, imersa na imundície, estava aquela desventurada a quem eu nem sequer conseguia olhar! O meu companheiro percebeu a repugnância que tinha me invadido e disse-me em voz baixa:

– Aqui, aqui é que há de trabalhar e pedir.

– Não posso.

– Pode sim! Queira e poderá.

E, dando meia-volta, retirou-se, deixando-me só com a paralítica. Venci a minha repugnância e disse-lhe:

– Está sofrendo?

– Muitíssimo.

– Quer que eu a cure?

– Se me curasse, iria acompanhá-la por toda a parte. Mas, antes, devo dizer--lhe que matei todos os meus filhos.

– Por quê?

– Porque, pelo meu gênero de vida, me estorvavam.

– E se eu a curasse e, de novo, fosse mãe, quereria muito ao seu filho?

– Não, não nasci para ser mãe. Mas se me curar, irei com você para aprender a ser boa.

– Comigo não pode ir.

– Pois irei para outro lugar, porque aqui odeio e me odeiam, desprezo e me desprezam.

Já então interessada por aquela miserável criatura, disse-lhe: – Levante-se, mulher, e empregue bem as suas forças!

E ela levantou-se, lançando um grito de verdadeiro assombro: – Que maravilha você fez!

– Eu não fiz nada. Foi ele quem a curou, aquele que fez tanto bem na Terra e que mataram inocentemente.

– Ah! faz-me lembrar que, quando por aqui passou, atirei-lhe pedras e ele disse-me: – Os braços que atiram essas pedras ficarão sem movimento e só em meu nome serão curados.

– Foi a sua consciência que a paralisou, porque as forças mal empregadas inutilizam-se a si mesmas.

E a mulher olhou-me, movendo a cabeça em sinal de dúvida, dizendo-me: – Prometo-lhe que, de hoje em diante, jamais empregarei as minhas forças no mal. Não sei ainda adorar o seu Deus, mas também não o insultarei mais.

Dali passamos a um pequeno povoado, cujos escassos habitantes eram vítimas de contínuas febres, consequência das águas paradas que cercavam o local. Perguntei a uma mulher por que não abandonavam aquele lugar infecto, respondendo-me ela:

– Porque aqui somos as tábuas de salvação para os náufragos. Na embocadura do rio há sempre um contínuo refluxo e o mar oculta em suas ondas espumantes um monstro insaciável que devora as embarcações que passam por perto. Se algum navegante se salva, encontra sempre em nossos pobres lares um momento de repouso e um guia para o conduzir a um ponto melhor. Por aqui passou ele, em meio a uma espantosa tempestade. Debatia-se com as ondas uma pequena embarcação, que ameaçava soçobrar. Nós lhe pedimos que a salvasse, e ele respondeu: – Têm fé? Creem em mim?... pois olhem todos para o mar.

Olhamos, e ele, estendendo os braços para as ondas enfurecidas, disse: – Que passe! Que passe a tormenta e salvem-se os que estão na embarcação!

E salvaram-se os náufragos, dizendo-nos ele depois: – Os que vivem sofrendo para serem úteis aos seus irmãos terão a saúde eterna.

A mulher, na sua humildade, concluiu:

– Já percebe que não podemos abandonar este lugar. Mesmo porque, salvar a vida a um homem proporciona um prazer tão grande que não há preço que o pague.

E deixamos aquele lugar. Ao chegarmos a outro vilarejo, disse o meu companheiro que aquele era o pior, dentre todos que havíamos visitado. Seus habitantes, se bem que tivessem o corpo são, tinham a lepra na alma.

Percorremos imensos caminhos banhados por águas salobras. Veremos o que nos sucedeu e como saímos daqueles mananciais de fel.

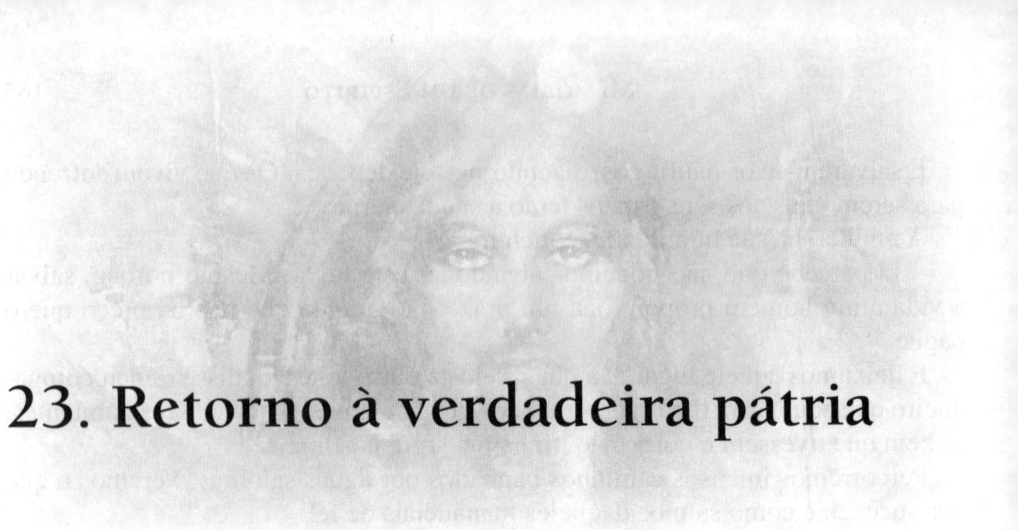

23. Retorno à verdadeira pátria

Meu companheiro tinha razão. O lugar onde chegamos era povoado por gente sã de corpo, mas muito enferma da alma. Os *mananciais de fel* predominavam. Difícil encontrar uma fonte de água pura.

Ele, porém, não se intimidou por isso. Falou muito e admiravelmente sobre a missão do homem-deus na Terra. Efetuou, também, importantes curas e eu fiz o que pude, que já bem pouco podia. Aquele meio, tão nocivo ao meu corpo e à minha alma, fazia-me enfraquecer o espírito a ponto de ser vencida todas as vezes que tentava lutar comigo mesma.

Havia lá muitos adoradores do homem-deus, que se reuniam amiúde para discutir os ensinos do mártir.

Se julgam que alguma vez estiveram concordes em suas opiniões, enganam-se. Estiveram sempre na mais intolerante divergência. Existia um só assunto em que todos pensavam de maneira igual: em quem seria o *primeiro*. E todos queriam sê-lo, alegando méritos que não tinham e uma superioridade que não possuíam. Mentiam todos descaradamente, querendo fazer acreditar que o homem-deus lhes tinha dado instruções particulares e ordens especiais.

A nossa chegada contrariou-os muito. Começaram a olhar-nos de través, principalmente a mim, e não perdiam meios nem ocasião para ferir-me cruelmente, dizendo que as mulheres já tinham muito o que fazer com a roca e o fuso nas obrigações de fiar e que, fora dos seus trabalhos domésticos, só estorvavam e serviam de mau exemplo.

Muito me feriram as palavras daqueles homens, principalmente quando me disseram que, se eu curava, era por intermédio do gênio do mal, porque não era possível o homem-deus inspirar uma pecadora como eu. Quanto chorei, meu Deus!...

E o meu companheiro, impacientando-me com a minha tristeza sem-fim, dizia-me: – Eu já lhe disse que este lugar é um ninho de víboras. Tenha pena deles, porque são todos dignos de compaixão.

Fazia todo o possível para convencer-me de que se deve perdoar sempre as injúrias que recebemos. Até que perdoava de bom grado aos meus inimigos, mas não podia encará-los. Eles me atemorizavam... Eram tantos!... E é tão triste para uma mulher ver-se desprezada por todos!...

Até meu companheiro, apesar de ser muito bom para mim, ou pela rudeza de seu caráter, ou influenciado pelo ambiente em que estávamos, o certo é que, sem que ele mesmo se desse conta, também me feria a alma toda vez que os demais me feriam. Quando, porém, percebia o seu mal, não sabia o que fazer para me alegrar. E ao ver-me morrer lentamente, dizia-me com o maior carinho: – Não quero que morra agora; iremos ainda à fonte e ali descansaremos. Naquela paragem, de tão doces recordações para o seu espírito, onde cada pedra tem um significado para você, ali fixaremos residência. Eu também preciso de repouso.

Eu agradecia imensamente as suas palavras de consolação, mas compreendia perfeitamente que não mais veria aqueles deliciosos sítios. Estávamos a uma distância imensa deles, impossível de percorrer, para mim. Estava em tal estado que mal podia mover-me. O que mais me entristecia é que nada mais via, quer durante o sono, quer em estado de vigília. Eu bem que chamava o *amor dos meus amores*, mas este não atendia. Sentia-me só, completamente abandonada. Eu me sentia morrer.

Meu companheiro, experimentando todos os meios para fazer-me voltar à vida, recorreu às mulheres, que costumam ser mais generosas do que os homens, quando se lhes sabe despertar o sentimento. Reuniu muitas delas para me escutarem. Ele queria que eu dissesse a elas como havia morrido o homem-deus.

Tudo preparado, apresentei-me no lugar indicado. Estavam receptivas, e fui muito bem recebida por todas. Falei-lhes da esperança própria da juventude e relatei-lhes o martírio do homem-deus, chegando mesmo a estar eloquente, porque percebia que me ouviam com atenção. Pintei-lhes a minha tristeza, o meu desânimo, os meus pressentimentos de morte próxima e a grata lembrança de todos, que levaria para o céu, se o céu se abrisse para mim.

Falar reanimou-me. Parecia que tinha voltado aos dias felizes do meu despertar. Despedi-me delas profundamente comovida, prometendo-lhes que nos reuniríamos mais amiúde, se a minha saúde o permitisse. Muitas demonstraram o desejo de ouvir-me novamente, mas uma delas, de meia-idade, olhava-me sem pestanejar, como se quisesse reconhecer-me. E tanto me olhou, que a sua insistência chegou a preocupar-me.

Observei-a, por minha vez, parecendo-me que não era aquela a primeira vez que aquele olhar perquiridor se fixava em mim. Senti, naquele momento, como se me ferissem no ombro. Voltei a cabeça sem ver nada, porque confundi a dor física com a dor das lembranças do passado. A mulher, entretanto, não deixava de me olhar e terminou por fazer um gesto, como se dissesse a si própria: *sim, é ela*. E participou sua confirmação a quem estava ao seu lado. Esta fez um movimento de admiração, olhando-me com desprezo.

E assim, como o fogo veloz que se alastra, devorando um bosque, de árvore em árvore, levando a morte a tudo o que alcança, o fogo inacabável da maledicência correu pressuroso entre todas as mulheres que me rodeavam. Embora nenhuma falasse, todas disseram com os olhos que me desprezavam. Retiraram-se todas elas, fazendo gestos e contorções, como se tivessem sido acometidas da moléstia do nojo, a ponto de algumas cuspirem ao passar junto de mim.

Eu não sabia o que se passava. Só perguntava a mim mesma quem seria aquela mulher que me havia reconhecido, quando senti novamente que me feriam no ombro. Tornei a olhar e, na minha mente, vi... o que não queria ter tornado a ver. Longe, muito longe, uma casa em que funcionava um prostíbulo.

A dona daquele bazar de carne humana era aquela mulher que tanto me olhara e que tinha dito com os olhos: *sim, é ela!* E, realmente, eu tinha sido, primeiro, uma das suas mulheres escravizadas. Depois, a que lhe arrebatei as mais belas para conduzir à granja, despojadas das suas galas e dos seus vícios.

A minha redenção tinha prejudicado sobremaneira aquela mulher e, por isso, ela tinha me jurado ódio de morte, ódio que não estava extinto e que os seus olhos traduziam. Mas, embora já não exercesse o seu infamante tráfico, parecendo até uma mulher respeitável, como se nunca tivesse saído do seu lar, o certo é que aproveitou aquela ocasião para vingar-se, dizendo sem titubear o que eu tinha sido...

E eu, em troca, nem ao meu companheiro disse o que ela tinha sido! Para quê? Bastava-me a lembrança do meu passado, e esta não se tornava menos amarga por tornar pública a infâmia de outrem. A cada uma de nós bastava o peso do seu próprio fardo...

Meu companheiro não podia compreender tão repentina mudança. Em breves segundo correu de boca em boca que eu tinha sido uma rameira. E a humanidade é tão miserável que, mesmo que a conversão de uma mulher tenha conseguido fazer dela um modelo de virtudes, seus erros do passado são sempre lembrados, ofuscando as suas conquistas. O mal é aceito sempre sem a menor objeção, enquanto, para se crer na virtude, apresentam-se sempre tantas dúvidas, que se conclui por não acreditar nela.

Meu amigo chegou a assustar-se e disse-me muito contrariado: – Precisamos partir, porque diz-se por aí que você foi... o que, realmente, foi... que você e eu simbolizamos a prostituição e que somos uns farsantes, uns impostores e pedras de escândalo para as pessoas honradas.

Eu, então, sorri com amargura, porque a mulher que tinha dado o grito de alarme e me assinalado com o dedo tinha sido mais culpada do que eu. Havia representado na comédia humana o papel mais odioso e repulsivo. Não aumentei, porém, a minha baixeza com uma delação. Calei-me, digerindo em silêncio a minha profunda mágoa e, apoiada em seu ombro, porque não podia suster-me por mim mesma, saímos daquele povoado, onde esgotei até a última gota do cálice da amargura.

Ao pormo-nos em marcha, os mesmos adoradores do homem-deus, aqueles homens que disputavam continuamente para saber quem seria o primeiro, todos quiseram ser também os primeiros a atirar-nos pedras. Até as mulheres que, tidas como estorvo, para uma obra boa jamais solicitadas, foram chamadas para compactuarem daquele ato. Junto com eles, perseguiram-nos por longo trecho, só nos deixando em paz quando a aspereza do caminho os obrigou a isso.

Uma das pedras que nos atiraram acertou-me em cheio, abrindo-me uma brecha na cabeça. Ao sentir correr-me o sangue, tive um momento de mística satisfação. Eu também sofria como ele, eu também era mártir na Terra. Aquela ferida aproximava-me dele. Aquela dor imensa da minha alma purificava-me, porque eu havia perdoado com meu silêncio aquela mulher que tantos atropelos me trouxera.

Chegamos, por fim, a outro povoado e, como as más notícias voam, lá também já se sabia que eu não tinha sido uma mulher honrada. Uma mulher, porém, das mais respeitáveis daquele local saiu ao meu encontro e disse-me: – Se aqui vivemos para salvar os que naufragam na embocadura do rio, é justo que também salvemos os que se afundaram no mar das misérias humanas. Venha comigo, mulher, pois terei muita honra se aceitar hospedagem na minha casa.

Aceitei a carinhosa oferta. Ela me cedeu o seu melhor leito, disputando com suas filhas para velar o meu sono. O meu companheiro estava, moralmente, muito abatido. A tristeza que lhe causava o meu estado não era para o seu rude caráter. Não podia ver morrer alguém e por isso fugia de mim, levando a morte na alma, porque me queria como se eu fosse sua filha. Ao mesmo tempo, lamentava amargamente os meus passados descaminhos.

As minhas enfermeiras tratavam-me com o maior desvelo, mas eu, a cada dia, me sentia pior. A ingratidão dos adoradores do homem-deus tinha me ferido de morte, não pelo fato de ser eu o objeto das suas iras, mas por ver realizadas as profecias daquele que confiara aos séculos o que os seus adeptos não seriam capazes de levar adiante, daquele que entregara a sua obra nas mãos do progresso realizado por muitas gerações e não nas mãos daqueles que lhe diziam: – *Senhor! Senhor! Leve-nos para o seu reino*.

O desencanto tomava conta de mim. Morta a esperança, estava morto o meu corpo, e ele se decompunha a olhos vistos. Eu sabia que estava muito desfigurada, pois via-me refletida nos olhos daqueles que me olhavam, nos quais se desenhava, bem claramente, que eu estava morrendo.

A curiosidade própria das mulheres levou-me a procurar um espelho. Queria ver o meu semblante. Ao olhar-me, fiquei satisfeita comigo mesma, porque no meu rosto nada mais havia daquela mulher perdida cuja beleza tinha fascinado tantos homens. Meu rosto pálido e macerado já não conservava o menor vestígio da sua formosura de outrora. Embora não fosse ainda uma moribunda, já não tinha sequer a mais leve sombra do que tinha sido. Tudo tinha se apagado no meu corpo, faltando também que se apagasse na alma.

Pelo murmúrio de muitas vozes juntas e pelo hálito dos que se acercavam, olhando-me nos olhos para verem o meu estado, compreendi que se aproximava a hora e chamei por ele, dizendo-lhe: – Como, aproximando-se a minha morte, não vem? Quererá que eu parta tão desconsolada? Você também usará da ingratidão para comigo?...

Chamei-o muitas vezes, mas... inutilmente!

O meu leito foi, então, a pedido meu, arrastado até a proximidade de uma janela, de onde se divisava o mar. Com que ânsia eu olhei para aquele espelho dos céus!...

Quedei-me nessa posição, olhando sem cessar, abrindo muito os olhos para ver melhor. Senti, então, como se uma perfumada brisa trouxesse até mim aromas e essências das mais raras flores. Ouvi então o chilrear de muitos passarinhos e escutei... escutei com atenção. Entre aquele suave murmúrio, pareceu-me ouvir em dado momento: – Morreu, enfim!

Ao ouvir isto, quis falar e não pude. Senti ainda que me cerravam os olhos com todo o cuidado e vi então tudo o que me rodeava. Meu companheiro olhava-me em silêncio sem derramar uma lágrima e algumas mulheres procuravam envolver o meu corpo num alvo lençol de linho. Diante de tal aparato eu dizia de mim para comigo:

– Mas, terei morrido? Não pode ser, porque vejo tudo através dos meus olhos, ainda que fechados!... Vão me enterrar viva?... mas... parece que, de fato, morri, porque o meu corpo está mais branco do que o lençol que o cobre. Não tem nem mais um vestígio de vida e o meu rosto não diz nada! A imobilidade é completa...

Percebi que havia anoitecido, o que me trouxe muito medo, muito... Pensei nele de novo, dizendo: – Por que me abandonou, meu amor? Não o vejo mais! Por que não vem?...

Logo após pareceu-me que me desligava de alguma coisa. Senti-me mais leve e andei muito, muitíssimo, ou melhor, voei. E voava o meu pensamento, impulsionado pela minha vontade. A minha inteligência flutuava!...

Fazendo esforços extraordinários, cheguei a ver uma esmaecida claridade que iluminava o horizonte, o suficiente para que, no seu fundo, se destacasse uma grande montanha na qual quis subir, mas não pude, porque não era maciça, não existia. Era a montanha das minhas ilusões, que se desfazia ao sopro da realidade. E à vista dessa desilusão, fiquei perplexa, porque já não via o meu corpo e compreendi que já estava muito longe dele e de todos os que tinham rodeado meu leito de morte. Mas onde estava eu então?...

Nesse momento, ouvi uma voz que me dizia secamente: – Você já morreu. Prepare-se para novos empreendimentos.

– Novos empreendimentos! – interrogava eu – mas onde? Com quem?... Oh! tenho medo! Estou tão só!...

Ao dizer isto, vi uma aurora esplêndida raiando no horizonte, com a intensidade do dia da eternidade! O dia do infinito! O dia do ajuste de contas! O dia eterno das almas!...

Que belo dia aquele! Mas eu estava só, sem ter a quem transmitir a satisfação e a dor que sentia ao mesmo tempo. E a solidão faz com que o dia se torne noite... Só! Que horror!...

E, pensando na minha desventura, contemplava o céu iluminado de raios avermelhados, que foram mudando de cor até formarem múltiplos arco-íris. E sob aqueles arcos luminosos longínquos, destacava-se a figura de Antúlio, o homem extraordinário que envelheceu prematuramente em consequência dos sofrimentos e que, majestoso e sereno, levantava a destra indicando o meu novo rumo. Dizia-me, num misto de firmeza e ternura: – *Lute, trabalhe e cumpra o seu dever*.

24. Pequena pausa na caminhada

A existência que acabo de relatar tem produzido várias impressões entre os filhos da Terra. Tem sido aceita por uns com o mais vivo interesse, e repelida por outros com desgosto e desagrado, por terem encontrado falta de inferência em alguns acontecimentos e na própria narração truncada nos episódios mais interessantes.

Realmente, em minha narrativa, as personagens não estão bem delineadas, pois não era meu intuito falar delas. O meu único propósito era contar a história do meu espírito: as suas quedas, as suas ascensões, os seus estacionamentos, os seus êxtases, os seus delírios, as suas vertigens, tudo, enfim, que dissesse respeito ao meu eu.

E ao ocupar-me das outras, embora algumas delas tenham sido consideradas pela humanidade como espíritos superiores, como o meu propósito não era descrever a sua história, mas a minha, não fui fiel cronista de todos os fatos que dizem respeito a esta ou àquela personagem. Assim, só me referi a elas nos pontos que mais me impressionaram, que mais influência exerceram no meu futuro.

Assim é que muitos têm se fixado demasiadamente nas figuras, desprezando os ensinos. Por isso, a minha história tem produzido sérios abalos entre vocês, na Terra, o que – Deus sabe – não era meu desejo promover. Atribuo tal fato em alguns casos à análise movida por paixões; em outros, à visão inflexível das coisas e, na maior parte, por desconhecerem que a verdade de hoje pode ser o sofisma de amanhã e que só há uma verdade eterna: a verdade do infinito.

Não venho enganá-los. Faço um trabalho muito meu. Sou uma flor que produz isoladamente, e ofereço-lhes o meu perfume. Aceitem-no, se quiserem, e aspirem-no. Caso contrário, deixem-no, que nem por isso essa essência deixará de encher o espaço e de unir-se a outros aromas, pois não há alma que não os tenha. E vocês sabem o que são as almas? São as *sempre-vivas* dos jardins do universo, e não há alma sem essência, porque não há alma sem amor.

Entremos, agora, sem delongas, em outra encarnação, em que não há nada de novo. Simples relato de uma vida tranquila, mas que serve de elo de ligação entre a existência que acabei de descrever e a que descreverei depois. Há encarnações de espera, de repouso relativo, indispensáveis ao espírito para a continuação da sua eterna viagem.

Antes de começar, porém, permitam-me que descreva um quadro que vi no espaço, onde permaneci nem sei quanto tempo. Lá não há horas, não há medidas para o tempo. Não há *ocasos* nem *auroras*: o dia é eterno... A noite, cada espírito a leva em si mesmo. Mais ou menos sombra... depende de cada um.

Depois de ver Antúlio nesse quadro, sob as arcadas luminosas dos múltiplos arco-íris, depois de escutar as suas palavras – *lute, trabalhe e cumpra o seu dever* –, fiquei só, absolutamente só. Ver ao longe aquelas figuras mal definidas só servia para aumentar a minha solidão.

Não sei quanto tempo permaneci nessa contemplação, sem saber aonde dirigir-me, porque não havia alto nem baixo, nem esta nem aquela direção, era tudo um mar de luz.

Desesperava-me, corria e voava. Voava, dizendo: – Quero chegar a um lugar, seja qual for.

Com a velocidade, o meu ser irradiava uma luz singular, muito diferente da luz comum, o que muito me alegrava, mas via-me triste por me ver só, sempre só!...

Estive assim por muito tempo, perguntando onde estavam os que me haviam querido... Até que vi, ao longe, legiões de espíritos, aos quais também perguntei por que não se aproximavam, pois, amigos ou inimigos, queria vê-los de perto. Então... a luz do espaço aumentou e vi mais de perto muitos inimigos que me ameaçavam tomados de ódio implacável. Outros espíritos prostravam-se a meus pés pedindo luz para viverem.

Que contraste! Uns odiando-me e outros adorando-me como a uma divindade!... Aquilo era a consequência de muitas histórias nas quais, sem dúvida, eu tinha desempenhado diferentes papéis.

Já tinha visto muitos espíritos e ainda me encontrava só, porque nenhum deles permanecia ao meu lado. Por fim, fixei a atenção num grupo deles com os quais simpatizei muito, mas que, como os anteriores, também se afastaram de mim. Seguindo os seus passos, via-os penetrar na atmosfera terrestre. Atrás de mim vinham outros, que me diziam ao passar: – *Prepare-se para lutar, ande! Ande!...*

E entre tanta confusão invadiu-me um mal-estar extraordinário, a ponto de recordar a Terra com saudade e de dizer: – Lá se trabalha, quero voltar para a Terra!

Vi-me, então, transportada para a velha morada. Contemplei-a cheia de júbilo. As flores me pareceram de uma beleza nunca vista! Fixei-me num lugar onde a vegetação era abundante e encantadora, lembrando-me das lições de Antúlio sobre todos os ramos do saber humano. Sentia-me bem, pela primeira vez.

Depois de ter deixado a Terra estudei muito naqueles mananciais de luz, verdadeiros livros escritos pela mão de Deus, em que a minha alma lia com avidez, recordando o homem que tinha me ensinado a conhecer neles a grandeza do Criador. Mas, ao recordá-lo, lembrava também a minha queda e... a luz confundia-se com a treva!...

Certa feita vi dois homens discutindo acaloradamente por causa de uma mulher. Ambos eram belos e fortes. Interessei-me por eles, dizendo ao ouvido de um: – Não mate.

O homem estremeceu porque era médium e escutou-me perfeitamente. Dirigindo-se ao outro, acrescentei: – Os homens não devem se matar; devem amar-se.

Ambos me ouviram, porque um deles atirou para longe a arma homicida, retirando-se apressado. O outro chorou amargamente, dizendo que a mulher por quem brigavam não seria para um nem para outro.

– Será para você, se quiser – disse-lhe eu –, porque ela o ama.

E dominado pela minha vontade, foi em busca da mulher amada.

Fui com ele e gostei muito dela. Além de bonita, possuía bons sentimentos. Escutei com prazer as suas juras de amor e assisti, mais tarde, à legalização da sua união. Como é belo ver dois espíritos enlaçando-se ao mesmo tempo que os corpos!...

Eu me encantava contemplando aquele ninho de amor. Não conseguia separar-me deles ainda que quisesse. Espiava os seus beijos e as suas carícias. Queria compartilhar dos seus mais íntimos segredos, adivinhar os seus menores desejos, ser carne da sua carne e osso dos seus ossos... Senti um dia como que se afrouxassem os laços que me prendiam ao espaço. Parecia que me ia precipitando de uma grande altura, rolando, sem que isso me fizesse mal, até chegar... não sei onde.

Não me lembro de nada do que se passou durante a formação do meu ser. Mas, depois de nascer, olhava para minha mãe e o seu olhar magnetizante fazia-me adormecer. Ela me queria muito e meu pai também!

Porém, ela tinha por mim verdadeira adoração. Essa adoração era recíproca. Quantos carinhos! Quantos desvelos! Quantos temores de que as enfermidades próprias das crianças se apoderassem de mim!...

O médico de meus pais, que era um sábio, ria bondosamente das manifestações extremadas e chegava a proibir que me beijassem com tanta euforia. Mas eram tão jovens e queriam-se tanto, que o fruto da sua união despertava neles a exaltação divina do amor. Eu era obra sua, a personificação dos seus beijos, e viam a luz dos seus olhos refletidos nos meus, que eram grandes e brilhavam a ponto de todos dizerem: – Esta menina tem olhos de iluminada, pois eles têm um brilho diferente dos de todas as outras crianças.

Tive mais irmãos, mas nenhum deles teve nos olhos o brilho mágico dos meus.

Tinha o defeito de ser muito ciumenta e recebi mal o meu primeiro irmão. Tinha tanta sede de carinho, que queria tudo para mim.

Cresci entre perfumes e flores e fui o encanto da minha família. O sábio médico encarregou-se da minha educação e passou a estimar-me tanto, que não podíamos ficar um sem o outro. Sempre me dizia: – Abra bem os olhos. Olhe para mim, que há nos seus olhos alguma coisa que não entendo e quero decifrar!

Como nos entendíamos bem!... Falava-me muito de Deus, do Deus dos meus amores, e dizia-me: – Devemos procurar Deus em tudo o que palpita no universo.

O meu espírito ficava extasiado quando ele me falava de Deus. Falava de um deus único. Já meus pais adoravam outros deuses. Às vezes eu dizia a minha mãe: – Assim como para iluminar o mundo só há um Sol, também para iluminar todo o orbe só há um deus, que eu vejo em toda a sua esplêndida formosura.

– Vê Deus? – perguntava ela com assombro. – Como é ele? Que aparência tem?

– Não posso definir, é todo luz, todo amor!... Eu não o vejo, não encontro a sua pessoa, mas sinto que o seu alento me aquece e me dá a vida.

E ela abanava a cabeça, como se duvidasse do equilíbrio da minha razão. E eu sorria convicta de que estava com a verdade, porque as manifestações da vida davam-me testemunho da existência de Deus.

Chegou a primavera e foram celebradas vultosas festas religiosas. Dessas festas todas as jovens tomavam parte vestidas de branco e coroadas de flores. Assim, iam ao templo, levando as oferendas da primavera da sua vida. Mas eu não quis ir. E meus pais, depois de rogar e rogar sem conseguir que eu fosse, recorreram à ameaça, mas tudo foi inútil. Até o meu mestre, o sábio médico, aconselhou a transigir, mas eu respondi: – Não, não concordo, e se me obrigarem a ir, sei que o meu corpo estará no templo, mas a minha alma não estará com ele e sim à procura do seu verdadeiro Deus.

Ante a firmeza da minha vontade, meus pais e meus irmãos desistiram do seu intento, deixando-me tranquila e só com as minhas flores e os meus livros, porque os livros e as flores diziam-me que adorasse um só deus.

Oito dias duraram as festas religiosas. Durante esse tempo estudei com afã a história dos deuses. Convenci-me de que as bondades de todos os deuses somadas eram os atributos de um só deus. Minha família voltou da festa cansada e abatida, e eu disse a minha mãe: – Acredite-me, não há mais que um deus e este não impõe aos seus filhos peregrinações, sacrifícios, oferendas, jornadas violentas, nada, enfim, que lhes altere a saúde e a tranquilidade. Deus é a lei imutável, é a vida em seu eterno desenvolvimento. Por acaso, a águia precisa de rezas e pregações para subir ao céu? Não, voa. Porque leva a vida nas próprias asas. As flores do bosque precisarão das suas orações para abrir as corolas e balsamizar o ambiente? Não, dão seus perfumes e ostentam suas variadas cores porque têm nas raízes o componente da vida e da beleza. E Deus, que é a alma de tudo quanto existe, precisará, porventura, das suas oferendas religiosas para cumular-nos de benefícios?... Não, porque ele deu a todos os seus filhos a vida eterna e nesta estão todos os gozos, todas as atividades, todos os progressos, todos os aperfeiçoamentos do espírito.

Cheguei à idade dos amores e muitos homens pediram a minha mão a meu pai. Eu, imperturbavelmente, dizia a todos que não. Embora minha mãe me dissesse que não me fiasse na juventude porque esta, à semelhança das rosas, secava rapidamente, eu lhe respondia: – Quero casar-me como você, muito enamorada.

Já não se lembra das suas primeiras horas de amor? Pois eu me lembro – e pronunciava aquela afirmativa sem, na verdade, saber o que dizia.

O meu mestre também não via nenhum homem digno de mim e recomendava-me sempre que não me unisse a nenhum que adorasse os deuses, que só aceitasse para marido quem adorasse um só Deus, para que ele me considerasse como um dos seus anjos. Eu não me impacientava. Via-me tão amada por todos, que não sonhava com novos amores. Até que um dia o meu mestre encontrou o que desejava: um homem que amava um só Deus, reunindo juventude, distinção, talento e riqueza mediana. Cheio de satisfação, apresentou-me o seu protegido e eu, assim que o vi, senti que era o meu homem.

Meu pretendente também, ao ver-me, percebeu que estávamos destinados um ao outro, porque olhamo-nos e compreendemo-nos. Perguntei-lhe de antemão: – Ama os deuses?

– Não, amo o deus que veio sacrificar-se pela humanidade.

– Que diz?! Não, Deus não veio à Terra. Deus está espalhado em toda a natureza e manifesta-se no sorriso eterno das suas obras. Não pode personalizar-se, porque não há mundo que possa conter a sua glória.

Seguimos discutindo acaloradamente esta questão até que ouvi uma voz dizer-me: – Não insista, tudo é questão de nome e de compreensão e você não deve estranhar que acreditem que era Deus aquele que veio falar aos homens em nome do verdadeiro Autor da natureza. Não queira colher antes de semear.

Com tão sábias instruções refreei o meu entusiasmo. Meu admirador estava enamorado e, estreitando a minha mão, murmurou ternamente: – Deixemos os deuses, e vamos nos entender.

– Sim, há muito tempo que o esperava.

– E eu igualmente – replicou sorrindo –, porque sonhava continuamente com uma mulher que tivesse nos olhos a promessa de um amor eterno.

Havíamos nos encontrado! E a união das nossas almas foi um fato. Como é belo o amor! Para ele não há noite, é sempre dia! Mas é tão breve o dia do amor!...

25. Mergulho no passado

Disse ao terminar o capítulo anterior que era muito breve o dia do amor, mas, na verdade, posso dizer que naquela existência o meu dia de amor não teve ocaso. Minha alma tinha tanta sede de felicidade que, sem a água viva do prazer, não teria podido permanecer na Terra. Há crises na vida do espírito em que é preciso, é indispensável mesmo, um refrigério de amor para prosseguir mais tarde na luta começada.

Desde o momento em que o meu prometido apertou a minha mão entre as suas, pode-se dizer que fizemos uma aliança eterna, que nos enlaçamos um ao outro com laços de flores. Nossas relações encheram os meus dias de ventura, numa série ininterrupta de doces sonhos. Como é bom traçar o programa da vida com o lápis da esperança!...

Éramos tão felizes que, às vezes, preocupava-nos a possibilidade de isso mudar depois de casados; se a nossa felicidade aumentaria ou diminuiria com a chegada dos filhos, pois, por ser tão grande, parecia-nos impossível que pudesse ser duradoura.

Chegou enfim o dia da cerimônia do nosso casamento. Foi um verdadeiro acontecimento na cidade. Amigos e inimigos da minha família, todos acudiram para nos ver com os nossos melhores trajes, envoltos em flores. Pisávamos pétalas de rosas. Caindo sobre as nossas cabeças, uma verdadeira chuva de florzinhas brancas, cujo perfume aromatizava o ambiente.

Ao nos ver passar, muitos murmuravam: – Tanta felicidade acabará depressa. Isto chega a ser um insulto àqueles que veneramos, porque só os deuses têm direito à felicidade completa.

Os que nos estimavam, porém, auguravam-nos dias de glórias. E foram como que profetas inspirados, porque, se feliz eu havia sido com meus pais, com meus irmãos e o sábio médico que me serviu de mestre, ao entrar plenamente na vida de mulher casada, a minha ventura aumentou extraordinariamente com os sete filhos que foram chegando um após o outro, mediando apenas o tempo definido pela natureza para o seu completo desenvolvimento.

Cada vez que nascia mais um filho, meu marido sorria satisfeito e o seu amor, que eu sabia apreciar devidamente, aumentava ainda mais, manifesto nas delicadas atenções que me dispensava. Meus pais compartilhavam com meu marido o amor que me dispensavam; quanto a meus filhos, queriam aos avós mais do que aos próprios pais.

A minha casa era um ninho de amor, onde se adivinhavam os pensamentos uns dos outros sem necessidade de falarmos. Bastava olharmo-nos para nos compreendermos. Meus irmãos me queriam tanto que, quando me casei, o mais velho comoveu-se tanto que adoeceu. Muita alegria também faz mal.

Cada vez que eu dava à luz, era para minha família um dia de glória. Disputavam para fazer-me presentes, cada qual mais delicado. Como todos sabiam da afeição que eu tinha pelas flores, as mais belas e raras adornavam a minha casa. Tudo me sorria! Tudo!...

Mas como não se pode fugir às leis naturais, a morte entrou em meu lar, estendendo seu manto sobre minha mãe. Esta, estremeceu de espanto e quis, num abraço supremo, despedir-se de todos, mas faltaram-lhe as forças ao acarinhar os filhos e morreu. Meu pai, que sempre tinha sido feliz, ao perder a companheira de todos os momentos, viu-se extremamente só. Apesar dos meus cuidados e do carinho dos netos, sem manifestar uma só queixa, nem dar o menor trabalho a ninguém, foi enfraquecendo, até fechar os olhos, sem estertor e sem agonia. Apagou-se a lâmpada daquela vida tranquila e honesta, desde que lhe faltou a essência do amor.

Eu era feliz com a minha maravilhosa família e, quando perdi meus pais, fiquei tão abalada, que caí doente.

O velho médico que tinha sido meu professor e continuava sendo dos meus filhos mais velhos, que era o mestre e o conselheiro de toda a minha família, fazia prodígios para fazer-me voltar à vida. Dizia-me com ternura:

– Mas você quer morrer? E os seus filhos? E todos os que a amam?... Eu ainda espero muito de você, porque tenho a convicção íntima de que receberei por seu intermédio admiráveis revelações. Como e de que maneira não sei, não posso prever, mas leio nos seus olhos alguma coisa inexplicável. Há neles estranhos resplendores, promessas de doçuras inefáveis, que só eu sei... e estou certo de que não me engano. Você não é uma criatura vulgar. Há em você uma atração e um sentimento que não vi ainda em nenhuma outra mulher. Fala dos céus sem abrir a boca e revela o desconhecido no fundo dos seus olhos. Ah! Os seus olhos são duas páginas do infinito nas quais eu preciso ler muito!

As palavras do ancião reanimavam-me e eu lutava energicamente para combater o meu abatimento físico.

Meu marido, por sua vez, também procurava distrair-me. Não era rico, mas era bem-sucedido nas suas empreitadas. Rodeava a família de todo o conforto e fazia de mim a conselheira obrigatória para a realização de todos os seus negócios.

Certa tarde, já quase ao anoitecer, quando contava-me os seus planos e esperanças, disse-me: – Não quero que morra! O que seria de mim sem você?

Eu ouvia-o e – coisa estranha – não ligava importância às suas palavras. Como estávamos no campo, eu olhava as plantas que me rodeavam, como se nelas quisesse encontrar a solução dos mais difíceis problemas. Foi quando vi como que a terra abrir-se e dela brotarem planícies cobertas de verde, rodeadas de abismos profundos.

De um deles vi sair meus pais, buscando-se um ao outro e clamando aos seus deuses que, com o seu poder divino, os unissem de novo. Ao vê-los tão claramente, dirigi-me a eles: – Por que não me veem como eu os vejo? Não sabem que morro por vocês?... Eu os chamo. Venham a mim que eu lhes quero com toda a minha alma. Eu amo vocês sobre todas as coisas!

E eles ouviram as minhas palavras. Meu pai, atraído pela minha voz, imediatamente se aproximou de mim. Mas minha mãe, ao ouvir-me, retrocedeu. Quis fugir sem saber para onde e abeirava-se de todos os abismos. Parecia que nenhum deles era bastante fundo para precipitar-se, e... que coisa estranha! Perdeu o seu envoltório de mulher adquirindo o de um homem peludo e repugnante.

Eu, porém, apesar daquele disfarce, sabia que aquele ser era, de fato, minha mãe e dizia-lhe: – Seja como for, quero-a junto de mim. Mas ela não me atendeu e perdeu-se nas entranhas da terra, enquanto meu pai me abraçava carinhosamente.

A esta altura desmaiei e meu esposo julgou que eu tinha morrido. Veio, porém, o velho médico que me fez voltar à vida, com a sua força magnética.

– Que tem? Quer nos matar a todos? – perguntou ele.

– Não – eu lhe disse. – Não é a morte o que me rodeia. É que eu tinha aqui duas flores e perdi uma. Meu pai está ao meu lado, mas minha mãe fugiu-me depois de ter-se transformado, e eu quero tê-la junto de mim.

Desde então, via sempre meu pai perto de mim, calmo e sorridente. E, quando eu lhe falava, o velho médico dizia-me com acento suplicante: – Por Deus, minha filha, não perca a razão.

– Não tenha receio – dizia-lhe eu –, estou mais lúcida do que nunca, embora veja o que os outros não veem. Não dizia que encontra nos meus olhos algo de extraordinário? Pois esse algo é, de certo, a minha capacidade de ver os mortos. E vejo como eles vivem, como lutam e sofrem. Só não posso compreender a transformação de minha mãe...

E ele, entusiasmado, dizia então: – Sim, eu espero muito dos seus olhos e agora quero que ninguém a distraia para que contemple o infinito. Você tem que ver muitas coisas, eu sei, porque alguém me diz isso. Observe, então, e dê-me detalhes minuciosos de tudo o que vir.

Para agradá-lo, entrei com ele na minha sala de estudo, sentando-me comodamente. Apoiando os cotovelos na mesa e a fronte nas mãos, esperei. Não foi preciso esperar muito. As paredes da sala, sem ruído, desapareceram da minha vista. Comecei a ver belíssimos campos e montes admiráveis cujos cumes pareciam de cristal transparente. Mais ao longe, uma grande planície, formando ondulações prateadas. Era o mar! O mar em calmaria, de uma beleza indizível!...

Eu ia contando ao meu companheiro tudo quanto via e ele me perguntava com incontido desejo de saber: – E não vê ninguém? Olhe bem, abra os olhos.

Mas meus olhos se fecharam e tornei a ver minha mãe fugindo de mim, e com que velocidade ela acrescentava espaço entre nós duas, espaço, muito espaço...

Eu também voava atrás dela, porque queria fazê-la voltar para junto de mim. Nesse momento, meu corpo ficou inerte. Meus braços penderam e minha cabeça buscou apoio no espaldar alto da cadeira que usava. Isto fez com que meu velho companheiro se assustasse, mas eu o tranquilizei dizendo: – Não estou morrendo, não. Chegarei ainda a ser muito velha. Estão dizendo-me isto, ou melhor, compreendo que me dizem, porque não ouço palavra alguma.

Fiquei um momento em silêncio observando como se uniam os montes com o mar e vi, entre ondas de luz, o homem-deus. Eu disse, então, ao meu companheiro:

– Está aqui o nosso Deus, a alma das almas, o amor dos amores! Ah!... também se transforma como o espírito de minha mãe! Como está belo!... É um jovem, quase menino, que pastoreia cordeirinhos que o rodeiam e aos quais acaricia. Agora é um velho rodeado de livros, fornilhos e crisóis. Parece um sábio, um mago, um adivinho. Que figura majestosa!... Tudo se desvanece e vejo agora um templo formado por árvores cujas copas se perdem nos céus. Pedras toscas servem de altares e ele aparece: é o sumo sacerdote. Como é grave! Como é severo!... depois... Ah! As árvores que formavam o templo foram destruídas pelos raios! Que desolação!... Os sacerdotes fogem espavoridos e o sumo sacerdote contempla com melancólica serenidade a tremenda catástrofe. Desce do céu uma nuvem de fogo que lhe serve de sudário.

"Agora vejo uma populosa cidade. É o mercado da arte e da beleza. Numa extensa praça, rodeada de artísticos e grandiosos edifícios, uma grande multidão contempla um estrado onde falam e discutem muitos sábios. Lá está ele. É um filósofo eminente e todos o aclamam como o soberano do saber e a mocidade estudiosa chama-o de mestre. Quanta luz há nos seus olhos! Quanto fogo nas suas palavras!... é o símbolo da sabedoria humana e a sua ciência fa-lo-á imortal.

Ah! Agora parece um deus! Brotam mundos de suas mãos. Como está belo! Tem traços de admirável beleza! Que magnífica cabeleira!... É a figura mais altiva e majestosa que jamais pisou a Terra. As multidões seguem-no, ávidas de escutar as suas palavras divinas. Ele fala para todos, mas me encara e diz: – *O amor opera transformações que a ciência utiliza, e já que tanto tem visto, ouça agora as harmonias do universo*.

Ouço um concerto divino. Tudo é harmonia. Tudo canta, tudo fala. Tudo expressa sentimento e amor! Não posso descrever o que escuto, não posso... Pena que não possa ouvir o que estou ouvindo!"

O meu companheiro sentia tanto prazer com as descrições que eu lhe fazia, que não lhe fazia falta ouvir. Só se preocupava em fazer-me perguntas, dizendo-me em meio à minha narração:

– Pergunte-lhe se ele voltará à Terra, que aqui há muitas guerras e calamidades.

Enquanto o médico falava, o meu Deus desapareceu e vi muitos espíritos lutando desesperadamente. Maltratavam-se cruelmente, possuídos por um implacável ódio... Por fim venceram os que estavam em menor número, agitando um símbolo de redenção. E o velho médico disse-me de novo: – Que o amor e o martírio triunfem sobre a ferocidade humana.

Quando o médico falou, vi que um torvelinho luminoso o envolvia. Por entre os fachos de luz, um rosto sorridente em cujos olhos se lia: – Meu filho! Eu o abençoo!...

O meu companheiro caiu desmaiado e eu lhe disse: – Despertemos, eu e você. E ele recobrou os sentidos, mas meus olhos... não podia abrir os meus olhos. Nessa aflitiva sensação, exclamei: – Meu Deus! Quanto tempo ficarei assim?... Deus meu! Faça-me voltar à vida real!

Então, deparei-me com um estreito e tortuoso caminho, no fim do qual havia uma fonte de onde jorrava copiosamente um líquido espumoso. Junto dela, uma mulher com o traje em desalinho e o rosto macilento. Quis reconhecê-la, mas a minha atenção foi desviada para um homem odioso, um ser miserável e maldito. Era o desgraçado Isaac, que com ela falava, afastando-se e aproximando-se dela, rindo horrivelmente quando se afastava. Eu o chamei e disse-lhe:

– Por muito infame que tenha sido, se é verdade que foi minha mãe, venha a mim. Não sei por que ela perdeu a sua formosa envoltura e se cobriu com a sua maldita roupagem. É um mistério que não posso desvendar agora, mas se, de fato, foi minha mãe, venha a mim.

E o espírito de Isaac chorava e corria, impulsionado pelo desespero. Mas, apesar da distância, eu o via perfeitamente, distinguindo-se, junto dele, o belo rosto de minha mãe, que me disse por fim: – *Não me chame mais, eu trabalho para você, mas não a quero, pois como espírito cumpro uma lei e nada mais*.

E afastou-se, dizendo ainda: – Adeus, até outro dia. Voltarei a você e ainda vou ser-lhe útil, como agora o fui.

E seu rosto cobriu-se de uma espessa nuvem enquanto, muito longe, agitava-se a figura de Isaac, sem que eu pudesse compreender por que este havia se interposto entre minha mãe e eu.

Quis então, de novo, abrir os olhos, mas não pude e gritei, verdadeiramente angustiada: – Meu Deus! Abra-me os olhos!

Momentos após ouvi uma voz que me dizia: – Desperte e cumpra os seus deveres na atual existência, fazendo com que todos acreditem num só Deus. Ame-O sempre e dedique-se às Suas obras.

Fiquei como morta e fui despertando lentamente. O médico ficou muito contente quando me viu com os olhos abertos e perguntou-me: – Lembra-se do que viu?

– Não, não me recordo.

– Pois cumpriu-se a minha profecia. Você vê o infinito e as suas maravilhas deixam nos seus olhos algo tão belo, tão atrativo, tão encantador, que se contasse às multidões tudo o que vê, elas iriam adorá-la de joelhos. Viva, viva para a minha ciência, pois os seus olhos são dois astros que eu preciso contemplar sempre.

26. Renasce o poder de curar

Depois daquela crise, o velho médico fez tudo o que pôde para revigorar o meu organismo, porque, depois das minhas *contemplações* ou *vidências*, ficava tão enfraquecida, que demorava dias para tornar a ser a mulher ativa, cuidadosa dos seus filhos e da sua casa. Fazia-me tanto mal *olhar o infinito*, que o próprio médico, que tanto desejava saber algo das *coisas do além*, era o primeiro a proibir-me de me entregar à contemplação.

Eu tinha muitos encargos. Os meus filhos queriam-me tanto, que não se contentavam com as atenções dos parentes e outras pessoas dedicadas ao seu serviço. Era preciso que eu me ocupasse com eles em tudo e por tudo. Até mesmo as atenções de seu pai não lhes bastavam; queriam as minhas.

E meu marido ria, dizendo-me: – Não se preocupe. Carinho e paciência de mãe têm que ser como um manancial que nunca se esgota.

E realmente, o companheiro da minha vida tinha razão, porque quando uma mãe quer cumprir o seu dever, vive sem descansar, quer de noite, quer de dia.

Entre os meus filhos, havia um que vivia sempre muito triste e que por isso precisava mais dos meus carinhos. Em uma das vezes que caiu enfermo, disse-me: – Mãe, a senhora não cuida bem de mim, porque pode curar-me, pode fazer muito mais do que faz; você me olha como uma criança doente e não é isso o que eu quero.

– Que quer, então?

– Quero alma, quero calor, quero vida. Olhe-me bem, mas olhe-me com a alma.

– Mas as mães sempre olham os filhos com a alma!

– Eu bem sei, mas não é isso o que eu quero dizer. Ou não me explico bem ou você não me quer compreender. Desejo que me olhe assim... assim... como olha algumas vezes, parecendo que dos seus olhos brotam correntezas de saúde.

– Não sei o que quer dizer, meu filho, mas, se quer ficar bom, ainda mais quero eu que sare. Quer curar-se? Pois curado está.

E olhei o menino de uma maneira que o fez estremecer, dando ele um grito de alegria e... coisa extraordinária, ficou instantaneamente curado.

Desde então, sempre me dizia: – Ame-me muito, ouviu? Não me esqueça, porque eu vejo os seus olhos em toda a parte e, olhando-os, parece que o meu ser se fortalece.

Meus outros filhos enciumaram-se e por isso tive de consagrar-me a todos eles, propiciando-lhes todos os meus cuidados, para evitar desgostos domésticos, que são os de piores consequências.

E todos foram crescendo. Eram bons e formosos. Um deles, depois de fulminante enfermidade, morreu, impressionando-me de tal maneira a sua morte, que entreguei-me mais e mais aos outros, com receio de perdê-los também.

Meu esposo amava-os muito, mas era eu a sua predileta. Os anos foram se passando e envelhecemos juntos. Os nossos corpos perderam os seus atrativos juvenis, mas ficou o calor das nossas almas e o perfume dos nossos sentimentos. Que existência tão feliz foi aquela!

Outro dos meus filhos ficou gravemente doente e também me disse: – Olhe-me, minha mãe!

E eu o olhei... e ele ficou bom, o que deixou pasma a ciência médica.

A partir de então, quando ficavam doentes, todos me pediam que os olhasse. Mas nem sempre o meu maternal desejo se realizava, porque perdi mais um filho.

Como é doloroso perder aquele que viveu dentro do nosso ser! Quer-se tanto bem aos filhos!... Não há frases capazes de descrever a dor de uma mãe, quando contempla seu filho sem movimento! Para ela parece um horrível sarcasmo o brilhar do sol e o cantar das aves, que as flores abram as suas corolas e exalem os seus perfumes. O meu filho, ao despedir-se de mim, estreitou-me a mão e disse-me: – Você é boa, mas precisa ser ainda melhor; você pode fazer tanto bem!...

Eu desconhecia, então, a potência curadora que havia em mim, e como nem sempre conseguia salvar da morte o doente, ficava desalentada. E isso, apesar de haver curado muitas crianças somente com a imposição das mãos na testa e nos ombros.

Passou-se algum tempo e o primeiro filho que reclamou os meus cuidados para curar-se, que já se havia tornado um moço esbelto, veio dizer-me muito agitado:

– Minha mãe, insultaram-me, falando-me mal de você. E eu acabo de matar o caluniador!

– Matou-o?

– Matei. Não tornará a insultá-la.

– Mas, meu filho, você fez muito mal, porque ninguém tem o direito de tirar a vida ao seu semelhante.

– Ninguém tem o direito de insultá-la tampouco.

Aquele ato violento do meu filho causou-nos sério desgosto. E foram tantas dúvidas e temores, que ele adoeceu de tristeza. Mas, por fim, depois de muitas lutas, tudo se arranjou, pelo fato de meu marido ter muito boas relações. Conseguimos para meu filho, transformado em vingador da minha honra ultrajada, apenas o desterro.

Uma tarde, antes de ele partir, estava eu muito angustiada considerando que, por mim, ele tinha se tornado um assassino.

– Meu Deus! Meu Deus! Eu fui a causa de derramamento de sangue!... Que horror!... – e, tremendo de espanto, fechei os olhos. Adormeci. Vi um grande campo cheio de plantas com flores que tinham manchas avermelhadas, e ao longe, muito longe, ressoava uma voz: *– O sangue derramado por defender a honra de uma mãe enobrece aquele que o faz derramar?*

Uma tristeza sem par tomava conta de mim. Olhei de novo para o céu e vi o horizonte cobrir-se de uma claridade muito acentuada. O Sol desapareceu quase por completo. Vi também um caminho muito arenoso, pelo qual caminhava, muito vagarosamente, uma mulher magra e maltrapilha, seguida de perto por um homem de aspecto ruim, que ria da infeliz pela dificuldade com que ela andava. A mulher tropeçou e caiu, e o homem riu mais ainda, insultando-a, o que fez com que eu lhe dissesse, indignada: – Pois mesmo tendo caído não se compadece dela?!

Ele se aproximou de mim e eu tentei reconhecê-lo. Ele olhou-me com desprezo e respondeu, ironicamente: – Ora, vamos!... Não tem nada com isso. Desde quando defende os desvalidos? Não sabe que essa mulher é muito má?...

– E quem é você para julgar? Com que direito a ofende e ri dela dessa maneira?

– Com o direito que me assiste. E verá como ela se levanta logo, quando eu a pisar.

E iria unir a ação à palavra, se eu, de um salto, não me colocasse junto da mulher caída. Levantei-a rapidamente, dizendo-lhe: – Venha comigo, eu a salvarei.

E corri com ela nos braços, sem sentir o peso da carga, fugindo daquele miserável, cujo riso de escárnio ainda se ouvia repetido pelo eco. Depois de muito andar, voei, sempre com ela nos braços, subindo a uma grande altura.

Nesse ponto da minha visão senti uma violenta sacudida e despertei. Chamei meu filho, o meu defensor, e disse-lhe, como que impulsionada por uma força estranha e sem eu mesma saber o que dizia: – Oh! quanto lhe quero, meu filho! Quanto!...

Fiquei a contemplá-lo, quando vi-o transformar-se na mulher debilitada e andrajosa que eu tinha visto no meu sonho. Sim, era ela e ele ao mesmo tempo, era o meu filho muito amado, o meu defensor, o meu vingador! Eram os dois, numa simbiose perfeita!...

Não compreendia o significado maior daquelas transformações, mas elas chamaram-me extraordinariamente a atenção.

Meu filho seguiu para o exílio, que era muito longe. Estava tranquilo, diante de sua consciência, pelo ato que havia praticado. Eu, porém, fiquei muito triste, pois agora faltava um membro de nossa numerosa família. Por outro lado, sentia alívio por vê-lo livre de quaisquer ciladas.

E como uma dor nunca vem só, o velho médico, o meu mestre, o meu pai intelectual, sentiu-se morrer e mandou-me chamar. Acudi prontamente e fiquei abismada! Ele tinha envelhecido cem anos em poucos dias!...

Com a minha chegada ele sorriu de satisfação e disse-me: – Olhe bem para mim, minha filha, olhe, porque chegou o momento em que mais preciso de você. Vou deixar este mundo sem obter a certeza do que tanto desejava, sem me convencer por completo da realidade da outra vida.

As suas palavras comoveram-me demais e, olhando com firmeza, vi desperta o que de outras vezes só tinha visto adormecida; e ante tal fenômeno, disse-lhe: – Mestre, estou vendo muita coisa.

– Pois fale, diga-me o que está vendo.

– Vejo muitos homens de diversos países, com trajes e armaduras diferentes e todos dirigem-lhe o olhar, sendo que alguns demonstram-lhe muito carinho. Entre eles está uma mulher que chora e ri ao mesmo tempo, porque conseguirá o que deseja.

– Como é essa figura? – perguntou-me o moribundo com ansiedade.

Descrevi-a minuciosamente, sem omitir o menor detalhe, e ele exclamou exultante: – É minha mãe, não há dúvida, é ela!... e aproxima-se, não é verdade? Eu tinha muito frio e agora sinto um doce calor...

– Sim, quero que sinta calor, porque tem estudado muito, tem sido muito útil à humanidade e, por isso, deve ir entre flores e harmonias. E para que faça uma ideia da transformação por que passará, escute-me.

E fui repetindo-lhe fielmente o que me ia ditando um espírito que o amparava como a mãe a seu filho enfermo, interrompendo-me ele para dizer: – Que pena! Quanto tempo perdido!... mas fale, fale, minha filha!

E eu fui lhe falando do desprendimento das almas, do seu despertar no espaço, dentre outras coisas, e ele dizia:

– Oh! graças a Deus! Graças, que já vejo o meu organismo desatar os seus laços e minha mãe me esperando. Não se afaste, não, escute-me. Deus veio ao mundo curar os incrédulos e eu tenho sido muito ingrato. Deus é amor e eu não reconheci a Sua ternura, que palpita em tudo o que vive!... Oh! quanto tempo eu perdi! Como é mal compreendida a ciência!... Olhe-me, minha filha, olhe-me... e fechou os olhos, abrindo-os de novo para me olhar e dizer: – Adeus, cuide muito bem dos seus olhos, muito, porque vê com eles o que os sábios da Terra não sabem ver.

Então, adormeceu, para despertar, talvez, nos braços carinhosos de sua mãe.

Se muito tinha sentido a perda de meus filhos e de meus pais, não senti menos a daquele velho amigo, que tinha sido tão bom para mim e para todos os meus.

Consolei-me, porém, tempos depois, ao receber nos braços um netinho, cujo rosto era tão lindo que parecia feito de pétalas de rosas e açucenas. Mas num momento em que me extasiava a contemplar o rosado das suas pequeninas faces, estas se transformaram no rosto de um venerável ancião que me esforcei para reconhecer. Tinha certeza de já tê-lo visto, sem saber onde nem quando.

Depois, pareceu-me ver cair, no meu regaço, pétalas de flores em abundância, exalando um perfume muito agradável. Olhei de novo o meu netinho, com a sua carinha de neve e rosa; ao vê-lo tão bonito, murmurei outra vez: – Graças, meu Deus! Concede-me mais do que mereço.

27. Sentenciados na praça

Por muito tempo estive satisfeita da vida. Gozava de uma doce paz em companhia dos meus netinhos. Eles me queriam muito, especialmente o primeiro. Este nutria verdadeira adoração por mim. Meus braços tinham sido o seu verdadeiro berço. Jamais conciliava o sono se não fosse com a cabecinha formosa apoiada no meu peito. Era muito amoroso e ativo ao extremo. Dotado de uma inteligência tão desenvolvida, que deixava admirados os de casa, e o que não dizer dos estranhos, com as suas arrazoadas observações.

Como, porém, nem tudo pode ser completo e perfeito, o seu corpo era raquítico. E, embora não tivesse nenhum defeito físico, como a formosa cabeça tinha crescido normalmente e o resto do corpo não, tinha-se a impressão de que era corcunda.

Eu sofria muito por ver que, com os anos, a inteligência se lhe desenvolvia, estacionando, porém, o envoltório físico. E tanto me preocupava com a sua debilidade orgânica que, um dia, disse comigo mesma: – Por que será que os carinhos que dispenso ao meu Ibrahim de nada lhe servem, tendo eu curado muitos outros? É bem verdade que eu era jovem então, mas por experimentar nada se perde. Nada direi a ninguém para que não riam de mim, mas Deus, que vê a boa vontade que me anima, talvez me ajude.

E comecei a pôr em prática o meu plano. Todos os dias ia ao campo para passear com ele e, num bosquezinho, sem que o meu querido neto percebesse o que eu fazia, apoiava minhas mãos na fronte e nos ombros, olhando-o fixamente. E o menino, sem sentir, foi se acostumando aos meus passes magnéticos. Dizia com seu entusiasmo infantil: – Olhe-me, avozinha, olhe-me assim com essa firmeza. Não se distraia, não olhe para mais ninguém senão para mim, porque os seus olhos me dão vida. Eles fazem-me sentir em todo o corpo uma sensação estranha, como se estivessem estirando-me os braços e as pernas e como se me abrissem o peito sem me fazer o menor mal. Olhe-me, vovó, olhe-me.

E Ibrahim abria os seus belos olhos, olhando-me de tal modo que não se sabia quem magnetizava quem, se era ele a mim, se eu a ele, porque eu sentia nesses momentos correr-me o sangue nas veias muito mais pressurosamente do que o normal. E ele, por sua vez, sedento de vida, saltava e corria, dizendo:

– Sinto-me muito mais forte e, se continuar assim, quando chegar a ser homem, grandes coisas farei! Farei, sim! Verá, avozinha, como serei valente e arrojado. Também pregarei como *aquele*, ensinando que há só um deus e um só bem.

Eu, às vezes, ao ver o menino tão entusiasmado, arrependia-me da minha obra e dizia: – Terei feito um mal, julgando que fiz um bem? Vai se atirar à luta uma vítima mais?... Fraco e raquítico, não se afastaria do meu lado. Agora que vai se robustecendo e desenvolvendo, já aspira a voos de ser mártir da sua ideia!...

Eu sempre falava aos meus netos de "um só Deus e de um só bem". Entre meus filhos havia adoradores do Deus único e fanáticos idólatras dos deuses. Mas como todos me estimavam muito, ninguém se opunha a que eu ensinasse aos seus filhos as minhas crenças. E eu me comprazia em contar aos netos o que sabia da história *daquele* que morreu perdoando e compadecendo-se dos seus verdugos.

Todos meus netos eram espíritos despertos, corajosos, dispostos a lutar pela implantação do culto de Deus, especialmente Ibrahim. Este, até nas brincadeiras infantis, demonstrava tais inclinações. Nas suas conversas enumerava sempre as virtudes do homem-deus.

Seja porque a natureza, com suas sábias leis, tivesse exercido a sua benéfica influência sobre o Ibrahim, ou seja porque eu tivesse empregado a tempo o meu plano curativo, certo é que o menino raquítico e doente se desenvolveu. Sem chegar a se tornar um Golias, ficou robusto o bastante para levar vantagem em jogos perigosos, em caçadas e outros exercícios próprios da juventude.

Minha obra podia ter passado despercebida por todos, menos para mim e para ele, que me dizia repetidamente: – Quanto lhe devo, minha avó! Graças a você, serei grande, verá!... Sei que alguns homens inspirados pelo mesmo sentimento vão empreender uma grande viagem para difundir a nova religião entre os povos, e eu quero ir com eles, porque tenho sonhos reveladores em que vejo a figura daquele que morreu perdoando aos seus assassinos. Como ele é belo, minha avó! Tem uns olhos que parecem os seus e quando olha parece que deles jorram torrentes de amor e vida!

Como o amor na Terra é egoísta, ao ouvir o meu neto, arrependia-me do que tinha feito por ele, pois ia perdê-lo. Ele que era tão bom, tão carinhoso, tão prestimoso! Tão amigo de apaziguar contendas! Era o pacificador entre os seus irmãos, parentes e amigos!...

Tinha uma inteligência bem equilibrada e, em todas as questões, usava de bom-senso e ponderação. Sabia de tudo o bastante, sem fazer o menor alarde sobre o seu conhecimento das coisas. Era, enfim, um espírito sem orgulho nem vaidade. Personificava todas as boas qualidades que um homem pode ter na Terra. Assim é que seus anseios de partir foram combatidos por toda a família. Ele, porém, impôs-se com a sua doçura, com a magia da sua palavra, com o arrazoado dos seus argumentos e dirigiu-se a mim, dizendo: – Olhe-me bem, minha avó!

Quero levar a sua lembrança bendita. Quero que a luz dos seus olhos inunde o meu ser!.

Fiz tudo quanto pude para dissuadi-lo daquela empreitada, mas foi tudo em vão. Disse-lhe, então:

– Aquele que convence e consola está praticando a lei de Deus.

Conversamos muito. Aconselhei-o, e ele ouviu-me em religioso silêncio. Ibrahim prostrou-se na minha frente e me pediu que o abençoasse. Com que emoção apoiei as minhas mãos trêmulas sobre os seus cabelos sedosos!... que olhar o seu quando me disse *adeus* sem pronunciar uma palavra sequer!...

Fiquei desconsolada com a sua partida. Via-o sempre no meu pensamento. Meu esposo desfazia-se em atenções carinhosas comigo e, quando me via triste, dizia-me: – Lembra-se que antes via muita coisa com que se consolava? Por que não tenta voltar os seus olhos para elas de novo?... É preciso que procure todos os meios para viver, porque necessito muito de você. O que seria de mim sozinho! Os nossos filhos me amam, é verdade, mas você é o complemento da minha vida. Ah! não, não! Eu não quero que morra.

As confissões de amor fazem mais bem nos últimos tempos da vida do que nos floridos anos da mocidade. Ser amada à beira do túmulo é a melhor preparação para uma morte tranquila, pois é justamente quando não temos mais os atrativos físicos, que as palavras de amor nos soam como música divina. No momento em que o espírito não precisa mais fazer uso do corpo para satisfazer gozos efêmeros, é quando se vislumbram os novos horizontes onde brilha o sol da eternidade.

Por isso, as palavras de meu marido serviam-me de inefável consolo. Ser amada, ser indispensável à vida do pai dos meus filhos!... Oh! Eu devia viver, e viver sem tristezas, sem vacilações nem melancolia, viver para dar alento, para ser um raio luminoso que inundasse de luz o paraíso do meu lar. Sim, era preciso viver! Mas se eu pudesse ver o meu neto, o meu Ibrahim, então, a felicidade seria completa!... E por que não hei de vê-lo, dizia eu, se não é capricho, nem entojo, mas uma necessidade imperiosa minha?! Meu marido reclama-me e eu reclamo o meu neto, e o que é a vida senão uma série contínua de reclamações?

Dito e feito. Chamei meu esposo, sentei-me junto dele como se fosse uma criança mimosa e disse com autoridade: – Quero ver!... – e vi.

Fiquei estática, olhando para o fundo do salão em que estávamos e vi formar-se à minha volta um nevoeiro envolvente. À medida que o círculo ia se fechando, eu ia dissipando as nuvens espessas com toda a energia, dizendo: – Quero ver o meu neto, quero ver o meu Ibrahim, o amado do meu coração, o encanto da minha vida! Quero ver a realidade por mais dolorosa que ela seja.

Passei a ver ao longe um lugar que julguei reconhecer. Fui me aproximando mais e vi que era uma grande cidade muito povoada, protegida por sombrias muralhas de granito. Eram fortalezas de torres tão gigantescas, que pareciam querer perguntar às nuvens o segredo da criação. Aquém das muralhas divisavam-se terrenos férteis, cortados por riachos cristalinos, em cujas margens repousava muita gente à sombra dos arvoredos floridos, falando todos ao mesmo tempo.

Esforcei-me para ouvir o que diziam e percebi facilmente que enquanto uns se referiam às *boas doutrinas* que homens de terras longínquas andavam propagando, outros zombavam e riam, dizendo que era tudo uma farsa, e que os embusteiros muito breve seriam julgados pelo tribunal que iria reunir-se na grande praça, para que todos ouvissem a sentença.

– Ah! – disse para mim mesma –, entre esses réus deve estar o meu neto, o meu amado Ibrahim. Agora, mais ainda, quero vê-lo.

E com toda a minha força de vontade, entrei na cidade. Introduzi-me nas suas ruas até chegar a uma extensa praça rodeada de grandiosos edifícios com escadarias de mármore, esbeltas colunas de jaspe, estátuas de alabastro e tudo quanto de belo encerra a arte em suas aplicações na arquitetura e na escultura. Que bela praça aquela! Parecia que nela estavam reunidas todas as maravilhas do mundo, acudindo ao chamado da arte e da beleza!

Uma massa compacta de pessoas ocupava totalmente o logradouro. No centro, um grande círculo guardado por homens armados, no qual se erguia um estrado forrado de púrpura destinado aos juízes que iam julgar os *perturbadores do povo*. Entre estes estava o meu Ibrahim, aquele menino raquítico que tinha passado a infância entre a vida e a morte. Ah! Por que tinha eu concorrido para o seu desenvolvimento físico? Quisera emendar os planos da natureza... e pagava caro pela ousadia!

Quanto mais observava a praça, mais me convencia que não era aquela a primeira vez que lá pisava. Procurei colocar-me em lugar apropriado para observar. Dali a pouco chegaram muitos soldados, rodeando uns tantos rapazes, dentre os quais se destacava o meu Ibrahim, não precisamente pela sua estatura, mas pela sua beleza, pela sua cabeça verdadeiramente artística, pelos seus olhos de iluminado, pelo doce sorriso que lhe aflorava nos lábios e por alguma coisa mais que não tem nome, mas que o fazia superior a todos os outros. Tanto assim que nenhum dos seus companheiros ia a seu lado, talvez instintivamente, por lhe reconhecerem a superioridade. Ele seguia sozinho à frente, enquanto os outros o seguiam. Ia calmo e sereno, encarando a multidão e os sacerdotes que, no estrado, esperavam para julgá-lo.

Os acusados detiveram-se ante os juízes e um sacerdote perguntou ao meu neto por que ele pregava um novo credo. Ibrahim franziu a fronte, mas não disse nada. E eu, reunindo todas minhas forças, aproximei-me dele. Invisível para a multidão, o meu espírito abraçou-o carinhosamente, envolvendo-o com o fluido do meu amor. Ele, então, como se despertasse de um sofrido entorpecimento, ergueu-se com majestade, começando a falar. Externou-se, admiravelmente, em conceitos sublimes sobre a grandeza de Deus. Tal foi a sua eloquência que os próprios sacerdotes, independentemente de sua vontade, ouviram-no absortos. Olhavam-se e comunicavam uns aos outros a sua admiração.

Quando Ibrahim falava, a sua voz tinha tal ressonância, que as suas palavras eram ouvidas pela imensa multidão que tomada a praça. O silêncio que se fazia era tal, que ouvia-se até o leve ruído das asas das pombas que transpunham o espaço, perdendo-se na imensidão. Falava a verdade, e a verdade se impõe sempre.

Depois do meu neto tiveram a palavra os seus companheiros, e um deles, pelo muito que quis dizer, de tal modo se emocionou que caiu como que fulminado por um raio. Ante tal incidente, o tribunal absteve-se de ditar a sentença e mandou retirar os presos. Eu os segui e os vi entrar numa fortaleza onde foram encerrados, cada um em seu calabouço. Pobre filho meu! Como pensava em mim!... Não sabia que o meu espírito tinha-o abraçado pouco antes, dando-lhe ânimo para se defender. Nesse momento abracei-o de novo e gritei: – Meu Deus! Quero libertar o meu neto! O Senhor deu-o para mim e eu lhe quero!... Senhor! eu preciso de forças! Conceda-as, como as tem concedido de outras vezes! Eu lhe quero, eu o amo, eu nunca o esqueço, Senhor! Auxilie-me para que eu possa socorrer aos meus!... Piedade, meu Deus, piedade para Ibrahim! Piedade para mim!...

O meu neto adormeceu sorrindo como devem sorrir os anjos, e deixei a prisão impulsionada por uma força superior. Então, o ambiente dilatou-se e vi muitos seres que me saudavam amorosamente, enquanto outros nem sequer me olhavam, seguiam seu caminho. Dirigi-me, então, àqueles que queriam me escutar, e disse--lhes: – Quero ser grande!... E você, alma da minha alma, que vejo sem ver, que levo comigo, que está em mim como estou em você, que é o meu Deus! Escute a minha rogativa: quero ser grande!...

A minha voz ressoou na amplidão, repetida pelo eco. As legiões de espíritos que me cercavam desapareceram, e fiquei só. Vi, então, muito ao longe, belíssimos campos em que formosas jovens colhiam flores. Formavam com elas artísticos ramalhetes, que entregavam a muitos sábios que, por sua vez, rodeavam e aclamavam um homem formoso. Ele era uma figura majestosa, que sorria com bondade e que tinha uma frase carinhosa para cada um. Quanto dizia o semblante daquele homem!... A sua menor palavra era escutada com avidez por todos os seus jovens discípulos que disputavam por estar a seu lado, para respirar o seu alento. Aquela juventude estudiosa não o respeitava como sábio, adorava-o como a um Deus!

De repente, uma mulher jovem abriu passagem e, aproximando-se do sábio com gesto triunfante, depositou em sua cabeça uma bela coroa de louros e rosas brancas. Ela me pareceu extremamente feia, apesar de ser assaz formosa. Instintivamente, ao ver aquela mulher, dei um grito horrível e quis atirar-me sobre ela, mas detive-me, porque ouvi o homem dizer-lhe: – Se algum dia for cruel para mim e me envenenar a existência, *eu a perdoo*.

Ao ouvir aquelas palavras quis dizer à mulher: maldita seja!... Mas fortes raios de sol me detiveram o passo e fiquei cercada de inúmeros arco-íris, ouvindo de novo a voz dele: – *Sim, eu a perdoo*... por que continua a maldizer?...

Foram se estreitando os anéis luminosos, e depois... depois despertei, rodeada da minha família que chorava em torno de mim, principalmente meu marido, extremamente abatido. Acreditava que meu espírito havia partido para não mais voltar, pois já havia muitas horas que eu estivera como morta, sem dar o menor sinal de vida. Ele havia me aconselhado que olhasse o infinito. Por isso seu desconsolo era maior ainda, acreditando-se causa involuntária de minha morte.

Quando vi aquela dor tão sincera, fiquei contente de ter estado morta por algumas horas para ressuscitar na glória, porque ser amada como eu fui naquela existência é viver no céu, gozando as eternas bem-aventuranças!

28. Subindo mais um degrau

Decorrido mais algum tempo, chegaram notícias exatas sobre o meu neto e seus companheiros. Estavam todos sentenciados à morte por difundirem a luz da verdade, por propagarem que havia *um só Deus e um só bem*. Os pais do meu formoso Ibrahim, do amado do meu coração, ficaram profundamente impressionados. Desesperados, adoeceram gravemente, a ponto de os médicos duvidarem de poder salvá-los.

Pobres pais! Quanto choraram! Quanto lamentaram ter o seu Ibrahim saído do estado de raquitismo e debilidade! Toda a família chegou ao extremo da consternação. Meu marido estava aterrado. Olhava-me tão desconsolado, que me inspirava imensa compaixão.

Comigo, eu não sei, na verdade, o que se passava, porque tinha dores por todo o corpo. Queria a Ibrahim mais do que a todos os outros seres que me rodeavam. Amava-o com verdadeiro delírio. Por ser superior aos demais, ele se fazia querer e adorar. Isso me levara a trabalhar pelo seu robustecimento. Queria que fosse perfeito, unindo a beleza física à moral. Mas – ah! – o meu amor tinha-o conduzido à morte. Aquela tragédia era obra minha!

Se ele tivesse ficado franzino como era, não teria se lançado com tanto ardor à luta pela propaganda! Embora a minha família ignorasse a parte que eu havia tomado em seu crescimento e desenvolvimento, eu sabia perfeitamente que tinha participação em seus arroubos de redenção e liberdade; parecia-me que todos me olhavam zangados e com prevenção.

E a dúvida às vezes me assaltava e atormentava, engendrando o remorso. Teria feito bem ao despertar em Ibrahim o seu amor por um só Deus? Teria cumprido o meu dever desenvolvendo-o e educando-o para difundir a verdade? O que pesaria mais na balança da vida? Uma família numerosa que o adorava e que julgava morrer ao perdê-lo, ou a humanidade embrutecida e fanatizada, precisando de mártires para despertar do seu letargo?

O amor universal fazia-me inclinar para o prato da balança que continha o embrutecimento e ignorância do povo. Mas o amor íntimo, o amor egoísta, aquele que quer tudo para si, esse me acusava cruelmente, fazendo-me sentir os horrores do remorso. Que luta terrível a minha alma teve de sustentar! Um espírito que é obrigado a assumir as responsabilidades do pró e do contra é um condenado ao inferno. Sofre horrivelmente...

Só um dos meus outros netos me compreendia e, sem tocar na luta que eu sustentava em silêncio, olhava-me e dizia: – Não se iluda, avozinha. Não se fazem heróis, não; eles nascem! Veja, eu tenho um plano admirável para salvar a todos, mas... não me atrevo a tomar decisão alguma, e estou tão convicto como Ibrahim de que *há só um Deus e um só bem*.

Estas palavras de meu neto consolaram-me muito. Caíam como bálsamo bendito no meu amargurado coração porque, ao mesmo tempo, no recesso da minha consciência, bem lá dentro de mim, sem querer alegrar-me, sentia imensa satisfação por dar ao meu Deus o que mais amava na Terra. Eu julgava necessário o sacrifício, para que a redenção da humanidade fosse um fato. Acima dos meus afetos terrenos, acima do amor à minha família, havia no fundo da minha alma outro amor muito maior, mais puro, imenso: o meu amor ao homem-deus.

Nos meus sonhos, nos meus arrebatamentos, eu vivia outra vida. Confusas recordações agitavam-se na minha mente, e ao tornar à vida real continuavam intactos, inapagáveis, os vestígios do meu passado. Era natural, portanto, a minha perturbação: o meu espírito servia a duas causas distintas ao mesmo tempo.

Falando de um só Deus, lembrando o martírio do que veio redimir o mundo, servia à causa da minha própria redenção, ao amor dos meus amores. Servia ao ser a quem estava ligada, desde a noite dos séculos, ao que eu amava por necessidade própria, visto que a sua generosidade tinha me ligado a ele. E criando uma família doce e harmônica, dando uma parte do meu ser a seus membros, dividindo-me por eles, assegurando-lhes a felicidade com os meus desvelos, com as minhas atenções, formando enfim uma família modelo, eu também servia à causa do progresso.

E em meio àquele amor, àquela harmonia, àqueles prazeres tão puros, eu mesma arrojava para longe o fantasma do morto adorado, a quem eu tinha ajudado a crescer, balançando-lhe o berço e entoando hinos a Deus. Não, não é possível trasladar para o papel os meus sentimentos. Há lutas na vida que não podem ser explicadas.

A dor tinha se assenhoreado do meu lar. Meu esposo abraçava-se a mim, chorando como uma criança e dizia: – Por Deus, não vá você também! Não me deixe! Necessito de você para morrer sossegado!...

Meus filhos e meus netos pareciam sombras. Ninguém falava na casa.

Uma tarde saí sem que me vissem e fui ao campo, a um lugar sombreado que pertencia a um dos meus filhos. Que triste me pareceu tudo aquilo! Parecia até que as plantas tomavam parte na nossa dor, porque se inclinavam murchas e alquebradas. O céu se cobria de nuvens, parecendo que tudo chorava em volta de mim!... Era porque eu via tudo através das minhas lágrimas.

Sentei-me numa pedra e fui resvalando até perder os sentidos – como se alguém me amparasse ao cair. Permaneci muito tempo naquela posição. Muito, segundo a contagem da Terra, mas o suficiente para ver o que vi.

O meu espírito, ansioso por enxergar além da matéria, desejoso de saber a verdade com todos os seus detalhes, dirigiu-se ao lugar onde se devia derramar o sangue inocente pelo orgulho e intolerância dos grandes. Cheguei à mesma cidade onde tinha visto os sentenciados anteriormente. Procurei-os, mas não os encontrei. Quis saber, mas ninguém falava deles.

Triste e desconsolada, abandonei a cidade, indecisa, sem saber aonde me dirigir. Então, elevei o pensamento a Deus, pedindo e rogando com tanta dor, que senti como se o vento me transportasse em suas asas. Logo após, contemplei outra grande cidade, divisando suas torres, e o formigueiro das suas casas e palácios. Quis penetrar naquele abismo de paixões mundanas, pois outra coisa não são as grandes cidades, e ouvi uma voz que me dizia: – Será muito amarga a visão que terá.

– Não me importa – respondi –, quero ver Ibrahim.

E, entrando, achei-me num local largo, ocupado por uma multidão que ia chegando aos grupos, até formar uma massa compacta. Todos falavam ao mesmo tempo, numa enorme confusão, num ruído ensurdecedor, até que se ouviu o toque das trombetas, parecendo anunciar a morte.

Surgiram, então, os sentenciados caminhando lentamente, rodeados por muitos soldados a pé e a cavalo. O primeiro que vi foi o meu neto, o meu Ibrahim, o amado do meu coração, belo e altivo como sempre, levando em seus grandes olhos os resplendores dos céus. Seguiam-no os seus companheiros e outros acusados, entre os quais mulheres e crianças.

Pobrezinhos! Todos caminhavam para a morte!... Quantas vítimas! Quanto sangue inocente derramado pelas religiões absurdas!... No meio daquele descampado, erguia-se um tablado coberto de panos pretos, no qual estavam os juízes. Ali se detinham os acusados, para ouvir a leitura da sentença, que condenava os mais *culpados* a morrer imediatamente.

O meu Ibrahim foi o primeiro a ajoelhar-se e a apoiar a bela cabeça numa espécie de talho, sobre o qual caiu uma pesada massa de ferro, esmagando por completo aquele crânio que tinha encerrado tão sublimes pensamentos.

Daquela cabeça triturada brotaram ondas de sangue, ondas vermelhas que foram se transformando em raios luminosos a espargir brilhantes fosforescências, até formarem uma catarata de luz. Dela brotava uma água luminosa que se ia espalhando em chuva de ouro e, dentre tudo isso, vi sair meu neto e dizer-me: – Avozinha! Mataram-me o corpo, mas não podem fazer o mesmo à alma!...

E o meu Ibrahim elevou-se, afastando-se do lugar do suplício. Segui-o, e ele, virando-se para mim, com a magia dos seus grandes olhos, fitando-me com toda a ternura do seu sorriso e estendendo-me os braços sobre a cabeça, conduziu-me ao lugar onde estava o meu corpo adormecido e disse-me: – Minha avó, não chore por mim. Estou com você há muito tempo, e não a abandonarei! Tome conta do seu corpo, porque ainda faz falta na Terra, enquanto eu vou despojar-me das misérias terrenas para dar continuidade à obra começada. Adeus, minha avozinha! Nunca a deixarei! Devo-lhe tanto!...

A minha família, ao notar a minha ausência, procurou-me até me encontrar. E o meu esposo, mais aflito do que ninguém, disse-me logo que me viu de olhos abertos: – Por Deus lhe peço que não morra!

Passada a dolorosa crise ocasionada pela morte de Ibrahim, tudo foi se normalizando no meu lar. Começaram todos a voltar-se para mim, devolvendo-me com acréscimo as carícias que me haviam recusado, no paroxismo de seu desespero.

Houve ainda outro fato interessante que muito concorreu para alegrar os últimos dias da minha velhice: como a minha família era importante e notável, a morte de Ibrahim chamou muito a atenção. Pessoas doutas passaram a estudar os ensinamentos do homem-deus, filiando-se à nova religião. O heroísmo do meu neto serviu-lhes de exemplo, e o que, a princípio, parecia uma desonra para a minha família tornou-se mais tarde uma glória, refletida sobre os meus cabelos brancos, por ter sido eu a primeira a romper os velhos moldes da religião pagã, e aquela que havia instruído os meus netos na crença do Deus único.

Muitas outras coisas concorreram para que os meus últimos dias fossem, se não de absoluta felicidade, de paz e profundo amor. Todos os meus disputavam em querer prolongar-me a vida, mas a minha alma estava inconsolável pela perda do meu querido Ibrahim.

Nas minhas conversas com as flores, dizia-lhes sempre: – Estou triste porque perdi uma flor que era a essência da minha existência!

Depois de muito velho, meu marido adoeceu e, semelhante à luz que se apaga, assim se lhe acabou a tranquila existência terrena, tendo as minhas mãos entre as suas e dizendo-me a sorrir como um bem-aventurado: – Espero-a no espaço, porque quero seguir com você.

Alma formosa, alheia aos rancores da Terra, só viveu para mim! Eu fui o seu Deus e ele, a minha sombra protetora, o meu amparo, o meu esteio, o esposo sonhado por mim e que não tinha encontrado até então. Aliado fiel, para suster-me em minhas empreitadas. Muito lhe devi e ainda sou devedora de horas de extrema felicidade. Bendita alma que me proporcionou tantas e tão plácidas alegrias!

Depois da sua morte, senti-me muito só e por algum tempo tive sonhos de sangue e misérias, dos quais despertava muito triste, dizendo aos meus netos: – Maldita Terra! A peçonha das religiões a tudo envenena! Até os sonhos!...

Os meus filhos e os meus netos rodearam-me de todos os carinhos, mimaram--me tanto, que cheguei a balançar o berço dos bisnetos, anjinhos que não queriam nada a não ser o calor dos meus braços!

Dos meus netos, alguns seguiram a carreira militar. Um deles, muito parecido com Ibrahim, dizia-me muitas vezes: – Avozinha, a morte de meu irmão não foi em vão, porque a religião do homem-deus triunfa. Jovens filhos da nobreza têm seguido os seus gloriosos passos, e eu, no exército, já consegui aliciar legiões inteiras! Até o rei, avozinha, até o rei e muitos sacerdotes estão do nosso lado!... lutaremos, mas venceremos!

– Sim, vencerão – eu lhe dizia –, mas como seria bom o triunfo sem derramamento de sangue! Unir-se a humanidade numa só família, adorando um só Deus... Mas sem ódios, sem castigos, sem cadafalsos, sem exércitos fratricidas!... Oh! que belo sonho!...

Os meus ideais triunfavam, de fato, e os deuses eram derrubados para não tornarem a ser erguidos por muito tempo. E eu, apesar da minha velhice, reanimava-me com isso e dizia: – Não tenho receio de morrer neste estado de inutilidade, se ao deixar a Terra ouvir todos dizerem que não há mais que *um só Deus e um só bem*.

Por muito bem que os meus me tratassem, meu organismo foi se debilitando até o ponto de os médicos não mais saberem o que fazer, e eu lhes disse: – A ciência ensina que tudo tem um fim, ou antes, que tudo se transforma...

Adormeci nesse momento e todos julgaram que eu tinha morrido, mas despertei ainda uma vez para me despedir da minha família e para receber os beijos dos meus filhos, dos meus netos e dos seus pequenos filhinhos. Estes últimos assaltaram-me o leito. Todos queriam ver e beijar a avozinha, e eu tive para todos uma frase e uma carícia, dizendo-lhes, por último: – Adeus! Pensem em mim para a sua redenção!

Acompanhando o meu cadáver, vieram os aplausos e as censuras. Uns rememoraram os atos que me elevaram perante os homens de bom-senso. Outros acusaram-me pela morte de Ibrahim e pelo desterro do meu filho que matou o caluniador de sua mãe. Eram, porém, mais amigos que inimigos que acudiram ao enterro, e fui sinceramente chorada pelos meus.

No entanto, ao deixar o corpo, eu exclamava: – Meu Deus! Onde estão os meus espíritos queridos que não me vieram receber? Eu não quero estar só, não! Se tenho de seguir com uma cruz, dê-me depressa, Senhor! Dê-me, Deus da minha alma! Deus do meu amor!...

E corri muito, fugindo da solidão, até que parei num ponto para mim inesquecível: na fonte!... Tudo ali continuava belo e viçoso! As mesmas ramagens, as mesmas pedras toscas, e a mesma água da saúde brotando cristalina!...

E lá estava ele, a alma dos meus sonhos, o homem-deus, que me disse, quando me aproximei:

– Aqui você encontrou a fonte da vida e aqui tornará a encontrá-la. Por ora você veio reparar, depois virá conquistar e será motivo de indignação para os que quiserem fazer comércio e enganar com a minha religião.

29. Acolhendo um renegado

Antes de falar da minha nova encarnação, é justo que me detenha em algumas considerações.

Após a última impressão recebida ao pé da fonte, onde vi aquele que era a alma da minha alma, o amor dos meus amores, a formosa realidade de todos os meus sonhos, o maior, o mais sublime que eu encontrara sobre a Terra, depois de vê-lo e de escutar as suas palavras proféticas, despertou em todo o meu ser um sentimento para o qual não encontro termo apropriado. Os meios de que me valho, ou mesmo a pobreza da linguagem de vocês, não me permitem expressar-me como desejaria.

Quedei-me satisfeita e esperançosa ao mesmo tempo. Quanto andei, sem mover-me, digamos assim! Vi nessa longa viagem as minhas múltiplas encarnações. Nelas, o meu espírito havia desenvolvido faculdades boas e, na sua maioria, más. E não faltavam épocas históricas em que havia brilhado pela audácia, pelo arrojo, pela temeridade e pela energia! Tanto se compraz um espírito na leitura da sua história, que experimenta verdadeiro júbilo ao volver a lugares onde lutou e sofreu, fortalecendo a alma com os reconstituintes da dor e com os bálsamos da esperança.

Depois, chega um momento em que não se pode avançar mais, porque se encontra uma barreira, um ponto luminoso no espaço onde parece que gigantescas cortinas ocultam o desconhecido entre as suas dobras de fogo. E ali, ante o cenário do infinito, sente-se a eterna curiosidade. Ali, através de panos de fundo em gaze transparente, veem-se mundos em fogo rolando, como sucede às almas, impulsionadas pelo divino fogo do amor.

Quanto se vê, meu Deus!... Quanto se vê! Tudo morre e tudo renasce! Tudo perde a sua forma, para adquiri-la mais bela! Quão sábio é, meu Deus, que dá tempo aos espíritos para o seu aperfeiçoamento, concedendo-lhes a permanência no espaço a fim de que leiam detidamente a história das humanidades e se convençam que a conta das existências é uma liquidação eterna da alma.

Na erraticidade muito se estuda, muito se aprende, sempre que o espírito não se ache muito perturbado com a recordação dos seus delitos, porque o crime é, na verdade, a realidade do inferno que pintam as religiões. O remorso é um fogo inextinguível. O perdão, mesmo sincero, das vítimas, não dá ao verdugo a tranquilidade perdida. E a generosidade dos que sofreram tormentos faz com que o culpado veja, com maior clareza, toda a sua ruindade, a sua baixeza, a sua degradação. Ai do criminoso!

Muito se trabalha no espaço quando se procura formar um corpo que sirva de instrumento útil para as suas boas intenções. Terminado este trabalho, o espírito, para tomar fôlego, para orientar-se, procura *aquele*.

– E quem é *aquele*? – perguntarão vocês.

– *Aquele* é o motor do nosso adiantamento, é o espírito que nos diz: – *Levante-se e caminhe*! e que se procura com ânsia indizível, antes da nova encarnação e às vezes encontra-se onde menos se espera. Costuma demandar-se muito tempo e muito trabalho nessa peregrinação. Mas quão grande é a alegria ao encontrá-lo!

Vocês sentem prazer quando, pensando em pessoas ausentes, contam os dias e os minutos que faltam para se reunir aos seus queridos, sonhando com eles, até pressentindo o instante em que irão apertá-los nos braços. Esse gozo, imenso para vocês, é muito pequeno, comparado à alegria sem limites que sentem os espíritos quando se encontram com os amigos, com os companheiros, com os que os conduziram à vitória ou à derrota, associando-se, porém, à sua obra, fazendo-se partícipes das suas glórias e das suas fadigas!

São agradáveis encontros. É quando se vislumbram os espíritos nos seus círculos luminosos de beleza indescritível, auras próprias à atmosfera de cada um! Em compensação, há espíritos circundados do fogo, o fogo da desesperação e do remorso, que nem compreendem a compaixão que inspiram.

Assim me sucedeu na erraticidade. Vi um espírito que perambulava, vítima do seu imenso desespero: era Isaac. Com quanta angústia o fitei! Aquele desventurado não encontrava pai nem mãe que o quisesse receber para voltar à Terra. Transcorria o tempo, sem que se lhe abrisse uma só das muitas portas a que batera. Ninguém o queria, ninguém! Até que, numa noite de libertinagem, aproveitando-se de um momento de confusão e loucura, encarnou-se numa rameira. Esta, maldizendo o seu estado ao compreender que ia ser mãe, esperou o momento de dar à luz para desfazer-se do que ela considerava um estorvo, e arrojou a pobre criança a uma esterqueira, poucos instantes depois de nascer.

Quanta sombra! Quanta degradação!... Pobre Isaac! Em que estado horrível tornou ao espaço! Falei-lhe, então, mas ele não podia ouvir-me. Era impossível. Entre nós existia uma distância incompreensível para os terrestres. Mas, se ele não me ouvia, ouvia-me eu própria, e isso me bastava.

Verdadeiramente compadecida, exclamei, então: – Ninguém o quer? Pois quero-o eu!

Pareceu-me que o infinito se abria para mim, e ouvi harmonias de que na Terra não se faz a menor ideia. Ouvi vozes tão doces, tão amorosas, tão expressivas, que eu mesma não sabia se havia chegado a hora bendita de entrar no reino dos céus.

Não pensem que seja coisa fácil encontrar pai e mãe! Gastei bastante tempo para formar o meu novo ninho. Observei atentamente os meus adversários, com quem teria de lutar, mas sem ódios. Propus-me, assim, prosseguir. Encarnar-me para continuar propagando a moral mais pura, fazendo brilhar uma luz nova sobre as caducas religiões.

Agora, meus irmãos, vou falar-lhes de uma encarnação que foi tão mal compreendida, e tão mal se disse dela, que eu própria, apesar de protagonista, não encontro o menor traço da minha personalidade na história que de mim escreveram, inexata em tudo.

Disse um dos seus filósofos que *a história mal escrita é uma conspiração contra a verdade*, e eu posso assegurar-lhes que contra mim conspiraram todos os historiadores.

Depois de um exame maduro tomei meu caminho. A minha encarnação nada teve de agradável. Cumpri com o dever que a mim mesma impusera. E nada mais.

Tive mãe virtuosa, pai desgastado e irmãos, alguns dos quais não brilharam nem por sua sabedoria, nem pelas suas boas intenções.

Meus pais tiveram duas filhas. Encarnei como a segunda. Assim é que, ao nascer, já encontrei meu lar preenchido pela família. Para a missão que eu queria desempenhar, escolhi a Espanha, terra de fidalgos e sonhadores, de guerreiros e de fanáticos, de artistas e de frades, terra onde se misturam o maior, o mais sublime, o mais baixo e o mais perverso, onde se irradia a luz de uma natureza esplêndida, e onde pairam todas as sombras do fanatismo religioso.

Anteriormente, não fui precisa em nomes nem lugares, porque na Terra dá-se importância somente às aparências, julgando-se o valor de uma narrativa somente pela sonoridade dos nomes que nela se encontram. Abstive-me, por isso, de citações de nomes e datas que nenhuma falta faziam, para que o ramo de flores que eu apresentava a vocês espargisse o seu penetrante aroma. Agora, porém, tratando-se unicamente de mim, serei um pouco mais explícita.

Quando cheguei ao meu novo lar, naquela existência, fui muito bem recebida. Festejaram-me bastante, especialmente minha mãe, que me idolatrava. Pobre mãe! Desde pequenina, antes que eu começasse a balbuciar as primeiras palavras, queria que eu pronunciasse o nome de Deus! Era uma perfeita cristã. Religiosa sem hipocrisia, ela própria me ensinou a ler e a escrever. Com que alegria peguei na primeira pena que ela me passou! Para mim foi o melhor tesouro, o brinquedo mais apreciável. O meu espírito vislumbrava todo o valor que uma pena pode ter nas mãos de uma mulher.

Desde a mais tenra idade li com sofreguidão, e a minha voz infantil era o encanto da minha família. Durante os saraus de inverno, eu era a distração de todos, lendo ou recitando poesias com grande sentimento. Meu pai costumava dizer com referência a mim: – Esta cabeça nos dará muito o que pensar.

Ao que minha mãe, beijando-me com ternura, respondia: – Não, ela nos dará muita alegria.

Os meus irmãos invejavam-me. Mas eu não sofria por isso, porque me acolhia nos braços de minha mãe.

Esta, que concebera outra vez, adoeceu seriamente, dizendo-me repetidas vezes: – Sinto-me muito triste. Se eu morrer, deixo-a tão pequena ainda!

Mas eu procurava animá-la, apesar dos seus tristes pressentimentos.

Deu à luz um lindo menino, pelo qual senti inexplicável repulsão, que procurei dominar, acariciando-o. Mas eu tremia; tinha a impressão de ter nos braços um réptil venenoso.

Minha mãe viveu ainda dois anos e morreu como os justos. Ela era uma santa!... A sua desaparição transformou-me de menina em mulher.

No fundo, minha família não tinha afeto por mim. Invejavam a minha natural desenvoltura e a facilidade com que eu falava e aprendia. Só o meu irmãozinho, o pequenino Benjamim, não podia sair do meu lado. Caía frequentemente, a correr ao meu encontro, ferindo-se muitas vezes. Ao ver correr o sangue, dizia-me:

– Cure-me, cure-me!

E ele mesmo colocava as minhas mãos sobre os ferimentos, certo de curar-se.

Como já disse, minha família não me estimava. Meus irmãos era hipócritas, porém, muito religiosos e devotos, na aparência, nada mais. Os outros parentes, que eram muitos e de boa posição social, encarregaram-se de bastardear meus sentimentos, despertando em mim os instintos adormecidos. Na aparência, tudo era santidade; no fundo, porém, quanta perversidade!

Não me desagradavam palavras lisonjeiras, e como não era feia, gostava que me achassem bonita. Minhas parentas, conhecendo o meu fraco, levaram-me a lugares pouco frequentados, onde encontrei homens que se dedicavam ao serviço de Deus e que também me adularam a beleza, mas a linguagem galante não foi do meu agrado, naqueles lugares, cheios de imagens em altares e retábulos.

Eu não compreendia aquela irreverência às efígies de santos e santas, e não faltou quem dissesse ser justo satisfazer os desejos do corpo, com o que não me conformei, porque não desejava nada de impuro. Eu acreditava que o tempo mais bem empregado era o que se passava orando. Quando orava, eu o fazia sinceramente.

Amava sobre todas as coisas a Deus e depois a meu irmãozinho Benjamim, objetivo a que me propus com êxito, apesar de algumas vezes sentir por ele um grande sentimento de repulsão. Em tais ocasiões, eu me prostrava de joelhos, pedindo a Deus os eflúvios do seu amor, e corria a procurar meu irmão, para devolver-lhe sobejamente as carícias que o meu coração lhe negava.

Essa luta interna me fazia chorar e Benjamim, vendo as minhas lágrimas, dizia: – Não chore. Quando eu crescer – ele tinha então quatro anos –, iremos ambos para o campo e lá viveremos melhor. Não enxerga? Aqui não querem nem a mim, nem a você.

O pequenino não se enganava. Minha família, as mulheres em particular, não perdiam meio nem ocasião para lançar-me no precipício da prostituição encoberta, essa que se oculta sob altas torres em sítios sombrios, onde se obriga as mulheres a cometer atos ignóbeis.

Aquele assédio contínuo, de que eu escapava por milagre, produziu-me imensa tristeza. Eu via o abismo aberto a meus pés. Fugia dele, às vezes, indo com Benjamim para o campo, e o pequenino dizia-me, então: – Como estou contente por estar ao seu lado! Quanto, quanto bem eu lhe quero!...

Eu também o amava. Quando o abraçava, experimentava dois sentimentos opostos: atração e repulsão ao mesmo tempo.

Decorreu algum tempo e fui notando que me sitiavam por completo. Insidiosamente iam se apoderando de todas as minhas horas, não me deixando nenhuma liberdade. Havia sempre festividades religiosas, imagens de santos a vestir e adornar, pregações a ouvir, conselhos a obedecer. Pode-se dizer que só as horas de repouso noturno é que me deixavam para as minhas meditações.

Eu nada via, mas adivinhava que uma sombra me perseguia, sombra que tomava corpo e de um modo invisível me oprimia. Em tal situação, para quem voltar os olhos? Os meus irmãos cumpliciavam com as minhas parentas. Era inútil, portanto, recorrer a eles, e Benjamim era uma criança. Somente meu pai poderia ouvir-me, ainda que eu tivesse de lutar contra a sua indiferença e egoísmo. Era cioso da sua tranquilidade e nada deste mundo se malquistaria com um prelado ou outra pessoa respeitável, por conta de *uma pequena embusteira*, como ele me chamava quando eu tentava narrar-lhe o que se passava nas dependências de algumas igrejas.

Isto, porém, não me dissuadiu dos meus propósitos, e prometi a mim mesma falar a meu pai, quisesse ele ou não. Eu tomaria uma resolução definitiva.

Como eu pensava em voz alta, Benjamim ouviu-me e, lançando-se nos meus braços, disse soluçando: – Não se vá sem mim! Se me separarem de você, juro que me atirarei no precipício mais fundo que encontrar.

Que angústia senti! Pareceu-me ver um homem horrível que, rolando do alto de um monte, ia batendo de pedra em pedra. E a cada pancada que dava, soltava uma gargalhada estridente!

Apertei Benjamim nos braços e disse-lhe: – Não! Você não pode morrer! Quero que viva, para adorar a Deus como eu adoro.

30. Combatendo a hipocrisia

Foram muitas as dificuldades que me rodearam, decorrentes das influências religiosas que dominavam naquela época.

Completei dezoito anos. A minha situação tornava-se cada vez pior, devido às condições da minha família e aos galanteios de uns e outros.

Na intimidade, especialmente, repetiam que eu era bela e que devia consagrar-me ao serviço de Deus. Eu lia muito, e as leituras cavalheirosas e religiosas desorientavam-me. Não sabia que caminho tomar. Em tais aflições, Deus era o lenço com que limpava as minhas lágrimas. Pedia-Lhe o apoio, que em ninguém mais encontrava.

Meu pai amava-me a seu modo, friamente, e os meus irmãos não se davam ao trabalho de querer-me de forma alguma. Só o meu irmãozinho Benjamim me queria. Mas era tão pequenino!...

Os religiosos faziam de tudo para me agradar. Eu, porém, achava neles alguma coisa obscura, tão confusa, tão inexplicável, que às vezes os seus alardes de ternura me exasperavam e eu dizia a mim própria:

– Que quererão esses homens? Falam-me de um céu, mas eu não compreendo um céu entre sombras. Não quero abrigos de criminosos, quero campos, bosques, flores, montanhas, fontes, rios caudalosos brotando de entre penhascos. Quero a magnificência da natureza. Não creio que para ser bom seja preciso renunciar à contemplação da obra grandiosa do Criador.

Certa noite, depois de ter feito as minhas orações, ouvi alguém me chamar. Meio acordada, meio adormecida, parecia que em meu cérebro havia um mundo de pensamentos. Levantei-me confusa e, maquinalmente, tomei uma pena, passando a escrever rapidamente, a ponto de rasgar o papel. Observando, depois, vi que havia letras e frases. – Que tenho eu? – exclamei. – Será algum gênio mau que me inspira?

E ouvi que me chamavam de novo, dizendo: – Tenha mais moderação, coordene os seus escritos.

E escrevi então a minha primeira poesia. Era uma súplica a Deus, pequena, muito pequena, mas doce e harmoniosa. Ouvi dizerem-me de novo: – Assine-a.

Assinei, comovidíssima, e guardei-a como o avarento guarda o seu tesouro.

No dia seguinte, recordando vagamente o ocorrido, li de novo a poesia, que me pareceu muito bonita. Eu dizia comigo mesma: – Como é bonita! Mas... não é minha... No entanto, se mandaram que a assinasse, é minha! Sim, sim... é minha! – e copiei cuidadosamente, guardando no seio, de encontro ao peito, a primogênita das filhas do meu pensamento.

Passou-se o tempo. Um dia, veio visitar-me uma religiosa, que tinha fama de virtuosa, trazendo, em nome de meu pai, o encargo de instaurar o processo de meu engajamento à vida religiosa.

Ouvi-a atentamente e respondi-lhe: – Obedecerei, satisfarei meu pai, dedicando-me ao serviço de Deus, mas... meu pai quer que eu seja religiosa como vocês, que são servas submissas deste ou daquele prelado. Hei de ser uma religiosa que fala, escreve, viaja e difunde a luz da verdade, adorando a Deus com atos e não com rezas. Com boas obras, com sacrifícios, com ações firmes e abnegadas de verdadeiro desprendimento das pompas mundanas.

A freira ouviu-me em silêncio e, com humildade, disse-me que o seu maior empenho era livrar-me das tentações do gênio do mal, ao que retruquei:

– Veja bem, sabe o que é o gênio do mal? Sabe?...

– É o demônio... e os diabos.

– Está enganada, esses diabos não existem. Diabos são os nossos vícios e estes não são combatidos com *exorcismos*, e sim com virtudes e reais sacrifícios.

– A lei da Santa Madre Igreja manda crer no diabo.

– Pois manda crer num absurdo que a razão repele. O demônio é o vício, e não são as rezas das virgens que afastam os demônios, porque atrás das rezas está a miséria humana, está o suborno, o engano, a armadilha, o crime, a degradação. Não basta dizer: *Senhor! Senhor!* É preciso chamá-lo com a alma e não com os lábios.

A boa religiosa ouviu-me boquiaberta, porque jamais escutara linguagem semelhante. E tomando-me as mãos, apertou-as entre as suas e disse-me comovida:

– Nunca se acabará a nossa amizade. Estimo-a e admiro-a, confesso, mas... preocupo-me com você. Deus permita que não lhe fechem a boca, que não a coíbam e deixem que avance pela senda da luz. Mas... temo por você.

A boa religiosa e eu ficamos bastante amigas, e dei graças a Deus por aquela amizade, que muito me auxiliou. Tinha medo da vida, e precisava de pessoas amigas ao meu redor. A nossa amizade chegou a ponto de a religiosa tomar-me para conselheira, nada fazendo em sua Casa de Oração sem me consultar.

Chegou um dia em que ela desejou celebrar uma grande festa. Disse-lhe eu que o capelão do seu convento nada mais era que um pobre homem, o menos indicado, portanto, para ocupar o púlpito na festividade. E que conhecia um pregador eminente, que com a sua palavra fácil daria maior brilho à cerimônia. O meu conselho não foi aceito, por temor de desgostar o capelão, e este, sabedor da minha opinião, aborreceu-se, ressentido de eu ter dito a verdade. Correu a dizer a meu pai que eu estava possuída dos demônios, sendo necessário libertar-me de tão cruéis inimigos.

Meu pai chamou-me em seguida e disse: – Você é de uma precocidade admirável, é o que se chama uma mulher talentosa. Tem, porém, um grave defeito: é que esbanja conselhos demasiadamente.

Mantivemos um animado diálogo, ficando resolvido que eu abraçaria a missão de religiosa, por sentir verdadeira vocação para lutar em campo aberto, defendendo as sublimes verdades do cristianismo, pouco me importando alcançar as palmas do martírio, desde que conseguisse arrancar pela raiz os vícios que corroíam a religião do Crucificado.

Meu pai receou por mim, manifestando desejos de antes ver-me casada e tranquila do que enveredar por missões que me serviriam de tormentos. Porém, a minha alma, verdadeiramente religiosa, enamorada das suas crenças, não me demoveu daquele empenho. Combinei com meu pai que entraria para um convento pobre, cujas freiras nada possuíssem em bens de fortuna, sendo ricas de virtudes, dedicando-se à cura dos enfermos sem retribuição.

A minha entrada para o convento foi um verdadeiro acontecimento para a comunidade. A superiora recebeu-me de braços abertos.

– Já sei que é boa – disse-me ela. – Aqui só se pensa em praticar o bem. Creio que fez uma boa escolha.

Abracei aquela santa mulher com toda a efusão, e esse abraço foi o primeiro que dei com íntima satisfação. Aquela religiosa representava a realização dos meus sonhos.

A superiora passou a mostrar-me as rotinas simples daquela casa. Depois de percorrer todo o convento, perguntei a ela:

– A senhora tem livros?

– Para que mais livros do que os livros da dor? A minha comunidade lê no leito dos enfermos e nos gemidos dos moribundos.

– Tem razão, essa leitura é muito útil. Mas eu quero que tenha livros.

– Quais?

– Os meus, os que hei de escrever. Aqui deixarei o meu arquivo. Direi nos meus livros o que é a verdadeira religião.

As freiras escutavam-me admiradas. Uma delas, de corpo débil e enfermiço, olhava-me mais que as outras, e eu, sem refletir no que fazia, coloquei-lhe as mãos sobre os ombros, fazendo-a estremecer e dizer assustada: – Mas o que é isso que estou sentindo?

– O que sente? Força, vigor, alento, que Deus lhe dará por meu intermédio.

Como se alegrou a freira, curada pela imposição das minhas mãos!...

Quando fiquei inteirada de tudo, pedi à superiora que me deixasse ir velar os enfermos. Mas todas, por afeição a mim, opuseram-se. Não queriam que desempenhasse tão rude trabalho. Insisti, e com outra companheira iniciei a minha meritória tarefa.

Começamos por uma mulher que sofria de uma doença asquerosa, uma espécie de lepra, em cujas chagas formigavam pequeninos vermes, que ao mover-se exalavam insuportável mau cheiro. Que corpo o daquela infeliz! Quanta miséria! Quanta dor!... Acerquei-me dela e bem de perto perguntei-lhe:

– É verdade que sofre muito?

Como resposta a enferma emitiu um profundo gemido, que me comoveu profundamente, e disse comigo: – Se eu pudesse fazer alguma coisa por esta mulher!... Experimentemos.

Aproximei-me ainda mais e olhei-a fixamente. A princípio ela parecia evitar o meu olhar, mas continuei com tal energia, que a infeliz me olhou também, e eu li nos seus olhos todos os anseios, todas as súplicas de um condenado à morte. Dupliquei minha energia e raios de luz devem ter jorrado dos meus olhos, porque a doente sorria e tremia. Eu também tremia, sentindo ao mesmo tempo um calor asfixiante, e depois um formigamento doloroso nas mãos. Sentindo aqueles alarmantes sintomas, pensei: – Ter-me-ei contagiado?

E ouvi que me diziam: – Covarde, mal começa e já tem medo?

– Não, não! Mas se eu contraísse a enfermidade, iriam abandonar-me?

Não obtive resposta e continuei velando e trabalhando na cura da doente.

Quando voltei para o convento, banhei-me, procedendo à maior limpeza, mas a febre dominou-me. Tive sonhos horríveis e comecei a sentir dores agudas. A superiora, contrariada, chamou meu pai, que veio acompanhado de médicos. Todos asseguraram que eu havia contraído a medonha enfermidade da infeliz mulher. Levaram-me para casa, onde permaneci com a minha longa e penosa moléstia. Durante as horas de repouso, algumas vozes diziam-me: – Os temerários pagam caro pela sua temeridade.

Outras vozes, porém, mais doces, murmuravam aos meus ouvidos: – Os verdadeiros religiosos devem cumprir o seu dever. Quase curou aquela infeliz e ela a abençoou!

Ao ouvir estas palavras estremeci de alegria! Pareceu-me que o céu me abria as portas e que minha mãe saía ao meu encontro.

Por fim, restabelecida, quis voltar para o convento, mas meu pai opôs-se e, para fazer-me mudar de opinião, fez-me ir a um templo para falar com um padre, homem sábio e virtuoso. Era uma figura simpática e agradável e, em nome de meu pai, falou-me dos perigos a que me expunha. Mas insisti em querer ser útil aos que sofriam. Perguntou-me, então, apenas se eu tinha confessor fixo.

Respondi-lhe que sim e disse-lhe quem era.

– Confessa-se com ele, ou é ele que se confessa com você?

– Ambas as coisas. Contamos mutuamente as nossas penas, porque somos dois bons amigos.

– Quer que eu seja seu consultor? Pode fazer muito se for bem dirigida.

– Quererá, quem sabe, ser dono dos meus pensamentos?!...

– Não, quero apenas dirigir a sua existência.

– Agradeço a sua boa vontade. Falarei com o senhor acerca dos meus escritos, porque é um sábio. Mas a minha vontade íntima, os anseios de minha alma, os sonhos de meu espírito, só a Deus confessarei. Ele é o meu verdadeiro confessor. A Ele tudo digo. Para Ele não tenho segredos, e Ele é tão bom para mim que me chama pelo nome. É meu consultor, alenta-me e guia-me pelo caminho do amor e do sacrifício por meus semelhantes.

– Pois esse confessor que tem é o espírito do mal, o demônio.

– Mentira! Onde está o demônio? Onde estão as suas obras?! O diabo não existe!

– Sei o que digo... e terei de empregar para com você os recursos de que se vale a Igreja para livrar-se da possessão infernal. Está possuída! O diabo apoderou-se de você!

– Pois se eu estou com o demônio e o senhor acredita que está com Deus, vejamos qual de nós vence o outro. E já que mente, já que falta com a verdade divina, desconhecendo a Deus, não quero que fale!

O padre ficou mudo. Abriu a boca, mas não articulou um som sequer. Quis levantar-se do sofá e não pôde. Os seus olhos revelavam ira e espanto. Então, disse-lhe:

– Já acredita que não é o diabo quem está comigo? O senhor é que tem o diabo do orgulho da sabedoria, porque nega o que não compreende. Deus é único em seu poder, tudo é obra Sua, e o diabo seria a negação da sua onipotência. Vou mostrar-lhe os meus escritos, porque disto sabe mais do que eu. E agora sejamos bons amigos. Faça-se ouvir novamente a sua voz para prodigalizar conselhos, e mova-se o seu corpo para ir em auxílio dos desvalidos.

Pus-lhe a mão direita sobre o ombro e ele ergueu-se, olhando-me estupefato.

– Quero que sejamos bons amigos – repeti. – Necessito do senhor para levantar a religião do Crucificado.

Ele me estendeu a mão, dizendo com tristeza: – Não lhe quero mal. Fez um jogo que não compreendo. Será perseguida, caluniada, será pedra de escândalo, sem ser culpada. Sempre que lhe suceder alguma coisa de extraordinário, lembre-se de mim.

31. Somando esforços no trabalho do bem

Findo aquele diálogo difícil, quando fiquei só no meu quarto, tive medo da vida, receei o futuro e chorei amargamente, como nunca o fizera nas minhas existências anteriores. É que nunca fora tão ousada, nunca chamara de mentiroso a um padre da Igreja! O meu ato de arrojo e audácia assombrava-me.

Um padre da Igreja, naquela época, era um semideus. E desafiá-lo a medir forças, e vencê-lo depois, era demasiada temeridade, era provocar a ira sacerdotal, a pior de todas as iras, porque nas lutas da vida todos os inimigos perdoam, mais cedo ou mais tarde. Um inimigo tonsurado, porém, não perdoa jamais, porque não tem o sentimento educado, porque os gemidos dos filhos enfermos não lhe abrandaram o coração, porque não chorou diante de um berço vazio, porque não sustentou o andar trôpego de um pai paralítico. Separado do santuário do lar, nele endureceu-se o coração, e não se pode pedir à pedra a percepção da sensitiva. Cada árvore dá o fruto apropriado às condições em que vive, ao meio ambiente em que se desenvolve. Por tudo isso eu tremia ao recordar-me do tão sábio quanto orgulhoso padre, quando o desafiei para a luta, chamando-o de mentiroso, impedindo-o de falar e de movimentar-se. E tudo isso se dera! Foi visível a sua zanga e o seu assombro.

Ah! Eu estava perdida para sempre. Depois daquele alarde de extraordinária força, reconhecia a minha fraqueza física, a minha impotência, e chorei, chorei como nunca. O pranto é o único consolo dos débeis.

Quem era eu? Uma mulher, quase uma criança, sozinha sobre a Terra, porque a minha família não fazia caso de mim, tratava-me como a uma louca inofensiva.

As minhas nobres aspirações, porque eram incompreendidas, despertavam apenas sorrisos de mofa. E eu, tão fraca, tão insignificante, havia enfrentado um luminar da Igreja católica!... Quem me havia dado forças para fazer o que fizera? Estaria louca, na verdade?... E quanto mais chorava, mais achava justificativa para o meu pranto. Oh! Quanto sofri!...

Minha enfermidade anterior, apesar de horrível, não produziu abatimento tão profundo como aquela crise violenta. Meu corpo ficou praticamente paralisado, porque, embora não tivesse ficado privada de movimentos, era impossível manter-me de pé. Deitada ou recostada em almofadões, sentia-me bem. Mas, se tentava levantar-me, o meu corpo dobrava-se como arbusto sob ação do vendaval.

O que mais me entristecia, porém, era que todos os dias, ao acordar, via a sombra do padre ofendido, que, fitando-me com raiva, dizia-me severamente: – Você me venceu! É uma atrevida! Sua audácia não tem nome! Ai de você!...

Tais aparições causavam-me profundos abalos. O médico desesperava-se e dizia a meu pai: – A alma desta *menina-moça* luta em demasia. Não há lesão orgânica nenhuma, no entanto, ela se debilita a cada dia.

Era a triste realidade. Sentia-me cada vez mais fraca. A única vantagem era poder dormir muito e orar. Mas a oração não me aliviava, porque eu orava sem sentir. Quando a oração não ressoa na alma, não é oração. E eu estava insensível a tudo que não fosse o medo, medo terrível de mim mesma. Receando ofender aqueles com quem falava, fugia de todos, passando dias e dias encerrada na minha alcova, olhos fechados, mãos postas, sem mesmo saber se estava dormindo ou acordada.

Em tão triste estado passei muito tempo, até que um dia em que me sentia mais calma ouvi abrir-se a porta do meu aposento e aparecer em corpo e alma o sábio religioso a quem havia humilhado. Quis ir ao seu encontro e pedir-lhe perdão... mas não fiz, não só porque o meu corpo se negava a mover-se, como porque *alguma coisa em mim* se opunha àquele ato de humildade.

O padre permaneceu estático olhando-me e eu lhe disse: – Acerque-se de mim. Com isso me dará uma prova de me haver perdoado.

– Perdoado de quê? – respondeu docemente. Só me lembrei de você para manifestar-lhe minha admiração, e, por isso, vim vê-la, mas não para falar de coisas desagradáveis. Fez-me pensar e ler muito. Repassei o que aconteceu conosco. Contudo, não achei explicação. Nada tema de mim. Nada receie. O que quero não é vingar-me: é aprender. A sua alma jovem e entusiasta pode ser muito útil à nossa religião.

Cada palavra do padre era uma martelada que eu recebia no cérebro, e ao choque daqueles golpes eu ia despertando e dizia: – Quão maravilhoso é despertar!

Ele falou eloquentemente, como sábio que era, e eu me reanimava ao ouvi-lo.

– Agora, fale você.

– Aproxime-se mais – eu disse. – Estou tão fraca que mal posso falar.

Ele se aproximou. Estava lívido, mas a expressão do seu rosto era tranquilizadora. Não era a do homem orgulhoso e ameaçador, ao contrário, o seu semblante tinha alguma coisa de amoroso e compassivo.

Reanimada, disse-lhe: – Padre, durante a minha longa doença não me confessei com ninguém. Tenho medo dos sacerdotes, porque me parecem répteis... Será soberba de minha parte? Não sei. Clamo a Deus porque quero ser útil. Não me importa sofrer o martírio, se puder deixar mais pura e mais grandiosa a nossa santa religião. Há momentos em que penso que serei grande, e logo ouço gargalhadas e vozes que me dizem: – *Quem é você, louca?* E eu reconheço a minha pequenez, mas continuo com os mesmos ideais. Quero que prevaleça a verdadeira religião e não esse paganismo que hoje vejo dominar na Terra, desvirtuando os ensinos do Crucificado. Há momentos em que odeio a minha família, porque ninguém dela me compreende, e digo: – Deus meu! De que me servem os parentes?... Ah! Meu padre, estarei sendo ingrata para com eles? Em particular para com meu pai? Deus castiga os filhos ingratos?

O padre, com doces palavras, procurou tranquilizar-me. Olhando atentamente para o meu rosto extenuado, disse:

– Eles não sabem exatamente qual a sua enfermidade.

– Pois bem, meu padre, com as suas orações muito pode fazer por mim.

O padre estava confuso; não sabia o que dizer. Por isso ficamos ambos silenciosos e tristes, com dificuldade de nos entendermos.

– O que recomenda? – perguntei-lhe.

– Acho que já conversamos muito.

– E não me consola?... Eu quero crescer! O que me diz?

Ele estendeu a mão sobre a minha cabeça e disse: – Deus a abençoe! Parto mortificado também.

Fiquei só, triste e perturbada, questionando-me se o padre não iria adoecer.

Quando o médico veio ver-me, disse-lhe da visita que tinha tido, e o receio que tinha de que ele, o médico, desconhecesse o que era realmente a minha moléstia.

– Não, bem a conheço. A sua alma enferma debilita o seu corpo, e só de você depende a cura. Tem em si mesma forças que só você pode utilizar.

– Então quero sair! Quero ver campos, flores, pássaros, pontes, moinhos, vida, enfim.

– Não sei, não sei... Tem muitos desejos, mas... conseguirá ficar de pé?

– O senhor poderá acompanhar-me, se meu pai permitir.

Ele falou a meu pai e este, muito comovido, entrou em meu aposento e disse-me:

– Iremos ao campo, onde ouvirá o canto dos passarinhos, contemplando as belas paisagens.

– E terei lá com quem falar?

– Terá o que quiser. O meu desejo é vê-la boa e feliz.

Partimos para o campo, para uma propriedade de minha mãe. Que lugar fantástico! Pássaros, sons harmoniosos!...

Meu pai então disse: – Se esta casa lhe agrada, será exclusivamente sua. Aqui poderá fazer o que lhe aprouver.

Agradeci-lhe muito a carinhosa oferta, não pelo valor da dádiva, mas pelo seu desejo de me agradar. Procurei caminhar e... que alegria! Depois de tanto tempo, eu conseguia... Já não me invadia o medo de ficar paralítica...

Passaram-se os dias. Apoiada ao braço do médico, principiei a dar os primeiros passos até que o fiz sozinha. O doutor, amante entusiasta da medicina, falava-me sempre dela. Observando o meu rosto dizia-me: – Não sei o que leio em seus olhos. Às vezes, através deles sinto que rechaça os medicamentos que lhe receito. Outras vezes, parecem dizer-me: – *Cure-me!...* E eu lhe dou água, e essa água lhe é proveitosa. Que linguagem eloquente a dos seus olhos!

Aquelas conversações muito me compraziam. Eu também falava, e o médico ouvia-me atentamente quando eu dizia: – Os médicos e sacerdotes são dois fatores importantíssimos para o desenvolvimento da humanidade; o médico, cuidando do corpo, e o sacerdote, cuidando da alma, impelindo seu sentimento. No entanto, nem um nem outro cumpre os seus deveres: o sacerdote ora sem sentir e o médico ministra o medicamento maquinalmente. E as duas vontades caminhando na mesma direção são dois astros que dissipam as trevas mais densas. A ciência e a religião são as duas alavancas do mundo e, unidas, tornariam a humanidade feliz.

Eu saía sempre com o doutor. Um dia, inesperadamente, chegou o sábio padre. Encontrava-me sentada ao pé de uma árvore frutífera e esperava que o médico sacudisse os ramos carregados, para colher alegremente aquela delicada dádiva da natureza.

Ao ver o padre, dei um grito de alegria e disse: – Realizou-se o meu sonho! Bendito seja Deus!

O meu sonho era entabular discussão com aqueles dois grandes homens juntos.

No dia seguinte, levei-os a um sítio agreste, onde a água brotava entre penhascos, sarças e flores, exclamando: – Quão belo, quão grande é Deus! Estas árvores gigantes são a imagem da humanidade buscando o porvir.

Eles me escutavam embevecidos. Falei-lhes de amor, do amor divino e do amor humano, de astronomia, de Deus, dos mundos, descrevendo as suas trajetórias, e das almas lutando eternamente para sair da sua pequenez e alcançar patamares mais altos. Falei durante muito tempo sem sentir o menor cansaço, e quanto mais falava, mais agradável me era fazê-lo.

– Não me importa – concluí –, não me importa sofrer o martírio, se conseguir que digam como eu: *não há mais que um só Deus e um só bem*.

O padre estava maravilhado.

– É impossível – disse ele –, não foi uma mulher que falou e sim os espíritos. Você é um instrumento precioso que é preciso respeitar e estudar.

– Sempre acreditei – disse o médico, por sua vez – que a inteligência não tinha maior extensão que a estatura do corpo, ou melhor, que a cavidade do cérebro. Ouvindo, porém, esta mulher, reconheço que a inteligência é uma luz que vem de uma fonte diferente. Ignoro de onde, mas a luz existe, e os seus resplendores chegaram até nós pela mediação de uma *menina-moça*, a quem devemos o nosso respeito e a nossa admiração.

O padre, erguendo a mão, exclamou: – Juremos protegê-la. Sejamos o seu braço forte!

Ao ouvir aquelas palavras pensei em meu pai. Ele, que tinha ouvido o meu discurso, oculto por trás das ramagens, apareceu e apertou-me nos braços, dizendo comovido: – Minha filha, antes de tudo, pense sempre em seu pai. Quero que viva como bem entender, porque você é superior a nós... Bendita seja!

O padre, radiante de júbilo, acrescentou: – Já somos três a protegê-la. Tudo vai mal no que diz respeito à religião, pelo que se ensina ao povo e às classes altas. Por toda a parte dizem haver demônios e gênios do mal, e os clérigos são os primeiros a sustentar tais absurdos, e querendo levar à fogueira os que tentam implantar ideias novas. Temos muito que fazer.

– E eu – ajuntou o médico – posso auxiliá-los muito, estudando nesta natureza, nesta *menina-moça*, cujas forças bem orientadas serão muito úteis à humanidade.

Há momentos de felicidade que não podem ser descritos. Éramos ali quatro vontades unidas para o bem, e eu sentia o que jamais sentira. Meu pai, o médico, que velava pelo meu corpo, e o padre, que velava pela minha alma, três pessoas distintas e uma vontade única... E eu, absorvendo todos aqueles eflúvios de amor e de admiração!... Quanta felicidade eu sentia!... Não sabia como demonstrar a minha alegria e a minha gratidão e... olhei para o manancial que brotava espumoso, exclamando: – Bebamos a água desta fonte, brindando a nossa aliança, e todos unidos trabalhemos para o bem da humanidade!

32. Estudar para não sucumbir

O organismo humano sofre abalos profundos com as enfermidades morais, e se estas são tristes e dolorosas, o corpo adoece e o mal aumenta sobremaneira. Ao contrário, se as impressões recebidas são agradáveis, o peso da enfermidade diminui em muito.

Isto verificou-se comigo após a cena de arrebatamento em que tomaram parte o padre, o médico e meu pai. *Três pessoas distintas e uma só vontade*... Foi um acontecimento tão benéfico para mim, que me devolveu a vida, porque o amor, pode-se dizer, é a única fonte de tudo quanto existe.

Vendo-me amada, quis viver. Contudo, apesar dos meus veementes desejos de restabelecer-me, a convalescença foi longa, embora habitando num verdadeiro paraíso, porque aquela paragem reunia todas as belezas e comodidades. Cercavam-na bosques, fontes, riachos, vales e grutas, tudo delicioso. Numa dessas grutas estabeleci o meu gabinete de estudos, onde eu passava a maior parte do dia. Uma abóbada de folhagem verde envolvia a entrada.

Sentada sobre uma pedra e reclinada sobre uma mesa tosca, eu escrevia muito. Nem sempre, porém, ficava satisfeita com os meus escritos, porque eu queria conservar a integridade da minha inteligência e da minha razão, e percebia muitas vezes que o que escrevia não era meu, o que me desgostava.

Queria ser eu a autora real e tanto me enfadava às vezes, que declarava a mim mesma que não escreveria mais.

Sentia, a partir daí, que o meu cérebro ficava como um vulcão. Vinham-me à tona coisas admiráveis, e era tal a diversidade dos pensamentos que o remédio era quase pior do que a doença. E voltava novamente a escrever, para desalojar o mundo de ideias que fervilhavam na minha mente, cada qual mais bela e mais sublime.

Eu me encantava ao conviver com aquele turbilhão de pensamentos admiráveis, ao mesmo tempo que experimentava grande temor, que me fazia dizer: – Poderiam coisas tão belas ser minhas? Eu não estudei, não me instruí... Meu Deus!... e elas fluem! Tenha piedade de mim! Será o gênio do mal quem me inspira? Senhor, tenha misericórdia de mim! Desejo dedicar-me a trabalhos religiosos, sem luta, sem opor duramente a minha opinião à dos outros.

Os meus rogos, porém, eram inúteis. Havia em mim uma verdadeira batalha. Certa vez, a situação se agravou a ponto de parecer-me que o delírio desorganizava o meu cérebro. Eu buscava reunir as ideias, mas debalde, porque muitas outras em tropel se adiantavam àquelas.

Nesse estado de verdadeira aflição, ouvi uma voz suave que me dizia: – Escreva o que é seu e não o de outros que, como você, lutaram, sofreram e venceram. Escreva com seriedade, com doçura e com método.

– Quem será que me fala? – perguntava a mim própria.

Continuei escrevendo e rasgando muito do que escrevia. Queria que a minha inteligência ficasse livre e senhora da sua vontade. Depois de lutas enérgicas, consegui.

Um dia, foi visitar-me em meu retiro o meu irmão Benjamim. Queixando-se da minha longa ausência, disse-me amargurado: – Sabe que estudo muito? Procuro aprender, para poder um dia discutir com você.

A expressão dos seus olhos era profunda. No entanto, eu sentia frio ao ouvi-lo e lutava, como sempre, entre uma antipatia imperiosa e um desejo não menos imperioso de vencê-la. Quando Benjamim estava ao meu lado, parecia-me que um réptil venenoso se enroscava ao meu corpo. Longe dele, recriminava-me pela minha aversão e fazia firmes propósitos de corrigir-me.

Sua inteligência aguçada permitia-lhe conhecer o que se passava em mim, levando-o a dizer com pesar: – Não, não podemos estar juntos... E para dizer a verdade, penso que não me estima... Ah! se assim fosse, eu me mataria!...

As suas palavras sempre me faziam mal, mas naquela ocasião, e depois de tão longa ausência, mais me magoava aquela censura merecida. Disse-lhe, então: – Matar-se! Que horror!... Não, meu Benjamim. Quero-lhe muito... Não se mate! Não, filho meu!...eu morreria de dor!

Ele me fitou e disse-me com um olhar de dúvida: – Bem, quero passar alguns dias com você, porque está melhor. Não a molestarei mais.

E ao dizer isto abraçou-me com verdadeiro delírio.

Com um esforço sobre-humano, tomei parte na sua alegria. Percorremos juntos toda a herdade, e em saudáveis passeios ele mostrou-me lugares que eu nunca visitara. Era agradável passear em sua companhia, pois cada lugar que visitávamos despertava-lhe recordações de outrora. Falava com prodigiosa serenidade de outros países onde havia lugares semelhantes ao sítio onde nos achávamos.

Depois de falar de forma tão acertada, abraçava-me dizendo: – Brinquemos, minha irmã, brinquemos.

Outras vezes, se o local era muito agreste, sob árvores que formavam capelas naturais de folhagem, dizia: – Aqui estamos bem, aqui podemos orar – e olhava com tristeza para o solo.

– Que tem? – dizia eu.

– Este lugar convida à oração. No entanto, não posso orar! Como é triste! Somente em sonhos consigo orar. Acordado, quero, mas não posso... Será porque não sei orar?

Falávamos certa tarde da nossa próxima separação, porque Benjamim estava prestes a voltar para os seus estudos. Contemplávamos o poente, belíssimo como costuma ser nas tardes de outono, quando se unem num abraço estreito as tristezas do inverno com os esplendores do verão.

– Olhe – dizia-me Benjamim –, como é belo o reflexo da cor das nuvens em seu rosto! Como está bonita, mana!

E o menino extasiava-se, olhando-me, enquanto eu respondia: – Quão bela é a natureza! Deixe-me por alguns momentos, porque eu quero escrever... Oh! quão maravilhoso é Deus!...

Foi a primeira vez que escrevi por mim mesma. Estava inspirada, mas era o meu espírito que se elevava, que se engrandecia e sublimava. Eu via passar legiões de guerreiros, de mártires, pequeninos órfãos, sábios eminentes, de pobres maltrapilhos, enfermos, virgens, matronas, a humanidade em todos as suas épocas e condições, e todos diziam ao passar junto a mim: – Quão belo é Deus!

E Benjamim disse: – Não acaba? Desejo tanto saber o que escreveu!...

Por fim, retiramo-nos. Só que agora as árvores pareciam sombras aterradoras que me perseguiam sem piedade.

Chegando em casa, Benjamim, impaciente, pediu-me que lesse imediatamente para ele o que escrevera. Chorou comovido quando, com vivas cores, descrevi-lhe o sofrimento daquele que não crê. Chorava com verdadeiro desconsolo. As suas feições, porém, iluminaram-se com um sorriso doce, quando lhe falei dos júbilos inefáveis da redenção, fazendo-lhe compreender que a grandeza de Deus vence todas as *teimas* dos dementados, e que forçoso era curvarmo-nos à sua onipotência, no monte como na planície, no deserto como na cidade.

Benjamim ouvia-me com religiosa atenção. Os seus olhos brilharam ao saber que para Deus não há pecadores, e sim filhos pródigos que, ao voltarem à casa paterna, encontram lugar cativo à mesa, como setial, e colos amorosos onde se reclinar. Aquelas promessas de perdão e esquecimento soavam aos ouvidos de Benjamim como uma música divina, o que o fez abraçar-me tomado de alegria.

Como estava surpreso do meu saber e maravilhado da fecundidade prodigiosa dos meus pensamentos!

Benjamim voltou para a casa paterna. Ao partir, despedi-me, dizendo-lhe: – Nunca pense que eu não o amo.

– Quero acreditar em você – disse com profunda tristeza –, porque necessito dessa consoladora certeza. Sem ela, odiaria a vida, renegaria a hora em que nasci... sem ela eu iria até o crime, porque teria ódio da humanidade inteira.

Quando ele se afastou, murmurei perplexa: – Pobre Benjamim, como ele me ama! Meu Deus, e eu não posso corresponder-lhe! Que este horrível segredo da minha alma nunca chegue à superfície.

Fiquei triste, muito triste, porque o incompreensível sempre revoltou o meu espírito. O amor de meu irmão por mim e a minha aversão por ele eram um problema de solução tão difícil, que eu me indignava diante da minha impotência em resolvê-lo.

Para consolar-me, escrevi com afinco, com afã incansável, com verdadeira sofreguidão, obedecendo exclusivamente à minha vontade. E quando mais imersa estava em meus trabalhos, meu pai anunciou-me a visita de um de seus melhores amigos, amizade contraída muitos anos antes pelos pais de um e outro, e continuada pelos filhos para satisfação das famílias.

O amigo de meu pai era um homem de meia-idade, tipo antipático para mim, por causa do seu ar orgulhoso e olhar cheio de desdém. Durante a minha infância, nunca se dignou a olhar para mim, mas sempre vi nele o próprio inimigo da mulher instruída. Assim, quando meu pai, contentíssimo, dizia-me que ele passaria alguns dias conosco, procurei ocultar o meu desgosto e recebi o hóspede com as atenções prescritas pela boa educação.

Como, porém, nem tudo se pode esconder e os olhos são incorrigivelmente indiscretos, fitamo-nos, e os nossos olhares disseram muito: foi o *desdém contra o desdém*. Meu pai, pouco experimentado na linguagem dos olhos, nada compreendeu do nosso mudo diálogo, e satisfeitíssimo por desfrutar alguns dias da companhia do seu amigo de infância, desfazia-se em afagos e lisonjas, que o outro recebia como justa homenagem prestada ao seu talento. De fato, era tão completo cavalheiro como excelente literato. Homem erudito, escravo da forma, os seus escritos eram impecáveis. Mas o orgulho do seu saber e a sua arrogância haviam destruído o perfume dos seus vastos conhecimentos.

O amigo de meu pai gostava de alardear da sua perfeita oratória depois das refeições. Certo dia, após o repasto, sentamo-nos para conversar. Falou-se dos meus escritos e ele, com benevolência irônica, como se falasse a uma criança, pediu que eu lhe mostrasse alguma coisa do que concebera.

Ferida no meu amor próprio, disse-lhe que desejava ler para ele um dos meus trabalhos, um pequeno poema intitulado *Quão Grande é Deus!* Li-o, e ele escutou em silêncio.

Terminada a leitura, vendo que ele nada me dizia, interroguei-o com impaciência: – Que me diz deste canto de minha alma?

– Um desabafo da meninice, sem forma literária.

– Pois vou guardá-lo. É o meu canto. Palpita nele o meu amor a Deus e a minha admiração por todas as Suas obras. É a essência da minha alma, que consagrei em absoluto a Deus.

O literato, habituado a ser considerado um mestre e ouvido como se fosse um oráculo, vendo que eu me apartava da conduta dos outros, olhou-me com maus olhos, e não se conteve, dizendo a meu pai que nada se podia esperar de mim, porque não serviria a Deus nem aos homens. Declarou-me francamente a guerra, ridicularizando sem piedade as minhas predileções literárias.

Era inimigo declarado das mulheres literatas. Para ele, a mulher não devia sair da cozinha ou da alcova, embalando o berço dos filhos. E não se pense que a sua aversão pelo adiantamento das mulheres fosse um efeito de opiniões religiosas, pois falava das religiões e dos sacerdotes, sem poupar a nenhum, considerando as instituições e seus agregados como a vergonha e a desonra dos povos.

Meu pai, que era um cristão antiquado, mas sobretudo sincero, escandalizava-se e sofria. Eu, então, farta de tantos insultos, disse-lhe severamente:

– Há certamente muitos vícios religiosos a corrigir, mas também há muitas vaidades a censurar e muitos sábios orgulhosos a amordaçar.

E falei tanto e com tamanha energia, que meu pai me ouviu estupefato. Seu amigo não pôde ocultar o desgosto e a contrariedade, dizendo por fim a meu pai: – Esta moça nunca valerá nada.

Levantei-me, então, indignada e retirei-me, dizendo que uma mulher decente não podia permanecer num lugar onde não encontrava a consideração devida.

Meu pai era como que uma criança grande. Era bom, ingênuo, e sentia pelo seu amigo uma cultuada admiração, olhando-me como uma criança caprichosa, à parte os meus dotes excepcionais. Procurou reconciliar-nos, porque tinha a intenção sadia de que, hospedando o amigo, este servisse de orientador nos meus trabalhos literários, certo que me seria tão bom mestre como lhe fora amigo.

Não contava, porém, com a vaidade do sábio, nem com o egoísmo. Conquanto não fosse ilustrado, regozijava-se com os meus triunfos. Antes que homem, era pai bom e sensível.

Ao contrário, o seu amigo era a personificação do orgulho e do egoísmo, mas desse egoísmo de sábio, que não se importa viver entre cegos, contanto que só ele possua o privilégio de saber fitar as estrelas e saber medir os precipícios mais fundos.

Por isso a nossa reconciliação era impossível, mesmo porque éramos leais aos nossos princípios e não sabíamos mentir. Enquanto os seus olhos me diziam: – *Não será nada nunca!*, os meus lhe respondiam: – *Veremos*!

Meu pai, teimando sempre em seus propósitos, pedia-lhe humildemente conselhos, e o outro respondia com o maior desprezo:

– Que quer que eu diga? Não sei por onde começar para corrigi-la, porque, acredite-me, o que sua filha escreve nada vale. Com o tempo, talvez, se estudar muito e se dedicar-se à leitura dos clássicos, porque o que perder na sua facilidade, ganhará na forma escorreita de expressão.

E, tratando-me como a uma criança, despediu-se com um sorriso irônico, dizendo: – Espero as suas obras.

– Vou mandá-las – respondi secamente.

E despedimo-nos profundamente descontentes um do outro.

Ao ficar só, senti-me angustiada. As misérias humanas produziam em mim o mesmo efeito que o contato dos répteis. A minha alma, porém, era forte. O meu abatimento era passageiro. Pensei em Deus e disse para mim mesma:

– Quando se sente, *escrever é orar*. Pois orarei escrevendo, e já que dizem que escrevo tão incorretamente, estudarei.

Efetivamente, estudei retórica e poética, lendo tudo quanto pudesse instruir-me nas formas de expressão. Meu pai comprou-me todos os livros que lhe pedi, e o padre e o médico emprestaram-me muitos outros.

Aprendi latim com o padre, que me fez conhecer as obras dos melhores escritores dessa língua. Eu queria escrever muito e bem, sobretudo bem, repetindo sempre: – Não quero ser uma sabichona pedante, nem literata fátua. Quero tornar-me uma mulher instruída e respeitada devidamente.

Eu não lia, devorava. E quanto mais lia tanto mais desejava ler. Como primeiro fruto dos meus estudos, escrevi um longo discurso sobre os templos religiosos, *seu passado, seu presente e seu futuro*, que mostrei ao padre, dizendo-me este:

– Nenhum teólogo faria igual. Mas você diz que os templos estão fadados ao desaparecimento, e fala de uma religião sem altares nem ritos. Mas deixa... deixa um vácuo.

– Propositalmente fiz assim, para que o meu contendedor o preencha.

– Contudo, não consigo captar o sentido do que escreveu.

– Verá, quando eu apresentar a minha réplica ao meu adversário.

33. Enclausurada e vigiada

Empreguei todo o tempo que pude em completar a instrução que tanta falta me fazia. Os meus mestres admiravam-se dos meus progressos. Eu estava plenamente convencida de que é a instrução a ferramenta com que se derruba todas as preocupações e todos os fanatismos, a que abre as portas a todos os conhecimentos proveitosos. Eu desejava instruir-me para que ninguém me depreciasse. Queria ser reconhecida pelos meus próprios méritos, e não pela minha descendência.

Meu pai pertencia a uma das mais nobres famílias de sua época, e a nobreza era de grande estima naquele tempo, dando-se maior valor a um amarelado pergaminho do que a centenas de alforjes cheios de escudos. Meu espírito, porém, que se adiantava ao seu século, não concedia a menor atenção nem a pergaminhos, nem a tesouros, julgando que todas as pessoas deviam ser fiéis servidoras do talento, da cultura e da ciência.

Daí a minha sede de instrução. Queria elevar-me por mim mesma. Tinha a verdadeira noção do valor de um espírito que conquista a sua própria glória.

Já quase não me lembrava do primeiro trabalho que havia enviado ao orgulhoso crítico literário amigo de meu pai, que tanto depreciara o meu canto a Deus tempos atrás. Foi quando recebi sua resposta. Era um trabalho de belíssima forma, tão corretamente escrito que não se via nele a sombra de uma falha sequer. Mas... aquela linguagem bela e escorreita carecia de substância. Na realidade não respondia a um só dos meus argumentos. Suas frases haviam resvalado em minha criação como água sobre mármore polido. Confesso, francamente, que fiquei satisfeita, porque aquele sábio era pequeno ante mim.

Senhora de mim, respondi-lhe triunfante e laconicamente: *Caro amigo. Diz que me responde e eu nada encontro em sua resposta, pois não penetrou a essência do meu trabalho. Sua carta é como um belo navio, mas sem velame. Não pode, por conseguinte, velejar a parte alguma. Sinto dizer-lhe que nada conseguiu no terreno das refutações.*

– Seu amigo – disse eu a meu pai – não se aprofunda nas questões. Seus escritos são como flores sem perfume.

Meu pai ouviu-me com assombro. Nem remotamente podia ele admitir que as minhas opiniões, em matéria religiosa, pudessem ter mais peso que as do seu amigo. Via com desconfiança meus conhecimentos. Não o cegava a paixão paterna e ele, na verdade, julgava-me bem inferior ao que eu era.

Por minha parte, sem ser orgulhosa, compreendia perfeitamente que em assuntos teológicos eu pisava terreno sólido. Assim, saboreava o meu triunfo em meu gabinete de estudos, escrevendo com mais entusiasmo do que nunca. Julgava os meus trabalhos doces e harmoniosos. Escrevi um poema dedicado a um menino paralítico, em que cada estrofe era um ramalhete de preciosos pensamentos. E quando, com o maior deleite, lia minhas composições, ouvia uma vozinha a me dizer: – Goze em suas glórias, mas não esqueça que quanto mais se sente e mais se sabe, tanto mais terrível é o desengano e a queda.

Esses avisos turvavam meus inocentes prazeres, e eu exclamava: – Meu Deus, faço mal em relatar as minhas impressões? Faço mal em perguntar-Lhe o que teria feito esse menino tolhido de movimentos, e se o reino dos céus não será para ele?

Os meus versos eram sempre cantos à dor e à virtude, nunca à ventura nem ao prazer.

Um dia, meu pai veio a minha procura, trazendo um papel na mão. Trêmulo, disse-me em tom severo: – Com seu amor próprio excessivo você provoca constrangimentos e desgostos onde quer que vá. Não tem respeito por ninguém. Leia este papel e medite sobre o que contém.

Entregou-me o papel, que li cheia de despeito. Assim se referiam a mim para meu pai: – *A sua filha é uma louca. Seus versos dedicados aos pobres produzem sérios danos, quando lidos por estes, instigando-os contra os ricos. Para evitar escândalos, foram expedidas ordens para que seja entregue à Igreja, que a fará enclausurar*.

– Que pensa fazer, meu pai?

– Esta situação não pode permanecer.

– Pois bem. Se me colocarem no convento, tenho de renunciar a todos os meus anseios. Não tenho vocação para ser religiosa, mas serei, para agradá-lo. Sou literata, mas serei religiosa, não como as outras, porque desejo uma religião santa e pura, e não uma religião pervertida pelos abusos e pelo apego ao lucro.

Chegando a hora de professar, tranquila e serena pronunciei os votos. Disse, então, a meu pai: – Sou ave que voa e aqui dentro... voarei também. Dizem que eu causo revolta aos desvalidos, mas não é verdade. Falo-lhes de Deus, porque eles precisam de consolo, amor e esperança.

Meu pai abraçou-me profundamente comovido, sentindo, embora tarde, a nossa separação.

– Creio que vou morrer! – disse ele.

Abracei-o, pedindo-lhe perdão de tudo quanto lhe havia feito sofrer, e ele, chorando, concluiu: – Você me dá a vida, mas eu levo a morte no coração.

Eu vivia muito vigiada no convento.

Se escrevia, não se separava de mim uma freira. Designaram-me um confessor a quem me confessava todas as manhãs. Costumava pintar-me o inferno com as mais vivas cores. O inferno, creio eu, ele o tinha no coração, pois o seu semblante refletia ira e crueldade. À tarde vinha outro padre, que desempenhava o papel de meu conselheiro em literatura. Este era um pobre homem, que julgava ser um intelectual. Seus discursos provocavam sono. As freiras, pobrezinhas, eram apenas um manso rebanho que não fazia outra coisa senão obedecer.

A superiora chamou-me um dia.

– Seu pai agoniza – disse ela.

– Quando lhe trouxeram o aviso?

– Há alguns dias.

– E como não me comunicou?

– Aqui as notícias mundanas nenhum interesse despertam.

– Quero ver meu pai!

– Não pode sair. Primeiro o amor a Deus, depois o amor ao pai terreno.

– Pois eu quero sair imediatamente.

– É preciso consultar previamente a autoridade eclesiástica.

– Pois vá consultá-la.

E enquanto se procedia à consulta, dirigi-me à irmã rodeira, dizendo: – Não se embarga o passo de mulheres da minha hierarquia. A minha nobreza dá-me o direito de quebrar a clausura para ir receber o último suspiro de meu pai. Abra prontamente, eu ordeno.

Maquinalmente, a pobre mulher deixou-me passar, e eu corri como uma flecha em direção à casa de meus pais.

Encontrei meu pai moribundo. Ao ver-me, encheu-se de ânimo. Coloquei-lhe a mão sobre a fronte e dei-lhe alguns passes magnéticos, como se diz agora. Falei-lhe carinhosamente, dizendo para distraí-lo:

– Quer-me bastante, não é verdade? Mas gostaria mais se eu tivesse nascido homem, para que o seu sobrenome adquirisse maiores honras. Console-se, porém. Ainda que mulher, por desdita minha, eu darei realce ao nome da família. Eu lhe prometo. Não se vá sem me dizer que me ama. Por que se cala?... O seu silêncio me faz mal.

– É porque estou morrendo – e abrindo os braços, continuou: – Sim... quero-lhe muito... mas sempre me causou espanto.

– Não se acabrunhe por minha causa... eu honrarei o seu nome... em nada o humilharei.

Os meus irmãos entraram no quarto. Coloquei-me à cabeceira e eles rodearam o leito do moribundo. Este fez um esforço, tomou corpo e dirigiu-se aos filhos:

– Meus filhos, não abandonem a sua irmã, que pode vir a ser muito infeliz. Abracem-se... e olhem com amor uns para os outros...

Benjamim abraçou-me. Quanto aos outros, trocamos apertos de mãos, com tal violência, que tivemos a sensação de quem toca ferros candentes. E todos se retiraram...

Meu pai entrou em agonia... que foi breve. Aproximei a mão dos seus olhos e orei: – Meu Deus, acolha-o no Seu seio... Ele não era mau, e se melhor não era, antes foi por indolência do que por má vontade.

Os meus entraram de novo, acompanhados de vários padres, a quem eu disse: – Chegaram tarde. Orem por ele...

E, então, coisa estranha, vi meu pai duplicado, um morto e o outro de pé. Sorridente, acercou-se de mim... vi que queria beijar-me. Apresentei-lhe a fronte e ele beijou-me como jamais fizera, murmurando: – Adeus!

– Bendito seja, meu pai! – exclamei... e abandonei a câmara mortuária, deixando meus irmãos orando maquinalmente. Eram uns quantos mortos orando por um vivo.

Voltei para o convento e orei pedindo a Deus misericórdia. Conquanto meu pai não tivesse sido extremoso modelo de amor, senti profundamente a sua morte. Era um apoio a menos. Eu não tinha sobre a Terra quem me quisesse. Pensava nisso quando uma voz me disse: – Vá com cuidado, modifique o seu temperamento, que tem muito que sofrer... Não se julgue demasiado grande... Ai dos vaidosos!

Estes avisos foram-me muito proveitosos. Contudo, passei dias muito tristes... Estava tão só no mundo!

Lembrei-me de Benjamim e censurei o meu esquecimento para com o pobre órfão. Fi-lo vir visitar-me. Encontrou-me abatidíssima, porque, na realidade, muito havia sofrido. Tudo se me apresentava sombrio. Receei ficar de novo paralítica, tal era a minha prostração, e clamava: – Meu Deus! Será crime ter sentimento e procurar elevar-me até onde está?! Permita que eu recupere os movimentos, Senhor! Desejo ser útil aos outros!

Benjamim, ao ver-me assim, abraçou-me, exclamando: – Não morra, minha irmã! Sem você eu não poderia viver!

– Não fale assim! Você me aniquila com a ameaça da sua morte.

– Ah! é porque sem você eu não poderia resistir ao peso da vida.

– E que fará quando for um homem?

– Quero ser religioso, como você.

Olhei-o com tristeza. – E se você se enamorar? Será muito infeliz!... Não! Não quero que seja padre!

– Serei o que quiser – respondeu.

– Então, será militar. Defenderá a sua pátria e o seu rei. Honrará o nome que herdou. Conhecerá o mundo, viverá. Viverá, meu irmão, o que não se vive dentro dos claustros. Vá, e peça ao meu médico e àquele bom padre meu mestre que venham ver-me.

Os dois vieram no dia seguinte e encontraram-me transtornada. O médico, porém, desvaneceu os meus temores de ficar paralítica. Quanto o agradeci por isso.

O padre, olhando-me firmemente, murmurou: – Que coisa estranha! Por melhor que me encontre, quando estou ao seu lado, sinto-me mal.

Ao que respondi com tristeza: – Que pena sermos religiosos!... Se fosse mais moço e ambos fôssemos livres!...

Ele olhou-me e empalideceu.

Conversei longo tempo com os meus bons amigos, queixando-me amargamente do meu confessor e do meu consultor em literatura.

– O senhor – disse, dirigindo-me ao padre – poderá muito bem desempenhar esses dois papéis.

Ele levantou-se trêmulo e, chegando-se para mim, disse em voz baixa: – Cale-se! Ofendeu um homem poderoso e ele vai se vingar de você, fazendo-a sofrer muito. Tudo farei por você, mas procure não cometer imprudências.

– Não as cometerei se prometer visitar-me. Temos de estar em contato direto. Vou sair daqui.

– Sair daqui! – exclamaram ambos. – Que loucura!

Os meus bons amigos retiraram-se, ficando eu triste e preocupada. Mas, depois de reflexionar muito, disse para mim mesma: – Esse homem orgulhoso, ferido no mais fundo do seu amor próprio, quer fazer-me passar toda a sorte de humilhações. Pois veremos quem vence! Os cânones não me obrigarão a viver martirizada com esta vigilância intolerável. Hei de impor-me a este bando de ignorantes que estão aqui para me vigiar. A luta está empenhada. Veremos quem vence!

E desde aquele dia comecei a impor-me, principiando por corrigir os muitos vícios das minhas companheiras, alguns tão imorais que não posso mencionar. No momento da própria oração cometiam faltas gravíssimas, e eu acudia: – Infelizes! Como querem dirigir-se a Deus, se nem mesmo sabem falar umas com as outras? Acaso ser religiosa significa perder o bom-senso?

As freiras não tornavam a si do assombro, ao verem operar-se em mim mudança tão repentina, e, apesar disso, respeitavam-me.

Havendo uma delas caído gravemente doente, constituí-me sua enfermeira, não a deixando dia e noite. A pobre reclusa dizia-me: – Que fiz eu para merecer tanto bem? A senhora é nobre... parece a superiora... todas lhe obedecem... Que fiz eu para merecer os seus cuidados?

– É minha irmã perante Deus. Haverá de ficar boa, pois eu assim quero.

Efetivamente, impus-lhe as mãos, e como a enfermidade já estava debelada, curou-se rapidamente. Eu lhe disse, então: – Não pratique más ações, se quiser continuar bem. Aquele que é ingrato para com Deus, não pode ter saúde no corpo, nem na alma.

– Eu quero ser boa... Diga-me, o que devo fazer?

– Fale a Deus como eu lhe falo.

E oramos, repetindo ela as minhas palavras sinceras. Dei-lhe algumas instruções, acrescentando: – Quero que seja minha aliada.

– Serei.

– Vai contar-me tudo quanto de mim disserem. Não me traia, porque trairia a si mesma.

Desde aquele momento preparei-me para resistir às emboscadas. A freira era minha, porque eu a dominava pela vontade, e o serviço que lhe prestara era de grande valia, evitando-lhe uma convalescença penosa. Embora a gratidão não seja moeda corrente na humanidade, às vezes o egoísmo adorna-se com suas galas e, por temor de sair prejudicado, costuma o devedor tornar-se agradecido.

A freira percebeu que lhe era útil servir-me, daí, de bom grado, tornar-se minha aliada.

34. Bênção da reconciliação

À medida que eu ia granjeando algumas afeições entre aquelas pobres religiosas, ia percebendo o cerco que se armava.

Minha aliada, cumprindo fielmente a sua promessa, trazia-me a par de tudo quanto se tramava contra mim. Tão depressa pensavam em transferir-me para outro convento, como em ter-me presa na minha cela, impedindo-me de ir ao templo, reunir-me com as outras freiras. Outras vezes, falava-se de uma junta médica, que me declararia totalmente louca. Ora optavam por submeter-me a horríveis penitências, a fim de que os demônios me abandonassem.

Era tal a série de infâmias de que eu era alvo, que só em pensar nelas horrorizava-me. Ao deitar-me, dizia com desalento: – Meu Deus! Desejo ser boa e não me deixam! Aqui rodeiam-me pobres mulheres. Em outro convento, quem sabe se não encontrarei outras mais cruéis?!...

Desde o passamento de meu pai, a perseguição aumentara. A sua sombra, por sua vez, trazia-me sombra, mantendo meus inimigos à distância. A lembrança do nobre autor dos meus dias impunha respeito. Com a sua morte, o meu futuro tornara-se mais sombrio, e eu não tinha para onde voltar os olhos. Meu próprio irmão Benjamim me abandonara, e o padre e o médico haviam desaparecido também... Que triste solidão!

Uma noite senti muito medo, porque julguei ouvir alguém dizer-me: – O diabo apossou-se de você... é ele quem lhe dá essas forças fictícias...

E vi figuras estranhas, umas zombeteiras, outras ferozes. Depois, quadros da vida real, cenas de amor – negadas para mim –, mulheres formosas e galhardos mancebos, unidos em abraços apaixonados; crianças lindas esvoaçando como mariposas. Depois, ainda, campos de batalha cobertos de cadáveres, e aves de rapina cobrindo com as suas enormes asas os corpos dos heróis. Que horror! Fechava os olhos para não ver, mas continuava enxergando.

Levantei-me do leito desesperada, e gritei: – Senhor, por que me abandonou!... Já não tenho inspiração! Teria eu sido má filha? Mas se ninguém me quis... meus irmãos me odiaram... se a inveja rasgou-me com as suas dentadas ferinas, pois somente invejosos têm me rodeado... se quis amar e não me permitiram!... Meu Deus! Meu Deus!...

Antes de amanhecer ergui-me como uma louca. Tremia tão convulsivamente que, ao dirigir-me à igreja, uma freira olhou-me com espanto, perguntando: – Que tem? Está doente?

Prostrei-me ante a imagem do Crucificado, e ouvi vozes que me diziam: *Aqui você não está bem*. Mas para onde ir?... Já estava rodeada pelas religiosas e já haviam dado início às cerimônias cotidianas. Como era pobre tudo aquilo, tanto mais com um pregador vulgaríssimo e preces destituídas de bom-senso.

Saí do templo ainda mais triste e desesperada. Meu espírito lutava e tanto padecia, que, por fim, o organismo cedia, e eu caía em prostração, que só desaparecia depois de algumas horas de repouso. Voltavam então as convulsões violentas. Oh! Quanto sofri, quanto sofri, meu Deus!

O que mais me atormentava era que ninguém se acercava do meu leito, nem minha aliada sequer, para não despertar suspeitas. A superiora foi a única que um dia procurou ver-me.

– Mandamos buscar um médico – disse-me –, mas não creio que a cure, porque os demônios tomaram conta do seu corpo.

Ouvir estas palavras e enfurecer-me foi obra de um instante... Levantei-me, agarrei-a pelo pescoço e disse-lhe: – Miserável, que sabe você? Que sabe, infeliz, do que me sucede?

E empurrei-a com tamanha força, que ela bateu com a cabeça na parede, e eu caí sobre o leito, exclamando: – Vá!... Diga a esses esbirros a quem você serve que eu quis matá-la, para arrancar da Terra uma víbora!

A superiora correu gritando por socorro, bradando que o inferno estava no convento. A minha aliada veio e disse-me: – Que fez? A superiora está como louca... grita como se na verdade tivesse o demônio no corpo.

– Pois vá dizer-lhe que se cale, do contrário, vou matá-la... que quero acabar com tudo isso.

A freira entendeu-se com a superiora. Não poderia ter escolhido interlocutora melhor. Deve ter transmitido o que havia dito e muito mais, porque a superiora calou-se a partir de então. Inspirei-lhe medo, o que contribuiu para serenar a atmosfera do convento.

Vindo o médico, este ministrou-me um calmante que me deixou mais aliviada. Pensei, então, seriamente na minha situação, que não podia ser mais triste, nem mais atroz. Eu, que só desejava amor, via-me impelida a apelar para a força para que me respeitassem. Tudo aquilo era contrário ao meu modo de ser! E via-me só!... Nem meu irmão, nem o meu médico, nem o meu professor, ninguém se lembrava de mim!...

Por uma ordem inqualificável, havia muito tempo que me tinha sido vedado descer ao horto do convento, que, embora não tivesse nada de extraordinário, era um paraíso comparado aos escuros claustros e à igreja sombria.

Uma manhã, disposta a tudo, desci para respirar aquele ambiente perfumado, e exclamei alegre e satisfeita:

– Senhor, senhor, aqui sinto-me viver! Não quero os templos sem sol, porque são túmulos de vivos...

E corri pelo horto com a alegria de uma criança feliz. Procurei um recanto à sombra das nogueiras e ali me sentei sobre uma pedra. Estava ofegante com minha correria. Enquanto descansava, eu observava o céu através da ramaria. Foi quando ouvi uma voz cristalina dizer-me:

– Você é culpada de tudo quanto lhe sucede. A sua impetuosidade apressou a minha morte. Quer céus? Construa-os você mesma... abra caminho... Mas não esqueça que o seu caráter é o seu verdugo. Tenha calma e prudência.

Ao fundo eu ouvia uma melodia dulcíssima, que nunca ouvira na Terra.

– Não há dúvida – exclamei com alegria –, é a alma do meu pai quem me fala. Mas... se fosse o diabo?... Oh! Por que tal pensamento, se eu não creio no diabo?! Que são os infernos?... que são os demônios? Que é Deus... que é o céu? Vou escrever... Quero convencer-me do que sou, do que fui e do que serei...

Voltei para o convento. As freiras, quando me viram, fizeram o sinal da cruz, e uma delas, que sempre tinha para mim sorrisos hipócritas, benzeu-se e até fechou os olhos, para não ver a *endemoninhada*. Voltei-me para ela e disse:

– Por que faz agora o sinal da cruz, se antes sorria para mim? Era tudo falso? Infelizes... Julgam-me tão má? Pedirei perdão à superiora, farei quanto quiserem, mas não me odeiem.

A freira olhou-me, dizendo: – Eu não tenho culpa. Faço o que me mandam... e temos ordens para demonstrar-lhe ódio.

– E me odeiam? Você me odeia?

A pobre freira baixou a cabeça, sem responder, e eu, tomando-a pela cintura, disse-lhe: – Olhe para mim, mulher!... Você, que é tão formosa, não deve ter ódio na luz dos seus olhos... É lastimável!... É jovem, bela, robusta! Podia ter feito a felicidade de um homem criando uma família.

Ao ouvir isto, a freira fitou-me e as lágrimas saltaram-lhe dos olhos. Conversamos muito. Repeti-lhe mais de cem vezes que somente desejava a afeição de todas. Ao nos separarmos, ela me disse num tom doce:

– Se algum dia pudermos sair daqui!... Não se esqueça.

Alguns dias depois, desci novamente ao horto, levando papel, pena e tinteiro. Sentei-me junto à mesma nogueira e perguntei em voz alta: – Existirá o inferno? Se existe, que eu veja os demônios, as serpentes de fogo, os répteis arrastando tridentes em brasa, os lagos de betume em ebulição, as cataratas de chamas, todo o conjunto dos tormentos, dos suplícios, das horríveis torturas dos condenados... Mas, se não existe, cubram-se as árvores de flores, estenda-se um verde tapete sobre o solo, cantem os pássaros o seu hino de glória... Quero saber a verdade!...

Ouvi então uma voz: – Pobre louca! Escreva, que eu lhe direi onde está o inferno e quem é o diabo.

– E quem é você?

– Sou aquele que tudo pode, aquele que difundiu sobre a Terra as auras da liberdade. Sou aquele que em nome da ciência falou aos povos de um Deus único; aquele que conduziu as multidões pelo caminho da redenção; aquele que derramou seu sangue para fertilizar a Terra. Sou aquele que derrubou os altares dos deuses, para levantar o altar do progresso, para nele se adorar o verdadeiro Deus. Sou o que destruiu os tendas dos mercadores e proclamou a crença da religião eterna. Escute, mulher! Escute, viajora da eternidade! Não há outro inferno senão o da ingratidão, nem outros demônios senão os ódios criados pela inveja e pela ambição desmedida; nem há outro céu senão o amor de uns para com os outros. O céu é o amor. Dentro do amor cabem todas as abnegações, todos os sacrifícios, todos os heroísmos! Escreva, mulher, escreva.

– Oh! não! Antes quero ouvi-lo! Prefiro escutar a sua voz. Quero o alento da sua palavra divina! Escreverei depois... Quão grande é Deus!... Será a continuação do meu primeiro canto: – Quão belo é Deus!...

Uma brisa suave acariciou-me o rosto. Aspirei o delicioso perfume de flores, e senti rumor de asas. Alguma coisa tocou-me a fronte e o coração. As minhas mãos, sempre geladas, aqueceram-se suavemente. Parecia que me elevava, que me encontrava suspensa no ar, e depois... depois, olhei para o horto e vi a superiora, que me observava. Chegou até mim. Levantei-me e beijei-lhe a mão.

– Apesar de a pedra ser estreita, podemos sentar-nos juntas – disse-me ela.

Sentamo-nos e ela prosseguiu.

– Ouvi as suas preces, e me senti bem... Ora melhor aqui do que na igreja.

– Senhora, este templo não tem paredes, é mais belo do que os outros.

Ela olhou-me com doçura.

– Não lhe quero mal, nem tenho motivos para não lhe querer bem. Você tem um inimigo cruel, cujo poder é terrível, mas não quero servi-lo mais... sinto até, por tê-lo servido.

Ouvindo a superiora, senti que as portas do céu, em ouro e marfim, abriam-se para mim. Beijei-lhe as mãos repetidas vezes e disse-lhe com ternura: – Vou provar-lhe quanto sou agradecida. Peça o que quiser. Tudo farei, contanto que todas me estimem.

– Seremos boas amigas – disse ela, levantando-se –, apesar do mal que me fez, física e moralmente. Estou convencida, porém, que querer anular você é o mesmo que pretender apagar os raios do sol, que penetram em toda parte, levando a fecundação e a vida. Não sei o que você é, mas estou certa de que não é má, porque Deus respondeu à sua invocação. Eu vi todos os botões de uma árvore abrirem-se antes do tempo, vi a relva brotar em seu redor, e tais maravilhas não podem ser obra do demônio. Assim, cumpramos, cada qual, o nosso dever... Se quiser, mudaremos de confessor.

– Oh! sim, sim!

– Bem, bem! Não se exalte... Conhece algum bom padre?

Lembrei-me do meu professor, mas emudeci.

Desde aquele dia reinou a paz no convento. Aquelas frias paredes pareceram-me mais belas então. E eu, olhando para o crucifixo, pensava: – Aqui está a dor, mas também está a redenção.

Insistindo a superiora na mudança de confessor, solicitei ao padre meu mestre que viesse ver-me. Ao chegar, abracei-o com toda a efusão. Queria-lhe tanto! Ele olhou-me cheio de surpresa, enquanto a superiora dizia, sorrindo bondosamente:

– Ela esteve muito doente. Agora voltou a ser criança...

– Sim, é uma criança, mas com cérebro de adulto. Muito me apraz que, enfim, tenha compreendido quem ela é. Se a deixarmos agir, será luz em nossa igreja, luz para as nossas religiosas.

Satisfeita e contente, dirigi-me à superiora, apontando para o padre: – Este é outra de minhas vítimas. Antes de atirá-la contra a parede, deixei-o mudo e sem ação. Não me guardam rancor nenhum de vocês, não é verdade?

Os dois se olharam e trocaram sorrisos.

– Ainda não posso compreender o que sucedeu então – disse o padre. – Só sei que você tem muito valor. É uma águia que voa, e não devemos cortar-lhe as asas.

A superiora pediu-lhe fosse ele o nosso confessor. Olhamo-nos e, ao nos despedirmos, pedi-lhe que confiasse tal encargo a outro padre de sua confiança, acrescentando: – O senhor não pode desempenhar esse papel. Juntos, não poderíamos orar. Iríamos muito longe, apesar de tudo e da diferença de idade. Quer, mesmo assim, ser o meu confessor íntimo?

– Não, não!

– Nada receie. Não falarei de coisas que o agitem.

– Não! Não brinquemos com fogo. Trarei um bom padre. É uma boa e grande alma e irá auxiliá-la, com certeza. Ouça os seus conselhos.

Passados alguns dias, veio o meu novo confessor.

Era um homem inteligente e de caráter. Olhou, inspecionou tudo e entristeceu-se, porque ali tudo era pobre e mesquinho: o templo, o convento e a comunidade. Sentiu-se sufocado. Compreendendo-o, disse-lhe:

– Vejo que não se sente bem neste lugar. Está habituado aos luxuosos paramentos, às nuvens de incenso, aos templos espaçosos e suntuosos. Aqui tudo é pequeno, mas as almas são boas. São como flores singelas do campo, mas que também têm perfume. Não terá aqui púrpura e ouro, mas encontrará boa vontade.

O padre fitou-me surpreendido. Passeando a vista por todos os lados, disse:

– Creio que tem razão, que aqui existe amor e elevação de almas, o que muitas vezes não se encontra onde se acumulam tesouros. São muitas as minhas ocupações, mas farei tudo quanto possa para cumprir minha nova tarefa com dignidade.

35. Toda rosa tem espinhos

Com a mudança de confessor, melhor dizendo, de consultor, o clima no convento ficou mais ameno, melhorando notavelmente o procedimento da comunidade para comigo. Deram-me muitos livros sobre as vidas dos santos. Quanto mais eu lia livros religiosos, menos religiosa me tornava. Minha alma repelia aquelas santidades inverossímeis; achava imperfeitas as figuras dos santos, sempre virtuosos em demasia!... Ademais, a maioria dos eleitos era de alta linhagem. Um fora papa, outro, imperador. Aquele, bispo, este outro, príncipe... e nenhum havia pecado! Que hipocrisia! Entre os escritos sobre os santos, um dizia que não era possível a santidade na Terra, e que as mulheres eram mais propensas às sugestões do demônio, por força das tentações; que o diabo estava muito ligado aos que queriam chegar ao estado de santidade, e que a luta estava empenhada entre Deus e Satanás. Que absurdo, meu Deus! Deus em guerra com a sua própria obra!... Como se revoltava a minha alma diante de tais afirmações tão errôneas! Incomodava-me saber que os padres da Igreja escreviam aquilo...

Recordo-me de um santo que escreveu que teve amores puros, de tal pureza, que amou um ser *irracional*! Em compensação, chamava a mulher de endemoninhada, de possessa, de tentadora, serpente venenosa que se enroscava ao corpo do homem, até conseguir-lhe a perdição e a sua entrada no inferno!

Meu espírito se indignava à proporção que prosseguia a leitura; eu, que formava da mulher um conceito tão elevado, que a considerava como o coroamento da obra divina, pois nela o homem depositava todas as suas esperanças, todos os seus sonhos. Dela se nutria, com ela aprendia a bendizer a Deus. Sem ela não era possível a vida!... Que ignorância da lei natural!

No entanto, tais livros eram aceitos como obras religiosas, e nada mais eram do que obras de impureza. Achei-os tão desprezíveis, tão indignos, que quis escrever sobre a santidade da alma. Queria dizer que uma alma é santa quando pratica o bem, e é pobre, indigente e endemoninhada quando só trabalha por seu egoísmo, para satisfação de seus gozos particulares. É santa e angélica quando emprega a sua inteligência para iluminar os outros, sem cansar-se nunca de prodigalizar o bem.

Pedi ao meu confessor que emitisse um conceito rápido sobre a santidade da alma quando habita a Terra, e ele me disse: – A santidade da alma tem sido objeto de controvérsias em todas as religiões. É muito difícil a ela atingir o estado de santidade, e tanto é assim, que são muito poucos os santos que logram entrar no reino dos céus.

– Eu também assim creio, porque, na verdade, as almas religiosas são bem escassas... Não me julgo uma mulher de mau sentimento; no entanto, quando rezo o *Pai Nosso*, fico atordoada, porque a oração sem alma me espanta. Quantos rezam sem sentir!

– Aconselho-a a não escrever sobre o assunto. A Igreja tem os seus doutores. Abstenha-se disso. Os seus escritos poderiam ser queimados, e você severamente castigada pela autoridade eclesiástica, escrevendo filosoficamente sobre os obstáculos que a alma tem de vencer para ser santa. É muito vigiada. Caminhe com cuidado.

– Não se preocupe. Quero escrever sobre a santidade da alma. Dividirei o meu trabalho em três partes e vou consultá-lo. Se não o agradar, vamos queimá-lo.

Escrevi a primeira parte. Pus-me em comunicação com o meu *anjo*. Fiz-lhe muitas perguntas, a que ele respondia admiravelmente. As minhas perguntas eram as flores e sua delicada essência, as respostas do *anjo*. – Não voe tão alto – disse-me ele, quando me elevei a grande altura.

Concluído o trabalho, li-o ao meu confessor, que, profundamente admirado, disse-me com tristeza:

– O que escreveu é uma ferramenta que destrói a liturgia e a teologia. Nossos hábitos não permitem a destruição do que já encontramos feito; antes, impõem-nos a obrigação de reerguer o que se afunda.

– Bem, mas que diz do meu trabalho? É bom?

– Se é!... Contudo, se pudéssemos modificá-lo...

– Isso não! Pode-se modificar os raios do sol e as leis da natureza? Pois do mesmo modo, é impossível tirar a alma do trabalho literário. É preferível destruí-lo. Que fazer? Queimá-lo?

– Não! Mas é tão arriscado guardá-lo!...

– Não tenho medo de conservá-lo.

– Então... esconda-o bem. Verei se é possível corrigi-lo. Entretanto, escreva a segunda parte.

Eu tinha muita pena de ver o meu trabalho alterado. Mas, por respeito, emudeci. Comecei a segunda parte maldizendo uma Igreja que tinha horizontes tão limitados. Dizia aos padres: – Morrerão de asfixia. Sua própria sombra os fará sucumbir.

Numa pausa em meu trabalho, contemplei a natureza e exclamei com dolorosa impaciência: – Se tudo se move, se tudo se agita, se a evolução permanente é um fato, por que a religião que professo deseja a imobilidade?! Por que é tão pobre nos seus intuitos, tão pequena nas suas aspirações?

Quando mais estava mergulhada nos meus pensamentos, vieram prevenir-me que uma senhora me esperava. Muito senti que me interrompessem naquele momento de meditação, porque nada há de mais doloroso do que a ruptura dessa espécie de círculo que o escritor forma em torno de si mesmo. Desgostosa, apresentei-me no locutório onde me esperava uma dama da alta classe. Bastava olhá-la para compreender que os seus pés não pisavam senão tapetes. O cotidiano para seus olhos devia ser de ricos cortinados de púrpura e brocado. Saudou-me com um ar de benevolência peculiar às grandes personalidades, dizendo-me com doce acento:

– Vim para conhecê-la. Desejo relacionar-me com você. Admiro tudo quanto é belo e grande, e quero que, juntas, façamos alguma coisa em benefício da humanidade. Sei do seu valor e do que é capaz.

Não me desagradaram as suas palavras, e por isso demonstrei-lhe sinceramente a minha gratidão. Falando de religião, disse-lhe que encontrava muitas falhas naquela que nossos antepassados nos haviam deixado, ao que a senhora respondeu:

– Os maus ministros são as falhas na nossa religião; ela em si é boa, e para ela é que eu quero que trabalhemos.

– Não desejo outra coisa. O mundo não me atrai, porque se me atraísse eu abandonaria o hábito. Hoje em dia estou enamorada de minha religião e por ela quero escrever.

– Sejamos irmãs, então, uma vez que os nossos desejos de querer ser úteis são comuns.

– Está bem. Unidas, talvez, possamos fazer muito, a senhora no alto e eu na minha obscuridade.

Despedimo-nos carinhosamente e ela ofereceu-me a sua valiosa proteção. Eu me entusiasmara com a sua visita. Pensando na segunda parte do meu trabalho, escrevi algumas folhas... e ouvi como que um estrondo ao longe. As ideias se embaralhavam e não pude continuar a trabalhar. Exasperei-me. Outra vibração soou mais perto, o que me causou profunda estranheza, porque o céu estava sereno e o sol brilhava em todo o esplendor. Veio a terceira vibração, mais próxima ainda, e depois estas palavras:

– Não escreva mais. Não vê que a traição a espreita? Não escreva sobre a santidade. Escreva sobre a virtude, sobre a doutrina religiosa do seu tempo, mas não diga nada com respeito aos doutrinadores, que você não merece tal expiação. Queime a primeira parte do seu trabalho. Escreverá mais tarde, em outros tempos e outros lugares, onde a religião é o amor e a santidade é o conjunto de todas as virtudes.

Olhei e nada vi. – Será uma voz humana? – pensei. – Haverá alguém atentando contra a minha tranquilidade?

– Não, não! – ouvi que diziam. – Não é uma voz humana.

Dei alguns passos e encontrei a superiora, que vendo-me chorosa e trêmula, perguntou por que eu chorava e o que se passava.

– Dizem do céu que eu queime o que escrevi.

Fui para a minha cela, apanhei todos os meus papéis e queimei-os, dizendo: – Aí se vão os meus pensamentos!...

E chorei, chorei muito, até ouvir que me diziam: – Ingrata! Não lhe foi dito que esses escritos iriam prejudicá-la?... Ingrata! Ingrata!...

– Tem razão, meu *anjo* – pensei –, não escreverei mais sobre a santidade, mas sim sobre assuntos mais doces, mais humanos, melhor dizendo, sobre as lutas da vida humana. Mas é preciso ver para sentir. Pedirei licença para sair. A minha nova protetora vai me auxiliar. Visitarei os pobres e ouvirei os seus lamentos. Procurarei as mulheres perdidas que queiram fazer penitência. Confessarei as mães moribundas que me entregarem os filhos extenuados pela miséria. Serei, enfim, útil à minha religião e à humanidade.

À noite, recolhida, senti que o meu leito se movia. Parecia que mãos invisíveis o levantavam do solo. Depois, minha cela iluminou-se de uma claridade ofuscante, muito mais formosa que a luz do dia. Tudo era luz: chão, leito, paredes. Parecia-me transportada ao espaço.

Ainda não tinha voltado a mim do assombro, quando vi uma figura envolta num manto branco, de rosto lindo, cabelos esplêndidos e com olhos de expressão divina: – É o meu Deus? – perguntei. – É o senhor o protótipo da minha religião?

– Não! Você delira. Como pode pensar que eu seja Deus?... Sou apenas um espírito, como você.

– Ai... Será o demônio?

– Infeliz!... por que duvida? Não sabe que outro inferno não há senão o da ignorância? E que é ela o demônio tentador da humanidade? Venho para dizer-lhe que é preciso trabalhar, mas sem tanta luta. Eu desenvolverei a sua vidência, para que, vendo os espíritos, fortaleça-se. Deseja sair para presenciar as lutas pela vida? Pois sairá; eu vou acompanhá-la. Você me verá e contará aos seus confessores tudo quanto veja. Passará por possessa do demônio. Os seus trabalhos mais importantes serão rudemente combatidos, mas... que importa?... Todas as rosas têm espinhos...

E, sorrindo, o espírito prosseguiu com a maior ternura: – Os espinhos serão convertidos depois em raios de sol e a sua ventura será imensa, inextinguível.

– Tenho um receio... uma dúvida...

– Sim, já sei. Você será traída.

– Sim?...

– Sim, a traição não triunfará e os seus últimos momentos serão muito doces. Escreverá muito, e as suas obras se multiplicarão, sendo traduzidas em vários idiomas. E haverá cisma na Igreja por sua causa.

No dia seguinte contei o que se passara ao meu confessor, que ficou muito desgostoso ao saber que eu havia queimado o meu trabalho, e concluiu: – Não há mais remédio, mas... é preciso estudar e analisar o que se passou.

– Pode ser o diabo?

– Não. O diabo nunca aconselha para o bem.

– Então concorda que Deus está comigo?

– Deus está com todos. Lembre-se das vidas dos santos; quase todos foram objeto de manifestações sobrenaturais. Sempre que você tiver visões, conte-me tudo quanto lhe suceder... e pergunte ao seu *anjo* por mim, e se é pecado admirá--la como a admiro.

– Fique descansado. Perguntarei o que quiser, pois acredito que atendendo-o cumpro com um dever sagrado.

36. Asas da liberdade

Decorreu o tempo. Dediquei-me a escrever sobre motivos e conceitos sintetizados na fé que abraçara e sobre as práticas e costumes religiosos. Para o meu espírito, esse foi um período de paz e tranquilidade. O meu confessor estava satisfeito comigo, e perguntava sempre se eu via alguma coisa de extraordinário e se ouvia vozes do céu.

Um dia, observou: – Seria conveniente que saísse daqui, para estudar lá fora o muito que há para ver e observar.

O desejo do meu confessor, no momento, surpreendeu-me e até pus-me em guarda, porque a perseguição que havia sofrido tornara-me desconfiada. Como, porém, desejava ardentemente sair da clausura, aproveitei a ocasião que se oferecia e mandei chamar o médico e o antigo padre meu mestre, pondo-os a par das minhas aspirações, patrocinadas pelo meu bom confessor.

Ambos concordaram, não ocultando, porém, que não era tão fácil obter o que eu pretendia. E por ser difícil, trabalhariam com mais empenho para que eu conseguisse.

Alguns dias depois, visitou-me a nobre e altiva dama que tantos oferecimentos me fizera e tão espontâneos, segundo nos parecia. Ao vê-la, involuntariamente, senti em todo o meu ser um estremecimento doloroso. Para meu pesar, um sentimento de repulsão apoderou-se de mim. Por quê? Não sabia. Sentia o efeito, mas ignorava a causa. Dominei-me, como é natural, e recebi-a com as atenções de que se fazia credora, por sua alta posição.

A dama encheu-me de afagos, e desde esse dia visitou-me com frequência. Conquanto ao vê-la eu sentisse um mal-estar indefinível, como ela era carinhosa, expressiva e amável, o mel das suas palavras adoçava as minhas dúvidas e incertezas, e acabei por lhe confiar todos os meus pensamentos. Ela, por todos os meios imagináveis, procurava ganhar a minha confiança e dizia-me meiga:

– Você pode ser um expoente da nossa religião. Farei que as suas obras sejam lidas nos palácios. Fundarei uma comunidade, que será sua. Você vai dirigi-la e eu serei a intermediária entre ela e você.

Eram planos que despertavam interesse, e eu lhe disse:

– Devo adverti-la, senhora, que me faltam os meios materiais para auxiliá-la em sua nobre empreitada. Mesmo que eu seja de boa linhagem e, por isso, não deva ser pobre, pois minha mãe herdou muitas fazendas, o certo é que, desde que me fiz freira, a minha família nunca me prestou conta das rendas que meus bens devem produzir. Meu pai jamais tocou em questões de dinheiro, e meu irmão mais velho seguiu o seu exemplo. Assim é que encontro-me com disposição de muito trabalhar, aqui e fora daqui, mas... reconheço que me falta o principal: o ouro para alicerçar as tantas instituições religiosas necessárias.

– Por motivos de dinheiro, não se preocupe; sobram-me recursos. E se necessita liberdade, aqui lhe trago a licença eclesiástica.

E entregou-me um documento formal, pelo qual me era concedida completa liberdade para deixar minha clausura e agir como me aprouvesse, dentro e fora do convento. Poderia viajar e pernoitar onde melhor me parecesse. Foi uma alegria para mim, poder sair para visitar os infelizes e levar-lhes consolação e conforto... A minha protetora alegrou-se também com meu estado de felicidade, declarando que quanto antes fundaria uma comunidade tão nobre quanto notável, porque todas as religiosas pertenceriam à nobreza.

Confesso, sinceramente, que apressei a minha saída do convento. Aquelas paredes pareciam desabar sobre mim. Ao sair à rua, tive tristezas e alegrias sem par. Refleti no fato de que o espírito necessita aspirar o ar livre e que a clausura não eleva as almas, antes as faz estacionar. A sombra dos claustros e dos templos apaga o fogo das aspirações generosas. Orar fitando o chão é viver como as toupeiras em suas galerias subterrâneas, enquanto orar em pleno campo, fitando as nuvens douradas pelo pôr do sol, é ensaiar o voo das águias que se perdem nas alturas.

No entanto, na rua, ao ver-me fora do convento, senti frio na alma. Não se pode viver sem um teto que nos abrigue, sem uma parede onde apoiar-se... Pensei na casa dos meus parentes, e ainda que ali não encontrasse o calor da família – pois meus irmãos não eram para mim mais do que estranhos –, julguei ser meu dever visitar a casa onde nascera e onde meus pais tinham morrido.

Pois para lá me dirigi, e a receptividade não foi boa. Meu irmão mais velho recebeu-me com mau humor, dizendo-me com desagrado:

– Fez mais alguma das suas loucuras? Fugiu do convento? Pois aqui não há refúgio para os que abandonam a morada do Senhor.

– Vim visitar este santuário, pois santuário deve ser para o homem a casa onde nasce e onde vê morrer os seus. Para satisfazer este desejo, tenho autorização do papa.

E mostrei-lhe o pergaminho. Ao ver o documento, de hostil passou a amável. Sua agressividade transformou-se em cortesia e ele mudou por completo, oferecendo-me hospitalidade por alguns dias, que aceitei, contente. A minha alma necessitava evocar as suas recordações da infância e da juventude. Quantas recordações quando na câmara de meu pai!...

Tudo estava no mesmo lugar. O amplo leito matrimonial estava coberto com as suas largas tapeçarias. Chamei meu pai, e ele acudiu instantaneamente meu apelo, dizendo-me: – Ah! Louquinha, louquinha! Muito se espera de você! Escute a voz dos que sofrem e corresponda à proteção que lhe dispensam.

Profundamente comovida, perguntei: – Meu pai, devo fundar comunidades religiosas?... não tenho vocação para isso e muito se padece nos conventos, que são como tumbas da inteligência. Os desesperados que neles se refugiam tornam-se loucos.

– Mesmo assim é preciso que as implante. As suas inovações vêm antes do tempo e seu interesse pelos pobres não será bem recebido por todos. Você tem necessidade de erguer templos, para que lhe sirvam de refúgio. A sua protetora não ama você; ela fundará uma comunidade, não para o exercício da virtude, e sim para satisfação da vaidade, do orgulho e de outras más paixões humanas.

– Devo fugir dela, então?

– Não. Nesse mundo é preciso proceder com cautela, com prudência. Nenhum fio deve ser partido, porque todos fazem falta na tessitura social.

Senti na fronte um beijo de meu pai. Largo tempo permaneci junto ao seu leito, onde tristes pensamentos me assaltaram... Voltando à calma, fui procurar meu irmão mais velho, a quem disse: – Nada lhe peço; desejo apenas percorrer os nossos domínios e visitar os nossos parentes ricos e pobres.

– Você poderá satisfazer o seu desejo, vendo a todos. Verá a todos, inclusive Benjamim, que pediu licença para repousar dos estudos acadêmicos.

Ouvindo falar em Benjamim, envergonhei-me do meu esquecimento... Que ingratidão!... Não me lembrei dele ao entrar em minha casa.

E eu que queria ser uma alma boa!... Quanta miséria se ocultava sob um hábito de santidade! Recriminei-me amargamente do meu esquecimento e recolhi-me ao meu aposento, cujos móveis estavam no lugar onde os deixara. Meu leito estava envolto em lençóis de seda branca. Sentei-me junto a uma pequena mesa e escrevi um pequeno poema intitulado *Minha Volta ao Lar*, trabalho em que empreguei alguns dias.

Chegou Benjamim. Era agora um belo rapaz. Abraçou-me com efusão, dizendo:

– Quão formosa está, e como se parece com a nossa mãe! – e chorou como uma criança.

– Que tem? – perguntei. – Tem sofrido? O que lhe tem acontecido?

– Nada de particular. Cumpro as suas ordens. Obedeço-lhe e, sem você, nada quero. Mas, pensando em você, desejo chegar a general em pouco tempo. Os meus companheiros me temem; os meus superiores me respeitam. Junto de você, se não chorasse, sufocaria; longe de você, sou um colosso.

Eu o achava belo. Era uma figura nobre e gentil. Contudo, sentindo por ele a mesma repulsão, dominei-me ainda uma vez e dei-lhe muito carinho, o que lhe causou profunda satisfação.

Acompanhada por meus irmãos, visitei todos os parentes, que eram muitos, desvalidos e desgraçados, a quem prodigalizei consolos com a unção de minhas palavras. Pareceu-me que estes ofereciam-me um terreno bom para lançar a semente.

Um dia, depois de longa caminhada, o meu irmão mais velho convidou-nos para ficarmos em uma casa de campo e, no dia seguinte, assistirmos ao nascer do sol do cimo das montanhas.

Os donos da casa me olhavam cheios de suspeita, porque não me conheciam. Olhei em torno, descobrindo *sombras* naqueles lugares, onde, não obstante, reinava a abundância. A casa era espaçosa e cômoda. A família, muito numerosa, tinha velhos, jovens e meninos. Deveriam viver com alegria, que, entretanto, não existia.

Entre as crianças havia uma, esquecida de todos, e entre as mulheres havia também uma de meia-idade, que despertou a minha atenção por motivo da sua gravidade e compostura; falava pouco e bem.

Meus irmãos recolheram-se, para poder levantar-se de madrugada, e pediram-me carinhosamente que os imitasse. Eu, porém, manifestei vontade de ouvir uma dessas histórias que se contam ao pé da lareira, e então a mulher a quem me referi disse-me em voz baixa:

– Eu vou contar-lhe uma história, mas não aqui... no seu aposento. Dê boa-noite e venha comigo.

Acedi ao seu desejo; sentamo-nos e a mulher me disse: – Desde o primeiro momento senti por vossa mercê uma atração particular. Diria que me murmuravam ao ouvido para lhe contar as minhas mágoas.

– Pois fale sem receio – respondi.

E a camponesa contou-me uma história de amores infelizes, nos quais *ele* teve de fugir e *ela*... morreu, deixando um filho em poder da minha interlocutora. Essa criança era idiota, sendo motivo de riso para todos da casa. Mais que idiota, chegava algumas vezes à loucura, porque gritava alucinadamente: "Tia, tia! Não me abandone, que esses infames querem me apanhar para judiar de mim. Mas não sabem que breve chegará a minha vez, e então regatos de sangue irão colorir a água dos rios, e os rios tingirão de vermelho o mar. Os templos cairão, minados em sua base, e as suas cúpulas afundarão nas profundezas dos abismos..."

– Meu pobrezinho!... – exclamava a mulher. – Pobrezinho de minha alma! Creia vossa mercê que, por causa dessa criança, trago o coração despedaçado!

E a infeliz chorou em silêncio, mas com tamanha amargura, que fiquei convencida de que a heroína daquela história era ela própria.

– Indubitavelmente, mulher – disse eu –, Deus tocou em seu coração, porque contando-me essa história, você buscou a cura de seu filho, porque... não minta, esse menino é seu filho! Se seus olhos dizem que não me engano, que seus lábios não mintam.

Ela me olhou assombrada e caiu aos meus pés, exclamando: – Pequei, senhora! Pequei! Mas a culpa trouxe a penitência... porque meu filho é o meu maior tormento!

– Pois não será mais. Conduza-me ao lugar onde dorme o menino.

A mulher obedeceu docilmente, levando-me a um cômodo pequeno, onde, sobre um leito pobre, mas bem asseado, estava o pobre idiota.

Ao ver-me, ele disse com toda a naturalidade: – Eu a esperava!

E pôs-se a falar disparatadamente.

Perguntei-lhe, então: – Chegou o seu tempo?

Ao que ele respondeu: – Sim, sim. Chegou a minha hora. Sofro muito... sinto o ataque sem piedade de milhões de homens. Ponha-se em guarda, porque eles querem atacá-la também!...

Realmente, senti violentos puxões, bafos que me queimavam as faces, dores agudas, tremores em todo o corpo, como se mãos invisíveis quisessem lançar-me brutalmente ao chão.

– Meu Deus! – exclamei angustiada. – Clemência para o infortunado!

E vi legiões de espíritos batendo em retirada, ameaçando-nos com as suas armas. Seguiu-se uma claridade viva que tudo iluminou e uma voz doce que me disse:

– Cure-o!

– Como?

– Impondo-lhe as suas mãos.

Ouvi gritos, blasfêmias, rugidos de cólera: – Malditos!... Malditos!... Ela e ele sucumbirão!

Outras legiões se afastaram e, de novo, fez-se ouvir a voz, desta vez mais potente: – Cure-o!

Obedecendo às ordens do céu, envolvi o menino nos meus fluidos. Apliquei-lhe passes magnéticos, até que o pequeno enfermo adormeceu completamente. Decorrido algum tempo, ordenei-lhe que despertasse. Ele então respondeu:

– Não, deixe-me nesta calma, que eu preciso. Vá... já curou-me... Amanhã quero abraçá-la!...

A pobre mulher tinha desmaiado. Reanimei-a, aconselhando-a que deixasse a criança dormir, e que na manhã seguinte vê-lo-ia curado. A infeliz beijou-me as mãos. Não sabia como demonstrar a sua gratidão.

Quis deitar-me, mas não pude. Meus irmãos já se haviam levantado para irem ver o nascer do sol e eu não me fiz esperar. Apesar de ter passado a noite em vigília, encontrava-me ágil e bem disposta, contente, com a mente desenvolta.

Ao despedir-me daquela boa gente, que fez questão de nos acompanhar durante um longo trecho do caminho, a mãe agradecida, rapidamente, foi a primeira a colocar-se ao meu lado. Seguia sem tirar os olhos de mim.

Já tínhamos perdido a casa de vista, quando vimos o pobre menino correndo em nossa direção. Os seus olhos, porém, tinham perdido aquela fixidez da morte, e a sua boca já não se abria de forma repugnante:

– Você me deu a saúde! – exclamou ele. – Bendita seja!

E num abraço delirante, beijou-me a fronte com o maior respeito. Os demais presentes não compreendiam o que se passava. A pobre mãe ficou prostrada e o menino prosseguiu dizendo: – Sim! Sim! Restituiu-me a saúde!... e a minha oração será pelo anjo da sua guarda.

Permiti, então, que a mãe desfrutasse da ressurreição de seu filho. Fiquei junto dela observando o menino cobrindo de beijos o rosto de sua mãe e dizendo aos gritos: – Já estou curado!... Agora não mais vão rir de mim!... Já poderei ganhar o pão com o suor do meu rosto!...

O assombro de todos era grande. Afastei-me contentíssima, porque fora útil ao meu semelhante... Que melhor prática religiosa?

Chegamos ao cimo da montanha, presenciando o nascer do sol. Eu via, porém, muitos sóis, enquanto ouvia uma voz: – Isto é belo, mas uma alma virtuosa é ainda mais bela... Vê estas alturas? Pois bem, olhe também para baixo... Verá abismos profundos. Em toda a parte há que se trabalhar. Não se envaideça com as alturas. É preferível descer aos abismos.

Eu ouvia extasiada, enquanto Benjamim, que me observava de longe, corria para mim, exclamando: – Minha irmã!... parece que uma nuvem de fogo a rodeia!

– É o fogo da minha alma que busca os amores do infinito. Contemplo os cimos e os abismos.

– Não fale de abismos – disse ele. – Quando olho para um, penso na morte e fico horrorizado.

Eu também estremeci ao ouvi-lo, e disse para comigo: – Pobrezinho! pobrezinho! Indubitavelmente, tem motivos para isso.

37. Missão sob novos auspícios

Descendo da montanha, caminhamos em direção a um lugar escabroso e pitoresco ao mesmo tempo. Para adentrar em seus densos bosques era necessário cortar sarças espinhosas.

Parecia haver muita caça por ali, e meus irmãos saíram à procura. Fiquei à espera, num local muito agradável, onde várias nascentes formavam uma espécie de cascata. A água se precipitava de grande altura, caindo ruidosa sobre um riacho espumoso, que se ia perder entre penhascos e folhedos. Não poderia ter encontrado melhor lugar para entregar-me à meditação.

Só e tranquila, dispus-me a escrever as minhas impressões, sem que o ruído das águas me perturbasse. Mas, sem dar-me conta, deixei a pena de lado e fiquei de ouvido atento ao que as águas diziam... Sim, eram vozes, vozes distintas, e eu as ouvia! E não tinha a menor dúvida de que conversavam entre si as gerações passadas. Sábios que floresceram, mártires que morreram defendendo os seus ideais, todos, porém, falavam com amargura, com profunda tristeza, porque todos tinham partido descontentes da Terra.

Emudeceram por um momento, e eu exclamei: – Meu Deus, por que a humanidade está sempre em luta? Por que sofrem os pobres e os fortes abusam do seu poder? Onde a misericórdia, Senhor?

Longa foi a minha prece, uma verdadeira interrogação ao Eterno, pedindo-Lhe luz, pois eu nada mais via do que trevas. Tanto me elevei, separando-me a tal ponto do local onde me achava, que vi-me transportada a outra parte do mundo. Desconhecia onde estava. Era, porém, longe, muito longe do lugar em que meu corpo descansava, reclinado em uma pedra. Meu espírito, ansioso por encontrar justiça, subia tanto quanto lhe permitia o seu adiantamento! E via gerações que passavam sorridentes. Nos sorrisos eu lia seus pensamentos.

Trabalhavam todos para o progresso universal, e todos sorriam intercambiando impressões. Os espíritos compreendiam-se admiravelmente. Vi mulheres formosíssimas, cantando com doçura. Eram cantos harmoniosos, diferentes dos cânticos das pobres virgens encerradas nos claustros sombrios... Eram mulheres ditosas em seu lar, adorando os filhos, exalando o perfume do seu sentimento em beijos de amor. Eram beijos transmitidos, não pelo contato dos lábios, mas pelo suave calor do alento. Que delicadas carícias!... Que gerações felizes! Que crianças encantadoras, cujo olhar dizia: – Mãe, eu a amo!...

Eu observava aquela multidão de jovens e crianças, estranhando profundamente não ver um único ancião.

– Não há velhos neste lugar? – perguntei a um menino.

Este fitou-me com a expressão de quem não compreende uma pergunta. No mesmo instante, porém, desfilaram diante de mim figuras graves e respeitáveis, conduzindo com eles o patrimônio da sabedoria. Como me pareceram belos!... Não eram os velhos decrépitos e aparvalhados da Terra, mas homens severos e afáveis ao mesmo tempo.

– Onde estão os enfermos? – perguntei novamente.

Milhares de seres olharam-me compassivamente e ouvi a seguinte resposta:

– Aqui não há outro enfermo senão você.

– Em que mundo estou?

– Na Terra.

– Na Terra?

– Sim, na Terra, quando ela tiver alcançado a sua redenção.

– Então, serão felizes assim os habitantes da Terra?

– Assim serão! – disse uma voz sonora.

Olhei em torno... a Terra era um jardim, um paraíso. Por toda a parte elementos de vida. Os homens trabalhavam sem que o suor lhes molhasse a fronte, operando instrumentos, sorrindo por detrás das máquinas que iam abrindo sulcos que recebiam sementes férteis.

– E os templos da fé? Onde estão?

Ouvi um ribombo de trovão, e vi um edifício imenso, assombroso pela arrojada arquitetura, e cujas inúmeras torres pareciam tocar os céus.

Ao deparar-me com aquele volume imenso, indaguei: – É aqui que os crentes oram?

Entrei e senti-me aturdida; não havia ídolos. Uma multidão entoava cânticos suaves, semelhante a coros angelicais.

– Estas almas oram? – perguntei.

– Sim – respondeu uma voz –, oram. A humanidade está em Deus quando todas se albergam no templo da fraternidade universal.

Quão grandioso era aquele templo de inumeráveis belezas! Acima da enorme cúpula, um globo movia-se incessantemente. Ali soava uma voz que dizia: – Este globo é o símbolo do trabalho da humanidade.

Quis subir até o globo. Percebi que no espaço tudo se movia, tudo girava. Perguntei, então: – Aqui não há sinos nem bronzes?

– Sim, aqui há bronze, mas não em metal: em inteligências. Bronze foi você, e forte para ferir. Mas também com o bronze da ingratidão será ferida como feriu. Não se desespere, porém. Seja forte para o trabalho, como o foi para o engano e para a intriga. Lute e escreva, e quando as forças a abandonarem, encha-se de coragem para sofrer o mais cruel dos desenganos.

Senti um puxão violento e encontrei-me na ribanceira, onde ficara meu corpo reclinado sobre uma pedra. Tomei a pena e escrevi com tamanha velocidade, que a escrita se tornou pouco menos que ininteligível.

Ao voltarem meus irmãos, Benjamim, repassando o que eu escrevera, disse com assombro: – Como está escrevendo mal! Não se entende nada!

Empreendemos de novo a marcha, e eu ia muito triste. Meus irmãos procuravam distrair-me, mas não conseguiam. Voltamos, então, à casa de campo onde havia curado o menino idiota. Retirei-me imediatamente para o aposento que me haviam oferecido. Tentei dormir, mas não consegui. Vi então os atos de minhas existências anteriores. Vi-me quando fui uma mulher perdida... Que vergonha! Que horror... que suplício! Quando acordei estava péssima... Vira tanta infâmia, tanta baixeza! Tanta degradação! Tanta miséria!...

Meus irmãos, vendo-me naquele estado, decidiram que iríamos deter-nos ali até que eu melhorasse. O menino que eu curara tornou-se meu companheiro inseparável. Como me queria! E que inteligência ele possuía!

Compreendendo desde logo que a mulher a quem tratava de tia era sua mãe, disse-me com veemência:

– É verdade que ela é minha mãe?

– Sim, é sua mãe, pois o ama.

– Não é isso... é minha mãe... mas seu marido não é meu pai!

– Cale-se, por favor!

– Não! Ninguém nos ouve, e eu preciso convencer-me de que ela é minha mãe.

Vi-o tão obstinado que temi um retrocesso em sua cura, e disse-lhe: – É verdade, sim! Ela é sua mãe, mas... do seu silêncio depende a sua vida.

– Pode ficar descansada. Eu lhe direi isso com os meus beijos. Não há necessidade de falar quando se sente.

Os meus diálogos com ele produziam-me o efeito de remédio, o que o fazia dizer, sorrindo: – Não é certo que nos curamos um ao outro?

Chorou copiosamente quando partimos. Sua mãe conteve o pranto, mas os olhos deram-me o mais terno dos adeuses.

Ao chegarmos ao nosso lar, meu irmão mais velho cercou-me de atenções, dizendo-me uma vez: – Quero confessar-lhe os meus sentimentos. Dantes não a amava. Hoje amo-a e vou protegê-la. Lembre-se sempre que tem em mim um protetor, um segundo pai, embora eu saiba que não me estima muito, o que é razoável porque, na verdade, não o mereço.

Ao ouvir tais palavras, desfiz-me em prantos, o que lhe fez perguntar-me: – Eu a ofendi?

– Não... É que o seu amor fraternal me dá força! Ouça, todos os meus bens materiais são seus. E quando Benjamim terminar os seus estudos, proteja-o, e da parte que me cabe por herança, empregue da forma que quiser. Eu necessito de muito pouco e... bendita a hora em que disse que me quer bem!

Voltei ao trabalho cheia de vida. Adquirimos novo vigor quando alguém nos diz que nos quer! Com que prazer se trabalha!... Compus até um canto dedicado aos meus irmãos, que não tive coragem de ler para eles.

E passou-se o tempo. Sempre eu era tratada com toda atenção e respeito. Certa noite, Benjamim, muito triste, falou-me: – Vou partir amanhã para a academia. Pense em mim... pense que não me estima tanto quanto eu queria...

– Quando tiver amores, você me esquecerá, nada lhe importando o fato de eu estimá-lo muito ou pouco.

– Ah! não! Sem o seu amor não poderia viver. Já tenho inclinação para uma jovem da nobreza, que irá perpetuar o meu nome, mas necessito do seu afeto para viver. Sem você, vejo abismos e sinto-me rolando de penhasco em penhasco... Não me esqueça, está ouvindo?... Não se esqueça de mim!...

Deus meu – pensava eu –, se ele soubesse o que se passava dentro de mim!

Dominei-me e respondi: – Não duvide do meu afeto, quero-lhe muito.

– Está bem. Ore sempre por mim, porque, acredite, minha irmã, não sei por quê, mas sou tão infeliz!...

Benjamim foi-se e eu... alegrei-me com a sua partida. Longe dele eu respirava melhor... Para meu castigo, porém, pela minha ingratidão, pouco durou minha tranquilidade.

– Prepare-se – disse meu irmão mais velho, um dia. – Vamos ter muitas visitas, entre as quais a daquele amigo de nosso pai com quem você rompeu.

– Pois, se me permite, vou-me embora. Esse homem me faz medo! Fez-me muito mal, você sabe.

– Oh! Não! Fique, eu lhe peço! Se você se for, ele poderia ofender-se... É justamente por sua causa que ele vem. É um homem poderoso, e a sua inimizade é terrível. Se você se for, muito me prejudicará.

– Ficarei, então.

O amigo de meu pai chegou acompanhado de um séquito principesco. Ao ver-me, disse docemente, mas em voz alta, para que todos o ouvissem: – Sinto-me satisfeito por me haver esperado. Rogo-lhe que me perdoe por tão ter compreendido a tempo o seu valor.

E, voltando-se para meu irmão, acrescentou: – Sua irmã será uma glória da nossa religião e da nossa pátria.

Fiz-lhe ver que meu credo mandava perdoar as ofensas, tratando de corresponder à sua inusitada amabilidade.

Ao voltarem de uma caçada com meus irmãos, disse-me o amigo de meu pai: – Quero falar com você, não para mortificá-la ou ofendê-la, mas para enaltecer a virtude e o talento de uma mulher.

Chamou-me no dia seguinte para falarmo-nos. Diante dele senti-me tão pequena, que nem tive coragem para tomar uma cadeira:

– Sente-se – disse ele. – Está muito impressionada com o tanto que a ofendi. Observando, porém, a minha atitude doce, percebe que já não tem em mim um inimigo. E se julga pequena, porque a sua modéstia se iguala ao seu talento. Em nome de seu pai, veja hoje em mim um amigo e um protetor, mas não me julgue maior do que sou. Você é maior nas suas concepções. Eu apenas sou mais instruído do que você.

As suas palavras tranquilizaram-me e, recuperando a serenidade, olhei-o de frente, sem temor nem arrogância. Ele usou de seu singular talento para equilibrar-me as forças. Falou durante longo tempo, concluindo com estas palavras: – Hoje, na religião, trabalha-se *mal e para o mal*. Ouço muitas queixas. Nesta época de hipócrita descrença, precisa-se de alguém que levante a voz. E entre os homens do nosso tempo há luminares, há sábios, mas... não há almas virtuosas. Precisamos de uma grande inteligência e de uma alma boa como a sua. Está disposta a trabalhar em prol da humanidade?

– Oh! sim! Tanto é que a minha saída do convento obedece a esses nobres desejos. Uma dama que deve conhecer, e que se senta bem próximo do trono, trouxe-me a permissão para deixar o claustro e ofereceu-me a sua valiosa proteção.

– Com o meu apoio você não tem necessidade do auxílio de outrem. Mesmo porque essa mulher quer o escândalo, e eu quero a ordem mais perfeita, a moralidade absoluta.

– Posso, então, contar com os seus préstimos?

– Sim, mas prepare-se para trabalhar. Onde houver vícios a corrigir, estará presente. Onde se pronunciar em vão o santo nome de Deus, soará a sua reprovação.

Durante muitos dias recebi as suas instruções. Quanto aquele homem conhecia o coração humano! Era um manancial de sabedoria e de amargor, e quanto mais falava, tanto mais eu o julgava sábio e superior. Havia lido tanto nas consciências quanto nos livros!

Ao despedir-me, tirou um anel riquíssimo que ostentava no dedo indicador e disse-me gravemente: – Ponha-o no dedo, e nas horas de tribulação, quando a perseguirem, infamarem ou acusarem, mostre-o, que todos, aterrados, emudecerão. Trabalhe sem tréguas pelo bem dos pobres, da religião, da nossa pátria e do seu rei, pois você é a que foi chamada e escolhida. Responda ao chamamento, porque, se não o fizer, será chamada a prestar contas de seus atos. Seu pai a abençoou e eu a faço minha aliada. Trabalhe sem demora, que para bons trabalhadores serão as colheitas abundantes.

38. A peregrinação caridosa

Tendo-se ausentado o meu novo protetor, fiquei livre das exigências sociais, sobrando-me também mais tempo para refletir sobre os múltiplos encargos que me haviam sido dados.

Sinceramente, senti-me orgulhosa por terem-me escolhido, porque é gratificante sermos preferidos, embora a preferência nos traga trabalho e responsabilidades. Ser alguma coisa no mundo é a aspiração natural de todo aquele que se presume entendido. E eu, que me esforçava para isso, fiquei contentíssima, no firme propósito de elevar-me pelas minhas boas obras, como antes o havia procurado pelo estudo constante.

Deixavam-me vasta área para manobrar; não impunham limitações ao meu trabalho. Então, eu disse a mim mesma: – Para a frente!

Coordenados os meus pensamentos, uma voz me soou aos ouvidos: – Pense bem nas *necessidades* dos plebeus e nos *vícios* dos grandes.

Aquela advertência foi-me muito útil, pois acolhi-a de imediato, pensando em fundar um *Refúgio* para as órfãs.

Procurei fazer com que a cerimônia de colocação da primeira pedra assumisse proporções de um verdadeiro acontecimento para todas as classes sociais.

Consultei meu irmão mais velho, que me disse: – Auxiliarei você em tudo e por tudo, até com meios materiais, pois tudo merece.

– Está bem. Vou partir, não sei bem ainda para onde. Desejo que ponha à minha disposição dois dos seus melhores serviçais, que me guardem à distância, e um guia que seja de sua inteira confiança.

Meu irmão pôs à minha disposição o que lhe pedira e, então, parti. Despedi-me do lar paterno como nunca o fizera, levando na mente ternas lembranças da família. Montei um dócil e amestrado animal e disse ao meu guia, homem já de idade avançada e muito afável:

– Que lindos são os campos!... parece até que conheço estes sítios... Ouça-me: eu desejo visitar muitos pobres, muitos infelizes...

– Quanto a isso não se inquiete, senhora. Os pobres e os desgraçados brotam por toda a parte, como a erva daninha.

– Quero deter-me nas aldeias miseráveis.

– Elas não faltam, senhora. Ao meio-dia chegaremos a um lugarejo muito bonito por fora e muito feio por dentro.

De fato, chegamos a um lugar montanhoso, onde as casinhas escalonadas no monte assemelhavam-se a pombas brancas em ninhos de flores, tal a profusão de flores silvestres que balançavam nas encostas, em meio às plantas aromáticas que se enredavam nas velhas árvores.

Ao chegar à pousada, descansamos e nos alimentamos. Quis, depois, sair a passeio, dispensando meu guia, pois queria ir só, segura de que, a prudente distância, iriam os dois servos de meu irmão. Passei muito tempo admirando a beleza daquele lugar, cujos formosos campos contrastavam dolorosamente com os habitantes da aldeia, pois todos pareciam enfermos, com semblantes pálidos e consumidos. As próprias crianças eram débeis e raquíticas.

Sentei-me próximo de uma choupana, e um grupo de crianças que ali brincava interrompeu o que estava fazendo, olhando-me com a maior estranheza.

Algumas meninas mais desembaraçadas chegaram-se a mim, tocaram o meu manto, e uma delas disse-me sorrindo: – Como é bonita!

Correspondi àquela saudação com um beijo, o que atraiu para mim todo o grupo infantil, que me rodeou, entabulando-se entre nós animado colóquio. Iam dizendo os seus nomes e eu ia adivinhando a idade de cada um. Os seus gritinhos de espanto chamaram a atenção das mulheres e bem depressa vi-me cercada por um círculo triplo.

Volvendo-me para todos os lados, fitei uma jovenzinha, quase menina, pálida e triste, suja, esfarrapada, a única que não me olhava. Fitei-a muito e pareceu-me uma boa criaturinha. Levantei-me e, dirigindo-me a ela, disse-lhe: – Creio que a conheço.

A pequena enrubesceu, dizendo-me com voz fraca: – Como pode conhecer-me, se eu nunca saí daqui?...

– Não importa. Conheço-a desde este momento, e tanto a conheço que, ou muito me engano, ou você é muito infeliz.

– Ora, ora! Não, senhora – disse uma anciã –, essa rapariga é uma marota. Se a conhecesse...

– Tem pais?

– Não, senhora.

– E irmãos?

– É como se não os tivesse, porque estão servindo ao rei.

Dirigi-me novamente à menina: – Não é verdade que quer ser boa?...

A jovenzinha começou a chorar.

– Não chore, filha minha, eu vou ampará-la.

Discorri longamente sobre a prática da caridade, não cessando a pequena de chorar, até que, tomando-a pela cintura, disse para todos: – Levo comigo esta menina.

– Ah! isso não! – interveio a mesma mulher idosa que a havia acusado. – Essa pequena me pertence.

– Mas, se é tão má, para que lhe quer?...

– Isso não é da sua conta! E ademais, quem é a senhora? Como vou saber se não é uma dessas mulheres que procuram moças para traficar com elas?

– Tem razão, mulher. Você não me conhece, mas em breve saberá quem sou. Vamos, menina, vamos... tem medo de mim?

– Sim, senhora.

– Por quê?

– Não sei.

Impressionou-me aquela confissão tão franca e repliquei:

– Já perderá o medo. Agora venha, irá cear comigo, e muito bem, por sinal.

À vista de promessa tão agradável, a menina deixou-se conduzir, e pelo caminho fui lhe prometendo que tomaria conta dela e iria fazê-la feliz.

Chegamos à pousada acompanhadas pela multidão, que só se retirou depois que nos viu desaparecer dentro do casarão. Fiz com que servissem uma abundante ceia nos meus aposentos. A pequena, embora faminta, comeu a princípio com timidez, mas tanto foram os meus pedidos, que a infeliz perdeu o acanhamento e comeu com a avidez dos esfaimados.

Como me doía vê-la comer com tamanha sofreguidão! Era a prova mais cabal de uma vida de tormentos e de horrível miséria, se bem que os seus repugnantes farrapos fossem por si só a prova do seu desamparo.

Depois da ceia, a menina, confortada, animou-se e relatou-me as suas aflições. A velha que a tinha recolhido, lamentava-se, dava-lhe surras horríveis, que deixavam seu corpo todo marcado. Quis conferir e, realmente, à exceção do rosto e mãos, o seu corpo todo era de cicatrizes e feridas cheias de sangue coagulado. Pobre pequena! Tinha sido uma mártir.

Ela acabava de contar-me as suas penas, quando entrou na habitação a cruel velha, gritando desaforadamente que lhe entregassem a moça. Tão furiosa estava, que se lançou contra mim, chegando a arranhar-me o rosto. Os meus serviçais acudiram aos seus gritos e houve necessidade de chamar o alcaide, com quem mantive séria discussão, porque o infeliz ignorava de que lado lhe ficava a mão direita...

Veio, afinal, o juiz do povoado. Apresentei-lhe o anel e ele se lançou por terra, porque nele estava gravado o selo real. Mandou a todos que me obedecessem como seu eu fosse o próprio rei. Levaram a velha para a prisão, e eu recomendei que a tratassem bem, correndo por minha conta as despesas da sua manutenção.

Depois de tantas peripécias nos deitamos. A pobre pequena dormiu em seguida. Seu sono tranquilo me encheu de alegria.

– Não tem outra roupa além dessa? – perguntei-lhe no outro dia.

– Não, senhora, e como não tenho, não pude lavá-la.

– Bem, não se amofine, tudo há de se ajeitar. Eu mesma vou lavá-la. Vou mandar imediatamente que lhe façam dois vestidos, pois não há de faltar aqui quem saiba coser. Enquanto isso, não percamos tempo. Vamos sair, e a caminho vai dizer-me se há alguns doentes aqui.

– Sim, há e muitos atacados de moléstias malignas.

– Não, refiro-me a esses enfermos de muitos anos que não podem andar nem mover-se.

– Ah! sim. Conheço uma mulher entrevada há nem sei quantos anos. Nunca a vi andar.

– Pois leve-me à sua casa.

– À sua casa?! Lá não vai ninguém! Quando lhe dão comida, é na ponta de uma vara. Ninguém entra, porque lá dentro está empestado.

– Quem há mais empestado do que a humanidade? Leve-me... leve-me quanto antes à choça dessa desventurada.

A menina guiou-me por um caminho alto e sinuoso, até que chegamos a uma cova. Entramos e, a um canto, deparamo-nos com um vulto, um monte de farrapos. Ninguém acreditaria que ali estava uma pessoa, encolhida como um caracol.

Ao avistar-me, murmurou com voz fraca: – Deixem-me... Quero ver se acabo de morrer.

Inclinei-me para vê-la melhor, e ela olhou-me cheia de assombro.

– Que tem? – indaguei.

– Não sei... não acabo nunca de morrer. Há muitos anos... tantos, que já perdi a conta... aqui estou sem poder levantar-me. Suplico a Deus dia e noite e Deus não me ouve. Teria Ele morrido?...

A infeliz ensaiou um riso irônico. Na expressão dos seus olhos transparecia o ódio mais profundo. Horrorizada, perguntei:

– O médico do povoado não vem vê-la?

– Médico! De que médico fala?... pois se o alimento me dão na ponta de uma vara!... Aqui mora a peste. Você não sabia... e talvez por isto veio.

– Já sei o que se passa aqui, e foi por isso que a procurei. Deus não abandona nenhum dos seus filhos.

– Pois então eu não sou sua filha, já que me deixa completamente abandonada.

– Não blasfeme, mulher! Não blasfeme. Quem sabe se não pecou muito em sua mocidade, ou se não foi causa de outros errarem!

– Maldito seja! – murmurou ela, fitando o teto com um olhar de ira!...

A quem amaldiçoaria ela? Não sei. A ocasião era imprópria para perguntar-lhe. Inclinei-me ainda mais e disse-lhe:

– Não maldiga, porque com as suas maldições nada posso fazer. Vamos ver, levante um braço – e ela o levantou. – Mova a cabeça – e ela a moveu. Afastei-lhe então os farrapos. Nunca vi tanta imundície junta... Os vermes formigavam, como que contentes com aquele festim! Que horror! Havia ali uma alma que sofria, uma inteligência que acreditava na morte de Deus!...

– Quer ajudar-me a levantá-la? – perguntei à menina, que se conservava à distância.

– Ah! não!... não! Esse corpo está morto!

– Morto, não! – disse a enferma. – Creio que se me tratassem, eu me salvaria. Há momentos em que sinto em mim... não sei... Não posso explicar, mas não estou morta!

– Tem razão, e para prová-lo, dê-me as mãos.

Segurei-as e, apesar de as minhas tremerem, senti como que ondas de fogo correndo pelos meus dedos, vendo sobre elas chamas azuladas. Aquele fogo, que não queimava, estendeu-se pelos meus braços. Unindo ação à palavra, ordenei: – Levante-se, mulher!

E ela levantou-se, lançando um grito espantoso de alegria e admiração, grito terrível que assustou a menina, que saiu gritando por sua vez. A entrevada estava como um esqueleto e achava-se inteiramente nua. Fi-la deitar-se novamente, dizendo-lhe: – Como está não pode vir comigo, mas depressa voltarei trazendo o necessário... E agora, acredita que Deus é vivo?

– Se creio!... Para mim a senhora é Deus, porque só Deus ressuscita os mortos!...

– Não, o seu corpo não estava morto. Nada está morto na criação. Confie em mim.

Voltei imediatamente à pousada e mandei chamar o alcaide, a quem ordenei que cuidassem da infeliz entrevada. Eu pagaria o que se despendesse. Docilmente ele me atendeu.

Quando voltei à cova da doente, essa tinha passado da morte à vida. Sobre palhas limpas, tinham colocado boas mantas, lençóis e um cobertor. Duas mulheres, revezando-se uma de dia e uma de noite, estavam à sua cabeceira. O médico visitou-a. Visitas que de nada serviam: era a minha vontade, era a energia que os invisíveis me transmitiam, que obrava maravilhas com aquela infeliz. Em poucos dias consegui levantá-la e sair com ela a passeio.

No primeiro dia em que saiu, não sabia se chorava ou se ria, se cantava ou se rezava, se me abraçava ou se beijava-me os pés. O seu júbilo era imenso.

De sua parte, a menina olhava-me com o maior assombro, dizendo: – Eu não acreditava na ressurreição dos mortos. Agora creio.

– A mim não basta que creia. Quero que me ajude nas minhas boas obras, e nesta você não o fez!...

– É verdade. Tive medo, confesso.

– Vai ajudar-me na primeira oportunidade. Não pense nunca no mal que lhe fizeram. Pense no bem que pode fazer.

A cura da doente progrediu maravilhosamente, e a sua pele enrugada, de uma cor cinzenta, foi mudando de tonalidade. A nutrição ia operando maravilhas, e eu tive que sustentar várias polêmicas com o médico, que dizia que o meu procedimento tocava as raias da temeridade, replicando-lhe eu que o seu procedimento é que tocara as raias da desumanidade, por ter abandonado aquela infeliz, quando o seu dever era acudi-la. O próprio cura do povoado censurou-me, a pretexto de que em tal lugar empestado, mais males do que bem poderia encontrar para mim. Olhei-o com pena. Não quis, porém, indispor-me com ele, escolada, como estava, quanto aos inimigos pequenos. Contentei-me com fazer valer a minha autoridade. O meu anel produzia verdadeiros milagres, pois todos obedeciam sem replicar.

Quando vi que a enferma já podia caminhar, propus-lhe acompanhar-me, uma vez que tão amargas recordações tinha daquela aldeia. A infeliz assegurou-me que iria seguir-me até o fim do mundo, que me serviria de joelhos, porque eu era o seu Deus. E ela olhava-me como nenhum idólatra olharia para seu Deus. Seus olhos pareciam de fogo, e se fixavam em mim com tanta energia, que eu mesma tinha pena. Não obstante eu não desviava o meu olhar do seu, porque nele eu lia mil histórias. Viam-se ali todas as amarguras, todos os rancores da enferma abandonada. Creio que, se ela tivesse à mão um machado afiado, cortaria a cabeça de todos que a tinham abandonado.

Quanto ódio no seu olhar! Em contrapartida, ao fitar-me, corriam-lhe as lágrimas, num misto de tristeza e alegria.

Eu, fitando as duas, ela e a menina, já agora asseada, vestida humildemente, mas sem aqueles repugnantes andrajos e sem aquela expressão de amargura no seu lindo rosto, dava graças a Deus e dizia comigo: – Estas duas infortunadas serão as primeiras pedras sobre as quais levantarei o meu *Asilo para órfãos*. Como é bom praticar o bem! Como é bom cuidar dos que sofrem!... e quão inútil é a vida em reclusão, sem ver mágoas, sem ouvir queixumes, sem conhecer as misérias humanas! Creio firmemente que não se pode conquistar o reino dos céus, sem antes haver saneado o inferno da Terra.

Quero fazer constar que, referindo-me às curas a que procedi nas minhas várias existências, e especialmente na de que lhes falo, não o faço para conferir-me privilégios de *santidade*. Fui clara em discorrer sobre todas as humilhações e degradações do mundo do vício por que passei, antes de conhecer a grandeza de Deus.

O que desejo unicamente é fazer compreender que a natureza – arsenal do infinito – dispõe de forças de que pode fazer uso todo aquele que tiver boa vontade e firme propósito de ser útil aos seus semelhantes. E se eu, que tão pouco mérito possuía, dispus delas, quantos milagres não poderão praticar os que já não se lembram de haver pecado!... os que contam séculos e séculos de ascensão contínua!... Tudo é luz na criação! Em tudo vemos a mão de Deus!

39. Conquistando adeptos

Detive-me alguns dias mais naquela aldeia, ocupando-me em atender às necessidades mais urgentes dos enfermos. Enquanto ali permaneci, foi como se uma aurora de proteção irradiasse em torno de mim, como se uma força prodigiosa me animasse e uma legião de espíritos angélicos me assistisse com palavras de consolo e de esperança. A verdade é que fiz verdadeiros prodígios, pois tão débil e tão imperfeita, semeei o bem pela palavra e pelos atos.

Moralizei muitas mulheres, pouco conseguindo fazer com os homens, porque viciosos e vadios não se consegue regenerar facilmente. Tão apegados estão aos seus pendores, que lhes são necessárias muitas existências até que renasçam para a vida do espírito.

Com Marta, a enferma já restabelecida, a boa mulher, que não sabia onde me colocar, tão agradecida estava de ter voltado da morte para a vida, e com Maria, a menina humilde, salva da miséria e do martírio, com aquelas duas almas sensíveis, pus-me novamente a caminho. Dispensei o meu condutor, em vista de ser Marta conhecedora da região. Conservei apenas os dois serviçais de meu irmão.

Que delicioso modo de viajar! Marta e a pequena Maria me eram tão dedicadas, que pareciam carne da minha carne. Com quantas atenções e delicadezas me tratavam! Quanta bondade se oculta entre a miséria e o abandono! Quantos corações que, como pássaros sem asas, vivem fora do seu meio ambiente!... Eu estava muito satisfeita das minhas obras, tanto mais que Marta e Maria eram-me excelentes companheiras, uma pela sua experiência, e outra pela sua inocência e candura.

Chegamos a outra aldeia, e eu indaguei se havia ali quem padecesse. Um homem disse-me com amargura: – Pergunta se aqui existe dor? De que terra vem, senhora, já que o mundo é pura dor?!... Aqui temos enfermos de sobra e pobres em tal abundância, que já não sabemos como remediar tanto sofrimento. Em particular, existe uma família digna de compaixão: uma pobre viúva com quatro filhos. O mais velho é um rapaz que, desde que nasceu, é atacado de medonhas convulsões. Sofre espantosamente! Arruinaram-se por sua causa e o pai morreu de pesar deixando a mãe e três irmãs na extrema miséria, porque gastaram quanto possuíam com os médicos. O infeliz passa a vida na cama e uma grande parte do tempo amarrado, porque, quando se dão as convulsões, parece querer voar. É espantoso! A família, quando percebe que ele vai ter o ataque, amarra-o, e o infeliz maldiz então a hora em que nasceu, atirando-se contra a própria mãe!... Enfim, não há maior desgraça que a dessa gente. Coitados, são tão pobres e tão bons ao mesmo tempo!... Há coisas que não sei por que Deus permite.

– Pois conduza-me a esses desventurados e veremos o que posso fazer pelo enfermo, se me é possível tirar-lhe os acessos.

– Senhora, está em seu juízo perfeito? Entenda que os melhores médicos disseram que não há o que fazer.

– Para Deus, nada é impossível. Se esse infeliz merecer o fim de sua expiação, ela terminará.

– Qual, senhora! Pode aliviar a sua miséria, e já estará praticando uma boa ação, porque o doente por si só come mais que a família toda... Eles estão definhando, e como são gente que já esteve muito bem, sofrem ainda mais, porque julgam que pobreza é desonra.

– Então vamos o quanto antes.

O bom homem olhava-me surpreso, abanando a cabeça em sinal de incredulidade.

– Pois vamos, senhora.

Chegamos a uma casinha muito bem cuidada, toda rodeada de flores. Entramos, e a mãe do enfermo recebeu-nos com uma triste amabilidade. Suas filhas, débeis e enfermiças, revelavam a amargura de suas vidas. O meu guia deu-lhes a conhecer a minha pretensão de curar o enfermo, e as pobres mulheres moveram a cabeça, como que dizendo: – Vã pretensão; todos os meios estão esgotados.

Entramos em um quarto muito asseado, onde não havia mais que umas cadeiras e uma cama, com lençóis e almofadas brancas como a neve. Sobre aquele ninho estava o jovem enfermo, fortemente amarrado, porque pouco antes tivera a crise.

Parecia adormecido. Toquei-lhe a fronte e ele despertou. Olhou para o meu vestido sem olhar para o meu rosto, e eu lhe perguntei: – Há muito tempo que sofre assim?

Ele olhou-me fixamente. Fez esforços para falar e respondeu por fim:

– Não posso!... eles me oprimem. Cortam-me as carnes... Arrancam-me a pele... Matam-me... matam-me!...

– Por Deus – disseram as mulheres –, não o faça falar.

– Deixem-me trabalhar... Quero curá-lo, se ele quiser curar-se...

– Se quero! – exclamou ele. – Oh! sim... curar-me ou morrer!

E blasfemou, rugiu, gritou, uivou... Aquietou-se finalmente e, sorrindo com ar de mofa, disse-me:

– Vamos, se é tão valente, cure-me... se bem que faria melhor se voltasse para o convento! Aqui nada tem a fazer. Deixe sofrer os que sofrem.

Ao ouvir tais palavras, senti forças descomunais. Correntes de fogo circularam pelas minhas veias e as ideias se me tornaram luminosas. Senti aflorar de dentro um amor imenso pelos que padeciam. E enquanto se operava em mim aquele fenômeno, o doente rompeu as amarras com a rapidez do raio...

Ouvi, então, a voz de sempre a dizer-me: – Cure-o! Para a frente! Nada tema!

Eu necessitava, na verdade, que me dessem ânimo. Espantava-me ao ver que o corpo do enfermo repelia os meus fluidos. Aos meus passes magnéticos, respondia com contorções violentas.

– Quero que se cure e há de curar-se – dizia eu.

O doente rugia desesperadamente, e insultava-me do modo mais grosseiro. Eu compreendia, porém, que tudo era manifestação dos maus espíritos, que iam-no abandonando. Depois de uma luta verdadeiramente horrorosa, ele ficou como morto.

Pus-lhe, então, a mão sobre a fronte. Estava gelada, com aquele frio que só os mortos possuem. Tive um momento de hesitação, de cruel incerteza, pensando se ele não estaria morto, se eu não teria confiado demasiadamente em minhas forças. Tremendo interiormente, disse-lhe:

– Acorde... acorde!

Ele abriu os olhos e eu me apressei em prosseguir no processo da cura, dando-lhe passes magnéticos da cabeça aos pés...

Que satisfação experimentei então! Aquele rosto cadavérico coloriu-se. Os olhos brilharam, os lábios secos umedeceram-se e o suave calor da vida começou a dar flexibilidade ao corpo. Moveu-se brandamente no leito, revelando no semblante um bem-estar indefinível.

– Que sente?

– Voltei à vida. Morri e ressuscitei... Creio mesmo que já poderia levantar-me.

– Pois levante-se. Sente-se na cama.

O jovem, sem o menor esforço, sentou-se, mas empalideceu e exclamou:

– Ai! O meu coração parece saltar!

Dirigi a mão para o ponto assinalado, e no ato o rapaz exalou um suspiro de satisfação. De novo tinha voltado à vida.

– Quer sair da cama?

– Se quero!... Já é tempo!

– Se o tempo é chegado, saia.

Ele saltou da cama, e mandei que o vestissem.

– Com quê? – perguntou uma das irmãs. – Nunca teve roupa!... se não precisava!... Agora, sim, nós lhe faremos o que vestir.

As pobres mulheres estavam tão assombradas que riam, choravam e abraçavam-se umas às outras, sem se atreverem a tocar no enfermo, temendo que o encanto se desfizesse.

Fiz com que deitassem o ressuscitado, e sentei-me completamente extenuada. Sentia-me tão abatida, que pensei que algum espírito maléfico tivesse se apoderado de mim. Ouvi, então, a voz doce de uma criança, dizendo-me: – Será possível vir o mal depois de ter praticado o bem? Você delira! Alegre-se com as suas obras sem orgulhar-se, mas valorize os seus atos. Então chorei, chorei muito. Chorei de amor e de reconhecimento.

Vendo-me chorar, Marta disse: – Está chorando, e você é a providência dos enfermos.

Reanimada com essas palavras, respondi: – Eu orava.

Na verdade eu mentia! Naqueles momentos fui tão ingrata para com Deus, que não soube dar-Lhe graças, e envergonhei-me da minha ingratidão.

Ao deixar aquela casa, todos me abençoaram. Quiseram beijar-me as mãos, e eu apertei contra o peito aquelas quatro mártires da miséria e da dor, assegurando-lhes que as suas penas haviam terminado.

Apressei-me em regressar à pousada e encerrei-me no meu aposento. Tinha necessidade de estar só. Há momentos em que a solidão é necessária, para se poder falar com Deus.

– Senhor – disse eu –, o que se passou? Quem eram aqueles seres que tanto mortificaram aquele infeliz?

Ao fazer tal pergunta, pareceu-me ver uma chuva de faíscas luminosas e ouvi assobios agudos, rugidos de feras, uivos estranhos, mas eu disse: – É inútil o seu trabalho, seres imperfeitos! O remorso é o pior inferno para os culpados, e não há outro fogo senão o fogo do amor.

De novo soaram as maldições, os rugidos e os assobios, e eu continuei:

– Não me farão crer na existência de espíritos infernais. Na criação, a pior sombra é a sombra do erro, mas o delito não é eterno. O pecador arrepende-se, e o arrependimento é luz.

Recobrei a serenidade, e continuei a ver a chuva luminosa, sentindo o que já sentira outras vezes: parecia elevar-me no ar. Vi-me, assim, flutuando na atmosfera. Tudo quanto me rodeava tinha a cor azul. Maravilhada, exclamei: – Nada mais há que o Senhor, Deus meu! Nada senão o Senhor, que se envolve com o manto azul do firmamento!...

Quando nesse arrebatamento, vi no ambiente azulado que me envolvia abrir-se uma nesga mais azul ainda, que foi aumentando até formar uma abóbada imensa, que foi se enchendo de ondas luminosas... Entre elas divisei a figura de sempre, a imagem formosíssima dele, tão próximo, que me pareceu sentir o seu próprio hálito.

Não sei o que se passou em mim! Aceitei a sua mão, que era como um facho de luz, e ele me falou: – Não duvide. Já sabe quanto lhe quero. Já pratica as minhas obras e já vê que os que não me quiseram morreram e voltam à Terra, erguendo igrejas que não são minhas. Edifique, por sua vez, mesmo sabendo que eles poderão fazer com você o que fizeram comigo.

Ao ouvi-lo, procurava aproximar-me mais, mas ele retrocedia também, e eu disse-lhe então, muito sentida: – Por que se afasta de mim?

– Porque este não é o caminho que a conduzirá a mim. Seu caminho é a dor e o dever.

– Não me abandone, senhor! Meu Deus, tenha misericórdia de mim!

– Não sou Deus, sou um dos Seus profetas. Não me adore, pois, como se eu fosse Deus.

– Mas não vi nada tão belo quanto o senhor... Deixe que o adore!...

– Mulher, Deus palpita na criação. Não me adore.

– Pois bem! Não vou chamá-lo mais meu Deus... Vou chamá-lo meu amor!

Ao proferir estas palavras, os seus olhos tomaram a mais profunda expressão de doçura e de sentimento. Aqueles olhos me produziam um arrebatamento indizível... Não sabia traduzir o meu estado. Eu não sabia se o meu eu ia com ele, ou se o seu eu ficava comigo. Aquilo era viver séculos num segundo e morrer mil vezes num instante. Fitando os olhos nele, adormeci e então pus-me a contemplar sentidamente o meu corpo. Olhei carinhosamente para aquele instrumento, que tão docilmente me obedecia e compadeci-me por vê-lo privado dos gozos da Terra, porque era vigoroso, e teria suportado a todos os embates da maternidade. Pobre corpo meu!... Em torno dele estavam muitos espíritos; uns lutavam entre si, outros gemiam... Depois... completo repouso.

Despertei alegre e tranquila. Tinha motivos para estar assim. Falei longamente a Marta e a Maria dos meus projetos futuros.

Visitei muitos enfermos. Por indicação de Marta, fomos a uma pequena aldeia, onde ela tinha uma amiga de infância a quem não via desde que caíra enferma. Era uma velhinha muito agradável, que admirou-se ao ver Marta, pois lhe havia chorado a morte anos atrás. Olhou-me com firmeza e disse: – Quantas coisas leio nos seus olhos! Você pode fazer muito!...

Entabulamos um diálogo tão interessante e útil, que ao seu lado as horas voavam. Como aquela velhinha compreendia bem a vida espiritual! Ela negava o céu e o inferno, aceitando as vidas sucessivas e o progresso indefinido da alma. Fez um admirável exame de consciência e predisse a sua volta ao espaço, parecendo já se achar nele. Disse-me, por fim: – Tornaremos a nos ver, pois sempre que me for possível, vou me apresentar a você, e me verá, porque os seus olhos já estão acostumados a ver as almas. Já viu muitas e muitas verá ainda.

Para aprender, ficamos muitos dias na aldeia, e a velhinha, muito contente, dizia: – Até que enfim falei neste mundo com uma pessoa que me compreende! O que lhe disse, nunca o fiz a ninguém, porque nunca saí deste resto de mundo. E ninguém iria compreender-me. Pensariam que sou louca! Tenho vivido encerrada em mim mesma, recordando o que aprendi, sem dúvida, noutros tempos.

Ao despedir-me, tive a impressão de que deixava uma velha amiga. De muito boa vontade eu a teria levado comigo. Ela, porém, disse-me sorrindo: – É tarde, o meu corpo é um montão de ruínas, e tampouco lhe farei falta, porque leva com você bons elementos. Maria é uma boa menina. Empregue as suas forças.

– Não desejo outra coisa – replicou Maria. – Se é Deus quem faz as curas que eu tenho visto, e se basta querer para curar, eu quero ser útil aos meus semelhantes.

– Você será – disse eu. – Peça a Deus que lhe dê forças, e ele as dará.

– Assim será! – replicou a velhinha e, como que inspirada, abraçou-nos às três no mesmo amplexo, exclamando: – Benditas sejam as almas de boa vontade!

Fiquei profundamente comovida com aquela bênção de um sábio ignorado. Quanto valor tinha aquele espírito!

Pus-me a caminho, recordando admirada as suas instruções, e dirigi-me para uma cidade. Procurava um local maior para engrandecer os meus trabalhos, se bem que, considerando bem, não sabemos nunca onde está o grande nem o pequeno. Às vezes, encontra-se, onde menos se espera, o que encontrei na velhinha: um sábio ignorado!

40. Em amparo à velhice

Fomo-nos daquele lugar, passando a um povoado de maior importância. Instalamo-nos num albergue cômodo para todos e logo procurei inteirar-me das misérias da grande cidade. Foi uma tarefa difícil. Tropecei com muitos empecilhos, pela hipocrisia e fanatismo dos seus habitantes. Todos se calavam como mortos. Cheguei a cansar-me da sua obstinada reserva, empregando meu tempo em passear pelos arredores, onde havia locais muito agradáveis. Ali a natureza era pródiga, com flores e frutos em abundância. Árvores centenárias, de ramagem frondosa, brindavam-nos com sombra refrescante.

Certa manhã, sozinha, dirigi-me para um lugar muito ameno, onde nunca encontrava ninguém, podendo, com tranquilidade, entregar-me à meditação. Em minha mente, tão somente os planos grandiosos de fundação de instituições religiosas.

Eis que numa curva deparei com uma pequena praça rodeada de grandes pedras toscas. Surpresa, vi sentado numa delas um ancião, pobremente trajado. Tinha as mãos entrelaçadas sobre um cajado nodoso. Apoiava o queixo sobre as mãos, enquanto os olhos, imóveis, se perdiam no infinito. Olhos tão fixos, parecia olhar sem ver, tão abstraído encontrava-se o ancião em suas reflexões. No seu semblante, lia-se a amargura e o desalento.

Como um avaro que encontra um tesouro, alegrei-me com a nova oportunidade de auxiliar. Comecei a fazer perguntas ao pobre velho, às quais ele respondia só por monossílabos, demonstrando claramente que as minhas indagações o importunavam. Aumentou o seu desagrado ao ver que eu tomava assento perto dele.

– Importuno-o? – indaguei.

– Sim, senhora. Vim aqui para ficar só e vejo que nem neste lugar se pode estar tranquilo.

– Leio o sofrimento nos seus olhos.

– É uma cigana, para adivinhar amarguras?

– Não sou cigana, nem é preciso sê-lo para ler no fundo do coração humano. E leio no seu que o senhor está sofrendo muito.

– Pois lê muito bem, senhora. De todos recebo o desprezo e... falta-me tudo... até a coragem para pedir esmolas. Estou cansado de tudo e de mim mesmo. Já deparei com toda espécie de adversidades, sem nunca esmorecer, mas sinto-me desanimado agora, que pouco me resta de vida. Já sou velho e acho que devo abreviar meu prazo, que no mau caminho deve-se andar depressa.

– Não fale assim! Não pense em matar-se! Para quê? Depois de tantas lutas, deve ir-se quando Deus o chamar, pois ninguém tem o direito de adiantar as horas no relógio da existência.

Falei durante algum tempo sobre esse tema tão fascinante, e o ancião ouviu-me atenciosamente, dizendo, ao fim, com um triste sorriso:

– É bem verdade que me consola, mas... momentaneamente! A sua linguagem me persuade, as suas razões me convencem, mas isso é como os raios de sol em dia de inverno: duram pouco... Eu, senhora... tenho sentido o frio da fome, pois não tenho com que alimentar-me. Conduziram-me a um lugar onde os homens são tratados pior do que os cães de guarda das casas de campo, lugar onde há sujeira por toda parte... e eu não tenho mais coragem de viver entre tanta miséria e imundície.

– Agora me alegro de ter vindo aqui, porque lhe posso ser útil. Parece-me digno e venerável, e o seu infortúnio inspira-me respeito. Eu lhe darei o remédio para seu sofrimento.

O ancião aproximou-se de mim.

– Nunca ouvi uma palavra consoladora, apesar de ter uma família numerosa... Se me fosse permitido pedir, eu lhe pediria: não me abandone, já que me julga com direito a esse sol. Não me deixe entregue à inclemência.

– Sossegue. Eu lhe dou a minha amizade, e terminará sua existência amparado e respeitado. Não me agradeça, agradeça a Deus, que é o Pai de todos nós. Os velhos, os fracos, as crianças são a minha família. Espere-me aqui, que eu voltarei depressa.

Estendi-lhe a mão, que ele beijou com o maior respeito, antes que pudesse impedi-lo. Com que ternura me olhou quando eu lhe disse:

– Até logo.

Contentíssima, voltei à hospedaria e disse a Maria: – Venha comigo, quero que me auxilie numa boa ação.

A menina abraçou-me, para demonstrar o seu regozijo e, juntas, fomos comprar alimentos para o ancião, encarregando-se ela de providenciar tudo.

Fomos, então, encontrar o ancião. Ao ver-nos chegar, não cabia em si de contente. Com que atenção o pobrezinho fitava Maria, que lhe apresentava saborosas iguarias! Tudo ele achava bom, e Maria, satisfeita de dar início ao seu apostolado de caridade, procurava dar-lhe aos bocadinhos, como se fosse a uma criança que estivesse aprendendo a comer. Afastei-me um pouco, para deixá-lo à vontade, observando então que ele se servia com modos delicados, perguntando à menina se ela era minha filha.

– Não – respondeu Maria –, mas amo-a tanto ou mais do que se o fosse.

– Tem pais?

– Não, tenho irmãos, mas não se lembram de mim.

– Então, você é como eu... Tenho filhos e netos, mas que fogem de mim... porque sou pobre.

– Não se inquiete com isso... virá conosco.

Quanto me agradava ver aquele quadro! Como se toda a sua vida tivesse estado ao lado do ancião, Maria falava-lhe carinhosamente, e ele contava-lhe as suas desventuras com a maior naturalidade. Ela inspirava-lhe maior confiança do que eu. Os velhos e as crianças costumam entender-se bem, porque se assemelham. A aurora e o ocaso têm crepúsculo, como os velhos e as crianças. As crianças, com sua inocência, e os velhos, com sua decrepitude.

Terminado o repasto, que, apesar de modesto, foi esplêndido para ele, o ancião disse-me: – Senhora, estou à sua disposição.

– Bem, já que está satisfeito, desfrute deste formoso dia e, antes de anoitecer, esteja aqui, que Maria virá buscá-lo para acompanhá-lo ao meu albergue. Aproveite as horas de sol, que é o melhor amigo dos pobres num dia de inverno.

Voltei para a cidade, entrei numa igreja e dirigi-me ao capelão-mor, perguntando-lhe se havia por ali asilos para os pobres, para que eu fizesse recolher um ancião.

– Isso é bem difícil, senhora, pois tantos são os que esperam sua vez, que passarão anos até que o seu protegido possa ser admitido.

– Bem, falaremos nisso depois. Por agora, peço-lhe que me acompanhe a esse asilo.

– Perdão, senhora, antes preciso saber a quem acompanho.

– O meu nome não interessa. Basta saber que sou *delegada da Junta das Damas Nobres*. Mostrei-lhe o anel em seguida, o que produziu o mesmo efeito de sempre: ficou assombrado e receoso, pondo-se à minha disposição.

Ao chegar ao asilo, fiquei pasmada. Que instituição de caridade aquela!... Havia canis mais limpos e asseados! Quanta miséria, meu Deus! Que lugar lúgubre! O mau cheiro era insuportável. Os pobres velhos estavam seminus no pátio central, cobertos de imundície, de insetos, atacados todos de moléstias cutâneas. As irmãs de caridade mais pareciam coveiras que enfermeiras. Desejei ver a diretora do estabelecimento, apresentando-se como tal uma mulher altiva e desagradável. O capelão apresentou-me, declinando o cargo que eu exercia, e ela pareceu ficar mais arrogante ainda.

Fiz compreender ao capelão que a sua missão estava terminada, e ele retirou-se contrariado. Dirigi-me, então, à diretora:

– Sinto dizer-lhe, senhora, que isto não é uma casa de beneficência. É um amontoado de imundícies; aqui não há nem a mais leve sombra de asseio...

– Não admito as suas censuras.

– Esta casa é mais do que repugnante, e por isso sobra-me razão para me queixar assim. Vim aqui para deixar um pobre e não quero que ele viva como um irracional, mas sim como devem viver os homens.

– Pois parta do princípio de que aqui não há mais lugar para pobres e, por conseguinte, nada tem a ver com este asilo. O seu pobre aqui não entrará – e olhou-me com o maior desprezo.

– Infeliz! Não sabe com quem fala. Não tenha tanto orgulho dessa sua touca, pois se julga que com ela é *algo*, é porque não sabe onde poderá estar amanhã. Nas comunidades religiosas passa-se muito facilmente da cadeira de abadia à masmorra.

– Sou nobre.

– Eu também, e lastimo que a sua nobreza só lhe tenha dado soberba, e não a compreensão necessária para compadecer-se com a dor dos necessitados.

– Muito de propósito procedo assim, porque quero que todos sofram, para honra e glória de Nosso Senhor Jesus Cristo.

– Pois vou lhe fazer compreender como se deve honrar a religião de Cristo, se é matando os pobres pela fome, pelo frio e pela imundície, ou amparando-os e consolando-os, tornando mais suportável a sua miséria, com o alimento sadio, o asseio e o agasalho.

A superiora olhou-me com desprezo e voltou-me as costas. Saí dali verdadeiramente aflita por ver tanta infâmia reunida.

Chegando ao meu albergue, pedi a Maria que fosse buscar o ancião. Quando chegaram os dois, ela deu-lhe de comer e mostrou-lhe o pequeno quarto que lhe preparara. O pobre velho chorou de contentamento.

Não há prazer que se iguale ao da prática do bem!...

Naquela mesma noite escrevi a meu irmão dando-lhe conta de meu plano para o asilo. Respondeu-me ele aconselhando-me a não me ocupar com aquela casa, que seria como meter-me na boca do lobo. Insisti, porém, em meu propósito. E ele cedeu a minhas rogativas e às minhas razões, enviando-me tudo quanto lhe pedi.

Enquanto tudo se arranjava por esse lado, ocupei-me na observação das tendências que dominavam naquele povoado. A nobreza era católica apostólica romana, e exageradamente fanática. A classe média, judia de origem, era hipócrita e mesquinha. Que mundo de misérias, meu Deus!...

Passados alguns dias, recebi um documento lacrado, que continha a destituição da diretora do asilo e a nomeação da sua substituta. Para lá me dirigi e, ao apresentar-lhe a ordem para que passasse o cargo à nova diretora, como me insultou aquela mulher! Dirigiu-me os adjetivos mais grosseiros e caluniosos, tentando mesmo agredir-me fisicamente. Contive-a, porém, pela força da minha vontade, contentando-me em dizer-lhe que fosse em paz.

– Não irei!... Não irei! Só sairei daqui arrastada...

– Vá como lhe convier. A autoridade eclesiástica irá encarregar-se de mostrar-lhe o caminho.

Tive que intervir para que aquela fúria infernal obedecesse, mas não se foi sem antes ameaçar-me de que se vingaria de mim sem dó nem piedade.

Com a nova diretora, entreguei-me ao trabalho de pôr em ordem os negócios do asilo. Os meios com que se contava para manter o estabelecimento eram muitos, na verdade. O asilo era rico, contando com rendas alodiais oriundas de grande quantidade de legados. Possuía para seu sustento boas fazendas, imensos glebas de terras cultiváveis e moinhos de azeite e farináceos. Tanta renda era empregada... em cometer o mais horrendo dos crimes: desvio para os bolsos alheios, furtando aos pobres o que era legitimamente seu!

Operou-se em tudo uma radical mudança. Procedeu-se à limpeza geral e as paredes do asilo puseram-se mais brancas que a neve. Providenciei a colocação de chafarizes por toda a parte, arrumei e mobiliei habitações, fiz lavrar a terra de dois magníficos pomares anexos ao edifício e construí banheiros. Dotei o estabelecimento de médicos, farmácia e pessoal de enfermagem suficiente para os cuidados de que careciam centenas de velhos, que volviam da morte à vida, porque fiz com que se banhassem, que se vestissem de roupa nova, queimando todos os farrapos.

Quando tudo estava nos seus lugares, parecendo que o casarão do asilo se transformara num paraíso, disse eu ao ancião, que durante todo o tempo permanecera na hospedaria: – Venha comigo.

O pobre velho seguiu-me, e ao entrar no asilo, profundamente comovido, pediu: – Não me deixe aqui.

– Nada tema, porque não ficará recluso. A superiora está animada das melhores intenções para com o senhor. Sairá diariamente e comerá à sua mesa. Ela é uma boa mulher e tenha certeza de que está disposta a cumprir com o seu sagrado dever.

– Mas... quando tornarei a vê-la?

Para consolá-lo, menti, prometendo-lhe que voltaria breve. Não sei se acreditou, só sei que chorou como uma criança quando me viu partir.

A diretora, ao abraçar-me, disse comovida:

– Não se aflija por este pobrezinho. Vou considerá-lo como se fosse meu pai.

Ao afastar-me, olhei o *rejuvenescido* edifício, agora branco e alegre, dizendo: – Não coloquei aqui a primeira pedra, mas deixo uma boa administração. Os pobres aqui recolhidos já não se queixarão da miséria. Pobrezinhos! Estão limpos, abrigados, têm camas, cadeiras, dois maravilhosos hortos onde podem passear! Graças, meu Deus!...

Ao ver-me, Marta disse: – Está muito animada! Olhe, não confie demais! Nas grandes cidades há muitos ingratos!...

– Que importa, se pude semear algum bem aqui? É bem verdade que uma víbora jurou vingar-se de mim e o seu ódio me entristece, confesso. As explosões do ódio espantam-me!

Deitei-me e passei mal a noite. Não dormi e nada vi de bom, até que uma voz soou aos meus ouvidos: – Adiante, não tema nem as humilhações, nem os ódios de hoje. Amanhã a bondade de Deus tudo terá saneado.

Adormeci, afinal, despertando já dia alto, com Marta à minha cabeceira, dizendo sorrindo: – Como você é bela quando dorme! Apesar de raios de sol penetrarem aqui, outra luz a ilumina! Tem luz própria!...

– Não, Marta, não. Sou muito imperfeita ainda para irradiar luz. Se a imaginação não a engana e existe luz em meu redor, é o reflexo da luz dos espíritos que me cercam, pela vontade de Deus.

– É tão boa!... Se todos fossem como a senhora, a Terra seria um céu!

– Um dia a Terra será, quando houver amor entre os homens, e não for preciso que as mulheres percorram o mundo, como eu, nem houver necessidade que alguém morra na cruz para salvar a humanidade. Havendo amor, não se necessitará de redentores.

– Ditosos os que então viverem sobre a Terra!

– Voltaremos nesse tempo para desfrutar essa ventura. Agora, prepare o necessário para nos pormos em marcha, que vamos regressar à casa de meu irmão. Quero que ele conheça minhas novas colaboradoras, e veja que o meu trabalho é útil. Maria, como é ainda muito jovem, terá tempo de sobra para praticar o bem; e você, porque muito sofreu, vai ajudar-me a tratar dos enfermos. Como é agradecida, a sua gratidão será o ramo de violetas que perfumará o ambiente da minha vida.

Marta abraçou-me chorando, e as suas lágrimas, como um rocio benéfico, molharam-me o rosto. Maria abraçou-nos a ambas, e os anjos devem ter sorrido ao verem aquele grupo, onde se entrelaçavam a inocência, a gratidão e o dever.

41. Pedras do caminho

Voltei para a casa de minha família, onde fui muito bem recebida por meu irmão. Instalei-me no meu antigo aposento, colocando Marta e Maria próximas a mim.

Durante muitos dias registrei minhas impressões de viagem, referindo-me a todos aqueles a quem eu havia sido útil de boa vontade. Guardava gratas e sentidas recordações de todos.

Escrevi com tanta facilidade, que não me ficou a menor dúvida de estar bem inspirada. Não me sentia fatigada depois de escrever, como de outras vezes. E quanto mais escrevia, tanto mais bem disposta me sentia. Estava mais lúcida, meus argumentos eram mais arrazoados e as ideias afloravam naturalmente. Sustentava comigo mesma um diálogo interessante:

– Qual será o melhor sacerdócio? Passar a juventude sem paixões, sem ilusões mundanas, sem sonhos terrenos, e encontrar consolo unicamente no amparo aos desvalidos e aos órfãos?... Enxugar uma lágrima não deve ser preferível a todas as venturas da Terra? Quanto é doce praticar o bem!

E todo o meu ser comovia-se pensando nos prazeres inefáveis que proporciona a prática da caridade, virtude superior a todas as virtudes, amor mais elevado que todos os amores.

Passei vários dias escrevendo e fazendo um acurado exame de consciência. Nesse exercício salutar recuperei as forças perdidas nas moléstias da viagem e nas curas dos enfermos. Fez-me tanto bem aquela temporada de repouso, que fiquei novamente ágil e forte, disposta a lutar como antes e a extirpar todas as *raízes do mal*. Vã quimera! O que se arraiga em milhares de séculos, não se arranca em breves segundos.

Certa manhã, ansiosa de ar, de luz e de vida, saí sozinha para o campo. Não saía com a simples intenção de passear, mas com a de encontrar um local apropriado para o meu primeiro convento de religiosas e o asilo para desamparados. Contava para isso com o oferecimento dos meus poderosos protetores: a ilustre dama e o valoroso sábio.

Depois de longa caminhada, encontrei uma paragem deveras aprazível. Subi uma encosta suave e de um ponto mais alto fiquei maravilhada, a contemplar tantas belezas juntas. Entre prados matizados de flores viam-se as ondulações de um rio e, mais ao longe, rebanhos, casas de pastores e lavradores, sem dúvida mais tranquilos e felizes em seu isolamento, que os habitantes das grandes cidades.

Tudo o que me rodeava estava impregnado desse perfume que tem o repouso e a quietude. Como é bela a natureza nos seus períodos de calma!...

Naquele lugar, verdadeiramente encantador, elevei o pensamento a Deus e perguntei-Lhe o que era melhor: se consolar uma alma, se levantar um templo. E como fiz essa pergunta em voz alta, o eco repetiu-a fielmente. Meu coração me disse que era preferível consolar uma alma, mas lembrei-me da minha protetora, e considerei que tinha que satisfazer as vaidades humanas, embora fosse mais edificante consolar os fracos que levantar torres de granito.

Concluí que tinha que agradar a meus protetores e decidi naquele mesmo dia escrever à ilustre dama, requisitando-lhe a presença. Precisava mostrar-lhe o local escolhido para darmos início às fundações. Ela não se fez esperar e veio acompanhada de um arquiteto especialista em construções religiosas.

Ambos gostaram do local por mim escolhido, e procedeu-se imediatamente à compra do terreno. Tendo em vista a sua destinação nobre e benigna, uma grande parte foi doada pelo proprietário. Poder do fanatismo!...

A cerimônia da colocação da primeira pedra realizou-se com grande pompa e foi muito concorrida. Dentro de uma ânfora foram colocadas moedas, pergaminhos e objetos, como era de costume nesses casos. A minha protetora perguntou-me:

– Não coloca nada?

– Sim, esta pequena poesia.

– Quisera lê-la antes.

– Para quê? – perguntei. – Se nenhum outro documento foi lido... Escrevi usando de toda a singeleza sobre a escolha desse lugar admirável... Deixe que a poesia seja lida pelos que a seu tempo derrubarem o que hoje levantamos.

– Oh! Não! – disse o padre que devia proceder à bênção da primeira pedra. – Essa poesia deve ser lida, porque faz parte integrante da argamassa. Leia.

Trêmula e contrariada, li a poesia alusiva ao ato, em que eu dizia que para edificar sobre a Terra basta dinheiro e vontade, mas que para a edificação das almas é preciso o amor de Deus. E Seu amor eu solicitava, a fim de levar a cabo a minha obra de redenção.

Depois de terminada a cerimônia, celebrou-se uma pequena festa. Compreendi que era coisa muito do agrado da minha protetora, habituada a viver entre prazeres e vaidades.

Quando tudo se deu por terminado, senti um medo inexplicável, que mais aumentou quando minha protetora me disse secamente: – Temos que nos falar.

– Que seja amanhã, senhora. Estou indisposta, desejando apenas entregar-me ao repouso.

No dia seguinte, disse-me com mais amabilidade: – Você é humilde, mas exigente. A sua leitura de ontem incomodou-me. Devo adverti-la também que eu mesma dirigirei as obras, sem que, por isso, dispense a sua ajuda.

Ao ouvi-la, quis dizer-lhe que deixaria de bom grado que tomasse ela o encargo de tudo. Que sozinha fizesse e desfizesse, mas uma voz me advertiu: – Cuidado, não resvale. Que se levante o edifício e siga adiante.

Ante aquele aviso, mudei de rumo e disse: – Proceda como lhe aprouver, uma vez que é a senhora quem custeia a obra.

Ela, então, mais carinhosa e comunicativa, falou-me dos seus grandes projetos. Compreendi que mais desejava um centro de prazeres que uma casa de oração. Eu, na verdade, sofria muito com a orientação que as coisas tomavam. Fiz-lhe algumas objeções, que ela rebateu, tentando convencer-me de que eram vãos os meus temores.

Disse-me que ficava a meu cargo a direção das obras do convento e da igreja, encarregando-se ela de dirigir a construção dos anexos do edifício, pois tencionava passar ali grandes temporadas, e justo era tivesse uma casa em harmonia com seus gostos, o seu modo de vida e a sua linhagem superior.

Desgostava-me tal vizinhança para o convento, mas calei-me, ocupando-me das obras. Estas foram iniciadas com grande número de operários, que trabalhavam dia e noite. Todos os meus passeios começaram a ser para aquele lugar, e ao ver os trabalhadores movendo penosamente as peças de granito, dizia comigo: – Que coisas verão estas pedras? Serão elas sepulcros de consciências? Ouvirão lamentos? Repetirão com seus ecos orações fervorosas? Quem sabe!...

O tempo decorria para mim com desesperadora lentidão e a minha imobilidade fatigava-me. Eu escrevia muito, mas isso não bastava. Não me considerava útil.

Um dia, como de costume, fui verificar o estágio das obras. Na ocasião, estavam colocando no centro do templo duas colunas gigantescas. De súbito, ouvi gritos horríveis. Muitos obreiros, desalentados, atiravam-se dos andaimes, para chegar mais rápido em socorro aos seus companheiros, vítimas de um deslizamento de terra. Eram muitos os acidentados e trabalhou-se com ardor incansável para arrancar os sepultados da improvisada cova.

Que cenas, meu Deus! Uns feridos, outros enlouquecidos... e dois mortos, jovens, na flor da idade! Ao vê-los, exclamei: – Meu Deus! Como pode morrer alguém na construção de um templo Seu?! Ah! Não! Não é este o Seu... É mais uma casa erguida pela vaidade humana... Aqui ninguém amará a Deus!

Chorei desconsolada pelos dois mortos. Indaguei onde residiam e fui imediatamente levar às suas famílias a notícia desoladora. Ambos eram casados, e tinham um grande número de filhos, todos pequeninos. Minha triste notícia deixou a todos a me fitar com um olhar de pesar imensurável!...

Pobres mulheres! Uma delas, com os olhos em fogo, disse com amarga ironia: – Esse templo pode ser sagrado para a senhora. Para mim, porém, será sempre um lugar maldito, porque nele ficaram sepultadas as minhas esperanças e a alegria dos meus filhos... Era um pai tão bom!

Procurei consolar aqueles infelizes deixando-lhes bastante dinheiro, dando-lhes minha palavra de que não iria abandoná-los. Olharam-me com desconfiança...

Voltei para casa envergonhada de assentar pedras que matavam homens. Chorei muito. Tinha diante de mim a visão dos operários vitimados, com aqueles olhos tão abertos. Infelizes! A morte os surpreendera na fase mais florida de sua vida!... Eu estava desesperada.

– É preciso edificar – disse uma voz.

– Para quê? Para matar?

– Para propiciar pão aos que têm fome.

– Mas... e os que morrem entre os escombros?

– Não se fixe nos poucos que morrem. Pense nos muitos que se alimentam. Você não pode fazer outra coisa, não pode adiantar o decurso do tempo.

Confesso que o meu companheiro invisível não me convenceu. Eu via os mortos, as viúvas, os órfãos, e confundia minhas lágrimas com as suas... nada mais. Mil mundos cheios de vida e prazeres não me atraíam, nem me davam alegria, porque a dor de alguns pesava mais na balança do meu pensamento.

Procurei repousar, mas debalde, mesmo com o meu aposento iluminado como das outras vezes. Aquela manifestação espiritual não me afagava nem me tranquilizava. Fez-se, então, uma claridade intensa, antecedendo uma aparição divina, que não se fez esperar... Vi outra vez aquela figura formosíssima, que me disse com doce censura:

– Como se espanta e se inquieta!... – e, aproximando-se mais, continuou: – Olhe! Olhe bem.

Olhei e vi multidões esquálidas, esfarrapadas e esfaimadas.

– Vê? Quantos homens perecem de fome e quantas mães veem morrer os filhos!... É preciso dar o pão ao faminto, e nestes tempos, sobre a Terra, não há outro pão senão o que se ganha construindo templos e mansões religiosas. Outros meios virão um dia.

– Sim, sim... bem vejo!... mas que horrível é este mundo!

– Que quer? Este mundo é o seu... Tem de viver entre vítimas e verdugos.

– É aqui, então, que está o inferno!

– Sim, o inferno nascido da ingratidão humana. Desperte, que a sua vida é necessária para a luta!

Na verdade, despertei sem estar adormecida. Vi meu corpo abatido e o meu espírito flutuando no espaço, como se buscasse novas energias. Vi depois aquela figura belíssima ir perdendo a luz e a forma, até transformar-se num homem envelhecido, que tinha vida nos olhos, e que me disse com tristeza:

– Sofra agora, porque muito fez sofrer sobre a Terra. Sofra, recorde e ouça a voz do passado, que os ecos repetem de século em século, de civilização em civilização. A voz do passado é eterna! Você a ouve? Ouve bem? Ela diz:

– *Perdoo-a*!...

42. Regressão necessária

Depois daquelas vidências e daquelas palavras ditas por quem eu tanto amava, que se havia mudado de jovem em velho, não conservando da sua formosura senão os olhos de divina luz, procurei compreender o sentido das suas palavras e a sua transformação. Que simbolizaria aquela metamorfose? Seria Deus e Seu filho, o redentor? Mas... o Espírito Santo onde estava?...

Oh! Não! Que loucura! e quem era eu para merecer tais concessões e satisfações? Além do mais, lembrava-me que ele dissera: – *Não sou Deus; sou um dos seus filhos, como você é e como todos são*.

Seria ele que se me apresentou ancião como foi antes e jovem como foi depois?... Pensando incessantemente nisso, não me saía da mente a expressão: – *Perdoo-a*!...

Para ser perdoada, era necessário que tivesse pecado... Mas, na verdade, teria eu vivido antes?... Teria eu sido alguma coisa antes de o ser agora?... E esse *Perdoo-a*! Seria só para mim ou para toda a humanidade? Acabo enlouquecendo! – pensei. – Eu quero saber a verdade! Senhor, dê-me provas das minhas existências passadas, e não me queixarei jamais, ainda que os corvos me rasguem as carnes, e o fogo calcine os meus ossos! Dê-me, Senhor, uma prova incontestável do meu passado!

Da primeira vez que fiz esta súplica, pareceu-me que o meu corpo subia para o espaço, enquanto eu dizia: – Quando saberei se vivi antes?

E, pensando sempre no meu passado perdido na sombra, seguia com minhas ocupações habituais, visitando diariamente as obras do convento, onde permanecia longas horas observando o trabalho dos operários. Penosamente, levantavam paredes enormes, que deveriam encerrar mulheres débeis, sequestradas de seus lares... Que horror!

Muito me chamavam a atenção os pobres obreiros. Na sua maioria, eram muito ignorantes. Pouquíssimos eram inteligentes. Alguns eram muito desajeitados; quantas pedras seguravam, deixavam cair sobre os pés, ferindo-se muitas vezes, ao passo que outros, mais ágeis e espertos, trepavam pelas grossas cordas, como se fossem macacos.

– Meu Deus – dizia comigo –, por que a estupidez é o patrimônio da maioria das pessoas? Por que tão poucos possuem o dom da inteligência? Por que uns são tão diferentes dos outros? Se é tão bom, Senhor, tão justo, tão sábio, por que permite essas injustiças aparentes? Por que dá a tão poucos os prazeres da inteligência, e à maioria dos seus filhos a escravidão da ignorância? Por que há homens que se assemelham aos brutos, enquanto outros tudo sabem?

Uma tarde, ao sair do convento, experimentei uma sensação estranha. Senti frio intenso, de tiritar os dentes, e ao mesmo tempo calor sufocante, a ponto de molestar-me o manto leve que me cobria. Tive medo de uma vertigem e tratei de apressar o passo, mas os meus pés pesavam como se fossem de chumbo. Quase não podia mover-me. Pensando na vida de outrora, compreendi que algo de extraordinário ia operar-se em mim. Não me enganei, pois vi abrir-se a terra diante de mim. Retrocedi para não cair. Vi aquele abismo alargar-se e converter-se num mar de fogo, cujas ondas subiam como montanhas, às vezes de luz, às vezes de sombra. Depois, aquele mar de fogo tomou a forma esférica e girou vertiginosamente dentro do abismo, lançando naquele movimento uma chuva de fagulhas luminosas que atingiam grande altura. A esfera de fogo foi aumentando de volume até encher completamente o abismo. Das fagulhas, que continuamente brotavam, iam se formando seres irracionais que, atropelando-se uns aos outros, corriam sobre a terra fértil e exuberante de vida, terra que, como por encanto, apresentou-se aos meus olhos, desaparecendo o abismo e o globo inflamado, que dentro dele girava.

Que terra formosa! Admirável a sua vegetação!... Ao fundo daquela encantadora paisagem, elevava-se uma montanha coberta de belíssimas flores... Que diversidade e que profusão!...

Entre aquelas ramagens floridas vi duas figuras, que não pareciam humanas e que também não eram irracionais, e disse: – Será a cena da formação da Terra, e esses dois seres os seus primeiros habitantes?

Uma voz, de pronto, respondeu-me: – Insensata! A Terra não se povoou com um casal único; outras gerações a povoaram antes. E já que tanto anseia por saber o que você foi ontem, veja como pecaram os demais. Então, que horrores eu vi!... Quantas gerações caindo e levantando-se, disputando palmo a palmo um pedaço de terra, lutando como heróis, sucumbindo como mártires... e no meio de tantas violências, amores poéticos, ninhos de família tecidos após as mais rudes batalhas!

Presenciei uma carnificina espantosa... Que crueldade nos seus menores detalhes e que ferocidade no pano de fundo!... que sanha nos combatentes!... Ódio sangrento! Entre aqueles homens, que mais pareciam feras sedentas de sangue do que seres racionais, destacava-se um que infundia terror a todos, como se fosse o símbolo da destruição. Ao levantar o braço, girando a massa com que estava armado, ficava cercado de cadáveres. Era um homem formoso, apesar da sua frieza e crueldade.

Achei-o simpático, porque tinha uns olhos que falavam. Estava ferido, mas resistia à morte, porque gozava ao contemplar a sua obra de destruição. Olhou para todos os lados, e a satisfação irradiou-se no seu semblante ao ver o campo juncado de mortos... Regozijou-se do seu triunfo e depois, como ferido de raio, caiu sobre uma pilha de cadáveres... Ouvi de novo me dizerem:

– Olhe bem para aquele homem, olhe... você que deseja saber o que foi.

Depois do guerreiro morto, vi surgir outro homem, feio, todo defeituoso, com uma cabeça enorme, que andava e caía, blasfemando sempre: – E dizem que Deus existe!

Aquele homem em toda a sua vida não foi amado por ninguém e morreu de uma doença contagiosa. Ao morrer atiraram-lhe pedras, para ter certeza de que morria, e para que acabasse mais depressa... Que modo de morrer!

Eu não me dava conta do que se passava comigo... Queria correr, mas... impossível! Queria deixar-me cair... em vão: estava sem movimentos... não podia curvar-me.

Por felicidade, as lágrimas afluíram-me aos olhos e o meu corpo saiu da imobilidade. Então, com que alegria me deixei cair ao chão!... Já não tinha energia para ver tantos horrores... Permaneci em repouso não sei quanto tempo e, depois, vi uma fértil campina cortada de riachos, em cujas margens se erguiam choças cobertas de ramos verdes, onde se entrelaçavam grinaldas de pequenas flores brancas. De uma das choças saiu uma menina, e ao vê-la pensei: – Essa menina fui eu! Os seus olhos são os meus...

A menina quis atravessar a nado um rio largo, e eu senti que, resoluta, se atirava à água. Ao vê-la dentro d'água, pareceu-me um réptil monstruoso. Ai! Já não era a mesma menina de grandes olhos... era verdadeiramente um réptil aquático, que causava muitos danos aos outros corpos que flutuavam no rio... Por fim, um turbilhão a tragou! Como me alegrei com isso!

Vi depois outra menina nascida noutro lugar, que tinha os mesmos olhos... Senti repulsão por ela... e dizia: – Meu Deus, não quero ver mais! Já me basta o que vi!

Continuava, porém, a ver. E vi todos os crimes daquela criatura. Foi má filha, péssima esposa e mãe pior ainda... Quantos crimes, meu Deus! Logo após, vi outra jovem, de grande formosura, por quem senti muita simpatia.

– Meu Deus – murmurei –, já teria começado a ser boa?

Uma voz advertiu-me: – Veja bem. Não perca um só detalhe dessa existência, em que tinha mais adiantamento que nas anteriores, em que poderia ter feito muito bem e não o fez.

Olhei-me, encantada da minha beleza. Vi um povo que me adorava, a conceder-me um prêmio de formosura por causa da minha fascinação irresistível. Depois, um homem venerável que me idolatrava, fitando-me maravilhado, vendo na minha esplêndida formosura a obra mais perfeita de Deus. Adorador de tudo que era belo, via em mim uma divindade. Vi como eu, aproveitando-me da sua adoração, vendi-o, enganei-o, entreguei-o à morte... e ouvi que, diante dos seus juízes e dos seus verdugos, ele me dizia: – *Perdoo-a*!...

Ai de mim! Naquela existência volvi a ser o réptil aquático que tantos danos causou. Atirei-me ao rio da vaidade e da ambição, e destruí sem piedade a obra mais bela daquele tempo, somente para dizer: – A minha formosura é superior a tudo! A sabedoria submerge e sobre ela erguerei o meu trono!

Oh! Meu Deus! Quão insensata fui!...

Por fim, as visões desapareceram. Eu já tinha visto demais! Ergui-me como pude e cheguei em casa já noite alta. Encontrei todos em desassossego pela minha demora, especialmente meu irmão, Marta e Maria.

– Não brigue comigo – disse eu a meu irmão. – Amanhã vou contar-lhe o que se passou.

– A verdade – respondeu ele – é que eu sou o culpado por deixá-la sair só, tendo você, como tem, essas duas mulheres, que não querem outra coisa senão estar ao seu lado. A partir de hoje acabaram-se as suas escapadas. Só sairá acompanhada.

Calei-me e deixei-me cair na cama como se fosse uma massa inerte. Não consegui levantar-me no dia seguinte.

Muito solícito, meu irmão pediu-me que lhe contasse o que se passara, ao que acedi. Ele ouviu-me atentamente, rindo-se ruidosamente, ao fim do que disse-me sutilmente:

– Pobre irmã!... O que tem, de fato, é que quase não se alimenta. O que você come, um pássaro conduziria no bico. Nesse estado de jejum voluntário em que vive, com esses estudos que vão além da capacidade que as mulheres têm, conseguiu transtornar as faculdades mentais. Eu porei termo a isso. Fora os livros e que venha em seu lugar um bom regime alimentar. Verá como essas alucinações desaparecem!

– Não são alucinações, meu irmão. Quando nosso pai faleceu, eu bem o vi e ouvi, como tudo quanto lhe narrei é real. Não duvide que vi a realidade da vida. Já vivemos, continuamos a viver e viveremos sempre.

– Não se engane, minha irmã. Não se meta em tais funduras. Já existe quem se ocupe de nós outros, e a nossa religião ensina-nos que, depois de mortos, iremos para o céu, se tivermos sido bons cristãos, ou para o inferno, se tivermos infringido as leis de Deus.

– Pois eu, meu irmão, creio no passado da minha alma, e agora quero viver para ser útil aos outros e sofrer, sem queixar-me, todas as penas que por minha imperfeição eu mereça. Quero regenerar-me pelo trabalho e pela dor. Não quero que ressurja aquele réptil que, com a forma de uma mulher formosa, atraiçoou um homem que queria ser a salvação de um povo, praticando para com ele o mais nefasto dos crimes, entregando-o atado de pés e mãos aos seus cruéis inimigos, destruindo com a sua morte a semente da maior escola filosófica do mundo.

– Pobre irmã! Você é um vulcão de amor, e não sabe onde guardar as suas preciosas chamas! É, ao mesmo tempo, uma cratera infernal, que utiliza contra você mesma. Você está se destruindo, abrasando-se com o fogo dos temores e das alucinações. Mas acho-a tão bondosa, que sou levado a amá-la, e a amo cada vez mais. Mais a considero minha filha do que minha irmã, e quando a vejo tão exaltada, receio perdê-la, temendo pela sua sanidade mental. Creio que será muito infeliz. Só o que lhe peço é que nada me oculte do que lhe suceder, e não se ofenda com o meu riso. De um pai tudo se deve aceitar, porque em tudo está a marca do seu amor.

As palavras de meu irmão foram um bálsamo para mim. Compreendi que meu pai o inspirava. Se a ternura dos vivos muito nos agrada, muito mais nos alenta o amor dos que se foram, com o seu afeto, a sua assistência e o seu conselho, numa demonstração clara de que a vida continua.

Essa continuidade da vida nos diz a cada um:

Levante-se e ande, que nunca lhe faltarão seres a quem amar e a quem recorrer.

43. Quando o coração pulsa diferente

Depois da promessa de meu irmão, minhas forças morais restabeleceram-se. Eu fazia esforços para animar-me e consolar-me, mas o meu espírito não estava satisfeito. Eu queria, necessitava mesmo, compreender a grandeza da vida, analisá-la, estudá-la, comentá-la, e nada disto me era possível fazer.

Recordava-me de tudo quanto vira, mas... era tanto... e tão variado, tão diverso, que me perdia no oceano de meus pensamentos, e dizia com angústia:

– Meu Deus! Meu Deus! Será possível?! Teria eu sido tão má? Tão perversa? Que vergonha! Prometi ser boa, e ainda estou longe disto!... porque não trabalho, não corro de povoado em povoado, levando o consolo e a esperança às almas atribuladas... Fico sossegada na minha casa, rodeada dos carinhos dos meus... mas... merecia eu, por acaso, tamanha felicidade? Quem sabe!...

Eu gastava grande parte do meu tempo nestas e outras reflexões parecidas, até que uma tarde saí, acompanhada por Marta e Maria, a fim de visitar as obras do convento. Elas procuravam, cada uma por sua parte, distrair-me e animar-me. Sua conversação me era muito agradável.

Marta, mulher experimentada e sofrida, tinha a amarga experiência que o infortúnio proporciona, temperada com o generoso sentimento da gratidão que havia despertado em sua alma, ao devolver-lhe eu a vida e a saúde. Essa gratidão ela fazia esforços para demonstrar cuidando de enfermos e consolando os aflitos. Maria, menos ferida pela desgraça, porque a juventude repele os dardos da dor, aceitou, com a varinha mágica da esperança, a minha proteção. Tinha a doce confiança de quem crê que lhe dão o que lhe pertence. Em pouco tempo tornou-se uma jovem cheia de atrativos. Sua beleza era totalmente natural e o único luxo que ostentava era o da limpeza. Suas mãos finas e delgadas, que ela cuidava com esmero, eram brancas como a neve. Boa no fundo e facilmente impressionável – as curas que eu tinha realizado haviam lhe produzido um efeito excelente –, a ponto de querer ajudar-me em todos os meus trabalhos. Dizia-me, durante o nosso trajeto para o convento:

– Quando vamos ver os que sofrem?

– Agora não é possível, porque outras ocupações me chamam.

– É que eu tive um sonho. Sonhei que ambas percorríamos um campo de batalha coberto de mortos e feridos, e enquanto você curava uns, eu também curava as feridas abertas de outros, impondo minhas mãos sobre elas... Poderei ainda vir a curar também?

– Por que não? Filha minha, basta querer para se praticar o bem.

– E no convento, que faremos? – indagou Marta. – Haverá doentes por curar? Se houver enfermeiras, eu quero ser a primeira da lista para consolar os que não têm esperanças, aqueles que sofrem tanto, só esperando a morte.

As obras estavam adiantadas. Ao chegarmos, o encarregado, homem muito inteligente, pôs-se logo à minha disposição, fazendo-me notar a boa distribuição das dependências do edifício. A largura das celas e a ventilação e claridade dos claustros, o largo espaço dos pátios e a grandiosidade do templo revelavam uma construção de bom gosto. Apesar de tudo, o edifício parecia-me pequeno, mesquinho, e externei isso ao meu cicerone.

– Acha pequeno, senhora?!... Este é um dos maiores conventos que até hoje se construiu!

– Não contesto. Mas acredita que Deus possa habitar aqui?

– Senhora, se Deus está em toda parte, aqui também estará. E creia, este edifício ficará deveras suntuoso.

– Ah! O que eu desejo não é a suntuosidade exterior; quero a grandeza interior. O que ouvirão estas paredes? As almas doloridas encontrarão consolo entre elas?

– Se todas as religiosas que aqui viverem se parecerem com a senhora, este convento será um lugar de repouso e de amor.

Saí do convento tristemente impressionada, como sempre. E só ao encontrar-me no meu aposento pude tranquilizar-me. Então elevei o pensamento a Deus:

– Meu Deus! Eu tenho sido uma criatura má... mas desde quando? Desde o meu nascimento? Mas eu nasci quando o mundo era ainda embrionário? E o mundo, de onde veio? Tinha-o Deus nas suas mãos? Mas que digo!... Deus não tem mãos, nem olhos, nem corpo... Deus é uma essência flutuante... E este mundo, era ele todo fogo? Teria esfriado depois?... Sim, assim deve ter sido... E do calor da sua superfície brotou aquela vegetação gigantesca, aquelas espécies irracionais... Depois... depois apareceram as almas. Uma alma será um pensamento de Deus? E que fará ela? Dir-se-á talvez a uma alma: "Tome o fogo para saber o que é fogo; tome a água, para saber o que é água! Anime-se da essência vegetal, mova-se mais tarde, animando corpos mais volumosos". E depois... depois... Deus meu! Fez de mim um *ente racional*, colocando-me numa sociedade onde tudo era grande e belo. E ali, entre tantas belezas morais e plásticas, cavei a ruína de um homem sábio, zombei cinicamente da sabedoria... Mas... naquela época e naquele lugar só eu é que fui má? Não! Outros foram também. Fomos muitos os carrascos que condenamos um mártir. Em meio a tanta luz, éramos muitos os cegos e só um homem compreendia a grandeza de Deus, pois só compreendendo-a é que a vítima pode dizer ao algoz: – *Eu o perdoo*!... Imenso era o valor daquele homem! Parece impossível que pudessem ter estado em contato a sua grandeza e a minha baixeza, a sublimidade do seu espírito e a vilania da minha ignorância, o seu imenso amor e a minha torpe ingratidão!... E Deus via tudo isso!...

Quando assim pensava e exclamava, o meu espírito elevava-se e, após estes exames de consciência, adormecia tranquilamente, como sucedeu dessa vez. Durante o sono vi milhões e milhões de estrelas, e a elas perguntava repetidas vezes: – Digam-me, conseguirei ser boa?

Depois vi meu pai frio e severo, que disse: – Menina, não se impaciente. Você procura o futuro, como eu o procuro também.

– Não, meu pai, o futuro está nas minhas mãos, porque ele não é mais que o bem multiplicado pela ciência.

– Tem razão. Você vê mais claro do que eu, apesar de estar ainda ligada ao corpo, que bem pouco lhe custaria deixar. O voo dos pensamentos afrouxa os laços que prendem o espírito à matéria de modo surpreendente.

– É verdade, o meu espírito voa em demasia, mas não devo abandonar o meu corpo, meu pai, porque ele é um acessório muito útil para mim.

– Encontrará outro depois. O fato é que aqui me encontro muito só. Preciso muito de você, acredite-me. Não consigo compreender o porquê das coisas.

– Pois eu, meu pai, tampouco compreendo. Apenas sei que vislumbrei o que fomos. E fomos maus, meu pai, muito maus!

Meu pai entristeceu-se com as minhas palavras. Inclinou-se e beijou-me a fronte, sentando-se junto do meu leito. E eu, satisfeita por ter quem me velasse o sono, submergi nas ondas do repouso e da quietude, olhando carinhosamente para o meu corpo, que tão bem me servia. Pobrezinho!

Por fim despertei, tão bem e tão alegre, que quis grafar as minhas novas impressões. E escrevi: – Meu Deus, eu não o adoro na cruz, nem no sangue que brota das suas feridas. Não o adoro jovem e formoso, com todos os esplendores da sua maravilhosa juventude, nem como um ancião venerável e sábio, iluminando o mundo com a sua ciência maravilhosa. Eu o adoro na planta cheia de espinhos, no arbusto carregado de flores, na árvore centenária, no penhasco batido pelas vagas, no vale, no abismo, no grão de areia, nas montanhas que escalam os céus, na Terra, na imensidade do espaço, na brisa que move as folhas secas, como o seu amor move as almas!

Como escrevi bem, então! Eu sentia, amava e esperava! Como fiquei contente do meu trabalho!...

Meu irmão, o meu segundo pai, ao ver-me tão risonha e bem disposta, regozijou-se com a minha alegria. Falei-lhe do meu último escrito, e ele me acrescentou: – Bem, logo mais poderá lê-lo diante do seu antigo amigo, o padre, que vem visitar-nos e deseja descansar aqui alguns dias, por não encontrar-se bem.

Essa notícia alegrou-me, porque o padre era um dos muitos mártires da religião. Mártir, sim, porque não são mártires somente os que morrem assassinados. Há martírios ocultos de que ninguém se compadece, sacrifícios que ninguém agradece, juramentos que são a destruição da felicidade. E o padre estava nesta situação: era um desses mártires, aos quais a posteridade não levantará altares.

Saindo a passeio, ia dizendo a mim mesma: – Quão belo e grande é Deus, sem cruzes, sem martírios, sem misérias!...

E como eu falava alto, o padre meu amigo, que me procurava em companhia de meu irmão, ouviu-me e disse-me com doçura:

– Sempre encontrará Deus se souber procurá-Lo... Deixemos por agora assunto tão grandioso, pois quero falar-lhe da minha viagem à corte, onde vi o seu poderoso protetor. Ele, que está contentíssimo com você, recomendou-me que lhe dissesse que deve trabalhar com o mesmo empenho, nunca desfalecendo, suceda o que suceder.

– Pois se soubesse! Faz alguns dias que julguei ficar louca, vendo o que eu jamais sonhara.

– E verá muito mais. Bem sabemos o que lhe acontece. Iluminada por Deus, que coisas não deve ver! Foi para estar em tão boa companhia que decidi por vir. Sinto-me muito doente; não sei o que tenho, mas não estou bem.

– Pois aqui recobrará a saúde perdida. Passearemos, conversaremos, discutiremos, e veremos se encontramos outros terrenos onde levantar outras construções.

– Justamente. O seu protetor manda avisá-la que, já que a sua protetora levanta um convento de luxo, que mais parece uma mansão real que uma casa de oração, ele se propõe a levantar conventos onde as almas alquebradas pela tormenta da vida possam encontrar paz e esquecimento.

– Meu Deus! Para que tantos conventos, se há mais necessidade de hospitais e de asilos para órfãos e velhos! Não fazem falta mulheres que rezem; o que falta são mulheres que amem os que sofrem.

– Tudo há de se ajeitar. Silencie e obedeça, já que pode expandir os seus sentimentos de outra forma.

– Pobre de mim se não o pudesse fazer! Hoje mesmo escrevi um hino a Deus, que não é outra coisa senão as minhas impressões.

– Vamos lê-lo, então – disse meu irmão. – Vou buscar a sua pasta.

E sentados sob uma árvore frondosa, eu lia e chorava um pranto doce, parecendo-me que aquelas lágrimas do meu sentimento apagavam a mancha das minhas culpas. O padre, imóvel, com a cabeça baixa, ocultava como podia uma emoção intensa. Mais expansivo e menos infeliz, meu irmão manifestava o que sentia com a maior sinceridade. Ao terminar a leitura abraçou-me e beijou-me, dizendo: – Você vale mais que ouro!

– O que leu é tão elevado, tão grande – disse gravemente o padre –, que é o fundamento das suas obras futuras. Em tudo estou de acordo, em tudo, menos na separação que estabelece entre Deus e o seu martírio, a sua paixão e a sua morte.

– Fique tranquilo. Por enquanto, a ninguém mais lerei estas expansões da minha alma, para que me não chamem de herege. Bem poucos me compreenderiam em nossa época, e seria uma imprudência da minha parte entregar-me de mãos e pés atados a um martírio sem glória. É mais útil trabalhar do que morrer nas mãos dos ignorantes.

As sombras da noite fizeram-nos voltar para casa, e, depois de cearmos com bom apetite, eu disse ao meu amigo: – Fale agora, não como religioso, mas como homem. Conte-nos a sua história, os seus amores, pois certamente deve ter amado.

Como ele falou bem da mulher, dos amores e do amor! Quão bem definiu o amor a Deus e o das almas entre si!... Perguntei-lhe se havia amado, e ele, enxugando uma lágrima, disse:

– Sim... Amei as mulheres que amam a Deus e sabem resistir às lutas terrenas.

– E eu amei todos os homens de talento, fossem crentes ou ateus.

– Bem, bem – disse meu irmão, compreendendo que a conversa se tornava demasiado íntima –, já é hora de descansar. Fica de pé a questão dos amores e amanhã também eu vou lhes contar os meus.

Bem a tempo cortou meu irmão o diálogo entre mim e o padre. Quando um homem e uma mulher, no esplendor da vida, inteligentes, mas contidos pela devoção, falam de amores, a conversa pode se tornar comprometedora. E assim ambos compreendemos. Olhamo-nos ao nos dar boa-noite, dizendo os nossos olhares o que os lábios não disseram. Os dois, ao mesmo tempo, sem pronunciar uma palavra, fitamos os nossos hábitos, pensando conosco: – O hábito não faz o monge. Quando o coração pulsa e o pensamento sonha, as batinas e os véus são demais.

44. Lidando com forças poderosas

Enquanto permaneceu em nossa casa, o bom padre tinha um verdadeiro afã por dar expansão à vida, tomar alento e força. Na realidade, necessitava disso. Não deixava sossegar meu irmão, propondo sempre excursões pelas cercanias, bem como partidas de caça pelas montanhas e bosques de propriedade da família. Este, nem tanto amável, mas condescendente em demasia, deixava-se levar, e estava sempre à disposição dos seus amigos. Assim, o padre, meu irmão e outros caçadores estavam tão aficionados às caminhadas e às emoções que proporcionam as caçadas, que chegaram a passar mais tempo nos campos do que em casa.

Durante as frequentes ausências, eu escrevia, ordenava os meus trabalhos e colecionava as minhas poesias. Visitava, também, diariamente, as obras do convento, que estavam bastante adiantadas.

Ali estando uma tarde, em companhia de Marta e Maria, vi chegar Mateus, um dos servos de meu irmão, mais amigo do que servo, porque fora seu irmão de leite. Haviam crescido juntos e jamais se haviam separado. Ao vê-lo assustei-me, porque ele vinha pálido como um defunto.

– Que há? – perguntei.

– Uma grande desgraça.

– Meu Deus! Que aconteceu?

– Seu irmão feriu-se, caçando.

– E onde está ele?

– Trazem-no. Foi ele quem me mandou vir na frente.

– Vá... volte para o seu lado... Eu vou já ao seu encontro, também.

Mateus partiu, esporeando o cavalo. Fiquei aturdida, sem saber o que fazer, se correr ao seu encontro, se regressar à casa quanto antes, para preparar tudo, pois calculava que necessitaria de ataduras, fios e compressas. Desse material havia uma grande reserva em casa, pois todos meus irmãos eram grandes caçadores, e em tais incursões sempre há mais danos que satisfação.

Fui para a casa de meus irmãos. Quando lá cheguei, mal me podia suster de pé. Horrorizava-me a ideia de que meu irmão mais velho pudesse morrer, pois, uma vez morto, eu ficaria só no mundo. Todos os outros membros da minha numerosa família me chamavam a *religiosa renegada*, rindo-se de meus planos, de minhas curas, de meus escritos, de tudo, enfim, quanto de mim partia. Na opinião deles, eu era um *ente* raro, que justamente devia estar encerrada entre quatro paredes.

Meu irmão demorou muito a chegar, e todas aquelas horas de espera foram de verdadeira angústia para mim. Via-me só sem meu irmão. Tinha me acostumado tanto aos seus conselhos e à sua companhia que me desestruturava pensar na possibilidade da sua morte.

Afinal, chegou meu segundo pai, em cima de uma padiola e rodeado dos seus amigos. O padre mostrava-se muito aflito. Logo que meu irmão me viu, disse: – Não chore, isto não é nada, tenho tido ferimentos piores.

Eu havia avisado os melhores médicos do povoado, e sua chegada coincidiu com a chegada de meu irmão. O primeiro curativo foi feito. O padre compeliu-me a sair do aposento, enquanto os especialistas trabalhavam, dizendo-me que as mulheres são sempre um estorvo nas ocasiões de perigo, devido à sua sensibilidade excessiva. Eu, porém, não me dei por vencida. Julguei do meu dever não abandonar meu irmão, e entrei de novo, dominando a minha angústia.

Animei o ferido, que se queixava muito, com as minhas expressões carinhosas. Observava-o atentamente, sem perder por isso o menor movimento dos médicos que o ataram cuidadosamente. Ficou encarregado de velar o enfermo o médico mais inteligente, homem de muita fama, aliás merecida, ao qual interroguei sobre o estado de meu irmão: – A ferida é horrível, senhora, horrível – respondeu ele com rude franqueza –, e a sua cura é duvidosa.

– Se se curar, ficará aleijado?

– Provavelmente.

Durante a noite, com exceção de Marta, que era a minha sombra, a ninguém mais consenti que ficasse no aposento de meu irmão. Marta era prudente, calada, oportuna em tudo. Nunca falava fora de hora nem fazia o menor ruído. Sempre desperta, atenta ao menor movimento, era uma companheira ideal para velar um enfermo, principalmente um doente como meu irmão, entre a vida e a morte.

Eu olhava para meu irmão, e durante longo tempo hesitei em dar-lhe passes magnéticos, com receio de prejudicá-lo, ao invés de aliviá-lo. Mas, recordando as curas que fizera, olhei para Marta, que ali estava completamente sã. Comparei seu estado atual com a sua situação anterior e disse comigo: – Meu Deus, ao Senhor recomendo a minha obra!

E, tremendo, confesso, apoiei as mãos sobre a cabeça de meu irmão, dirigindo depois a destra sobre a ferida.

Disse-me ele, então, com a voz abafada: – Aí me dói... mas o contato da sua mão alivia-me!...

Continuei a dar-lhe passes magnéticos até que ele abriu os olhos, sorrindo. Percebendo tão bons resultados coloquei-lhe as mãos sobre a ferida, sem fazer pressão para não magoá-lo, sentindo pouco a pouco um calor abrasador. Um fogo queimava minhas mãos, como se as tivesse dentro de um forno. Era um fogo que eu não via, e para que esfriassem tive que as agitar em diversas direções, enquanto meu irmão suplicava: – Não retire as mãos, por Deus, que aproximando-as ao meu peito tira-me todas as dores!...

Continuei dando passes suaves e já não me queimava como no princípio, dizendo-lhe: – É verdade que já não quer morrer? Que agora deseja velar por mim?

– É você quem vela por mim – disse o ferido com doçura. – Oh! como me sinto bem!...

E adormeceu, sorrindo, como uma criança feliz.

Plena de alegria, lancei-me nos braços de Marta, e nossas lágrimas se confundiram, enquanto meu irmão repousava depois de tão horríveis sofrimentos.

Na manhã seguinte veio o médico e ficou admiradíssimo. Examinou as ataduras, em que ninguém tocara, e perguntou:

– Que fez? Seu irmão está muito melhor e não deveria estar, pois o seu estado era gravíssimo.

Contei-lhe com toda a simplicidade o que se passara, e ele esboçou um sorriso de incredulidade.

– As mãos nada fazem – disse ele.

– Nada fazem?! Pois tenho curado enfermos considerados incuráveis só com a imposição das minhas mãos.

– Isso são preocupações religiosas e estranho que uma mulher como a senhora acredite nisso.

O médico apressou-se em tirar as ataduras, ficando estupefato, porque a ferida estava praticamente curada. Fez novo curativo e retirou-se muito preocupado.

Percebi que meu irmão recomeçava a sofrer e repeti-lhe a mesma operação da noite anterior, que deu idênticos resultados, e ele adormeceu sem a menor agitação. Vendo-o tranquilo, encarreguei Mateus de ficar vigilante, e fomos, eu e Marta, repousar um pouco, o que bem precisávamos.

Ao deitar-me, sucedeu o mesmo que já algumas vezes acontecera. Desapareceram as paredes da minha câmara e vi-me num largo espaço. – Meu Deus! – exclamei. – Que eu possa ser útil a meu irmão!

Adormeci e vi o meu corpo desfalecido por completo, sem que, porém, eu me importasse com isso. O que eu desejava era ver meu irmão, e vi-o perfeitamente. Examinei-lhe a ferida, verificando que o aparelho respiratório fora afetado e sofria muito com isso.

Olhei ao meu redor, a procurar um remédio, e vi uma planta espinhosa no campo. Pareceu-me que ela poderia ser útil para a sua cura e, com a minha vontade, extraí-lhe o suco e apliquei-o sobre a ferida de meu irmão. Depois, vi brotarem do solo chispas luminosas, que flutuavam e cingiam a cabeça do ferido. Ouvi, então, uma voz:

– Basta. Não lhe dê mais energia; feche a corrente.

– Como, se não sei como foi aberta?!

– Descanse.

Quando voltei à cabeceira de meu irmão, encontrei-o animado e muito alegre.

– Você é um anjo – disse ele. – Eu a vi durante o sono, e vi também como transmitia ao meu cérebro alguma coisa de luminoso, sentindo como se fosse um bálsamo cair sobre minha ferida.

O padre fitava-me com assombro, quando indaguei:

– Está doente?

– Sim, não sei o que tenho.

Coloquei a mão sobre a sua fronte, e ele tentou afastar-se, mas eu lhe disse incisiva: – Olhe-me bem! Não confunda o espiritual com o carnal. Quero curá-lo! Quero salvá-lo!

– Bem, que seja! Mas não me dê tanta vida!

– Sim, homem, sim! Quero em torno de mim seres alegres, pois que os enfermos nunca o estão. Quero que vocês todos me devam alguma coisa, para que todos me amem.

– Oh! Quanto você vale! – disse ele sorrindo. E falou admiravelmente da grandeza de Deus e das Suas sábias e inalteráveis leis.

Meu irmão estava muito contente e eu, vendo os dois tão bem dispostos, pedi-lhes que, quando voltassem ao campo, deixassem-me acompanhá-los, não para caçar nem matar, mas para estudarmos juntos no grande livro da natureza. Falei-lhes da planta feia e espinhosa cuja seiva cicatrizava as feridas e concluí:

– As plantas são as letras de Deus gravadas na superfície da Terra.

Voltou o médico, e o seu assombro aumentou! Fez o curativo, sem conseguir explicar aquele milagre. Perguntei-lhe, em particular, se ainda via gravidade, dizendo-me ele:

– Não vejo perigo algum, se a cura não é falsa. Penso que ninguém mexeu nas ataduras, mas... seja franca comigo... o que deu a seu irmão? A ferida está quase cicatrizada! Que lhe fez?

Contei-lhe o que se tinha passado durante o sono, e o meu relato fez com que risse e dissesse:

– Parece incrível que uma mulher como você esteja completamente alucinada!

– Não estou, não! Eu vi a planta espinhosa, toquei sua seiva, vi o fogo que se dirigia à cabeça de meu irmão, ouvindo uma voz que me dizia: “Basta, está dando-lhe demasiada energia”.

– Bem. Se não fez senão isso, vai tudo bem. E se continuar assim, amanhã estará cicatrizada a ferida.

– Assim será.

– Como sabe?

– Porque vou cicatrizá-la, e farei isso em sua presença.

Esperei ansiosamente a visita do médico no dia seguinte. Se todos os livros religiosos tivessem dito que eu não fecharia a ferida, a minha resposta teria sido esta, tal a fé que me animava: – *Vou fechá-la!*

Ele veio e, assumindo um ar muito grave, tirou as ligaduras e disse: – Não é possível esta ferida se fechar hoje.

Olhei-o, então, com firmeza e disse-lhe convicta: – Porei as mãos quando ordenar.

– Comece, então!

Pus a mão sobre o peito do ferido, parecendo que uma força poderosa me arrebatava, elevando-me. Ao fim de bem pouco tempo, retirei a mão e o médico deu um grito de assombro. A ferida estava fechada!...

– Não compreendo! – exclamou ele secamente.

– Nem eu! Apenas sei dizer que nesses momentos sinto em mim uma força desconhecida, que não só fecharia uma ferida, mas um corpo inteiro que estivesse aberto de cima a baixo. Nesses momentos sinto-me capaz de levantar um mundo!

– Então, nada mais tenho a fazer aqui. Assuma o comando, senhora... mas a atadura talvez ainda seja necessária...

– Sim, sim! – disse meu irmão, vendo que o médico estava contrariado e humilhado. – Uma coisa é o desconhecido e outra, a ciência médica. Proceda como achar melhor.

O médico envolveu novamente a ferida, mas ficou claro que estava desgostoso, o que o fez retirar-se antes do tempo.

– Até amanhã – disse eu.

– Não – disse ele –, até nunca!

Voltei para junto de meu irmão, que me disse: – Afaste-se que quero vestir-me.

E vestiu-se, saindo a passeio, cheio de alegria pela sua cura tão rápida. O médico deixou de vir no dia seguinte, o que me desgostou vivamente; tinha um inimigo a mais. Fiquei temerosa, pois não convém a ninguém angariar inimizades!...

– Meu Deus – exclamei –, por que se ofenderia esse homem?!

E uma voz murmurou ao meu ouvido: – A sua precipitação o feriu. Você humilhou a sua ciência. No fundo, porém, ele não é mau. Se o procurar, ele render-se-á. Procure-o dizendo-lhe que vai vê-lo, porque ele está doente e que quer curá-lo, pelo bem de seus enfermos.

Obedeci imediatamente, e ele, ao ver-me, perguntou sobressaltado:

– Que tem seu irmão?

– Vai bem.

– Pois então, a que veio?

– Destruir a sua zanga.

– Se não estou zangado!...

– Eu bem sei que está, e por isso vim pedir-lhe perdão de tê-lo ofendido involuntariamente. Eu bem sei que é um sábio dedicado ao estudo, mas que culpa tenho eu de manejar forças que desconheço, e de ouvir vozes que me guiam? Escute-me, senhor, e em lugar de se afastar, estude em mim.

Falei eloquentemente do organismo humano, e depois olhei-o firme. Ele, então, me disse: – Não me olhe assim!... Nos seus olhos há alguma coisa, e...

– Quero olhá-lo assim, porque está enfermo também...
– É verdade...
– E quer que o cure?
– E que fará?
– Vou impor-lhe as mãos na cabeça.
– Pois faça isso.

Impus-lhe a minha mão bem de leve e, bem depressa, senti uma sensação parecida à que tinha experimentado tratando de meu irmão. Senti muito calor nas pontas dos dedos e vi o médico chorar silencioso, enquanto a sua cabeça era envolvida por uma espécie de nuvem. Ele olhou para mim e disse:

– Quanto bem me fazem as suas mãos e os seus olhos! Tirou-me da cabeça um peso enorme!...

Sem me aperceber do que fazia, dirigi-lhe as mãos para o coração, e ele logo deu um grito de alegria e assombro:

– Que significa isto, Deus meu? Que é isto que a minha ciência não me explica?!...

– No futuro explicará, meu amigo. E nesse tempo os médicos serão os sacerdotes de Deus, porque conhecerão as forças da natureza, e os medicamentos que há nas plantas, para curar todas as enfermidades.

O médico, radiante, olhou-me com respeitosa ternura, beijou-me a mão sem que eu pudesse impedi-lo e disse-me:

– Vou ao templo dar graças a Deus pelo bem que me fez. Depois vou colocar-me às ordens de seu irmão e felicitá-lo por pertencer à sua família... Que é você? Anjo? Mulher? Santa?! Não sei!...

– Mas eu sei! Sei que fui *muito má*... e agora quero ser *muito boa*.

O médico não entendeu o sentido de minhas palavras. E em verdade não poderia...

45. O bem vence o mal

Finda a minha tarefa junto do médico, voltei para casa satisfeita, pois me desfizera de um inimigo. E eu temia tanto os inimigos!... haviam me feito sofrer muito.

Estive muitos dias sem escrever, porque depois dessas curas, de grande doação de energia, eu ficava sempre num abatimento considerável, mesmo considerando-se que não eram só as minhas forças que empregava. Diante do perigo, eu era um Hércules, mas depois... era como uma plantinha sensitiva, frágil até diante do Sol e do ar. Nesse estado de languidez extrema, não podia escrever.

Meu irmão, entretanto, curou-se de todo, bem como o padre, que parecia outro. Adquiriu melhor cor, olhar mais brilhante e corpo mais ereto. Parecia haver remoçado dez anos. Ao vê-los tão satisfeitos, propus a meu irmão passarmos um dia nos montes, mas sem caçar. Ele acedeu muito contente, dizendo apenas que queria escolher o dia.

Este chegou. Era um belíssimo dia de primavera, desses dias que tem a Espanha, cheio de luz e calor, de pássaros e flores.

Meu irmão convidou vários amigos, e todos a pé nos dirigimos a um monte próximo da cidade. Lá me esperava agradável surpresa: toda a minha família estava reunida, exceção única de Benjamim. Uma das minhas irmãs saiu-me ao encontro dizendo:

– Que se acabem as nossas divergências! Que sejamos porto de salvação uns dos outros – e puxou-me, apertando-me contra o peito. As nossas lágrimas confundiram-se.

Compreendi logo que aquela reconciliação era obra de meu irmão mais velho, pois eu sabia que toda a minha família me chamava a *religiosa renegada*, *a louca romântica*, a *que desfaz agravos* e a *apaziguadora de desavenças*. A minha alma, porém, estava tão ávida de luz e de amor, suspirava tanto pelo suave calor da família, que aceitei como sinceras as demonstrações carinhosas dos meus irmãos e dos seus filhos. Estes estavam com a lição bem estudada, porque me rodearam e me beijaram com o maior carinho.

Meu irmão contemplava muito satisfeito a sua obra, e muito comovido exclamou: – Quero que todos estejamos unidos, a fim de que eu me vá tranquilo, se morrer amanhã. Seja hoje um dia de felicidade, sem temores nem receios. Gozemos os abençoados prazeres proporcionados pela verdadeira felicidade. Já que somos irmãos, cumpramos todos o nosso dever.

Quanto conversamos! Minhas irmãs assediaram-me com perguntas de toda a sorte, e tive a chance de falar-lhes muito sobre moral universal e deveres da família. Elas benziam-se ao ouvir-me, porque não me acreditavam no gozo pleno das minhas faculdades. Minhas colocações deixavam-nas estupefatas.

Passamos o que se chama um dia feliz. Separamo-nos, prometendo reunirmo-nos outra vez, e ao chegarmos à casa, meu irmão mais velho perguntou, abraçando-me:

– Está contente comigo?

– Muito mais do que pode imaginar.

– Muito me alegro, porque desejo a sua tranquilidade. Sei que a esperam dias de luta, e quero que esteja fortificada, e que conte sempre comigo e com toda a nossa família.

– Obrigada, meu irmão. Sinto-me muito bem e julgo que criei alma nova. Amanhã devo voltar a escrever. Verei também as obras do convento e procurarei outro local para edificar uma casa de oração, já que o convento que estão construindo servirá mais para uma casa de recreio.

No dia seguinte, inspiradíssima, escrevi um pequeno poema dedicado especialmente à família, que eu dizia ser o porto dos que vivem na Terra. Fiquei feliz com minha obra.

Passados alguns dias, que ocupei pondo em ordem os meus escritos, fui visitar novamente as obras do convento, que estavam perto de terminar. Era um grande edifício, de aspecto risonho, todo caiado de branco. Examinei detidamente todas as suas dependências, verificando que houvera mais cuidado com as comodidades mundanas do que com o ascetismo religioso. Manifestei-me a respeito com o arquiteto, e este me respondeu:

– Senhora, não estranhe. Aqui viverá a egrégia dama que custeou as obras, e é necessário que ela viva com suntuosidade, como sempre tem vivido.

– E se o meu desejo fosse viver aqui também?

– Nem pense nisso, senhora! O seu lugar não é aqui. Ela é a religiosa dos ricos e a senhora é a dos pobres e... essa diferença é o bastante para que nunca estejam de acordo.

– Tem razão. Por isso mesmo eu desejo levantar outro convento, simples, modesto, mas limpo e alegre, com muita luz e muitas flores que balsamizem o ambiente.

Meu irmão perguntou-me, depois, que parte tomaria eu na ordenação da comunidade, pois sabia que, com a dama fundadora, viriam várias outras senhoras da corte.

– Não sei – respondi-lhe. – Quando falar com ela sobre isso, eu lhe direi. Essa mulher me inspira medo e, francamente, penso que devo evitar qualquer atrito com ela, sem faltar aos compromissos contraídos e às leis sociais.

Meu irmão me confortou, dizendo que melhor seria que quanto antes escolhesse outro lugar para levantar novo convento, onde só eu determinaria.

Cada dia era menor a minha inclinação para fundar comunidades religiosas, mas a corrente então dominante arrastava-me, para minha tristeza. Tinha ainda que ater-me aos votos que fizera. E era impossível retroceder, sem escândalo para a minha família. Assim é que resignei-me, tomando as providências necessárias. Em companhia do arquiteto, saí para escolher o terreno. Meu companheiro transbordava de satisfação e demonstrava claramente que sentia-se orgulhoso do encargo que lhe havia dado:

– Estou contentíssimo de acompanhá-la, não só por desfrutar da sua companhia, mas para uma vez mais me convencer que a voz do povo é a voz de Deus.

– Que quer dizer?

– Que o povo a ama muito, porque as pessoas sabem agradecer. Dizem que é uma santa, e eu creio que é mesmo.

– Ah! não, isso não! De forma alguma quero louros que ainda não conquistei.

– Engana-se, senhora. Se o povo a adora, é porque a senhora deu motivos para isso.

– Não, não é isso. Sei que o povo é bom e que me ama. Alegro-me por isso. O que não quero é que me julguem santa.

Durante o trajeto, o arquiteto relatou o que se dizia de mim, atribuindo-me milagres assombrosos. Quanto o vulgo aumentava... Que modo de multiplicar... de um faziam mil! Mas, exageros à parte, eu estava satisfeita por saber que muitas mulheres pobres me amavam, me queriam. Querem prazer maior?

Chegamos ao lugar designado, numa extensa planície, muito própria para o que se pretendia. Lá o arquiteto viu-se inclinado a contar-me as suas mágoas, muitas delas originadas pela sua numerosa família.

– Ah! senhora! A alma deve seguir sempre em linha reta, porque não sendo assim a vida é um inferno!

No dia seguinte, pedi a meu irmão que me deixasse sair em companhia de Marta.

– Aonde vai?

– Quero falar com as mulheres do povo, para desvanecer o que dizem de mim. Chamam-me santa, e eu não o sou.

– Bem. Vá onde lhe aprouver, contanto que aqui esteja antes de anoitecer.

Dei-lhe minha palavra, e dirigi-me com Marta à aldeola de onde havia recolhido Maria, a pobre órfã maltratada e faminta. Quando lá chegamos, disse a Marta que me esperasse na pousada e penetrei no lugarejo. Sentada perto de uma fonte estava uma mulher, que levantou-se, dizendo-me:

– Ah! Você é a mesma que levou a pequena.

– Sim, é verdade. E alegro-me por me haver reconhecido.

– E ela, como está?

– Muito bem.

– Os irmãos dela voltaram, e juraram que iriam procurar a senhora para matá-la, se a tivesse tratado mal, ou, então, para servi-la, se houvesse praticado uma obra de caridade. Se soubesse!... A mulher com quem ela vivia cobriu você de maldições, e o povo inteiro tomou a sua defesa, dizendo que uma santa não pratica más obras.

– Pois venha comigo, que eu quero ver essa pobre mulher.

Chegamos ao casebre da desgraçada, e a aldeã que me servia de guia disse-me preocupada: – Não entre, senhora, não entre, que esta infeliz está como louca. Rola pelo chão como se o seu corpo fosse uma bola... não pode endireitar-se... E dá uns gritos!...

Realmente, a aldeã não mentia. Entrei, resolutamente, naquele antro de miséria e imundície, e vi um vulto disforme a contorcer-se pela terra. A mulher, quase desnuda, tinha o cabelo solto e emaranhado, a boca aberta, as narinas dilatadas, os olhos querendo sair das órbitas. Reconheceu-me imediatamente e, dando um uivo de alegria feroz, precipitou-se sobre mim, agarrou-me o manto e o vestido, rasgando-os com os dentes, enchendo-me de insultos.

Deixei-a fazer o que quis enquanto se entretinha com as minhas vestes. Ao querer, porém, agarrar-me as pernas, tomei-lhe a cabeça entre as mãos, e disse-lhe:

– Por que me odeia, se não a ofendi?

Ela quis levantar-se, mas tornou a cair. Tratei de erguê-la, no momento em que uma voz rouca e desagradável me soava aos ouvidos:

– Não lhe toque! Fuja! Com ela está quem pode matar você!

Eu não fiz caso de tal advertência e respondi: – Venho por causa dela! Levante-se e ande, mulher!

E ela levantou-se de um modo extraordinário... Parecia suspensa no ar!... assemelhava-se a uma fúria infernal! Causava horror olhar para ela!

– Serene-se, mulher! Olhe-me bem! Causo-lhe espanto, talvez, porque não me conhece.

– Bem a conheço! É a minha desgraça!

E teria rolado de novo no chão se eu não a amparasse, colocando-a sobre um monte de palha.

– Sim, é a minha desgraça!

– Não pense assim, pois vim aqui para lhe fazer ver que é você própria quem procura a desgraça, porque é você que se entrega aos maus espíritos. Quer vir comigo? Quer ver a menina?

Ela se comoveu ao ouvir aquilo. Chorou copiosamente e murmurou entre soluços:

– Verei a minha pequenina?

– Sim, mas não para castigá-la.

– Ela me desonrou, senhora, e foi isso o que me fez sentir mais.

E falou muito tempo sobre o seu modo de educar. Deixei-a falar. Aquela desventurada precisava desabafar. Então, concluí:

– Quer vir comigo?

– Não, não! Isso não!

– Pois vou dar-lhe com que viver. E agora, vamos tomar ar lá fora.

A infeliz obedeceu-me docilmente. Envolveu-se numa manta esburacada e, apoiando-se no meu braço, saímos as duas. A multidão de mulheres que estava à porta rompeu em gritos de assombro ao ver-nos. Fiz a enferma sentar-se sobre uma pedra e disse-lhe, sentando-me ao seu lado: – Quer mudar de vida? Eu vou contribuir para que viva tranquila.

Dei-lhe várias moedas, prometendo voltar no dia seguinte.

– Amanhã virei com a sua pequena e verá como está mudada. Como ela mudou, você também mudará, se seguir os meus conselhos.

Como resposta, a enferma procurou beijar-me as mãos, o que impedi, abraçando-a. Ouvindo murmúrios de admiração, voltei à pousada, levando gravada no pensamento a figura daquela mulher suspensa no ar. Nunca vira coisa igual! Que força a dos maus espíritos! E que força prodigiosa a dos espíritos benfazejos! Meu Deus, meu Deus! Parecia que meus pés não tocavam o solo!

Marta saiu ao meu encontro e, vendo-me com as vestes rasgadas, perguntou, abraçando-me:

– Que lhe aconteceu?

– Nada de particular. O bem venceu o mal. Louvado seja Deus!

46. Bodas reais ou festa religiosa?

No dia seguinte àquela proveitosa jornada, voltei a ver a infeliz enferma, acompanhada de Maria, a menina tão desejada por ela.

Durante o percurso, dei instruções a Maria para que usasse da maior prudência. A verdade é que, como ela não tinha lembranças muito boas da sua primeira protetora, receei que, ao vê-la, não lhe guardasse o devido respeito. Os jovens são ingênuos, e há ingenuidades que causam transtornos.

Por muito, porém, que a advertisse, a menina, ao ver a pobre mulher que cuidou dela na sua infância, estremeceu de espanto. Apesar de deixar-se abraçar por ela com verdadeiro frenesi, não lhe correspondeu como devia, embora eu lhe dissesse em voz apenas perceptível: – Deve estimar essa mulher. Esqueça o passado e pense somente no presente.

A enferma olhava Maria sem se cansar. O que pensaria ela? Quem sabe!... O seu semblante revelava emoções diversas: alegria, sofrimento, raiva, despeito, amor e ódio, tudo a um só tempo.

Compreendi o sofrimento da pequena ante o exame de que a sua pessoa era objeto por parte da doente, que a olhava e lhe tocava os ombros, o colo. Tocava-lhe a cabeça que, realmente, era belíssima, pelo encaracolado natural dos seus cabelos ruivos, tal como a de um anjo. E, como tudo tem seus limites e a paciência é o que mais depressa se esgota, antes que Maria fizesse qualquer movimento brusco, separei-a da enferma. Sentei-me entre as duas, que também se sentaram a um sinal meu, o que me valeu um olhar agradecido da menina, tão doce, tão significativo, que me comoveu profundamente. Pobre menina! Quanto me disse naquele momento com os seus belos olhos!...

Falei longamente com a enferma, fazendo-lhe compreender que era impossível a permanência de Maria a seu lado, pois as aspirações desta eram servir a Deus, convertida em irmã de caridade.

– Pois que comece comigo. Quem mais pobre e mais doente do que eu?!

– E julga que a sua pobreza e doença continuarão? Está errada! A sua miséria terminou, e o seu mal, se me ajudar, desaparecerá também, repelindo as más influências dos espíritos invisíveis.

– Mas estou tão só!... e já não posso trabalhar. O trabalho faz com que não nos sintamos sós...

– Se quer estar perto de alguém, eu posso conduzi-la para uma Casa-Refúgio, onde pagarei a sua manutenção.

– Bem, posso experimentar, pois sou pássaro de bosque e não gosto de estar presa. Reconheço que tenho gênio ruim.

– Não se apoquente por isso. O mau gênio desaparece quando não é preciso lutar para viver. Se concordar, deixarei o suficiente para que cuidem de você. Depressa ficará boa de todo e então fará o que lhe aprouver. A minha proteção não lhe faltará quer aqui, quer no Refúgio.

Ao nos despedirmos, Maria beijou a fronte da mulher, e esta comoveu-se tanto e chorou tão desconsoladamente, que tive de falar-lhe de novo, fazendo-lhe ver que a missão da menina era muito nobre, pois trabalharia para muitos.

Por fim, saímos para a rua, onde quase todas as mulheres do povo nos esperavam para ver Maria. Acharam-na formosíssima, apesar de seu traje simples e sem nenhum adorno, pois para servir a Deus não são necessárias galas; basta a limpeza na alma e no corpo. E ela era um espírito bem preparado para se dedicar a uma vida de lutas e sacrifícios.

Uma velhinha, que mal podia andar, olhava-me e seguia-me, dizendo:

– Venha muitas vezes por aqui, senhora, porque faz muito bem! A senhora é tão boa!...

Ao ouvir isto, envergonhei-me e disse-lhe: – Eu, boa!... Estou começando a ser, ainda não o sou, mas farei tudo o que puder por vocês todos, porque desejo ser realmente boa.

A anciã comoveu-se muito com as minhas palavras e olhou-me com admiração. Maria, por sua vez, também me olhava entusiasmada e dizia: – Como você é bondosa!...

– Não me diga isso, minha filha, não. Eu quero ser boa, como você o quer.

– Ah! sim, sim. Eu quero ser muito boa; quero fazer o que você faz, quero difundir a consolação e a alegria, com as minhas palavras, com os meus atos, com os meus sacrifícios.

E ao dizer isto, os seus olhos brilharam extraordinariamente.

– Está bem, mas não se apresse que ainda é muito criança. Aprenda primeiro, pois ainda ignora tudo, e Deus vai lhe inspirar no tempo certo.

Quando chegamos à minha morada, meu irmão esperava-me impaciente. Que diferença de outrora!... Antes a minha presença era-lhe um estorvo, e agora, sem mim, achava a casa vazia, apesar das muitas pessoas da família e da numerosa criadagem.

Dei-lhe conta da minha excursão e terminei dizendo-lhe: – Meu irmão! Quantas misérias físicas e morais tenho visto!... É inconcebível que numa nação como a nossa, eminentemente católica, a religião não ampare a desventura. Como faz pouco a nossa religião!...

– É que a religião é *uma* coisa – respondeu ele –, e a sua prática é *outra*. Os religiosos, minha irmã, exploram os pobres, não os consolam. Por isso eu aplaudo a sua ideia de levantar conventos para abrigar as mulheres pobres, pondo-as assim a salvo dos horrores da miséria.

– Meu irmão, acabaremos por levantar paredes para cemitérios e não para albergues benéficos. O pão da clausura é muito amargo. Endurece-o, ao sair do forno, o regime e a disciplina. Nos conventos as almas não repousam, porque o desespero da imobilidade é o pior dos desesperos.

Alguns dias depois chegou um mensageiro da corte com uma carta para mim, na qual me eram conferidas ordens terminantes para levantar o novo edifício, dizendo o final do escrito: *Há muitos homens sem trabalho e vale mais dar-lhes trabalho do que esmolas*.

– Meu Deus! – disse eu. – Eu não queria levantar paredes, mas, por ora, não há outro remédio senão dar ocupação aos necessitados. E há tantos braços em repouso forçado!...

Avisei o arquiteto e este trouxe-me os planos do novo convento, que me agradaram muito. Ele era um homem de muito talento e preparo, pois falava com cada um em sua própria língua. Como compreendia perfeitamente os meus desejos e aspirações, traçou o projeto de um edifício em que entrassem o ar e o sol por todos os lados, com paredes sólidas e amplas janelas, uma igreja simples e espaço grande para horta. Aprovei o seu plano e ele se retirou satisfeito.

Chegou novo mensageiro com uma carta da minha ilustre protetora, dando-me instruções para a grande festa religiosa que deveria ser celebrada no convento recém-construído, para onde ela iria transladar-se com as suas damas e a comunidade por ela escolhida. Fazia-me especial menção de que com ela viriam à festa as principais dignidades religiosas da Espanha e um enviado de Sua Santidade.

Surpreendeu-me a sua advertência e, pensando bem, compreendi que me queria impor silêncio, para que eu não incorresse na torpeza de escrever algo, como tinha feito quando se lançou a pedra fundamental.

Eu não necessitava de tal observação, porque só escrevia quando sentia muito, e naquela ocasião não sentia nada. E o que eu sentia não podia lançar aos ventos, porque era uma reprovação a tanto fausto, a tanta grandeza. Podiam, pois, estar todos seguros do meu profundo silêncio, tanto mais que estava como que atemorizada. Mesmo assim, trabalhei muito para a colocação dos móveis, tudo se dando sob a minha direção, mas, por obediência, por dever religioso, e nada mais.

Chegou, enfim, o dia de celebrar-se a primeira missa na igreja do convento e, acompanhada de toda a minha família, dirigi-me à nova casa de oração, ouvindo durante o percurso frases carinhosas das mulheres do povo, que diziam todas ao me ver passar: – Essa mulher será a nossa salvação.

– Meu irmão – eu dizia –, não quero que me adorem. Tremo quando me dizem que sou boa!

Ele acreditava que eu era realmente boa.

Toda a população acudiu em massa e, apesar de o templo ser muito espaçoso, tornou-se pequeno para aquela multidão. Nos lugares previamente reservados estavam as autoridades civis e eclesiásticas e, entre estas, o enviado de Sua Santidade, um homem alto e magro, de óculos, ricamente vestido e ostentando todas as insígnias do seu elevado cargo.

Notei que, do lugar em que ele se achava, olhava muito as mulheres, como se procurasse uma entre tantas. Falou com um cardeal que estava a seu lado, e este, dissimuladamente, olhou para onde eu estava, na última fila, oculta por amplas colgaduras que adornavam as portas laterais.

Hábeis organistas fizeram prodígios nos dois magníficos órgãos. Doces harmonias enchiam o templo. E quando a música, na sua linguagem própria, dizia *Glória a Deus!*, a fundadora do convento entrou no templo seguida das suas damas e da comunidade. A sua aparatosa e triunfal aparição produziu má impressão na multidão, ouvindo-se um murmúrio surdo, que foi abafado muito a tempo pelo padre encarregado de falar naquele ato solene.

Este falou admiravelmente. Não poupou frases eloquentes para os ricos, para os pobres, para os sãos, para os enfermos, para as religiosas, para os religiosos, para as mães, para os filhos, para os limpos de coração e para os manchados pela tinta indelével da culpa. Parecia que por ele falava o Espírito Santo!

Enamorei-me da sua fluência e ele, ao dar as graças a Deus e aos homens por ter-se levantado mais uma casa e um templo para ser adorado o Ser Supremo, disse assim: – Não quero terminar sem antes dirigir-me a uma humilde religiosa que será, sem dúvida, honra e glória de nossa Igreja e da Espanha católica.

E, chamando-me pelo nome, dirigiu-me a sua primeira bênção. Essa bênção toda a multidão acolheu com as maiores demonstrações de alegria, porque escutou-se um murmúrio que a santidade do lugar não conseguiu abafar. Era impossível conter o desejo de manifestar-se que tomava conta daquelas pessoas entusiasmadas.

Todas as pessoas dirigiram seus olhares para mim, que, sentada atrás de meu irmão, dizia:

– Não se mova, que não quero que me vejam, nem que me olhem. São injustas estas homenagens.

O povo demorou muito a esvaziar o templo. Todos esperavam a saída das autoridades e demais pessoas da comitiva, mas em vão, porque estávamos todos reunidos num grande salão com a fundadora, suas damas e altas dignidades eclesiásticas. O enviado de Sua Santidade felicitou o orador sagrado, dizendo-lhe, além do mais, que cuidasse de mim, pois que era o designado para meu confessor, e que inspecionasse todos os meus trabalhos, pois minhas obras deviam ser conhecidas.

Todos emudeceram. Meu irmão foi o único que pediu licença para falar em meu nome e no seu, e agradeceu a proteção que nos era dispensada.

O enviado de Sua Santidade dirigiu-se à fundadora, felicitou-a por tudo o que tinha feito e, em nome do chefe visível da Igreja, abençoou-a. Ela recebeu a bênção sorrindo, mas dando também sinais de impaciência, por estar muito demorado o ato oficial. Quando ela deu por terminada a cerimônia, dirigiu-se familiarmente a todos e, abraçando-me com verdadeiro delírio, disse-me: – Fui quem pagou tudo isso, mas a alma da obra é você.

Alegrou-me a sua felicitação, confesso-o, porque eu tinha trabalhado muito.

O meu novo confessor, o orador admirável, acercou-se de mim e disse: – Minha filha, querem que eu seja o seu confessor. Não tolherei os seus passos. Vou segui-la, admirando-a.

Elogiei o seu discurso, e ele se comoveu profundamente.

Após isso, celebrou-se, não direi um banquete, mas algo parecido, pois embora lhe desse o modesto qualificativo de uma refeição moderada, foram tantos os manjares, doces e guloseimas, vinhos e licores, que mais parecia a celebração de bodas reais do que uma festa religiosa.

Falou-se de tudo, até de política. Meu irmão, instado, também falou e, embora fosse um homem muito pacífico, advogou a causa do povo, levando o enviado de Sua Santidade a oferecer-se a levá-lo à corte para expor as suas queixas ao rei, o que me alegrou muito, porque contava ir em sua companhia.

Novamente o enviado do papa se dirigiu a mim, estabelecendo-se o seguinte diálogo:

– Você escreve muito?

– Sim, padre.

– E o que escreve está tudo em harmonia com o que reza nossa Santa Madre Igreja?

– Não, padre. Escrevo muito, e o que não gosto e julgo não estar em harmonia com a minha razão, rasgo com a mesma facilidade com que o escrevo.

– Pois faz muito mal. Pertence a uma ordem religiosa e a ela – entende bem? – pertencem o seu corpo e a sua alma. Por conseguinte, não é dona dos seus trabalhos: eles pertencem à Ordem. Lembre-se que lhe foi dado um confessor sábio, ilustradíssimo, e com ele deve-se consultar sobre tudo o que sinta ou pense.

– Padre, mas hei de confessar tudo?

– Tudo que se refira a seus trabalhos literários e a seus planos de fundações religiosas.

Deu-me a mão a beijar, e a ilustre fundadora perguntou-me quando é que eu tencionava instalar-me no convento. Respondi com certa melancolia:

– Pertenço ao meu confessor, senhora.

Ela sorriu e abraçou-me novamente.

No caminho de regresso para casa, disse a meu irmão: – Sabe que, embora seja um sábio o confessor que me deram, parece-me muito duro que seja dono de todos os meus pensamentos?

Ao chegar a minha casa, chegou também o meu confessor junto com outros senhores. Ele disse com doçura ao despedir-se: – Quero ser o seu mestre para conduzi-la pelo escabroso caminho que conduz à imortalidade.

Quando me vi só, respirei melhor. Eu me sentia mal entre os religiosos! E eu tinha pedido viver com eles!... – Que me sucederá ainda? – perguntava eu. – Como será este confessor? O que representará este homem para mim! Motivo para lágrimas ou para alegrias?... Enfim, lutaremos! Ademais, que sou eu na religião? Menos que um átomo.

Deitei-me e não pude dormir. Pensava e desesperava-me com a ideia de não poder ser dona dos meus pensamentos. Por fim, rendida de cansaço, vi o meu corpo adormecido e fiquei triste por vê-lo tão abatido.

Então, disse: – Meu Deus! Meu Deus! Dê-me forças, forças para trabalhar e resistir.

Vi o espaço radiante de luz e ouvi uma enternecedora voz que me dizia:

– Quer ser útil e será. Vencerá sempre, exceto num ponto! Só o trabalho e o tempo aplainarão o terreno que você, por enquanto, não pode aplainar.

– E serei livre, meu Deus?!

– Sim, será. Quando a alma quer, ninguém lhe tira a liberdade, ninguém a escraviza, ninguém a aprisiona. Não há tormentos, não há morte que destrua o que é indestrutível, e a alma é uma essência, é uma luz que nada nem ninguém pode destruir.

47. Heresia declarada

Passadas aquelas impressões, empreguei meu tempo em colocar no papel todos os pormenores da inauguração do convento. Tinha sempre do meu lado o meu novo confessor. Ele me perguntava sobre tudo, mas eu me esquivava de dar-lhe conta dos meus trabalhos.

Meu velho amigo padre ainda não tinha ido. Havia entre ele e o meu confessor uma amizade aparente. No fundo... no fundo odiavam-se como todos os sacerdotes uns aos outros.

Eu preferia o meu antigo amigo, e aquela situação tornava-se insustentável. Até que um dia este compreendeu o que se passava, optando por afastar-se. Preocupado, disse carinhosamente ao abraçar-me: – Velarei por você porque, desgraçadamente, creio que precisará de todos os seus amigos. Prevejo grandes males.

Procurei tranquilizá-lo, dizendo-lhe: – Não tenha receio, saberei defender-me. Tenho energias para vencer, e se me forçarem muito, buscarei a liberdade do meu espírito e deixarei a eles o meu corpo como relíquia.

Meu irmão, aproveitando as palavras do nosso amigo, disse-lhe: – Tem razão em temer. Eu também temo. Fiquemos de sobreaviso e procuremos ganhar tempo. Eu amo minha irmã sobre todas as coisas deste mundo e por ela me sacrificarei até a morte.

Foi-se embora o padre amigo e, na primeira oportunidade, eu disse ao meu confessor: – Padre, eu não posso ficar tantos dias inativa. Estar em contato com a dor e amenizá-la é uma necessidade para mim. Sinto que o povo está agradecido, que me chamam a *mulher boa*, a *santa milagrosa*, e contam os meus feitos, aumentando-os de um modo assombroso. Diga-me o que devo fazer para não recolher tão abundante colheita de gratidão por minhas obras.

O meu confessor olhou-me atento e disse secamente: – Só o fato de ocupar-se dos pobres já é bom. Há pobres do corpo, pobres da alma e pobres de recursos materiais. Em regra geral, todos os pobres são pobres de conhecimentos e por isso os seus louvores assemelham-se aos canos rotos de uma fonte: sua abundância prejudica, ao invés de ser benéfica. Não deve prodigalizar tanto o bem desejado, porque os pobres nem sempre são dignos de comiseração. Há alguns duros de coração. Tampouco deve entrar nas casas dos enfermos. Para que ir lá? Isto vai lhe dar desgosto e nenhum bom resultado. O que faria? Nada que se aproveite. Que estudos tem? Que ciência médica possui? Nenhuma. Por conseguinte, nada tem que fazer onde não a chamam e como os meus conselhos, moralmente, devem ser ordens para você, não dê um passo sem consultar-me.

O homem falava muito bem, mas todos os seus argumentos eram descartados pela minha razão. Eu achava a sua caridade tão mesquinha!... Quanto mais ele falava, mais o meu confessor tornava-se pequeno aos meus olhos!... Ao ver a sua insignificância, levantei-me, dizendo-lhe:

– Bem, seguirei os seus conselhos até certo ponto, e ganharei por isso uma recriminação sua.

– Sim, tem razão. Não uma, mas muitas recriminações, e por último darei conta à suprema autoridade eclesiástica de todos os seus atos.

Ao ouvir tais palavras compreendi que ele era um espião. Indignada, respondi-lhe:

– Não se preocupe, farei o que me for possível para obedecer-lhe, mas devo declarar-lhe que farei o bem, quer livre, quer prisioneira. Eu não sirvo unicamente para dar esmolas de dinheiro. Dou também a essência da minha alma. Pergunta que estudos tenho e que ciência possuo, e diz que uma mulher não pode curar. E se eu curasse? Que diria então?... Que não devo ser generosa e não devo estender essa bênção ao mundo!... Mas, se posso praticar o bem, por que não o hei de praticar? Eu não respondo por mim. Cumpra o seu dever e eu cumprirei o meu.

– Responda-me, vai me dizer a verdade sobre tudo quanto pensar? Vai me dizer em confissão tudo o que vir e ouvir?

– Vou lhe dizer unicamente que sinto um grande amor por determinados seres. Mas em confissão não lhe posso dizer nem o que sinto nem o que vejo. Quem pode definir o infinito?...

– Pois eu lhe afirmo que se precisa de um guia, de um conselheiro leal para fazer o bem, igualmente o necessita para ver os gênios do mal que, indubitavelmente, você vê, quer desperta, quer adormecida.

Naquele momento, se nos houvessem retratado, como ficaria pequeno meu confessor!... Falamos muitíssimo, e eu lhe disse concluindo:

– Sabe o que vale uma alma? Sabe das ligações da alma com os seres invisíveis? Eu vejo meu pai tão bem como ao senhor. Recebo os seus beijos, ouço seus conselhos e consolo-o nos seus desfalecimentos e na sua solidão. Vejo também outro ser formosíssimo de corpo e de alma, formosura que não posso descrever. Digo-lhe somente que os seus olhos são a entrada do céu, porque há neles todos os resplendores dos sóis, toda a ternura das mães apaixonadas, todas as promessas dos eternos amores. E este jovem belíssimo transforma-se num venerável ancião, que se afasta... se afasta... atravessando um caminho que tem as cores do arco-íris. E ao longe, muito longe, detém-se, volta-se, olha-me e diz: – *Perdoo-a!...* E eu tive que pesquisar muito para saber por que ele me perdoava. Diga-me o senhor, que é tão sábio, que tanto tem estudado, que quando fala parece inspirado pelo Espírito Santo: pode decifrar-me o sentido destas vidências?

Meu confessor, lívido e trêmulo de ira, respondeu-me:

– O gênio do mal a rodeia, envolve-a e engana-a. Os seres que estão contra Deus têm tanto poder quanto Ele, porque o seu orgulho os cega e Deus deixa-os prosseguir concedendo-lhes poder bastante para fazerem o mal; e as almas prudentes, se conseguem não se deixar prender nas suas redes, são as eleitas para logo gozarem as delícias eternas do reino dos céus. Existe a luta do bem e do mal, assim o explica a nossa santa teologia, assim o aceita a nossa santa religião... O nosso credo ordena-nos que acreditemos, e não que saibamos. Investigar, perguntar, inquirir, analisar é trabalho dos hereges, e nós devemos fugir das profundezas do insondável abismo da dúvida e da heresia.

Ele falou longamente com o entusiasmo de fanático, mas a sua eloquência... não convencia, porque os seus argumentos não tinham base.

– Padre, eu o escuto, mas as suas palavras não me convencem, como não me convenceram as do meu primeiro confessor. A este mandei que se calasse e ele se calou, e em seguida pus-lhe a mão na fronte e ele pôde falar de novo. Com o senhor não quero fazer o mesmo. Sei que não vou convencê-lo, como sei que não me convenceu de que os gênios do mal são iguais em poder a Deus. Eu creio que a bondade de Deus ilumina-nos eternamente, e creio também que o mal não existe, porque a onipotência do mal seria a negação do Deus único manifestado em toda a natureza. Deus é Deus porque as almas pensam, sentem e querem. Deus é Deus porque é a vida. E como são belas e grandiosas as manifestações da vida!... Eu tenho ouvido as plantas falar e já vi uma, espinhosa, abrir o tronco e deixar cair a sua benéfica seiva na ferida profunda que um homem tinha no peito... Se visse o que fazem as almas no espaço!... umas amam-se e outras odeiam-se. A luta existe lá como aqui, porque luta é vida. Que devemos fazer, padre? Quer me destruir?

– Não.

– Pois então, acompanhe-me, estude comigo. Estudaremos os dois. O senhor é um sábio, por isso aprenderá mais depressa do que eu.

– Não quero prejudicá-la, não. Mas vejo que não é o que eu pensava. Acho que é ambiciosa e que engana o povo. Creio que quer promover um cisma e preciso se torna corrigi-la. Não posso, de maneira alguma, ser o seu confessor. Darei conta de tudo o que vê para que sejam estudadas as suas vidências, mas desde já advirto-a que não deve fazer alarde das suas virtudes, porque, do contrário, será castigada pelo tribunal eclesiástico.

– Padre, continuarei a predicar o Evangelho de Deus, embora me chamem cismática e ambiciosa. E, se a justiça religiosa quiser o meu corpo, eu o darei sem titubear, enquanto a minha alma voará ao espaço para continuar a sua eterna peregrinação. Oh! Igreja! Quantas contas terá que prestar ante o tribunal dos séculos!... inutiliza suas grandes cabeças e converte as suas eminências científicas em miseráveis carrascos. Oh! Igreja!... que quer ser a depositária das verdades eternas e é a propagadora das mais iníquas falsidades!... Padre, tem razão, não pode ser o meu confessor. Que Deus o perdoe por todo o mal que pensa fazer-me, como eu o perdoo.

Foi-se o meu confessor ébrio de raiva. Contei a meu irmão o que se tinha passado. Este, impressionado, tremendo convulsivamente, estreitou-me nos braços, partindo imediatamente para a corte a fim de informar tudo ao meu protetor.

Senti desejos de acompanhá-lo, mas... temendo ser demasiado exigente com meu irmão, calei-me.

Quando fiquei só, quanto chorei!... quanto!...

– Meu Deus! Meu Deus! – disse eu. – Dizem que é o gênio do mal! Que horror! Você que é a luz eterna, por cujo favor vejo aquele ancião que me diz: *Perdoo-a!*... Dizem que tudo é obra do gênio do mal, e que tudo quanto vejo é alucinação dos meus sentidos. Não, não pode ser. O que eu sinto só se sente pela verdade. O que Você me faz ver, meu Deus, são capítulos da minha eterna história. Entre aquele velhinho e eu, há... não sei o quê, mas há uma grande culpa da minha parte e uma imensa piedade da dele. E entre o homem formosíssimo – cujos olhos são os céus da minha vida – e eu, há um amor indescritível da minha parte e da dele...! Não sei bem se da parte dele! Porque o humano não pode compreender o divino e aquele homem de olhos de luz é divino! É o seu filho predileto, Senhor? Como é belo! Quanto deve amá-lo! É verdade que lhe quer muito? Eu também lhe quero! Ele é o amor dos meus amores.

Adormeci falando com Deus e, pela madrugada, ouvi dizerem-me: – Nada tema, ampare os fracos e não tenha receio.

A esse alento respondi: – Senhor, quero ver, prefiro ver a ouvir.

E encontrei-me no espaço onde vi o homem formosíssimo, o amado do meu coração, o dono da minha alma. Vi-o, porém, com sangue no rosto, nas mãos e no peito.

– Este sangue – disse-me ele – é o sangue da lei.

E imediatamente o vi sem sangue, com a sua branca túnica entreabrindo-se do lado esquerdo, deixando-me ver o seu coração despedaçado. – Este coração cheio de amor – disse ele – está despedaçado pela ingratidão dos homens.

– Eu quero reconstruí-lo, senhor!

– Quando conseguir isso, ele será de nós ambos, meu e seu. Lembre-se que a ingratidão fere mais do que a lei.

Durante muitos dias não me saiu da mente aquele coração destroçado. E como me fazia mal vê-lo!...

Passados alguns dias, chegaram três padres. Por ordem superior, apossaram-se de todos os meus escritos e até da minha pena favorita e do meu tinteiro, ordenando-me, com a maior severidade, que não me atrevesse a sair de casa.

Passada aquela cena fiquei muito triste. Que iriam fazer das minhas obras? Em particular, do meu doce *Canto a Deus*? Sentia mais o sequestro dos meus escritos do que a minha própria prisão, porque eles eram os meus filhos, os filhos dos meus amores mais puros, a delicada essência da minha alma, a história da minha existência atual, a herança dos meus sonhos, a realidade da vida invisível.

Para não se perder tudo, recitei repetidas vezes o meu *Canto a Deus*, entoando-o todos os dias ao levantar-me do leito, para tranquilidade do meu espírito.

Chegou depois uma ilustre dama da corte, acompanhada de mais duas. Trazia a incumbência especial de visitar-me em nome do meu confessor. Era uma mulher agradável, que falou-me com carinho: – Trago-lhe muito boas notícias. Tem fama de santa, mas na corte, como se fala de tudo, uns dizem que cairá sob o poder da justiça eclesiástica, assegurando outros que, pelo seu muito saber e pelo seu poder, será salva de todos os perigos. O amigo de seu pai encarregou-me de lhe dizer que nada tema. Eu quero ser sua amiga, sua confidente, quero aprender e ensinar-lhe, quero ser mestra e discípula ao mesmo tempo. Há no mundo tantos precipícios que não basta sermos bons para nos salvarmos. É preciso fazer valer o que se vale.

Agradeci muito as suas carinhosas palavras, porque na verdade eu estava muito abatida. A senhora pediu-me que lhe mostrasse alguns dos meus escritos, e ficou surpreendida quando lhe contei o que tinha acontecido com eles.

– Não sabe onde estarão eles?

– Não sei, senhora.

– Pois vou encontrá-los e farei mais: mandarei castigar com severidade os autores de tal arbitrariedade. Você não é uma religiosa qualquer, e é preciso que a respeitem, não só pelo que vale, mas porque é protegida por Sua Santidade.

Passei um bom dia acompanhada de tão ilustre senhora. Quando ela se retirou para descansar, dirigi-me a uma das suas damas de companhia, uma jovem bela, ao mesmo tempo muito viva. Ela me contou que fazia versos de má qualidade porque tinha um mestre assaz ignorante, e que gostaria de ser minha discípula. – Aconselharam-me a procurar pela senhora, porque dizem que é muito talentosa e eu quero ser alguma coisa no mundo – disse ela.

– No momento não posso satisfazê-la, minha filha. Haverá tempo para tudo, se não me encarcerarem.

– Deus há de permitir que não. Tenho firme empenho em que seja minha mestra.

– A mim, também, muito me agradaria isso, porque me promete muito. Quero ensiná-la a escrever com a alma e não com a pena. Tem contato com pessoas necessitadas?

– Ah! sim, há muitos na corte. Mas, acredite, não gosto de olhar para os pobres. Eles são tão repugnantes, tão asquerosos! Cheiram tão mal!...

– Ah! minha filha! Não sabe o que está dizendo. Os pobres são degraus para chegarmos ao céu, porque são eles que despertam o nosso sentimento, que nos impulsionam a agir com bondade, que nos fazem cumprir o mandamento do amor ao próximo.

A bela jovem sorriu e mudou de assunto. Não mais repetiu que queria ser minha discípula. Pobre alma! Era uma das muitas flores sem perfume.

Despediu-se a senhora muito afetuosamente. No dia seguinte, voltaram os três religiosos que me tinham levado os escritos. Eram escoltados de força armada e de uns homens vestidos de preto, tão feios e repulsivos que não os pude encarar. Intimaram-me a acompanhá-los.

Ao ouvir semelhante ordem perdi as forças. Olhei em torno e alegrei-me por não ver Marta nem Maria; tinham ido visitar enfermos, livrando-se assim do pesar de me verem prisioneira. Convenci-me de que não tinha remédio senão obedecer, e ouvi uma voz que me dizia: – Por que treme? Não receie a justiça, receie antes a ingratidão.

Fizeram-me entrar num coche, entrando os três comigo e, escoltados, pusemo-nos em marcha. Ao sairmos da cidade fui vista por Marta, que quis abrir a portinhola do carro que me conduzia. Nesse momento foi agarrada por um dos homens de negro e atirada a grande distância. Ouviu-se um grito e lá ficou sem sentidos a minha fiel servidora.

– Aonde me levam? – perguntei.

– Não tem o direito de perguntar, somente o de obedecer.

Depois de dois dias de viagem, entramos numa grande cidade, onde a multidão, ao ver-nos passar, saudava-nos humildemente.

Chegamos a uma praça quase deserta circundada de edifícios sombrios, dos quais se destacava um que parecia uma enorme jaula, pois todas as suas amplas janelas possuíam fortes grades de ferro. Que má impressão me causou aquele edifício de muradas escuras!

Abriu-se uma grande porta e a carruagem entrou. Detivemo-nos num pátio amplo, onde fizeram-me apear. Obrigaram-me a subir por uma larga escadaria. Cruzamos largos e melancólicos corredores, entrando num espaçoso salão onde só havia um banco circular. No fundo, uma espécie de altar com a imagem de um santo. Fizeram-me sentar, sentando-se, também, a pouca distância de mim, um daqueles homens negros, tão feio e repugnante que tive de fechar os olhos para não vê-lo.

Ao achar-me naquele lugar, confesso que tive medo, e disse: – Meu Deus! O que irão fazer comigo?...

E, como se tivesse ouvido a minha pergunta, apresentou-se o meu confessor e disse-me ironicamente:

– Veja a que conduziram as suas vidências. Assim o quis e justo é dar-lhe o que merece. Siga-me.

Segui-o, e ele me disse: – Responda com a verdade a tudo quanto perguntarem. Os seus escritos são heréticos e, se não fosse por ser uma fanatizada, já teria sido condenada aos tormentos. Aceite o meu conselho: seja humilde, resignada e confesse sinceramente que não sabe o que escreve. Não procure o tormento, pois não queremos torturá-la. Vamos tratá-la com a maior consideração, começando por lhe conceder horas de descanso num leito confortável. Entre.

E deixou-me numa sala toda forrada, piso e paredes, de negro. Num altar enlutado havia um Cristo de tamanho natural, cravado na cruz. Quatro velas verdes aumentavam com a sua luz oscilante as trevas daquele lugar. Olhei o Cristo e murmurei: – Você também sofreu o martírio por dizer a verdade.

Deixei-me cair num banco tosco e ouvi diferentes vozes que diziam: – É uma herege, uma cismática, uma feiticeira, uma perdida! Arderá no inferno sem que o seu corpo se queime, terá sede que nunca será saciada, terá fome que nunca será satisfeita. Os hereges são malditos de Deus e você está amaldiçoada pelos séculos dos séculos.

Aquelas vozes impressionaram-me muito. Só... e naquela verdadeira tumba escura!... Olhando o Cristo crucificado tive medo e comecei a bater os dentes. Recostei-me, fechei os olhos... e, então, vi a alma da minha alma, o homem dos olhos de luz que, sorrindo docemente, dizia-me: – Não tenha medo, porque depressa sairá da prisão.

Ao mesmo tempo, porém, eu ouvia lamentações horríveis, o ruído surdo de grandes correntes arrastando pelo solo, e vozes que repetiam: – Irá para o inferno por toda a eternidade!

– Não ouve o que me dizem? – perguntava eu angustiada.

– Ouço, sim, mas descanse. Tem medo!... e é você o espírito valente e corajoso disposto a tudo sofrer por mim?... Pobre mulher! Que durma o seu corpo e que suba a sua alma para que me veja.

Então, sim, vi-o tão de perto como nunca o tinha visto, porque os nossos próprios hálitos se confundiam.

– Quero segui-lo – disse-lhe eu.

E, ambos enlaçados, não sei como, porque os nossos braços não se tocavam, embora eu sentisse o tíbio calor do seu ser, como que caminhamos, percorrendo paragens muito minhas conhecidas. Entramos num caminho muito estreito onde se cruzavam floridos arbustos, e chegamos a uma fonte que eu já tinha visto. Que lugar encantador aquele!... Ele se sentou e disse-me:

– Sente-se você também. Lembra-se? Esta fonte deu-lhe a vida. Aqui você nasceu de novo, porque esta água que aqui nasce é a água da redenção. Beba! Sacie a sua sede de infinito! Beba a água da vida, que eternamente viverá!...

– Quer-me muito?... Não me deixe! Não me deixe mais!... Tenha misericórdia de mim!...

– Vai me seguir. Mas antes beba a água do Evangelho, beba a água da vida eterna, beba a água da verdade, para, em seguida, falar como falam as línguas de fogo. A sua palavra, então, derrubará os templos de pedra e edificará nos corações sensíveis. Levantará altares nos cálices das flores e nos ninhos dos pássaros.

48. Pretensos ministros de Deus

Enquanto eu dormia, no transcurso daquela noite memorável para o meu espírito, procederam a um reconhecimento completo da minha cela, inclusive do meu próprio corpo. Meus carcereiros estranhavam, aqueles facínoras sem coração, que eu não despertasse com os gritos ensurdecedores que lançavam perto de mim.

Ao se convencerem de que eu não era vítima de nenhum acidente e que o meu sono era perfeitamente normal, examinaram-me minuciosamente, encontrando o que não esperavam. Julgavam que eu tinha transposto os limites da honestidade, mas puderam verificar que eu não tinha desonrado a minha nobre família!

Quanta miséria, meu Deus!

Quando, com os seus olhares, estavam profanando o meu corpo, os malvados ouviram vozes aterradoras acusando-os de perjuros e assassinos. Então, realmente espantados, abandonaram rapidamente a minha prisão, sem ter ideia do que se passava. Bem sabiam eles que o gênio do mal não existia, porém, aquelas vozes chamando-os a cada um pelos seus nomes infundiam-lhes pavor.

Logo que os meus juízes me deixaram, despertei. Não ouvia mais os gritos. Levantei-me com uma fome devoradora e, depois de esperar algum tempo, vendo que ninguém aparecia, murmurei assustada:

– Vão me deixar morrer de fome? Que horror!...

Então, abriu-se a porta do meu cárcere, apresentando-se um homem de aspecto agradável, que me perguntou: – Que necessita?...

– Estou com fome, uma fome terrível.

– Já vou lhe trazer algo para comer.

E retirou-se o meu carcereiro, deixando a porta aberta, pela qual se via um largo corredor.

Tive ímpetos de fugir, mas detive-me considerando que seria inútil a minha tentativa. Se tinham deixado a porta assim aberta era porque, ainda que eu saísse, estaria tão prisioneira dentro como fora da cela.

Voltou o meu guarda com algumas viandas bem pouco apetitosas, mas eu as achei tão boas que as devorei, perguntando àquele homem, ao fim da minha refeição frugal:

– Pelo que vejo, é o meu carcereiro?

– Aqui todos somos carcereiros e juízes.

– Alegra-me a sua resposta, porque assim saberei mais depressa quais os delitos que pratiquei para estar aqui prisioneira.

– Não se apresse. Depressa saberá quais são os seus delitos.

– É que eu não os tenho. E o que sinto é que, se os meus juízes têm as consciências tão negras como estas paredes, então...

– Então o quê?

– Então, pobre de mim!...

O homem fechou a porta ruidosamente e eu fiquei só, passeando pelo meu cubículo.

Como é triste a prisão!... Com que angústia eu recordava os meus longos passeios pelos campos. Muitas vezes levantava de madrugada para ver o nascer do sol! Parecia-me que o astro rei devia ser contemplado como princípio de vida e que não se devia perder nenhum dos seus raios; que todos deviam acompanhar avidamente o seu majestoso curso, pois que ele era, na Terra, o símbolo de Deus! E ali... na minha negra prisão... estava enterrada em vida. Como é triste a tumba!... Recordei o meu *Canto a Deus* e recitei-o para me consolar. Que alegria! Lembrava-me de todo ele!

– Meu Deus! – exclamei –, como é bom por ter-me conservado a memória! Quanto é certo que a alma tem luz e vida própria! Agora o meu corpo está prisioneiro das trevas, mas o meu espírito tudo enxerga no grande laboratório da natureza, onde encontra mananciais inesgotáveis de eterna luz!

Continuei andando pela cela até conseguir cansar-me. Sentei-me no leito. Ouvia muitas vozes ao mesmo tempo. Eis que abriu-se a porta. No corredor muitos homens cobertos de negro com capuzes e máscaras que lhes tapavam todo o rosto, destacando-se neles apenas dois pequenos orifícios na altura dos olhos. O brilho dos olhos era ofuscado pela luz das velas grandes que cada mascarado empunhava.

Que procissão lúgubre aquela!... Tive medo e permaneci sentada e quieta, até que entrou um dos mascarados e me disse bruscamente:

– Que se levante a culpada e receba com mais respeito o santo tribunal. São chegados os momentos mais graves da sua vida. Se confessar tudo legalmente, se é que existe ainda lealdade em você, e se é que o gênio do mal não a impede de falar, prepare-se que vai ser-lhe concedida a graça de escutá-la.

– Não preciso preparar-me, porque a minha consciência é um livro aberto.

– É o que veremos! Acompanhe-nos.

Pusemo-nos em marcha e atravessamos muitos corredores, alguns dos quais tão compridos que pareciam não ter fim. Por todos os cantos havia encapuzados com archotes ou círios, conforme o tamanho da dependência.

Eram verdadeiramente tenebrosos aqueles claustros com as suas enormes abóbadas iluminadas pelos archotes. Tudo ali era tétrico e ameaçador. Andamos tanto que eu já não me podia suster de pé, até que entramos num grande salão, onde me fizeram sentar perto da mesa do tribunal.

Com que prazer deixei-me cair num banco! Estava rendida de cansaço pela grande caminhada que acabava de fazer!... Já sentada, olhei à minha volta e vi que o salão era decorado de magníficas tapeçarias e riquíssimos cortinados de veludo negro bordados a ouro. No fundo havia um grande crucifixo, com um Cristo em tamanho natural. Era a melhor imagem que eu já havia visto em toda a minha vida. Belíssima!... Que expressão a daqueles olhos!... Pareciam dizer ao aflito: – *Confie em mim! Eu sou o seu porto de salvação! Se os seus juízes a condenarem, eu a perdoarei*!

Olhando aquela obra de arte maravilhosa, esqueci-me por alguns momentos da minha crítica situação. Estava absorta a contemplá-la, até que ouvi o presidente dizer ao meu desleal confessor:

– Leia o informe referente a esta mulher.

O meu confessor prostrou-se ante a imagem do Crucificado e, depois de pronunciar a mais iníqua oração, levantou-se e procedeu à leitura de seu relatório, que era um verdadeiro tecido de infâmias. Mas, como era um homem inteligente, soube dar a todas as suas calúnias, a todas as suas imposturas, tal aparência de verdade, que era preciso ter a cabeça muito segura e a consciência muito tranquila para não se tomar por culpado a mais inocente das criaturas.

Não tenho intenção de dar grandes proporções a este fato da minha vida. Por isso refiro-me apenas ao que é indispensável. Se fosse repetir na íntegra toda a acusação do meu confessor, teria assunto para escrever um grande livro, onde seria admirado o talento de um sábio empregado no mal. Que engenhosidade! Que astúcia! Que sagacidade! Que sutileza! Que modo de fazer do branco preto!

Acusou-me, como religiosa professa, de haver rompido a clausura. Pintou todos os acontecimentos no convento com os pincéis do escândalo. Afirmou que eu repelira o confessor que lá havia, para colocar no seu lugar um íntimo amigo meu e que tanto dera que falar à comunidade, que me tinham expulsado de lá por ser pedra de escândalo e fomentadora de discórdias entre as religiosas. Que não tive outro remédio senão refugiar-me na minha casa, onde vivi escandalosamente com um padre tão herege como eu. Que tinha feito muitas saídas suspeitas, fingindo visitar enfermos, quando na verdade pagava a gente de mau caráter para que fizessem correr a fama de meus supostos milagres. Que tirei uma pobre mulher doente de sua casa, onde vivia tranquila com sua enfermidade, consagrada a Deus, tirando-lhe assim o sossego e a religiosidade. Que me fiz dona de uma pobre menina que, com seu trabalho, era útil à família, levando-a para minha casa, não se sabe com que intenção. E a menina, em pouco tempo, estava perdida pelo meu mau exemplo. Que tive o capricho de amparar um pobre velho e colocá-lo num asilo. E porque a superiora não permitisse que eu levasse para lá o escândalo com as minhas contínuas visitas, vingara-se dela tirando-lhe o seu posto e colocando lá outra menos escrupulosa.

Depois, queixou-se dos meus escritos, dizendo por fim que na minha vida havia atos perdoáveis, mas que os meus escritos eram heréticos em todos os seus conceitos, pois que eu cantava estrofes a Deus, mas que o meu Deus não tinha céus, nem templos, nem altares. Que o meu Deus estava no todo e em tudo, sem a sua corte celestial e sua mansão dos justos. Que o gênio do mal enchia os âmbitos do mundo, estendendo-se por todas as partes, já que não podia penetrar no céu.

Ocupou-se dos meus cantos aos trabalhadores, especialmente de um que dedicara à memória de dois operários mortos nas obras do convento recém-edificado. Minhas lamentações pela morte daqueles dois chefes de família, que morreram na flor da idade, dizia ele, eram a minha maior condenação. E perguntava: acaso um edifício religioso não valeria mais, com as suas benditas pedras, que toda uma geração de operários? O que era um obreiro ante uma obra religiosa?...

Também ocupou-se do meu canto à família e fez referência à minha, que tinha me repudiado. Que todos tinham-me voltado as costas negando-me a menor saudação, mas que ao refugiar-me no meu lar, seduzi com minhas artimanhas meu irmão mais velho, que se converteu em meu protetor *íntimo*. Que este se feriu numa caçada e que eu, ofendendo a ciência e faltando a todos os preceitos da honestidade e da moral, constituí-me em sua enfermeira, curando-o por meio de procedimentos diabólicos, e que ele, completamente fascinado, fez com que todo o resto da família me admitisse em seu seio. Que, pela astúcia do gênio do mal, e com a ajuda de meu irmão, a religiosa renegada, a mulher perdida conseguiu, como a erva daninha, brotar em boa sombra, pois que, dentre todos da minha família, só eu a tinha desonrado.

Leu um fragmento do meu *Canto à Família*, no qual eu dizia: *Meu Deus! Hoje é um dia de luz para mim. Fecho os olhos para não ver nenhum defeito em ninguém e abro-os para gozar os doces prazeres da fraternidade!*

– Pensem bem – dizia o meu acusador –, pensem na horrível heresia que encerra este assunto. Uma religiosa pensando na família!... Uma religiosa sonhando com o amor dos seus parentes... esquecendo que pertence a Deus em corpo e alma!... E que me dirão do seu *Canto à Edificação de um Convento*, onde ela diz que é muito fácil amontoar pedras, mas muito difícil edificar nos corações, porque nesses só o amor pode edificar?... Pois bem! Tal canto está encerrado com outros pergaminhos, e no correr dos séculos, quando o edifício, porventura, destruir-se, poderão dizer os cristãos de épocas vindouras que a Igreja abrigou em seu seio uma serpente de heresia que, sem o menor pudor, deixou a sua peçonhenta baba junto a papéis sagrados.

Disse que achava de toda a conveniência proceder às necessárias escavações para extrair o meu escrito do fundo da terra e atirá-lo à fogueira com todas as minhas obras. E como graça especial por ser eu de uma família reconhecidamente cristã, que devia ser condenada à prisão perpétua, sem sofrer o menor tormento, mas que fosse privada de papel, tinta e penas. Que se tivesse também o cuidado de se escolher uma prisão cujas paredes fossem de ladrilhos e pedras desiguais e salientes e o pavimento lodoso, para que não pudesse escrever em parte alguma um só dos meus pensamentos.

Seu longo escrito acusatório não me abateu, porque na minha frente estava a imagem do Crucificado a quem eu recorria a toda hora. Imagem tão bela, tão doce e tão consoladora, que me enchia de confiança.

Perguntaram-me o que tinha a alegar em minha defesa. Respondi que, se a generosidade daquele tribunal me permitisse falar, eu falaria.

Todos se consultaram mutuamente, e pude então ouvir uma voz débil que dizia: – Essa mulher não tem que defender-se. Seus delitos estão provados, há provas inegáveis. Não percamos tempo.

Então sim, tive medo, porque aquela voz, apesar de débil, tinha tal autoridade que todos se inclinaram em sinal de assentimento. O presidente, porém, perguntou de novo:

– Entendem que esta mulher deve defender-se?

Respondeu um dos juízes com as seguintes palavras:

– Deve ser concedida autorização para que se defenda.

Naquele momento ocorreu-me uma coisa que devia ter feito muito antes. E levantei-me, dizendo:

– Senhores, tenho comigo um objeto que me garante. Levo em minha mão um anel com o selo real. Na minha modéstia sempre o escondo e ninguém repara em seu singelo aro de ouro.

– E por que não disse há mais tempo? – perguntou o presidente.

– Porque os senhores não me deram tempo para isso. E qual a mulher que não se perturba ante o poder religioso?

– É preciso averiguar – disse o meu confessor – se esse anel foi adquirido legalmente.

– Não façam caso do que diz essa mulher – acrescentou a vozinha do juiz invisível. – Ela está enferma, não deve sair mais daqui, porque a sua enfermidade é contagiosa.

O presidente tirou-me o anel, examinou-o, selou com ele vários papéis, e fê-lo correr de mão em mão para que todos o examinassem. Depois, reuniram-se todos no extremo oposto do salão a confabular, e por fim o presidente ordenou que me reconduzissem à prisão.

Na volta andei muito menos. Convenci-me de que, para me atormentar e enfraquecer, tinham-me feito dar muitas voltas pelo imenso edifício. Só pensavam no mal aqueles ministros de Deus!... Qualquer recurso era empregado, do mais horrível ao mais leve, para mortificar e prejudicar. Quanta infâmia!...

Ao ver-me de novo só, alegrei-me. Mas ao pensar que me tinham despojado do meu anel, perdi toda a esperança e pensei na morte, considerando-me feliz se ali mesmo me deixassem expirar.

Pensei em minha família, em Marta e em Maria, dirigi um adeus a tudo quanto tinha amado e entrei num período de agonia delirante. Repeli toda a acusação do meu confessor e defendia-me admiravelmente. Dormia? Sonhava?... Não sei. Só sei que estava muito mal. Nem podia mover-me.

Passei assim não sei quantos dias, nos quais a febre não me abandonou, até que uma manhã, de súbito, ouvi vozes, gritos, ameaças, ruídos de armas que apoiavam contra o solo, pisadas fortes, que sei eu... Borbotões de vida que chegavam até a minha sepultura.

Entre tantas vozes, julguei reconhecer uma que gritava:

– Abram em nome do rei!

Era a voz do meu irmão Benjamim, que dizia furioso: – Venho buscar minha irmã.

– A ordem do rei tem que vir referendada pelo papa – responderam-lhe.

Benjamim devia ter mostrado a ordem em regra, porque a porta se abriu e ele se atirou em meus braços, beijando-me com frenesi. Tomou-me as mãos, não achando o que procurava. Virando-se como um leão ferido, gritou:

– Quero imediatamente o anel de minha irmã! Ai daquele que o retiver!...

O presidente, que o acompanhava, entregou-o e Benjamim, tomando-me em seus braços, sem deixar que meus pés tocassem o solo, desceu a escadaria como um louco, e depositou-me numa carruagem. Ele mesmo fechou a portinhola, montou seu cavalo, acionando sua escolta armada. Saímos assim da cidade, dirigindo-me à minha casa. Não paramos em parte alguma e lá cheguei às primeiras horas da manhã seguinte.

Durante a viagem, pode-se dizer que estive mais no outro mundo que neste. Meu resgate tinha sido tão inesperado e o meu corpo estava tão abatido pela febre, que eu não me dava conta do que se passava. Compreendia que tinha saído da prisão e que uma força poderosa me arrastava, mas olhava sem ver e ouvia sem entender.

Só comecei a compreender a minha situação quando Benjamim me tirou da carruagem e me deixou em casa.

Respirei, então! Que bela me parecia a minha casa! Que agradável a vida!... Acerquei-me de uma janela que dava para o campo e disse:

– Meu Deus! Por que não me deixam adorá-Lo aqui? Este é que é o Seu templo! As casas de pedra são os sepulcros dos incautos.

Chegou meu irmão mais velho e, estreitando-me nos braços, disse: – Repouse no seio da minha e sua família, que todos nós a amamos, tanto mais quando a rodeiam tantos perigos. O clero a odeia, as religiosas falam mal de você e eu temo que o rei, instigado pelo papa, ceda por fim, e a castigue cruelmente como herética e cismática.

Compreendi que meu irmão tinha razão em recear, mas procurei tranquilizá-lo.

Passei depois ao grande salão, onde me esperava toda a minha família, inclusive Benjamim, que me disse:

– Novamente tenho gosto pela vida, porque lhe posso ser útil. Acusam-na, injuriam-na, caluniam-na, dizem que é uma perdida e você é uma santa. Dá a vida aos pobres e dizem que os arranca dos seus lares para os prostituir. Mas eu sei o que você é. Amo você sobre todas as coisas na Terra e, apesar de já ter a minha prometida, por você... por você deixaria tudo! E juro-lhe que, com a minha espada, vou fazê-la respeitada até pelo próprio rei, que se prostrará diante de você.

Procurei acalmar os seus ímpetos e dirigi-me a minhas irmãs, que, como era natural, estavam muito receosas e atemorizadas. Passei-lhes tranquilidade e todas, então, cumularam-me de carinho, a ponto de a mais velha acompanhar-me ao dormitório, despir-me e só me deixar quando me viu adormecida.

O meu corpo descansou muito bem, mas o meu espírito afastou-se à procura dos meus acusadores, horrorizando-se ante espíritos tão miseráveis. Eram répteis asquerosos, arrastando-se pelo lodo do crime! O meu espírito procurava o meu confessor e achou-o por fim. Que comoção sentiu o meu cruel inimigo! Ao se confrontarem os nossos espíritos, disse ele:

– Vou odiá-la sempre! Sempre!...

– Por quê? Eu não odeio!

– Está mentindo! Tem que odiar-me, tem que contagiar-se com o meu ódio. Afaste-se, ser infernal! Não desfrutará de paz na Terra, e se algo mais existe depois da Terra, eu vou odiá-la por toda a eternidade!...

Convenci-me de que aquele espírito iria odiar-me eternamente, mas respondi-lhe:

– Não me importa o seu ódio. Eu o perdoo como a mim também me perdoaram.

E retirei-me, mas ouvi que me diziam:

– Não se retire ainda.

Detive-me e uma voz me disse:

– Assim o abandona? Olhe-o de novo. O fogo do ódio apaga-se com a generosidade da alma. Queira-o, estime-o deveras! Acerque-se dele e pergunte-lhe se ele amanhã voltar à Terra num corpo de mulher, se gostará de ser odiado.

– Ah! não! – disse o meu confessor. – Se voltasse à Terra num corpo de mulher, ia querer que me amassem, porque já há muitos séculos que sou um sábio e ninguém me ama. Ninguém! Por isso, eu odeio a humanidade. Mas se você chegasse a ser minha mãe... quem sabe... talvez a amasse!...

Retornei ao meu corpo e encontrei-o fraco, abatido. Pobrezinho! Tinha sofrido tanto!...

Meu irmão mais velho anunciou-me que uma comissão de operários viera visitar-me, mas que não lhes contara as minhas penas para evitar complicações. Mais tarde falei com eles e, embora lhes ocultasse os meus sofrimentos, um deles disse:

– Senhora, sabemos de tudo. A religião é uma camisa de força imposta à humanidade desde muitos séculos, e é chegada a hora de despedaçá-la com a ajuda do povo.

– Não, meus amigos. Empreguemos a força do povo num trabalho honroso. E que cumpra cada um os seus deveres, para mais tarde poder fazer uso dos seus direitos.

49. Após a tempestade

Quando os operários se retiraram, meu irmão mais velho, Benjamim e eu conversamos demoradamente sobre a crítica situação em que eu me achava.

Benjamim, com os brios da sua juventude, o arrojo adquirido entre os seus companheiros de armas e, sobretudo, em função do seu ilimitado carinho para comigo, estava indignado com o que tinha acontecido. Sem nada me dizer, escreveu ao seu comandante pedindo uma licença temporária para ficar por algum tempo junto de mim, com um pelotão dos seus melhores homens. Disse-me, com o seu entusiasmo juvenil, que só ele bastava para lutar em minha defesa frente ao clero católico, e que os seus fiéis soldados eram para guardar as muitas portas da nossa casa.

Meu irmão mais velho ria bondosamente de tais arrebatamentos, mas ficou muito contente por ter Benjamim em nossa companhia para o que pudesse vir a acontecer, embora parecesse que podíamos estar tranquilos.

O amigo de meu pai, meu poderoso protetor, estava na corte resolvido a proteger-me em tudo, tendo até já conseguido que o rei se interessasse por mim. Meu irmão, porém, dizia, e dizia muito bem:

– Não devemos confiar em nada nem em ninguém, porque os tribunais religiosos não perdoam. O que não podem fazer com os recursos da lei, fazem-no pelo suborno, pela astúcia, pela calúnia. E é preciso evitar, tanto quanto possível, cair nas suas garras. Portanto, minha irmã, para evitar novos conflitos, proíbo-a terminantemente de sair só ou acompanhada das suas servas a qualquer lugar. Sairá sempre com Benjamim ou comigo, pois não é aconselhável que faça como fazia.

Agradeci muito seus cuidados. É gratificante sentir-se querida. Retirei-me, depois, para o meu aposento e ali dei graças a Deus pelo carinho que encontrava em meus parentes. Era tão novo para mim aquele prazer puríssimo!... Mas ainda faltava alguma coisa à minha felicidade. Faltava a exteriorização do meu sentimento, precisava escrever, precisava confiar ao papel os segredos da minha alma, e depois ler a minha confissão. Murmurei, então:

– Não querem que eu escreva! Inútil intento! Escreverei porque quero escrever e provarei nos meus escritos que não sei odiar.

E olhando as avermelhadas nuvens do crepúsculo, escrevi uma poesia intitulada *O Pôr do Sol*.

Um pôr do sol é um adeus, um *até amanhã*, um parêntesis entre a luz e a treva. Luz, fogo da vida!... Treva, remorso da alma!... Luz! Sol!... Quando chega a aurora, exclama o Sol:

– Humanidade! Eu sou o archote de Deus! Eu sou o melhor amigo do homem, porque dou vigor aos seus membros e ajudo-o nos seus trabalhos! Eu sou a fecundação e a vida!...

Escrevi tanto e tão a meu gosto que, até à meia-noite, não deixei a escrita. Então, ouvi uma voz quase imperceptível que me dizia:

– Fez bem em escrever, porque não vão mais lhe tirar os escritos. Depois de morta, sim, irão mudá-los segundo convenha à Igreja. Mas, depois, mais tarde, escreverá de novo e então resplandecerá a verdade, porque ela não pode permanecer eternamente envolta nas brumas das mentiras religiosas.

Deitei-me muito satisfeita e tranquila. Dormi tão profundamente que só despertei muito tarde, quando os raios de sol banhavam o meu leito. Ao ver tanta luz e tanta vida, disse ao Sol:

– Por que consente que as pedras ocultem os seus resplendores?... Ah! Da mesma forma os homens ocultam a luz da verdade com as pedras do fanatismo religioso.

A manhã estava tão bela que, esquecendo as ordens de meus irmãos, dispus-me a dar um passeio pelo campo sem pedir permissão a ninguém. Esqueci-me, porém, da vigilância de Benjamim, que encontrei logo ao transpor os limites da minha alcova. Ao ver-me com o meu manto, prestes a sair, disse seriamente:

– Não se afaste, não quero que abuse das suas forças. Mantenho a casa sitiada para evitar que saia. Pode passear pelos pátios, pelos jardins e nada mais.

– Isso é muito pouco para mim. Deixe-me respirar mais livremente. Não quer acompanhar-me? Vamos, dê-me o braço.

– Ah! Isso sim. Com prazer! Com você eu iria até o fim do mundo, ainda que tivesse que fazer o percurso de joelhos.

Alegres e contentes, como se fôssemos duas crianças, saímos juntos, recordando os brinquedos de nossa infância, que consistiam em levantar casinhas com pequenas pedras que, mal colocadas, caíam sempre.

– Ah! – disse a Benjamim. – Levantei uma casa forte onde vive uma mulher que não é religiosa. Por que essa casa não ruiu antes de ser habitada, como os nossos castelos de pedrinhas?... Existe um outro projeto de se levantar um novo convento, mas pode crer que já não tenho ânimo para construir outro cárcere de pedra. Estou ferida pelos meus e não sei o que sucederá. Mas, se um novo edifício for levantado, procurarei fazer nele verdadeiras reformas morais.

– Bem, bem – disse ele –, não vamos falar de coisas sérias. Falemos de nossa infância. Gosto muito de recordar as nossas expedições. Lembra-se de que você fazia o papel de mãe? Vejo-a sempre na imaginação, afastando-me dos perigos.

Ainda agora, quando estou cruzando uma cordilheira, olho para os abismos fundos à minha volta e, sem saber por quê, penso em atirar-me neles. No momento em que dou o primeiro passo para levar a cabo o meu disparatado intento, vejo você, graciosa e sorridente, a me dizer: – "Não cometa nenhuma loucura. Esse corpo não é seu, é de Deus!" Então, fico perplexo e afasto-me rapidamente. O que estou lhe contando tem me sucedido milhares de vezes. A sua imagem está sempre comigo, mesmo nos momentos mais críticos da minha vida, e por isso eu a amo tanto. É o amor dos meus amores, a minha luz, o meu céu, o meu Deus!... Ah! sim, não duvide. Quero-lhe tanto, que não sei como demonstrar-lhe esse sentimento!

Benjamim contou-me, depois, a singela e vulgar história de seus amores. Falou-me da noiva, descrevendo sua figura. Era muito bonita e tinha a altivez de uma rainha.

Pediu a minha opinião sobre ela e eu respondi:

– Ama essa jovem como todo homem ama na plenitude da juventude. Você lhe quer... porque precisa querer uma mulher, e neste caso tanto vale essa como qualquer outra. Diz que ela é nobre e rica e que iguala a sua altivez e sua nobreza à sua riqueza, e uma mulher altiva não convém a você. O que hoje não lhe parece um defeito, amanhã será um sério transtorno, que fará do seu lar um inferno. Você precisa de uma mulher humilde, modesta e sincera, porque uma mulher orgulhosa é um pesadelo para o homem. Procure fugir desse abismo, busque outra que seja boa, porque a boa mulher é a luz do homem, seu anjo tutelar, seu porto seguro.

Benjamim ouviu-me em silêncio. Nada disse, o que não estranhei, porque não se apaga um primeiro devaneio num piscar de olhos.

Falamos depois de meu irmão mais velho, maravilhados da sua mudança em relação a mim. E Benjamim dizia:

– Estou tão satisfeito do seu modo de proceder para com você, que me julgaria feliz em perder a vida para salvar a sua.

Quando chegamos em casa, meu irmão mais velho repreendeu-nos amorosamente pela nossa escapada e, já à mesa do almoço, disse ele a Benjamim:

– Estou admirado que os religiosos não se tenham ocupado mais dela, mas o seu silêncio não é prova de esquecimento. Infelizmente, eles não esquecem nem perdoam os que têm a coragem de desmascará-los.

Alguns dias depois, veio ver-me a senhora que me visitara antes de me levarem presa. Ficou muito satisfeita por eu ter recobrado a liberdade. A sua alegria e o seu regozijo, porém, gelaram-me o coração. Eu não podia explicar o que se passava. Aquelas demonstrações de afeto tão extemporâneas, faziam-me o mesmo efeito de um mau comediante a expressar o entusiasmo de um herói. Mas a boa educação recomenda que, quando for conveniente, devemos ocultar os nossos sentimentos. E procurei dominar-me, ouvindo com um sorriso nos lábios os seus protestos de apreço por mim.

– Prometi – disse-me ela – devolver-lhe os seus escritos e eles serão devolvidos, juntamente com o tinteiro e a sua pena. Os tribunais religiosos não cometem injustiças, e como era injusto o que lhe haviam feito, devolvem-lhe os escritos, dos quais eu fiquei com uma cópia.

Senti profundamente as palavras daquela senhora e disse-lhe:

– De nada vale ler um escrito se não se souber ler nas *entrelinhas*. Sem se conhecer a alma do poeta, nada adianta possuir os seus trabalhos.

Ela compreendeu que não me agradara o fato de ela haver copiado os meus escritos, e mostrou-se algo ressentida, ressentimento que eu não procurei amenizar, nem desvanecer.

Despedimo-nos muito friamente, e fiquei muito triste a pensar na cópia que ela havia feito de meus trabalhos. Para que ela os queria?...

Meus irmãos procuraram tranquilizar-me. Que eu não me agastasse, que aquela senhora, no desejo de passar-se por literata, estrofe daqui, fragmento dali, ia alinhavando composições detestáveis. Qualquer pessoa, por menos entendida que fosse, percebia a sua deficiência e mau gosto, expondo-se ela, por sua própria culpa, ao ridículo.

Meus irmãos riam, mas eu não. Aquele relato me aborrecera. Via o ridículo em perspectiva, e me mortificava. Embora eles não vissem naquilo mais que motivo para rir, a verdade é que só aquele que escreve sabe dar o devido valor aos seus escritos. Eles são os depositários das nossas penas, esperanças e alegrias.

Passaram-se muitos dias, até me devolveram os trabalhos.

Com que carinho os recebi!... Até os beijei! E por que não? Eram meus filhos, os filhos do meu pensamento! Como me pareceram belos, então! Meu Deus! Quanto me alegrei ao rever o meu *Canto a Deus*!... Era o meu poema favorito.

Organizei-os com todo o cuidado e empreguei alguns dias a corrigir alguns cantos. Queria que os *meus filhos* ficassem tão perfeitos quanto possível. As mães pecam sempre por excesso de zelo e eu também era mãe! Meus filhos eram os meus pensamentos!...

Recebi a visita do arquiteto com a planta do novo convento. Meu sábio amigo vinha muito triste.

– Ah! senhora, ameaçaram-me de morte se prosseguisse nos projetos.

– Quem se atreveu a tanto?

– Quem pode. Uma alta dignidade eclesiástica. Obedeci, contra minha vontade, porque tenho uma família que necessita de mim. Exatamente por esta obra estar sob os seus auspícios, eu estava muito satisfeito e desejoso de ser-lhe agradável, principalmente porque identifico-me com suas ideias. Mas, quando menos esperava, recebi outra ordem, terminante, do seu poderoso protetor, para que terminasse os projetos sem perda de tempo, e que trabalhasse noite e dia, a fim de recuperar o tempo perdido.

Perguntei ao portador da segunda ordem por que havia tantas contradições neste assunto. Uns me ameaçavam de morte, se prosseguisse no projeto da construção. Outros me ordenavam que não dormisse, para concluir mais depressa o meu trabalho. Respondeu-me o enviado que tudo era por sua causa, senhora. Por sua causa havia essas lutas, e que a senhora daria ainda muito trabalho aos tribunais religiosos. Ah! senhora, procure harmonizar-se com uns e outros... Faça isso, pelo menos, por mim, que faço muita falta à minha numerosa família.

Procurei tranquilizar o arquiteto, embora eu também estivesse sobressaltada. Bem a propósito, chegaram vários operários, a pedir-me trabalho para centenas de diaristas que morriam de fome.

Aquela petição animou o arquiteto, e eu lhe disse:

– A voz do povo é a voz de Deus! São trabalhadores que nos pedem o pão de cada dia e este não lhes será negado. Amanhã daremos início às obras.

– Tem muita fé, senhora.

– Sim, tenho fé em Deus, fé em mim mesma e fé na causa que defendo, que é a mais justa: *dar de comer a quem tem fome*.

Os operários retiraram-se satisfeitos e eu, ao ficar só, exclamei:

– Graças, meu Deus! Levantemos templos que sejam úteis ao menos aos que querem trabalhar.

No dia seguinte, quando ultimávamos providências para referendar a escolha do local da obra, recebi uma missiva do rei. Continha ordens terminantes para que se iniciassem as obras imediatamente. Também vinha junto uma carta do meu protetor concebida nos seguintes termos: "*Minha bela protegida, sem o menor receio trabalhe na construção da nova casa de Deus. Não cometa imprudências e conte com os fundos necessários para atender aos grandes gastos da obra projetada. Escreva-me diariamente, porque convém que eu esteja inteirado de tudo*".

Benjamim também recebera carta do seu comandante concedendo-lhe a licença pedida e oferecendo-lhe mais soldados, se precisasse.

Animados por tão boas notícias, saímos toda a família e dirigimo-nos ao local demarcado para a construção. Lá estava o arquiteto, rodeado por cem operários jovens e robustos, além de outros companheiros de diversas profissões.

Quando me viu, saiu ao meu encontro e disse-me em voz baixa:

– Prepare-se, senhora, que se aproxima a borrasca – e indicou-me dissimuladamente que olhasse para o lado esquerdo. Por um caminho estreito, avançavam uns vinte religiosos. O que vinha na frente era o meu acusador.

Ao vê-lo, estremeci, mas ocultei a minha perturbação ante Benjamim, que, de um salto, colocou-se ao meu lado, desafiando com o seu olhar aquele bando de aves de rapina.

O meu acusador saudou-me friamente, e perguntou-me se tinha as ordens necessárias para dar começo às obras. Mostrei-lhe a ordem do rei e ele ficou pasmado. Juntos fomos ver o projeto e ele achou nas plantas muitos defeitos, particularmente quanto à igreja, que julgou pequena. Expliquei-lhe que assim quis para não abusar dos meus protetores. Ele, então, replicou:

– É que, nesta igreja, quem sabe o que se guardará? Quem sabe se, com o andar dos séculos, não será buscada em peregrinação!

– Não, padre. Não creio que venha a encerrar-se aqui nenhum santo.

– Eu não chegaria a tanto, talvez uma santa... – e sorriu ironicamente, perguntando: – Escreveu alguma coisa?

– Não, padre. Para quê? Não quero que, amanhã, os meus escritos sejam motivo de se fazer escavações para extraí-los do seio da terra.

– Mas, e os nomes dos que custeiam as obras? Esses, de certo, os fará constar...

– Sim, padre, terminado o edifício, figurarão na fachada, sobre a porta principal, como o melhor adorno.

– Encontro pouca comodidade nestas celas, e a da superiora é por demais mesquinha.

– Visto que se destinam apenas ao descanso do corpo, não é necessário que as celas sejam muito espaçosas. É preferível aproveitar o terreno para coisas de mais necessidade.

– E a senhora não vai se estabelecer aqui?

– Não, padre. E quando estiver decidida a retirar-me do mundo, voltarei para o convento onde professei; será essa a minha única casa religiosa.

– E não quer comodidades?

– Não, padre. Nós, os religiosos, não devemos procurá-las.

– Mas em sua casa bem que as tem de sobra!

– Nasci nelas, senhor, não as procurei. Não me deixei levar por móveis de luxo e os meus aposentos são, por meu gosto, os mais modestos.

– Os meus afazeres não me têm permitido visitá-la, mas farei isso de hoje em diante, para que recomecem as suas confissões. Não deve se esquecer que, por ordem superior, tem que confessar-me todas as culpas.

Não lhe respondi nada, porque receei não poder conter a minha indignação, e ele retirou-se acompanhado dos seus.

Benjamim, que não me perdia de vista, aproximou-se. Eu devia estar pálida de tão contrariada. Perguntou-me, então, com vivo interesse: – O que lhe disse esse homem?

– Que voltará a ver-me para me confessar.

– Sim?... Pois acho que quem se confessará a ele serei eu!

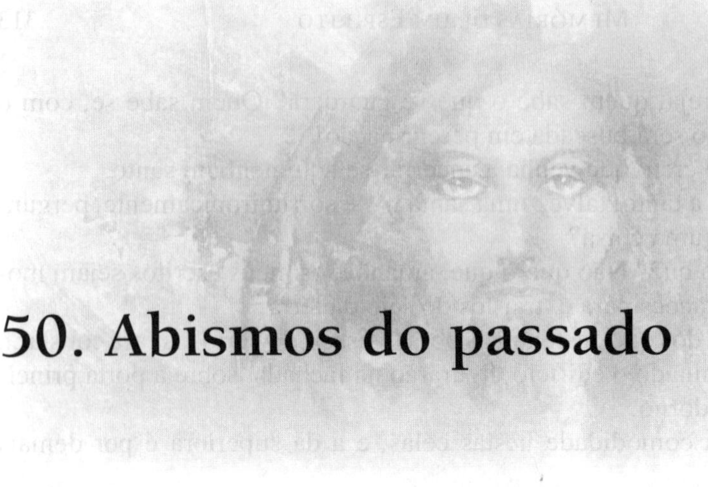

50. Abismos do passado

Retiramo-nos depois da marcação do local da obra, e ao chegarmos a minha casa, recolhi-me ao meu aposento a fim de descansar, porque o meu corpo estava exausto. Fosse porque com o passar do tempo tudo vai pesando mais, ou porque a luta era superior às minhas esgotadas forças, o certo é que estava rendida de cansaço e precisava estar só, no silêncio do meu quarto, para analisar o procedimento dos meus adversários.

Quantos pensamentos desencontrados povoaram-me a mente, uns animando--me, alentando-me para a luta, e outros fazendo-me desfalecer!... A verdade é que, se me fosse possível anular naqueles momentos a minha personalidade, eu teria me confundido com o pó da terra...

Meus inimigos tinham conseguido o seu objetivo: estava aniquilada, porque faz mais mal a serpente que se enrosca aos pés do que uma legião de combatentes furiosos, a descoberto, no campo de batalha. A luta frente a frente é menos cruel, é menos homicida que o ataque de um inimigo, cujas armas mortais são a língua e os olhos. E há palavras que atravessam o coração; há olhares que ferem como o raio.

Dormi muito mal aquela noite e tive sonhos horríveis. Vi centenas de espíritos que riam dos meus intentos e que diziam: – Não chegará onde deseja, que nós a impediremos. A ignorância será vitoriosa. Afaste-se e desista dos seus planos. Volte aos lupanares e deixe de delírios...

Oh! como sofri naquela noite, meu Deus! Quando me levantei não podia suster-me em pé. Cambaleava como se estivesse ébria. E meu irmão perguntou-me muito alarmado:

– O que tem? Os seus olhos fundos revelam grande sofrimento.

Contei-lhe o sonho que tivera, e Benjamim exclamou:

– Se continuar se preocupando com isso, acabará doente e eu não quero vê-la enferma. Se essa gente negra a incomoda e lhe tira a tranquilidade necessária, eu poderei morrer da forma que for, mas vou livrá-la deles. Não pense que são poucos os que estão fartos dessa milícia sem armas, e mais dia menos dia assistir-se-á a uma degola de todos eles. De minha parte, não darei descanso ao braço.

Realmente, com Benjamim não se podia conversar, porque logo se alterava. Era preciso usar de todos os artifícios para dissuadi-lo dos seus planos de extermínio. Estava sempre disposto a matar, especialmente quando se tratava de me libertar dos meus inimigos.

– Deixe que eu lute, Benjamim, mas com a *minha* luta, em benefício daqueles que trabalham, dos pobres... Só estarei satisfeita quando o povo estiver contente com a sua sorte.

Passei mal o dia, porque tive de, embora debilitada, buscar forças para acalmar meus irmãos, particularmente Benjamim.

Quando se aproximou a noite e pude ficar só, deixei-me cair no leito, tão cansada como se tivesse feito uma grande jornada em terrenos arenosos. Meu exaltado irmão tinha estado durante todo o dia ao meu lado, o mais solícito e carinhoso que se possa desejar. E, ao ver-me só, lembrei-me das suas menores palavras, de suas ternas atenções, seus desvelos, seus carinhos para me fazer alimentar. E acusei-me de indiferença para com ele, que tanto se sacrificava por mim. Eu era ingrata, muito ingrata para com ele, e isso fazia com que me revoltasse contra mim mesma, sem achar desculpa plausível.

Adormeci pensando nele e temendo ante a possibilidade de me tornar a causa da sua morte.

O meu corpo ficou inerte, frio e rígido como se fosse um cadáver, enquanto o meu espírito, fugindo de si mesmo, foi para o espaço. De nada, porém, valeu-me a fuga, porque continuei a pensar em Benjamim do mesmo modo.

Cruzei campos cultivados e montes cobertos de sarças com espinhos agudos. Desci, então, a umas vertentes de água lodosa, onde havia muitas plantas manchadas de sangue, que muito me impressionaram. – De quem será este sangue? – perguntava eu, angustiada. – Será de Benjamim? Ah! se for assim, que seja derramado primeiro o meu.

Depois vi um grande clarão que iluminava uma corredeira mais distante. Para lá me dirigi e vi grande quantidade de belíssimas flores brancas. Eram enormes, e sobre suas pétalas havia muito sangue. Por toda a parte eu via sangue! Que horror!... E ali... ali estava Benjamim prestes a se precipitar num abismo.

– Não, não! Não quero que se mate! Tenha piedade de mim – gritei.

– Não é por você – respondia-me ele asperamente.

E soltou uma horrível gargalhada, que o eco repetiu por muito tempo, até o seu último gemido se perder no vácuo, consumido pela distância. E digo gemido porque as gargalhadas do desespero são a manifestação de alegrias lúgubres. Certa vez escreveu um poeta, muito a propósito:

Há risos de Lúcifer,
Risos condenados de horror,
Que em nosso mesquinho ser,
Como seu pranto, o prazer

Tem o seu riso, a dor.

O sofrimento de Benjamim era espantoso. Eu via o seu corpo retorcer-se como se estivessem arrancando-lhe os membros com ferros em brasa. Deixei de vê-lo e comecei a ouvir-lhe a voz que dizia: – Vou segui-la para onde for! Jamais a deixarei!

Depois aumentou o clarão e o vi de novo com o corpo esfacelado, sem braços, sem pernas e a cabeça quase desprendida do tronco. Olhando seu rosto, não era o de meu irmão; era o de um monstro que eu odiava desde a noite dos séculos. Quis fugir e ouvi uma voz que me dizia: – Desgraçada!... se Deus o ama, se Deus o perdoa, por que você o odeia?!...

Procurei então aproximar-me, e o infeliz me disse: – Não me odeie!... Não me odeie! Fui muito culpado, mas... sou tão desgraçado!... Eu serei seu escravo, o seu servo mais fiel!...

Procurando dominar-me, disse-lhe: – Perdoo você, eu perdoo você!... embora tenha-me feito tanto mal!...

Ressoou de novo a sua horrível gargalhada, que me fez um mal indescritível. Parecia expressar uma zombaria macabra, uma séria acusação. Parecia dizer-me: – "Você também vendeu um inocente!..." Meu Deus! Como fui culpada!...

Não posso dar a mais leve ideia do que padeci naqueles momentos. Há dores que sentimos, mas que jamais poderemos explicar. De novo ouvi a voz de Benjamim a dizer-me: – Não me odeie! Eu serei o seu escravo! Que se apaguem os ódios!...

Fiquei na obscuridade e ouvi a voz de sempre: – Não seja ingrata! Atenda aos rogos desse infeliz que por você voltou à Terra! Não esqueça os seus deveres.

Como se uma força estranha me obrigasse, voltei para junto do meu corpo, que encontrei como que morto. – Meu Deus! Meu Deus! – exclamei – o que será de mim na Terra? Uma mulher como eu é uma folha seca!

Apareceu-me, então, meu pai, que me disse em tom de doce censura: – Não se aflija. Você aumenta o seu sofrimento com suas preocupações e sua forma de pensar. Desceu à Terra para espalhar a verdade. Não desanime. Escreva. Avance.

– É que não vejo o amor dos meus amores.

– É sua a culpa; ninguém lhe tirou nem a luz nem a vida. Você mesma se fecha em um círculo de trevas.

Despertei sem me lembrar de nada. Estava abatida. Saudei o Sol do seguinte modo: – Bom dia, sol da minha alma; bendito seja! Bendito mil vezes porque alenta os corpos com os seus raios de luz!...

Olhei pela janela e vi Benjamim embaixo, que me saudou e disse que me esperava, porque precisava falar-me.

A sua voz fez-me estremecer. Senti que me tivesse visto tão logo, mas desci em seguida. Encontrei-o muito triste. Quando me aproximei, disse-me ele preocupado: – Ah! minha irmã, que noite horrorosa eu passei!... Estava numa vertente cheia de sangue, com o corpo esfacelado. Vi-me sem braços, sem pernas e degolado. E o pior não é isto, é que você estava lá e dizia que não me queria, que me odiava!... Que horror!... Também sonhei que não se morre; vi o meu corpo em pedaços, mas a minha alma vivia! Como que ouvia perfeitamente você me dizer: – "Odeio você!"

Aproveitei a ocasião para dizer-lhe: – Sonhou a verdade. A alma não morre nunca.

– Não se morre?... mas... ouça, se as nossas almas tivessem se encontrado antes e você não me tivesse amado, ainda mais, se me tivesse odiado... entre mim e você haveria um vazio, não é verdade?... Pois bem, esse vazio existe entre mim e você, fato que não sei explicar, porque a adoro! Você é o meu Deus na Terra! E você... você há de amar-me por força, senão eu enlouqueço.

– Tenha juízo, Benjamim. Eu o amo como uma mãe. Não tenho os seus arrebatamentos nem as suas exaltações, mas lhe quero à minha maneira.

– Pois acredite, minha irmã, que a sua forma de querer não me satisfaz, porque eu lhe quero sobre todas as coisas da Terra. Quero-a como se querem os amantes mais apaixonados, entenda, sem jamais desejar o seu corpo. Se eu acreditasse em virgens e em santos, seria você a virgem do meu altar e, entre nuvens de incenso, iria adorá-la de joelhos.

Os dias que se seguiram foram calmos, até que fui procurada por uma das minhas irmãs. Chorosa, dizia que uma de suas filhas estava morrendo. Meu irmão mais velho repreendeu-a por não nos ter avisado antes e olhou-me como a perguntar-me o que tencionava fazer.

Benjamim, por sua vez, com a impetuosidade de costume, dirigiu-se a mim dizendo: – Corra, mulher, corra! Não perca tempo, faça alguma coisa!

Deixei-me levar e cheguei à casa de minha irmã, onde estava toda a família, mais estorvando do que ajudando. Entrei no quarto da pequena enferma e encontrei-a no leito, como morta. Pobre menina! Tinha até as mãozinhas cruzadas, como a pedir perdão aos pais pelas suas travessuras inocentes.

Era uma criança formosa. A mãe, ao vê-la naquele estado, redobrou o pranto, unida a outras senhoras que rodeavam o leito da doentinha.

Pedi para ficar só com minha irmã e a menina, e todos se afastaram, olhando-me, como a dizer-me que eu estava louca.

A desconfiança daquela gente não me preocupou, pelo contrário, deu-me mais ânimo. Aproximei-me da menina, suplicando à sua mãe que contivesse as suas lamentações. A pobre mulher, embora já sem esperança, prostrou-se ante o leito da filhinha. E a sua fervorosa prece de mãe dedicada deve ter ressoado pelo espaço infinito, na busca de Deus.

Enquanto isso, dei início ao meu trabalho de cura por meio de passes magnéticos. Minha irmã olhava-me e dizia em meio às suas súplicas: – Que loucura! Se ela está morta!... Toque-lhe a fronte e verá como está gelada e com os olhos cerrados. Creio que estamos cometendo uma profanação.

Eu, porém, que sentia pulsar o coração da criança, disse-lhe imperiosamente: – Não se desespere. Sua filha voltará a si e viverá se você se contiver, se não me aturdir com os seus gritos.

A pobre mãe fez um esforço supremo e emudeceu. Por fim, a menina abriu os olhos. Sua mãe quase desmaiou, rendida pela alegria extrema. A menina, entretanto, seguiu a lutar entre a vida e a morte, até que seus olhinhos encheram-se de lágrimas e fixaram-se em mim. Envolveu-me em seus braços, dizendo: – Ah! minha tia! Chamava-a e você não vinha! Mas, enfim, veio. Como é boa! Como são bons esses seus olhos que me dão a vida! Olhe-me! Encare-me!... como são bons os seus olhos!...

Todos julgaram que minha irmã ia enlouquecer quando viu a filhinha sentada na cama a pedir a sua boneca favorita. Abraçou-me, delirante. Não cansava de me olhar. Prostrada diante de mim, dirigiu-me frases que jamais esquecerei:

– Só os santos podem fazer milagres. Eu levantarei um altar para você – dizia ela.

Abracei-a, então, dizendo: – Não, minha irmã. Se há algum santo na Terra, esse pode ser personificado no amor materno! As mães são os anjos de Deus, onde quer que estejam.

Como me senti bem depois daquela cura! Parecia que eu podia salvar um mundo! Meus irmãos olharam-me com admiração e eu, exultante, escrevi uma pequena poesia dedicada à minha sobrinha, intitulada *A uma Menina que Despertou na Terra*, que minha irmã guardou logo, como se fosse uma relíquia milagrosa. Que diferença! Antes chamavam-me de religiosa renegada. Depois, de boa-fé, passaram a julgar-me uma santa! Como estavam longe da verdade, antes e depois!...

Continuei a visitar as obras do novo convento, tomando o cuidado necessário para que não houvesse acidentes. Tomava todas as precauções possíveis, para evitar desgraças. Os trabalhadores riam-se dos meus temores, mas quanta satisfação revelavam as suas francas gargalhadas! Ao me verem, diziam uns aos outros: – "Lá vem a nossa mãe!"

Que belo nome! Mãe!...

Um dia chegou o meu confessor e já não me alterei. Recebi-o com toda a serenidade, sem temores. A cura de minha sobrinha tinha me restituído as antigas energias. E comprazia-me em ver-me querida por todos.

Benjamim era a minha sombra; parecia o capataz dos operários, procurando sempre estar perto de mim. O meu confessor deve ter-se surpreendido com a minha calma, porque me disse com a sua costumeira ironia:

– Assenta-lhe muito bem essa posição de observar o trabalho.

– Tem toda a razão, porque os obreiros, em seus deveres, parecem-me instrumentos de Deus a amassarem o pão da vida.

– Devemos todos trabalhar, porque todos somos operários. Não devemos nos contentar em observar. É preciso que executemos também.

– Muito embora, padre, às vezes, o trabalho transforme-se em arma ofensiva contra os que trabalham.

– Isso não importa, orando a Deus e...

– Sim, padre, orando a Deus e não ofendendo nem prejudicando ninguém.

– Tenho andado muito ocupado e por isso não lhe tenho ido confessar. Já há muito tempo que não se confessa.

– Engana-se, padre. Confessei-me ainda há pouco.

– Quem é o sacerdote ousado que tomou o meu posto? Ninguém pode me substituir, porque, bem sabe, fui nomeado seu confessor pelo enviado do papa.

– Padre, o meu confessor paira acima de todos os papas. Todos os templos são pequenos para ele, e todas as grandezas da terra são fumaça, comparadas ao seu poder. É o mais belo de todos os seres, é o amor em ação, é o manancial inesgotável da vida.

– E quem é esse conjunto de poderio e perfeição?

– É Deus, com Ele me confesso e sempre obtenho o perdão.

– Como sabe que Ele a perdoa?

– Ao despertar e ver o Sol, compreendo que aquele que vê a luz foi perdoado de todas as suas culpas.

– Tudo isso está muito bem, mas é preciso descer das alturas. Deixemos de sonhos e poesias. Uma mulher deve confessar-se com um homem.

– Farei a sua vontade, padre. Por isso não se contrarie. Escute-me, agora. Tenho uma irmã cuja filhinha estava a morrer. A menina já parecia morta e eu a fiz voltar à vida com a imposição das minhas mãos e minha grande força de vontade.

– Bem, bem. Eu já sei que faz curas e é esse um dos seus muitos pecados. Não sabe que essas curas são obras do diabo?

– Não, padre. Nunca me fará acreditar em tal absurdo, porque o gênio do mal não pode consolar a dor de uma mãe desesperada; não pode dar luz aquele que leva a treva em seu interior. Minhas obras são boas porque levam a consolação e a vida.

– Bem, depois falaremos nisso. Irei à sua casa e, se me convencer, levantarei a acusação que pesa sobre a senhora.

– Sim, padre, venha, pois creio que também está enfermo e eu desejo curá-lo. Antes eu acreditava que era um inimigo implacável, a serviço de um tribunal mais implacável ainda. Depois, comecei a considerá-lo como um inimigo pessoal, e hoje já creio que está muito doente da alma e que necessita curar-se. E é essa cura que eu espero poder conseguir, para o bem da verdadeira religião.

51. Constante aprendizado

Desta vez não me sentia abalada. Voltava para casa tranquila, pensando no ocorrido com o meu confessor. Tão mergulhada estava nos meus pensamentos, que falava comigo mesma sem me dar por isso. – "Por que é covarde? – perguntava a mim mesma. – Não percebe que tudo se arranja? Que é esse homem? Para mim é um gigante, pela sua sabedoria e pela sua alta hierarquia social. E, que é um gigante ante um manancial de sentimento?... Esse homem, tão respeitado por todas as classes sociais, é, não obstante essas qualidades, uma armadura oca. Se o vazio existisse e se pudesse dividir, ele seria uma fração do vazio, porque um sábio sem sentimento é uma flor sem aroma".

Continuando a falar comigo mesma, acelerei o passo. Quando cheguei em casa é que percebi que havia deixado meus irmãos muito atrás. Saí de novo ao encontro deles. Meu irmão mais velho repreendeu-me docemente e eu desculpei--me por ter-me adiantado. Estava entregue totalmente às minhas reflexões...

Aproveitei o ensejo e contei-lhes a conversa que tivera com o meu confessor. Pedi que o deixassem entrar quando ele me procurasse. Dirigia-me, principalmente, a Benjamim. Este fez um gesto de desagrado e retirou-se apressado, resmungando.

Eu não desejava naqueles momentos senão ficar só, porque ninguém me compreendia. Somente os meus pensamentos respondiam de conformidade com os meus desejos, e travava comigo mesma o seguinte diálogo: "Vencer ou ser vencida? Que importa, eu quero vencer, não para aniquilar o colosso, mas para dar mais luz à minha inteligência. Quero demonstrar ao meu confessor que a minha religião é a verdadeira. Quero provar-lhe com fatos que no reino de Deus não existem pobres de espírito, mas almas embriagadas pelo amor divino. Quero dizer-lhe que não me resta a menor dúvida de que a posteridade não falará bem de mim; que uns me caluniarão sem compaixão, que outros me conferirão virtudes e santidades que estou longe de possuir. Sabemos que a mentira é danosa tanto no sentido adverso como no sentido favorável, porque é sempre mentira. E santidade embasada na mentira é como obra assentada sobre areia movediça. A verdade é a única coisa que resiste ao passar dos séculos e ao embate das mentiras humanas. Vou lhe dizer que o meu Deus é a verdade irradiando da natureza.

A esperança de conversar muito com o meu confessor fez-me ficar contente. Eu reconhecia o seu indiscutível talento. Tinha me dado provas dele na acusação que formulara contra mim, num trabalho louvável, em que não se sabia o que mais admirar, se a forma, se o fundo.

E, se uma obra cimentada na calúnia valia tanto, o que não seria quando aquele homem escrevesse sobre bases mais sólidas? Os seus escritos poderiam ser a salvação de um mundo, e era isso o que eu queria: dar um novo defensor à causa da verdade suprema.

Como a minha alegria se exteriorizava rapidamente, a pena corria veloz sobre o papel, saudando a alvorada de um novo dia, o dia da vitória que eu esperava conseguir, levando um dos homens mais inteligentes daquela época a reconhecer o seu erro.

Uma manhã, estava eu no quarto pondo em ordem os meus trabalhos, quando senti passos, que logo vi serem de Maria, pela maneira suave de bater à porta. As suas pancadinhas causaram-me estranheza, porque tanto ela como Marta tinham entrada franca em meus aposentos. Aquela transformação na menina até me contrariou, porque estava acostumada a vê-la qual mariposa, pairando em torno de mim. Silenciosamente, entrava e saía sem me incomodar, desaparecendo rápida, como desaparecem as ilusões do outono da vida.

– Pode entrar – disse eu com impaciência.

Maria entrou e, atirando-se em meus braços, exclamou:

– Sou muito desgraçada! – e chorava desconsoladamente.

Não podia ter vindo em pior ocasião contar-me suas mágoas, porque o meu pensamento estava distante das misérias humanas. Mas, como eu a estimava muito, dominei o meu primeiro impulso de contrariedade e disse-lhe:

– Que tem? Que se passa com você? Conte-me tudo.

– Ah! senhora! Já faz muito tempo que estou em sua casa. Tirou-me, é verdade, de um inferno, onde a miséria e os maus tratos eram o meu único patrimônio. Mas, ai, embora ninguém me tenha tratado mal aqui e, pelo contrário, eu tenha tido alimento em abundância e roupa suficiente, ninguém me dá importância. Trabalho o quanto posso, mas ninguém me diz se está contente comigo. Este isolamento me desespera. Por isso, quero ir embora daqui.

Fizeram-me muito mal as palavras de Maria, e fizeram porque ela queixava-se com razão. Era eu a pessoa que mais devia olhar por ela. E eu era a primeira que não reparava nos seus trabalhos, embora no fundo lhe quisesse muito e me comprouvesse em vê-la crescer, transformando-se lentamente de criança em mulher.

– É muito ingrata – disse-lhe. – Você está me acusando, quando sabe o muito que lhe quero bem e o que sofri por sua causa.

– Não o nego. Mas a senhora também não me poderá negar que o pão que tenho ganho aqui tem sido com o suor do meu rosto, e que o meu trabalho não tem sido visto e muito menos apreciado. Já estou cansada de tanta indiferença.

– Pelo que vejo, você quer tornar-se independente, mas ainda não é hora, Maria, ainda não é hora. Eu, realmente, não tenho me ocupado tanto de você, mas por ser ainda uma flor em botão, tenho-a deixado crescer e viver. Se tem trabalhado, é porque todos temos obrigação de trabalhar. Julga que a tenho esquecido e está enganada. Vem dizer-me que já não precisa de mim, que é suficientemente forte... Ah! quantas lutas a aguardam se me deixar! Se partir, vai me causar um grande desgosto. Julga que não a estimo porque não repito isso sempre? Não busque a palavra, observe os fatos. Pensa que, se eu a visse em perigo, iria abandoná-la? Diga-me: está enamorada? Se assim é, eu apadrinharei a sua boda. Quer ser religiosa? Vou conduzi-la aonde seja bem tratada.

– Tudo quanto me diz é inútil. Minha resolução está tomada.

– Sinto muito por você e por mim. É tão criança como no dia em que a recolhi, mas eu não quero escravos junto de mim. Poderia retê-la a meu lado, porque tenho poder para isso. Mas, se quer ir, vá.

Maria olhou-me fixamente e disse com amarga ironia: – Todo mundo diz que é muito boa e eu direi a seu tempo o que é. Sim, direi que na sua casa ganhei o pão com o suor do meu rosto e que a senhora nada me deu; que entrei aqui julgando ser alvo de alguma atenção e só encontrei na senhora a indiferença e o esquecimento.

Não soube o que lhe responder e Maria saiu do meu quarto. O ruído de seus passos ressoava em meu coração. Compreendi que a menina, em parte, queixava-se com razão. Olhando, constantemente, para o céu, eu esquecia-me dos pobres seres da terra. E aqueles que parecem mais insignificantes costumam encerrar um grande coração. Eu tinha feito muito por Maria, é verdade, mas não tinha feito o bastante.

Profundamente preocupada, chamei Marta. Ela havia envelhecido muito em pouco tempo. Ao ver-me, quis me beijar as mãos, o que impedi, fazendo-a sentar. Contei-lhe o que tinha dito Maria.

– Não estranhe, senhora. A mocidade é assim mesmo, caprichosa e ingrata. Na sua idade, talvez eu tivesse feito o mesmo.

– Então, Marta, você aprova o procedimento de Maria?

– Não o aprovo, nem condeno, porque tudo isso é fruto das circunstâncias. Devo dizer-lhe que sua casa é *plena* de comodidades, mas nota-se nela um *vazio* moral extraordinário. Aqui não há o calor da alma. A senhora distribui muita vida lá fora, gasta todo o seu tempo com os estranhos, mas, quanto aos seus criados, aqueles que a viram nascer, nem sequer os olha uma vez por ano.

– Bem sabe que não estou na minha casa, estou na de meu irmão, e sou obrigada a respeitar as regras que ele estabelece.

– Para o coração que sente não há regras a obedecer, senhora. É muito boa, tem feito neste mundo muitas obras de caridade, cuja prova está em mim mesma. Contudo, nunca deu um passo para encurtar a distância que a separa dos seus criados. O orgulho de raça fala mais alto que as suas virtudes, apesar de serem muitas.

– Quê! Mas também você se queixa de mim?!

– Não, senhora. Nós, os velhos, somos mais indulgentes, não por virtude, mas por necessidade. Eu também, aqui, tenho frio na alma, mas se perdesse o seu amparo, onde iriam querer-me? Em parte alguma, porque os velhos são móveis inúteis, árvores secas que jamais brotarão de novo. Eu não vou abandoná-la, não se preocupe, mas... também sinto o frio do abandono na alma.

– Minha boa Marta, acaba de me dar uma lição muito proveitosa. Prometo-lhe que, doravante, propiciarei mais calor em meu lar.

Logo que ela virou as costas para se retirar, lembrei-me, subitamente, da queda que ela tivera na rua, quando eu passava em direção à prisão, e eu... mais que ingrata, tinha esquecido por completo aquele fato.

– Venha cá, Marta – disse-lhe então –, venha, lembro-me agora que caiu ao chão por minha causa. Feriu-se muito?

– Um pouco. Feri a cabeça.

Efetivamente, ainda tinha a ferida aberta. Tremendo de vergonha, impus-lhe a mão nas bordas da ferida e dali a pouco disse ela:

– Benditas sejam as suas mãos! Parece que tiraram-me metade das dores!

Com quanta vontade curei a pobre Marta... Pensei nos operários que me chamavam *mãe* e murmurei com desalento: – A julgar pelas aparências, lá eu me desvelo para que eles nada sofram, enquanto na minha casa, não dou atenção à infeliz mulher que, por minha causa, foi arrojada ao chão, machucando-se. E eu havia assistido à cena do choque com o chão duro. Eu também era ingrata, meu Deus!... Quão lentamente se progride!... E eu passava por boa!... Oh! Quanto eu estava longe sê-lo!...

Marta retirou-se muito satisfeita por já não lhe doer a ferida, e eu saí logo atrás, fugindo de mim mesma. Num largo corredor deparei com uma velhinha fazendo meia, à qual perguntei por meus irmãos. Ela deixou seu afazer, levantando-se o mais depressa que pôde, e respondeu temerosa: – Senhora, eu nunca falo com os patrões. Talvez os criados possam lhe dizer, porque só eles falam com seus amos... eu não!

– Há muito tempo que está em nossa casa?

– Fui ama de seu pai e a vi nascer. Sua santa mãe estimava-me muito e a confiava a mim para que a embalasse no berço. Era, então, tão travessa e birrenta, que eu passava noites inteiras com a senhora nos braços, para que a sua mãe pudesse dormir. Era muito chorona...

– E por que não me contou essas coisas há mais tempo? Por que já não se acercou de mim?...

– Ah! senhora, não é possível. Existe grande distância entre os senhores e seus servidores. Se sua santa mãe ainda vivesse seria diferente, porque ela me queria muito. Quando ela faltou, pôs-se o sol para mim, porque seu pai não se importava com os criados e seu irmão mais velho ainda menos. Não nos falta o que comer, isso não, mas falta-nos o carinho, embora eu não me possa queixar muito, pois todos os demais criados me chamam de avozinha e me tratam como tal. Tenho tanto amor a esta casa que podia ter-me casado e não casei, para não deixar sua mãe. Teria que ir para muito longe e preferi ficar, para fazê-la dormir nos meus braços.

– E agora, não deseja outra coisa senão viver aqui?

– Desejo outra coisa. Não gostaria de morrer sem estreitá-la ainda uma vez nos braços, como quando era pequenina.

Ela ainda não tinha terminado a frase, e estreitei-a contra o meu coração, dizendo: – Venha, venha para o meu quarto e farte-se de me chamar como quiser.

Com uma agilidade incomum para a sua idade, seguiu-me a pobre velha. Quando entrou no meu aposento, abraçou-me com um entusiasmo fora do comum, dizendo: – Minha filha! Minha filha!... que seja tão boa como foi sua mãe.

Muito me comoveram suas demonstrações de amor e carinho. Dona de uma memória prodigiosa, referiu-se aos meus brinquedos infantis e às minhas travessuras.

A pobre velhinha aproveitava com afã aqueles momentos de expansão, esperados por tantos anos! Deixei-a falar à vontade e, à minha vez, perguntei-lhe como vivia a criadagem.

– Vivem bem – disse-me ela –, porque a maioria deles é escrava de alma. São gratos como eu.

– Daqui em diante viverá melhor. Trocaremos os papéis quando for necessário. Você velou o meu sono no berço e eu velarei o seu, quando a dor prostrá-la no leito. Nunca é tarde para se fazer o bem e cumprir cada um com o seu dever.

A velhinha retirou-se, não cabendo em si de satisfação, e eu também fiquei muito contente comigo mesma.

Saí um pouco para passear e encontrei Benjamim, que me disse secamente:

– Insiste em receber o seu confessor?

– Sim.

– E por que essa mudança em relação a esse padre? Perco-me num mar de conjecturas, para ver se descubro a causa. Já esqueceu suas infâmias? Não se recorda que, se não fosse eu, ainda estaria naquele calabouço, negro e infecto como a consciência dos seus juízes?

– Nada esqueço, Benjamim. Sei o muito que lhe devo, mas ouça-me: lembra-se daquele sonho que teve quando se viu rolando por um abismo?

– Lembro-me. E o que tem isso?

– Lembra-se que eu dizia que o odiava e você me pediu perdão, jurando que seria o mais fiel dos meus servidores?

– Deixemos de sonhos. Eu só sei que odeio o seu confessor, porque é um miserável, porque formulou contra você a mais iníqua e infame das acusações. Sem o menor remorso eu o mataria e sentiria imenso prazer ao vê-lo morrer.

– Não, Benjamim. Não fale de ódios nem de morte. Você não pode calcular quantos mistérios se ocultam na história humana. Não creia que cada indivíduo seja independente dos demais. Existe, às vezes, um parentesco muito estreito entre dois rivais irreconciliáveis.

– O diabo que entenda você.

– Bem, por ora procure entender o que lhe digo e não faça nada contra o meu confessor, entende?

– Entendo-a de sobra, mas não a quero entender.

– Pois eu lhe digo que deve respeitá-lo. Não diz que me estima?

– Com delírio! Com loucura! Com idolatria!

– Pois então respeite a minha vontade.

Continuei esperando o meu confessor, mas ele não vinha. Visitei as obras do convento na esperança de encontrá-lo, mas sempre quando eu chegava, ele já se havia retirado. Fugiria de mim? Quem sabe!...

Uma manhã recebi um escrito com uma ordem do delegado do papa para que, imediatamente, me dirigisse à corte, acompanhada por meus irmãos. Estes surpreenderam-se, mas depressa nos pusemos todos a caminho.

Meu irmão mais velho ia preocupado e muito aborrecido, porque detestava veementemente a corte. Quanto a Benjamim, julgava-se humilhado obedecendo a ordens religiosas. O primeiro, dando largas ao seu aborrecimento, dizia: – Pesa sobre nós uma mão invisível que nunca nos deixará em paz. Deus sabe se vamos dar com os ossos no catre eclesiástico.

– Ah! isso não – gritava Benjamim. – Antes a morte.

Eu ria dos seus temores e ia perfeitamente tranquila, tanto que, quando pisamos as ruas da corte, escorreguei e caí quando me apeei do animal. Aquele percalço sem importância fez com que eu risse mais ainda. Benjamim estava furioso com a minha hilaridade e só se acalmou quando deparou com um companheiro seu que lhe disse:

– Estou aqui por ordem superior para conduzi-los ao seu alojamento.

Continuamos por um trecho curto e entramos numa casa antiquíssima, onde cruzamos grandes pátios até chegar a uma larga escadaria. Subimos, deparando-nos, no alto, com um senhor ricamente vestido, cercado por grande número de criados com tochas acesas. Não pudemos conter um grito de júbilo quando vislumbramos o personagem que nos saía ao encontro: era o meu poderoso protetor, o amigo íntimo de meu pai.

Não pude, então, deixar de olhar meus irmãos, expressivamente, e dizer:

– Os seus temores eram infundados, veem?

Como os dois me queriam muito, renderam-se à discrição, dizendo-me ternamente:

– Que quer? Temos receio de perdê-la!...

52. Rodeada pela hipocrisia

O amigo de nosso pai recebeu-nos com as atenções próprias de um homem de grandes sentimentos. Recordando o seu velho amigo, disse a meus irmãos que descansassem como se estivessem em suas casas, pois que nenhum perigo nos ameaçava. Como seus afazeres eram muitos, iria deixar-nos a sós por alguns dias. Que descansássemos, pois logo iríamos acompanhá-lo em certos atos, nos quais, a seu ver, fazia muita falta a nossa presença.

Passaram-se alguns dias e meus irmãos já estavam aborrecidíssimos. O mais velho estava acostumado a uma posição de senhor feudal, de independência, e o bulício da corte enfastiava-o. Benjamim também apreciava mais os prazeres da casa senhorial, suas excursões às montanhas e sua liberdade de ação. Eu era a que estava mais satisfeita dos três. Tinha em perspectiva novos e ignorados acontecimentos, e o meu caráter aventureiro gozava as sensações do desconhecido. Além do mais, meu protetor tratava-nos como se fôssemos príncipes da casa real. Desde as comidas, tudo era luxo, numa casa verdadeiramente suntuosa.

Enfim, uma manhã ele nos chamou ao seu gabinete. Anunciava que naquela tarde iríamos com ele a um banquete quase familiar, reunião íntima onde eu encontraria antigos amigos. Dirigiu-se a nós três dizendo: – Recomendo que não devem se impressionar com o que virem, porque as impressões nunca foram boas conselheiras. O que vale no contínuo combate da vida é o preparo para se saber resistir. A resistência é a válvula de segurança à disposição do homem para fazer frente aos grandes perigos.

Abraçou meus irmãos como se fossem seus filhos e prosseguiu:

– A tormenta formou-se sobre vocês, não há dúvida, mas saberemos resistir a ela, e resistir é vencer. Vejo, Benjamim, que as minhas palavras não merecem a sua aprovação.

– Não se admire, senhor. É porque não estou no meu meio. Acostumado entre os meus companheiros nobres e francos, a hipocrisia religiosa irrita-me, indigna-me, enfurece-me, porque eu não sei lutar na treva. Mato em boa lida, em campo aberto, apresentando o peito com lealdade.

– A hipocrisia religiosa também me irrita e de bom grado degolaria a víbora venenosa, mas... não é possível, por ora. Que não se impacientem, porém, os homens de armas, porque há tempo para tudo. Talvez não esteja longe o dia em que, distantes da pátria, possam os seus espíritos guerreiros matar e morrer com glória. Alegre-se, Benjamim, que talvez, antes do que pensa, dê um adeus à família.

Benjamim começou logo a preocupar-se com a possibilidade de embarcar prontamente, pois se, por um lado, o desejava, por outro sentia ter de separar-se de mim, porque, segundo ele, eu vivia rodeada de perigosos inimigos. Odiava o clero com toda a energia da sua alma. Parecia que pisava fogo quando se via cercado de sacerdotes.

Chegou a hora do aludido banquete. Era um belíssimo salão, onde o luxo rivalizava com a arte e o bom gosto. A mesa apresentava um aspecto deslumbrante, rodeada de magnatas, altas patentes do exército e dignidades eclesiásticas, entre as quais estava o meu confessor. O meu protetor presidiu a mesa, fazendo-me sentar à sua esquerda. À sua direita, o delegado do papa. Dirigiu-se, então, a todos com frases de carinho e afeto, rompendo a muralha de gelo que se interpõe sempre entre pessoas estranhas que se reúnem. Recomendou a franqueza e o esquecimento das posições sociais de cada um, e deu por iniciado o banquete, digno do oferente e dos convidados.

Rapidamente começou a reinar entre todos a satisfação própria de quem está em frente de uma boa mesa, tal como nas viagens, em que se improvisam amizades. Todos mostravam bom humor, contido, como é natural, pelo freio da etiqueta social. Especialmente o meu confessor esteve amável, eloquente. Era oportuno nas suas espirituosas pilhérias, e atento e expressivo comigo ao extremo. Quase todos os seus olhares e suas palavras foram para mim. Ele era, de fato, um homem tão galante e cortês que a dama mais exigente ficaria lisonjeada com seu tratamento. Assim eu recebi a sua adulação. Admiradora do talento, apreciava naquele homem as suas excepcionais qualidades e os seus vastos conhecimentos. Lamentava somente que aquela inteligência tão desenvolvida estivesse a serviço de uma Igreja tão pequena.

O meu protetor foi quem iniciou as saudações. Dirigindo-se a todos fez uma franca exposição das suas ideias, que eram bastante adiantadas. Em seguida, brindou à saúde e tranquilidade dos seus contemporâneos, incluindo todos os elementos do país. Condenou a guerra por ser a ruína dos povos e terminou dizendo:

– Façam, sábios e bons, todo o bem que puderem. Aproximem-se dos pobres e os consolem com uma palavra de esperança, com o trabalho no bem, com o bom exemplo, e separem o joio do trigo. Fez um brinde ao exército, ao clero, ao rei e ao bem universal!

E cada qual foi brindando a alguma causa. O delegado do papa, que, para o seu elevado cargo, era demasiadamente curto de inteligência, limitou-se a dizer que, em primeiro lugar, era preciso aumentar os bens da Igreja. O seu brinde foi tão pobre, que desagradou a todos.

Levantou-se depois um bravo militar que fez um brinde com tanta altivez e decisão, que Benjamim não pôde conter o entusiasmo e acompanhou-o.

Quando todos terminaram, disse o meu protetor:

– É meu desejo que a palavra seja dada agora a esta mulher. Oxalá houvesse muitas iguais a ela disseminadas por entre o povo da Espanha. Ela é da têmpera dos heróis, uma vontade de aço que não se dobra nem se rompe. Conheci-a quase menina e vi-a crescer. Ela sentia profundamente quando eu menosprezava os seus escritos, seus primeiros ensaios literários – e voltando-se para mim: – Creio que já me perdoou, não é verdade?

– Ah! senhor, não tenha dúvida! Minha gratidão pelo senhor é imensa.

– Assim creio e por isso quero que faça a sua saudação com a máxima franqueza, porque está entre amigos. Fale.

Todos juntaram os seus rogos aos do meu protetor, formando-se em torno de mim uma atmosfera de expectativa. E não era para menos, eu estava ali quase na frente do tribunal que, anteriormente, havia me julgado! Confesso que estremeci. Ia falar entre sábios e inimigos, e falar... não sabia o quê. Mas reanimei-me e disse assim:

– Senhores, são todos muito bons para mim, particularmente o senhor – dirigido-me ao meu protetor –, porque devo-lhe o amor ao estudo e o conhecimento da nossa formosa língua. Quanto sou e quanto valho é obra sua, por isso a minha gratidão será eterna. Entre os meus muitos defeitos figura o meu modo incorreto de me expressar. Não sei falar. Apenas penso e escrevo. Não possuo o dom de improvisar e por isso, senhores, eu lhes prometo fazê-los partícipes das minhas impressões deste dia, enviando a cada um a cópia do que escreverei amanhã. Por hoje vou dizer-lhes apenas que todos os povos podem ser grandes se os grandes souberem fazer povos, e todos os povos podem ser religiosos se os religiosos souberem amar e proteger o povo. Tenho ouvido lamentos profundos, gemidos espantosos. Quem serão os culpados disso? Não sei. É muito fácil consolar um pobre. Damos-lhe pão e albergue, e ele se dá por satisfeito. Mas a esmola degrada e avilta. O que é preciso é dar trabalho ao miserável. Bendito o trabalho que dignifica o homem! Quanto mais a miséria se desenvolve, mais se despreza o trabalho, e é preciso combater a preguiça do faminto e a indolência do ignorante. É preciso fazer com que o homem se acostume ao trabalho. Tenho estudado esse tema; no trato com os trabalhadores, tenho visto homens famintos e andrajosos tomarem a picareta, mas, diante da aspereza do trabalho, no fim de pouco tempo, sentar-se exclamando desanimados: – *É quase preferível não comer do que a gente acabar-se trabalhando tanto*! E se a estes homens, em lugar de recriminá-los duramente, dissermos: – *Descanse um pouco e depois recomece. Verá como, sem se aperceber, o trabalho revigora seus músculos. Pense na segurança de um salário assegurado por muito tempo, que acabará por afeiçoar-se ao trabalho.* E quantos preguiçosos se tornam ativos, se são tolerados e se compadece de sua ignorância! Eu tenho visto a dignificação de muitos obreiros e pressinto que as leis sobre o trabalho engrandecerão muito o nosso estado social. Por isso, anseio por dias de independência para a minha pátria, dias de abundância para a minha amada Espanha.

Como é horrível ver um povo envilecido pela miséria! Propiciemos trabalho para o corpo e instrução para a alma, e teremos homens e mulheres entusiastas, consagrados ao bem dos seus semelhantes. Eu estou disposta a seguir as pegadas do redentor que nos dizia: *a Terra será um paraíso quando todos forem limpos de coração*. Desejo seguir os seus passos dando pão aos famintos e saúde aos enfermos.

– Isso não, isso não! – disseram alguns padres.

– Bem – disse o meu protetor –, não tomem a *letra* pelo *espírito*. Tenham mais moderação; ela se refere aos males morais.

– Eu também tenho curado males do corpo.

– Você curou os que tinham fé, entende? – disse o meu protetor, olhando-me significativamente.

– Sim, senhor, tem razão. Tenho curado os que têm fé e continuarei a curá-los, porque sou escrava das minhas ideias e não me cansarei de fazer todo o bem possível. Darei pão ao pobre, proporcionando-lhe trabalho.

– Sabemos disso perfeitamente – disse o meu protetor. – Já há tempos que faz como diz, mas, de tanto bem que deseja fazer, acaba fazendo mal. Até o rei já soube que praticava curas, e uma mulher não pode fazer isso, salvo se estiver possuída pelo demônio. Como religiosa, você depende da Igreja; como nobre, depende da nobreza. Assim, é necessário que tenha cuidado, pois quem quer andar por atalhos não aproveita o tempo nem o trabalho. Console os pobres, pois já parece que pertence a eles, tão identificada está com as suas necessidades. Dê-lhes trabalho, que para isso vamos ajudá-la, e quanto ao mais, mãos quietas e boca tapada, para evitar boatos e falsos juízos.

Meu protetor levantou-se e os demais convidados formaram diversos grupos, em cada um dos quais se falava acaloradamente. Os padres não ocultavam a sua má vontade comigo. Olhavam-me com desprezo, porque meu discurso deixou-os indignados. Apesar de não tê-los ofendido, eu não tivera uma frase sequer que corroborasse as suas mentiras. Mas ficava claro que a minha religião era a do redentor e que a deles era a pagã, com a única diferença de terem colocado virgens e santos nos altares, onde antes estavam os deuses, excluindo por completo o Deus verdadeiro.

Notei que o meu confessor não conversava com os seus e aproximei-me dele:

– Por que não me tem visitado?

– Não tenho tido tempo disponível; além disso, você não precisa confessar-se. Acaba de confessar-se publicamente e foi bastante explícita.

– Não, padre, tenho minhas dúvidas e preciso do senhor.

As minhas últimas palavras fizeram com que o meu protetor me dissesse sorrindo: – Venha, mulher, eu quero que se confesse comigo.

O meu confessor mordeu os lábios, dissimulando o melhor que pôde a sua contrariedade, e eu segui para outro salão acompanhada do meu protetor. Sentamo-nos em ricas poltronas, dizendo-me o amigo de meu pai:

– Falou bem, mas falou demais, e pecou pela franqueza exagerada, como sempre. É preciso ocultar três quartas partes do que se sente, e dividir ainda a parte restante em quatro quantidades, entregando ao domínio público apenas uma dessas quantidades. Eis a verdadeira ciência de viver.

– Bem sei, senhor, mas eu sou assim. Reconheço que se usasse da hipocrisia todos me estimariam e creio até que me chamariam santa.

– Disso tenho certeza. Se não em vida, mas depois que morrer, atrevo-me a dizer que irão canonizá-la, embora tal santidade lhe custe em vida muitos sofrimentos. Recomendo-lhe, sobretudo, que não faça mais curas, pois são elas o cavalo de batalha. Não quero que destrua por um lado o que eu, com tanto trabalho, construo por outro. Ama a liberdade? Pois procure não perdê-la.

Naquele momento entrava Benjamim todo apressado. Seu comandante chamara-o com toda a urgência, pois tinha de embarcar para muito longe. Abraçou-me chorando como uma criança, e o meu protetor disse-lhe: – Vá tranquilo, que sua irmã ficará muito bem guardada.

– Como poderia, pensando nos perigos que ela corre?

– Por ora nada há a temer. Principia para sua irmã uma era de triunfos. Como viu hoje, começa-se a pisar em bom terreno. Atrás deste banquete, que podemos chamar familiar, virá uma solenidade literária precedida de outro grande banquete. O rei em pessoa lá estará, e todos os talentos da corte tomarão parte na festa com recitativos. Neste encontro, quero que a minha discípula figure em primeiro lugar. Como estes torneios de talento precisam de preparo prévio, sua irmã disporá de um aposento apropriado a despertar-lhe o amor ao estudo e o entusiasmo pela boa literatura. Venha e irá convencer-se.

Realmente, cruzamos os três muitas e luxuosas salas, até chegarmos a uma onde havia livros, aves e flores, uma grande mesa para escrever, com papel, pena e um artístico tinteiro. O local era uma verdadeira maravilha de arte. Todas essas belezas eram iluminadas pelos raios do sol que atravessavam os cortinados brancos. Uma grande sacada permitia divisar um jardim, notadamente concebido com arte e bom gosto.

Benjamim, ao ver-me naquele retiro encantador, amenizou a sua tristeza. Abraçou-me de novo e disse-me: – Não se esqueça. Na hora do perigo, chame-me, que ao chamado da sua alma eu acudirei. Se não puder de corpo presente, meu espírito estará com você.

Quando fiquei só, quis coordenar os meus pensamentos, mas não pude. Havia recebido tantas e tão variadas impressões!... Sentia também a ausência de Benjamim; ele ia para tão longe!... Os conselhos do meu protetor eram bons, mas inúteis para mim. Ensinavam-me a hipocrisia, e esse sentimento não estava em mim. Comecei a lembrar de todos os padres e senti asco e repulsão por todos eles. Depois, olhei para mim mesma e os meus trajes causaram-me inexplicável desgosto. Desalentada, deixei-me cair num leito macio do aposento.

O crepúsculo vespertino cobriu todos os objetos do meu quarto com um manto de sombra indecisa. Adormeci, mesmo sem haver trocado de roupa. Tive sonhos horrorosos. Vi-me perseguida por muitos homens de quem não pude ver os rostos. Saltei abismos, escalei montanhas, afoguei-me num mar agitado, cujas ondas me jogavam, como o vento com as folhas secas. Por fim, despertei. Encontrei sobre minha mesa uma preciosa lamparina acesa. Pelo silêncio que reinava compreendi que era muito tarde e despi-me ansiosa de encontrar repouso, porque estava muito perturbada. Deitei-me, e tão cansada estava que, depressa, meu corpo ficou inerte, enquanto a minha alma seguia para a sua eterna luta.

Tive a impressão que sempre tinha ao separar-me do corpo e, coisa estranha, elevei-me com muita dificuldade, porque comigo ia outro corpo idêntico ao que tinha deixado no leito.

– Como é isto? – perguntei angustiada. – Como pode ir comigo outro corpo?

Ouvi, então, uma voz que dizia: – Não sabia? Tem dois corpos: um fica na Terra e o outro a acompanha.

– Como? E não subirei ao céu?

– Não! Quem tem caprichos, quem despreza o envoltório que lhe facilita poder trabalhar no seu adiantamento, é justo que compreenda que tudo tem seu valor e que não há corpos desprezíveis, pois todos são instrumentos de inestimável valor.

– E como poderei ir ao céu com este estorvo?

– Não foi à fonte? Ali não bebeu água?

– Sim, fui e bebi. E como bebi?... com o espírito ou com o corpo?

– Você pode dizer.

– Bebi com o espírito, pois daquela fonte manava a água da vida, a água da redenção. E eu era mais feliz que agora, porque não via o meu corpo. Hoje, este me estorva, porque não posso subir para ver o amor dos meus amores.

Então vi, entre nuvens luminosas, o homem-deus. Estava melancólico e olhava-me com imensa compaixão. Eu queria chegar até ele, mas não podia. E ele me disse com tristeza:

– Como se apresenta! Como está abatida!...

– É que meu corpo me pesa.

– Estorva-lhe esse corpo? Pois olhe, olhe para os outros.

Pude ver, então, vir até a mim um corpo de mulher muito formoso, mas alquebrado, com os sinais do vício e da enfermidade, companheira inseparável do abuso. Como me pareceu asquerosa aquela mulher!

– Não lhe agrada? – perguntou-me ele. – Não gosta desse corpo que foi tão bonito? Pois veja outros.

E vi muitos outros corpos defeituosos e repugnantes, cujos semblantes exprimiam a inferioridade da alma.

– Piedade, senhor! Eu não quero ver esses corpos tão feios e desprezíveis.

– Pois eles pertenceram a você no passado. São os corpos que manchou e que lhe serviram para despedaçar outros, vítimas da sua desenfreada maneira de viver. Não quer o corpo de agora? Pois olhe o seu passado, alma vaidosa! Reconheça a sua miséria!...

– Ah! senhor, reconheço o meu erro e quero tornar-me grande, mas para isso preciso do senhor! Leve-me por um instante!

– Venha!...

A sua voz daquela vez foi tão potente, a sua ordem tão distinta de outras vezes, que tudo à minha volta experimentou um movimento brusco. Senti como se me arrancassem a carne e, já sem peso algum, flutuei no espaço, subindo sempre. Vi os mundos girarem nas suas órbitas, e depois entrei num mar de intensa luz, onde vi uma ilha forrada das mais belas flores. Mais ao longe outras e mais outras. Ele me indicava o caminho com a sua destra luminosa e no fim de certo tempo pareceu-me que todos voavam, exceto eu. Eu não podia voar.

– Onde está o céu, senhor! Onde está o céu?...

– Não há outro céu senão a perfeição do próprio espírito.

Depois... depois... o amado da minha alma deteve-se, olhou-me tristemente, e eu lhe disse:

– Não quero separar-me do senhor, quero ver eternamente o seu espírito.

– O meu espírito – disse ele com uma voz que foi repetida pelo eco – você ainda não viu. Viu o homem, simplesmente o homem. Para ver o espírito milhões de séculos terão de passar. Olhe, então, o homem.

E o amado da minha alma afastou-se e começou a converter-se de jovem num velho, sob uma abóbada de arco-íris, cujas franjas luminosas formavam como que um arco triunfal em cuja fachada se lia: *Perdoo-a!...*

O ancião olhava-me com uma doce melancolia, e eu lhe perguntei:

– Quando deixarei de ver o homem para contemplar o seu espírito?

E o ancião respondeu, afastando-se lentamente sobre montanhas luminosas:

– Quando, pelos seus esforços, todos os elementos que a rodeiam estiverem em completa harmonia. Então, virá para mim. Só então ambos viveremos na luz...

53. O torneio literário

Passados aqueles momentos agitados de sonhos, audições e vidências, fiquei relativamente tranquila. Digo relativamente, porque quando se atua num círculo relativamente pequeno, não há tanto receio de se atuar mal, e é pouco provável que exista alguém que nos censure com base. Mas quando se pensa em trabalhos de mais importância, é muito diferente. Para fazer o bem basta a boa vontade, mas para se tomar parte num torneio de talento é necessário possuir vastos conhecimentos e saber imprimir valor ao que nos sai dos lábios. Por isso me assaltou um medo terrível, medo que jamais havia sentido. Eu queria brilhar, mas... teria condições?

Olhava para os livros que me rodeavam, folheava-os com agitação febril e não sabia que assunto escolher. Naquela hora era preciso fazer vibrar o talento e não o coração, para demonstrar ao meu protetor que eu tinha aproveitado as suas lições, apesar de tão esporádicas.

Eu queria vencer os demais poetas e escritores que iam tomar parte na festa literária. Com o impulso do sentimento escreve-se facilmente, mas como naquela ocasião memorável não era o sentimento o que me dominava, minha pena não corria como de outras vezes. Pelo contrário, escrevia muito lentamente, e o resultado não me agradava. Era escrever e rasgar, fazer e desfazer. Finalmente, depois de muito esforço, satisfiz a minha vaidade de escritora e de mulher. Tive então desejos de ouvir a autorizada opinião do meu protetor. Iria querer ouvir-me? Quem sabe! Eram tantos os seus afazeres! A sua vida era tão agitada! A sua opinião, porém, valia tanto, que teimei em querer sabê-la.

Que diferença quando da primeira vez que o vi! Quando o conheci, seu desprezo feriu-me profundamente! E anos depois, ali estava eu... Mas agora, para encontrá-lo e para ler para ele o meu trabalho, teria cruzado a Terra como um devoto penitente, sofrendo os rigores da fome e da fadiga. Felizmente, não foi preciso ir tão longe. Solicitei a ele que marcasse dia e hora para vê-lo, e ele concedeu-me permissão imediatamente.

Quando entrei em seu gabinete ia tremendo. Saiu ele ao meu encontro, fez-me sentar e perguntou-me carinhosamente: – Que quer?

– Mostrar-lhe o meu trabalho.

– E quer que o corrija, se for necessário?

– Sim, senhor. Vim para isso.

– Pois leia, e leia sem receio.

Meu trabalho constava de boa prosa e versos bastante sonoros. Concluída a leitura, como ele nada me dissesse, perguntei:

– Que lhe parece?

– Há algumas incorreções, mas somente na forma; o fundo é impecável. Seu trabalho está bom, despertou as minhas mais doces lembranças...

Ao ouvir o seu voto de aprovação, não me contive de contentamento e pedi-lhe permissão para abraçá-lo.

– Abrace-me, minha filha. Faça de conta que sou o seu pai. Vê? A sua alegria de agora é o fruto dos aborrecimentos do passado. Lembra-se de quando nos indispusemos? Sim, porque eu também me aborreci com você, por me dizer o que ninguém me tinha dito ainda. Rejubilemo-nos, pois que daqueles espinhos brotaram estas flores.

– Acha, então, que não irão rir de mim? Que não cairei no ridículo?...

– Não, se bem que... lembro-me agora, há um escritor, um poeta que acha defeitos em tudo, principalmente nos trabalhos das mulheres. Para com elas a sua crítica é mordaz, chegando às raias da crueldade. Pedirei a ele que a poupe.

Preocupou-me muito a lembrança do meu protetor. Tive receio do escritor satírico, que poderia ridicularizar-me. Seria obra de meu confessor? Seria mandado pelo delegado do papa?... Porque eu bem sabia que me criticavam muito, por não pautar-me de acordo com os preceitos da vida monástica, e tive dúvidas e receios, porque uma coisa é lutar com ignorantes e outra, com intelectuais.

Muito apreensiva estava, copiando e corrigindo o meu trabalho, quando me anunciaram a visita daquela senhora, por cujo intermédio tinham me restituído os meus escritos. A senhora, ao ver-me, festejou muito o momento e encheu-me de elogios, a ponto de despertar-me a dúvida, porque lisonjas extemporâneas encerram, não raro, o germe de uma traição.

Depois de muitos rodeios, concluiu dizendo que tomava parte em uma festa literária dedicada ao rei, e que me trazia o seu trabalho para que eu desse o meu parecer.

Alegrei-me logo, porque podia confrontá-lo com o meu. Comecei a ler e achei-o extenso, interminável. E o pior era que ela tinha reunido fragmentos de outros escritos, e estavam tão mal coordenados, que uns estavam em contradição com outros. Não citava os nomes dos autores e culminava com juntar a uns versos vulgares, que mais pareciam de um pedinte, um escrito meu, delicado como uma sensitiva. Que baixeza! Que audácia! Que falta de vergonha! Diante de tanta desfaçatez, indignei-me e deixei patente o meu descontentamento. Ela mostrou-se aborrecida também e pude perceber que esse sentimento ser-me-ia prejudicial. Ela era, quem sabe, uma inimiga a temer. Então, suavizando a linguagem, fiz-lhe compreender que cairia no ridículo se não citasse os nomes de todos os autores dos trechos que compunham o seu trabalho. Alguns deles eram tão conhecidos, que até os meninos de rua os conheciam de cor. Ela, então, pediu para que eu organizasse o seu escrito como achasse melhor. Achava que isso não me pesaria tanto. Acedi com prazer, para pôr nome por nome em seu lugar, embora tivesse a convicção de que era um trabalho árduo para mim, principalmente porque dispunha de pouco tempo.

Trabalhei muito, e apesar de ter a mente ocupada, ainda me ficava a pergunta: – Quem me colocará em ridículo? Quem usará da sátira para comigo?...

Quis ver o meu confessor para saber se podia descobrir algo do que se tramava contra mim, e mandei chamá-lo com urgência. Quando chegou, percebia-se que estava muito contrariado. Disse-lhe, então:

– Preciso do senhor. Quero que seja meu confessor e meu amigo. Lembra-se do que lhe tenho dito? Está enfermo e eu quero curá-lo.

– Olhe – disse ele –, desde que a acusei parece que me tomou por objeto das suas troças, mas não se esqueça que pode pagar muito caro por isso. Chama-me *seu confessor* e isso é um título irrisório, pois nunca vai se confessar comigo – é demasiado vaidosa como mulher e como escritora. Faz valer a sua impunidade, porque hoje tem quem a proteja. Fique certa, porém, que vou acusá-la sempre pública e privadamente, porque os seus atos são contrários à religião. A seu tempo vou fazê-la sentir o meu poder.

– Não me assusta, padre, porque tenho a consciência tranquila. As minhas ações são todas dirigidas para o bem dos que sofrem e as minhas aspirações não podem ser mais doces nem mais puras. Eu sonho com uma vida formosa, na qual, tocando a harpa da virtude, todos serão felizes um dia. Eu quero dulcificar a vida, porque é o único meio de aprender a viver. Eu sonho com uma vida harmoniosa, na qual o trabalho e o descanso sejam moderados. O senhor acredita na tentação do gênio do mal e eu lhe digo que ele não existe, sei por mim. O que há é um espírito de amor, com o qual falo e que me aconselha a lutar, a trabalhar, a investigar, pois que sou ainda muito pequena. Eu nunca vi o diabo porque não odeio a ninguém, e se ele existisse e me falasse, ainda que tomasse a forma de Jesus Cristo, se me aconselhasse a odiar, eu saberia, e o desprezaria.

Eu creio em Jesus Cristo, mas creio nele belo, sorridente, sem sangue, sem horrores! Eu o vi envolto em belíssima túnica. Era luz, parecendo que carregava com ele todo o bem do mundo. Os seus olhos são dois enigmas eternos e não dizem: – *Adorem-me*! Eles dizem: – *Levante-se e ande*!... E ele me ensina o caminho porque também anda. Mas, ai, não o alcanço!... Corro atrás dele inutilmente, e quando me volto louca de amor e amizade, mais ele se afasta. Ao fazê-lo, vai se transformando de jovem em ancião. E vejo... longe... bem ao longe, uma montanha luminosa, coroada por múltiplos arcos-de-deus. No seu cume está ele, convertido no ancião. Tem os seus mesmos olhos, aqueles olhos que derramam vida, e me diz: – *Não se perturbe no decorrer dessa existência, e nunca se esqueça de que a perdoo*!... Diga-me, padre, quem é este ser que me perdoa? Será o diabo?... Não pode ser!

– Para que me pergunta, se sabe tudo?... Você é sábia, muito sábia! Teóloga, virtuosa, religiosa, escritora, oradora, e mentecapta também. Diz que não é o diabo que a inspira? Pois está errada, se pensa que é inspirada por Jesus. Ele disse que um dia ressuscitará, para conduzir os bons para a glória e os maus para os tormentos do inferno. E não percebe que é sobejamente ridículo ele se apresentar a você, quando Jesus ainda lamenta o martírio que sofreu?! Todas as suas inspirações são diabólicas e o diabo usa de tais atrativos, como se fosse o dedo cheio de mel, que se dá a mulheres vaidosas como você. Essa transformação de jovem em ancião é porque ele quer fazer-lhe crer que vê o Pai Eterno e que ele a perdoa.

– Padre, padre, o senhor delira.

– Oxalá fosse minha filha! Se assim fosse, seguiria os meus conselhos. Então, sim, seria uma glória da Igreja, porque tem faculdades para isso. É de se lamentar, e muito, que esteja endemoniada.

– Sim, já sei que me julga possuída pelo demônio e como tal me acusou, mas não conseguirá destruir o que vejo em meus sonhos e que não consegue compreender. Quem lhe disse que eu quero ser uma grande figura da Igreja?

– Sim, quer, a mim não engana.

– Não, padre, o que eu quero é fazer ver que não é o diabo que me inspira. Todos os confessores que tenho tido já se convenceram de que eu nunca menti.

– Muito bons devem ter sido os seus confessores!...

– Quer que eu lhe dê uma prova da influência do bem e do mal? Será que o diabo edifica templos? Se eu, por inspiração dele, levanto um templo para abrigar uma congregação religiosa, posso então concluir que vai-se morar numa casa levantada pelo diabo? Bem, se assim for, creio que não faço mal algum... O que quer a Igreja de mim? Diga-me o que ela quer, mas que não me tirem a liberdade de praticar o bem.

– Se não fosse tão exagerada em tudo, poderíamos fazer alguma coisa. Se quisesse penitenciar-se e obedecer, seria uma glória da Igreja, mas a sua teimosia vai custar-lhe a vida.

– Ah! Isso é o de menos, padre. Não me importa morrer, porque sei que viverei depois, como já vivi antes. Lembre-se, porém, que não poderei fazer muitos benefícios àquele que me assassinar.

– Ora! Também é vingativa?!... Eis o fruto dos ensinos do diabo!

– Engana-se, padre. É que me faz desesperar a ponto de cometer loucuras e dizer o que sou incapaz de sentir – e pensei: "Senhor! Por que a Igreja sustenta tantos ignorantes?..."

A discussão foi acalorada. Ele e eu estávamos deveras exaltados. Dirigi-lhe as mais duras recriminações e ele me chamava de bruxa, endiabrada e outros qualificativos impróprios de um sacerdote, quando, subitamente, como que fulminada por um raio, caí ao solo.

Ele se assustou muito ao ver-se sozinho com uma morta, pois foi assim que fiquei. Pediu auxílio e acudiram criados, médicos, e tantos outros, sem que nenhum conseguisse fazer-me voltar à vida. Era impossível, simplesmente porque eu estava magnetizada por um ser invisível! Passei muitas horas sem sentidos, até que despertei. Foi quando meu confessor me disse atordoado:

– Você está bem?

Estremeci ao ouvir as suas palavras e ele me perguntou de novo:

– Minha presença causa-lhe mal-estar?

– Oh! sim.

– Nesse caso, vou retirar-me.

– Não vá, ainda.

– Quer morrer?

– Não, padre, não morrerei ainda. Como são lamentáveis as discussões entre nós! Parece que fui ferida por um raio!

– Vê? O raio caiu sobre você e não me atingiu! É a divina Providência a castigá-la! E para desencargo de consciência, devo dizer-lhe que já não me aborreço. Tenho pena de você. Ouça-me! Escute os conselhos da Igreja!...

– Padre, crê que eu já tenha perdido todas as minhas forças? Não, padre, não as perdi. O que se passou foi que eu senti ódio pelo senhor e, ao odiar, recebi o justo castigo.

– Deixe de histórias e não se esqueça que, dentro da Igreja, pode ser uma grande mulher.

– Padre, deixemos tão incômodo assunto e esqueçamos o passado. Quer ler o meu trabalho?

– Já o li enquanto estava desmaiada. Aproveitei o ensejo, porque o vi na sua mesa. É bom, mas não é o que devia ter feito. Isto não é um escrito de religiosa. E por esse mesmo trabalho será castigada.

Retirou-se o meu confessor e eu fiquei tremendo ante a sua ameaça: *e por esse mesmo trabalho será castigada*... Senti, então, emergir o ódio em meu peito e ouvi uma voz que me dizia:

– Que é isso? Aonde vai você com as suas vaidades e seus ódios?...

Aquele aviso fez-me voltar a mim e chorei amargamente. Quanto chorei, meu Deus!

Inteirado do ocorrido, o meu protetor procurou-me, dizendo:

– Que houve? Seu confessor esteve aqui?

– Sim, senhor, esteve.

– E discutiu com ele, não é verdade?

– Sim, e muito seriamente.

– Fez mal. Quem a mandou discutir com essa gente?... Diga a todos que sim e prossiga em seu caminho. Falemos agora de outra coisa: o rei não quer que se leve a efeito o projetado banquete, porque resultaria numa festa demasiado longa, comprometendo a parte mais importante. Assim, haverá mais tempo para a parte literária. Quero que nesse dia você esteja radiante de alegria.

Chegou, enfim, o dia temido e desejado. Meu protetor quis que, de novo, lesse o meu trabalho para ele. Ao terminar a leitura, ele considerou:

– Tenho certeza de que não haverá melhor escrito que o seu. Sabe que é minha protegida e, como tal, virão vesti-la dignamente, como se deve vestir uma mulher da sua classe, sem esquecer com isso de que é religiosa.

Aproximou-se o momento de nos dirigirmos ao local da festa. Era um antigo palácio consagrado à arte, onde abundavam pinturas, esculturas, flores, tapeçarias e tudo quanto de belo pode criar o espírito da arte. Confesso que estava encantada. Era a primeira vez que me via rodeada de mulheres elegantes, de distintos cavalheiros e tudo que, de nobreza, encerrava a corte.

De repente, ouviu-se um enorme murmúrio: *O rei! O rei!...*

Ele chegou e sentou-se. À sua frente, os degraus do trono estavam decorados com guirlandas de flores. Mas o rei pareceu-me um pobre homem.

Um coro de belíssimas meninas entoou um hino dedicado às musas. Um espetáculo surpreendente! Não se viam os músicos, o que proporcionava uma sensação mágica.

A festa teve início. Meu protetor leu um magnífico trabalho em prosa, seguido de muitos outros, entre eles os de algumas damas. Cantou-se de novo um hino e eu fui chamada em seguida.

Há muita diferença entre ler em família e ler em público. E que público aquele!... Levantei-me temerosa e olhei para o papel: não via as letras. Momentos de expectativa geral. Comecei, então, a recitar de memória, até que fui ficando mais senhora de mim, enquanto as letras foram se mostrando, não no tamanho que as havia escrito, mas muito maiores, tão claras que passei a ler com toda a desenvoltura possível. Embora ali não se pudesse aplaudir, pude compreender que o meu trabalho agradara, porque quando grande massa de gente aprova o que ouve ou o que vê, sente-se um rumor surdo muito agradável, que eu constatei e não podia deixar de me alegrar.

Para terminar a festa, só faltavam as improvisações de três poetas. Ao vê-los, fixei-me num que, durante toda a festa, não tinha feito outra coisa senão olhar-me e cochichar com os seus amigos. Era um homem altivo e podia passar por belo, se não fosse a sua expressão mordaz, que lhe conferia um ar antipático.

Os seus dois companheiros improvisaram com mestria. Por fim, ele levantou-se e passeou o olhar em todas as direções, ouvindo-se murmúrios de admiração.

– Ah! – diziam uns –, é um grande literato!

– Escreve com fel – diziam outros.

– Sim, mas a sua pena é de ouro.

Por fim ele olhou-me fixamente. Quanto mal me fez o seu olhar!...

Com voz forte e acentuada, começou a improvisar magistralmente. Que sátira fina! Tão delicada!... Atacou o governo, o rei, o exército e o clero, tendo para todos uma crítica acerba, porém dita com tal arte que ninguém podia se dar por atingido. Quando parecia que ia concluir e que eu me salvara do naufrágio, atacou ele as *sabichonas* e destroçou o meu trabalho de uma maneira tão cruel, que me fez sofrer horrivelmente. Que modo de parodiar! Com que sutileza converteu ele em epigramas cruéis os meus mais belos pensamentos!... E a cada frase, ele me olhava de tal modo e sorria tão cruelmente, que não sei como não desmaiei.

E só concluiu sua improvisação diante do olhar imperativo que lhe dirigiu o meu protetor. Este, terminada a festa, ficou furioso com ele, manifestando-se aos que se lhe acercavam:

– Esse homem é um miserável! Odeia todas as mulheres e deprecia todos os trabalhos que elas produzem. Não há uma que se salve das suas garras. O seu procedimento é iníquo. Parece mentira que ele tenha tanto talento e que só o empregue para ferir. Ele goza atacando a todos, mas dia virá que será também ferido.

Fiquei vencida, aniquilada. Passei mal e arrependi-me de ter ido à corte. Tinha razão Benjamim quando pressagiara a tormenta que se abatera sobre mim.

O meu protetor procurou animar-me, dizendo:

– Agora vá descansar. Depois, voltará para o seu lar, para prodigalizar o bem, e escrever mais do que nunca, custe o que custar. Sim, escrever! Não se perturbe e não se acovarde. A burla covarde desse miserável deve ser um novo motivo para que você se engrandeça.

Fez-me muito mal aquele homem. Jamais esqueceria o seu sorriso de mofa. E ao encontrarmo-nos no espaço, ele me disse sem falar: – *É uma vaidosa e pretensiosa; é justo tudo o que sofreu*.

Só o transcurso dos séculos pode apagar entre os espíritos as marcas do escárnio e do ódio. Bendito seja o tempo! Só o tempo pode reconciliar duas almas rivais! Entre o poeta satírico e eu efetuou-se trabalhosa transformação.

Como as expiações transformam os espíritos! Os grandes do passado são os pequenos de hoje! Os que ontem eram assombros de sabedoria, recolhem hoje as migalhas que lhes atiram os sábios!...

Ontem sabiam tudo e hoje tudo ignoram! Começam alguns, porém, a saber que amar é viver.

54. Doces consolações

Guardei indelével lembrança daquela festa literária... Refeito das dolorosas impressões recebidas naquele evento, decidiu o velho amigo de meu pai reter-me por mais algum tempo a seu lado.

Parecíamos camponeses assustados, e eu estava tão abatida, que quase me alegrei em ficar mais um pouco. Já meu irmão manifestou a conveniência de ficarmos, mas seu motivo era outro. Segundo ele, os códigos de honra, tal como eram concebidos na Terra, exigiam que nos demorássemos. E foi assim que meu irmão convenceu-se de suspender a viagem, para ter tempo de desafiar o poeta satírico, batendo-se com ele em duelo. Os dois acabaram feridos, sendo meu irmão em um braço, mas sem graves consequências, felizmente.

Meu protetor felicitou meu irmão, recomendando-lhe, ao mesmo tempo, que nada dissesse a Benjamim do que se tinha passado. Seu extremado zelo por mim o levaria a ignorar as leis da fidalguia, matando o poeta como se fosse um cão raivoso, onde o encontrasse. Mesmo porque meu protetor, por sua parte, sem derramamento de sangue, também feriria o poeta. Sendo muito amigos, retiraria a amizade que lhe tributava, embora isso lhe custasse muito. À parte a sua fatal mania de ridicularizar as mulheres literatas, era um homem digno e capaz de sacrificar-se nas aras da amizade.

Animou-me muito para que continuasse a escrever, e suas carinhosas manifestações fizeram bem, pois eu estava muito desanimada. Ele devia captar isso, porque, como um pai carinhoso, visitava-me diariamente, dando-me lições de literatura e falando-me de um futuro glorioso.

Como coroamento das suas paternais solicitudes, ofereceu-me um banquete de despedida, do qual participariam os seus melhores amigos. O evento me provocava sérios receios, pois tinha medo daquela gente da corte. Meu protetor, porém, tranquilizou-me, assegurando-me que ninguém, absolutamente, iria incomodar-me.

E assim foi. Quando entrei no salão onde era esperada pelos convidados, só encontrei homens já idosos, que me olharam com doce curiosidade. A princípio todos me passaram despercebidos, mas depois reconheci um velho general, antigo amigo da minha família.

Foi-me muito agradável a companhia de todos eles, porque se esmeraram em tornar felizes as últimas horas que passaria na corte. Falou-se de tudo, e particularmente da miséria que, cada vez mais, ia se alastrando em todos os povos. Um venerável ancião disse que eu estava fadada a ser fonte de vida e saúde de muitos desgraçados, pois que eles teriam em mim a melhor e mais dedicada protetora. Que não vacilasse nas minhas grandes empreitadas, porque a proteção dos potentados espanhóis, começando pelo rei, iria ajudar-me sempre e em tudo. Que havia na Espanha muitos braços inúteis, sendo preciso que eu os convertesse em alavancas tão poderosas que pudessem levantar um mundo. Como garantia de que não eram vãos os oferecimentos que, em nome do rei, me faziam, entregar-me-iam um pergaminho com o selo real e os nomes de todos os que a mim se associavam, para proporcionar trabalho aos pobres.

Eu quis falar e não pude. A emoção dominou-me por completo. A benevolência daqueles fidalgos encheu de júbilo a minha alma e só pude exclamar:

– Todos os senhores viverão, daqui em diante, na minha memória! A minha gratidão será eterna!...

O meu protetor, comovido ao extremo, disse-me:

– Cultive as letras, mas cultive mais os sentimentos. Nas letras há muitos espinhos, mas nas boas obras abundam flores maravilhosas. Seja, pelo seu talento, a luz dos povos e, pelas suas virtudes, o espelho para todas as mulheres.

Os convidados estreitaram-me a mão paternalmente, dizendo todos: – Avante!

Meu irmão estava exultante de alegria.

Entregaram-me, depois, o pergaminho real contendo uma belíssima poesia, onde eu era elogiada mais, muito mais do que merecia. Já disse um poeta que na Terra não há meios-termos – *ou é tudo demasiado cheio ou vazio por completo!*

Ainda se conserva esse pergaminho, mas não em poder dos religiosos. Ao se despedir de mim, meu protetor beijou-me na fronte e disse:

– Beijo-a porque não sei se tornarei a vê-la. Os embates da vida vão me rendendo aos poucos. Mas não importa morrer, porque deixo-a em bom caminho. Conserve esse pergaminho que contém a essência das letras espanholas. Ficará possuindo, com ele, o melhor dos melhores.

Deram-nos uma grande escolta e, ao sair da corte, pensei muito no poeta satírico. Nunca mais o vira. É bem verdade que eu não frequentara nenhum lugar público. Durante a minha permanência na corte levei vida monástica, mas quase senti não tê-lo visto mais. Eu não podia esquecer aquele que tão fundo tinha me ferido.

Quando nos aproximamos da minha cidade natal tranquilizei-me. Já em casa recordei as queixas da criadagem e falei delas a meu irmão. Achava-as bem fundadas, pela indiferença com que tratávamos a todos.

Ele me ouviu em silêncio e respondeu:

– Nisto, como em tudo o mais, faça o que quiser que eu darei por bem-feito, sem perder por isso a autoridade com que é preciso tratá-los. É preciso não deixar que os criados, pela sua ignorância, confundam nossa condescendência com fraqueza de caráter. Seja você, minha irmã, o manancial de consolações, que eu velarei para que ele se não se desvie do curso.

Retirei-me depois para o meu aposento, que, comparado ao que tinha ocupado na casa do meu protetor, era muito pobrezinho, mas eu o achei encantador. Ali a minha alma encontrara repouso, embora não tanto como esperava, pelo estranho fenômeno que passo a relatar.

Troquei de roupa e deitei-me. Apesar de extremamente cansada, não conseguia fechar os olhos, e comecei a sentir intensas dores nos olhos. Quis elevar o pensamento a Deus, mas não pude. E eis que, para minha surpresa, vi o poeta satírico recitando magníficos versos junto ao meu leito. Como recitava bem! Que entonação! Que vida! Ao vê-lo e ouvi-lo, disse-lhe:

– Por que me persegue? Que plano é esse para torturar-me?

– Não tenho plano algum contra você. É que sobram na corte zangões, que vivem ociosamente e que empregam o tempo em aproveitar-se do que não é seu, ornamentando-se com as penas do pavão real. E como já temos bastante poetastros que brilham com o talento dos outros, não é justo que se aumente o seu número com as mulheres *literatas* que, para brilharem, apresentam trabalhos feitos e cuidadosamente corrigidos pelos seus sábios mestres, como fez você, lendo o que escreveu o seu protetor.

– Está equivocado! Eu não sou capaz de tal baixeza. Enganaram-no miseravelmente.

– Se assim fosse!...

– Quê? Se assim fosse, iria dar-me uma satisfação?

– Isso não, mas escreveria alguma coisa que poderia consolá-la da derrota que sofreu.

Eu não estava dormindo, e via-o, sim, de pé junto ao meu leito, apoiado ligeiramente ao espaldar da cama. Seu semblante não era, então, tão mordaz. E uma nuvem de tristeza encobria o brilho dos seus olhos. Desviou-se um pouco e, colocando-se aos pés de minha cama, disse:

– Já que estou aqui, deixe-me sentar.

Ao vê-lo sentado com a maior naturalidade, levantei-me tremendo e sem fazer o menor ruído. Não sabia o que se passava, mas sabia muito bem que não dormia. Vesti-me e ouvi o poeta dizer-me com toda a calma:

– Se não quer discutir em seu leito, sentemo-nos noutro lugar – e levantou-se, sentando-se numa cadeira próxima.

Quis gritar por socorro e ele disse-me a sorrir: – Não grite, porque é inútil. Se acudirem aos seus gritos, como ninguém me verá, tomarão você por louca. Sossegue, que eu vim aqui, enquanto o meu corpo dorme, porque quero ver os seus trabalhos. Se me convencer de que é a autora do que leu, vou dar-lhe uma satisfação.

– Juro-lhe que o trabalho que li é meu. Li-o ao meu protetor e ao meu confessor. O primeiro achou-o bom e o segundo assegurou-me que *com ele mesmo seria castigada*.

– Quê! Ele disse isso?! Pois garanto-lhe que se me convencer de que fui joguete de um miserável, terá a devida satisfação.

Senti que ele levantou-se, apoiando-se por um momento no respaldo da minha cadeira. Ouvi claramente o leve ruído que se produz ao manusear papéis. Depois... pareceu-me que respirava melhor e compreendi que já estava só. Então, tremendo de medo e frio, despi-me e refugiei-me no leito, enrolando-me em quantos cobertores pude, cobrindo a cabeça. Adormeci, então, profundamente. Meu corpo parecia de pedra, mas meu espírito elevou-se buscando... não sei o quê. Por fim, disse:

– Senhor! Há quanto tempo que não o vejo! Quando só pensava em fazer boas obras, via-o. Agora, que luto no campo das letras, não o vejo! Senhor!... Não deverei escrever mais?

– Sim, deve – disse-me uma voz amiga –, você não poderia viver sem escrever. As letras são o diapasão da alma dos povos. Escreva, escreva que todos os caminhos conduzem a Deus.

Aquele conselho tranquilizou-me e então pude descansar.

Levantei-me muito tarde e encontrei todos os papéis que estavam sobre a minha mesa em completa desordem. Parecia que crianças travessas haviam se ocupado de promover aquela revolução. Custei muito a colecionar tudo de novo porque, apesar das folhas serem numeradas, os trabalhos estavam misturados. Chamei Marta a quem perguntei se tinha entrado alguém ali. Ela me jurou pelo que havia de mais sagrado que ninguém entrava em meu quarto sem que eu chamasse. Até para limpá-lo aguardavam minhas ordens.

Ficava remoendo. Quem seria o ousado que me vasculhara os papéis que eu sempre, desde menina, cuidara com esmero? Como eu tinha um sem-número de borradores, cópias, notas, apontamentos e máximas, teria um incômodo trabalho de muitos dias para reorganizá-los. Era misterioso tudo aquilo!...

Afortunadamente, chegou naquele momento minha irmã com a menina que eu tinha salvado. A criança era tão grata e carinhosa que, sempre que me via, cobria-me de beijos. Sua mãe rejubilava-se ao ver o afeto que ela me dedicava. E chegava em boa hora. As suas carícias fizeram-me esquecer as preocupações.

Logo que entrou no meu quarto, sentou-se em meus joelhos e disse:

– Minha tia, quero-lhe muito mais do que pensa. À noite, sonho sempre com a senhora, vendo-a cada vez mais formosa. Vejo-a linda, num altar, adorada e reverenciada pelos fiéis. Mas lhe falta uma coisa: uma coroa de flores. Já pensei em organizar uma festa infantil em que muitas meninas cantarão e recitarão poesias suas. Em seguida... eu vou coroá-la. Devo-lhe a vida e quero demonstrar-lhe a minha gratidão. Mas olhe, é preciso que seja a nossa mestra, que nos ensaie, porque todas queremos sair-nos bem.

Minha irmã, para agradar à filha, também estava muito interessada pela festa infantil. Só que era de opinião que se lhe devia dar um caráter todo religioso.

Disse-lhe, então, que preferia uma festa no campo, pois na igreja pareceria uma festa de anjos encerrados dentro de uma tumba. E que para conferir-lhe um caráter religioso, levaríamos, em procissão, uma imagem do Menino Jesus, no qual colocaríamos a coroa que me era destinada.

Minha sobrinha não concordou. Queria que fosse eu a coroada. Pobre menina inocente! Não me faltava mais nada: ser coroada! Já não eram poucas as censuras e murmurações dos religiosos... Para consolá-la, prometi escrever pequenas composições poéticas para todas as meninas, o que a fez retirar-se muito contente.

Sem me descuidar de terminar a arrumação dos meus papéis e do compromisso que acabava de contrair para com as meninas, fui visitar as obras. O arquiteto que as conduzia alegrou-se muito ao ver-me.

Encontrei-o, porém, abatido fisicamente, pelo tormento que era a sua família. Não eram pessoas ruins, não! Mas tinha um idiota, outro louco e os três restantes, epiléticos. Maníacos e insensíveis, sempre de rastos pelo solo. Sua esposa, paralítica, vivia sentada no sofá, contemplando com desânimo o quadro difícil que se apresentava naquele lar.

Pobre família! O seu chefe estimava-me muito, muitíssimo, mas tinha receio de prejudicar-se em sua carreira, por ser eu tão perseguida pelo clero. Por esse mesmo motivo, contei-lhe os triunfos que acabava de obter. Falei-lhe do pergaminho real e da promessa de proteção feita por tantos potentados. Ele me escutava com satisfação, mas tinha seus receios. Era um desditado.

Aguardei a primeira oportunidade e um dia lhe disse: – Gostaria que eu fosse à sua casa?

– Eu me sentiria muito honrado, mas...

– Seja franco, tem medo que saibam da minha visita?

– Senhora...

– Pois eu quero ir à sua casa.

– Quando?

– Vou avisá-lo, mas confesse que tem o receio de que falei.

– Não tenho, não é bem isso. Mas...

– Pois agora sou eu que me empenho em ir à sua casa. Ali se chora, por isso quero ir. Dentre loucos, maníacos, epiléticos, paralíticos, não haverá um que possa ser curado?... Experimentemos. Deus acompanha sempre os bem-intencionados.

O homem deixou-se convencer e alguns dias depois acompanhei-o à sua casa. Casa de arte e de lágrimas. Era uma verdadeira joia artística, conservada à custa de heroicos sacrifícios, pois era também um verdadeiro hospital, com tantos doentes. Gastava com eles o que tinha e o que não tinha. Era um mártir!

Entrei numa pequena sala onde estavam todos. A mãe, sem movimento, numa poltrona; o filho mais velho, junto dela, esfacelando papéis e palhas, era o louco, embora inofensivo. O imbecil movia pés e mãos, gesticulando e rindo ruidosamente. Ao ver-me, saltou sobre mim e depois ao solo, cabriolando. Outro andava a quatro pés, com a ligeireza de um gato brincalhão. Os outros dois, um rezava e outro fazia passarinhos de papel.

A mãe daqueles desventurados, ao avistar-me, desandou a chorar e disse-me:

– Ai, senhora, nos primeiros tempos do nosso casamento éramos felizes, pois os nossos filhos, ao nascer, não apresentavam o menor sintoma do que são hoje. Mas, um dia, entrou em nossa casa uma mulher com um fardo de tecidos finos que, não sei por quê, julguei terem sido roubados e por isso não comprei, apesar do preço convidativo. Não sei se ela percebeu a minha suspeita, porque ficou furiosa com a minha tenaz recusa, e lançou sobre nós uma terrível maldição, vociferando: – *Nesta casa cairão todos os males*!... – e todos, senhora, todos caíram.

– Você delira! Julga que os males vêm pela maldição de uma louca infeliz?... Ah! Os males provêm de mais fundo! Aqui há doentes curáveis e outros não.

– Ah, senhora! Se eu pudesse curar-me, poderia, ao menos, ser útil aos meus filhos e ao meu pobre marido, que está se matando de tanto trabalhar para nos manter.

– Quer curar-se?

– Oh! sim! Sim!...

– Pois vou curá-la. Mas, depois disso, acreditará ainda que recebeu de uma mulher o mal, e de outra, o bem?

– Sim, assim mesmo que vou acreditar.

– Então não vou curá-la. É preciso que se convença que é Deus quem nos cura. Levante-se! Apoie-se em mim!

A mulher levantou-se e andou, chorando de alegria. Fiz com que se sentasse para repousar e depois a fiz andar sozinha. A infeliz, sem poder compreender o que se passava, abraçou o esposo e os filhos. Aproveitando o momento em que ela me virava o ombro, enviei-lhe tal carga fluídica, que ela não se pôde conter, exclamando:

– A senhora parece um Deus. Sinto-me forte e rejuvenescida.

Seu esposo estava satisfeito, mas apavorado, e eu não me pude conter sem lhe dizer:

– Parece mentira que um homem como você tenha medo!

– Tenho sim, senhora, e não posso evitar.

– Você tem medo, porque dá mais guarida ao mal do que ao bem. Quanto aos seus filhos, três podem se curar, mas os outros não. Nos olhos de um deles eu leio: – *Hei de ser sempre um imbecil*. Já o louco não quer fazer o menor esforço para melhorar-se. Mas nestes três tenho esperança.

Peguei-os e dominei-os por meio do magnetismo. Um gritou aterrado, outro rezou fervorosamente e o terceiro atirou-se ao chão, dizendo: – Vá embora, que nada mais pode fazer. Já fez demais!

Levantei o menino do chão e disse imperiosamente:

– Deixe-o!

Travou-se, então, uma luta ferrenha. Seres invisíveis, forças gigantescas quiseram estraçalhá-lo, mas eu pedi a ajuda de Deus e o menino acalmou-se.

Continuei no dia seguinte o meu trabalho, dizendo-lhe:

– Olhe para mim!

– Não quero.

– Há de querer!

– Quem se atreve a dar ordens a um rei!

– Eu falo em nome de Deus!

O menino despertou, refugiando-se nos braços de sua mãe. Ao outro que rezava, disse eu também com energia:

– Não reze mais; já rezou bastante.

– Rezo por meus irmãozinhos.

– Hipócrita! Volte para a sua sacristia, de onde em má hora saiu.

O espírito deixou o menino e eu disse para os invisíveis:

– Desgraçados, que fazem a desgraça de uma família! Devem pesar que, quando amanhã voltarem à Terra, serão tão desventurados quanto aqueles que fizeram sofrer!

– Disse-o bem – emendou um menino, cerrando os olhos.

– O que vê, meu filho?

– A fuga dos maus e a aproximação dos bons.

– Dos bons?!

– Sim, dos anjos, e perto de você está um. Como é belo! Tem uns olhos!...

– Desperte, meu filho! Desperte! Venham a mim os três curados e chorem comigo!

E abracei os meninos, sentindo correr-me nas veias a seiva da vida. Como é bom viver praticando o bem!

A pobre mãe, ao ver os filhos abraçados a mim, disse-me com o santo egoísmo maternal:

– Ah! senhora! E aqueles dois, não são também filhos de Deus?! São filhos da minha alma!... E não são maus, não.

– Já sei, pobre mãe, já sei. Mas, desde que entrei aqui, compreendi logo que havia dois condenados, que só serão curados... mais tarde... mais tarde...

– Sim, sim, mais tarde – disse o imbecil, batendo os pratos no rosto e deixando-se cair junto da mãe, envolvendo-se com sua saia. Para o louco, tudo o que se tinha passado era indiferente. Continuava reduzindo a pedacinhos o papel que tinha entre as mãos.

Sentei-me por alguns instantes. Senti-me inspirada e falei aos meninos sobre o respeito que deviam a seu pai e o amor que sua mãe lhes reclamava.

Todos prestaram atenção às minhas palavras. O imbecil levantou a cabeça por entre a saia da mãe e o pobre louco suspendeu seu inocente trabalho destrutivo e me escutou. Ao terminar o meu breve discurso, o pai daqueles inocentes disse-me:

– A minha gratidão pela senhora é tal, que me deixarei queimar, se preciso for, para defendê-la. Minha casa era um inferno e, graças à senhora, será de hoje em diante um paraíso!

55. O passado sempre presente

Depois daquele ato na casa do arquiteto, quando já estava só no meu aposento, senti alegria e tristeza ao mesmo tempo, pois nem sempre, por ter feito boas obras, está o espírito na plenitude da felicidade. Para a alegria completa são necessárias tantas e tantas combinações! Para que um pensamento amargo não destrua o mel das satisfações, é indispensável que a obra realizada seja completa, e é tão difícil realizar uma obra perfeita!

A mim preocupavam-me muitas coisas. Em primeiro lugar, não ter podido curar os dois meninos, e em segundo, recordava com imensa amargura a mãe daqueles desventurados que, apesar de ser ilustrada, acreditava cegamente que, pela má influência de uma mulher ofendida, toda uma família havia mergulhado na dor! E o pior não era isto. Era que seu marido, notabilíssimo em sua nobre carreira, também julgava o mesmo, supersticioso ao extremo que era. Parecia impossível que tanta luz e tanta treva pudessem irmanar-se, e que não se repelissem uma à outra. Que desastrosa união! Meu Deus! Eu que era amante do belo, não podia conceber aquele consórcio da sublimidade da arte com a mais supina estupidez.

Ali, onde havia tanta treva, eu queria que houvesse inundações de luz. Por isso, desejava ardentemente a cura de todos os filhos do arquiteto, daquele pai desventurado, abatido e humilhado pela enormidade da sua dor. À minha satisfação, pelo que tinha conseguido, unia-se estreitamente a tristeza, e por isso não sabia, não podia agradecer a Deus pelas graças alcançadas.

Minha alma não era hipócrita, não sabia demonstrar o que não sentia. Quando queria muito, não se contentava com uma parcela apenas, porque considerava que uma parte desagregada do todo perdia muito do seu valor.

Nessa situação aflitiva do meu ser, pedi a Deus com insistência:

– Meu Deus! Eu bem sei que as Suas leis são imutáveis, mas... meu Deus! Dê-me um raio de esperança com que ilumine um cérebro enfermo, para que possa dar alento a um homem verdadeiramente digno e bom, e tão desgraçado! Desgraçado, Senhor, porque, amando-O muito, meu Deus, desconhece a Sua grandeza e perde-se no labirinto do absurdo e do mais lamentável erro.

Quanto roguei, quanto! Foi orando, que o cansaço físico e moral me venceu e adormeci profundamente. Durante o sono vi um homem jovem e belo, envolto numa doce claridade, ao qual perguntei:

– Quem é?

– Sou o Passado, o arquivo de todas as grandezas e fraquezas humanas.

Fiquei um tanto contrariada, porque meu ânimo não estava para simbolismos, e ele me disse:

– Não se impaciente, mulher, não se impaciente. Filosofemos, falando das diversas existências dos seres.

– Diversas existências?!

– Sim, mulher, não se lembra?

– Está bem, fale.

– Não, falemos! Acabou de invocar Deus para terminar uma boa obra, para curar os dois meninos, lamentando não ter feito nada por eles. De cinco infelizes, curou três, angustiando-se por lhe parecerem incuráveis os dois restantes. Gostaria de dar ao pai desses meninos a felicidade completa. Agora escute: nas suas diversas existências, certas vezes, o homem peca com perfeito conhecimento do que faz, e outras por ignorância. Assim, pratica-se o mal umas vezes por maldade e outras inconscientemente. Deus, em Sua eterna justiça, não nos responsabiliza pelas culpas filhas da ignorância. Mas, em compensação, quando, temerariamente, por premeditação ou por egoísmo, praticamos o mal e gozamos ao praticá-lo, pagamos ponto por ponto todo o dano causado, porque a responsabilidade é sempre proporcional à compreensão utilizada no mal.

Como falava bem aquele homem!... Eu me aproximava dele cada vez mais, como o aço do imã, e ele me dizia:

– Você não dá graças a Deus pelos dons que hoje possui, porque julga que é seu tudo o que tem. É verdade que já tem o seu patrimônio, mas... quanto lhe tem custado adquiri-lo! Quantas humilhações! Quantas torturas!... E nunca se rebelou. Caiu e quando se levantou quis engrandecer-se, e já começa a sê-lo! Tem lutado e tem vencido

– É verdade, creio que já começo a engrandecer-me, mas confesso, não estou satisfeita, porque quanto mais avanço, mais gostaria de avançar. De cinco enfermos, curei três e eu quero curá-los todos, para completar a minha boa obra. Eu já vi a terra abrir-se aos meus pés e brotar, dos seus mais fundos abismos, o fogo da vida. Aquele fogo me envolveu e, se em fogo de amor me abraso, por que não posso fazer todo o bem que quero?!

– Por quê? Já vai saber, olhe.

Olhei e vi os dois pequenos enfermos. Seus corpos repousavam e os seus espíritos, um olhava-me com o maior desprezo e o outro insultava-me cruelmente.

– Vê? – disse-me o Passado. – Não lhe querem. E desde que não querem os seus benefícios, como há de curá-los?

Então, disse eu aos dois espíritos: – Que mal lhes fiz? Não me odeiem, porque quero ser útil a vocês.

Eles nada me responderam, e o Passado replicou:

– Vê como não lhe querem?

– Pois eu lhes quero assim mesmo, e quero apagar os ódios de cada um.

O Passado ordenou então aos espíritos que se aproximassem, e eu pude reconhecê-los. O seu ódio era justificado, porque eu lhes tinha feito muito dano, e eles também a mim. Um deles, olhando-me com certo desprezo, disse: – De você, nem a saúde eu quero para o meu desprezível corpo. Prefiro a morte.

– Nem eu – disse o outro.

– Persiste em querer curá-los? – perguntou-me o Passado.

– Persisto, porque quero apagar os seus ódios.

– Então... ouçam-me, infelizes – disse, virando-se para os dois –, aceitem o benefício que essa mulher lhes quer fazer, porque se hoje a repelirem, amanhã irão procurá-la, para que ela lhes dê a luz que hoje rejeitam. Mulher, Deus escutou-a porque Ele escuta sempre tudo aquilo que é justo, e sua rogativa é justa. Quer apagar ódios e em tão bela obra não faltará quem a ajude. Contudo, a partir de hoje não se apresse, tenha calma. Chegará o dia de luz e flores e então irá à casa desses desventurados e dirá: *Quero que a saúde e a alegria reinem aqui* – e o seu nobre desejo será cumprido.

A figura do Passado aformoseou-se ainda mais, o seu semblante dulcificou-se. Das suas mãos começaram a desprender-se raios de luz e, entre luzes de extraordinário brilho, desapareceu.

No dia seguinte, acordei tranquila e acariciada por vagas reminiscências. Recordei as minhas súplicas a Deus, para que se efetuasse a cura dos dois meninos, e quando essas lembranças iam se avolumando, anunciaram-me uma visita. Era um pobre religioso de figura vulgar, mas de semblante risonho e maneiras simples, muito jovial e até engraçado. Ia com a pretensão de fazer o meu retrato, pois dedicava-se à divina arte da pintura. Era enviado por uma alta dignidade eclesiástica. Para evitar mais intrigas e possíveis dissabores, acedi ao seu desejo e combinamos o dia para começar seu trabalho.

Meu irmão alegrou-se muito e não era para menos: o bom religioso fazia-nos rir a todos, tantas eram as suas exageradas exclamações para dizer que não era possível retratar bem os meus olhos. Havia neles alguma coisa que não se podia copiar.

Um dia chegou à nossa casa minha irmã mais velha, para me dizer que se aproximava a festa da minha coroação, e que sua filha já estava impaciente, que não queria esperar mais tempo.

– Está bem – disse-lhe eu –, mas não se esqueça que eu não preciso de coroas que me adornem. Ao invés disso, quero que se coroe uma imagem do Menino Jesus que o nosso bom irmão me ofertou há tempos.

Minha irmã acedeu contente, porque era muito devota do Menino Jesus. Em poucos dias, voltou a minha sobrinha, que, confesso, comoveu-me quando me disse:

– Minha tia, você não quer que eu a coroe, mas eu insisto. Se não quer que seja em público, eu virei aqui. Sonhei com isso e quero realizar o meu sonho.

– Está bem, minha filha, está bem. Mas não diga a ninguém, nem mesmo à sua mãe.

– Não tenha receio, é uma felicidade exclusivamente minha e não a compartilharei com ninguém.

Pobre menina! Quanto me queria! Era um espírito que guardava na memória um sentimento de gratidão muito grande por um benefício que eu lhe havia feito em existência anterior, devolvendo-lhe a saúde. Queria-me de verdade!

Em uma bela manhã fui ao campo. Era um dia de primavera em que a natureza ostentava as suas melhores galas. Ante quadro tão encantador, comovi-me e exclamei:

– Como Deus é bom! A primavera é a poesia do tempo! Lembro-me dos meus amores... mas eles não estão aqui!... O meu amor está tão longe!... tão longe!... Vejo-o jovem, belíssimo! E vejo-o velho, venerável, mas sempre belo. Por que me fiz religiosa, meu Deus? Oh! Se pudesse voltar no tempo não o seria. Gosto tanto de crianças! Atraem-me tanto essas casinhas humildes onde vivem dois seres consagrados um ao outro, contando cada qual as suas penas e alegrias! E eu não tenho a quem contá-las, porque os confessores são os esbirros da alma, os escravizadores da consciência, os tentadores da juventude. As suas palavras não consolam, perturbam, e quando se desperta, não raro, estamos imersos no lodo.

Quantos passarinhos a voejar em torno de mim, como a querer contar-me as suas histórias e dizer onde ocultam os seus ninhos! E eu... Meu Deus!... com quem formarei o meu ninho?

E chorei muito os meus amores fenecidos.

– Ah! – exclamei – na natureza, a primavera vem a cada ano, mas a primavera de minha vida só virá depois de minha morte. Preciso morrer para renascer!...

Meu irmão veio buscar-me e achou-me tão abatida que se assustou.

– Que tem? O que lhe sucedeu? – perguntou-me.

– Nada. Mergulhei demais em meus pensamentos e creio que adormeci, sonhando com o meu futuro.

– Quê! Sonhou em morrer?

– Não, morrer, não, porque morrendo não se preenche nenhum vazio. Não se faz mais que continuar a pesada jornada da vida.

– Deixe de filosofias, mulher, que filosofar e sofrer são a mesma coisa – e retirou-se.

Ao ver-me só em meu aposento, registrei rapidamente no papel todas as minhas impressões, delineando um pequeno poema, que mais tarde queimaram, em que eu indagava: *Deus meu! Quando chegará a minha primavera?*

Poucos dias depois celebrou-se a festa infantil, que foi linda. A imagem do Menino Jesus foi envolta numa delicada túnica toda tecida de flores, e o pedestal em que repousava, convertido numa almofada de rosas, açucenas, lírios e cravos. Estava preciosa a imagem!... Era o símbolo da vida, mas da vida risonha, produtiva!... Era a infância chamando a juventude!

As meninas apresentaram-se encantadoras, e a elas se reuniram para a festa meninos, jovens, velhos e matronas, militares e religiosos. Todos queriam presenciar a poética cerimônia. Chegamos ao alto de um monte, onde a minha sobrinha coroou a imagem, dizendo com a franqueza própria de menina:

– Coroo o Menino Jesus, mas no meu íntimo coroo a outrem.

Estive muito contente durante toda a festa. Estava rodeada de tantas crianças, cada qual mais carinhosa e expressiva!

Dormi bem aquela noite, mas quase ao amanhecer acordei sobressaltada, ouvindo vozes à porta do meu quarto. Distingui a voz de Marta muito alterada:

– Não entrará ninguém no quarto da senhora, sem que ela chame.

– Pois eu entrarei – disse minha sobrinha.

E, com a impetuosidade dos seus poucos anos, animada pela espontaneidade com que fazia tudo, pois era a menina mimada por toda a família, empurrou a porta e de um salto subiu no meu leito dizendo, muito contente:

– Já estou aqui. Não me esperava, não é verdade? Pois eu quis surpreendê-la e por isso nem dormi esta noite, para me levantar muito cedo. Vista-se o quanto antes, não me faça esperar, que hoje quero coroá-la.

– Está bem, menina, não se preocupe, que vou fazer-lhe a vontade. Vou levantar-me e vestir-me. Em seguida tomaremos algum alimento e sairemos para dar um passeio pelo campo. Na volta fechar-nos-emos aqui e vai me coroar.

– Bela ideia, minha tia, de irmos passear ao campo, pois é lá mesmo que penso coroá-la. Não tenha receio, que ninguém nos verá. Recorda-se daquela fontezinha escondida entre os pinheirais? Pois ali vou coroá-la.

– Não, não pode ser, porque verão você passar com a coroa.

– Esqueça-se disso, minha tia. Agora mesmo vou lá levá-la, escondê-la entre a folhagem e depois virei buscá-la

A menina assim fez, radiante de felicidade. Quando voltou ao meu quarto, saímos as duas ao campo. Ela, transfigurada, corria, saltava e atirava-se em meus braços, quando estava fatigada.

– Ai, minha tia, como me sinto bem ao seu lado! Parece que crio alma nova.

Chegamos à fontezinha do bosque dos pinheiros. Ali ela fez-me sentar e me rodeou de flores. Entoou uma doce poesia e disse-me:

– Como está formosa! Não podíamos ter escolhido templo melhor para a sua coroação: o céu azul serve-lhe de manto, as flores, de tapete e os pinheiros são os grandes sacerdotes que testemunham este ato solene.

Chegou enfim a hora esperada e ela, com toda a gravidade, colocou-me na cabeça uma simbólica coroa de flores, feita de folhas verdes reluzentes e espinhos entrelaçados. Tudo feito com tal arte, que os espinhos ficavam perfeitamente escondidos entre a folhagem e as flores.

Chamou-me vivamente a atenção a combinação de criatividade e bom gosto empregada na coroa, e perguntei-lhe quem a havia feito.

– É ideia minha – disse a menina –, mas foi feita com a ajuda do jardineiro.

– E por que colocou espinhos?

– Porque as religiosas, quando boas, são mártires. As flores vêm depois da morte; são a glória dos bons. E as folhas verdes são o símbolo dos anos da vida, onde cada qual escreve os capítulos da sua história. Guarde bem esta coroa. Quero que a coloque na sua mesa de trabalho. Você me deu a vida e eu lhe dou esta lembrança simbólica e todo o amor da minha alma. Acredite-me, minha tia, acredite-me, eu lhe quero sobre todas as coisas e sobre todos os seres da Terra.

56. Reconciliação difícil, mas não impossível

Quando minha sobrinha se retirou, fiquei muito pensativa, perturbada mesmo, estado que mais se agravou com a aproximação da noite. Estava tão pouco acostumada a dias de paz e de amor, que não cessava de perguntar a mim mesma o que levaria a criança àquele empenho em me coroar... Ninguém havia visto, é verdade. Não tinha sido um ato público, mas a glória foi toda para mim. Não perdi nenhum dos seus detalhes. Saboreei todas as delícias do momento. Na Terra, quando chegam as glórias, é porque a morte está próxima. Restar-me-ia ainda algum tempo para ouvir palavras carinhosas?... E eu continuava:

– A minha sobrinha é tão boa para mim! Como me ama! Não se cansa de olhar para mim! Assim devem olhar os bons meninos para suas mães. Como são belos os olhos das crianças! Como falam os seus olhares! Parecem retratar todo o amor, toda a eloquência e toda a sabedoria!

E pensando em minha sobrinha, adormeci, vendo a sua carinha iluminada pelo mais doce sorriso. Na verdade, adormeceu o meu físico, rendido ao peso de tantas emoções, enquanto meu espírito se lançava em busca do porquê da minha coroação. Encontrei-me, então, em meio de um espaço luminoso. Onde quer que eu olhasse, nada mais via a não ser os raios de um sol belíssimo, muito mais ardente que o que dá vida à Terra. Contemplei aquela maravilha celeste, admirei aquele oceano de luz, mas... cansada de me ver só, exclamei:

– Meu Deus! Como é bela esta luz!... mas como é triste a solidão!... Eu não vejo ninguém, absolutamente ninguém!...

Ouvi então uma voz que me disse: – O que está vendo é o espelho da glória. A glória é luz. Basta-lhe essa glória?

– Não, quero ver outros seres. A glória, somente para mim, não a quero.

– Tem razão. A glória, para ser verdadeira, há de ser compartilhada por seres amados. Com ela devem iluminar-se os olhares dos que veem um céu em seus olhos.

– Fala muito bem, mas não o vejo, e eu não me satisfaço em ouvir. Quero vê-lo.

– Hoje não pode ser. Tranquilize-se. Cuide muito do seu corpo, que está esgotado, e divida a sua glória com as pessoas que a rodeiam. Quanto mais as amar e mais se sacrificar por elas, mais palpável verá perto de você o fantasma da glória. E ao ser amada por todos, particularmente pelos seus parentes e amigos mais íntimos, mais completa será a sua glória.

Acordei muito cedo. Mal começava a clarear o dia e estava triste e abatida. Lembrei-me, então, do sonho que tivera e refleti muito sobre o que tinha ouvido. Apareceu o Sol e eu o bendisse, porque para mim ele era o símbolo de Deus, o motor da vida, a fecundação de tudo quanto existe. Parece incrível que existam ateus na Terra onde brilha o Sol!...

Para me distrair, fui ao campo dar um pequeno passeio. Ali as aves me disseram: – *Há amor, mas há seleção! Se os humanos truncam as leis naturais, os elementos da vida não têm culpa de que vocês cerrem os ouvidos para não ouvir palavras de amor e cerrem os olhos ante esse quadro divino da reprodução universal.*

Isto diziam as aves e eu respondia ao seu intencional canto, orando fervorosamente. Minhas palavras, porém, não me elevavam o espírito, ao contrário, faziam-no entristecer, e a toda hora interrompia a minha forçada prece, para ver dois passarinhos dentro do ninho que davam de comer aos seus filhotes. A fêmea, em particular, era um modelo de paciência e de amor. Aquele ser tão pequenino encerrava mais ternura que todas as religiosas que existiram e que ainda existiriam. Quanto ensina o grande livro da natureza! Felizes aqueles que aprendem a ler em suas folhas palpitantes de saber! Para eles será o reino dos céus!...

Sentindo-me extremamente cansada, pedi a Deus que queria morrer, rodeada de todos os meus parentes. A Terra não tinha o menor atrativo para mim. Quando assim estava entregue às minhas reflexões, fui interrompida por Marta, dizendo que o pintor me esperava muito triste e compungido. Realmente, encontrei o pobre religioso mais morto que vivo. Penalizou-me o seu estado e perguntei-lhe a causa do seu abatimento. O infeliz, quase chorando, me disse:

– É que me depreciam como artista, principalmente o prior do meu convento. Ele disse que as minhas pinturas, de perto, são detestáveis. E eu faço o que posso e o que sei. Tive um mestre italiano que morreu antes de me passar tudo o que eu precisava, deixando-me, tal como sou, um amante da arte de boa vontade e nada mais.

– E posso fazer algo em seu benefício?

– Sim, senhora, deixe-me vir diariamente, porque exigem que termine o seu retrato o mais rápido possível. Acusam-me de vadio, e Deus sabe, senhora, que não o sou. É que os seus olhos têm um mistério e eu não sei pintar o que não se vê.

– Eu falarei com o seu superior.

– Mas fale com cautela, porque, se ele desconfiar que eu combinei isso com a senhora, creio que ficarei muito tempo sem ver a luz do sol.

Tive pena daquele infeliz, porque era uma alma simples e boa, e amava o belo. Que desgraça a sua! Teria sido um bom chefe de família! Meu Deus! Como é possível que a religião martirize tanto os seus servidores? É necessário que os religiosos sejam mártires da tirania religiosa, que é a pior de todas as tiranias?

Sem perda de tempo, fui ao convento do pobre homem. Perguntei pelo prior, que não se fez esperar. Apareceu-me um homem alto, elegante, de aspecto arrogante, com barba de forma pontiaguda, envolto num hábito cinzento. Tinha os braços cruzados dentro das mangas largas. Olhou-me com desagrado e perguntou-me secamente:

– Que pretende?

– Venho pedir-lhe um favor. O pintor que está fazendo o meu retrato mostra vivos desejos de concluí-lo e quer trabalhar nele todos os dias, mas tenho o meu tempo quase todo tomado.

– E quem cobra o tempo a esse idiota? Se ele é impaciente, não é minha culpa.

– Assim o creio, e é por isso que venho pedir-lhe que lhe diga que atenda ao meu rogo de não ir tão amiúde.

O prior e eu olhamo-nos. Sem dizer palavra, perscrutamo-nos os dois. Ele disse-me com os olhos: *não me engana*. E devo ter-lhe respondido: *não cumpre com o seu dever*. Foi ele quem pôs um término à nossa muda linguagem, dizendo-me asperamente:

– Advirto-a que não é aqui o lugar de religiosas.

– Sinto muito. Creio que, pelo seu caráter, dar-nos-íamos bem um com o outro.

– Está enganada. Creio que vocês religiosas são a peste da religião, e embora seja acatada com superioridade em outras partes, no meu convento nunca será – e chamando um leigo, indicou-me a porta da rua, lançando-me um olhar que irradiava o ódio mais profundo e creio que também a inveja.

Olhei-o com pena. Não parecia um ministro de Deus. Confesso que me arrependi de ter ido ao convento e receei pela sorte do pobre pintor, que não voltou para continuar a sua obra. Teria sido castigado?

Passaram-se alguns dias. Sentia verdadeira inquietação por aquele desventurado. Quando mais absorta estava nos meus temores, anunciaram-me que o arquiteto suplicava a minha visita às obras. Acudi ao seu chamado e encontrei o pobre amigo muito apreensivo e abatido. Ao ver-me, disse triste:

– As obras vão parar dentro de dois dias, porque o pagador diz que não tem mais fundos.

– Tudo, menos isso. As obras não podem ser suspensas.

– Mesmo, porque – disse ele – seria uma verdadeira lástima abandonar ao tempo os trabalhos já executados.

– E quem pensa em tal coisa?

– É que, sem dinheiro, nada se pode fazer.

– Dinheiro haverá de sobra. E a sua família, como vai?

– A maioria vai bem. Em compensação, os dois meninos enfermos estão cada vez pior, insuportáveis.

– Pois fique certo de que aqui os trabalhos prosseguirão. E quanto à sua família, irei de novo à sua casa e os dois meninos serão curados.

O pobre pai entusiasmou-se com as minhas palavras, parecendo voltar da morte à vida. Porém, quando me vi só no meu quarto, meu coração bateu acelerado, pensando no que havia prometido. Para garantir, como fizera, a continuação das obras e a cura dos dois meninos, era preciso estar louca ou ter uma cega confiança nos meus protetores invisíveis.

Antes de mais nada, falei a meu irmão, pedindo-lhe uma antecipação para a continuidade das obras do convento. Mas ele, que sabia contar e que era muito amigo do seu dinheiro, disse-me:

– Não tenhamos tanta pressa, mulher. Eu irei à corte para saber o que há a esse respeito, pois nesse assunto de adiantar fundos é preciso ir devagar.

Não me satisfez a sua resposta. E se ele ia à corte, então que voasse, porque as obras não podiam parar um só dia.

No dia seguinte, porém, chegou um emissário do meu protetor com uma carta afetuosa, em que me pedia mil perdões pela demora havida, fruto de um descuido seu. Mandava-me valores em abundância para atender amplamente a tudo que fosse necessário.

Com a carta em mãos, fui imediatamente procurar o arquiteto. Já perto da sua casa, detive-me receosa, porque me lembrei da promessa da cura dos seus dois filhos. Tive medo e quis retroceder, mas ouvi uma voz que me disse:

– Covarde! Está tremendo diante da oportunidade de fazer o bem?!... Deve ter receio para ferir e não para curar!

Então, como que impulsionada por uma alavanca, bati à sua porta com tal força que ele atendeu espantado. Dei-lhe a carta, dominando a duras penas minha emoção, e disse-lhe:

– Leia! Leia! As boas novas devem ser conhecidas quanto antes melhor.

– Tinha razão, senhora. Tinha razão em esperar. Vale mais do que eu supunha.

Ao ouvir a minha voz, acudiram os meninos curados e sua mãe. Abraçaram-me e fizeram-me sentar para melhor me rodearem. Depois veio o louco com uma pá na mão, dando violentas pancadas nas paredes, portas e móveis. Ao ver-me, parou na minha frente e, rindo grosseiramente, disse-me:

– Há! Há!... Não vai curá-lo, não!

Tive medo e ouvi a voz de costume dizer-me:

– Por que recua quando ele se aproxima? Avance e cumpra o seu dever.

Olhei o menino e, ao firmar-lhe o olhar na cabeça, disse ele furioso:

– Não me olhe assim, que eu não quero – e caiu violentamente ao solo.

Seu pai precipitou-se para ele e, levantando-o nos braços, disse, no auge do desespero: – Meu Deus! Está morto!

– Não, não está morto!

– Como sabe?

– Eu sei!

E o menino abriu os olhos, dizendo-lhe eu:

– Fale, meu filho! Não pode? Desperte da sua loucura, desperte!

Pai e filhos, todos se prostraram, maquinalmente, orando com fervor, e eu, com tão valiosa ajuda, recobrei o ânimo e comecei a dar-lhe passes magnéticos. O menino, lentamente, sempre nos braços de seu pai, começou a estirar os membros e a entreabrir a boca em repetidos bocejos. O arquiteto parecia enlouquecer e dizia-me:

– Creio que está louca, tentando Deus a fazer mover um morto.

– Cale-se, você está delirando. Seu filho está vivo. E para provar, deixe que ele se levante, que ele vai andar. Eu assim quero e a minha vontade agora é a lei.

O pobre homem, dominado pelo meu tom de autoridade, afrouxou os braços e o menino ficou de pé, dizendo-lhe eu em voz baixa:

– *Conciliação! Conciliação*!...

O menino olhou-me, fechou os olhos e disse-me:

– Conseguiu o que desejava. A paz não existe ainda, mas já fez tanto, tanto... que aceito as suas razões. Deus nos reconcilia!...

– Já não tem ódio por mim?

– Não devo tê-lo. Você me deu uma saúde que eu não desejava, mas farei uso dela para o bem de todos – e abrindo os olhos atirou-se nos braços do pai, dizendo: – Papai!... Quero-lhe muito!

A mãe exultava. Olhava o filho, apertava-o nos braços e, de repente, saiu correndo, voltando de novo e dizendo: – Mas ainda falta um, pobrezinho! Filho da minha alma!

Entrou o menino de rastos, rodando pelo chão, como de costume, que disse ao ver-me:

– Não quero nada com a senhora. Eu hei de ser bola toda a vida. Quero rolar sempre.

Todos me olharam com ar de súplica, como anteriormente. Eu me levantei e disse ao menino:

– Quer que jogue outro jogo com você, ao invés de bola?

– Se é só para jogar, quero. Já jogamos muito e sempre me fazia perder.

– Está bem. Olhe-me bem e dê-me a sua mão direita. Diga que dedo quer que saia ganhando.

– Este – e assinalou-me o indicador. – Mas... Ah! Você me engana. Aperta o meu dedo e faz correr fogo pelas minhas veias. Já a conheço, deixe-me! Não quero! Deixe-me continuar a ser o que sou! Quero ser bola!

– Mas eu quero dar-lhe nova vida.

– Vá embora ! E para muito longe!... Não quero vê-la nunca mais!...

Como se me impelissem, saí do aposento e o menino então disse:

– Não vá tão longe, olhe-me como você sabe olhar.

Voltei e fixei meu olhar nele de novo. Ele cambaleou, olhou para os lados e o pranto afluiu-lhe aos olhos, atirando-se nos braços da mãe, chorando amargamente. Saí então como que perseguida por milhares de loucos. Ouvi vozes confusas, depois maldições horríveis, ameaças de morte violenta, profecias espantosas de morrer queimada a fogo lento, em anos de tortura, emparedada, num leito de espinhos, que sei eu... Todos os horrores já inventados para atormentar os desprotegidos foram-me enumerados.

Cheguei à minha casa atordoada, sem saber o que se passava. Encerrei-me no meu quarto e então ouvi a costumeira voz, desta vez dizendo com todo o vigor:

– Covarde! Por que não afastou os que nada podem contra você? Não sabe que quando se quer praticar o bem, desloca-se o próprio céu para se colocar em outro lugar?

Paralelamente a estas palavras de consolo, senti ruídos infernais, *ais* dolorosos e ranger de grossas correntes, que quase me fizeram enlouquecer. Abri, então, a janela do meu quarto e disse, olhando o céu, num arranco de extraordinária energia:

– Basta! Basta de atropelos! Acaso fiz algum mal? A minha vontade é mais firme que a sua baixeza e maldade. Quero ser amada! Basta de ódios! Quero ganhar a glória dos bons! Quero ver-me reproduzida nos meus filhos e não quero que a sombra de um só inimigo me persiga. Vou procurá-los por toda a parte, dizendo:

– *Conciliação! Conciliação*!...

Ouvi de novo a voz dizer-me, com toda a ternura:

– Tranquilize-se, tenha calma. Há crises inevitáveis e a que acaba de sofrer é uma delas. Procure descansar, que bem o merece. Fez uma boa obra e a sua glória ninguém arrebatará de você. Durma tranquila, repouse o seu corpo, que o seu espírito também repousará entre ondas de luz e sob abóbadas de arco-íris. Esta noite ver-me-á.

57. Granjeando amizades

Adormeci. Enquanto meu corpo repousava, uma sensação doce, suave, harmoniosa tomou conta do meu espírito. Sentia uma atração inexplicável, e dominada por completo, fui deslizando suavemente, até encontrar-me em um local de extrema fertilidade. Não era nenhuma paragem da Terra... Era um oásis encantador de beleza inenarrável, com suas árvores frondosas emergindo de solo fértil. A transparência das águas que, entre flores enormes, levantavam uma chuva de diamantes, davam-lhe um aspecto encantador.

Montes floridos, com encantadoras sendas orladas de florzinhas de múltiplas cores, convidavam a subir aos seus cumes. Não pude conter-me e exclamei entusiasmada:

– Como é belo tudo isso, meu Deus!... Estas suaves encostas parecem convidar a subir!

E eu subia sem me cansar, sem sentir a menor fadiga. Subi e subi, até que resolvi parar e contemplar a paisagem.

Vi-me sobre uma cordilheira cuja beleza não sei descrever. Cada montanha estava coberta de flores, cujas cores eram completamente diferentes das que eu vira na Terra. Eram flores em profusão espargindo um perfume delicioso, oferecendo ao mesmo tempo um espetáculo inesquecível de cores. As águas formavam desenhos maravilhosos. Descreviam arcos e círculos, formas geométricas delicadas, que só eu sei.

Não me cansava de admirar aquele mundo novo tão belo e sedutor, pois não só a vegetação concorria para dar graça àquelas paragens. A arte, nas suas múltiplas manifestações, achava-se ali perfeitamente representada. Viam-se edifícios soberbos com torres gigantescas, feitos de finíssimos encaixes. O trabalho em pedra era maravilhoso e artístico. Poderiam nem ser pedras aqueles materiais, mas sirvo-me da linguagem terrena para fazer-me compreender.

Entre aquelas construções artísticas, destacava-se uma mais alta, mais elegante, cujos muros eram transparentes. Sobre suas cúpulas cruzavam-se arcos luminosos. – Que templo será este? – perguntei. – Será o templo de Deus? – e aproximei-me mais.

O edifício era circundado por magníficas escadarias de uma cor tão alva, que eu não pude deixar de me interrogar de novo: – De que serão feitos esses belíssimos degraus? – não obtive resposta.

Ao galgar, os pés assentavam sobre uma matéria macia que exalava um perfume embriagador.

Chegaram, então, até os meus ouvidos ecos harmoniosos, melodias que cativavam e despertavam os mais ternos sentimentos. Seriam os fiéis a entoar os seus cânticos a Deus?

Quis, então, vê-los e entrei naquele suntuoso e maravilhoso edifício, onde julguei encontrar uma multidão imensa. Não encontrei ninguém. Já dentro do templo, pareceu-me que esse aumentava. Era imenso!... O teto era de luz, esplêndida luz de múltiplas cores, em combinações jamais vistas. Porém, em meio a tantas maravilhas, ninguém mais havia, a não ser eu. A solidão me perseguia por toda a parte e eu já começava a entristecer-me quando, sem fazer o menor ruído, começaram a entrar por diferentes lados multidões de formosas figuras. Eram homens esbeltos, envoltos uns em brancas túnicas e outros, em deslumbrantes mantos de cores variadas. Por um lugar mais radiante de luz, apareceu um homem belíssimo. Era ele! O amor dos meus amores! A alma da minha alma! A vida da minha vida!... A um sinal seu todos se sentaram. Quis fazer o mesmo, mas não pude. O corpo não se dobrava. Convertera-se numa estátua, tal a minha imobilidade. Todos me olharam com estranheza e assombro e pareceu-me ouvir um murmúrio de descontentamento, mas ele disse:

– Não olhem para quem está de pé, olhem para mim.

– Piedade, senhor! Eu não quero estar de pé – disse eu.

Ele, porém, disse, com um sorriso doce:

– Fique como está.

E olhando para todos prosseguiu:

– Depois de longos séculos vem até mim o meu espírito predileto. Predileto porque entre nós há uma história. Ele praticou para comigo a mais horrível traição e depois veio a sentir por mim o amor mais elevado que se pode sentir na Terra. Por mim já sofreu também todas as dores terrenas. Esse espírito praticou grandes males a muitos de vocês, mas agora só quer amar e progredir. Hoje reunimo-nos aqui para que ele receba uma lição que lhe será muito proveitosa.

Quando o eleito da minha alma silenciou, o templo abriu-se. Seus muros transparentes desapareceram como que por encanto e as suas torres converteram-se em bandos de aves de belíssimas plumagens, nada ficando daquela maravilha artística. Agora era um espaço imenso cheio de luz, onde milhares de homens trabalhavam em diferentes artes e ofícios, estudos e experiências científicas. Então, ele aproximou-se de mim e eu pude ver os seus olhos, que pareciam sóis dos mais radiantes. Cada vez que o olhava, mais luz eu via neles.

– Meu Deus! Que olhos lindos! O céu está neles!...

– Desperte – disse-me ele. – Olhe-me bem, sacie-se de olhar-me. Ao mesmo tempo, observe as gerações que lutam pela ciência e pela sabedoria. Venha comigo, venha e olhe atentamente. Atrai você esta oficina do infinito?

– Ah! sim, muito! Eu quero trabalhar aqui.

– Ainda não é hora.

E fez-me observar então a relação que existia entre os habitantes da Terra e os do espaço.

– Percebe a consonância que existe entre os trabalhos de uns e de outros? Pois isto lhe prova que ninguém trabalha só, que há perfeita harmonia de propósitos entre os diversos agrupamentos de espíritos, pois todos perseguem um mesmo objetivo: a perfeição. Vê este grupo?

– Sim, vejo.

– Pois este grupo trabalha na constituição das religiões.

– Não me agrada a sua ocupação, porque eles criam treva sobre treva.

– Pois é esse o seu trabalho de agora, embora menos sombrio. Mas, venha, aqui há mais luz. Este grupo trabalha na reforma de uma religião. Começa a elaborar a verdadeira religião.

No entanto, seguindo suas instruções, olhei bem fundo para aqueles cálculos teológicos, encontrando lá, na última soma, a cifra do egoísmo. Ali também existia a mentira religiosa.

Depois conduziu-me a outro grupo onde só havia verdadeiros sábios. Era um grupo muito reduzido. Ele os olhou satisfeito e me disse:

– Cada espírito destes poderá levantar um mundo sem o menor esforço – e aproximando-se de um deles, disse: – Mova um pouco a massa fluídica que nos envolve.

Então vi o inexplicável. Ouvi músicas longínquas, suspiros comprimidos, risos infantis, juramentos de amor, uma existência inteira passou diante de mim. Quanto não pode a ciência, meu Deus!...

Foi então que ele me disse:

– Lembra-se?... quando eu era ainda pequeno, quis elevá-la até mim. Seduzido pela sua esplêndida beleza, eu a fiz entrar num dos redutos da ciência e ali você me vendeu. Abriu-se, a partir daí, um abismo entre nós, que você tem de transpor de um lado a outro. Agora, olhe bem para o que faz aquele sábio, como só com o seu pensamento se move um mundo em formação.

Vi então fenômenos assombrosos!

– Isto encanta você, não é verdade?

– Oh! sim. Isto é sempre mais belo do que edificar templos religiosos. Eu não quero edificar mais casas de pedras.

– Por ora é essa a sua missão. Amanhã edificará com o sentimento e com o amor.

– Eu quero ser sábio, porque os sábios são deuses. Movem os mundos!...

– Os sábios não são deuses, são operários dos templos divinos. Deus cria os mundos, dando-lhes todos os elementos de vida, e o trabalho dos sábios é conhecer as propriedades de todos esses elementos, combiná-los e aplicá-los na manutenção da vida e no embelezamento de tudo que os rodeia. Não se esqueça que não há deuses. Deus é único e tudo que existe é criado por Ele. Agora venha comigo. Vamos descer à Terra, para que recorde tudo quanto viu. Eu não sou o único ser que a atrai ao polo do sentimento. Pois bem, edifique templos para dar pão aos pequeninos, e ao colocar pedra sobre pedra, ponha também sentimento sobre sentimento. Não duvide: tempos virão em que a ciência iluminará a Terra, e só então você virá a mim.

– E quando morrer, vou unir-me ao senhor?

– Não. Terá que passar por outras oficinas de trabalho e depois voltará à Terra.

– À Terra?! Mas o que farei, senhor?

– Será um anjo de luz e amor. Nesse tempo já não se matará, nem se atormentará em meu nome.

– E vou vê-lo, senhor?

– Sim. Se agora já me vê, calcule o que não será então! Eu lhe abrirei as montanhas, aplainando-lhe os caminhos. Acalmar-lhe-ei os mares e dar-lhe-ei gerações que a respeitem e a amem.

– Serei rei?

– Não. Será o último servo.

E foi se afastando lentamente, dizendo-me: – Não se entristeça. Não quero tristezas nem adorações. Eu quero energias para o trabalho.

Despertei absolutamente feliz. Parecia-me que era dona do universo inteiro. Tinha motivos para me considerar ditosa, pois vira a realidade da vida, as religiões com os seus egoísmos e as ciências com o seu poderio. E flutuando acima daquele conjunto de tão diversos sentimentos, a grandiosa figura do meu Deus! Do meu amor! da minha vida!... Ele era tudo para mim.

Passei algumas horas em verdadeiro êxtase, até que me lembrei piedosamente do meu pobre pintor. O que seria dele? Supliquei a meu irmão que fosse procurá-lo, e este voltou dizendo que ele se achava enfermo. Pobre vítima da tirania religiosa!

Continuei a visitar as obras do convento, que prosseguiam admiravelmente. O arquiteto estava tão contente por ver os filhos curados, que parecia rejuvenescido em trinta anos. Corria, desdobrando-se, para estar em todas as partes, e os operários, satisfeitos com ele, pela sua bondade, faziam prodígios nas atividades. Queriam agradá-lo. E a recompensa obtinham, que nem ele nem eu negávamos a quem merecia. Parecíamos todos uma grande família. Quando eu chegava todos paravam e me diziam: – Daqui a pouco recuperaremos o tempo perdido. Por ora queremos ouvi-la – e rodeavam-me, chamando-me mãe. Mãe! Nome tão doce!...

Quando menos esperava recebi a visita de um religioso humilde, de aspecto agradável, rosto simpático e maneiras distintas, que unia a tudo isso a maior simplicidade. Saudou-me e apresentou-se:

– Sou um pobre religioso, um soldado raso das fileiras eclesiásticas e quero falar com a senhora. Sei que uns a combatem e que outros a aplaudem e quero ver qual dos dois grupos tem razão, para então formar o meu juízo.

O seu modo de falar me surpreendeu, porque transmitia sinceridade. Disse-lhe, então:

– Anseio por encontrar um religioso nobre e digno.

– Creio, senhora, que nos entenderemos, e é preciso que assim seja, porque tempos calamitosos se aproximam, que bem podem ser chamados tempos de horror.

Falamos muito sobre religiões e sobre fundação de ordens religiosas. O meu visitante tinha boas ideias e intenções. E julgando que eu possuía real valor, queria que o auxiliasse a pô-las em prática, dizendo-me em resumo:

– Eu, apesar da minha humilde posição, sou muito querido e respeitado, pois me julgam um sábio em teologia. Como me respeitam, respeitarão também as nossas relações religiosas. Juro que não quero prejudicá-la, quero, sim, saber se a senhora tem relações diretas com Jesus. Se assim não for, quero fazê-la ver que está em lamentável erro, sobretudo para si própria.

– Está bem. Se, como me parece, é nobre e leal, vou contar-lhe os meus sonhos, as minhas vidências e os meus êxtases.

Muito comovido e impressionado, o religioso retirou-se, deixando-me muito satisfeita. Haveria encontrado a alma irmã da minha para trabalharmos juntos?... Eu me achava tão só! Como é triste a solidão!...

Chegou, por fim, o meu pobre pintor, a quem eu disse logo que o vi: – Pobre homem! Tem sofrido muito, não é verdade?...

– Não falemos disso agora, senhora, porque as paredes têm ouvidos.

– Não tenha receio, meu amigo. Quero-o mais alegre e comunicativo.

– Não posso, senhora, não posso... que logo fica-se sabendo de tudo.

Fiz com que comesse alguma coisa e o infeliz reanimou-se, dizendo-me então:

– Só tenho pena de não poder pintar os seus olhos. Não sei o que há neles que eu não posso decifrar!

Terminou, enfim, o seu trabalho. No entanto, deixou visível a sua preocupação de que seu trabalho fosse muito criticado... Era uma boa alma, digna de todo o respeito e da mais profunda consideração.

Voltou o meu novo amigo, o padre, mais satisfeito do que no dia em que nos conhecemos. Incentivei-o a falar e ele falou e falou muito eloquente, terminando por dizer: – Falemos agora da senhora. Não pretendo ser seu confessor, porque creio que a alma só com Deus deve se confessar. Fale-me de Deus e do modo como O compreende e O define. Preciso que me explique o que sente quando pratica as suas maravilhosas curas. Quero, sobretudo, que me fale de Deus, dizendo--me tudo o que sente.

– Bem, contarei, então, toda a minha vida – e falei de minha infância.

Naquele dia, ao despedir-se, disse o meu amigo:

– Quanto tem sido caluniada! Eu, porém, quando chegar a hora, direi toda a verdade, pois me fez ver uma nova faceta da vida. Convenceu-me de que o espírito da verdade vai se estabelecer um dia na Terra, fazendo triunfar a verdadeira religião. Serei o seu cronista.

– Tenciona escrever a minha história? Para quê?...

– Para dar luz aos cegos de entendimento, que compõem três quartas partes da humanidade. A luz não deve esconder-se debaixo do alqueire. De luz é a sua vida e eu quero fazê-la brilhar pelos séculos dos séculos.

58. Desdobramentos do trabalho

Fiquei satisfeita com a visita do padre. Com ela recobrei a inspiração e a coragem, e por isso rendia graças à Providência. Como, quando a alma sorri, tudo nos parece mais belo, dediquei-me com ardor aos meus trabalhos literários, escrevendo um opúsculo dedicado ao meu novo amigo, intitulado: *É Anjo ou Sacerdote?* "Será a minha desgraça ou o meu alívio? Se vem para ser o meu consolo, eu o bendigo. Se vem para meu mal, eu o perdoo." Naquele escrito minha alma exalou todo o seu amoroso sentimento.

Prossegui visitando as obras, que estavam quase a terminar. Dizia-me o arquiteto:

– Daqui a pouco o que faremos com estas centenas de trabalhadores? Os infelizes estão temerosos com a lembrança de que isto se acabe, mas são tão bons e leais que se recobram trabalhando sempre mais e melhor, para que se conclua rapidamente a obra começada.

– Pois diga-lhes que trabalho não lhes faltará.

Aquela afirmativa levou-me a sentir, no meu íntimo, inquietação e mal-estar. Prometia o que não estava segura de poder cumprir.

Meu irmão estava satisfeito por ver-me tão animada, e eu dizia: – Acredite-me, meu irmão, sou feliz porque Deus me quer muito. Sinto a sua benéfica influência sobre mim.

Voltou depois o meu pobre pintor decidido a tirar cópias do meu retrato. Mas que, ao pintar meus olhos, não saísse de perto dele, pois achava sempre neles uma coisa nova a passar para a tela.

Recobrou, em parte, o seu bom humor, embora me dissesse: – Creia, senhora, que há momentos que eu julgo estar entre demônios, tal é a maldade daqueles religiosos!...

– Tem necessidade de permanecer nessa comunidade?

– Não, senhora, não. Eu não professei, porque encontram sempre algum inconveniente que desconheço para me admitirem. Ao mesmo tempo não me deixam em liberdade para procurar outro lugar.

– Então, eu o salvarei. Deixe-me agir em ocasião oportuna.

– Ah! senhora da minha alma! Que grande favor me faria! Creio que então saberei pintar os seus olhos.

– Voltou o padre, meu novo amigo. E vinha tão lívido, que parecia um cadáver.

– O que tem? – perguntei-lhe.

– Estive muito doente.

– E creio que mais da alma que do corpo!...

– Quem lhe disse?

– Ninguém, eu vejo isso. E é preciso que viva porque tem muito talento e os talentos destinam-se a dar luz. Tem, então, que lutar como tenho lutado, porque faz muita falta na Terra, a mim especialmente. Sabe que estou contente por tê-lo conhecido?

O padre olhou-me profundamente. Quis sorrir, mas só a alma deve ter sorrido, porque seu rosto conservou-se impassível e disse, evitando responder-me:

– Estou convencido de que pode dispor de forças poderosas e noto que ao seu lado a gente se sente bem. Acha que minha aparência melhorou?

– Sim, já está melhor fisicamente, mas o seu espírito está muito enfermo.

– Pretende que me confesse com você? Já sabe a minha opinião sobre a confissão. Só lhe direi que na nossa religião eu só vejo sombras, fogo e morte, e isto faz com que eu desanime. Hoje, escrevo sem coragem, por acreditar que as minhas obras morrerão sem dar fruto.

– E nada o alegra? Nada lhe diz que há esperança e amor? Que há vida porque há progresso?

– Progresso?... não sei. Só vejo o nosso redentor transpirando sangue e sofrendo por nós.

– E não o vê mais elevado, mais sublime, imenso na sua glória? Se eu não o visse assim, estaria renegando a minha religião.

– E como o vê, então?

– Acalme-se, que para me ouvir é necessário que esteja muito tranquilo. Eu não vejo o redentor como você. Também sei que não é Deus, porque ele mesmo me disse que é um filho de Deus como todos nós – e olhei fixamente o padre.

– Não me olhe assim, que me transmite força e sono ao mesmo tempo.

– Quer dormir?

– Sim, gostaria de repousar, mas aqui... aqui não é possível.

Eu o olhei, e ele não pôde resistir ao sono incontrolável que o dominou. Parecia a imagem da dor e da sabedoria em completo repouso. Fiquei surpresa ao vê-lo adormecido, e mais ainda quando ouvi que me diziam: – Interrogue-o.

– E se ele despertar?

– Não despertará. Tem o sono do espírito e nesse sono o corpo fica completamente insensível. Interrogue-o.

Então dirigi-me ao adormecido:

– Como está?

– Graças a Deus que me interroga.
– Como fala dormindo?
– É o meu espírito quem fala.
– Como?
– Falando. Explicarei mais tarde.
Eu não entendia o que se passava. Ele, então, me disse: – Virão tempos em que os espíritos dirão que só há um céu, o céu do amor das almas.
Fiquei assombrada! Ia despertá-lo, porque vê-lo dormindo me inquietava. A mesma voz de antes alertou-me:
– Não o desperte, ele mesmo despertará.
– Mas o que é isto, senhor? Parece feitiçaria!
– Isso é o complemento da sua vida. Aproveite-o.
– Está dormindo? – perguntei mais animada ao padre.
– Não. Estou vendo tudo o que a rodeia.
– E o que me rodeia?
– Uma auréola de luz, produto das suas lutas e desvelos.
Ele continuou a dormir e eu continuei inquieta, perguntando-lhe de quando em vez: – O que vê?
– Deixe-me.
Por fim abriu os olhos e disse-me, confuso e conturbado:
– Que sonho esquisito eu tive! É muito estranho!
– Nem sonho, nem estranho. Teve o que eu tenho constantemente.
– Diga-me algo que me alegre a alma. Leia algum dos seus trabalhos, porque estou triste, contrariado, doente.
Li o opúsculo que lhe havia dedicado, e ele disse-me: – Eu responderei a esse escrito, mas depois de ler a minha resposta, rasgue-a, porque não quero que ninguém conheça os recessos da minha alma. Odeio as profanações, leia, leia mais.
Li o meu *Canto ao Sol*, e ele disse: – Você é uma harpa celeste, da qual um anjo arranca sons melodiosos. Tem razão, o Sol é a alma deste mundo. Como é belo o Sol! Já me sinto muito melhor. Ao seu lado vive-se, sente-se e espera-se confiante. Gosta do campo? Eu também, porque cada uma das suas flores diz ao homem que Deus é amor... Preciso ir-me. Não receie o diabo. Ele não poderá jamais estar com você, porque você é luz!
Alegrei-me muito com tudo o que me disse o padre, mas não pude deixar de me preocupar com o seu sono.
Visitei novamente as obras e ouvi do arquiteto: – Seu desejo está prestes a cumprir-se: a obra está pronta. Já pode ir mobiliando os aposentos, e não se esqueça, também, de tudo que os operários esperam da senhora.
– De mim, não. De Deus é que eles devem esperar tudo.
Voltou novamente o padre, e o assunto da nossa conversação foi a fundação de novas casas religiosas. Que bom! Eu tinha prometido dar trabalho aos operários e ia cumprir-se a minha promessa.

Fomos até o local onde deveria ser construída a nova casa de religiosos. Ali falamos de tudo que tivesse relação com os nossos planos. Meu irmão acompanhava-nos, e na presença dele pedi ao padre as informações necessárias ao trabalho do arquiteto. Na volta, falamos também do meu protetor, o cerne de todo aquele empreendimento.

– Pobre visita a que acabamos de fazer! – disse o padre em determinado momento.

– Pobre?! Mas estamos nos ocupando em dar pão aos pobres, e o pão mais são, que é o do trabalho!...

– É verdade, mas eu necessito de mais alguma coisa de você.

Meu irmão ficou pensativo com as suas palavras, e, logo que ficamos a sós, disse-me: – Que quererá este padre de você?... Agora, falando de outra coisa, o que fará você se eu morrer?... O meu desejo era que se estabelecesse na nova comunidade.

– Quer que me encerre?... – e, amargurada com suas palavras, comecei a chorar.

– Você não me compreende. Meu desejo era que fosse a superiora desse convento, porque não vive bem da maneira que vive.

Nada lhe respondi, mas fiquei muito triste. Achava algo estranho em meu irmão. Teria ciúmes do meu novo amigo?

Passei mal a noite e no dia seguinte saudei o Sol: – Feliz de você. A você ninguém pensa em encarcerar!

Chegou logo o padre com as informações que eu lhe havia pedido. Sua visita contrariou-me, principalmente porque receava que meu irmão se aborrecesse. Como eu nunca soube fingir, o meu amigo percebeu que me estorvava e retirou-se.

– Meu Deus! – exclamei. – Se eu amo esse homem, por que essa reação de meu irmão?!

A sós, mais tarde, com meu irmão, eu lhe disse: – O que pensa você desse padre?...

– Que quer? Fala-se tanto... e tão mal!...

– Mas esse homem é um sábio incapaz de descer a misérias terrenas e é preciso que saiba que ele precisa do meu alento e eu do seu saber. Já o fiz adormecer. Se visse como fala bem!

– Não me agrada o que me conta, minha irmã. Cada vez entendo menos isso tudo, e para tirar dúvidas, quando ele vier, avise-me, que conversaremos os três.

Voltou o padre e eu chamei meu irmão, que atendeu logo. Falamos longamente os três, até que, por fim, encarei fixamente o padre e disse, sorrindo, a meu irmão: – Esse senhor vai dormir.

O padre quis levantar-se, mas não pôde e adormeceu profundamente. Meu irmão ficou admiradíssimo com o que acabava de presenciar e mais ainda quando eu disse ao adormecido: – Conte-nos o que vê. Observe meu irmão.

Ele dirigiu-se a este e disse-lhe: – Não está mal rodeado, porque é bom, mas não é misericordioso. Você não vive como os cavalheiros; vive como os aventureiros. É preciso legalizar a sua família, dando o seu nome àqueles a quem deu a vida. Quanto à sua irmã, ela receberá muito breve um documento autorizando-a a residir onde quiser, livre e tranquila. Melhor dizendo, não muito tranquila, porque nem todos os seus dias serão de flores, mas para os dias de lutas conte comigo.

– Vão me caluniar?

– Não se importe. Eu serei o seu cantor, o seu historiador, o seu cronista mais fiel.

Meu irmão não compreendia o que se passava. Tranquilizei-o quanto pude, e ele me disse: – Não sei quem é esse homem, mas ele disse-me verdades horríveis.

– Escute – disse o padre –, não basta dar pão aos filhos, é preciso dar nome a quem demos a vida.

– Não admito conselhos.

– Pois verá como fui para você um aviso do céu.

O padre despertou e disse-me:

– Que fez comigo? Se me faz abdicar da minha vontade, não voltarei a vê-la.

– Tem razão – disse meu irmão intervindo. – Não é conveniente que o adormeça aqui. Suscitaria a maledicência, pois as aparências enganam muitas vezes.

O padre lançou-me um olhar de repreensão e retirou-se contrariado.

Meu irmão também se afastou aborrecido. Procurei-o mais tarde, tentando consolá-lo. Encontrei-o chorando como uma criança.

– Que tem, meu irmão?

– Vocês todos vão me enlouquecer.

– Lembra-se do que lhe disse o espírito?

– Deixe de espíritos.

– Cumpra o seu dever para com os seus filhos.

– Não preciso de conselhos. Os meus filhos serão um escândalo para a nossa família.

Alguns dias depois recebi uma carta de meu protetor. Nomeava-me superiora da nova comunidade, sem que tal fato me obrigasse à vida claustral. Que alegria me trouxe aquela notícia.

– Que mulheres escolherei? – perguntei a mim mesma com afã. – Nada mais simples, buscarei religiosas descontentes. Existem tantas!

Falei com meu irmão, mas este não quis ouvir os meus planos nem me auxiliar. Apenas disse, aborrecido: – Desde aquele dia estou doente.

– Acredito. Sua consciência está enferma.

– Cale-se! Cale-se!...

– Não devo calar, porque quero a sua tranquilidade. E tenho o dever de trabalhar para conseguir o meu intento. Pense que tem filhos, conforme disse o espírito.

– Deixe de espíritos. Quem falava era aquele homem.

– Falava, mas não era ele.

– Deixemos de lado assunto tão desagradável.

– Mas você tem filhos.

– Você desconhece que a mãe dos meus filhos é indigna de mim.

– E por quê?

– Porque pertence à plebe.

– Acredita que depois de morto a desonra não o perseguirá?... Vale mais que honre essa mulher em vida, para que o remorso não o persiga além-túmulo.

– Mas sabe, porventura, quem é essa mulher? O seu sangue não pode mesclar-se com o meu.

– Tem certeza que as crianças são seus filhos mesmo?

– Isso sim!

– Pois observe como a natureza resolveu o problema. Sinto não conhecer essa mulher para lhe dizer: – Minha irmã! Se amou meu irmão, bendita seja.

Separamo-nos desgostosos um com o outro, o que nenhum de nós procurou ocultar. Eu ainda repeti de modo que ele ouvisse: – Nobres e plebeus!... ante Deus todos somos iguais, pois que todos nascemos de igual maneira. As suas eternas leis não se alteram nem um segundo para evitar uma dor nem adiantar um sorriso aos que se julgam superiores aos demais. Só Deus é grande!

Recebi muitas cartas sobre a projetada festa religiosa, entre as quais uma primorosamente escrita por meu antigo confessor, em que me dizia: "Será superiora da nova comunidade e todas as dignidades da Igreja visitarão o novo convento. Quer-se promover grande ressonância à sua entrada na Casa Santa. Será uma festa digna da senhora e da nossa religião".

Na referida carta notava-se um certo tom mordaz, e eu disse ao concluir sua leitura:

– Ah! sim, será uma grande festa e nela hei de coroar um anjo! Ela coroou-me no bosque e eu a coroarei ante o altar de Maria. Começarei a ser rainha e soberana, premiando os bons.

Quando me envaidecia de minha nova posição e de ver-me tão respeitada, ouvi a vozinha de sempre, que me dizia: – Pense nos pobres. São tantos os que choram!...

– Onde? – perguntei temerosa.

– Bem perto de você há uma velhinha que sofre e chora.

Recordei-me, então, da antiga criada de minha mãe, cujos braços tinham me servido de berço e mandei-a chamar imediatamente. Ao ver-me, abraçou-me chorando desconsoladamente.

– Abrace-me, mas não chore. Que queixas tem de mim?

– Muitas, a sua mudança, o seu afastamento. Não se fixa nos pobres que a rodeiam. Arranja as casas dos outros e deixa a sua ao abandono.

– Está doente?

– Sim, dói-me o coração de tanto sofrer.

– Pois não lhe doerá mais – e pus minha mão direita sobre o seu coração, dizendo-me ela em seguida: – Basta, está me dando demasiada energia e vida.

– Está bem. Amanhã e todos os dias não se esqueça de entrar no meu quarto e de dizer-me que a olhe. Que seja você a voz da minha consciência, já que a minha imperfeição não me deixa cumprir com todos os meus deveres. Tem razão, mulher, tem razão. Os que aspiram redimir um mundo também são ingratos. Alerte-me, para que eu não o seja.

59. Uma paixão humana

É muito comum as pessoas se acharem pequeninas, por suas condições. E acabam por tornar-se invejosas, enciumadas, exigentes, em particular os anciãos. Estes tornam-se crianças, chorando desconsoladamente por coisas as mais insignificantes. Querem ser mimados e alvo de toda a atenção, chegando a ser intolerantes com as pessoas à sua volta. Digo isto porque a velha serva de minha mãe retirou-se mais consolada com as minhas palavras, mas eu compreendi perfeitamente que ela exagerava na sua dor e também quanto à minha desatenção. No entanto, há de se compreender que, quando afazeres imperiosos absorvem por completo as horas da nossa vida, não se pode atender a tudo que nos rodeia, visto que só se tem um corpo, e as atividades da mente têm limites.

Regra geral, quando um ser é ingrato e orgulhoso, os fracos que o cercam calam-se e obedecem humildemente aos seus menores desejos. Mas, quando o superior lhes dispensa carinho e tolerância, eles exigem mais, muito mais do que recebem.

Ah! Na vida quanto temos que lutar, meu Deus! Tudo na Terra é tão pequeno, que nem ao amor damos o valor devido, enfatizando demais as exigências e as queixas.

Quando me retirei para descansar, pensei com angústia em tudo o que me rodeava e senti um cansaço imenso. – Por que tudo me cansa, meu Deus? – exclamei aflita. – Serei hoje pior do que fui ontem? Até o perfume das flores me causa mal-estar! Olho à minha volta e tudo me falta! Tudo! Até o mais essencial à vida, a liberdade!...

O eco repetia as minhas palavras e até isso me fazia mal. Fiquei completamente aturdida, e como a perturbação entorpece a inteligência, disse indignada: – Meu Deus! Há ocasiões em que a vida cansa! Estou farta! E por quê? Será porque a vida é uma luta que não para?

Quando eu assim me expressava, o meu corpo já estava em completo repouso. Mas desse repouso o meu espírito estava muito longe. O rugir da tempestade como que respondeu às minhas queixas insensatas. Seria a tormenta da minha alma que teria atraído a da natureza? E aonde ia eu? Sentia chover torrencialmente e dizia: – Como chora o céu! Chora como a minha alma! Se as almas se desfizessem chorando!...

E tal era a minha angústia, o meu desespero, que ouvi uma voz satírica dizer-me: – Mas a que vêm agora esses espantos e lamentações se você não semeou outra coisa? Que quer encontrar?

Olhei e vi à minha frente uma figura repugnante, de cabeça enorme e corpo anão, com o rosto e mãos deformados, sinal de moléstias repugnantes. Seu olhar revelava todas as baixezas e lubricidades do vício. Olhava-me e ria com prazer infernal, dizendo-me:

– Merece tudo o que sofre, porque a sua alma é orgulhosa e ambiciosa.

– Está mentindo – respondi-lhe exasperada –, nunca fui ambiciosa. O que desejo é mais luz e nobreza de sentimentos para a humanidade.

– Você é que mente, e diante de Deus não se deve mentir. Eu sou Deus!

– Réptil miserável! Cale-se! Se você representasse Deus, eu negaria a existência do Ser Supremo.

– Você nega a Deus? Não vê que me pertence?!

– Não lhe pertenço, não! Você é o símbolo de todos os vícios e de todas as baixezas. Não é de se estranhar que na Terra exista uma Igreja de Cristo prostituída, quando no espaço também há mentira e prostituição. Você não me assusta, não me espanta. Sei bem quem é!

A figura foi mudando de forma, apresentando-se a mim com a mais repugnante nudez e as mais horríveis deformidades, até se converter numa deusa bela e arrogante. Mas eu entendi que tudo aquilo era uma farsa. Ofereceu-me luz e liberdade, amores e vida, e eu respondi-lhe:

– Não acredito em você! É o símbolo do meu passado, querendo recuperar a sua presa, mas veio tarde, porque a minha alma foge do lodo e da infâmia. Posso queixar-me, mas não infamar-me. Então, a figura perdeu os seus atrativos e começou a dirigir-me insultos os mais soezes. Procurou indignar-me, recordando-me a minha vida de devassidão de outrora, e apelou de todos os meios para me desconcertar, quando eu disse-lhe:

– É inútil o seu esforço. Eu o rechaço.

– Não vai me rechaçar depois.

Então, um vento fortíssimo fez-me tremer e a simbólica figura desfez-se entre nuvens acinzentadas, nuvens que formaram uma pequena frota de barquinhos. Dentro deles, vozes que diziam: – Logo cairá em nosso poder!

Eis que, subitamente, senti uma sacudida brusca e a minha alma tomou conta de si e recobrou a lucidez. Encontrei-me, então, como em outras muitas vezes, em meio de um espaço luminoso. Olhei e vi que o meu corpo dormia, o que me fez constatar que o meu espírito ainda corria em busca de tropeços e aventuras. Desejosa de recobrar a calma perdida, disse: – Meu Deus! Amor dos meus amores! Por que me deixa só na luta? Atenda-me, escute-me, responda-me!

E ouvi ecos longínquos que diziam: – Atendo-a, escuto-a e respondo a você.

– Mas, se não o vejo!

– Como há de me ver? Eu estou com você, mas como se cansa e tudo a aborrece, você mesmo tece a venda que a cega. Não se lembra que eu estive na Terra para tolerar a todos? Não me relate as misérias dos que são débeis; diga-me o que tem feito por eles. Se você se cansa, quantos não devem cansar-se de você!...

Fui me aproximando do meu corpo, sentindo vergonha de mim mesma, e então vi-o ao longe. Estava belo como nunca o tinha visto, resplandecente como se todos os sóis do universo lhe enviassem os seus raios luminosos. Tinha na destra um ramo de flores divinas. Flores singulares, cujos perfumes chegaram até mim e eu despertei mais animada, pedindo ao Sol o seu calor e a sua vida, porque ele era a imagem de Deus.

Quando elevava a minha prece ao Sol, vi outra luz mais bela que, como rajada luminosa, borboleteava sobre as copas das árvores. Julguei ser um efeito óptico de meus olhos deslumbrados e retirei-me da janela, mas ao fazê-lo, vi que a massa luminosa tomava forma esférica. Entrando pela janela, traçou um círculo perfeito e deixou-se cair suavemente sobre a minha mesa.

Admirada do que acabava de observar, aproximei-me temerosa da mesa e atrevi-me a tocar o globo de luz, que se desfez ao contato da minha mão, deixando em seu lugar o ramo de flores que eu tinha visto na mão dele!

Que precioso ramo! Beijei as suas flores perfumadas, dizendo: – *Você é um ramo do céu*! – e contemplando-o escrevi uma poesia com esse título.

O mais interessante era que aquelas flores me falavam. A que se destacava no centro, que era de cores vivas, disse-me: – Eu sou a *vaidade*. Reino na terra por minha gentileza e formosura.

Outra flor, branca e delicada, murmurou: – Eu sou a *modéstia*. Meu reino não é deste mundo.

Ainda outra, de formosas e encrespadas pétalas, exclamou: – Eu sou a *força*, sou a alma da vida.

Outra ainda acrescentou: – Eu sou a *convicção* e raramente a minha corola ostenta todos os seus primores.

Outra ainda afirmou: – Eu sou a *verdade*. Todos me procuram, mas ninguém quer encontrar-me – e ainda outras, delicadas e pequeninas, disseram a uma só voz: – Nós somos as obreiras da *verdade*. Fiamos o linho da sua túnica branca, trabalho este que nunca se acabará. Por isso a verdade, desde a noite dos séculos, está desnuda e assim permanecerá porque a própria luz da *verdade* lhe proporciona o necessário para ser eternamente bela e atrativa.

Quanto me falaram aquelas flores simbólicas! Elas me disseram que a verdade é a relação direta entre os espíritos e Deus, e que a grandeza de Deus é incompreensível para todo aquele a quem cega a luz da verdade. Depois ouvi muitas vozes que me diziam:

– O *ramo do céu* estará sempre com você.

– Graças, senhor! Eu tratarei de ser melhor do que tenho sido até aqui.

Fui depois ao encontro de meu irmão, que passeava meditabundo pelo jardim. Procurei distraí-lo e consegui, em parte.

Também chegou o arquiteto para me falar do sino maior do novo convento, que logo ia ser fundido. Queria que nele figurasse o meu nome em alto relevo. Fui terminantemente contra a ideia, ordenando que lhe pusessem o nome do meu protetor. Só a ele, por justiça, cabia aquela honra. Adverti ao arquiteto que, sempre que precisasse de mim, não titubeasse em me buscar onde eu estivesse.

– Para onde vai? – perguntou meu irmão com certa inquietação.

– Provavelmente para o convento, onde não me faltará o que fazer.

– Acho que está mudada.

– Não estranhe isso. Os homens que abandonam os seus filhos não merecem o calor da família.

Ele aborreceu-se, e nos dias que se seguiram ficamos desgostosos um do outro.

Passaram-se muitos dias, que ocupei em fazer boas obras a parentes e a estranhos.

Certa ocasião, chegou o pintor muito satisfeito da sua sorte, porque ia vender por bom preço uma cópia do meu retrato.

– Quem é o comprador? – perguntei-lhe.

– Não posso dizer.

– A mim pode.

– É verdade, à senhora pode-se dizer tudo, porque é uma santa.

– Isso eu não admito que diga. Ninguém pode ser santo, porque ninguém é perfeito. Como vê, sou curiosa, e a curiosidade não é uma virtude. Vamos, quem vai comprar o meu retrato?

– O padre que conheceu há pouco tempo tem-me dito que, para ele, o seu retrato será o seu melhor tesouro, que vai colocá-lo entre os de sua mãe e seu pai. Tem tanta pressa de obtê-lo que até ele mesmo já cravou o prego que vai servir de suporte à sua efígie. E tem sido muito bom para mim. Faz-me sentar à sua mesa, dá-me tudo o que preciso e prometeu tirar-me do inferno em que estou. Ele é muito bom!

O pintor retirou-se, deixando-me a meditar sobre o que havia dito. Aquele padre era um enigma para mim. Murmurei, então, desolada: – Meu Deus!... Meu Deus! O que se passa comigo? O que sinto? O que quero?... Tinha razão o meu irmão; devo encerrar-me para não descer ao abismo das paixões humanas. Não, não! Esse homem adormece pela ação da minha vontade, e entre mim e ele existem laços de alma. Se não é possível atá-los com o nó indissolúvel, é preciso desfazê-los a todo custo.

Voltou o pintor para terminar a cópia e disse-me, muito contente: – Coisa extraordinária, os seus olhos estão melhores nesta cópia do que no primeiro retrato. É bem verdade que tem sido muito condescendente, a ponto de nem pestanejar para que os copiasse melhor. A mim mesmo parece mentira terem estes olhos ficado tão bem pintados – a sua alma transparece neles!

O pintor tinha razão. O amor faz milagres, tanto assim que lhe disse, quando saía com meu retrato: – Diga a esse bom padre que guarde sempre a minha pálida imagem como lembrança da nossa amizade.

Certo dia recebi um escrito com instruções detalhadas para a inauguração do convento, no qual me diziam que o orador sagrado seria um capelão da ordem real, cujo nome me deixou completamente atordoada. Meu novo amigo, o sacerdote, não era um simples cura: era uma alta dignidade eclesiástica. Estava surpresa porque ele tinha me dito que era um pobre religioso, enquanto... era um eminente senhor!

Não tardou muito em apresentar-se o dono do meu retrato. Quando falei sobre o fato de ele ocultar a sua posição, ele disse:

– Receei assustá-la.

– Mas enganou-me. A forma humilde com que se apresentou a mim fez com que eu lhe contasse tudo o que sinto. Se amanhã quiser me acusar, as suas palavras serão tidas como artigo de fé.

– Cale-se! Ninguém ainda neste mundo fez-me o mal que acaba de me fazer. Eu lhe farei justiça sempre, mas se fôssemos a reconvenções, eu lhe diria que me fez dormir contra a minha vontade. Julga que eu posso ser seu acusador? Ah! não, eu a vejo em toda a parte, em toda! O que fez comigo?!...

Então, contou-me toda a sua história, realmente interessante, mostrando-me documentos importantíssimos, pelos quais fiquei sabendo que o meu amigo era um prócer dos mais elevados da Igreja. Como já não precisava dissimular a sua posição, disse-me com natural altivez: – Tudo me sobra, mulheres, dinheiro e honrarias. Mas tudo me falta desde que a conheci.

Procurei mudar de assunto, o que não me foi difícil. Tínhamos muitos assuntos a tratar, com relação à inauguração do convento. Falamos longamente, e tanto, que não sei de que modo o olhei, que ele me disse:

– Vai me repelir daqui?

– Ah, não! Não posso repeli-lo. O que sou eu agora ante o senhor? Uma pobre religiosa, decidida a encerrar-se no convento e a não receber mais ninguém.

– Bem, isso é comigo. Tem que se reportar primeiro a mim, que sou o encarregado de escolher as religiosas para a nova comunidade. Já basta por hoje – e saiu bruscamente, visivelmente aborrecido.

Fiquei sentida com o que aconteceu e teria corrido atrás dele se não fossem as circunstâncias... Era impossível!

– Ah! – exclamei. – Esse homem não será o meu acusador, mas será pior ainda, porque me ama e eu a ele!... Meu Deus! Por que a religião abre sepulcros e despedaça corações? Por que faz virgens em vez de mães? Por que me fiz eu religiosa quando a minha alma dormia? Por que ele é religioso?... Se fôssemos livres!... e por que não podemos ser?...

Refleti muito sobre a escravidão imposta pelos votos religiosos, e para me distrair mandei buscar minha sobrinha. Logo que ela entrou no meu aposento, a primeira coisa que notou foi o viçoso *ramo do céu* que erguia-se em um jarro de alabastro, como se tivesse sido colhido naquela hora.

– Quem lhe deu este ramo, minha tia? A minha coroa, ao seu lado, parece feia!

– Não se espante. Essas flores são do céu e por isso estão tão belas.

– Do céu?!

– Sim, e entraram aqui voando.

– O quê?! Flores voando!

– Não me apoquente com perguntas, minha filha, falemos de outra coisa. Quero que no dia da inauguração do convento vista o seu traje de Virgem. Mas, antes de vestir-se, quero coroá-la, como símbolo vivente da pureza e inocência.

– Ai, minha tia! Quer que eu morra? Só se coroam as meninas que morrem, e não quero morrer ainda.

– Ah! não, minha filha! Eu também não quero que morra, e se essa cerimônia não lhe agrada, fica o dito pelo não dito.

– Como é boa, minha tia! Até as crianças a convencem! Não parece religiosa, porque a freira que me educa jamais atende aos pedidos das minhas companheiras nem aos meus também. A senhora, sim, que é boa! Quer bem às crianças. Tive uma ideia! Vou vestir-me de anjo, com asas e tudo, e irei segurando a ponta do seu véu, simbolizando o seu anjo da guarda.

– Minha filha, os anjos não são da Terra. Deixemos de simbolismos. Fique com a sua família e quando passar a comitiva envie-me um beijo, que eu me darei por satisfeita.

– Tampouco me agrada isso. Não sei o que quero... procuro coisas da Terra e suspiro pelo céu.

Veio depois toda a minha família despedir-se de mim. Que diferença de quando nos reunimos junto do leito de morte de meu pai! Nenhum deles, então, quis se aproximar da herege, da má religiosa, desonra da família. Todos me fizeram o sinal da cruz! Ironia do destino... o tempo passou... A herege, a perdida, a louca, anos depois, dava à sua família honra e esplendor nunca sonhados.

Meu irmão manifestou-se veementemente contra a minha reclusão e que tivesse cuidado com Benjamim, que chegaria para a festa de inauguração. Se eu não me consagrasse a ele por alguns dias... eu bem sabia das suas intemperanças... Toda a família me abraçou e me presenteou. Minha sobrinha, em particular, sempre abraçada a mim me cobria de beijos.

Chegou a véspera do esperado dia e apresentou-se o meu protetor, seguido de sua corte de literatos, nobres cavalheiros e altos dignatários da Igreja. Também chegou Benjamim com os seus homens de armas e abraçou-me com tanta empolgação, que pensei que ia sufocar em seus braços. O meu protetor procurou estar a sós comigo e disse-me:

– Chegou enfim ao patamar que merece e que eu desejava. Está feliz?

Comecei a chorar, e ele me disse:

– Ah! Mulheres! Mulheres!...

Não sei o que ele viu em meus olhos que acrescentou: – Que loucura a nossa em fazê-la religiosa!... Sua alma despertou e chora a felicidade perdida, os seus sonhos evaporados! Ouça, o que acha do último padre que esteve com você?

– Creio que é um grande homem, sobretudo muito bom.

– Tem razão, é boníssimo.

– Foi o senhor que o mandou?

– Sim, fui eu, para que lhe desse bons conselhos e para que aprendesse falando com ele. É bom confessor?

– Não sei, porque nos temos confessado mutuamente. Temos falado como dois amigos.

– Pois é essa a melhor confissão.

– Estou sentida.

– O que é?

– É que ele está aborrecido comigo porque me vou encerrar.

– Agora compreendo. Não pensei que, mandando-o, aproximaria duas almas gêmeas. Ao acercar-se um do outro, sucedeu o que devia suceder!... Bem, não importa, aconteça o que acontecer, não me arrependo de fazê-la conhecer um homem nobre, digno e bom. Nunca havia estado em contato com uma alma boa. Até agora somente invejosos e traidores a rodearam. Já era tempo de sentir o calor de um ser não manchado pela inveja nem envilecido pela traição.

Naquela noite, quanto pensei nas palavras do meu protetor! Quanto me alegrava por ter um novo amigo tão bom! E por que me alegrava tanto?... Por quê? O que é certo é que dormi um sono reparador. Levantei-me animadíssima, forte e quase ditosa.

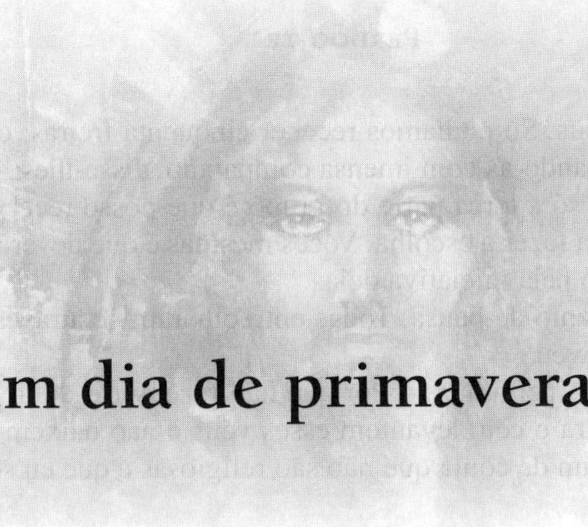

60. Num dia de primavera

Na manhã em que deixava a casa de meu irmão com destino ao novo convento, tive tempo apenas para me vestir com o luxuoso traje de professa que me ofereceu o meu protetor. Ele conversou muito comigo e ouvi dos seus lábios frases tão doces, tão carinhosas, tão consoladoras, que não seriam pronunciadas pelo pai mais amoroso.

– Vista-se – dizia-me ele –, vista-se depressa, que eu quero colocar em seu peito a cruz vermelha sobre fundo branco, concedida a você pelo rei como distintivo da sua alta hierarquia religiosa.

Tão agradável colóquio foi interrompido por Benjamim, que, ao tomar conhecimento de que eu ia me encerrar, ficou furioso. Ameaçou de praticar os maiores desatinos, começando por me fazer sair da clausura ateando fogo ao convento. Deixei-o desabafar e disse-lhe depois:

– Deixe-me seguir os impulsos da minha vontade porque *mais sabe o louco em sua casa do que o cordato na alheia*. Suponha que não me encerre e que, não me enclausurando, a calúnia crave-me suas garras. E que, em decorrência, a desonra, qual chuva de fogo, abata-se sobre a nossa família... Que diria a isso?!

– Que você tem razão. Eu a considero um anjo, mas... também é mulher e apaixonou-se!... Por que isso aconteceu tão tarde?

– Eu, apaixonada?

– Você mesma disse.

– Está delirando.

– Não estou, não; o que seus lábios não disseram seus olhos o fizeram.

Eu devia ter-me ruborizado, e Benjamim, percebendo que tinha ido longe demais, tomou-me a mão e beijou-a com o máximo respeito, dizendo-me: – É uma santa!

Naquele momento avisaram-me que a nova comunidade me aguardava. Senti-me aliviada em poder cortar uma conversa que se ia tornando desconcertante. Passei ao grande salão e encontrei cento e cinquenta esqueletos, que outra coisa não pareciam aquelas pobres mulheres revestidas com seus hábitos, todas cobertas com enormes véus. Só podíamos receber cinquenta freiras; o que haviam de fazer as demais? Fitando-as com imensa compaixão, disse-lhes:

– Minhas irmãs, só a terça parte do grupo é que posso receber em meu convento. Não serei eu a fazer a escolha. Vocês mesmas é que deverão me buscar – e sentei-me esperando pela iniciativa delas.

Houve um momento de pausa. Todas entreolharam-se através dos seus véus, mas nenhuma se moveu.

– Que esperam? – perguntei. – Por que não fazem uso da liberdade que lhes concedo? Olhem para o céu, levantem esses véus e não baixem os olhos. Estão em minha casa; façam de conta que não são religiosas e que eu sou a sua melhor amiga.

Apesar das minhas palavras, nenhuma se moveu. Cheguei a impacientar-me, a ponto de levantar-me e dizer:

– Creio que vou prescindir de vocês todas. Não me querem? O que é que lhes ordenaram? Parecem estátuas, ou esqueletos, melhor dizendo... É assim que servem a Deus?... Lamentavelmente, não as escolherei.

Então uma jovenzinha disse: – Madre! – e ao tentar andar, caiu desmaiada.

Corri para ela e disse: – Será você a primeira entre todas. A você confiarei minhas penas e minhas alegrias.

Atrás dela, outras muitas disseram: – Madre! – enquanto eu, olhando fixamente a jovem desmaiada, dizia-lhe em voz baixa:

– Volte à vida, anime-se e desperte, pobrezinha!

E a *desmaiada*, nome que lhe dei, respondeu-me com doçura:

– Bom seria morrer!

– Ainda não. É ainda muito jovem, tem a vida pela frente.

Ela corou e olhou-me com infinita ternura. Quanto diziam os seus olhos! Depois, obedecendo ao meu mudo mandato, foi colocar-se entre as suas companheiras que, como ela, tinham se adiantado. As restantes, situadas em segundo plano, pareciam sombras pela sua imobilidade. As primeiras que se haviam adiantado foram se animando e deram alguns passos em minha direção, enquanto eu perguntava, de novo, às outras, se alguma mais queria completar o número. O pelotão de sombras moveu-se e algumas choraram amargamente.

– Por que choram? Compreendo que são vítimas da religião. Prometo-lhes povoar a Espanha de conventos de forma a dar albergue a todas as religiosas que sofrem. Têm medo, infelizes! Pobres mártires! Farei com que para vocês também brilhe o sol da liberdade e do amor.

Completou-se o número da minha comunidade e as restantes afastaram-se mudas e silenciosas, embora a maioria fosse chorando. Pobres mulheres! Não se atreviam a demonstrar o seu sentimento. A religião que faz autômatos não é religião.

Quando fiquei só com as minhas freiras, disse-lhes: – Terão em mim uma mãe que quer em volta de si almas que voem e não que se sepultem em vida. Eu adoro a Deus de um modo diferente do dos demais, por isso julgam alguns que sou inspirada pelo diabo.

Ao dizer isto, todas se comoveram e eu repliquei:

– Julgam que o diabo me domina?

– Não, madre – respondeu a *desmaiada*. – Com a senhora irei ao céu, se é que ele existe. Se não, ao lugar onde repousam as almas. Há na senhora algo misterioso que a protege de todo o mal.

As demais moveram a cabeça em sinal de aprovação.

– Bem, minhas filhas, não quero que baixem os olhos. Quero que olhem para cima, para o céu – e todas me olharam, parecendo espíritos que despertavam de um penoso letargo.

Perguntei-lhes os nomes de batismo e os conventuais e fiz com que se sentassem, oferecendo-lhes abundantes iguarias. Disse-lhes por fim: – Minhas filhas, agora são livres e adorarão a Deus em espírito e verdade. Quero que sejam minhas filhas e que usem de franqueza entre vocês. Não quero hipocrisia, nem ódios encobertos. Quero paz e amor.

– Ai madre! Quanto a amo! – disse a *desmaiada*.

– Bom, mas eu não quero que esse amor seja só para mim, quero que ame as suas companheiras. Quero que formem todas uma só família.

Talvez por efeito de terem comido bem e animadas pelas minhas palavras, aquelas bocas abriram-se como por encanto e falaram... E quanto falaram! Trocaram confidências e vieram à tona verdadeiros horrores, castigos e jejuns insuportáveis. Infelizes! Quantos assassinatos são praticados em nome da religião!

Organizou-se, então, o pomposo cortejo, que levava representantes da Igreja, do Estado, do exército, do povo, da nobreza, de todas as classes sociais. As ruas tornaram-se insuficientes para conter a população em massa que se acotovelava para ver-nos passar. Olhando os campos, murmurei com tristeza: – Nunca mais vou contemplá-los!...

A *desmaiada*, que ia à minha direita, dizia: – Como está bonita! Seu rosto e o seu hábito... tudo é luz.

– Não – dizia outra freira jovenzinha que ia à minha esquerda –, não é luz, é incenso. Uma nuvem envolve-a toda, e este incenso é mais perfumado, muito mais que o que se usa nas igrejas. Mas... está triste?

– Triste, não. Penso se serei boa mãe para vocês.

– Será, como não pode haver melhor na Terra.

Há momentos indescritíveis na vida. Os trabalhadores saudavam-me e apresentavam-me seus filhos para que eu os abençoasse. Os meninos atiravam-me beijos e flores. Tais demonstrações de carinho fizeram com que a comunidade que me rodeava ficasse assombrada ante aquela homenagem de um povo agradecido.

Chegamos à porta do templo, onde as autoridades religiosas celebraram a cerimônia. E choveram bênçãos. Orvalharam-se os muros com água benta, e os sinos ecoaram. Tudo parecia dizer: *Glória! Glória a Deus nas alturas*.

Comovi-me extraordinariamente! Não sabia o que se passava! Tudo era vida em torno de mim. Não obstante, levava o desconsolo em meu coração!

Entramos no templo e cada um ocupou o seu lugar. Começou a função religiosa e em determinado momento subiu à tribuna do Espírito Santo o orador sagrado, o padre meu amigo. Não estava vestido com singeleza, como de costume. Exibia agora um vestuário digno de seu elevado cargo, mas sem luxo desmedido. Como me pareceu belo! Estava sério, grave, mas muito interessante. Falou admiravelmente sobre as religiões e as funções religiosas, e muito especialmente da vida claustral das mulheres. Num momento de entusiasmo disse:

– Entre vocês está a religiosa, a mãe, a irmã que, não por seus votos, mas pela elevação da sua alma, é digna de ser respeitada, atendida e admirada de todos, até pelos estranhos. Não procuro exaltá-la, elevá-la, porque aqueles que se elevam por si próprios não precisam de elogios. As flores que têm o seu próprio perfume não precisam que a ciência lhes confira fragrâncias. A mulher que aí está há de preencher o vazio que existe nos corações com seu alento e sua força.

Falou admiravelmente sobre as perseguições de que eu tinha sido vítima e disse: – E esta mulher que tem alma de gigante, retidão de herói e energias inquebrantáveis para lutar e vencer no cenário da vida, há de encerrar-se aqui?... Terão que findar aqui suas iniciativas de dar pão ao obreiro e tranquilidade ao povo?... Senhor! O senhor, que representa o Pai Santíssimo na Terra, permitirá que ela aqui fique encerrada?... Se o rei quer que o seu povo tenha pão, que dê a esta mulher liberdade absoluta para praticar o bem. Eu lhe peço de joelhos: que ela tenha poder para fundar novas comunidades e organizar exércitos de trabalhadores que vivam tranquilos e felizes.

Dirigiu-se depois aos nobres presentes, recomendando-lhes o amor ao cristianismo e dizendo-lhes: – Se ontem diziam que tudo quanto viam lhes pertencia, hoje digam que tudo é do povo, e que vocês apenas administram os seus bens.

E ao dirigir-se ao povo, quanto ficou suave a sua voz, ao falar do amor divino! Comentou eloquente o Decálogo, anunciando dias de glória e abundância para o povo que, trabalhando de forma honrada, teria pão no presente e economias para o futuro.

Teve para todos uma palavra de esperança e consolação. Foi brilhante. Quando terminou, todos o felicitaram calorosamente.

Eu estava estática! Junto ao orador estava o meu antigo confessor a dizer-me com os seus olhares: "Como preparou bem o terreno!"

Seus olhares foram para mim uma provocação contínua.

Depois entramos no convento, detendo-nos na sala capitular, onde os convidados julgavam encontrar mesas com doces e licores. Mas eu, aproveitando a estação – era um esplêndido dia de primavera –, mandei servir no espaçoso pátio do convento, sob um toldo natural de folhagens. Ali comeríamos fraternalmente, sem os rigores da etiqueta enfadonha. Dei plena liberdade às freiras para que escolhessem livremente as suas celas, e reuni-me aos convidados. Estes estavam muito satisfeitos, não só pelo local do repasto, mas pela qualidade das iguarias e pela simplicidade e franqueza que reinava entre todos. Eram muitas pessoas a me parabenizar. Desses agradecimentos, por questão de justiça, fiz com que participasse o arquiteto diretor das obras. Ao terminar o banquete não parecia estarem ali reunidos os homens mais orgulhosos da nação espanhola, porque todos falavam familiarmente, esquecendo as misérias humanas.

O delegado do papa chamou-me à parte, abençoou-me em nome de Deus e da sua Igreja, dizendo-me: – Tem absoluta liberdade para sair e entrar. Nomeie uma segunda superiora para que a substitua e para que, sem preocupações, possa dar continuidade aos seus trabalhos valiosos.

– Eu lhe agradeço, senhor, e prometo não me encerrar, para ser o consolo dos aflitos.

Ajoelhei-me e, naquele momento, chegou o meu antigo confessor, dizendo-me: – Felicito-a, porque acaba de chegar onde nunca pensei que chegasse. Sua obra tem seus defeitos, mas você tem muito valor.

Seu olhar, no momento em que se dirigia a mim, revelava o ódio mais profundo, reprimido apenas pela presença dos seus superiores, e principalmente pela do meu protetor. Este, quando o via perto de mim, aproximava-se resoluto e zeloso. Ao mesmo tempo que o encarava, dirigia-me palavras de carinho. Naquela ocasião assim fez. Aproximou-se e disse-me: – A cruz vermelha reluz em seu peito!... é que você é digna dela!

Na verdade estava atordoada entre tantas felicitações. Mas faltava-me o cumprimento principal: o de meu amigo, o padre. Ele nada me havia dito particularmente e tinha desaparecido. Onde estaria? Todos foram se retirando e alguns mais íntimos ficaram comigo na sala capitular.

Todos foram unânimes em me dizer que a mim convinha não ficar encarcerada porque fazia falta no mundo. O delegado do papa chegou a ser enfático:

– Ordeno-lhe que não fique aqui. Por que quer encerrar-se? Teme alguma coisa?

– Nada, padre, nada temo e vou obedecer-lhe.

– Já não lhe ordeno. Agora, rogo.

– E acaso o seu rogo não é uma ordem para mim? Sim, obedecer-lhe-ei e beberei até o último gole do cálice mais amargo.

– Mas que cálice é esse a que se refere? – inquiriu o meu protetor.

Bastou olhar para ele para compreender-me. Fez-me um sinal imperceptível como se me dissesse: "siga o meu rumo" e acrescentou, dirigindo-se ao delegado do papa, como quem lhe confia um segredo:

– É que ela tem sofrido muito com a família. Seu irmão mais velho tem lhe trazido dissabores muito sérios.

Aproveitei a engenhosa mentira e acrescentei: – Vivo muito mal com meu irmão, porque tem filhos e não quer legitimá-los, casando-se com a mãe dos inocentes.

– Casar-se-á – disse o delegado do papa –, não se preocupe. Eu me encarregarei desse assunto.

Naquele momento chegou meu irmão.

– Afinal, vai permanecer aqui?

– Não, vou com você. Espere um pouco que temos de nomear a segunda superiora. Chamei a *desmaiada*. Esta acudiu pressurosa. Ao empossá-la no novo cargo, ela desmaiou novamente. Quando voltou a si, disse: – Madre, estou cansada da vida. Quisera morrer.

– Não, filha. Você não é a única que está enfastiada da vida, mas é preciso viver, é preciso progredir.

Saímos do convento. Benjamim ia ao meu lado muito satisfeito e alvoroçado, falando-me dos seus amores e do seu casamento. Já falava da vinda do primeiro filho, do qual eu teria que ser a madrinha.

Como voava a sua imaginação!... Eu ficava contente com seus planos, porque eles lhe permitiam afastar a mania do suicídio. Eu tinha tanto medo que ele se matasse! Seus olhos revelavam uma história horrível!

Apesar da tagarelice de meu irmão, eu não deixava de olhar para todos os lados, procurando meu amigo padre. Não o via em lugar nenhum e ia pensando: – Ingrato! De que me servem tantas honrarias, se ele usa de desdém para comigo?... Oh! meu Deus, devo estar louca. Afinal, ele fez o que devia fazer! Mas...

Nisto, percebi que alguém nos seguia. Era ele. Seguia-nos, procurando não ser notado. Adiantava-se, retrocedia e tornava a avançar... Meu protetor o viu também e tomou-lhe o braço, dizendo-lhe jovialmente: – Aonde vai?

– Não sei, creio que me perdi.

O meu protetor riu como um pai carinhoso e o levou até minha casa, onde o fez entrar.

Refugiei-me em meu quarto. Meu coração batia descompassado, faltava-me o ar. Sentia alegria e tinha vergonha, temia e esperava. O que sentia? Não sei.

Despi o traje de cerimônia e nunca tive tão pouca pressa em me vestir de novo. A pobre Marta me ajudava, olhando-me sem entender o que se passava comigo.

Reunimo-nos depois à mesa e não consegui falar. Em compensação, meu amigo discorreu amplamente sobre as lutas da vida e sobre o peso do remorso, abalando as consciências. Comparou o remorso ao câncer que corrói nossas entranhas. Nessa hora, meu irmão impacientou-se e disse asperamente que era muito cômodo falar da consciência alheia e que sabia que os padres também tinham a sua história. Meu protetor interveio, aproveitando, de passagem, para aconselhá-lo a reparar as suas faltas. Como um pai caridoso falou-lhe da necessidade de reabilitar aquelas crianças, porque a nobreza devia estar no coração e não em pergaminhos, e que os filhos sem nome eram o ódio e a vergonha em ação.

Meu irmão chegou a comover-se. Meu protetor atingiu-o fundo, empregando a súplica mais humilde. Ao perceber que estava sendo vencido, virou-se para mim e disse-me num misto de tristeza e aborrecimento: – Você é a culpada disso tudo.

– Eu não, porque nada sabia. A culpa é dele – e apontei para o padre.

Este, ao ver-se aludido, ficou visivelmente contrariado. O meu protetor, já interessado no assunto, disse impaciente: – Mas o que está acontecendo? De que mistérios e de que culpas está falando?

– É que este senhor adormece e fala dormindo – disse meu irmão.

– Fala adormecido?!

– Sim, senhor, adormecido. E se não fosse quem é, eu o teria julgado um miserável impostor, porque ninguém tem o direito de penetrar nas particularidades da minha vida. E eu o faria pagar caro pela intromissão. Porém, ao saber quem é, eu me curvo diante das evidências e não tenho explicações para o fato.

– Eu também não – disse o padre –, mas vou tentar dizer o que acontece. Quando estou diante desta mulher, não sei por quê, começo a recordar fatos históricos, explorações de sábios, combates sangrentos, lutas acadêmicas, destruições de ídolos, martírios e perseguições, vitórias, que sei eu! E, pensando em todos os acontecimentos que têm marcado os séculos de história, adormeço e não sei mais o que se passa. Dizem que falo, mas não me fica a menor lembrança do que falo.

– Pois eu desejava vê-lo adormecido – disse meu protetor.

– Não, não. Isso me deixa contrariado e me humilha.

– Eu não vejo humilhação alguma. O que vejo é que tanto você como ela são para mim uns ingratos. Tudo que são devem a mim e negam-me uma graça que lhes peço.

Meus irmãos, vendo o rumo que tomava a questão, retiraram-se discretamente. Ficamos os três a sós. Passamos, então, para os meus aposentos e nos sentamos. Meu protetor insistiu novamente: – Se me estima, dê-me uma mostra dos seus trabalhos, para enriquecer os meus estudos.

Encarei o padre e este adormeceu instantaneamente.

– Bem, e agora o que vai fazer? – perguntou o meu protetor com impaciência.

– Ele vai falar.

– Pois que fale, que eu quero estudar em suas palavras. Que fale, pois abre-se para mim um novo livro e eu quero aprender o que tenho ignorado até hoje. Diga-lhe que fale, que ninguém o escutará com mais atenção do que eu.

61. Desvendando segredos do espírito

O desejo manifesto pelo meu protetor de ouvir o padre falar enchia-me de satisfação. Ele notou isso, pela minha expressão, e disse-me com certa impaciência:

– Parece que está muito contente.

– Sim, estou. Por que negar? – e olhei o padre carinhosamente. Ele estava deveras interessante.

– O que vejo me surpreende realmente – disse ele. – Esta questão é muito estranha para mim. Aqui há algo de muita importância. Isto é muito sério, muito grave! Forças que eu desconhecia.

E olhando para o padre, perguntou: – Está dormindo?

– Não, não estou, porque a mente não dorme.

– Mas o corpo dorme?

– Não dorme. Está entorpecido, enquanto minha inteligência brilha, porque está livre.

– Como?! Então é possível que a alma se desprenda do corpo?

– Sim, e a prova está em mim. Sou a inteligência que irradia, que brilha porque trabalha, descobrindo e arrancando os mais recônditos mistérios da natureza.

– Creio que seria incapaz de enganar-me. Pois se tanto alcança a sua inteligência, preciso que me diga algo que eu não possa compreender.

– Acredita que ao dominar-me posso dizer-lhe a verdade? Pois escute, que eu quero ser-lhe útil. Sinto que não possa sê-lo para com todos. Quanto se luta por tão pouca coisa! Você vem lutando há muitos séculos. A vida da alma é infinita; ela forma o seu lar como a ave o seu ninho, trabalhando-o, embelezando-o, aperfeiçoando-o. Ali cria o *mel* e o *fel*, e ali batalha sem dar-se por vencida jamais. Como homem de governo que tem sido, foi um déspota ontem. Hoje, escuta as campainhas do tempo e começa a sentir as torturas do remorso. Hoje quer saber o porquê da vida, desejando vivamente ter acesso ao seu passado... É que na sabedoria que acumula e nos seus vastos conhecimentos, na energia das suas paixões, na sua ambição ilimitada, nesse algo inexplicável que sente em si mesmo, compreende perfeitamente que em uma só existência não é tempo suficiente para angariar tudo o que possui. Você descobre a verdade, mas oculta cuidadosamente o que desvenda, e faz bem, porque a fruta é indigesta antes de amadurecer. Passa longas horas a contemplar o seu passado, mas dele não posso falar-lhe; vou falar-lhe do presente, valioso para você, porque tem sabido aproveitá-lo.

E discorreu sobre toda a sua existência sem omitir o menor detalhe, devassando seu mundo íntimo, seus mais ocultos pensamentos, seus defeitos mais íntimos, suas fraquezas, suas loucuras, seus sonhos, as ambições mais escondidas. Corpo e alma ficaram a descoberto, e o meu protetor tremeu de espanto ao ver desnudados todos os seus segredos. Chego a crer que ele deve ter-se arrependido da sua exigente curiosidade, mas já não havia como retroceder e teve que seguir escutando o padre, que lhe disse: – Tem muita treva na sua vida, mas também tem caudais de luz, porque sem luz a vida não é possível.

Como ele falava bem! Parecia a consciência do universo falando à humanidade!... Meu protetor não ocultava seu assombro. Pessoa culta que era, compreendia em todo o seu valor o novo livro que tinha em sua frente e, embora suas letras fossem formadas de espinhos agudos, ele o lia com afã, sem receio de ferir-se, porque há feridas do corpo que saram a alma.

O padre prosseguiu:

– Nada existe na vida que seja casual: o menor acontecimento, o encontro de duas almas, tudo obedece ao desenvolvimento de um plano eterno. Deus é amor e ciência, e colocou os homens em contato para que se completem uns aos outros. Entende perfeitamente que o espírito do mal, tão apregoado e desgastado pelas religiões, não tem trono, nem lugar, nem exército. Não está radicado em parte alguma; todos o levamos conosco quando praticamos o mal e gozamos com a dor alheia. E morre o gênio das trevas quando o espírito avança, lutando e vencendo, agitando a bandeira do progresso. Deus concede-nos o prêmio de todas as nossas ações, nas consequências dos nossos atos. Não tem eleitos nem deserdados. Todos os espíritos têm por laboratório o universo, e o tempo sem limites, por patrimônio. Por isso, aquele que no passado foi um réptil, arrastando-se pelo chão, pode, com o seu próprio esforço, ascender ao pináculo das grandezas humanas e de lá ditar as tábuas da Lei. Pode dizer ao *mar vermelho dos ódios*: "abra-se, divida as suas águas e deixe passar os exércitos do bem, as novas gerações redimidas por seus heroicos sacrifícios". Você voltará à Terra.

– Voltar! Eu voltarei?!

– Sim, voltará, para ser maior do que hoje, pois semeou um trigo muito bom e tem que fazer uma grande colheita. Desta vez amou muito sua mãe e ela vai premiar amanhã o bom semeador. Seja clemente em todos os seus atos porque a clemência é o sorriso de Deus. Aproveite o seu potencial e faça todo benefício que puder, porque o homem que acumula poder deve assemelhar-se à Providência. Nada há que seja casual, e o nosso encontro tem a sua história, que prosseguirá, Deus sabe até quando.

Meu protetor, agitado por tantas emoções, ocultou o rosto entre as mãos e chorou. Chorou como choram os culpados que começam a arrepender-se. E o padre continuou dizendo-lhe: – Chore, faz bem em chorar, porque há lágrimas que purificam. Recomendo-lhe que cuide do seu corpo, porque Deus é o soberano escultor dos envoltórios apropriados a cada espírito. Por isso o corpo é tão valioso, e o homem agradecido deve cuidar dele, fortalecê-lo, dando-lhe todos os meios para conservar a sua robustez e sua beleza. Deus está em toda a parte porque tudo está n'Ele e Ele está em tudo. Estude e aprenda que muito há que estudar e aprender. Agora mesmo, por exemplo, que se apresenta uma oportunidade de fazer novos estudos. Como vê, sou um sacerdote na Terra que lhe deve gratidão e obediência. Desprendido do meu corpo, sou uma inteligência disposta a servi-lo e ensiná-lo. Não arrefeça. Tenha esperança e confiança, mesmo que a dúvida o atormente, porque a sua sabedoria revelar-se-á ante o desconhecido. Diante das dificuldades, prevalecerá a sua vontade de saber, e a sua persistência em querer saber vai levá-lo a encontrar o caminho certo.

Depois o padre voltou-se para mim e disse:

– Por que nos pusemos em contato?

– Porque as almas se encontram.

– Mas em que situação e em que circunstâncias difíceis!...

– Quisera que me explicasse que circunstâncias tão difíceis são essas.

O padre ficou imóvel. Inclinou a cabeça e permaneceu longo tempo sem responder. Por fim, murmurou aterrado: – É impossível! O que vejo é impossível!

– Mas o que é impossível?

– Infeliz! Como quer que nossas almas se aproximem, se me odeia?

– Odiá-lo, eu?!

– Sim, sim. Você me rechaça.

– Isso deve ter acontecido em outros tempos. Vê como fui no passado?

– Sim, vejo-a, e vejo-a em lugares horríveis. Você era temível, como a peste assoladora, e traidora, como a serpente astuta. Depois vejo-a formosa, mas a sua beleza é tão grande como a sua infâmia.

– Terei sido tão má que não mereça ter um amor neste mundo?

– Já tem um amor; é escrava de um amor imenso, amor que nasceu quando era bela e sedutora. Foi muito má, mas hoje procura seguir as pegadas de um ser superior e, lutando, vencerá!

Ouvi, então, que me diziam: – Não seja imprudente. Não pergunte o que já sabe.

– Mas não terei uma flor na minha vida?

– É difícil responder à sua pergunta. A alma é o jardineiro que se ocupa de cultivar as flores de suas existências. Pergunte a você mesma, que só você sabe a que está disposta.

O padre emudeceu. Passou a mão pelos olhos e abriu-os dizendo: – Quanto tempo devo ter dormido!

E olhando o ramo de flores que eu tinha sobre a minha mesa, exclamou:

– Que belo ramo! Como está viçoso!... O que se passou aqui?

– Nada, é que é um dorminhoco.

– Um dorminhoco que disse disparates, não é verdade?

– Não, não – disse o meu protetor –, não disse disparates, pelo contrário: abriu novos horizontes, que dão margem a estudos.

– Seja como for, esta mulher tem culpa de tudo; não creio que nela esteja o espírito do mal, mas sou dominado por ela. Fico fascinado, a ponto de perder a consciência.

– Aconselho-o – tornou o meu protetor – que nunca estejam sós neste tipo de trabalho. São um padre e a uma freira pelos votos que pronunciaram. Um homem e uma mulher pela sua natureza. Não se olhem com maus olhos. São atraídos um pelo outro, e por isso têm que ser muito prudentes, se querem ser bons religiosos. Não procurem unir-se, fugindo para terras distantes, porque podem se arrepender da sua liberdade; há desejos que é melhor não satisfazê-los nunca, e o de vocês é um deles. Agora, é preciso que trabalhem para a fundação da nova casa religiosa e, logo que as obras estiverem em andamento, será bom que se separem, para evitar tentações e dissabores.

Eu disse, então, ao padre: – Tem-me feito elogios em público e nada me diz em particular, nem uma só palavra...

– Que quer que eu diga! Se me domina por completo, se me adormece, que mais quer de mim? Sempre faz tudo muito bem, menos quando me olha e faz-me adormecer.

O meu protetor riu e ambos se retiraram para as suas habitações. Eu, por minha vez, rendida por tantas emoções, apressei-me em despir-me e deitei-me. Pouco depois meu corpo estava em completo repouso e o meu espírito ficou a contemplar o ramo de *flores do céu*, e falou com o ramo simbólico por longo tempo. Aprendia tanto falando com as flores! Quando mais animada estava a minha conversa, ouvi um lamento agudo e dirigi-me pressurosa para o quarto de meu irmão mais velho. Queixava-se dormindo.

– Que tem? – perguntou-lhe o meu espírito.

– Que tenho? Estou farto desta vida. Você tem me humilhado na presença de todos. Devo morrer em breve, sim, e morrerei violentamente. Prefiro a turbação de um suicídio às admoestações daqueles que não sabem de nada.

– Está delirando.

– Deixe-me em paz. Nem dormir me deixa!

– Infeliz! Ouvi os seus lamentos e acudi.

– Deixe-me, não posso olhar para você. Eu a odeio – e despertou.

Pobre irmão! Como pesavam para ele as preocupações sociais!

Passei depois por toda a casa. Todos dormiam, exceto o padre, que, ao ver-me, disse: – Que temeridade! Por que veio até aqui?

– Venho sem corpo.

– Pois olhe-me e eu irei com você. Quero saber onde colhe as suas forças. Quero saber aonde vai, apenas por curiosidade, não por acompanhá-la, porque eu a odeio e nunca poderei amá-la, nunca!

Apressei-me em sair do quarto do padre e fui contemplar o meu corpo. Ele agitava-se convulsivamente.

– Pobrezinho! – dizia eu –, pobre corpo meu! Ele disse que me odeia! Que mal lhe teria feito eu?!

Ouvi, então, a vozinha de sempre que me disse: – Fez-lhe muito mal... e acredite, você só deseja o seu corpo. O espírito dele e o seu nunca se amarão!

Diante daquela predição, aborreci-me e fui tomar conta do meu corpo desfalecido.

Despertei alegre e tranquila. Olhei as flores com adoração, ouvindo de uma delas em tom de doce censura: – Esqueceu o Sol?

– Sim, para olhá-la.

– E não sabe que, sem ele, não teríamos vida? Nunca esqueça a causa, para atender aos efeitos, pois é daí que provêm as infelicidades humanas.

Quanta verdade através daquelas flores simbólicas, que outra coisa não eram senão as paixões terrenas agrupadas à minha volta sob a forma mais bela, a de flores! Preocupou-me muito a sua linguagem porque, ao falar, ao projetar-se a voz de seus cálices, as pétalas se abriam e se fechavam. A *vaidade*, sobretudo, erguia-se e agitava as suas folhas, embriagando-me com o seu perfume, enquanto a *modéstia* dizia-me em tom sentencioso: – Não se esqueça que a sabedoria consiste em manter a harmonia universal.

Assombrada com aquela maravilha, contemplei por muito tempo o *ramo do céu* e depois saí ao campo sozinha. Queria continuar o meu diálogo com as flores, mas nenhuma respondeu às minhas perguntas. Que diferença! Então, disse-lhes: – As *flores do céu* são o símbolo das paixões humanas! Graças, meu Deus! Quanto lhe devo! Bendito seja o *ramo do céu*, porque é um aviso perene a evitar que eu caia de novo.

Senti sede e fui até a pequena fonte onde minha sobrinha havia me coroado. Era um lugar cercado por pedras e árvores, coberto de densa folhagem. Troncos retorcidos formavam uma muralha impenetrável, e velhas sarças de espinhos agudos defendiam o lugar de toda e qualquer invasão. Só uma fenda estreita permitia a passagem àquele santuário da natureza, sem outro altar que não a tosca fonte e algumas pedras desalinhadas e esparsas. Mas ali a alma se pacificava, pensando em si mesma.

– Como nos sentimos bem aqui! – murmurei. – O murmúrio desta água!... Quantas histórias contará! Porque, bem pensado, tudo fala na natureza, e o trabalho mais importante do homem deve ser o de conhecer a linguagem de tudo o que palpita no universo! Aqui repousa a minha alma. Aqui um anjo me coroou!... Que paz que eu sinto neste lugar!

Continuei escutando o murmúrio da água, até que divisei, entre as ramagens, uma figura de homem com a cabeça descoberta e o corpo envolto numa túnica larga, azulada, parecendo um sacerdote de tempos passados. Procurei identificá-lo, pois parecia conhecê-lo. Recordava-me já havê-lo visto, não sabia onde. Seu rosto e todo o conjunto pareciam formados de uma matéria diferente da nossa. Apesar de distingui-lo perfeitamente, parecia envolto numa nuvem. A figura adiantou-se e sentou-se numa pedra bem próxima de mim, cumprimentando-me. Surpreendi-me ao ouvir a sua voz, que soava familiar, e disse-lhe:

– Como conseguiu entrar aqui, num lugar de acesso tão difícil?

– Não preciso abrir passagem para entrar onde quer que seja. Tudo se abre à minha frente.

– Quem é, então?

– Não me conhece?

E aquele sacerdote dos tempos passados desfez a nuvem que o envolvia. Despojou-se da túnica azulada e ficou envolto em ondas de luz. Eu, que naquele momento não pensava nele, quis prostrar-me a seus pés e disse:

– Senhor!

– Não se mova. Olhe-me bem. Acha que se aproxima de mim, ou eu de você?

– Não sei. Só sei que me julgo indigna do senhor.

– Olhe!

Olhei e vi que o lugar se transformava, encontrando-me eu na antiga fonte onde tinha bebido a água da minha redenção.

– Senhor! – exclamei – creio que já não sou digna...

– Por quê? Porque ama a outro ser na Terra?

– Sim.

– Pois esses amores são impossíveis. Veja a quem está amando.

E apresentou-me uma figura horrenda, um monstro de iniquidades. Entre mim e ele havia uma história de sangue.

– Meu Deus! Que horror! Perdoe-me, senhor! Como sou ingrata!

– É preciso que trabalhe. O tempo que perde com os seus enlevos amorosos são dias de fome para os pobres, que necessitam do seu apoio e atividade. Toda a fome que, por sua causa, sofrerem os necessitados, você a sofrerá amanhã. Todo aquele que tem condições e a fome não evita aos outros, há de padecer fome a seu devido tempo. Não desanime, volte para sua casa e trabalhe. Minha visita ser-lhe-á muito benéfica, pois hoje precisa de mim como eu, um dia, precisei de você. Adeus!

A nuvem luminosa foi se afastando e eu, voltando a mim, reconhecendo a minha loucura, o meu extravio, disse: – Senhor! Senhor! Quando tornarei a vê-lo?

– Quando a luz estiver em sua alma.

62. Alicerces do bem

Depois que ele se foi e fiquei só, experimentei uma sensação dolorosa, como se me houvessem tirado todas as forças, e me faltasse alento para viver. Sentia-me aturdida, sem ter como concatenar minhas ideias. Uma prostração em todo o meu ser!

Quis levantar-me e não pude. Voltei o pensamento a Deus, suplicando que me concedesse novas energias, que me devolvesse a vida que parecia haver perdido. Levantei-me, por fim, num esforço sobre-humano.

Olhei para tudo o que me rodeava e tudo pareceu-me sem vida. Contemplei o céu e achei-o sem brilho. Tentei refazer-me e exclamei: – Senhor! A manhã está deliciosa. Por que minha alma não sorri? Por que, onde tudo é vida, só há morte para mim?...

E como se tivesse tido uma enfermidade grave e, em lânguida convalescença, saísse pela primeira vez, percorri o longo trajeto que me separava da casa de meus parentes.

A casa pareceu-me então triste e sombria. Meus aposentos assemelhavam-se a uma câmara mortuária. Deixei-me cair em uma poltrona junto à minha mesa. Um pouco mais calma, perguntei a Deus. – Por que será que estou triste? Se eu vi o meu amor, por que sinto-me tão desesperançada? Que tenho, Deus meu?...

Respondeu-me uma das flores do *ramo do céu*.

– Sabe o que tem? Mataram o seu amor ainda em flor.

– Que diz? Sabe, por acaso, quem é o meu amor? Eu mesma não sei...

– Tem razão – disse a *flor da vaidade* –, quer enganar-se e consegue. Ama o que não queria amar, porque é humano. E deixa o sublime para depois.

Quis responder à flor e ouvi uma vozinha que me dizia: – Por que não escuta a voz da sua consciência? Não percebe que ela fala com você, através das *flores do céu*?

– Perdão, Senhor! – murmurei. – Creio que estou ficando louca. Perdoem-me, flores queridas, e não me abandonem.

Permaneci submersa no abismo do meu desencanto, até que a voz do meu protetor fez-me voltar à vida real. Impressionado com meu abatimento, perguntava-

-me carinhosamente o que se passava comigo. Contei-lhe tudo, então, e ele me disse a sorrir:

– Ora vamos, não há motivo para tanto! É verdade que sonha com o amor de uma família e que despertou um tanto tarde... Por que se fez religiosa? Sonha com o divino e com o humano, e apesar disso, é atraída mais pelo humano que pelo divino. Isto porque a lei se cumpre em você, como nos demais seres da criação. Voa a alma, mas não voa o corpo, e este tem suas exigências que só o tempo modifica. Ainda não é velha, eis a sua grande desgraça. A sua situação é séria e delicada. Faz-se necessário gastar a energia do seu organismo em atividades úteis, que compensem a perda de uma família.

Eu ouvia atenta.

– Não é verdade que já há muito tempo não visita os pobres? Pois olhe: cada vez que sonhar com amores humanos, vá visitar os desvalidos. E quando encontrar filhos sem pai, mulheres abandonadas por seus maridos, velhos inúteis, jovens desenganadas lamentando a sua boa-fé, reflita, considere, e convença-se de que é dos prazeres do corpo que brotam essas excrescências sociais que tanta pena inspiram. Lembre-se que as dores mais profundas são curadas radicalmente lendo-se algumas páginas da história da humanidade. Eu também tenho chorado muito, porque também tive amores impossíveis. Também olhei o Sol, e ele me cegou com os seus raios. Só encontrei consolo pensando no futuro da humanidade. Se a vida é eterna, aguarde a recompensa, minha filha. Sei que voltarei amanhã pequenino, muito pequenino... Mas serei feliz em minha pequenez, porque serei livre e viverei amando. Pagarei uma parte das minhas dívidas, mas a minha ansiedade, minhas ambições, meus temores e meus receios terão uma trégua.

Meu protetor falou muito sobre as suas existências futuras, e quando se despediu, eu me atirei nos seus braços, pedindo-lhe para que não se fosse embora no dia seguinte, como programara, que eu precisava muito da sua presença e dos seus conselhos.

Quando fiquei só, senti novamente um grande desfalecimento. Meu aposento pareceu-me uma prisão das mais sombrias, e exclamei para os meus papéis:

– Depositários dos delírios da minha alma, quem os guardará? Ninguém! Ninguém! Morrerão queimados! Nada restará de mim, nada! Dizem que há amores, que há eternidade! Que bom seria ser mãe! A mim já chamam de madre, mas no sentido de mãe! Que ironia cruel! Mãe é aquela que amamenta o seu filhinho, que chora os seus males, que o ensina a rezar, que lhe ampara os primeiros passos. Mãe é aquela que se consagra de corpo e alma ao fruto das suas entranhas. Mãe é a mulher que produz, a que por sua fecundidade cumpre a lei mais bela da natureza. Não são mães as mulheres estéreis, as infecundas religiosas! Meu Deus! Por que me fizeram religiosa? Eu não queria! Obedeci, para fugir à tirania doméstica. Dei o meu corpo às feras do ascetismo, e hoje espanto-me da minha própria obra. E para esquecer a minha loucura vou ver os desditosos, que são os restos envelhecidos de vícios do passado. Mas isto não trará consolo, porque sonho com os olhos de um menino, ouvindo de sua boquinha: – Mãe! Mãe! Mãe!!!...

E chorei amargamente ao repetir nome tão doce. Estava desesperada, confesso, tanto que não percebi que as horas passaram. E quando dei por mim era noite. Nem havia me alimentado.

Senti passos. Era meu irmão mais velho. Queria saber a causa do meu retraimento e queixava-se por eu ter-me apartado da família. Disse-me em tom suave:

– Quero-lhe e sempre hei de querer-lhe muito, por isso não se preocupe com o fato de eu estar aborrecido. Acho-a impecável, e lamento que se afaste de mim.

– Penso que não me quer, não. Está enganado, pois se me quisesse, faria o que desejo.

– E o que é que deseja?

– Que legitime seus filhos.

– Outra vez com essa mania?

– Sim, e hoje digo-lhe com mais convicção ainda, porque hoje eu também sonho com amores terrenos. Sei que não terei filhos que me chamem mãe... Sinto muito por isso!...

Meu irmão comoveu-se muito e disse-me: – Pobre irmã! Não sabe o que está pedindo. Ignora que no jardim do amor todas as flores têm espinhos. Escute: faz muitos anos que me enamorei de uma jovem pobre e honrada, e muito bonita. Padeci todas as inquietações de um verdadeiro amor e sofri todas as suas consequências, porque a paixão pôde mais que a reflexão. Separei minha amada de sua família, assegurando o bem-estar dos seus parentes, e conduzi-a para uma casa de campo, onde tem vivido longe do bulício e das tentações. Minha amada prometeu amar-me e, durante alguns anos, obedeceu-me docilmente. Mas, depois de ter dois filhos, mudou totalmente o seu modo de ser, tornando-se exigente. Quis educá-la, mas não consegui. Teve o terceiro filho, e então disse aos dois primeiros quem eu era. A mãe conspirou com seus filhos contra mim; temos tido grandes desgostos, e ela inculca neles o ódio contra mim. O mais velho, que já tem quinze anos, olha-me com o maior desprezo. A mãe embriaga-se e quando está ébria não é mulher, é uma louca! Que farei com estes seres? Tudo farei para fazê-los felizes, mas... longe de mim.

– Pois é você o autor de tanta desgraça.

– Pois prefiro a morte a estar junto deles.

– E eu repito a você que o seu procedimento é infame, porque ela era honrada e você a desonrou. Vai morrer amaldiçoado por seus filhos e pela mãe deles. Só Deus sabe se o vício da embriaguez ela tomou como recurso para esquecer a sua desgraça! Sobre você cairá também essa nova degradação.

– Não nos entendemos.

– Acredito. Você quer seus filhos desonrados e eu os quero honrados.

Já íamos separar-nos quando eu disse ainda a meu irmão: – Você está bem de saúde?

– Não, estou agitado. Fico assim sempre que falo dos meus filhos.

– Pois olhe, meu irmão, quisera vê-lo feliz. Pense em minhas palavras.

– Vamos cear e não falemos mais desse assunto.

Durante a ceia falamos muito. Benjamim deu apoio às minhas opiniões, julgando-as oportunas. Depois de tanta luta, estava fortalecida, animada. Defender os inocentes nos anima. É tão bom!

Quando voltei para o meu quarto, orei com inusitado fervor e vi muitos meninos que me diziam: – Breve terá filhos que buscarão os seus olhos como os únicos sóis da sua vida.

Deitei-me e... quanto deve ter lutado o meu espírito! Vi uma multidão de famílias que lutavam continuamente entre si, que se odiavam encarniçadamente, procurando arrebatar gordas heranças. Vi muitas mães desnaturadas e perdidas que atiravam os filhos ao lixo das imundícies sociais. E vi-me entre aquelas desditosas. Nesse momento compreendi que era justo o quanto sofria sendo religiosa, e exclamei soluçando: – Não posso por agora ter filhos, porque os abandonei! Que amarga verdade! E agora tenho que conquistar o amor de novos filhos. Pois eu conseguirei. Serei um anjo de caridade! Lutarei e vencerei.

Despertei forte e encorajada. Saudei o Sol e falei em seguida com as *flores do céu*. Estas me falaram, umas com sarcasmo, outras rindo-se das minhas penas, e todas me disseram que eram o símbolo de todas as afeições humanas.

– Então, se são o símbolo de todos os afetos, qual de vocês simboliza o amor?

– Eu – disse uma florzinha minúscula –, eu sou o *amor*. Sem mim, minhas companheiras não teriam perfume. Aqui onde me vê tão pequena, sou eu que derramo todas as essências no universo. Sem mim, as flores não existiriam. Eu sou a alma de tudo que é belo, de tudo que é grande. Mas, apesar de ser o soberano de todos os mundos, olhe onde me albergo.

E numa fenda do tronco que sustentava as outras flores, por estar no centro do ramo, desapareceu a florzinha que simbolizava a essência de Deus. Verdade incontestável: o que é verdadeiramente grande não precisa de pompas mundanas! Vive de sua própria vida. E o amor tem vida própria, vive em toda parte, porque o seu calor é o princípio da vida eterna.

Passei depois pelas obras do novo convento de religiosas. Mandei chamar o padre e o arquiteto para que me dessem conta do que tinham feito.

Lembrei-me também de Benjamim. Ele, como não era de costume, já não me importunava com as suas visitas. Fui procurá-lo em sua casa, e ele ficou surpreso e contente ao ver-me. Ao falar-me dos seus preparativos de casamento, perguntei-lhe se estava, realmente, enamorado de sua noiva, e ele respondeu-me: – Oh! sim, quero-lhe muito, mas não mais do que a você, que sempre hei de venerar.

– Cale-se! Que desvario! E não diga isso nunca à sua amada. E ela, acredita que sempre amará você?

– Bem, se não me ama, pior para ela, porque cumprirei com o meu dever, acabando de uma vez com a sua desonra e com a minha.

– Que loucura! Como se não bastasse uma falta, um crime!

– Minha irmã, não filosofemos, porque filosofar é sofrer. Agora eu quero ser feliz. Quer-me você e quer-me ela. Sou feliz!

Como os acontecimentos mudam os destinos dos homens! Ontem Benjamim era o suicida em potencial e hoje é feliz! Em compensação, meu irmão mais velho estava à beira de um abismo. Maldito seja o orgulho de raça!

Vendo que o arquiteto demorava a chegar, fui à sua casa e encontrei-o atarefado, trabalhando nos projetos do novo convento.

Perguntei-lhe pelo padre e ele respondeu-me que não o tinha visto. Como, porém, titubeasse em sua resposta, disse-lhe: – Não me engane. Quero saber toda a verdade. Ele tem vindo?

– Sim, mas só uma vez. Está enfermo.

– Não estou satisfeita com você.

– Comigo? Por quê?

– Porque está perdendo tempo demais com esses planos. E os pobres operários, quantos dias sem trabalhar! Quantos dias de fome, Deus meu!

O arquiteto prometeu-me não se alongar mais. Propiciaria trabalho e, em consequência, pão aos diaristas, sem perda de tempo. Essa promessa fez-me voltar mais animada para casa.

Mandei chamar, novamente, o padre. Este veio sem demora, chegando exatamente no momento em que meu protetor me dizia adeus. Achei o padre muito pálido. Falei-lhe da necessidade de darmos início às obras. Meu protetor também ponderou amistosamente da demora. Ele, então, ao retirar-se, prometeu dar, no prazo mais breve possível, ocupação aos quase cem operários que esperavam por trabalho.

Após a sua saída, meu protetor perguntou-me: – Quer fundar outro convento de religiosos, ou antes, um asilo para crianças e idosos?... Procure empregar seu tempo em obras beneficentes que, trabalhando para o bem alheio, a maior beneficiada é você.

E estreitando-me em seus braços, beijou-me efusivamente. Com verdadeira unção evangélica, deu-me sua bênção paternal e, bruscamente, afastou-se de mim, partindo visivelmente comovido.

Assisti-o partir com tristeza e lembrei-me que tinha sido ele o primeiro que me fizera chorar, no começo da minha vida.

– Quanto lhe devo! Devo-lhe tudo o que sou e por isso lhe quero tanto, como se fosse meu pai ou mais ainda. Foi sempre tão bom para mim!...

Chegou logo depois, de novo, o padre, para me dizer que já podiam começar as obras. Manifestei-lhe a alegria que essa notícia me dava. Havia tantos pobres sem pão, que um dia sem trabalho era um crime que praticávamos.

Iniciada a construção, alguns dias depois, visitei o canteiro de obras, onde trabalhavam centenas de operários.

Com que carinho todos se dirigiram a mim!

Encontrei também muitas mulheres, esposas dos operários, que iam levar-lhes a alimentação frugal. Com que respeito me olhavam! Algumas quiseram até beijar-me as mãos, o que não lhes permiti, pois julgava-me muito pequena ante elas! Considerava-as tão úteis e, a mim, tão inútil! Aquelas pobres mulheres multiplicavam a grande família humana, enquanto eu, pobre de mim, fazia-a diminuir. Elas davam homens e mulheres à sua pátria, da qual eu roubava mulheres sem vontade própria, para condená-las ao celibato, esterilizando-as, tornando-as insensíveis, mumificando-as em nome de uma religião! Em boa lógica, eu é que devia prostrar-me ante aquelas valorosas mulheres que sabiam lutar e vencer no combate da vida.

Chamou-me particularmente a atenção uma jovem, morena, cheia de graça, que conduzia, além de um cesto, um menino nos braços. Outro pequenino, agarrado à sua saia, choramingava querendo ocupar no colo o lugar de seu irmão.

Entabulei conversa e ela falou-me de sua vida. Quanta miséria, meu Deus! Tinha quatro filhos, todos muito pequenos. Somente o marido, quase sempre enfermo, é que trabalhava para manter a família. Sem saber o que fazia, destapei o cesto e encontrei nele comida tão pobre em substância, pedaços de pão tão duros e tão escassos, que compreendi quão justas eram as lamentações daquela infeliz mulher. Eram queixas humildes e simplórias, sem reproches amargos. Como que dava-se por satisfeita com a sua sorte. Sentia-me inferior diante dela! Prometi aliviar-lhe a sua triste sorte e fui, em seguida, procurar o arquiteto. Queria pedir-lhe que aumentasse o salário daqueles infelizes que não ganhavam o suficiente para manter-se.

O arquiteto olhou-me com estranheza e disse: – Sempre ganharam o mesmo.

– Isso não é razão para que continue o abuso! Pelo contrário, quanto mais velho é o mal, mais obrigação temos de arrancá-lo pela raiz. O que é o progresso? É a derrubada dos velhos abusos e a implantação de novas considerações e proteções para a parte mais fraca da humanidade, para os vencidos no rude combate da vida.

– É que não haverá dinheiro suficiente, senhora.

– Haverá, sim! Faça o que eu digo e o novo convento terá o melhor alicerce: a alegria dos pobres.

Fui para minha casa, prometendo a mim mesma cuidar sempre dos necessitados, obedecendo às ordens e seguindo os conselhos do meu sábio protetor. Ele tinha muita razão ao dizer-me: – *Lembre-se que as dores mais profundas são curadas lendo-se algumas páginas da história da humanidade*.

63. Contatos com o espiritual

Recordando os excelentes conselhos de meu protetor, dirigi-me aos lares de várias famílias necessitadas, com o desejo único de conhecê-las de perto. Queria ver como os pequeninos pensavam e sentiam, como os mais infelizes suportavam o pesado fardo da vida.

Posso dizer que na minha piedosa excursão percorri a *Rua da Amargura*. Os habitantes das casas mais pobres eram a negação da beleza e do sentimento. Que tipos! Que almas! Quanta imundície e asquerosidade! Não sabia onde havia mais miséria, se nos corpos, se nas almas. Embrutecimento absoluto! Carência de toda ideia nobre e elevada! Parecia impossível que aqueles seres estivessem animados por um sopro divino. Minha inteligência perdia-se no desconhecido e ousava pedir contas ao próprio Deus daquele abandono, daquele aviltamento, daquela pobreza desoladora. Nas crianças só havia um desejo: comer! A ternura filial, elas demonstravam dizendo: – "Ah! minha mãe nunca me deixa sem comer". O que eu via e ouvia dava margem a muitas considerações amargas!

Chamou-me a atenção um pobre menino quase nu, de rosto macilento, que me olhava com inocente curiosidade:

– Que tem? – perguntei. – Está doente?.

– Sim, tenho uma grande ferida na cabeça.

E aproximou-se mais para que eu a visse melhor. Que horror!... Precisei armar-me de muita coragem para poder encarar aquela cena impossível de descrever.

– Não tem mãe que o cure?

– Não tenho senão minha avó, mas é tão velha que eu é que tenho que cuidar dela.

E levou-me onde estava a pobre velha, que era mais do outro mundo do que deste. Pobre mulher! Há pobres que se convertem em *coisas* por sua escassa inteligência, pois, nos lugares onde há água em abundância, a miséria não precisa ser tão degradante. A água pode limpar tudo, e não sei por que razão os pobres, na sua maioria, têm a maior aversão ao uso da água. Isso aumenta o seu infortúnio. E surgem as enfermidades decorrentes da falta de asseio. Tinha razão o meu protetor quando dizia que os pobres são uma página da história humana. Isso dava muito que pensar, porque eles têm corpo e alma como os demais, são racionais pela sua espécie, e muitos deles parece que se empenham em retroceder, assemelhando-se a outras espécies da escala zoológica.

Que mistério é esse? Que perversão de sentimento opera-se neles? Guardam, quem sabe, no fundo da alma, um ódio profundo à humanidade e gozam, atirando as suas imundícies, sobre uma sociedade que não cuidou deles?

A maioria dos pobres recebeu as minhas dádivas com a maior indiferença. Minhas frases carinhosas não encontraram eco naqueles corações petrificados. Somente as crianças me olhavam satisfeitas, dizendo-me alvoroçadas: – Quanto vamos comer agora!...

Infelizes! Só pensavam em satisfazer o seu apetite voraz! Nem um só daqueles desventurados pensou em comprar um brinquedo! Sua vida não tinha outro objetivo senão saciar a fome. Entre eles e os irracionais, que diferença haveria? Nenhuma. Ah! como me entristeceu aquela minha visita aos pobres! Parecia só encontrar injustiças, e a minha alma sempre se revoltou diante de injustiças.

Mas, a quem acusar? O voo de minha razão fazia-me tremer, e eu não queria pensar nem analisar, com receio de ir demasiado longe, porque... quem era eu para julgar as injustiças sociais?

Visitei depois muitas famílias operárias e, infelizmente, saí mal impressionada das casas onde entrei. Todas eram sujas, malcheirosas, com os escassos móveis em desordem... As mulheres esfarrapadas, com os cabelos desgrenhados, e as crianças, abandonadas na rua. Perguntei a algumas daquelas mulheres como viviam e quase todas recriminaram os maridos, dizendo que o salário da semana ficava sempre, no sábado à noite, nas vendas e botequins da periferia da cidade.

E eu, olhando aquelas mulheres mal faladas, e pior vestidas, sem nenhum encanto, sem o menor atrativo, pensava comigo se não seriam elas a causa dos vícios de seus maridos.

Tentei passar isso a uma jovem, muito bonita, apesar do desleixo. Aconselhei-a que fosse mais asseada, e que pensasse numa maneira de atrair o seu marido. Ela, porém, respondeu-me: – Atraí-lo, eu? Tenho mais o que fazer, e além disso, ele quando está em casa me insulta e me bate. Sendo assim, quanto mais longe, melhor.

Eram quadros deprimentes!

Já ia regressar para a minha casa, triste e desconsolada, quando ao passar por uma rua solitária, deparei com uma casinha que me chamou a atenção. Era branca como a neve, pequena, de aparência muito humilde, mas de uma limpeza singular... Sobre a porta de entrada havia uma gaiola com passarinhos comuns. As avezinhas picotavam as ramagens verdes que penetravam em sua prisão. Parecia um pedacinho do céu. Junto à porta havia um banco de pedra tosca, onde me sentei para ouvir os passarinhos que cantavam ruidosamente alegres e satisfeitos. Em poucos instantes saiu da casa uma mulher jovem e expedita, vestida com simplicidade. Surpreendeu-se ao ver-me, mas refez-se rapidamente, dizendo:

– Entre, senhora, e sentará com mais comodidade.

– Não, deixe-me aqui. Estou me deliciando em apreciar tudo e em escutar o canto dos passarinhos.

– Como queira, senhora. Tenho muito prazer em ser-lhe agradável, porque sei quem é e quero-lhe muito.

– Sim?... quanto me alegro!

– E quem não há de querer-lhe, senhora? Meu marido tem pela senhora verdadeira adoração. Tem trabalhado, graças à senhora.

– Sim? E que faz ele?

– É meio-oficial de pedreiro.

– Só meio-oficial?

– Só, porque não tem muita saúde e não pode subir em andaimes, que sente tontura. É, então, como se diz, um servente dos pedreiros. Mas, graças a Deus, seus companheiros estimam-no muito e, embora ganhe pouco, não nos falta o pão de cada dia.

– Pois esta casinha não revela miséria.

– É que eu também trabalho.

– Em que trabalha?

– Já vai ver – e entrou na casa, voltando em seguida com um pequeno tear onde se entrelaçavam variados fios, formando um bordado precioso. Nunca tinha visto trabalho igual! Parecia que não tinha sido trabalhado por mãos humanas, tal a sua brancura imaculada.

– Quem a ensinou a produzir esta maravilha?

– Minha mãe. É uma herança de família. Minha bisavó foi criada num convento onde aprendeu muitas prendas de mãos, e entre elas esta.

– Pois ainda não vi trabalho semelhante.

– Aqui sou a única que sabe fazer e tudo que faço é levado por um funcionário de uma casa estrangeira, que passa por aqui duas ou três vezes ao ano. É um trabalho muito difícil, tanto que só produzo um palmo por semana. Mas pagam bem, e assim vivemos sem grandes dificuldades, meu marido, meu menino e eu.

– Tem um filho?

– Tenho e já estará aqui, que ouço-o cantar.

Realmente, apareceu um formoso menino, de rosto branco rosado, cabelos loiros naturalmente cacheados. A blusinha que usava era muito limpa.

– Olhe, meu filho – disse-lhe a mãe –, esta senhora é aquela de quem seu pai tanto fala, a quem tanto quer, e que chama de *mãe dos pobres*.

O menino olhou-me fixamente. Não parecia que estava sendo olhada por uma criança, mas sim por um pensador profundo. Deve ter ficado contente com aquele exame mudo, porque aproximou-se mais, e apoiou-se em meus joelhos, como se me pedisse beijos.

– Como se chama? – perguntei-lhe.

– João.

– E quantos anos tem?

– Já tenho seis anos!

– Sabe ler?

– Não, as freiras só me ensinam a rezar. Deixam-me brincar quanto quero. Dizem que eu sou muito bom menino!

– Eu também acho, mas é preciso que aprenda a ler.

– Eu também quero aprender e já conheço uma letra. Aprendi sozinho!

– Sim? E que letra conhece?

– A letra *O*.

– Bem, já que é tão bom, quero deixar-lhe uma recordação.

E entreguei-lhe minha bolsa com diversas moedas de prata, dizendo: – Isto é para que sua mamãe lhe compre uma camisa nova e, quando a vestir, lembre-se de mim.

– É que também me lembraria se ela me comprasse doces. Gosto muito de doces...

– Pois que lhe compre doces, e que a minha lembrança para você seja tão doce como desejo.

E, dirigindo-me a sua mãe, acrescentei: – Diga-me o nome do seu marido, que a partir de amanhã ele ganhará salário dobrado, pois vocês dois sabem aproveitar o tempo de sua vida. São depositários fiéis do tesouro que Deus confia a seus filhos, pois vocês o tem aumentado com suas virtudes. Em meio à sua pobreza sabem amar-se uns aos outros e educar o seu filho. Bendito seja este lar! Bendito seja!

Mãe e filho quiseram beijar-me as mãos e eu lhes apresentei o rosto. Com que entusiasmo ambos me beijaram!... Naqueles momentos, como se os próprios passarinhos engaiolados tivessem inveja de tanta felicidade, cantaram ruidosamente, como se dissessem: – E para nós outros não há nada?

Como saí bem impressionada daquela casinha! Era um céu em miniatura. Ali tudo era harmônico, risonho, encantador. Aquela casinha era o paraíso dos meus sonhos. Como deve ser bom, pensava, esperar a chegada de um filho!... E como é horrível, por falta de entendimento, converter a casa num inferno. E mais horrível ainda se um filho grita que tem fome!... Que mundo tão triste este, meu Deus!... e tão alegre podia se tornar, se todos os seus habitantes fossem como os da casinha branca. Entre tantas mulheres e tantos homens, só encontrei dois razoáveis.

– Senhor! Por que o mal campeia dessa forma? Por que tanto escasseia o bem?

Quando entrei em meu quarto, achei-o delicioso. Minha caminha tão branca, meus móveis tão limpos, minha mesa tão simétrica e arrumada, minhas *flores do céu* sempre louçãs e cheirosas, tudo era belo. Deixei-me cair em minha poltrona e exclamei: – Senhor! Estou só. Não tenho quem me estreite nos braços, mas aqui tudo é paz e repouso, luz e harmonia. Graças, Senhor!

Deitei-me tranquila e dormi muito bem. Levantei-me inspirada e pus-me a escrever minhas impressões do dia anterior. Quando descrevi a casinha branca, o pedacinho de céu arrancado do espaço por uma mulher inteligente e de coração, ao pintar aquele lar delicioso, chorei sem perceber, e ouvi uma *flor do céu* dizer: – Escreva e chore, que o pranto é a essência do sentimento.

Continuei escrevendo com uma rapidez vertiginosa, e na hora de descrever a mulher abandonada e embrutecida, disse-me a flor:

– Escreva, escreva, que é para você mesma.

– Para mim?

– Sim, para você. Quando deixar a Terra, vai ler os seus escritos e vai lhe fazer falta lê-los.

– Porque ninguém fará caso deles, verdade?

– Seria melhor para você se assim fosse, porque será tida como uma fanática, perturbada, e não como uma mulher razoável, que é o que você é na realidade, por saber buscar a razão de todas as coisas. Os seus trabalhos não serão compreendidos nem pouco nem muito. Seus escritos são repletos de verdades, mas farão deles um tecido de mentiras.

Reuni-me depois a meus irmãos, com quem estive contente e risonha. Meu irmão mais velho também estava muito falante. Depois de cearmos ele me disse: – Há duas noites que, não sei se dormindo ou acordado, vejo você tão claramente, que parece entrar em meu quarto pessoalmente para falar-me com carinho... Diga-me, o que é isto? Qual o propósito ao consolar-me? Você coloca a mão em minha antiga ferida e eu sinto um consolo imenso. Rogo a você que continue vindo, porque sua visita me transmite vida nova.

– Juro-lhe, meu irmão, que pedirei a Deus para poder ser útil a você.

Quando, pouco mais tarde, me deitei, pedi a Deus que me permitisse ter consciência do que se passasse comigo durante o sono. Já adormecida, transladei-me ao aposento de meu irmão, uma câmara senhorial, com um grande leito. Ali ele se agitava. E sua intranquilidade aumentou ao ver-me:

– Vá embora! Não é a você que espero. Você é a peçonha da minha vida, a que me fala de honras e delitos. Quero que venha a outra. Vá... vá-se daqui. Retirei-me, mas ainda pude ouvir a sua voz que dizia: – Ah!... já está aqui! Você sim que é minha irmã. Seja bem-vinda!...

– Mas, Senhor – disse eu –, que é isto? Quantas personalidades há em mim? Ninguém me respondeu. Aturdida e contrariada, entreguei-me ao repouso.

No dia seguinte, perguntei a meu irmão o que se tinha passado, e ele me disse: – Ah! Se você soubesse! Veio outra antes de você, quer dizer, era você, tal como a vejo acordada, e logo voltou adormecida e me falou com o maior carinho. O que não fez foi despedir-se com a ternura das outras vezes. Essa noite, ao contrário, você saiu rapidamente.

– Mas, meu irmão, é muito estranho o que me conta, tanto que não sei explicar como me apresento a você de formas diferentes. Qual delas serei eu? Eis aqui o grande problema.

Retirei-me para os meus aposentos e dirigi-me às *flores do céu*: – Alguma de vocês consegue dizer-me o que se passou esta noite com meu irmão, que diz ter-me visto em duas figuras diferentes?

As flores agitaram-se, cochicharam entre si e por fim uma respondeu gravemente: – Não se trata de duas individualidades. Trata-se da luta entre o material e o espiritual. Seu irmão a enxerga revestida com as impressões humanas e, quando você se coloca a maior distância, os seus anseios espirituais irradiam melhor e, na medida em que se aproxima ou se afasta, ele a vê com as suas imperfeições e intolerâncias humanas, ou com o seu amor imenso, com a sua abnegação sem limites pelo bem universal.

– Mas o que é que impera em mim? O espiritual ou o humano?

– Impera o meio ambiente que a rodeia. Quando se entrega de corpo e alma às lutas da humanidade, o seu espírito revolta-se, quer *desfazer agravos e endireitar o que está torto*, e se converte em um *mentor insuportável*, porque quer realizar o impossível, quer arrancar pela raiz os vícios arraigados nas gerações desde a noite dos séculos. Mas, logo que o seu corpo dorme, o seu espírito faz uma *retrospectiva* da ciência que adquiriu, dos seus trabalhos regeneradores, dos seus sacrifícios pela redenção da humanidade, e vê claro, muito claro os horizontes ilimitados da vida eterna. Foi assim que se acercou de seu irmão, não vendo nele um pecador como muitos, mas um espírito que muito breve habitará os espaços e que você se incumbe de prepará-lo para as doçuras espirituais. Quando, porém, não calcula bem a distância e se aproxima dele antes do tempo, ele a vê com o seu envoltório terreno e a rechaça, porque o tem feito sofrer. Ao se afastar, porém, você envolve-se em um envoltório mais luminoso, mais etéreo. E ele, ao vê-la, abençoa-a, venera-a e julga que seja a sua salvação. Mas, na realidade, essa metamorfose não é mais que a consequência natural do trabalho realizado pelo seu espírito. E assim como os bons trabalhadores se vestem nos dias de festa com os seus melhores trajes, assim o espírito, quando se desprende do seu envoltório terreno, engalana-se com a indumentária que ganhou vencendo as suas paixões, no trabalho para o bem comum.

A flor calou-se e fiquei muito pensativa, impressionada com as vidências de meu irmão, porque ele não era homem nem de visões nem de sonhos.

À noite, reunimo-nos todos à mesa e notei nos olhos de meu irmão algo de estranho, o que me fez perguntar:

– Como está?

– Muito bem. Quem não está bem, tendo a seu lado um anjo como você? Está com a mania de pensar em males que não existem.

Deitei-me pedindo a Deus pela sua vida e ouvi uma voz que me dizia: – Vai perdê-lo, a ele e ao outro.

– Ao outro?

– Sim, ao outro que está longe.

Durante o sono vi abismos profundos, mares encapelados, vulcões em ebulição, que só eu sei!... Depois, vi um velhinho que me perguntou:

– Aonde vai?

– Ao céu.

– Ainda não pode entrar lá.

– E por quê?

– Porque ainda não fez por merecer.

– Mas eu tenho muito medo de ficar na Terra. Vou perder dois seres muito queridos.

– Não se incomode com isso. Se eles vieram, têm que partir.

– Ficarei sem o seu apoio. A força de seus braços vai me fazer muita falta.

– Falta? Por acaso não lhe ficam os braços de Deus?

– Diga-me, o que são as religiões?

– São as alavancas que impulsionam os espíritos na ignorância. Não tenha receio. Conte com os braços de Deus.

– Mas, na Terra, precisa-se de uma sombra humana com que nos protegermos.

– Volte para o seu corpo e volte tranquila, que não lhe faltará uma sombra protetora.

Despertei triste. Iria eclipsar-se o sol da minha vida? Saí ao campo em busca de distração. Foi em vão. À noite, perguntei de novo a meu irmão: – Como está?

– Melhor que nunca, mulher! Que mania de perguntar!

Naquela mesma noite, precisamente às doze horas, morreu meu irmão, estreitando-me a mão e dizendo-me: – Que lástima! Mas agora é tarde.

Sua morte foi instantânea. Que noite aquela, meu Deus! Que noite!...

Quanto sofri! Quanto chorei, quanto!... Uma morte assim repentina rompe violentamente os laços misteriosos que unem os seres da Terra.

Uma enfermidade longa prepara o ânimo do paciente e dos seus parentes, e a separação ocorre sem grande dor, sem ser drástica. Mas quando em pleno gozo da vida sente-se no coração a picada da víbora, dá-se um grito aterrador, como deu meu irmão. Seu grito ressoou em toda a casa e mais ainda no meu coração. E eu o vi desestruturado, aterrado ante o desconhecido, dizendo-me com o maior desespero: – *Que pena, mas agora é tarde*!

Para que seria tarde, meu Deus?... Que angústia senti! Que desconsolo! Olhei em torno e senti o frio da morte. Abraçada ao seu cadáver, tocando-lhe o coração inerte, convenci-me, infelizmente, que tudo para ele acabara na Terra, tudo!... Tanta vida, tanta força, tanto amor, tanta solicitude, tudo havia desaparecido em menos de um segundo. Oh! E não podia desaparecer! Impossível! Impossível!... E eu olhava o seu corpo, querendo surpreender um estremecimento, uma contração, quando ouvi uma voz que me dizia:

– Deixe que volte à terra o que é da terra, que o espírito oportunamente dará conta a você de sua transformação.

Escutei bem essas palavras, mas o meu desconsolo aumentava ao considerar a minha solidão, o meu isolamento. Toda a família universal não compensa o calor de uma alma querida em contato conosco. As demonstrações de carinho, as repreensões da experiência, as advertências de um ser que nos ama são insubstituíveis. Na Terra, os corpos necessitam uns dos outros e se atraem. E a lei de atração é justa, como todas as leis que regem o universo.

64. Abnegadas mulheres

É-me impossível traduzir o que senti quando morreu meu irmão. Há momentos na vida que não podemos descrever. Pareceu-me que tinha perdido todas as minhas esperanças, todas as minhas ilusões e todas as minhas energias. Que choque! Que desastre! Inesperadamente romperam-se todos os vínculos que me prendiam à vida!...

Enxuguei o pranto e pus-me a contemplar aquele corpo que, com a sua aterradora imobilidade, parecia dizer-me: – Você perdeu tudo.

Benjamim, compreendendo a minha angústia, tomou-me pelo braço e apertou-me com tamanha força, que lancei um grito de dor. Foi quando disse-me sentido e enciumado: – Desperte, mulher! Desperte! Eu não sou nada para você? Todos veem como você o queria! Bem mais do que a mim!...

– Mais do que a você, não! Mas ele fez as vezes do nosso pai, bem sabe; interessou-se por nós mais que nosso próprio pai. Deixe-me, pois, que eu chore por ele e chore comigo. Seríamos muito ingratos se assim não fizéssemos.

Apoiando-me no braço de Benjamim, saí da câmara mortuária e encontrei-me com toda a família que acudira pressurosa para render o último tributo a um homem que tinha sido um pai para todos, menos para seus filhos. Que enigma! Que aberração! Cada indivíduo é um mundo em formação; em muitos deles sobra o sentimento, mas escasseia o bom-senso! É bem verdade que cada existência do espírito é um capítulo da sua eterna história. Por isso não há ligação entre os atos da sua vida. E nem poderia: todos eles são fios pendentes de outros acontecimentos ou continuação de existências passadas. De outro modo não se pode compreender que um homem possa ser a providência de muitos e um tirano para aqueles a quem deu a vida. Meu irmão foi um destes.

Entre os recém-chegados estava a minha sobrinha, que abraçou-se a mim, dizendo: – Minha querida tia! Pobrezinha! Quanto sinto por você! Perdeu mais do que ninguém e por isso vim consolá-la.

– Você chega sempre na hora, minha filha. E não se esqueça que ninguém mais do que você pode-me consolar. É tão boa!

Ao chegar ao meu aposento, Benjamim despediu-se abraçando-me e chorando amargamente. Seu pranto consolou-me. Ele sabia sentir. Os seus acessos de ciúmes tinham morrido, renascendo em seu lugar o mais nobre dos sentimentos: o amor fraternal.

A sós com minha sobrinha, esta fez questão que eu lhe contasse todos os detalhes da morte de meu irmão. Sem omitir nada, contei-lhe tudo, até as minhas visitas a ele em espírito. Olhava-me muito surpreendida, dizendo-me ao mesmo tempo que movia a sua prodigiosa cabecinha: – Acredito, porque é você quem diz, mas... pode haver coisa mais extraordinária? Olhe que isso de ir-se a alma e o corpo ficar tão quietinho como se estivesse morto... Olhe bem, minha tia! Não faça muitas visitas dessas. Pode ser que se entretenha pelo caminho e quando voltar encontre o seu corpo morto... Não morra, porque se você morrer, eu morro também.

Quanto me queria aquela criatura! Era verdadeiramente um anjo!... Retirou-se com muita pena, porque a sua vontade era estar junto a mim. Mas eu não queria, de maneira alguma, privar sua mãe, minha zelosa irmã, da grata companhia da filha, pois felicidade usurpada deixa de ser felicidade.

Ao ficar só, comecei a ouvir um murmúrio acentuado. É que ia aumentando o número de visitantes que entravam para ver o morto. Benjamim multiplicava-se para atender a todos. Repentinamente, ouvi um grito agudo, que exprimia o desespero de uma mulher. Atrás daquele grito ouvi muitas vozes juntas e uma suplicante que dizia: – Por Deus, deixem-me entrar.

À sua súplica, seguiu-se o pranto desesperado, e vozes enérgicas impedindo-lhe a entrada.

Compreendi logo quem era aquela mulher e corri ao local onde se desenrolava aquela tão triste e tão violenta cena. Ela dizia: – Deixem-me chegar até ele, porque me pertence. Foi muito ingrato para comigo, mas não importa, é meu, é meu! Não sabem quem sou?

Aproximei-me dela e disse-lhe ao ouvido: – Acalme-se, mulher! Acalme-se, que há tempo para tudo.

Ela olhou-me irritada e eu continuei: – Repito que se acalme. Eu também tenho direito a ele; sempre o amei como se fosse meu pai. A infeliz, então, compreendendo quem eu era, deixou de lado sua altivez, dizendo-me humildemente: – Faça de mim o que quiser. Sei quem é e o que tem feito por mim, sei tudo.

Tomei-lhe a mão e levei-a junto do cadáver, dizendo-lhe: – Olhe para ele... e ore.

– E beijá-lo, posso?

– Sim, beije-o quanto quiser, que os seus beijos de agora serão o prefácio da segunda parte da história amanhã.

A infeliz, cheia de temor e angústia, beijou-o castamente na fronte e nas mãos. Aqueles beijos demonstravam a mim o quanto ela valia. Eram beijos respeitosos e apaixonados ao mesmo tempo, beijos que revelavam a pureza da sua alma, beijos que lhe permitiram conquistar a minha admiração.

Compreendi que era preciso pôr termo àquela cena e, passando-lhe o braço pela cintura, conduzi-a para os meus aposentos. A coitadinha, ao entrar no meu quarto, tremeu convulsivamente, dizendo tímida: – E posso entrar aqui? O que farei neste santuário?

– Que fará? Chorar pelo amor dos seus amores. Chore e desabafe, chore e tranquilize-se. Pensou talvez que eu abandonaria você? Está errada. Chore... chore, não abafe as lágrimas, porque precisa viver para os seus filhos.

Ao ouvir as minhas últimas palavras, como se tivesse desprendido a porta de um abundante manancial e este, livre de obstáculos, brotasse impetuoso, assim, dos olhos daquela desventurada brotavam rios de lágrimas e da sua boca, queixas deveras amargas. Quanto chorou aquela infeliz! Não tinha consolo. Ao desabafar, entendia-se quão justas e ponderadas eram as suas recriminações! A verdadeira dor é eloquente, e aquela mulher, dominada pela mais horrível das penas, falava com tanto sentimento, que me uni a ela, lamentando o seu infortúnio. Por fim ela tranquilizou-se um pouco e pude dizer-lhe:

– Ainda não fui ingrata com ninguém; tampouco serei com você.

– Sabe de toda a minha história?

– Conheço-a em parte; há nela muito de bom e muito de mau.

– Não sei o que nela há, senhora. Só sei que sou de uma família pobre e honrada. Seu irmão me amou muito e eu... obedeci a todos os seus ditames e acedi a todas as suas exigências, embora para isso tivesse de separar-me de meus pais, aos quais dei o pão em troca da honra que lhes roubei. Mas eu o amava tanto... Chorei quando ele chorava e teria dado a vida para não vê-lo chorar.

– Meu irmão chorava?...

– Sim, senhora. Chorava pela ingratidão dos seus parentes, e eu procurava reconfortá-lo e distraí-lo, mas ele não se consolava e dizia-me: – É uma pobre mulher e nada mais. Nem consolar sabe. Quando fui mãe pela primeira vez, ele ficou muito mais amoroso para comigo. Queria loucamente ao nosso filho, creio que mais do que a mim. Recomendava-me sempre que eu olhasse por ele, acrescentando: – "Que ninguém, ouviu?... que ninguém nunca saiba que este menino é meu filho". Aquela ordem era um mistério para mim, fazia-me sofrer muito e passei a evitar acariciá-lo. Quando ele me pedia contas do meu retraimento, eu lhe dizia: – Parece-me que estorvo você cada vez mais. Lamenta-se constantemente dizendo que está tão só!... E eu não sou nada? Sou, por acaso, uma pedra?...

– "Uma pedra, não, propriamente. Talvez um estorvo."

– Como me feriu aquela palavra! Eu era um estorvo, um tronco em seu caminho. Havia cedido aos seus afagos, abandonado a minha honrada família, vivido unicamente para ele!... Que ingrato ele estava sendo para mim! Que ingrato!... Tive mais filhos, a quem ele amou muito, mas a mim ia me odiando cada vez mais, eu sabia. Quando estava rodeado dos filhos, se eu me aproximava, ele fazia um gesto de impaciência e dizia-me: – "Vá-se daqui, quero estar só com eles".

E prosseguindo:

– Um dia chegou furioso, transtornado de cólera e pegando-me pelo braço, disse-me: – "Que fez você, desventurada? Denunciou o segredo dos nossos amores?"

– Mente e mente como um velhaco, pois a ninguém contei o meu infortúnio. Não falo com ninguém, você bem sabe; procuro esquecer a minha desgraça, embriagando-me, mas falar, jamais!

– "Ah! Essa agora! Folgo em saber que se embriaga, porque a levarei para um lugar onde não veja o sol" – disse ele.

– Meu filho mais velho, que já tem quinze anos, repreendeu seriamente a seu pai, e foi convincente, mas ele não se comoveu. Antes pelo contrário, irritou-se e encolerizou-se mais ainda, tanto que acho que foi aquele desgosto a causa da sua morte. Julguei que ele não voltasse mais, mas voltou e seu filho de novo o repreendeu. Eram dois temperamentos de ferro! As discussões sempre foram acirradas. Meu filho não cedia em seu direito, seu pai não capitulava, e um dia desesperou-se tanto, que disse louco de raiva: – "Você é meu filho, quero crer, mas que importa que seja, se sua mãe é uma prostituta?"

– Que horror, senhora! Que horror! Queixava-se da sua própria obra!... Meu filho por pouco não o matou. Tive que colocar-me entre os dois para evitar uma desgraça maior. Desde aquele dia tudo mudou. Quando ele chegava, só saía para recebê-lo o menino mais novo; eu e os demais escondíamo-nos. Da última vez, como se pressentisse a morte, chamou-nos a todos, acariciou-nos e, dirigindo-se ao filho mais velho, disse, abraçando-o: – "Tenho buscado a forma de legitimá-los, de dar-lhes o meu nome. A eles, e não a você" – disse, olhando-me com desprezo.

A infeliz continuava a desabafar:

– Essa foi a sua última ofensa, senhora. Quanto sofri!... Seu irmão era muito grande por fora e muito pequeno por dentro, mas eu o amava. Conhecia muito bem os seus defeitos, e o seu desprezo feria-me profundamente, mas... eu o amava! Não podia viver sem ele!

Eu escutava a pobre mulher e pensava: – Será que viver é isto?... Para ser mãe assim é preferível morrer, sim, mais vale morrer. Ser mãe e merecer o desprezo do homem adorado... Que horror! Como não enlouqueceu, a pobre mulher?...

E, olhando-a, disse: – Pensava que eu iria enxotá-la daqui? Não! Aqui ficará comigo. Para mim você é a viúva do meu irmão; vai sentar-se à minha mesa juntamente com seus filhos até que seja lido o testamento, e se meu irmão não tiver sabido cumprir com o seu dever, eu nunca abandonarei vocês.

A pobre mulher não escondia seu assombro. Providenciei que os seus viessem e toda a minha família tratou com respeito os órfãos e sua mãe. Esta, diga-se de passagem, não podia ter sido mais discreta nem mais humilde. Eu, observando o seu procedimento, disse aos meus: – Se esta mulher tem vícios, havemos de tirá-los, porque os vícios adquiridos para esquecer ingratidões são fáceis de tirar.

Chegou, enfim, o dia de ser aberto o testamento, e eu disse a mim mesma: – Se meu irmão não foi justo, darei a seus filhos a minha herança e irei para o convento, pois lá não necessito de nada. Pensando assim, olhei o *ramo do céu*, de onde agitou-se uma flor que me disse: – Nada tema. O céu abre-se sempre para as almas generosas.

Passei ao grande salão, de aspecto imponente. Lá estavam todos de minha numerosa família, parentes até de quarto e quinto grau. A viúva e os órfãos esperavam a sua sentença numa câmara contígua, de onde podiam acompanhar os acontecimentos. Entre os presentes havia diversos padres. A leitura começou. Foi longa e pesada, pois entre os bens de meu irmão havia várias capelanias e legados com cláusulas desagradáveis para os parentes herdeiros, já que estes teriam que ser religiosos, sob pena de perderem a pequena herança. Seguiram-se, então, pequenas ofertas para os criados mais antigos e, por último, nomeava-me herdeira universal da sua grande fortuna. Para a pobre família, que era a sua mulher e os seus filhos, deixava uma pequena quantia.

Ao ser lido o meu nome, todas as cabeças se viraram movidas pelo sentimento da inveja. Usando de hipocrisia, todos felicitaram-me. Mas Benjamim deu-me um aperto de mão tão sincero que, por pouco, não me desconjuntou. Pedi a todos alguns momentos de atenção. Estupefação geral: o que iria eu dizer? Logo dei por satisfeita a curiosidade dos presentes: – Senhores, meu irmão não foi justo. Para mim bastava uma pequena soma para os meus pobres. Aqui há uma família deserdada. Como meu irmão morreu repentinamente, não teve tempo de emendar os seus erros. E já que ele não deu um nome a seus filhos, eu darei a eles a fortuna que de direito lhes pertence.

Todos ficaram mudos, menos o escrivão, que levantou-se radiante de alegria e disse-me: – Não me enganei, senhora, ao crer que cederia a fortuna aos seus verdadeiros herdeiros. A senhora nada mais quer deste mundo!

– Quero – disse eu –, quero deste mundo o amor e a família.

– Seu tesouro está no céu, que é onde está Deus – exclamou minha sobrinha.

Compreendendo que a viúva e os órfãos deviam estar aflitos para me ver, fui estar com eles. Nunca esquecerei os seus semblantes irradiando alegria! O menino mais velho, com especial ternura, olhou-me e disse solene: – Permite que eu lhe dê um abraço?

– Sim, meu filho, quantos quiser.

Ao ouvir-me, o rapaz atirou-se em meus braços e por um instante o seu rosto se transfigurou: enxergava nele o rosto de meu irmão.

Deixei-me acarinhar por todos eles, dizendo-lhes: – Tenham em mim uma segunda mãe; a minha herança será para vocês e o seu pequeno legado será para os meus pobrezinhos.

A viúva rogou-me a proteção direta, uma vigilância extremada para que a fortuna dos seus filhos não fosse depreciada.

Prometi-lhe todo o auxílio possível e fiz por onde, trabalhando dia e noite para que os escrivães, vendo o meu exemplo, trabalhassem sem descanso.

Foi de tal importância a cessão que fiz da minha significativa parte na herança, que a notícia chegou até o trono e recebi os cumprimentos do rei.

No processo da herança, trabalhei muito mais do que fundando conventos. Quantas dificuldades para cumprir o meu sagrado dever!... Grandes males quitam pequenas penas e o convívio com a viúva de meu irmão foi muito benéfico, porque morreram em mim os desejos de ter um filho. Se o tivesse, poderia ouvir seu pai dizer-me que queria ao meu filho, mas a mim, que me desprezava!... Que horror! Se isso tivesse acontecido comigo, eu me envergonharia de tê-lo amado.

Falei depois com as *flores do céu*. Perguntei-lhes se ia por bom caminho, e todas me disseram que sim, que cumprir com o dever é fazer a jornada em dobro. Mas, infelizmente, também me disseram: – Prepare-se para sofrer outra perda.

– E o que me restará depois?

– Ficar-lhe-á – disse a flor que simbolizava a justiça – a sua própria história.

– Tem razão, minha história irá bastar-me e ficarei satisfeita, porque já estou curada das minhas loucuras. Já não desejo ter filhos, porque seria horrível seu pai manifestar amor aos meus filhos e não a mim, considerada um *tronco*, um estorvo! Que palavra, meu Deus!... todo o ouro do mundo não é bastante para apagar a sua maldita lembrança. Pobre irmão meu!... quanto terá que sofrer!

Visitei depois as obras do convento e o arquiteto falou-me muito do padre, dizendo que ele era muito bom.

– Se concordam que é bom!... pois que aproveitem as suas virtudes.

Depois, continuei passeando, porque desejava estar completamente só. Era feliz, estava satisfeita com a minha obra, por que negar? Lentamente, porém, a melancolia foi se apoderando de mim e, pisando as flores silvestres, exclamei: – Pobres florzinhas! Pisoteadas, tanto quanto as mulheres! Pobres mulheres!... e são elas as mães dos homens!... Senhor! Quanta ingratidão!... Serei algum dia homem?... Por ser tão grande, o homem é o mais ingrato da criação. Como é triste viver entre tantas misérias! Apesar disso, quisera ser homem. Serei algum dia?

– Sim – disse uma voz –, será homem quando tiver conseguido ser uma mulher digna e boa.

– Mas não sou ainda?

– O tempo dirá.

65. Uma sucessão de aparentes perdas

Fui para casa após o passeio. Minha preocupação aumentava. Queria distrair-me e não podia. Há ocasiões em que as energias parecem esgotar-se. E vamos nos tornando tão pequenos que é quase impossível recobrar as forças perdidas na rude batalha da dor. – Por que estou aqui? – perguntava-me com temor. – Por que vejo os horizontes da minha vida envoltos em sombras? Acabo de perder meu poderoso esteio. Posso ser estimada e querida por muitos, mas como era por meu irmão, nunca! Ele tinha tanto valor!... não era muito carinhoso e complacente como seria de se desejar, mas de pé, dava-me sua sombra.

Ninguém respondia às minhas indagações; as flores não me falavam, o Sol e o espaço tinham para mim só nuvens densas. Meu abatimento era absoluto e havia dias que eu não podia andar.

Uma manhã, olhando o campo através da janela, dizia a mim mesma, dominada pelo desânimo e pela tristeza: – Como me sinto mal, meu Deus! Tão mal e ninguém vem me ver, ninguém! Que solidão! Pensando bem, é melhor assim. Devo consagrar-me exclusivamente à memória de meu irmão, e meu luto deve ser o isolamento; mas... ninguém vem me visitar! Que abandono! Quando ele era vivo todos me consideravam, todos!... e agora... agora ninguém mais se lembra de mim!...

O pior era que também não podia sair e, ainda que saísse, que me diria o campo? Nada!...

Sentei-me junto à minha mesa querendo escrever, mas os meus esforços foram inúteis. Não me foi possível concatenar as ideias. Lutar com a impotência é fatigante e a minha paciência estava em seu limite. Anunciaram-me, então, a chegada de meu amigo padre. Sua visita não me alegrou. Mistérios do coração! Queixava-me do meu abandono, da minha solidão, e à chegada de um amigo, sentia profunda contrariedade. Dominei-me quanto pude e fui recebê-lo. Que viria dizer-me? Nunca vinha a tempo.

Logo que o vi, fiquei impressionada. Estava irreconhecível! No seu rosto lívido estavam patentes os sinais de aguda moléstia e os seus olhos revelaram a mais profunda tristeza. Perguntou pelo meu estado de saúde e eu lhe disse:

– O meu corpo está bem, mas o meu espírito está mal, muito mal. Nunca estive assim.

– Eu também estou enfermo. Deve ter dito que sou um ingrato e um mal-educado, um homem sem sentimentos, sem coração. Mas, acredite, estou doente. Senti muito a morte de seu irmão, porque ele era um homem digno da sua pátria e da sua linhagem. Era um verdadeiro fidalgo da nossa Espanha gloriosa. Quis vir para chorar com você, mas não pude. Comecei a enfraquecer até ficar prostrado numa poltrona onde permaneci diuturnamente. Tão logo melhorei vim cumprir com o meu dever. Não lhe dirijo palavras de consolação. O que poderei dizer? Suas ideias voam, e voam tão longe!... Seu irmão foi-se, nada mais. Por que foi-se tão depressa? Quereria vingar-se de nós? Não sei. Só sei que sentimos a sua ausência, que estamos abatidos, que nos falta o seu apoio, eis tudo quanto posso dizer-lhe.

Eu o ouvia atenta.

– Lembro-me daquele dia em que adormeci aqui. Ele me olhou de um modo... que nunca esquecerei. Não sei definir, mas o seu olhar dizia-me tantas coisas!... Seus olhos repreenderam-me, acusaram-me, interrogaram-me, disseram tudo quanto se tem que dizer a um homem. Bem sei que adormeci contra a minha vontade, obedecendo a forças superiores às minhas. Por três vezes me fez dormir e... quanto lamento! Não posso definir o que se passou, não me bastam os meus estudos profundos para dar-me conta do ocorrido... Adormeço estudando, e desperto alterado e confuso. Mas, agora que estamos a sós, agora que ninguém nos perturba, diga-me o que é isto. Dê-me a explicação deste mistério. Por que me faz dormir? Fale, fale, senão enlouqueço.

À medida que ia falando eu ia recobrando as forças, repelindo o meu abatimento e, mais animada, disse-lhe assim:

– Pede explicações que não lhe posso dar, porque tem mais talento e preparo do que eu. Eu não o domino, nada faço de extraordinário para apoderar-me da sua vontade. Você mesmo é que adormece. Somente digo: "meu Deus! que ele durma". E ao vê-lo adormecido pela primeira vez, como estava belo!

Ao ouvir estas palavras, ele agitou-se violentamente, mas dominou-se e eu prossegui: – Sim, estava belíssimo e eu pensava: que dirá ele? Gosta tanto de ir ao encontro do extraordinário!... E falou tanto a meu irmão do que já teve suas consequências... Se ele o tivesse escutado, como teria sido bom para ele! Eu ignorava tudo, tudo! Falou depois ao meu protetor e fê-lo pensar muito! E eu... quanto me alegrei ao ouvi-lo! A verdade brotava dos seus lábios como a água de um manancial escondido. Eu não o inspirei, outros o fizeram; eu apenas testemunhei.

– Você o viu?

– Sim, não precisamente os que o inspiraram. Vi muitos dos que habitam *o lado de lá*, e mais ainda, a origem da minha vida. Vi a luta de meu espírito desde o mais abjeto e miserável, até o que sou agora. Vi o *céu*, que é uma oficina imensa onde todos trabalham para a sua recuperação e engrandecimento. As almas falavam comigo. Havia uma que era toda luz. Que rosto! Que olhos! Que sorriso!... Nada na Terra é comparável à sua expressão! Esse mesmo espírito vi depois transformado num ancião que disse-me muitas vezes: – Perdoo-a, infeliz! Perdoo-a!... E quando ele falava, as flores, as aves e os mares, tudo me dizia: – Perdoo-a!

Quando avistei-o jovem e admiravelmente formoso, disse-me: – Virá com os seus amores e estará em mim quando tiver passado por todas as nuances da dor. É a este espírito, radiante de formosura, todo luz, que eu amo! Ele é o meu Deus, a minha vida, a minha fé, a minha esperança! A minha redenção!...

O padre escutava-me extasiado e disse-me com todo o entusiasmo: – Quanto me alegro com o que diz! Creio que, permitindo Deus que eu durma desse modo, vou valer no futuro, desperto, mais do que valho hoje. Vou estudar muito, minha irmã, e esse estudo vai me permitir conhecer a grandeza do nosso redentor e a de seus mártires, e assim saberei apreciar o desconhecido, o ignorado, os mistérios do mais além. E agora, o que direi a você do seu irmão? Que ele não morreu e por isso não lhe dou os pêsames. E se ele me escuta, eu rogo a ele que me perdoe se involuntariamente o ofendi. E rogo às alturas que não me façam adormecer. Quero ver tudo desperto. Você tem tudo, o meu sono não lhe faz falta.

– Não tenho tudo, meu amigo; preciso de uma força, um irmão, uma vontade que vibre para mim, igual à que perdi.

– Prometo-lhe essa força e essa amizade, custe o que custar.

Retirou-se, e fiquei muito contente, por que negá-lo? Já não estava só!... E pensando no meu amigo, murmurei: – Este homem me ama e eu lhe quero, mas hei de fazer por amá-lo como a um irmão. Entre mim e ele colocarei as palavras de meu irmão à desgraçada mãe dos seus filhos. Não quero ser o *tronco no caminho* desse homem, isso jamais. Antes morrer que sofrer tal humilhação. E agora que já estou melhor, devo sair desta casa que já não é minha. Devo retirar-me para o meu convento. E olhando as paredes do meu quarto, despedi-me delas. Fui, então, ao convento anunciar à comunidade a minha determinação. Receberam-me admiravelmente. Quanto carinho! Quantas atenções francas e espontâneas! Aquelas mulheres não pareciam as mesmas. Tinham entrado para lá doentes e estavam sãs, robustas, coradas e com os olhos brilhantes e abertos, falando e rindo alegremente. Fiquei satisfeitíssima ao ver tal transformação!

A jovem superiora, a que chamei de *desmaiada*, estava radiante de satisfação. Quando disse que iria viver com elas, ressoou um murmúrio de contentamento. Recebiam-me todas muito bem, exceto a superiora, em quem notei um imperceptível movimento de contrariedade. No entanto, para desvanecer receios, disse-lhe: – Você continuará exercendo a sua função de superiora, porque eu sairei e viajarei muito. Onde menos vou estar é aqui, por isso não é conveniente alterar a ordem estabelecida, tanto mais que deparo com todas boas, fortes, animadas e contentes.

Reuni depois a família e pude perceber que todos meus parentes me queriam, todos sentiam pela minha decisão. Particularmente, minha sobrinha impressionou-me muito, e eu lhe disse:

– Por que se aflige assim? Vai me ver do mesmo modo de sempre. Fique certa de que não a esquecerei, minha filha. Sempre vou trabalhar pela sua felicidade para que, quando chegar à maioridade, seja muito feliz ao lado do amado do seu coração.

– Ah! minha tia! Não chegarei à idade do amor.

Olhei a menina e espantei-me, porque os seus olhos diziam: – Quero ir-me! Deixe-me ir com você!

Quando fiquei a sós com Benjamim, este disse-me: – Estou indo também, mas quando voltar quero estar junto de você.

– Isto é impossível; não pode viver no convento.

– Mas ao seu lado sim; tenho o meu plano. Vou construir uma casinha junto ao convento e verá como todos viveremos bem.

Despedi-me, então, de toda a criadagem, reiterando-lhes a minha proteção, e mais de um velho chorou sentidamente. Todos tinham conhecido meu pai. Viram-no crescer e constituir família por duas vezes. Meu irmão tinha deixado a todos o necessário para viver, com a condição de que ninguém podia tirá-los da casa senhorial: queria que ali morressem os seus leais servidores.

Muito comovida, transferi-me para o convento. Adorei a minha cela. Tinha três janelas muito grandes pelas quais eu podia ver o Sol desde o nascente ao ocaso.

– Onde vou colocar as minhas *flores do céu*? – perguntei.

– Coloque-nos onde quiser, respondeu-me uma florzinha.

– O que acham da janela do centro? Assim terão sol durante todo o dia.

– Se não houvesse outro sol senão este – murmurou uma flor –, pobres de nós!

Passei alguns dias muito tranquila; minha cela era esplêndida, ampla e ventilada. Das suas janelas podia-se contemplar diversos panoramas, cada qual mais belo. Reinava na casa uma ordem admirável. A jovem superiora era um modelo de atividade, de limpeza, de boa vontade. Toda a comunidade estava contente. Comia-se com abundância sem esquecer os pobres, e não havia exagero. Quer em rezas, quer em jejuns, todas trabalhavam no cultivo das hortas e jardins, vivendo o menos mal possível.

Passei satisfeita e tranquila alguns dias e, quando me dispunha a começar de novo as minhas piedosas visitas, recebi um pergaminho onde se dizia que o meu protetor queria morrer nos meus braços e que, sendo assim, eu acudisse imediatamente.

Chorei muito ante aquele novo percalço, mas ouvi a voz de sempre, que me dizia: – Chorar não é acudir, não se entretenha.

Despedi-me da comunidade e da minha família. Acompanhada por alguns criados de meu falecido irmão, empreendi a minha viagem para a corte. Foi uma viagem triste! Que diferença da que tinha feito anteriormente com meus irmãos! Quanta pompa! Quantos homens de armas! Iria brilhar, cercada do que havia de mais distinto na nação! Senti que eu tinha sido picada pela víbora da ilusão, mas a vida me envolvia e a esperança dava-me alento. Que belo e risonho pareceu-me o passado! Que triste e sombrio, que fúnebre o presente!

Cheguei à corte, e ninguém me esperava. Dirigi-me, ato contínuo, ao palácio de meu protetor, e desde a porta até o quarto do enfermo não se viam senão homens chorosos e aflitos, cavalheiros que falavam em voz baixa e algumas damas que oravam diante de altares improvisados. Percebi que me aguardavam porque todos me abriram passagem respeitosamente, dizendo-me alguns com seus olhares e gestos: – Corra, corra, que talvez chegue tarde.

Eu não precisava que me instigassem. Corri pelos salões, pátios e galerias na velocidade de um raio até chegar ao quarto do enfermo. Dois criados levantaram as pesadas cortinas de veludo vermelho bordadas a ouro, deixando-me ver sobre o leito uma figura luminosa. Era ele, o mesmo aspecto, mas o corpo e o vestuário, tudo era luz.

Aproximei-me do enfermo, e este me disse:

– Esperava-a. Bendita seja!

– Acha que vai morrer?

– Acho sim, minha filha. Escute: tem alguma mágoa? Nada existe no fundo da sua alma contra mim?... As mulheres... não perdoam.

– Senhor, devo-lhe por tudo o que sou. Quem me salvou de todos os perigos? Quem me fez figurar entre as eminências literárias do reino? Quem me deu recursos para que eu fundasse casas de oração? Quem me concedeu liberdade para que eu vivesse onde quisesse, livre de toda a disciplina religiosa?... Do fundo do meu coração, eu só tenho para com o senhor amor e gratidão.

– Graças, minha filha. Se existe outra vida além desta, eu prometo velar por você, aqui e *além*.

Ouviu-se um murmúrio surdo e a câmara encheu-se de sacerdotes e cavalheiros cobertos de luto. Com a maior solenidade foi celebrada uma das cerimônias da religião católica, dando ao meu protetor a extrema-unção. O moribundo, como se só esperasse cumprir aquele dever, morreu tranquilamente sem fazer o menor movimento, sem exalar o mais leve lamento. Morreu sem agonia. Sabia-se que o seu espírito já estava quase desprendido do envoltório físico, pois só assim se compreende não ter havido o menor estremecimento quando se apagou a chama da vida dos seus olhos.

Deixei a câmara mortuária porque iam vestir o cadáver com todas as suas insígnias, para o colocarem depois no salão principal do palácio. Retirei-me para um luxuoso aposento, mas não pude dormir. Via o espírito do meu protetor a flutuar em torno de mim e dizendo-me: – Não me esqueça! Não me esqueça.

Ao ouvi-lo, disse: – Senhor, creio que arrancaram algo do meu ser.

E ouvi a voz de sempre dizer-me: – Distribua o que adquirir e semeie flores por onde passar.

– Quero vê-lo, senhor!

– Pois bem, estou perto de você.

– Como? Se não o vejo!

– A culpa é sua porque se envolve com as sombras da impaciência. Olhe-me.

Então eu vi. Que formoso! Que extraordinário! Todo ele era luz.

– Tem medo, agora?

– Não! Vendo-o não tenho o menor receio. Deixe-me ir com o senhor; serei sua escrava.

– Não quero escravos; estará comigo trabalhando, progredindo, mas nunca será como eu. Entre nós haverá sempre a eternidade. Aproveite o tempo na sua atual existência, que vai ser muito proveitosa a você, pela sua duração.

– Chegarei a ser muito velha, senhor?

– Olhe para você.

E vi-me como cheguei a ser nos últimos dias da minha vida. Vi-me, sim, assisti à minha morte e vi-me coberta de flores, caindo sobre o meu corpo o orvalho bendito do pranto da dor.

Depois ele transformou-se como sempre de jovem altivo em ancião venerável, rodeado de arcos luminosos, de cores deslumbrantes, e afastou-se dizendo-me ternamente:

– *Perdoo-a na eternidade*.

66. A convivência na corte

Quando despertei, entreguei-me a profundas reflexões sobre o que tinha visto e ouvido durante o sono. Minha preocupação era tal que vi-me dominada pelas recordações do passado. Tanto é que, falando comigo mesma, dizia seriamente: – Vim aqui encontrar o que tanto desejava. Vi e falei com o meu amado. Fico tão bem quando estou perto dele!... E agora, que fazer? Vou esperar que se conclua o enterro e regressarei. Não há o que fazer aqui. Morto o meu protetor, a corte não tem para mim o menor atrativo. Aqui todos parecem felizes e eu... estou tão longe da felicidade que creio que jamais poderei alcançá-la. Acabo de sofrer duas perdas irreparáveis em tão breve tempo! Olho em torno e vejo-me tão só, tão sem amparo, que nem a sombra projetada pelo meu corpo me acompanha. Parece que o meu organismo é de uma matéria diferente dos demais corpos humanos, que por parte alguma consigo enxergar minha silhueta.

Divaguei por algum tempo até que lembrei-me que não estava ali para filosofar e, envolvendo-me no meu manto, passei ao grande salão onde, em luxuoso catafalco repousavam os restos mortais do meu protetor, rodeado de inúmeros sacerdotes que oravam junto a ele, enquanto outros celebravam missas em altares improvisados, e que eram ouvidas por devotados cavalheiros.

Não me ocupei em cumprir com qualquer preceito de *minha religião*. Aproximei-me do cadáver e ali permaneci contemplando-o com respeito, até que uma visita régia me obrigou a afastar-me para distância prudente. O rei em pessoa fora visitar o cadáver do meu protetor. Inclinou-se para ele olhando-o demoradamente, e chorou em silêncio. Olhou depois para os lados, como a procurar alguém. Ao ver-me, fez sinal para que me aproximasse e disse-me com a voz embargada.

– Acaba de perder um segundo pai.

– É certo, senhor.

– Tenho que falar-lhe antes da sua partida. Não se retire da corte sem que eu a avise. Saudou então os presentes com uma leve inclinação de cabeça e retirou-se.

Também retirei-me para o aposento que estava ocupando, muito preocupada com o que tinha me dito o rei. Que quereria ele dizer-me? Iria propor-me permanecer na corte? Isso seria terrível para mim; preferia encerrar-me no convento a ter de permanecer naquele inferno. Quis voltar para junto do meu protetor, mas receei os comentários das cortesãs e os murmúrios dos religiosos, pois todos os sacerdotes, ao me ver junto do cadáver, tinham interrompido as suas hipócritas orações para me olhar e cochichar entre si. Que religiosos aqueles! Que espécie de fervor aquele? Quanta maldade!

Permaneci, então, no meu aposento, mas por pouco tempo. Fui procurada por um velho militar, amigo íntimo do meu protetor. Alegrou-me muito a sua visita; ele era um dos meus sinceros admiradores e eu estava muito grata a ele pelas suas gentilezas para comigo. Era daqueles que diziam galanteios a toda hora. Saudou-me com o mais profundo respeito e a mais terna compaixão; falamos muito do meu protetor, e ele terminou dizendo:

– Amanhã, depois do enterro, virei buscá-la para acompanhá-la ao palácio onde o rei a espera; ele quer protegê-la.

No dia seguinte, verificou-se o enterro. De tal solenidade revestiu-se aquele ato, tantas foram as comunidades religiosas, os militares e empregados civis que acorreram para acompanhar o cadáver à sua última morada, que foi um verdadeiro acontecimento.

Concluída a cerimônia fúnebre, o velho militar procurou-me. Acompanhei-o até chegarmos ao palácio, onde entramos por uma porta secreta, o que me fez estranhar. Passamos a uma sala suntuosa e, após esperarmos um pouco, dirigimo-nos para a sala de despachos do rei. Este achava-se sentado. Ajoelhei-me, beijei-lhe a mão e expressei-lhe a minha gratidão pela sua benevolência. Fez-me sentar. Entre nós, uma mesa ampla coberta de papéis e livros primorosamente encadernados. Disse-me o rei, claramente e sem preâmbulos:

– Sua situação é muito comprometida, e viver só não será bom para você. Bem poderia recolher-se ao seu convento, mas isso é o que não queria o seu protetor nem eu tampouco. Quem poderá acompanhá-la de forma definitiva? Um padre não pode ser, de maneira alguma, porque ambos seriam pedra de escândalo. Mas você tem um irmão, e a ele compete fazer um sacrifício sendo a sua salvaguarda. Além disso, creio que ele vai casar-se, e por isso será para ele menos penosa a sua missão. Eu sou o encarregado pelo seu protetor, que foi um dos meus mais leais servidores, para distribuir a sua herança em seu benefício e no dos demais. Combinaremos isso e trabalharemos juntos no momento próprio. Diga-me agora o que pensa fazer.

Disse-lhe o que desejava fazer em benefício das crianças e dos idosos, fundando asilos onde os pequeninos recebessem uma educação esmerada, aprendendo uma arte ou ofício adequado às aptidões especiais de cada um, e os velhos tivessem albergues agradáveis onde pudessem morrer bendizendo a Deus. Falei-lhe também das mulheres perdidas pela fome. Das que, por um simples pedaço de pão, passam rapidamente de virgens castas a desavergonhadas rameiras.

O rei aprovou os meus planos e deu-me instruções e meios suficientes para começar a pôr em prática os meus projetos humanitários. Falou-me demoradamente da desmoralização que reinava nas ordens religiosas e que era preciso aproveitar as minhas iniciativas, já que, felizmente, eu não me havia ainda contagiado com tais misérias humanas.

– Agradeço-lhe, senhor – disse-lhe eu. – Cumprirei as suas ordens, consolando em seu nome.

– Em meu nome, não. Deve fazê-lo em nome da humanidade, em nome de Deus, em nome da justiça.

– Senhor, contarei a todos o que o rei faz pelo seu povo.

E falei muito e com grande entusiasmo. Ao sair, disse-me o velho militar meu amigo: – Você é uma mulher de valor e vale mais ainda falando do que escrevendo. Quando vai partir?

– Amanhã mesmo.

– Por que tão cedo? Desejo reunir alguns amigos que admiram-na e que desejam aproveitar uma ocasião ímpar, que pode não se repetir, para desfrutarem de sua companhia. Esperamos você amanhã em minha casa num jantar familiar. Virei buscá-la.

No dia seguinte, o velho militar veio apanhar-me; esperavam-me, em sua casa, a sua distinta família e vários amigos seus. Passei um dia memorável, rodeada de pessoas intelectualizadas e talentosas que desvelaram-se para tornar agradáveis as horas daquele dia. E conseguiram, realmente. Como sentia-me bem entre eles! Falou-se de tudo, menos de política. Alguém propôs que improvisássemos, dedicando os improvisos ao meu protetor. Ative-me ao tema da mulher solitária no mundo. Houve improvisações admiráveis. *Quanto vale o talento!* Minha criatividade foi muito apreciada e felicitaram-me pelo meu triunfo; jamais havia me sentido tão inspirada e meu coração vibrava de alegria.

O meu velho amigo estava ébrio de satisfação; olhava-me e dizia com ternura paternal: – Você é grande! É a glória e o orgulho das mulheres espanholas; e pensar que é religiosa!... que lástima!... Ah! Sugiro que não parta ainda; teremos amanhã outra reunião. Aqui virá um amigo do seu protetor, com quem não quero que esteja inimizada.

Pensei logo no poeta satírico e supliquei-lhe que me poupasse daquela incômoda situação, mas o velho militar fez-se surdo aos meus rogos. Fez-me ir no dia seguinte à sua casa, onde realizou a reunião literária. Meu amigo exigiu de todos a mais completa familiaridade e enfatizou que aquela reunião era para que cada um brilhasse, improvisando em verso e em prosa, para que eu tivesse uma mostra da genialidade que campeava na corte.

O poeta satírico não chegava e a sua demora era estranhada por todos. Não sabia se devia alegrar-me ou sentir a sua ausência. Até que anunciaram-no e eu tremi ao vê-lo. Saudou a todos e inclinou-se diante de mim com o maior respeito, mas... o seu rosto refletia tanta ironia, tanta... que parecia estar zombando de mim.

Falou-se muito e com sensatez. Foram criados vários temas para os improvisos, mas o poeta satírico não quis improvisar. Estranhei, mas o meu amigo considerou: – Não se importe, que ele vai improvisar!

Diversos poetas se manifestaram, tornando empolgante aquele torneio do talento. Eu improvisei sobre o tema: *O que é ser religioso sem conhecer bem a fundo o que é religião*.

As mulheres choraram ao me ouvir, porque falei com eloquência sobre os laços da religião, dizendo ao terminar: – Para mim não haverá beijos nem amor; os beijos são para as mães e não para as infelizes que adentram aos antros religiosos.

Fui muito aplaudida, enquanto me olhavam emocionados. Acalmado o entusiasmo, o poeta satírico improvisou. Que profundidade nos conceitos! Que sublimidade de linguagem!... Dirigiu-se a mim, exclamando: – Pobre mulher! Outrora eu julgava que se vestia com galas alheias e hoje estou convencido de que você é um belo sentimento flutuando acima da humanidade.

Discorreu sobre a religião, dizendo: – Não existe mais: tudo está sujeito a morrer quando a experiência não leva a descobrir os mistérios da vida. E você, mulher, não chore, não se lamente por não ter filhos. Os filhos que você não tem aqui, aguardam-na no céu. Lá encontrará o que a sua miopia negou-lhe neste mundo.

Aquele homem impunha o seu carisma falando. Que fluência! Enquanto ele falava, reinava um silêncio respeitoso e a sua voz ressoava pelos quatro cantos! Quando terminou, uns aplaudiram, outros abraçaram-no, e ele, acostumado a tantos triunfos, não ligou a menor importância àquelas demonstrações de entusiasmo. Aproximou-se de mim e, olhando-me fixamente, sorrindo como só ele sabia sorrir, disse-me: – Você é um grande mestre.

– Nem tanto, senhor, nem tanto.

– Sim, mulher, é, porque tudo o que diz é fruto do seu intelecto.

– Quem sabe eu seja o rouxinol que canta, mas o senhor é o sábio que fala.

– Muito me alegraria trocar correspondência com a senhora, pois a magoei da primeira vez que nos vimos, e a mulher, quando tem o amor próprio ferido, nunca perdoa. Como é falando que a gente se entende, estou certo de que nos entenderíamos.

– Eu não tenho tempo para manter correspondência com um homem como o senhor.

– Recusa as minhas cartas?

– Recusá-las, propriamente, não.

– Pois escreva-me em verso, porque verseja com assombrosa facilidade, e eu lhe responderei em prosa.

Inclinei a cabeça em sinal de forçado assentimento. Quando todos se retiraram, invadiu-me um medo tão imenso, que o meu rosto deve ter expressado, a ponto de o velho meu amigo espantar-se e perguntar-me: – O que tem? O que se passa?...

– Nada, nada.

Como dizer-lhe o que tinha? Impossível. Teria rido de mim, achando que eu tinha visões, se eu descrevesse a cena. Realmente, eu via, junto ao cortinado, a sombra do poeta satírico, rodeado de todos os seus vícios simbolizados em flores belíssimas, mas cujos cálices continham milhares de vermes da pior espécie. De todo o seu ser partiam em minha direção fios luminosos ondulantes. E o poeta estava macilento, abatido; apoiava a destra no pomo de sua espada, e com a outra mão oprimia o coração como se experimentasse uma dor muito aguda.

– Que tem – perguntei-lhe em pensamento –, que tem?

– Será para outros tempos – respondeu-me com voz sufocada, e apertou de novo o coração. Eu via nitidamente a sua sombra! Por fim, o cortinado caiu, e atrás dele a sombra desapareceu. Respirei, então. Quanto horror me inspirava aquele homem! Havia fel nos seus lábios e nos seus olhos!...

No dia seguinte, muito bem escoltada, viajei de volta ao meu lar. Ia triste. Minhas viagens à corte deixavam-me deprimida. Deparava-me com mulheres luxuosamente vestidas, com seus pais, maridos e filhos, ou com seus prometidos; via os gozos naturais da vida, em todas as suas facetas, e via a mim com o meu hábito negro, minha touca monacal, na minha solidão, separada de todos os prazeres, desde os mais inocentes aos mais embriagadores. Para os outros, a vida, e para mim, a morte!...

Mas ouvi muito a tempo uma voz que me disse: – Não inveje, mulher, não inveje; entre essa multidão que julga feliz há muitas mulheres convertidas em objetos...

– Como assim?...

– Ali também há pessoas depreciadoras e depreciadas.

Quando entrei no meu convento respirei melhor. Minha cela parecia encantadora. Ali não tinha o que invejar. E as *flores do céu* felicitaram-me pelas minhas vitórias, ao tempo em que diziam: – *"Já está se colocando no lugar que lhe compete: nem se julga tão grande nem tão boa como supunha. Por isso começa a crescer".*

67. Crucificados pela miséria

Nunca se preza tanto o lugar onde se mora, como quando estamos longe dele, palco de nossos sofrimentos e das nossas alegrias. Por isso, quando já de volta, olhei com ternura as paredes brancas da minha cela. Eram-me tão preciosas, que não as trocaria por jaspes nem alabastros. Olhava o meu leito modesto e via nele um ninho formado de flores perfumadas. Não tinha acolchoados de púrpura, mas era amplo, cômodo, macio, asseado e, sobretudo, era meu; nele esperava morrer.

Como é bom ter um leito para morrer! Na minha cela não havia objeto que eu não olhasse com o maior carinho; eu queria muito ao meu leito, mas não queria menos à minha grande mesa de trabalho: era uma lembrança de meu pai e seus múltiplos escaninhos abrigavam meus segredos, meus pensamentos, todos meus sonhos e aspirações. Olhei minha poltrona predileta, onde tanto tinha meditado e sonhado. Olhei também para as demais poltronas onde havia se sentado meu pai, meu protetor e meus amigos mais íntimos. Examinando tudo o que se achava na espaçosa cela, fui me tranquilizando até que apoderou-se de mim o mais doce sossego e deixei-me envolver por aquela serenidade.

Subitamente senti como que um vago remorso e murmurei: – Mas será que tenho direito a ter sossego, quando há tantos sem pão? Tenho o meu convento, as minhas freiras dedicadas, e as minhas relações religiosas, mas... isto é viver? Não, o mundo é outra coisa, onde uns vivem para gozar e outros lutam desesperadamente para saber viver. Mas há prazeres do espírito nas vozes dos filhinhos chamando: – *Mamãe!* Como deve ser bom... E se a mulher for tão desventurada a ponto de achar-se um estorvo, pode até ser um *tronco* inútil para o mundo, mas para seu filho ela será uma árvore frondosa em cuja sombra ele vai se acolher sempre. Nas lutas da vida transitará pela dor, mas também haverá compensações, deleites, prazeres embriagadores. Passar por tudo no mundo: isso, sim, é viver plenamente.

Eu poderia escrever fartamente sobre este ponto, mas mais vale escrever no coração humano. Já não anseio por escrever para o mundo, porque já não tenho ninguém que se interesse pelos meus escritos nem pelos meus cantares. O que eu deixar estampado no papel será queimado. Nas estrofes dos meus cantos, que sobrarem, serão feitas mutilações que irão conspirar contra a verdade. Serei para o mundo uma fanática alucinada, uma enferma sonhando acordada, uma monja andarilha com prosápia de reformista revolucionária. Só os filhos sabem respeitar a memória de seus pais. Tudo se prostitui, menos o sentimento dos órfãos; quanto não custa criar filhos... mas os esforços despendidos e o trabalho que eles dão são bem empregados. Eles são os únicos que respeitam a memória dos que partiram. Mas não tenho filhos, e os abutres famintos de fama devorarão tudo quanto eu deixar escrito.

Confesso francamente que a sorte daqueles papéis depositários dos meus sonhos, dos meus pensamentos e dos meus amores preocupou-me muito. Era dolorosa a convicção que eu tinha de que fariam deles um auto de fé. E, o que era pior ainda, o ridículo que atirariam sobre todos os meus escritos que lograssem salvar-se do fogo, pois entre o fogo de lenha e o fogo da maldade invejosa e da calúnia infame é preferível o primeiro, que destrói, ao segundo, que mancha.

Quanto sofria a minha alma! Quanto! Passei alguns dias lutando entre a ideia de ser eu o verdugo das minhas próprias obras, destruindo os frutos de minhas inspirações, ou deixar que eles fossem pasto da malícia religiosa, que empregaram a sua maldade em fazer do branco preto, e do preto, branco.

Afeiçoei-me ao meu leito porque permitia descanso agradável ao corpo, enquanto a alma terminava a sua batalha da vida. Não raro levantava contente e risonha, olhando as árvores despojando-se das suas folhagens para crescerem, oferecendo novas sombras e perfumes para as suas delicadas flores. Elas eram a fiel imagem da vida.

Tudo tinha utilidade, menos eu. Este pensamento trouxe indignação e revolta íntima, o que fez-me sair da imobilidade.

Animada das melhores intenções, saí uma manhã sem destino e acabei entrando no templo do convento. Era decorado com arte e simplicidade. Observando cada detalhe fixei-me num altar que havia dentro de uma capelinha, onde se venerava uma imagem do Cristo crucificado, presente do arquiteto que supervisionava a construção. Era uma obra de arte de rara beleza. De repente, a capelinha inundou-se de luz. Parecia que a imagem flutuava num mar luminoso.

Imaginei que aquele efeito luminoso era produzido pelos raios do sol atravessando os vidros das janelas altas, em função dos arco-íris caprichosos que davam ao Cristo uma fisionomia diferente. Foi quando aquele lugar se inundou de luz violeta, e o seu rosto ganhou uma expressão repugnante que eu não podia olhar sem sentir repulsa. Tanto assim, que exclamei em voz alta: – Se o mundo inteiro visse esta imagem neste momento renegaria a religião do Crucificado. Esta não é a imagem de Jesus, parece um facínora! Que horror!...

– O que está acontecendo, senhora? – perguntou-me o capelão do convento.

– É que eu não posso ver o Cristo com esta luz violácea.

– Pois eu não vejo nada, senhora!

Ao ouvir o capelão, compreendi que a diversidade de cores estava na minha mente e mudei o rumo da conversa, emendando:

– Eu, quando contemplo o Cristo crucificado, não lamento a sua dor física; lamento que tenha sido um mártir da ignorância, e não da crucificação.

– Eu, senhora, creio que ele foi um mártir de corpo e de alma.

Involuntariamente, ajoelhei-me e exclamei: – Mártir da humanidade! Quando será visto voando pelo espaço, ao invés de crucificado? Feliz de Madalena! Vendo-o sair da sepultura, ouviu de seus lábios: – Mulher, veja e vá dizer aos homens o que viu.

– Padre, chegará o dia em que os homens verão o Cristo, não na cruz infamante, mas radiante de glória?

– Isso só poderá acontecer no céu. Na Terra, não.

– E por que não na Terra?

– Porque aqui todos somos maus e assim sendo a humanidade só verá Deus no dia do juízo final.

– Mas chegará o dia do juízo final?

– Não sei, senhora, não sei explicar isso. Creio no que dizem e nada mais; muito do que se crê agora negava-se no passado. Quanto à senhora, dizem que padece de alucinação, que umas vezes é inspirada pelo diabo e outras pelos anjos.

– E o que pensa sobre isso? Quem julga que me inspira?

– Não sei, senhora, não sei. Acaba de ter uma crise que me assustou, quando disse que a imagem do Cristo teria cara de facínora.

– E se lhe perguntassem, o que diria?

– Diria simplesmente o que vi, diria a verdade.

– Prometo protegê-lo sempre porque sabe cumprir com o seu dever.

– Pois para mim, isso é o mais simples e natural deste mundo.

Retirei-me para a minha cela, deixando o capelão a meditar. Para ele, eu estava alucinada, ou melhor dizendo, endiabrada; era mais um a colaborar no dia da queima dos meus escritos.

Logo que cheguei as *flores do céu* falaram-me, dizendo-me uma delas com acentuada ironia: – Por que se entretém com Cristos de pedra? Corra a buscar os Cristos de carne e osso que não têm pão para seus filhos; não lhe custará muito encontrá-los: os crucificados pela miséria estão em toda parte.

Compreendi que as *flores do céu* tinham razão. No dia seguinte fui para o campo e, observando um terreno muito produtivo, recordei os planos de Benjamim com relação à casinha que ele queria construir próximo ao meu convento. Continuei a andar pelos arrabaldes onde anteriormente tinha visto aquela casinha branca que era um céu em miniatura. Como não encontrei a rua onde ela era situada, continuei andando. Ao pé de uma colina deparei com um velhinho, sentado. Ao me aproximar, ele, que mal podia sustentar-se de pé, fez esforços para levantar e disse: – A senhora por aqui, mãe? Nem acredito, nossa mãe em pessoa.

– Mãe! Que belo nome, se assim fosse!

– A senhora é. O seu traje indica que é a mãe dos desgraçados.

Fiz com que o ancião se sentasse e ele prosseguiu: – Quisera morrer porque já sou demais neste mundo; perdi minha filha, aquela que a senhora dizia que o seu lar era um céu em miniatura; era ela o meu anjo protetor. Uma vez que morreu, também eu sou demais aqui.

Ao ouvir as queixas do pobre velho, despertei-me e tive remorsos da estagnação em que me achava, pois me tinham dado recursos para tudo e eu não fazia nada. Era um espírito que não sabia agradecer. Envergonhei-me de mim mesma, confesso. Sinceramente arrependida, procurei elevar-me e busquei forças para confortá-lo. Disse-lhe com ternura: – Dê-me as mãos, dê-me seus braços, pobrezinho! Apoie-se em mim.

– De certo não reparou bem. Estou muito sujo, tenho sobre mim as imundícies da miséria.

– Pois por isso mesmo urge aplicar-lhe um remédio. Já não morrerá só nem abandonado. Dentro de algumas horas parecerá outro, estará amparado e protegido. Vamos, levante-se!

Não foi fácil levantá-lo. A sua fraqueza era tal que não podia manter-se em pé. Passei o meu braço pela sua cintura e o seu pela minha, procurei o melhor caminho e pusemo-nos em marcha. Felizmente, ao chegarmos à pequena vila muitos meninos nos rodearam, e um deles, de olhar vivo e inteligente, acercou-se, dizendo-me: – Eu também venho para ajudá-la a levá-lo. Pobre avozinho!

Quanto me impressionou a atitude daquele menino! Felizmente acudiram diversos homens, entre os quais um jovem e altivo que disse:

– Senhora, já fez bastante; agora é conosco; deixemos o pobre velho descansar. Imediatamente trouxeram uma velha cadeira onde fizeram-no sentar. Realmente, o ancião tinha esgotado todas as suas já escassas forças e olhava-me com olhar desfalecido. Uma mulher ofereceu-lhe alimento, e enquanto o infeliz comia surgiram os comentários. Falavam todos a um só tempo, mas eu entendi que aquele desventurado havia sido rico quando moço, que tivera grandes vícios e não poucas desgraças, pois de cinco filhos só uma filha havia lhe permanecido fiel: os quatro restantes o haviam acusado cruelmente de haver malbaratado a sua fortuna.

Quantas misérias! Se se tratasse de um rico, todas as suas torpezas teriam sido classificadas de virtudes, mas como ele era um pobre todos achavam-se no direito de tornar pública a sua vergonhosa história! Somente aquele jovem bonito e altivo, que dissera que eu havia feito bastante, não atirou lenha à fogueira da murmuração. Pelo contrário, olhou-me fixamente e disse: – Senhora, acima de todos os templos que há por estas redondezas levantar-se-á amanhã um mais alto de todos. Nele, a senhora estará em efígie, porque será adorada como uma santa.

Chamou-me a atenção a linguagem e a disposição daquele homem. Ele resolveu por fim que nos puséssemos em marcha. Ao longo do caminho, quando fizemos uma pausa para descansar, perguntou-me: – Para onde vamos levar este pobre avô?

– Ainda não sei, porque no convento não há albergue para os peregrinos. Poderia ficar com ele até que eu lhe prepare hospedagem?

– E para chegarmos a essa conclusão, era preciso fazer caminhada tão longa?!

– Tem razão, fiquei confusa.

– Não é de se estranhar, senhora. Todos temos nossos momentos de confusão; mas, se no convento não há lugar para albergar peregrinos, lembre-se que na casa de seu pai há lugar para albergar uma população inteira, e muitos pobres têm passado a noite lá.

– Mas é que aquela casa já não é minha, é de outros parentes meus e não sei se irão permitir...

– Por que não hão de querer? Se lá estão os antigos criados e são eles que sempre se entenderam com os pobres...

– Pois experimentemos.

E dirigi-me à casa dos meus irmãos. A criadagem toda desdobrou-se em gentilezas. Ao explicar o que me levava lá, o criado mais antigo fez entrar o meu protegido, dizendo: – Senhora, nesta casa até as pedras se alegram de vê-la e os seus donos atuais ficarão satisfeitos em atendê-la. Não duvide, senhora: todos os seus parentes têm muita honra em servi-la.

Meu protegido, ao perceber que ia deixá-lo ali, suplicou: – Não me deixará nunca, não é verdade?

– Nunca, você será a pedra angular sobre a qual edificarei um asilo em que se refugiem velhos e crianças inválidas, os verdadeiros pobres, porque nem um nem outro pode ganhar o pão com o suor do seu rosto.

– Alegro-me – disse o rapaz altivo –, porque já sei onde poderei morrer quando todos me faltarem.

– Em que trabalha?

– Em defraudar o Estado.

– Não compreendo.

– E nem é fácil que me compreenda, senhora. Existem homens aventureiros, arrojados e valentes que, jogando o todo pelo todo, conduzem mercadorias de um povoado a outro, burlando a vigilância dos fiscais do governo.

– Ou muito me engano, ou isso é roubar, e eu não quero que seja ladrão. Não tem nenhum ofício?

– Não, senhora. Meu pai desde menino fazia com que eu o acompanhasse e foi assim que aprendi a burlar a vigilância do Estado. Meu pai morreu em confronto com eles e eu sigo os seus passos para vingar a sua morte.

– Não pense em vingar uma morte justa. Venha ver-me. Conversaremos e providenciarei ocupação digna de você.

O jovem olhou-me surpreso. E em seus olhos negros brilhou uma lágrima que não chegou a cair, ao dizer com voz comovida: – Salve-me. É um anjo na Terra! Salve-me, e levarei vida de justo.

Os outros homens presentes, com inveja da minha predileção, indagaram:

– E para nós outros, não há nada?

– Sim, há – disse-lhes. – Visitarei o seu bairro e farei por vocês tudo quanto possa.

Todos quiseram beijar-me as mãos, e eu estava tão absorta em meus pensamentos que permiti. Quando me serenei, achava-me só. O grupo se afastava. De quando em quando viravam a cabeça para me olhar uma vez mais.

68. Ver para crer

Quando meus acompanhantes desapareceram de vista, a viúva e os filhos de meu irmão convidaram-me para passar a noite ali. Todos desfizeram-se em atenções e carinhos para comigo. Por mais que fizessem, tudo lhes parecia pouco. A viúva, particularmente, olhava-me com verdadeira adoração; os filhos eram mais reservados, mais circunspectos, mas os seus olhares diziam o que não exprimiam os seus lábios.

A viúva, julgando agradar-me e honrar-me, levou-me para o quarto onde havia falecido meu irmão. Foi em seu leito que me deitei, satisfeita por ocupá-lo e convencida de que veria algo ali que me serviria de estudo. Realmente, pouco depois de ter-me deitado, tive a impressão de ver meu irmão, mas de forma confusa, muito longe, tão longe que eu não podia precisar o seu estado. Presumi, porém, que estava perturbado. Chamei-o, suplicando que se aproximasse, e ele voltou a cabeça fugindo apressado. Quis chamá-lo de novo, mas receei que não lhe agradasse a minha insistência e murmurei com tristeza:

– Até morto ele foge de mim!

Ouvi, nesse momento, uma voz: – Não queira nada à força.

Adormeci. Necessitava disso. Rendeu-se o corpo tão debilitado e o meu espírito recobrou a vida. No dia seguinte, ao despedir-me da viúva e dos seus filhos, os três cumularam-me de bênçãos e perguntei a ela em particular:

– Você é feliz? Não tem nenhuma contrariedade?

– Contrariedade?... Creio que o que me faz sofrer é o ambiente que respiro. Fora isso, vivo bem e quando me deito peço luz para que ilumine o amor dos meus amores, peço a Deus saúde para os meus filhos e misericórdia para mim. Não sei se é assim que devo proceder.

– Sim, minha filha. Estou contente com você, mas diga-me se não há nenhuma sombra em sua mente, não vê alguma coisa confusa que assusta e a faz tremer?

– Ah! parece adivinha! É capaz de ler na minha alma! Não devo negar que de noite vejo o seu irmão. Vive dizendo que fui a sua desgraça. Quando tento replicar, ele vocifera:

– Cale-se, desventurada! Você foi a minha desonra. Fuja daqui, que esta casa não é a sua casa, é de minha irmã. Saia daqui imediatamente.

– Pois não se assuste. Você não tem culpa de nada. O que me conta demonstra que a alma de meu irmão ainda está aqui.

– Aqui!... sua alma está aqui?

– Sim, está aqui. Vi-o esta noite. Está muito, muito perturbado.

– Acha conveniente que para o descanso da sua alma deve-se mandar rezar muitas missas?

– Missas? Disso eu me encarrego; quanto a você, dedique-se a cuidar dos seus filhos de corpo e alma. Evite lembrar que há homens na Terra que podem oferecer-lhe o seu amor. É preciso que viva exclusivamente para os seus filhos, por eles e para eles. E ajudarei você a fazê-los homens de bem, não se preocupe. Quanto ao mais, é seu o que lhe dei; desfrute de tudo tranquila, dando exemplos de equilíbrio e moderação. Já constatei que não tem nenhum vício.

– Ah! não, senhora. Não seria digna de viver aqui se tivesse procurado falsos prazeres na embriaguez. Que outra forma posso encontrar de demonstrar-lhe a minha gratidão senão com o arrependimento sincero das minhas culpas? Acredite, não errarei mais.

– Acredito, minha filha. É digna de tudo o que possui – e abraçando-a, carinhosamente, saí da minha antiga mansão, dirigindo-me para o convento.

Durante o percurso, ia contemplando tudo o que me rodeava e dizia a mim mesma: – Como somos pequenos... quanta desigualdade permeia...

Já perto do convento, pensei no pobre velho que havia deixado na casa de meu irmão, penitenciando-me de não tê-lo recomendado à viúva. Que lamentável esquecimento! Não estava entendendo o que se passava comigo! Era um estado tal de indecisão, que via-me incapaz de resolver a mais insignificante coisa! Queria ser útil e não o era, sobrava-me recursos e não sabia distribuir. Passava dias e dias lutando comigo mesma, inutilmente... O que fazia? Em que pensava? O tempo passava e eu não avançava um passo!...

Uma manhã levantei-me e assim saudei o Sol: – Meu Deus! Que tenho eu? Quero realizar tantos projetos e não levo a cabo nenhum deles?

Ouvi então uma voz que me disse: – Falta-lhe amor, esse amor que une os corpos, que dá luz, vida e movimento. Desperte! Está perturbada, preocupa-lhe o desejo de um prazer para você desconhecido. E para continuar vivendo assim, mais vale morrer.

– Sim, devo despertar – murmurei desalentada –, mas... que delito pratiquei para ser tão desgraçada? Por que me fiz religiosa? Uma coisa é religião e outra a negação da vida, a negação da reprodução e do amor; e eu quisera ouvir uma voz amiga, quisera ter alguém a quem pudesse confiar as minhas penas e as minhas dúvidas. E eu não tenho ninguém! Ninguém!... Deus meu! Tenho Benjamim, mas... tenho medo dele, muito medo; é violento, irascível, exigente. Para viver bem com ele é preciso estar a prudente distância. Além disso, ele vai casar-se, terá novos afetos e não poderá consagrar-se a mim. Há um homem na Terra, esse sim, esse seria o arquivo dos meus pensamentos. Mas não pode ser, não posso dizer-lhe que o amo, que seria capaz de romper com meus votos, de abandonar o hábito e que iria com ele até o fim do mundo. Só que isto é impossível. Os dois pertencemos à Igreja do fogo e do tormento, e onde quer que nos refugiássemos, seríamos encontrados e perseguidos, obrigados a voltar aqui para escárnio e vergonha da nossa religião. Impossível! Impossível!... os votos nos separam e eu me envergonho de pensar em tal coisa. Como sou culpada, meu Deus! Quantos amores há em mim? Nem eu mesma sei, nem eu mesma compreendo. Eu amo a Deus, sim, amo-o com loucura, mas não o tenho ao meu lado; vejo-o jovem formosíssimo, vejo-o converter-se num ancião, mas os seus olhos têm sempre o fogo da sua eterna juventude. Mas está sempre longe de mim! Muito longe! Ele não me pode oferecer as satisfações nem os gozos terrenos; não pode reproduzir em mim a essência do seu amor. Penso nele e torrentes de fogo circulam-me nas veias. Chamo-o e, quando ele aparece, estendo-lhe os braços, mas ele me repele com seu sorriso doce. E este amor, que é a minha vida, é, ao mesmo tempo, meu martírio e minha morte.

Quanto falei com o Sol! Nem sei as horas que passei delirando. Deixei-me cair numa poltrona, ouvindo a voz de meu pai dizer-me: – Por que retrocede?

E acrescentou o meu protetor: – Já me esqueceu?

E replicou meu irmão: – Ingrata! Ingrata!

– Isso não – exclamei exasperada –, jamais fui ingrata, e tudo faria para tê-los ao meu lado. Se eu pudesse formar de barro os seus corpos, eu o faria e, ainda que imóveis, estariam junto de mim. E tanto olharia para vocês que derreteria o gelo da morte e viveriam para mim.

Nisto, apareceu uma freira e, apoiada ao seu braço, porque eu cambaleava como se estivesse ébria, dirigimo-nos ao refeitório, onde me aguardava a comunidade. Eu não gostava das leituras durante as refeições, e preferia entabular discussões sobre os mais diversos termos religiosos com minhas companheiras. Julgava assim mais higiênico para o corpo e de maiores benefícios para a alma.

Naquele dia falou-se muito de Jesus, e uma freira muito jovem observou: – Se eu visse o nosso divino Jesus como o vê a nossa digna superiora, morreria de prazer.

Olhei para a jovem e constatei que a fé e a sinceridade irradiavam do seu semblante. E eu lhe disse:

– Tem razão. Feliz de quem o vê. Mas eu tenho visto Jesus de maneira diferente. Nunca o vejo crucificado nem desnudo. Vejo-o flutuando muito longe do sepulcro, rodeado de luz, de águas balsâmicas, de flores e de todas as belezas da criação.

As freiras escutavam-me com atenção. A segunda superiora, que era um espírito muito reflexivo, olhou-me fixamente e disse-me:

– E por que não o vê como morreu? Não foi a sua crucificação o transe mais amargo da sua vida? Não derramou, então, o seu sangue e não lhe cravaram a carne?

– Sim, sim, foi cravado pela ignorância de uma civilização da qual ele foi o símbolo.

– E ele foi homem como os demais?

– Sem dúvida!

– Pois se foi, quanto deve ter sofrido na cruz.

É que o sofrimento físico está em relação com a elevação e grandeza de espírito.

– E ele ressuscitou, não é verdade?

– Sim, ressuscitou. Apareceu em espírito, e para que dessem fé que existia, apresentou-se com o seu corpo supliciado, porque se não o tivessem visto assim, não teriam acreditado nele. Precisou mostrar as suas costas em chagas, o seu peito rasgado, as suas mãos e seus pés perfurados para que fosse constatada a sua ressurreição. Mas Jesus não precisava da envoltura para ressuscitar. Não necessitava porque ele não havia morrido. O seu espírito havia presenciado os tormentos do corpo, presa que foi atirada aos lobos famintos do fanatismo religioso, enquanto a sua alma contemplava o caminho percorrido e o que tinha de percorrer. São cegos os que adoram Jesus manando sangue. Eu o adoro sem sangue, sem martírios, sem misérias, sem dores. Eu o adoro em sua glória, em sua grandeza superior a todas as grandezas.

– Pois eu quisera vê-lo – disse uma freira –, como o viu Madalena, com o corpo coberto de feridas.

– E com a cruz às costas? – disse eu com ironia.

– Não, sem a cruz, mas com o corpo ensanguentado, porque assim me parece ser o Jesus que sempre adorei. Desde menina assim o vi e assim o amei.

– Pois vocês vão vê-lo aqui.

– Aqui!!!... – exclamaram as freiras.

– Sim, aqui. Eu bem sei que muitas de vocês julgam-me uma alucinada do diabo, e quero mostrar-lhes os prodígios de que o diabo é capaz. Olhem – e assinalei-lhes uma grande janela aberta de par em par. Olhem fixamente, que por ela entrará Jesus.

Fez-se um silêncio profundo. As freiras continham a respiração. Uma delas gritou, por fim: – Meu Deus! É ele! E prostrou-se, juntando as mãos, desmanchando-se em lágrimas. As demais também passaram a vê-lo, e eu vi perfeitamente como a sua figura se desprendeu de um globo luminoso, envolta em um sudário branco manchado de sangue. Adiantou-se lentamente até colocar-se junto à mesa, dizendo: – Aqui estou; querem ver as minhas chagas? Pois olhem. E apresentou as mãos perfuradas, o seu peito rasgado, suas costas feridas e seus pés esfacelados. Todas as freiras, como que movidas por um impulso misterioso, foram se aproximando temerosas; eu também me acerquei, mais que as outras, e ele disse-me: – Quer tocar-me? Não está convencida ainda?

– Senhor! Por que não permite que eu esteja sempre junto de você? Não sabe que necessito do seu amor?

– Sim, bem sei que precisa de amor. Tenha paciência. O tempo é o mensageiro de Deus e o tempo trará o que você deseja, mas antes disso tem que sofrer a pena de amar e não encontrar o objeto de seu amor, verdadeiro tormento das almas impacientes que têm sonhado sem ter trabalhado, que se apressaram em colher o fruto que não semearam.

Para assombro das freiras, aquela figura e o seu sudário largo cobriram-se de uma bruma espessa. Foi quando o tecido rasgou-se, permitindo ver-se um belo ancião envolto numa túnica branca.

– Pai! o senhor é Deus? – perguntou uma freira.

– Não – respondeu ele docemente –, sou o Pai e o Filho em um só espírito. Sou filho da ignorância de vocês, sou o pai da ciência que os ilumina, mas não sou Deus. A Ele ninguém o verá da forma que o concebem; irão vê-lo no sentimento das mães, em todos os amores heroicos, e em tudo que palpita na criação. Não digam que me viram, porque seriam martirizadas.

E foi se afastando, dizendo: – Façam por amar-me! Venham a mim os que trabalham, os que amam, os que esperam e confiam em seu progresso.

Quando a figura desapareceu deixou atrás de si uma chuva luminosa que durou alguns segundos. As freiras, maravilhadas do que tinham visto permaneciam excitadas. No seu descontrole nervoso pareciam corpos eletrizados movendo-se em diferentes direções e gritando todas: – Senhor! Leve-nos! Salve-nos!...

Confesso francamente que me assustei ao vê-las tão exaltadas. Procurando dominá-las com a minha vontade, disse-lhes enérgica: – Calem-se! Silêncio! Que as suas imprudências não sejam pedra de escândalo; não digam a ninguém o que viram, porque seríamos perseguidas, acusadas de hereges e o nosso convento destruído pelo fogo. Seríamos vítimas de todas as calamidades, pois a verdade não pode manifestar-se enquanto a luz não iluminar as consciências. Ai daqueles que primeiro tragam as reformas! Ai dos que arranquem violentamente a venda da ignorância! Calem-se porque são fracas! Calem-se todas, que ainda não é tempo de revelar o que as inteligências não podem admitir. O fruto verde é indigesto ao menino impaciente e travesso; a fruta não sazonada é a revelação das almas que não vivem eternamente estacionadas num gozo estéril, nem atormentadas por uma dor eterna; as almas vivem lutando, sofrendo, avançando e conquistando um nome na história da humanidade.

69. Entre dois mundos

Terminada aquela cena da aparição, permanecemos todas refletindo por um bom espaço de tempo. Realmente havia muito o que pensar. Por fim, quebrei o silêncio, dizendo às minhas companheiras, especialmente à segunda superiora:

– Já veem o que ocorre quando se quer uma coisa. Ela acontece quando menos se espera. Já lhes disse antes que tenho passado por *endemoniada*, que muitos dizem que os meus êxtases são obra do gênio do mal; amanhã, se as interrogarem, digam o que viram sem tirar nem pôr, pois uma coisa é falar fora da hora demonstrando espanto, e outra é responder a perguntas intencionadas. Agora digam-me vocês todas que viram o que se passou: tenho eu, porventura, culpa destas aparições?... Que meios emprego? Nenhum. Que sortilégios ponho em prática?... Eu só sei amar a Jesus e, se não fosse por ele, se não fosse tão profunda a adoração que me embarga o ânimo, digo-lhes com toda franqueza que não persistiria em dominar minhas paixões e ser verdadeiramente uma mulher virtuosa. Por ele luto sem esmorecer, trazendo o meu organismo perfeitamente equilibrado, são e robusto. Minhas paixões são veementes, meus desejos, impetuosos; a vida transborda em todo o meu ser; pulsa o meu coração e funciona o meu cérebro, completando-se um ao outro; e todo este sentimento, toda esta elevação de ideias têm que ser refreados dentro de um círculo tão pequeno que me afoga; mas sigo perseverante, continuando a caminhar até chegar ao fim da existência, crente que é este o meu dever para com ele. Acreditam que esta retidão possa ser obra do demônio? Não acreditem, porque nunca árvore ruim deu frutos de boa qualidade, e no sacrifício heroico que a minha alma manifesta, sinto claramente que outra muito superior é que me envia seus divinos eflúvios. Aconselho-as que amem a Deus porque Ele é a fonte da vida, e os que se chegam a Ele não morrerão jamais, e não morrerão porque não serão pecadores. Se amam a Deus, irão tolerar-se umas às outras. E trabalhem, porque trabalhando adora-se a Deus no grande templo do universo, como deve ser adorado, oferecendo-lhe um coração sensível e um proceder inatacável.

Sem louvar meus próprios predicados, digo-lhes que sigam o meu exemplo. Meu corpo não é de ferro, não é inerte. Sinto, amo e desejo. Há em mim todas as generosas palpitações da vida e, não obstante, não transponho os limites da decência, da moral, do virtuoso recolhimento. Se sentem paixões e desejos, não façam o que fazem outras comunidades que se entregam a leviandades torpes e repugnantes, que enfraquecem os corpos e embrutecem as almas. Sejam fortes, trabalhem muito, porque quando o cansaço nos render fisicamente, adormecem os desejos da carne. Advirto-as que, se descubro entre vocês alguma viciosa, vou separá-la da comunidade, como se faz com o fruto podre para evitar que com o seu contato apodreçam os demais que estão sãos e maduros.

A verdade só tem um caminho. O vício é repugnante em todas as suas manifestações, e por muito que se tente encobri-lo é sempre vício. Quero mulheres virtuosas, sãs e equilibradas em torno de mim; quero que sejam boas em todos os sentidos e que o perfume das suas virtudes seja o incenso que, em nuvens aromáticas, eleve-se para o espaço em busca de Deus.

As freiras inclinaram as cabeças em sinal de assentimento e retirei-me para a minha cela, onde me entreguei à meditação, arrependendo-me de ter ido tão longe, falado tão claro. Mas, analisando os prós e os contras, concluí por acreditar que havia feito bem dizendo àquelas pobres mulheres o que era o pão e o que era o vinho.

Eu estava tão farta de hipocrisia religiosa! Preferia a extinção de todas as comunidades a que os conventos fossem sementeiras de asquerosas e repugnantes leviandades. Oh! sim! De muito boa vontade teria aberto as portas conventuais e dito àquelas mulheres: “vão e sejam mães, porque a maternidade é o sacerdócio da mulher”. E diria aos homens: “saiam, vistam o traje honroso de trabalhadores e constituam família, trabalhando para ela”. Para que tantos mártires? Basta de religiosos subjugados pela artificialidade e pelos desejos da carne. Eu amo a Deus, sim, amo-O, mas não desdenho o amor ao homem. Já não vivo para o mundo: os votos religiosos não se rompem sem escândalo e por isso hei de continuar até o fim. Meu Deus! A Você dedico a minha coroa de dores. Eu amo, e desejo, eu anseio por amor, amor e vida, amor e reprodução.

Falei assim comigo mesma por muito tempo até que, extenuada, deitei-me e adormeci. Na verdade, dormiu a minha matéria, pois o meu espírito, mais desperto que nunca, deteve-se junto ao meu leito a contemplar o meu corpo que jazia rendido. Ao vê-lo tão abatido murmurei: – Pobrezinho! Como sacrifico você!

Percorri, depois, todo o meu aposento olhando demoradamente para tudo o que ele continha. Detive-me especialmente nos meus papéis, dizendo: – Devo escrever mais... mas para quê? Que farão dos meus escritos? Destruídos ou desonrados.

Contemplar os meus papéis me deixava triste. Saí da minha cela sem abrir porta alguma, só me consolando quando contemplei o espaço imenso. Como era belo tudo que via!... Andei muito e estranhava, deveras, continuar a ver o meu corpo no leito, frio e rígido como um cadáver. Estranho também ver outro corpo que ia comigo, que nem de leve me importunava, que não me pesava como o outro no leito. O que me acompanhava, nada me pedia, não tinha fome, nem sede, nem cansaço, nem desejos vulcânicos de amores impossíveis. Sentia-me tão bem! Naqueles momentos eu era feliz, muito feliz, e desfrutei de minha felicidade passeando ao redor do convento. Detive-me no campanário, onde toquei o sino. Coisa estranha, este vibrou suavemente e eu, contente do resultado, como criança travessa que se entusiasma com suas travessuras, toquei mais forte. Produziu-se som tal que todos os habitantes do convento se levantaram assustadíssimos. O sineiro subiu as escadas da torre com a pressa que os seus muitos anos permitiam. Só ao chegar e não ver ninguém perto do sino, que o pobre homem tomou fôlego. Eu estava sentada na varanda que circulava a torre. Ao ver o sineiro que olhava para todos os lados inutilmente, toquei com mais força o sino, o que fez com que o infeliz fugisse aterrado, chamando por todos os santos da corte celestial.

Depois quis ver todas as freiras em suas celas para convencer-me da sua honradez ou da sua degradação. Encontrei muitas delas entregues umas às outras a satisfazerem desejos torpes. Infelizes! Desventuradas! Seres racionais mergulhados em um nível mais baixo que as bestas! Fui então ao templo, passei pelos claustros e em toda a parte reinava a intranquilidade e o desassossego. Pedi para não me esquecer do que tinha visto, principalmente do toque do sino, e entrei na minha cela. Surpresa, deparei com o espírito de meu pai, que me disse:

– Venho todas as noites dar-lhe alento.

– É muito bondoso! E minha mãe? Nunca a vi.

Meu pai, ao ver-me, comovia-se muito. Disse, por fim: – Pobre filha minha! A sua vida é muito sofrida, mas logo que deixar a Terra vai ver como ela lhe foi útil.

– Sim, meu pai, será de grande utilidade para mim esta luta sem tréguas, mas sofro muito, porque não quero cair no pecado, e é tão difícil não cair!...

– Não tenha receio; não cairá. Seu pai vela por você. Agora vá reanimar o seu corpo, que está exânime.

Realmente, o meu corpo carnal era uma pedra de gelo. Dei-lhe calor e descansei até que os raios do sol, iluminando meu leito, me despertaram.

Que alegria experimentei ao ver os raios do sol! Saltei do meu leito risonha e satisfeita e falei com as *flores do céu*; estas responderam-me com doçura, embora me repreendessem pelos meus desvios e vacilações. Pedi-lhes tolerância e clemência e uma delas disse-me em tom sentencioso: – Entretém-se muito em vigiar misérias da carne e se esquece que há incontáveis pobres sem pão e sem família. Não volte sua atenção somente para a comunidade cujos vícios não poderá corrigir. Alarmou de tal forma a todos aqui que faz-se necessário devolver-lhes a tranquilidade perdida. O pobre sineiro ficou doente de susto! Você tem que falar claro.

Já sabemos que não sabe o que lhe acontece, porque sonha com amores impossíveis; mas, mulher, convença-se que já é tarde para os seus sonhos. Deseja filhos!... não sabe que os beijos dos filhos dão mais penas que alegrias? Não queira ser uma cidadã comum neste mundo de dor. Outras vezes já teve família e a renegou, abandonando seus filhos. É justo que hoje lamente a sua solidão. Todas as *flores do céu* queremos bem a você, e se a recriminamos é para seu bem.

– Eu lhes agradeço, flores queridas – disse-lhes comovida. – São muito boas para mim. Eu seguirei os seus conselhos.

Passei depois ao refeitório e todas as freiras olharam-me assustadas. A segunda superiora fez questão de relatar-me o ocorrido na noite anterior. E uma freira disse-me: – Eu a vi esta noite! Tinha asas. Vi-a no campanário, e vi como tocou o sino grande. O sineiro está muito mal do susto que recebeu. Ele não compreende como o sino tocava sozinho.

– Vocês hão de convir que é a coisa mais simples e natural. Sem dúvida, o meu espírito, desprendido do seu corpo carnal, teria ido pelos espaços. Sim, sim, recordo-me agora da minha excursão e digo-lhes que vi todas as estâncias do convento. E vi cenas repugnantes, que muito me abalaram.

Muitas das freiras ruborizaram-se, outras empalideceram, baixaram os olhos e, humildemente, sem se aperceberem do que faziam, foram se aproximando de mim, atraídas pela minha vontade que desejava formar um estreito círculo.

A segunda superiora pintou-me com vivas cores a noite desconfortável que tinham passado e concluiu dizendo: – Temos tido muito medo, mas agora julgamo-nos invencíveis. Madre! O que devemos fazer para ser boas?

Naquele momento foi anunciado o capelão que vinha celebrar o santo sacrifício da missa, e a segunda superiora pediu-me que a acompanhasse, já que eu nunca assistia a nenhuma cerimônia religiosa.

– Eu não vou aos templos porque me parecem tumbas onde se abafam os pensamentos. Eu adoro a Deus no universo.

– Bem, adore-O onde quiser, mas... venha, madre, venha, eu suplico; porque... na verdade creio que Deus a inspira, mas às vezes parece-me que quem a acompanha...

– É o diabo, não é verdade? Seja franca.

– Não sei, madre, não sei.

– Irei com você, para ser-lhe agradável.

E assisti à missa. O capelão admirou-se e disse. – Que milagre!... a senhora por aqui?!

– O senhor também crê que o diabo me domina? Diga-me, padre, acredita que os bons propósitos de amparar e socorrer os fracos são obra do demônio?

– Ah!... não, senhora, isso não!

– Pois bem, se tenho consolado o órfão, se tenho recolhido o ancião, se tenho curado o leproso e dado trabalho ao operário, crê que praticando tão boas obras poderei ser dócil instrumento do mal? Deus é amor e eu pratico a Sua religião. Tenho-lhes dito que não penso como os demais, que não vejo Jesus cravado na cruz esvaindo-se em sangue; que o vejo grande, sublime, formosíssimo, iluminado pelo esplendor de todos os sóis, envolto na túnica branca, deslizando sobre mares de luz! Vê-lo na cruz causa-me horror e digo: "não, este não é ele. Ele é vida, e isto é morte".

– A senhora olha de muito alto e nem todos podem olhar do mesmo ângulo.

– Pois deviam poder; e só assim não se falaria tão mal do que ninguém entende. Já sei que me julgam alucinada, mais ainda, *possessa, endiabrada*, e que todos me caluniam. Pobres murmuradores!

– Ah! quisera falar com a senhora mais amiúde, porque assim, quando me falassem de suas alucinações, saberia responder.

– Ocupem-se de vocês, padre, que muito têm que fazer. Se querem olhar as coisas mais aguçadamente, deem-se ao trabalho de estudar a si próprios, contabilizando os seus defeitos, somando as suas virtudes.

Mais tarde falei com a segunda superiora: – Preciso aqui de uma mulher e não de uma freira que acredite na existência do diabo.

Ela chorou amargamente e eu repliquei: – Olhe-me bem.

– Por favor, não me olhe assim.

– Pois eu quero olhar em seus olhos e que você me olhe também para que compreenda o que sou; quero que me considere pelo que valho e que não me confira malefícios que não existem.

Retirei-me para a minha cela e senti-me bem no meu isolamento. Falando, como sempre, comigo mesma, exclamei: – Dizem que estou endemoniada! Que absurdo!... vou demonstrar que Deus está comigo. As minhas obras falarão.

Entreguei-me com todo ardor a pôr em ordem os meus papéis, e três ou quatro folhas escritas voaram pela janela, caindo a curta distância, ficando ocultas entre as ramagens. Fui buscá-las, mas elas voaram de novo, caindo no mesmo lugar em que tinham caído anteriormente.

Ao ver os meus escritos voando, assustei-me; foi quando ouvi de uma *flor do céu*: – Como voam as folhas dos seus pensamentos! Assim voam as ilusões! Você quer ir muito depressa e a humanidade caminha muito devagar; preocupa-se porque voam os seus pensamentos escritos, mas não se apoquente por tão pouco: amanhã eles voarão convertidos em cinza.

– É verdade, você têm razão. Mas nos afeiçoamos tanto ao que escrevemos!

E apressei-me em guardar os meus escritos condenados à morte.

Depois refleti que não cumpria bem o meu dever e disse a mim mesma:

– Não passará de amanhã. Sairei sim, sem demora, em busca de dor; e onde a encontrarei? Onde? Onde puser os meus pés, porque a dor é uma erva que brota em toda parte. E quando vir uma mãe abraçando o seu pequenino, chorando por não poder alimentá-lo, eu darei pão para o seu filho e conforto para a sua alma.

70. No fogo das paixões

No dia seguinte saí animada dos melhores projetos, pelo bem dos meus semelhantes feridos pela dor. Envergonhava-me de minha inatividade e dizia a mim mesma: – Senhor! Se eu quero ser boa, por que não sou?

Sem rumo determinado, dirigi-me à rua onde morava o arquiteto e, ao achar-me diante da sua artística morada, detive-me temerosa. Que ia fazer lá? Não sabia. Maquinalmente bati à porta. Abriram logo e eu pude ouvir o gorjeio inconfundível das vozes das crianças, mais grato aos meus ouvidos que todos os salmos e cânticos religiosos. Os meninos entoam continuamente o hino da natureza. São a prova viva da continuidade da vida.

Os filhos do arquiteto vieram alegres ao meu encontro e todos, sem a menor cerimônia, com essa familiaridade inata nas crianças, dependuraram-se em mim, beijando-me o rosto carinhosamente. Que recepção agradável! A algazarra dos pequeninos chamou a atenção de seu pai, que, ao ver-me, empalideceu de emoção, dizendo-me em tom de respeitosa repreensão:

– A senhora aqui? Julgava-a morta, já que me abandonou de vez! Já não quer mais ver as minhas obras e creia que me fazem muita falta as suas visitas. Embora não saiba projetar, tem tão bom gosto, que uma observação sua é um mundo de inspiração para mim.

– É gratificante ouvir isso e, sobretudo, a recepção que seus filhos acabam de me fazer; tudo aqui agora respira alegria! Que diferença de outrora!...

– Vai convencer-se por si mesma de que trouxe o céu ao meu lar. Sim, senhora, a minha casa é hoje um céu sem nuvens e quero que fique conosco algumas horas, a contemplar a sua obra; espero ver honrada a minha mesa com sua presença.

– Teve uma excelente ideia: ficarei para almoçar com vocês.

– Obrigado, senhora. É tão amável quanto bondosa; um dia feliz me espera! São muitas e urgentes as minhas ocupações, mas por hoje deixo tudo de lado para conversarmos. Creia, senhora, temos muito que falar, tenho que dizer-lhe que há seres que choram por sua causa, porque apesar de ser tão boa, faz sofrer.

– Eu faço sofrer?...

– Sim, senhora, vem aqui uma pessoa que chora sempre que tem de pronunciar o seu nome.

– É algum pobre trabalhador, a quem não pude proporcionar trabalho? Quem sabe algum pai de família que não pode trabalhar? Faça-o ir a mim.

– Não, senhora, não é nenhum pobre. A pessoa que chora pela senhora não necessita de nada, é bastante rica e considerada por todos. Falaremos disso depois da sobremesa, que é quando se fala melhor. Agora, venha ver as minhas flores raras.

– Bem se pode dizer que vive na glória.

– Em momentos como este, sim, porque a senhora é a minha glória. Sim, é a minha glória, porque devo-lhe a vida dos meus filhos e de minha esposa.

Enquanto esperava a hora da refeição, percorri aquele pequeno museu. O arquiteto era um verdadeiro artista; tudo que o rodeava era artisticamente belo. Sua boa esposa, ágil e diligente, secundava-o no seu bom gosto. Assim tudo naquela casa era encantador.

Quando passei à sala de refeições, surpreendi-me vendo flores por todos os lados, e flores e frutas em abundância nas prateleiras, nas fruteiras, nas cantoneiras, na mesa e nos pratos. Fizeram questão que eu ocupasse a cabeceira da mesa e todas as crianças quiseram ficar junto a mim.

Ao sentar-me, notei que faltava algum outro convidado ou membro da família, pois havia um lugar vazio na mesa. O arquiteto tratou, dissimuladamente, de ganhar tempo, falando-me sobre algumas frutas exóticas, de cores vivas, que, dispostas em artísticas pirâmides, exalavam aromas penetrantes e convidativos.

Eu, instintivamente, observava a porta, desejando que chegasse aquele a quem esperávamos. Por fim, bateram, e eis que depois apareceu o padre meu amigo.

Como me pareceu belo com a sua desanuviada fronte. Fronte que era, sem dúvida, o arquivo dos mais nobres e sublimes pensamentos!... Saudou a todos com discrição, traçou uma cruz no ar e disse: – Em nome de Deus, comamos e bebamos, e logo mais falaremos.

O repasto foi excelente! Conversou-se bastante, principalmente o padre, falando muito bem sobre a religião e seus ministros. A mim ele dirigiu-se dizendo, entre outras coisas: – Tenho fome de um alimento que a terra não produz, e tenho sede de água divina. Estou farto e tenho fome; e sabem por quê? Porque há muito pão neste mundo e, apesar de tanta abundância, há milhares de famintos. Eu, ao comer, envergonho-me e sinto remorso, pensando nos que não comem. Por que tanto para uns e para outros tão pouco?

– É um homem de valor! – murmurei mentalmente. Vale muito mais do que eu, pois quando me alimento não penso nos que não comem, não olho além do meu círculo estrito; ele sabe ver melhor e mais adiante do que eu.

Depois disse-me ele ainda: – Que acha das obras do meu convento?

– Há muito tempo que não as vejo; que faria eu lá? Prefiro ir visitar os pobres.

– Faz bem; mas... diga-me com franqueza: não é verdade que mesmo tendo saciado a nossa fome com finas iguarias, nunca estamos satisfeitos? E sabe por quê? Porque o vazio que sentimos só poderá ser preenchido com algo que se chama amor.

Abandonamos a sala das refeições, o arquiteto, o padre e eu, passando a uma sala cheia de maravilhas artísticas. Foi a vez de o arquiteto dizer: – Agora que estamos a sós, falemos das obras do convento, onde se gasta muito dinheiro, mas é um dinheiro morto.

– Deixe que se gaste – disse o padre –, que se as pedras são obra morta, os braços que lidam com elas são obra viva, e eu quero fazer um templo que seja eterno, para que os trabalhadores tenham pão durante muitos anos. Há dinheiro de sobra, e eu quero que os pobres vivam. Além do mais, a nossa religião gosta de ver pedras, muitas pedras, arcos, abóbadas, torres, muitas torres, e algumas delas bem altas com sinos grandes, que despertem as consciências dos pobres de espírito. Eu quero ver exércitos de operários que, trabalhando, veem Deus acima e a miséria abaixo. Ai deles e de nós se só olhássemos para baixo! Os pobres sem trabalho são uma constante ameaça, são as línguas de fogo que só profetizam cataclismos.

Eu o escutava encantada, e acrescentei: – Eu também colocarei pedras se for para dar pão aos filhos do povo.

– Sim, minha irmã, caminhamos nós dois por duas linhas paralelas, porém colocadas em um caminho tão largo que nunca nos veremos indo por elas; jamais iremos juntos, embora seja só uma a nossa empresa. Eu penso levantar tantas pedras, que serei o assombro do sacerdócio espanhol. Penso em levantar um templo adornado com filigranas de jaspe que parecerá uma obra de fadas. Nossa religião é possuidora de imensos tesouros, e justo é que eles sejam bem empregados. E agora, mudando de assunto e aproveitando a oportunidade de falar sem testemunhas, porque o arquiteto é um dos nossos, previno-a de que esteja preparada, porque chegará o dia, e não longe, que me farão juiz das suas obras poéticas. Serei o censor eclesiástico de seus escritos, pressinto. E meus pressentimentos não falham. Quando chegar esse dia, prepare-se para sofrer o que ainda não sofreu, porque eu serei a desonra das suas obras, fazendo do branco preto, e do preto, branco.

– E por que tem que destruir os meus escritos?

– Porque estamos num país onde se adora a Deus de uma maneira grosseira, material. A você e a mim, respeitam-nos pelo nosso talento. Toleram-nos pela nossa superioridade moral, mas invejam-nos e, por nos invejarem, odeiam-nos. Todo o clero se aborrece conosco porque somos verdadeiramente espiritualistas, porque adoramos a Deus como pai de todas as criaturas e não como juiz irascível e implacável que castiga seus filhos. Somos ambos racionalistas, e a religião não admite que a razão opere. Ah! minha irmã!... Não está longe o dia em que suas obras serão examinadas pela segunda vez, e então irão chamá-la de visionária, possessa, endemoniada, enganada pelo diabo. Para defender-se terá de justificar que adora a Deus na cruz e que as revelações que tem, inegáveis a meu ver, têm lhe custado imensas dores, abafando os seus desejos e tentações mundanas. Tudo farei para que apareça como uma freira fanática, em êxtase permanente, e só assim poderei salvá-la da morte na fogueira.

– Santo Deus!... e será o senhor o escolhido para depreciar as minhas obras?

– E dê graças a Deus por ser eu o escolhido, pois se assim não fosse, não se salvaria de morrer queimada, a fogo lento. Mas o que estou lhe afirmando não é motivo para deixar de escrever. Escreva quanto puder. Não se importe com que possa suceder. Se queimarem os seus escritos, o fogo do meu espírito reanimará as suas obras. Já sabemos, minha irmã, que se vive eternamente. Que nos importa se na comédia que hoje representamos no teatro religioso, eu destrua as suas obras? Amanhã estaremos de novo reunidos em torno de nossos trabalhos e, em lugar de pormos pedras sobre pedras, elevaremos os nossos pensamentos convertidos em criações úteis, e voaremos, sim, voaremos, levando em nossa bagagem a semente de nossas ideias para outros continentes distantes.

– Vai ser como quiser. Eu pressentia o trágico fim de minhas inspirações. Mas ao convencer-me que serão pasto das chamas e que delas só ficará a memória de uma freira louca, de uma fanática e histérica, tenho razões para sentir profunda tristeza, porque virão outras gerações mais espiritualistas, e ao lerem o que restar das minhas obras, poderão interpretá-las como sendo o fruto do cego fanatismo religioso!

– Descanse, farei todo o possível por deixar intactos alguns dos seus pensamentos que não ataquem a liturgia. Por isso repito que não deixe de escrever, porque, havendo muito que se escolher, será mais fácil conservar algumas páginas em que figure a essência do seu pensamento.

– Não sei se seria preferível matar-me o corpo, ou matar minhas obras.

– O sacrifício seria completamente inútil. A Igreja condena as suas obras, porque o seu conteúdo significa a morte de seus ídolos, a excomunhão do seu comércio ilícito, a humilhação da sua ímpia soberba. A luz dissipando as trevas, o amor destruindo os cálculos do egoísmo. Ah! Não, não! Eu não quero vê-la arrojada à fogueira; não merece morrer assim. É digna, é boa. Não se preocupe, repito: das suas obras algo ficará de seu, tal como um ramo de flores meio desfolhadas, mas com seu aroma intacto.

O padre levantou-se para se retirar e, ao pôr a capa, empalideceu, cambaleou, apoiando-se ao respaldo do sofá. O arquiteto notou o seu estado e observou: – Está doente? O que tem?...

– Não sei, foge-me a vista... traga-me um reconfortante. O arquiteto saiu e eu compreendi que o padre não estava enfermo, que estava, sim, sonambulizado, e por isso perguntei: – Que está acontecendo?

– Preciso falar com você.

– Pois aqui não devemos. Pensariam todos que estamos endemoniados.

– Mas é preciso que falemos.

– Onde?

– Em qualquer parte, no seu convento.

– Lá não. Na casa de meu pai.

– Está bem, amanhã de manhã nos encontraremos lá.

Quando o arquiteto voltou com uma bebida que ele mesmo havia preparado, o padre já estava desperto, ainda que muito pálido. Tomou alguns goles do tônico e retirou-se saudando-me com tristeza. O arquiteto acompanhou-me até à porta do convento. Retirei-me para a minha cela, ávida de repouso e solidão.

Sim, necessitava estar só para pensar no belo dia que tinha passado. É verdade que o seu final tinha sido desagradável. Mas, em meio de tantas trevas, havia uma réstia de luz: o padre amava-me. Não queria ver o meu corpo consumido pelas chamas e envolver-se-ia nas minhas obras para me salvar. Iria lê-las todas! Todas!... O meu trabalho não havia sido estéril, porque uma inteligência que sabe julgar vale mais que o juízo de todo um povo. Reportei-me à entrevista com o padre na casa de meu pai. Que loucura!... Com que pretexto eu iria? Recostei-me e adormeci.

Na manhã seguinte, despertando, saudei o Sol como de costume. Olhei, ansiosa, para as *flores do céu* que agitavam, entristecidas, as suas corolas e contei-lhes os meus receios daquela manhã, pedindo-lhes um conselho. Uma delas respondeu-me, com carinhoso acento, que eu havia dado a minha palavra e por isso devia comparecer.

– Mas o que dirá minha família? Não compreende que um encontro entre uma freira e um padre dá muito que pensar?

– Assim seria se se realizasse a portas fechadas. Mas você não tem necessidade de se encerrar em parte alguma, se existem jardins extensos em seus domínios, onde pode passear e rezar pelos seus mortos. Estará levando para essa reza o melhor amigo da sua família...

– Teve uma boa ideia, flor querida. Tem razão.

Ato contínuo, saí do convento, dirigindo-me à minha antiga casa. Meus sobrinhos receberam-me carinhosamente, dizendo-me o mais velho:

– Permita-me que lhe diga que, a cada dia que passa, quero-lhe mais, porque cada vez compreendo melhor quanto lhe devo.

– Ainda vai me dever mais, meu filho, porque farei de você e de seu irmão dois perfeitos cavalheiros.

– Como é feliz para mim o dia de hoje!

– Por que, meu filho?

– Porque você veio. Leva tanto tempo sem nos visitar!

– Pois vim hoje para cumprir uma promessa que fiz a seu pai. Venho rezar por ele nos jardins. Nas minhas rezas vai me acompanhar um bom amigo do autor dos seus dias.

– Bendita seja, senhora! Eu iria com vocês, mas não me atrevo. Se fosse sozinha, sim, mas o padre de que fala inspira-me um respeito quase comparado ao medo.

– Você, meu filho, vá ao meu antigo aposento, chegue-se à janela e rogue também pela alma de seu pai.

Internei-me nos jardins e, pouco depois, apareceu-me o padre, que me disse secamente: – Não compreendo por que viemos aqui.

– Pois é muito simples: porque ontem ficamos de vir.

Chegamos ao pé da pequenina fonte e ele deixou-se cair sobre uma pedra. Recostou-se ao velho tronco de uma árvore e adormeceu. Sentei-me bem perto e ele me disse: – Escute, que não temos tempo a perder.

– Não fale tão alto, pois julgam que estamos rezando.

– O eco das nossas orações chegará até os que nos ouvem, pois assim quero e tenho meios para ajudá-la na sua mentira inocente. Agora escute: eu sou aquele que a vendeu e a perseguiu, gozando com a sua queda até a completa degradação. Sou aquele que envenenou os seus dias, que manchou a sua alma e que destruiu-lhe o corpo. Isto foi ontem, e, entre ontem e hoje, muitos séculos se passaram e com eles veio o meu arrependimento, o meu firme propósito de emenda. Hoje – e ao dizer-lhe hoje, refiro-me a muitos séculos empregados em amá-la –, hoje a amo, hoje necessito de você!

– Não o entendo. Você é uma alma?

– Sim, sou uma alma, mas tenho ainda o corpo na Terra.

– Tem o seu corpo aqui?

– Sim, tenho. E venho anunciar-lhe a minha morte.

Não sei por quê, lembrei-me imediatamente de meu irmão mais moço e perguntei-lhe: – É a alma de Benjamim?

– Sou. Vou morrer num duelo, mas ainda virei vê-la com o corpo. Achará que estou muito feliz, mas há um homem que se opõe à minha felicidade e por isso nos bateremos. Quisera matá-lo, mas ele me matará, e prefiro morrer honrosamente no desafio a morrer rolando de rocha em rocha até o fundo do abismo. Não há morte mais cruel. Agora diga-me: é verdade que me ama? Preciso do seu amor! Há tanto tempo que lhe quero! Diga-me que vai me querer sempre.

– Sempre?! Eu respondo por hoje; amanhã não sei.

– Não sabe? Pois eu a seguirei sempre. Queira-me como filho, como irmão, como amante, como pai, como quiser, mas ame-me, enlace-me a você, que não posso viver sem a sua presença. Este de quem me valho também já foi seu inimigo e hoje a ama. Seu amor não é tão imenso como o meu, mas a ama. Quando eu morrer, não chore, pense unicamente na minha alma e chame-a. Virá uma mulher formosa pedir-lhe notícias minhas; console-a. Quis e quero-lhe muito, pois por ela me deixarei matar, mas não lhe quero tanto como a você. Faça boas obras com minha herança. Ampare os órfãos em meu nome, porque são muitos sofredores. Adeus, volto para meu corpo, que está muito decaído.

Foi-se o espírito. Vi que o padre ainda ficou a dormir. Tive medo e perguntei--lhe:

– Está dormindo ainda?

– Sim.

– Quer dizer-me quem é?

– Sou o padre, o padre que a ama. Mas o nosso amor é uma expiação; somos duas linhas paralelas que nunca se confundirão numa só; não tente cruzar o meu caminho porque não poderemos unir-nos aqui. Faça o bem, que enquanto se faz o bem não se é tentado.

Que belo ele me pareceu naqueles momentos!... Tanto que não pude deixar de lhe dizer. – Por que Deus o fez tão belo?

– Para que você sofresse e eu também. Porque quero ser virtuoso. Meu corpo é desejado, mas eu resisto, e não podendo ser seu, não quero ser de mais ninguém.

Despertou e disse-me asperamente:

– Fez-me dormir! Que mania! Deve ter-me magnetizado!...

– Juro que não!

– Por Deus, peço-lhe que não me faça dormir de novo. Poderia acontecer de você não resistir e eu tampouco, e iríamos nos lançar em um inferno.

– Tem razão, sigamos cada qual o seu caminho, sem procurarmos nos encontrar, porque da nossa união não resultaria nenhum benefício para as nossas almas, nem prazer duradouro para os nossos corpos. Expiemos nosso passado e esperemos a nossa redenção.

71. Angustiosos acontecimentos

Saí de lá cheia de preocupação, impressionada. Não era para menos, com o que acabara de tomar conhecimento. Já em minha cela, de volta ao convento, meditei profundamente sobre o que ouvira a respeito da morte de Benjamim. Confesso que me desesperei e pedi contas a Deus pela sina de meu pobre irmão. Por que tinha de perdê-lo? Por que tinha eu de sofrer tantas perdas? Por que ser acossada por tantas dores? Se a Terra propiciava tanta vida, por que em torno de mim a morte ia ceifando sem piedade? – Por que morrer, meu Deus? – exclamei no auge do desespero –, por que tanta treva quando devíamos viver em plena luz?!... Quantas provações, santo Deus! Quantas angústias! Já não posso mais.

Realmente, não podia resistir a tantas e tantas dores, porque, embora nunca tivesse querido calorosamente a Benjamim, diante da ideia de perdê-lo, aumentava o meu carinho por ele. E de tal forma, que chorei a sua morte prematura com todo o sentimento, com todo o desconsolo de uma alma ferida pela inclemência de seu destino adverso.

Aquela noite não dormi, delirei. Vi campos de batalhas semeados de cadáveres e esposas buscando entre os mortos os amados dos seus corações; vi lupanares repletos de mulheres degradadas e de libertinos embriagados; vi desintegrações sociais, montes de escombros, que outra coisa não eram os palácios dos nobres e as cabanas dos plebeus. Sei lá o que vi!...

Levantei-me muito doente; estava cansada de viver, por que negar? Bem verdade que o próprio rei me protegia, mas quanto de mais alto vem a proteção, menos consola. Porque tal é a distância entre o protetor e o protegido, que nunca se aproximam um do outro. Um não desce porque não está acostumado a procurar ninguém e o outro não sobe porque não se atreve. Eis por que a proteção do rei não me prestava o consolo que minha alma necessitava. Em compensação, meu irmão, com o seu caráter impulsivo, com o carinho extravagante que sentia por mim, com o afã que tinha sempre de estar ao meu lado, era para mim um defensor leal, em quem eu tinha a mais completa confiança. Por isso, ao lembrar-me que ia perder o único baluarte que me restava, pedi a Deus que eu morresse e supliquei de todo coração.

Sentada à minha mesa, chorei durante longo tempo, confidenciando a Deus que me faltavam forças para lutar. Ouvi, então, uma voz: – Tudo isso é tempo perdido: levante-se e ande.

Como que movida por uma mola, levantei-me e passei ao refeitório onde encontrei todas as freiras. Elas notaram a minha perturbação e o meu desânimo. A segunda superiora acompanhou-me carinhosamente à minha cela e fez-me tomar um reconfortante preparado por ela. O remédio deu-me nova vida, tanto que me achei com coragem de sair, e assim fiz, em busca de novas atenções e novos cuidados. Que sombrio me parecia o meu futuro!... Todas as minhas esperanças tinham se esvaído.

Saí para o campo e andei ao acaso. Voltando à cidade, dirigi-me maquinalmente à casa de meus pais. Pensei em entrar no meu antigo aposento, mas encontrei-o fechado. Passei ao salão onde encontrei a viúva do meu irmão. Ao ver-me, deu um grito de espanto, dizendo: – Está enferma?

– Sim, estou.

E caí desmaiada. Toda família acudiu ao recinto, inclusive a antiga criadagem. Um médico foi chamado. Ao examinar-me, disse em tom grave: – Isto está muito mal; os dentes cerrados não dão passagem à medicação.

Por fim, depois de várias tentativas inúteis, conseguiram fazer-me ingerir algumas colheradas de um licor muito amargo e acabei por reanimar-me, graças, em grande parte, às frases carinhosas do médico. Minha alma precisava tanto de carinho!... Falou-me muito discretamente sobre a religião e a resignação, consideradas por ele irmãs gêmeas. Fizeram-me deitar e, durante a noite, a viúva de meu irmão e o médico velaram-me com a mais terna solicitude. O médico mais parecia um pastor de almas, um pai atencioso, recomendando-me que procurasse não pensar muito, e que se quisesse pensar, que pensasse em Deus, nos seus anjos e nos seres privilegiados que ocupavam um lugar nos céus. Ao ouvir a palavra *privilegiados*, devo ter sido traída pela minha expressão, o que fez com que ele dissesse:

– O quê! Duvida que haja seres privilegiados?

– Sim, duvido, ou melhor, não creio. Privilegiados! Se houvesse um ser privilegiado, seria a negação de Deus, porque eu creio que Deus é amor e justiça. Sendo amor, tem que amar a todos; sendo justiça, não pode ser injusto, e o seria se tivesse filhos privilegiados. Deus é amor e misericórdia. Ele disse à humanidade: – Trabalhem e irão me compreender, trabalhem e irão engrandecer-se.

– Deus – disse o médico – tem a altura que nós lhe damos; eu creio que Ele castiga as almas culpadas e premia as dos justos.

– Acredite-me, não é possível definir Deus. Não podemos personificá-lo, nem dar-lhe sentimento. Não tem forma conhecida. Suas leis são imutáveis, é tudo o que podemos dizer. O que dissermos além disso é lastimável perda de tempo.

Passei o resto da noite muito bem e, no dia seguinte, desobedecendo à ordem do médico, quis levantar-me, pagando caro a minha desobediência. Senti dores tão agudas em todo o corpo que me deitei de novo sem novas tentativas. Passaram-se muitos dias antes que o médico me desse por curada, recomendando-me muito que não abusasse das minhas limitações físicas, pois poderia ficar paralítica. Paralítica! Que horror! Assustada diante de tal possibilidade, ao voltar para o convento, observei rigorosamente as prescrições do médico. Escrevi muito. Escrevi e chorei! Chorei de gratidão. Deus, eu estava boa! Não estava paralítica, nem cega, nem louca!... Pus-me em contato com todos os meus parentes e velhos amigos com o único fim de angariar fundos para os pobres.

Durante o sono, o meu espírito passeava ao redor do convento, mas sem querer ver mais que o belo. Certo dia, em que me achava mais satisfeita que de costume, porque havia iniciado novas obras em que trabalhavam centenas de operários, anunciaram-me a chegada de Benjamim. Entrando em minha cela, notei-o exageradamente pálido.

– Que tem? – perguntei.

– Nada; vê-la dentro do convento me impressiona.

– Pois aqui tenho a mesma liberdade que tinha antes; fale quanto quiser, que somente eu vou escutar.

Isso animou Benjamim a falar-me da sua vida, contar-me seus sonhos de amor e suas contrariedades. Anunciou-me o seu casamento próximo se conseguisse vencer um contratempo que surgira.

– Que contratempo é esse? Tem algum rival?

– Você é sempre a mesma! Quem lhe disse!

– É correto que tem um rival?

– Não poderia ser de outra forma; sou um desgraçado. Chego a tocar a felicidade e esta converte-se em fogo, e as suas chamas me cercaram. Que quer você! A terra se abre e vejo sempre um abismo a meus pés, sempre. E também ouço uma voz que me diz: basta, já é bastante!

– E tem que bater-se com o seu rival?

– Não há outro remédio.

– E pressente que vai morrer?

– Tenho a certeza de ser vencido.

– Então... por que se bate?

– Pela honra; um nobre deve saber morrer.

Falei a meu irmão docemente, recordando-lhe seus juramentos de me amar e proteger. E aquele homem de caráter irascível, quase feroz, arrojou-se em meus braços e chorou amargamente, dizendo-me: – Não tenho outro remédio, não há outra solução senão morrer!...

Falei-lhe como mãe amorosa, preparando-o para morrer dignamente. Que angústia! Ele chorava como uma criança. Não queria morrer, porque a sua amada o esperava sonhando fazê-lo feliz. Por fim, desprendeu-se dos meus braços e, ao despedir-se, beijou-me na fronte, dizendo:

– Recorde sempre este beijo e, se existe outra vida depois desta, lembre-se que o meu espírito lhe pedirá severas contas se me esquecer. Serei sua sombra, seu tormento, seu martírio, para me vingar do esquecimento cruel. E serei também seu braço forte, seu consolo, seu anjo bom se nas suas orações você se lembrar de mim.

Benjamim retirou-se, deixando-me em um estado tão triste e angustioso, que chamei imediatamente o meu amigo padre, para suplicar-lhe que não abandonasse meu irmão. Que ao menos ele não morresse só, mas amparado nos braços de um amigo, já que eu, devido ao meu estado, não podia segui-lo.

O padre impressionou-se muito com a descrição que lhe fiz das desventuras de meu irmão, tanto que, num arroubo de desespero, exclamou:

– Que fizemos nós a Deus? Deus! Eterno mistério! Por que nascemos? Por que sofremos? Por que temos de morrer?... e acaso está na morte a solução do problema?...

Separamo-nos desgostosos e, poucos dias depois, ele me enviou uma missiva com detalhes da morte de meu irmão. Morreu no campo de honra, sem agonia. Pobre Benjamim!... Quando lia o escrito do padre, ouvi uma voz que me dizia: – Não me esqueça! Se me esquecer, serei como que uma corrente de fogo que destruirá tudo em torno de você.

Em consequência da morte de meu irmão, recebi muitas visitas de pêsames, tanto dos parentes como dos amigos. Todos me quiseram consolar e, embora nenhum conseguisse, agradeci os seus cuidados. Quem me comoveu profundamente foi a minha formosa sobrinha, a menina adorável que tinha me coroado no bosque. A bela jovem abraçou-me chorando e disse-me ternamente:

– Venha comigo, quero tê-la junto a mim, minha tia. Preciso muito de você!

– Não, minha filha. Justamente agora está numa idade em que não precisa de ninguém. A sua juventude risonha é a sua companhia. Está agora no melhor da vida e tem razões de sobra para ser feliz.

– Não é bem assim, minha tia. Está claro que tudo o que me rodeia me agrada, mas... não sei, tenho medo de morrer antes de alcançar a felicidade completa.

– E em que se baseia para ter semelhantes receios?

– Em meus sonhos. Eles são tão frequentes como originais. Neles vejo-me muito bela, voando com minhas asas brancas. Sobre os meus cabelos há grinaldas de flores que parecem pequenos cálices de espuma. Ouço uma música muito suave e vou bater em uma das portas do céu. A porta se abre, mas não me atrevo a entrar, porque ali tudo é luz e beleza. Olho para mim mesma e me vejo tão feia, que recuo envergonhada, e desço de novo à Terra por não me julgar digna de viver no céu, junto a Deus.

Confesso que os sonhos de minha sobrinha me alarmaram, mas ocultei, o melhor que pude, a minha má impressão. Falei-lhe de amores castos, de ilusões e de esperança, mas a menina moveu a cabeça, dizendo com melancolia: – Tudo é alentador, mas não desfrutarei de nada disso. Verá, minha tia, verá.

Quantas emoções e nenhuma boa!

Passei alguns dias pensando constantemente em Benjamim. Sua morte causou-me uma impressão que eu não esperava. Achava-me tão só!...

Certa manhã anunciaram-me a visita de uma senhora. Logo ao entrar, vi que era uma mulher jovem, elegante e bela, luxuosamente vestida. Seu semblante não me era de todo desconhecido, mas não conseguia recordar-me onde a tinha visto. Ela me olhou com toda a altivez, com a mais insolente impertinência e disse-me:

– Lembra-se de mim?

– Não, senhora.

– Pois devia lembrar-se. E aproximou-se mais, olhando-me nos olhos. Abafei então um grito de surpresa: aquela mulher era Maria, a menina que eu tirara do lodo e da miséria, das garras de uma mulher brutal. A mesma que tinha me abandonado, queixando-se de minha desatenção para com ela. Tinha uma inimiga em minha frente. Maria, sem fazer caso do gesto de assombro que eu devia ter feito, prosseguiu dizendo:

– Felizmente, senhora, é chegado o dia em que posso perguntar-lhe quanto gastou comigo durante o tempo que permaneci em sua casa. Nada quero dever--lhe e por isso venho pagar-lhe quanto for.

Como eu não estava acostumada a uma linguagem tão grosseira, respondi-lhe secamente:

– Pode retirar-se, que já terminamos.

– Oh! Não, senhora. Não terminamos. Aqui está o correspondente à minha manutenção. E atirou uma bolsa de seda vermelha, cheia de moedas de ouro sobre a minha mesa, dizendo: – Começa agora a minha vingança: serei eu quem há de acusá-la, quem vai dizer que é uma religiosa hipócrita. Que é audaz, mas que também é covarde, porque tem muitos segredos que a obrigam a calar.

Instintivamente, aproximei-me de uma janela e gritei por socorro. Imediatamente o meu quarto encheu-se de freiras. A segunda superiora pediu explicações a Maria quanto ao seu procedimento. Ela, então, abriu caminho e disse insolente que era a vingadora dos fracos, e que iria dizer ao clero espanhol o que eu era. E saiu triunfante, satisfeita de sua obra iníqua.

Fiquei num estado deplorável. Lembrei-me do lugar onde havia conhecido a menina andrajosa, que tinha o corpo cheio de hematomas e feridas abertas. Recordei-me da sua miséria, do seu abandono e do abrigo tranquilo que encontrou em minha casa. Veio-me à mente o seu amor aos pobres, o seu desejo de ser boa, suas aspirações de imitar-me, e depois... quem sabe o rumo que teria tomado aquela desventurada! É verdade que houve um tempo em que não lhe dei atenção ideal, que a confundi com os meus criados fiéis que na minha casa viviam na maior abundância. Mas a minha desatenção mereceria castigo tão cruel?...

Novamente a necessidade do médico e mais uma vez tive que guardar o leito, levando a todos muito desgosto pelos meus constantes delírios. A febre não me deixava nem de dia nem de noite. Um acesso após o outro e, segundo soube depois, gritava como uma endemoniada.

E não era de se estranhar que gritasse, porque o que eu via era um quadro horrível. Via a praça pública. No centro uma grande fogueira, cujas chamas avermelhadas perdiam-se nas nuvens de fumaça, e no meio delas o meu corpo carbonizado. Ao redor da fogueira, uma multidão cantando e dançando alegremente. Eram canções obscenas, cujo estribilho era: – "Assim devem morrer as más religiosas. Esta recolhia as crianças e logo as abandonava, e mentia, dizendo que falava com Jesus".

Em seguida via o meu Deus, e dizia-lhe: – Leve-me com o senhor!

E ele me respondia: – "Vá, não a quero. Já vê o que conseguiu; fuja de mim porque não é digna de seguir os meus passos".

E lá mesmo, dentro do convento, via as freiras tristes e macilentas. Aquelas não se alegravam da minha morte. Sua dor consolava-me. Falavam de mim, contavam muitas mentiras e algumas verdades, e concluíam dizendo: – Pobrezinha! Ficou louca!...

Com tais visões, compreende-se que eu gritasse, porque me queimavam dois fogos: a lenha ardendo queimava-me o corpo e a ingratidão mais horrível queimava-me a alma. Como a alma não se reduz a cinzas, a dor é bem maior. Pobre alma, a minha! Quanto padeceu, quanto!...

72. Instaurado o processo

Durou muitos dias minha crise orgânica. O delírio continuava apesar dos remédios ministrados, a ponto de pensarem que havia chegado a minha hora. Mas, felizmente, aquela crise violenta foi de grande benefício, uma sacudidela que marcou o início das minhas melhoras. O restabelecimento seguiu-se devagar. O médico não me abandonava, ansioso de que me voltasse a lucidez. Até que uma manhã, perguntou-me, atencioso: – Como estamos?

Eu sorri e respondi-lhe:

– Reconheço o senhor.

– Verdade?

– Sim, é o médico a quem tanto devo. Tem sido um pai carinhoso para mim.

– Nada me deve. Pense apenas em restabelecer-se, porque o seu sofrimento faz sofrer a todos. Acredite, todos necessitam de suas frases carinhosas, dos seus doces sorrisos, dos seus conselhos edificantes, da sua fé. Voltou à vida, graças a Deus! Não se agite, não se preocupe e logo cantaremos vitória.

Quando o médico se retirou, perguntei à minha enfermeira:

– Eu delirei?

– Um pouco, senhora.

– Estou doente, mas não é verdade que eu esteja endiabrada.

– E quem acredita em tal coisa?

– Graças. Querem que me cure e vou me curar. Há quem me calunie, mas há também quem me faça justiça.

– Não se fixe nas misérias humanas; não se canse, não pense.

– Não pensar?! Isso é impossível, porque pensar é viver.

Fui depois rodeada por toda a comunidade, quando disse às minhas companheiras: – Quanto me alegro de vê-las! Mas diga-me – perguntei à segunda superiora –, eu delirei, não é verdade?

– Sim, sim, delirou.

– E o que disse?

– Muitas coisas. Não é possível fazer uma relação exata, porque falou de mundos, de sóis, de céus, de infernos, de glórias, de abismos, de espaços, do ontem, do amanhã. De tudo quanto se pode falar, foi falado.

– Graças, minhas irmãs. Vejo em seus semblantes os sinais da dor. Todas me velaram?

– Todas, e eu tive que impor-me para que fizessem uma divisão por turnos, já que nenhuma queria descansar.

– Quanto lhes devo, minhas irmãs!

– Cumprimos com nosso dever – disseram em coro.

E todas em volta do leito olhavam-me com verdadeira adoração. Como quem beija uma preciosa relíquia ou a imagem de uma santa, assim todas beijaram-me na fronte, retirando-se depois pé ante pé para não fazer barulho.

Quando fiquei só, olhei para tudo que me rodeava e achei maravilhoso. Olhei para as janelas fechadas, e pensei nas minhas *flores do céu*. Flores queridas! Quanto tempo sem falar com elas! Mas falarei, porque ainda tenho que viver.

Continuou o médico com suas visitas rotineiras, suplicando-me sempre repouso, porque temia pela minha saúde mental.

– Pensou que eu ia enlouquecer? – perguntei-lhe com receio.

– Sim, minha filha. Pensei, porque sobravam-me motivos para acreditar nisso. Que modo de delirar! Que maneira de sentir!

– Pois não tenha receio; não quero chegar à loucura e não chegarei. Quero curar-me, quero lutar, quero vencer.

Ainda se passaram muitos dias sem que pudesse levantar-me, e quando o fiz o médico me suplicou, com os olhos rasos de lágrimas, que não pensasse em escrever e que não me fixasse nas cores, que só olhasse para o céu, e sem exageros.

Tive uma convalescença lenta e, no íntimo, dava razão ao médico quando ele dizia que eu não devia pensar, porque a ideia mais leve punha em desordem a minha mente, fazendo-me sentir dores de cabeça. Quando me viu mais animada, disse-me um dia: – Estou contente com você, porque sabe obedecer. Obrigado, minha filha. Faz tanta falta na Terra! Se soubesse quantos pobres têm vindo perguntar por você! Foram centenas, e alguns chorando copiosamente perguntavam-me se ia ficar louca. Quanto é querida por eles, minha filha! A melhor religião é o bem, o melhor culto a Deus é consolar o triste, e você é uma boa religiosa, porque converte-se em mãe dos aflitos.

As palavras do médico foram um estímulo valioso. Pedi-lhe a mão e, antes que ele pudesse evitar, ajoelhei-me e beijei-a com amor filial. E aquele homem sábio, tocado de emoção, quis abraçar-me, mas conteve-se e saiu do aposento.

Logo que fiquei só, pensei na multidão que havia perguntado por mim, e disse: – Que bom! Essa multidão não me julga endemoniada.

Chamei a segunda superiora e perguntei-lhe: – Diga-me, quantas pessoas vieram perguntar por mim?

– É impossível dizer ao certo, porque vieram muitas e de todas as classes sociais: pobres, ricos, altos, baixos, militares, sacerdotes, emissários do rei, rapazes descalços, mulheres andrajosas e damas da corte. Todos queriam vê-la, e como isso não era possível, rezavam pela senhora na igreja, que esteve sempre repleta de fiéis.

– E, diga-me com toda a franqueza, crê que minha enfermidade foi obra do demônio?

– Não, senhora. Estamos todas convictas de que nada tem a ver com os gênios do mal.

– E não tem a menor dúvida?

– Não, porque um dia disse: "as chamas do inferno me rodeiam! Que horror! Mas... que alegria! Salvei-me, já estou no céu, sob cores deslumbrantes de um arco-íris. É a glória! Quanta luz! Quanta beleza!..." Ao ouvi-la todas chorávamos, e depois de deixá-la reuni a comunidade e sugeri que orássemos pela nossa superiora, recordando aquele dia em que Jesus apareceu. Que era ele, não podíamos duvidar, porque o perfume que então aspiramos era único e inexplicável. Se havíamos tido a graça de vê-lo, que pedíssemos pela nossa irmã enferma. E todas nos pusemos a orar contritas, e no momento em que orávamos com mais fervor, vimos a senhora, formosa e sorridente, volitando no espaço, descendo e voando em torno de nós, dizendo: – Obrigada, minhas filhas! Quanto lhes devo! Quanto as amo!... E todas nós olhamos e dissemos: – Eu vi a superiora, e eu, e eu, e eu! Todas a viram! Todas!... e eu disse: – Deus escutou-nos. Como Ele é bom!... E então sentimos um perfume delicioso, embriagador, quando caímos de joelhos. O teto desapareceu da nossa vista, ressoando uma voz: – Sempre atendo às rogativas sinceras que brotam do fundo da alma. Sejam virtuosas, sacrifiquem-se pela humanidade!

Que voz aquela! Era um canto de anjos, uma melodia celestial.

E todas vimos, na imensidade sem limites, arcos luminosos formando uma abóbada interminável, e lá longe, muito longe, Jesus com a sua branca túnica flutuando sobre ondas de luz. Sua voz doce ecoava pelo espaço: "sejam boas, sejam boas e chegarão até mim, que é dos bons o reinado do futuro".

E todas nos perguntamos: – Viu Jesus? – Sim, vi – era a resposta. – Então a nossa superiora não está endiabrada, nem sob o domínio dos espíritos do mal. É impossível! Onde se distribui a vida em caudais não podem coexistir os sonhos da morte. Assim, a senhora é para nós um ser verdadeiramente superior.

Como me fez bem a manifestação da segunda superiora! Enquanto ela falava, eu via também o que todas tinham visto.

– E o capelão do convento? O que disse?

– Ah! senhora, ele não tem dúvidas de que estamos todas endiabradas.

Passei o dia pensando em quando chegaria a denúncia. Iriam martirizar-me? Tinha medo do martírio, confesso. Não tinha o heroísmo dos mártires.

No dia seguinte o médico deu-me permissão para abrir as janelas da cela. Quando abri a do centro, vi as minhas flores queridas, que, embora louçãs como sempre, não exalavam o seu aroma penetrante. – Nada me dizem? – disse-lhes. – Já não me querem?

– Cale-se – disse uma florzinha –, não seja impaciente, que a impaciência é a sua expiação. Não sabe que nunca vamos abandoná-la?

– Pois deem-me os seus perfumes. Necessito deles porque são a minha vida.

– Toda a nossa fragrância é para você.

E agitando suas corolas, permitiram-me aspirar deliciosamente perfumes embriagadores, que me reanimaram num piscar de olhos.

Tanto me reanimei que fui ao templo para ouvir a missa e observar de perto o pobre capelão. Ao ver-me, ele empalideceu, olhando-me perturbado. Celebrou a missa o pior possível, dizendo verdadeiros disparates em vez de palavras latinas. Não sabia o que fazia. Pobre homem!

Quando ele concluiu, não pude deixar de lhe dizer: – Ai padre! Como demorou!... E pronunciou palavras sem o menor sentido!

– Tem razão, senhora. Desde que caiu enferma não faço outra coisa senão disparates. O que se passa aqui tem muito de extraordinário.

– Logo... acredita que o diabo está aqui?

– Sim, senhora, acredito. Por isso não digo bem a missa.

– Que absurdo! Deus é pai! Acredita que o diabo possa lutar com o Supremo Ser? Que loucura! Que falta de bom-senso! Se adora a Deus, como acredita no diabo?... Não faça o mal e tenha fé na justiça divina, que ela irá abrir-lhe as portas do céu.

– Creia, senhora, estou sofrendo muito, e os meus temores e sofrimentos vão se acalmar se quiser fazer comigo uma boa confissão.

– Está em seu juízo perfeito, padre? Não necessito de seus perdões, pelo contrário, é o senhor que precisa do meu perdão. E eu lhe concedo de bom grado, porque é um infeliz, um iludido, que acredita em absurdos inadmissíveis. Mas, se o diabo inspira-lhe tanto medo, vá embora daqui.

– Quer que eu vá?

– Não, eu não quero. Mas é preciso que saiba pensar, porque um ministro de Deus deve saber discorrer. Siga com suas missas, suas confissões e suas práticas, não tema pelo que não existe.

O capelão retirou-se abatido e cabisbaixo. Reuni-me então com a comunidade, dizendo:

– Sentem-se, minhas filhas. Que seja este um dia de verdadeiro regozijo para nós, traçando planos de sermos úteis à humanidade. Não basta que sintamos intimamente compaixão pelos que sofrem; é preciso fazer o bem aos necessitados na prática. Junto a este convento levantaremos um asilo para que nele sejam acolhidos crianças e velhos desvalidos. E enquanto se constrói o edifício, vamos preparar algumas casas para receber andarilhos doentes e aqueles que necessitam de uma noite de repouso debaixo de um teto hospitaleiro. Estão de acordo?

– Estamos – disseram todas.

– Agradeço, minhas filhas. Aquele que trata bem os pobres, trata bem a si mesmo.

Passei depois aos jardins do convento, e ali orei com fervor. Ali falei com meu Deus. No dia seguinte, procurei o arquiteto e encomendei-lhe uma lista de pessoas necessitadas. Dirigi-me, após, à casa de meus pais. A viúva de meu irmão abraçou-me com entusiasmo indescritível. Quanto me queria! E sabia agradecer. Quando disse-lhe que iria trabalhar comigo, à cata de enfermos e pobres, seu júbilo não teve limites. Ia trabalhar comigo! Significava que eu não a desdenhava! Por isso experimentava tanta alegria! Aquela mulher era uma santa!... Quantas santas haveria na Terra, se fossem levantadas a tempo todas aquelas que caem!

Visitei, depois, minha irmã, perguntando logo por minha sobrinha.

– Saiu para uma caçada com o pai e o irmão – disse minha irmã.

– Para uma caçada?! Que loucura! O que entende aquela menina de cervos?

– Pois é, caprichos da juventude e condescendências de seu pai. Por meu gosto não iria.

– Deixe estar, que quando a vir vou tirar-lhe esses caprichos.

– Creio mesmo que só a você ela ouvirá.

Não sei por que, fiquei desgostosa com a saída da menina. Ocultei de sua mãe os meus receios e voltei para o convento pensando em minha sobrinha. Eu lhe queria tanto! Ao chegar à minha cela encontrei sobre a minha mesa duas correspondências, uma grande, com o selo real, e outra pequena. Abri a pequena e verifiquei que era uma carta do rei, escrita de próprio punho. Felicitava-me pelo meu restabelecimento e acusava-me, amistosamente, pela minha reduzida atividade em levantar conventos. O rei queria muitas casas de oração, para que nelas as almas boas orassem pelas pecadoras.

Abri depois o outro envelope, que continha os seguintes dizeres: – "Sei que já está recuperada. Vou delatá-la agora. Tenho todo o empenho em matá-la e vou matá-la. Assim, saberá quanto pode um verme".

Ao ler aquela ameaça, tive uma vertigem que me assustou muito. Mas dominei-me em seguida, e disse de mim para comigo que a um verme não se teme, esmaga-se.

Naquele momento, como enviado pelo céu, entrou o meu amigo padre, que não me tinha visitado nem durante a minha enfermidade nem depois. Que belo ele me pareceu, com o seu olhar lânguido, com a sua gentileza e distinção aristocrática! Mas eu estava aborrecida com a sua prolongada ausência e disse-lhe com acentuada ironia: – Que infelicidade! Sempre chega uma hora mais tarde. Eu já podia ter morrido esperando a sua visita. Nunca vem a tempo.

– Está errada, chego sempre quando faço mais falta.

Com melancólico sorriso, indicou-me os escritos que se achavam sobre a minha mesa. Apressei-me a dar-lhe e ele os leu sem manifestar a menor surpresa, acrescentando com ternura paternal: – Não tenha receio. A denúncia já está apresentada há muitos dias e acha-se em poder do Tribunal do Santo Ofício. Este quer fazer uma investigação sigilosa. O secretário da comissão é carne e unha comigo e eu sou o encarregado de revisar todos os seus escritos. Querem também que se confesse comigo e que faça uma confissão geral. Não permitirei que os seus escritos saiam daqui. Já percebe que chego a tempo. Está convencida?

– E é verdade que não me farão mal?

O padre olhou para todos os lados como a certificar-se de que ninguém o ouvia, fechou cuidadosamente a porta da cela e, aproximando-se de mim, disse ao meu ouvido:

– Que podem eles fazer? Antes me matariam! Você tem muitos vermes que querem roer o pedestal da sua glória, mas os grandes da Terra querem-lhe bem e admiram-na, e por isso será salva.

Fizeram-me muito bem suas palavras! Contei-lhe todos os meus planos e ele me reanimou quanto pôde, dizendo ao retirar-se: – Trabalhemos, você na sua religião e eu na minha filosofia. Trocaremos impressões quando for de imprescindível necessidade, esquecendo-nos, ao trocá-las, que somos um homem e uma mulher. Vão falar, somente, a religiosa e o filósofo. Preparemo-nos para um amanhã, porque o amanhã é o despertar da alma do seu letargo de ontem.

Quando ele se retirou, exclamei: – Deus meu! Quanto lhe quero! Bem diz ele que devemos trocar as nossas impressões considerando-nos, unicamente, ele a mim, uma religiosa, e eu a ele, um filósofo, esquecendo por completo que somos um homem e uma mulher. Mas... meu Deus! Não acho que seja um delito!... Eu adoro esse homem!

73. Gesto de amor

Uma das sensações mais gratificantes da vida é ser amado de verdade. E digo ser amado de verdade, porque os verdadeiros amores, nesta terra de ingratidões, não se valem da linguagem convencional. Uma palavra amorosa, um juramento apaixonado, uma promessa de um amor eterno prestam-se ao engano. Mas um gesto de amor diz mais que todas as palavras melosas.

Eu tinha recebido uma dessas provas inegáveis, por isso bradei com toda a efusão de minha alma: – *Meu Deus! Não é nenhum crime!... Eu adoro esse homem!...*

Senti uma satisfação íntima naquela confissão franca, porque nela a minha alma exalava um sentimento de amor sincero. Amava!... Amava! E aquele amor era a minha vida.

A denúncia a meu respeito já não me inquietou mais. Ele tinha me dito que me queria, que me amava, que seria a minha Providência, havia me tratado por você!... Divina palavra! Pode-se sofrer toda uma vida de martírios por se ouvir uma só vez o som dessas duas sílabas unidas – Você!... Ouvi-la gerou prodígios em mim. Trabalhei nos dias seguintes com ardor febril, multiplicando-me para acudir a todas as partes. Nunca trabalhei com tanto aproveitamento.

Quando mais envolvida estava nos meus trabalhos de organização do albergue, que eu queria instalar no meu convento, anunciaram-me a chegada de minha irmã. Recordei-me logo de minha formosa sobrinha. Mas compreendi de pronto o que se tinha passado. Fiz com que minha irmã se sentasse e disse-lhe:

– Fale-me com toda a franqueza: a menina morreu? Diga-me de uma vez.

– Quem lhe disse?

– Você mesma. Que aconteceu?

– O cavalo que ela montava assustou-se e correu em disparada até atirá-la fora da sela. A menina caiu de mau jeito e, na queda, cravou um espinho nas costas. E com tal força incrustou-se em sua carne, que a fez perder os sentidos. Quando voltou a si, já se achava em seu leito e a primeira coisa que fez foi chamá-la. Creio que está esperando você para morrer. Sofre horrivelmente. Você é a sua única esperança, mas o coração me diz que não a salvará.

Imediatamente, dei ordens precisas à comunidade e saí com minha irmã para ir ver minha sobrinha. Ela, ao ver-me, sorriu e disse-me com amargura: – Bem vê, os anjos podem mais que os homens. Tantas vezes os vejo virem me buscar, que acabam por levar-me. Não se empenhe, minha tia, em me fornecer vida. Tenho o corpo muito maltratado e a dor que sinto na espádua é insuportável. Mandei chamá-la porque queria vê-la. Quero morrer em seus braços. Por piedade, não me abandone: quero vê-la até o último momento.

E, com angústia febril, quis levantar-se, mas não pôde. Envolvia-a num abraço e ela disse: – Assim, assim morrerei contente.

Que dias horríveis aqueles! Minha pobre irmã, ajoelhada diante do leito da filha, queria orar e não podia. Seu marido, prostrado aos pés da cama, com a morte na alma, olhava a filha querida e, sem se aperceber, bebia as próprias lágrimas, único alimento que não repelia. Eu, sentada à sua cabeceira, sustentava com o braço esquerdo a cabeça da menina, que dispensava a almofada.

Pobre filha! Sofreu muito, mas era tão boa que não se ouvia dela nenhum queixume. Olhava seus pais e dizia-me em voz baixa: – Pobrezinhos!... Vele por eles, minha tia! Quanto me custa fazê-los sofrer! São tão bons! Têm-me querido tanto!...

Certa noite, ela se levantou, tentou abraçar seus pais, mas não teve forças. E foi em meus braços que morreu repentinamente. Então, enquanto minha irmã, seu marido e os filhos transladavam-se para outro aposento e antigas serviçais se apressavam em vestir minha sobrinha, vi o seu corpo repousando inerte e a alma, com seu envoltório luminoso, flutuando em torno de mim. Estava muito bonita!...

– Está sofrendo? – perguntei-lhe.

– Muito pouco, minha tia. Vou para longe, assim estão me dizendo. Siga-me com os seus olhos, que eles veem o mais além. Sinto que vou dormir. Chame-me se perceber que me engano de caminho e diga-me então se estou longe da porta do céu.

– Minha filha, no céu não há portas. Não pergunte onde estão as portas do céu. O céu está nos seus olhos amorosos, no seu sentimento e na sua inocência. Voe, mariposa do infinito, e não me esqueça no seu voo!

E a vi voar, perdendo-se no horizonte. Vi como se voltou, acenando a mão e dizendo adeus.

Quando me convenci que a sua alma tinha se afastado para muito longe, fui ocupar-me de seus pais que estavam inconsoláveis. Minha irmã, pobrezinha, era uma boa cristã e resignava-se com os decretos de Deus, mas negava-se a tomar qualquer alimentação. Seu esposo estava desorientado. Com muita dificuldade pude contê-lo, pois deu para matar todos os cavalos que tinha em suas cavalariças. Queria queimar, ele mesmo, o animal que fora a causa da morte da filha preciosa. Lutei muito para fazê-lo voltar à razão. Quando consegui, ele chorou copiosamente, rendido e dócil como uma criança enferma. Empreguei, então, todos os meios para consolá-lo e disse-lhe finalmente: – Não se impaciente dessa maneira. Sabe, por acaso, o que Deus havia destinado à sua filha?

– Mas o que será de mim agora, se ela era a luz dos meus olhos?

– Grandes dores pedem grandes resignações.

– Como resignar-me? Ouça, dizem que você vê as almas! Rogo que me perdoe, mas eu fui o primeiro a assegurar que você falava com o diabo.

– Sim, eu vejo grandezas imensas. Vejo almas que sofrem e almas que gozam, e vejo outros mundos onde os seres lutam com mais vantagem do que nós.

– Sim, dizem que você vê os diabos, mas a minha dor comprova outra coisa muito diferente. Minha filha era um anjo e dizia-me que você via as almas boas. Não raro a via envolta num arco-íris, no meio de bosques floridos. Como ela via você assim, significa para mim que nada tem a ver com o diabo. Diga-me agora se viu minha filha, e eu ficarei mais calmo.

– Bem, sendo assim, digo-lhe que vi a alma de sua filha no momento em que se desprendeu do seu envoltório carnal. Vi-a partir e dizer-me adeus, perdendo-se no horizonte.

– Você a viu? Quero crer em você e quero crer em Deus. Minha filha já deve estar no céu e eu tenho certeza de que vai se lembrar de seus pais.

Felizmente, naquela ocasião, como em muitas outras, minha inspiração valeu-me muito. Minha irmã e seu marido procuraram tranquilizar-se e eu pude voltar para o meu convento para chorar a sós, porque também estava desconsolada. Pobre menina! Tão bela! Tão amada! Sentia ainda o calor dos seus braços em meu colo e os seus beijos em meu rosto. Refiz-me, porém, rapidamente porque precisava estar forte para lutar. E sendo amada poderia trabalhar melhor. – Tenho quem me ame – dizia eu, muito satisfeita –, e este não morrerá, não. Irá me amparar até a sepultura e não estarei só nos momentos críticos. Não, não estarei!

Ouvi então a vozinha de sempre, que me dizia: – Adiante! Não perca tempo. Se mutilarem as suas obras escritas, lembre-se que as obras de edificações piedosas, estas... não morrerão jamais!

– Graças, meu Deus! Os dias bons estão voltando para mim. Lutarei, e sei o que me espera. Adeus ilusões! Ante a realidade da vida, compreendo o que devo fazer. Não devo desonrar minha religião. Meu Deus! Dê-me forças para ser boa!...

E Deus ouviu a minha súplica, porque o meu quarto inundou-se de ondas luminosas, o que me fez exclamar: – Deus me responde! Louvado seja Deus!...

Meu aposento, então, desapareceu de minha vista e vi-me na imensidão do espaço. Caí de joelhos e vi aparecer a figura de Jesus.

Eu, como se não tivesse corpo, voei para ele e disse-lhe: – Ingrato! Chamo-o e não me atende. Tenho sofrido sem a chance de vê-lo! Dizem que vejo o diabo! Senhor! Por que me deixou? Estou só!... quero ir para longe daqui, porque este mundo é um ninho de répteis.

Ele, ao ouvir minhas queixas, aproximou-se mais de mim e disse-me:

– Queixa-se sem razão. Olhe bem!

Olhei e vi-me formosa, coroada de flores. Ao mesmo tempo, via-me rolando pelos abismos, feia, desprezível, envilecida, repugnante. Enxerguei-me também caminhar de povoado em povoado em busca de um redentor. Repassei minha história de inumeráveis quedas e os meus propósitos de emenda, exclamando: – Lembro-me agora de tudo, fiz-lhe muito mal. Que horror! Tenha piedade de mim!

E vi como Jesus se transformou no ancião de sempre e então pude compreender melhor do que nunca que entre eles não havia senão uma substancialidade. Ele, ao elevar-se, enviava-me eflúvios de vida e eu lhe dizia: – Não me deixe, senhor!

E ele murmurava com a maior ternura: – Deixá-la!... Não há lugar que se conceba na Terra sem o meu alento. Onde quer que vá, lá me encontrará.

Nesse instante entrou a segunda superiora e exclamou:

– Até parece que Jesus esteve aqui. Sinto um perfume delicioso!...

– Sim, esteve.

– E que lhe disse ele?

– Não sei.

– Eu o vejo nos meus sonhos e por ele iria até o martírio.

– Não há necessidade de martírios. O que é preciso é trabalhar pelo bem dos desvalidos. Mãos à obra!

E assim se fez. Atividade constante em torno da construção da casa abençoada, na qual muitos desamparados achariam refúgio.

A segunda superiora estava encantada. Seu potencial, suas energias, seus sentimentos adormecidos na monotonia da vida claustral despertaram ao movimento da vida, e ajudava-me admiravelmente na minha tarefa.

Uma manhã disse, muito comovida: – Quanto bem está fazendo, minha irmã! Entre os acolhidos há dois meninos que me encantam. Têm uns olhos e um jeito de falar que me tocam a alma.

No dia seguinte conheci os dois meninos e achei nos olhos de um deles algo misterioso. Perguntei-lhes por seus pais e o mais velho respondeu-me: – Morreram na miséria, pobrezinhos! Maldita seja a miséria!

– Não blasfeme, meu filho, que tudo quanto ocorre na Terra nada mais é que o cumprimento de uma lei eterna. Você ainda não compreende que as faltas se pagam com sofrimentos. Mas eu serei sua mãe, eu velarei por vocês e farei todo o possível para que o seu futuro se torne risonho.

Os meninos olharam-se surpresos e, animados, beijaram-me. Os lábios do mais velho pareceram-me de fogo. Senti repulsão, horror inexplicável: o mendigo de então era, indubitavelmente, o tirano do passado.

Dediquei-me inteiramente às obras do asilo provisional, porque tinha vivo desejo de vê-las terminadas. Quando menos esperava, chegou um sacerdote. Era uma alta dignidade eclesiástica, e para ele abriram-se todas as portas do convento, repicando os sinos e cantando-se um te-déum em sua homenagem. Era o secretário da Comissão do Santo Ofício que vinha dar início ao seu interrogatório, que foi levado a cabo com toda a má-fé possível.

Perguntas repetitivas, mudanças de assunto, que só eu sei! Enfim, conseguiu fatigar-me e deixar-me aturdida. Examinou todo o convento sem deixar escapar o menor detalhe. Por último, vasculhou minha cela. Como havia nela muitos papéis, teve de estender sua visita a diversos dias, mesmo assim porque trabalhava em seu exame com verdadeiro desejo de concluir. Aquele homem não se sentia bem junto de mim, nem eu junto dele. Antipatia elevada ao grau máximo.

Começou a ler as minhas poesias, e então é que começou a epopeia. Estarrecimento! Assombros! Tudo causava espécie!... O *Meu Modo de Orar*, que era uma composição racionalista, julgou-a anticristã. Por meu *Canto do Sol*, porque ao Sol eu dirigisse frases de amor, ele replicou-me duramente, que só Deus era a luz do amor e que o meu canto era pagão.

– É poeta? – perguntei-lhe.

– Amo a poesia, mas não sou poeta.

– Ah! Então, se não sabe escrever, não sabe que o pensamento voa...

– Quer me fazer crer que não sei ler.

– Não, o que sucede é que toma a letra pelo espírito.

Fixou-se depois no escrito que fiz quando fui coroada por minha sobrinha e disse-me: – Ah! Traiu-se pela vaidade, vício que tinha muito encoberto. E não a coroaram de espinhos! Deixou-se coroar de flores!... Vale menos do que eu pensava!... – e olhou-me de uma maneira que me fez tremer.

Compreendi que estava perdida, mas naquele momento entrou o meu amigo padre, que ao ver-me lívida e temerosa, disse-me à meia-voz:

– O que há?

– Esse homem é cruel demais.

– Tem confiança em mim?

– Tenho.

– Pois então nada tema.

E, voltando-se com a maior naturalidade, aproximou-se do secretário, levou-o até o vão de uma janela, e ali falaram longo tempo. Embora nada pudesse ouvir, compreendi que discutiam acaloradamente, porque no meu amigo, de pálido que era, coloriu-se o semblante. O secretário, que tinha ótima cor, acabou por empalidecer, gesticulando com os punhos cerrados.

No dia seguinte, deu-se por concluído o interrogatório. Meu protetor conseguiu que o secretário com o seu séquito se retirasse, e então, a sós comigo, o sacerdote, e não o amigo, assim me disse: – Com calma, com serenidade, com método, conte-me suas visões.

Contei-lhe tudo. Pediu-me depois as revelações que tinha obtido, e a tudo respondi simplesmente com a verdade. Inteirou-se minuciosamente dos prodígios que eu tinha obtido com a imposição das mãos. Depois de informado de tudo, disse-me gravemente: – Se o que acaba de me dizer constasse do relatório que fará o secretário, nem o rei poderia salvá-la de morrer na fogueira. Ainda bem que se nota em você uma boa vontade. Passará por uma fanática religiosa, algo débil de entendimento, e desaparecerá a sua verdadeira personalidade. Não há outro remédio para evitar-lhe o suplício.

O sacerdote retirou-se, e reanimei-me tanto que exclamei: – Que me importa? Se a Igreja me anula, eu engrandecerei minha religião com minhas boas obras; e farei tanto pelos pobres que estes me farão justiça. Morrer na fogueira, não quero. Antes me mataria. Mas esse homem que adoro prometeu salvar-me e vai me salvar!

74. Evocando os céus

Para fugir das impressões negativas, dediquei-me por completo a consolar os desvalidos, proporcionando trabalho a uns e albergue a outros.

As obras do asilo caminhavam rapidamente, porque eu as acompanhava diuturnamente, e como os operários queriam-me muito bem, faziam prodígios para ver-me contente. Pobrezinhos! Os diaristas do campo também encontraram em mim o seu sustentáculo porque, como a minha família era muito rica e numerosa, eu enviava-lhes continuamente novas pessoas ansiosas por trabalhar. E, como se um bom gênio se comprouvesse em me aplainar obstáculos, trabalhador que eu recomendasse tinha o pão garantido por muito tempo. Assim é que, em muitas léguas ao redor, o meu nome era proclamado entre os humildes e sofridos filhos do povo, que em sua maneira de agradecer chamavam-me *santa*. Para eles eu tinha perdido o nome, ganhando em troca todas as virtudes. A humanidade não é tão má como pintam os pessimistas; basta semear amor para se colher gratidão. Naturalmente são separados os seres desgraçados, cuja inferioridade os coloca em nível mais baixo que os irracionais. Assim como uma mancha no Sol não compromete a sua luz, também os répteis escondidos entre os homens não subtraem destes a grandeza de seus sentimentos, mais ou menos desenvolvidos, segundo a educação que receberam e o meio em que vivem.

Posso dizer que, apesar de atacada por algumas víboras, encontrei no seio do povo verdadeira adoração.

E quando menos esperava aconteceu-me o inusitado. Eu, que nunca tinha celebrado a festa de meu santo, que jamais tinha me ocupado dessas expansões íntimas, desse dia de prazeres e festejos em que os parentes e amigos se reúnem trocando impressões e em que se aceitam dádivas e favores, naquele ano pensei em meu santo e quis celebrá-lo. Meu corpo estava debilitado e o meu ânimo, superexcitado. Era notório um verdadeiro desequilíbrio em todo o meu ser, mas eu sentia apego a mim mesma e queria gozar do que nunca tinha gozado. Pedi a Deus um dia tranquilo em que a minha alma repousasse em meio às boas obras.

Chegou o dia desejado e levantei-me muito cedo. Abri as janelas e olhei o céu e o Sol que, envolto em nuvens avermelhadas, rasgou de repente o seu formoso manto, lançando sobre a Terra os seus raios de vida. Penetrou-me tão vivamente a sua luz, que fechei os olhos instintivamente, mas abri-os logo de novo, ávida de contemplar o astro do dia. E não vi um sol; vi muitos. Tanto que cheguei a pensar numa ilusão de ótica, mas tive de me convencer de que o que se via na minha cela era um verdadeiro congresso de sóis, cada qual mais esplêndido e formoso. Particularmente um, que achava-se por sobre minha mesa, possuía nuances coloridas tais que atraiu sobremaneira a minha atenção. Quis aproximar-me dele, mas choquei-me contra a parede, o que me fez dizer despeitada: – As barreiras de sempre a me estorvar!...

– Nem sempre – disse uma voz –, você tem passado pelas paredes.

Encorajei-me e passei. Vi-me, então, na imensidade do espaço, sem o peso do corpo. Senti medo e disse receosa: – Senhor! Misericórdia! Quero ser boa.

E ouvi a mesma voz que me dizia: – Quer ser boa e não quer chegar ao martírio? Não sabe que só dos mártires é o reino dos céus?

– Pois eu não quero o martírio do corpo, que o martírio do corpo embrutece. Quero outro mais útil. Não desejo a dor do corpo.

– Quer então o martírio da alma?

– Sim, quero curar leprosos, levantar paralíticos, iluminar consciências. Quero ser útil com todo o meu potencial, com todas as energias da minha alma, com todos os esforços da minha vontade inquebrantável.

Naquele instante vi desfilar diante de mim, suspensos por mãos invisíveis, cálices de diferentes metais, desde o humilde chumbo até o ouro opulento. Todos eles estavam cheios até à borda de fel amargo, e eu disse ao vê-los: – Meu Deus! Essas taças são a alegria de minha vida?

– Sim – foi a resposta –, e esse fel é a quantidade que ainda tem que beber, mas bebendo-o será útil à humanidade, como deseja. Cada gota desse licor amargo fará brotar em volta de você uma rosa sem espinhos.

Aqueles cálices foram se iluminando lentamente até converter-se em globos luminosos. Eram mundos que se estampavam à minha vista, habitados por humanidades venturosas. Mundos onde, realmente, morava a felicidade!... Um homem, cujo semblante irradiava contentamento e paz de consciência, disse-me sorrindo:

– Breve virá fazer-nos companhia, e aqui será mais feliz.

– Isso demandará muito tempo?

– Pobre de você! Para o tempo da Terra, algumas centenas de séculos, para nós, breves momentos.

Continuei observando tudo à minha volta e senti uma sacudida, e vendo-me de repente em minha cela:

– Graças, senhor! Já vi o meu futuro. Hoje amo, amo e quero ser melhor, cumprindo fielmente com todos os meus deveres.

A segunda superiora interrompeu o meu monólogo abraçando-me carinhosamente, dizendo-me ao ouvido: – Hoje é o dia do seu santo.

– Sim, já sei, apesar de sempre ter-me passado desapercebida esta data.

– Pois eu, esta noite, pensava na senhora, e na melhor maneira de solenizar este dia. Gostaria que hoje nos dedicássemos fervorosamente a ver se Jesus vem? Não receberemos ninguém. Que lhe parece a minha ideia?

– Impraticável. A parte da manhã, não podemos negá-la aos pobres; a tarde... essa sim, será para nós.

A superiora retirou-se contente com a minha promessa e durante toda a manhã recebi gratas visitas, entre as quais a do padre meu amigo. Vinha muito afetuoso, disposto a animar-me. Quando o vi, perguntei-lhe: – Que há? Tenho que comparecer ao Santo Tribunal?

– Só uma vez. E não estranhe que lhe faça uma pergunta, se quando ora vê Jesus. Diga-me a verdade, diga o que vê, o que fala com ele, porque a seu tempo será verdade inconteste na nossa religião a relação que existe entre você e Jesus.

Depois, meu amigo falou-me com tanto carinho que eu compreendi perfeitamente que não era ele que me falava. Por fim, levantou-se e disse: – Bendita seja! Diga-me, se voltarmos outra vez à Terra, é verdade que não seremos escravos como agora? Eu vejo o amanhã em meus sonhos e o nosso amanhã é esplêndido; o talento do homem não morre. Vejo-me perpetuado em meus filhos, e vejo uma mulher que é o meu céu. Sua existência e a minha são ímpares. Não envelhecemos nunca, somos sempre jovens, cheios de vida, de amor e de esperança, e avançamos pela senda do progresso, vencendo todos os obstáculos. Depois vejo oficinas imensas onde povos regenerados trabalham sem esgotar suas forças, e alguém me diz que é o amor egoísta que detém o homem na Terra. Deixo fluir o meu amor e a mulher dos meus sonhos reproduz-se e vejo-a nos meninos, nos velhos e nos enfermos. Já não é mulher, é astro, é luz, é manancial de vida repartindo os seus dons!... É ela e não é ela. É ela por sua formosura, por seu sentimento, por seu amor por mim. E não é ela porque cresce, porque se engrandece, porque é o máximo das perfeições!... Sonhos tão belos! Bendita, bendita seja! A seu tempo vão nos fazer justiça, não há dúvida, mas antes nos desonrarão, dirão que temos pecado como pecam os homens e as mulheres. Mas a verdade brilhará enfim, e o tempo nos concederá o respeito devido, já que é uma religiosa digna e eu, um homem que considera o seu real valor.

E, saudando-me com cortesia, retirou-se.

– Quanto o amo! – pensei satisfeita. – Ele me ama. Vê em mim a encarnação do sentimento e eu vejo nele o símbolo da filosofia.

Reuni-me depois à comunidade e comemos tranquilamente, esmerando-se as freiras por me agradarem. Terminada a refeição fomos todas para o jardim, mas a tarde estava chuvosa e tivemos que entrar. Reunimo-nos na sala capitular, onde havia um altar com uma imagem de Maria, mãe de Jesus. As freiras, sem que eu nada lhes dissesse, começaram a cantar uma invocação a Maria. Eu escutava sem tomar parte, porque os cânticos religiosos nunca conseguiram comover-me. Naquela tarde, porém, as vozes das minhas companheiras soaram com doces melodias. Cheguei a tocar-me de emoção, dizendo a mim mesma que eu sempre vira Jesus e jamais sua mãe, não obstante ele a tivesse.

As companheiras seguiram cantando as dores de Maria aos pés da cruz. Algumas delas usavam de tanto sentimento que me fizeram chorar. Pensei um pouco e disse: – Estaria o seu espírito entre nós? Maria estaria aqui? Como eu gostaria de vê-la.

Então, no meio do salão, foi se formando uma nuvem luminosa, e dela se destacou uma figura com as mãos cruzadas sobre o peito, mãos que foram se desunindo lentamente até estender os braços. Vislumbrei, então, uma mulher do povo vestida com simplicidade, sem manto nem coroa, mas com uns olhos tão belos que mais pareciam dois sóis! Os mesmos olhos de seu filho. Ao vê-la tremi e perguntei:

– É a mãe de Jesus?

– Por que me chama?

– Não é por capricho. Chamo-a porque creio que deve ser muito boa e que deve reinar nos céus.

– Todos somos reis de nossas obras. Fui mãe de Jesus, mas não estive à altura de meu filho.

– Ele deve adorá-la...

– Os grandes espíritos não adoram, protegem, amparam, consolam, aconselham, velam por tudo que os rodeia.

Falando assim, o espírito ia se aproximando de mim e me perguntou:

– Duvida que eu seja a mãe de Jesus?

– Não duvido, mas... sinto... não sei o que sinto.

– Vou dar-lhe uma prova.

E pôs a mão em minha fronte. Foi quando eu vi... meu Deus! O que vi!... Soluçando, exclamei: – Sim, sim, conheço-a, você é aquela mártir.

Afastou-se, então, lentamente, dizendo-me: – Nunca me esquecerá.

– Ah! não! Nunca a esquecerei, virgem e mãe.

– Mãe! Mãe, sim... virgem... virgens todos chegaremos a ser quando formos boas perante Deus.

Estava bem afastada da comunidade, e o salão era muito grande. Assim, nenhuma religiosa me observou, tão entusiasmadas estavam com os seus cânticos. A aparição de Maria fora exclusivamente para mim. Apresentou-se não como a pinta a Igreja romana, mas como realmente era, uma mulher do povo, simples e boa, santificada pela dor, engrandecida pelo mais horrível sofrimento. Não pisava estrelas, nem flutuava sobre nuvens coloridas. Não tinha o peito atravessado por espadas afiadas, não tinha nem manto azul nem negro. Apresentara-se com seus belíssimos olhos, seu rosto melancólico, falando-me modestamente.

Não me restou a menor dúvida de que a mãe de Jesus acudira ao meu chamado.

75. Atormentada pelo ciúme

Quando terminou aquela espécie de visão, aproximei-me das minhas companheiras e perguntei se haviam visto ou ouvido algo extraordinário. Todas me responderam que nada lhes tinha chamado a atenção. Repararam no meu estado de completa abstração, de místico êxtase, mas como já estavam acostumadas a ver-me assim muito amiúde, não deram maior importância a isso. Contei-lhes, então, o que tinha visto e todas foram unânimes em dizer que eu havia visto muito pouco. Repliquei, então, amargamente:

– Ah! Rotineiras, reacionárias! Não lhes agrada o que vi porque se afasta completamente da farsa religiosa. Mas, efetivamente, eu vi a verdade, vi a mãe de Jesus tal como é, e não como nossa religião a pinta. Mas essa grandeza e essa onipotência com que a apresentam não são verdadeiras, porque a mãe de Jesus não é a mãe de Deus, pois se Deus tivesse mãe Ele teria ancestrais, e Deus não é uma *criação*: é a soma de todas as forças, o ímã de todas as atrações, é o manancial inesgotável de toda a vida, a alma criadora de tudo quanto existe. Ele não é uma personalidade filha de pai e mãe como nós. Na história religiosa dos povos encontram-se grandes seres que a ignorância tem convertido em deuses, mas essas figuras têm sido unicamente *agentes*, *enviados* que têm vindo quando é preciso para despertar a humanidade, e Jesus é um desses *enviados*. E como foi um homem como os demais, por isso teve mãe. É razoável que ele tivesse família como todos os mortais. Teria sido sua mãe tão grande como ele? Teria estado à sua altura? Não sabemos; unicamente sabemos que foi uma mártir e que sofreu com toda a resignação o seu martírio. Eu a vi sem espadas cravadas no peito e sem auréolas luminosas na fronte, mas com aqueles seus belíssimos olhos cheios de lágrimas, chorando ingratidões próprias e estranhas. Eu me lembro de havê-la visto antes, sentada à beira do caminho esperando por seu filho. E, depois de muito esperar, desfalecida de dor, seu filho não passara por ali. Eu a vi chorando o abandono de todos, mas era muito maior e mais humana do que a pinta a Igreja. Eu vi a verdade, eu vi Maria santificada pela dor, sendo mulher. Mulher com as suas dores, com seus desenganos, e sua amarga solidão. Realmente, assim ela parece-me maior do que coberta de mantos e coroas, envolta em nuvens, com anjinhos a seus pés. Uma mãe, chorando a morte do seu filho, vale muito mais que todas as virgens que existiram e as que irão existir.

Creio que sem o pranto das mães a Terra seria estéril. Sei que ficam atônitas com as minhas palavras! Não estranho, porque vejo a história de Jesus de uma maneira muito diferente dos demais. Jesus é um sol e sua mãe, um satélite. Jesus dá vida, e sua mãe dá consolo, porque ensina a sofrer.

Já lhes contei o que vi. Procuremos agora passar o resto do dia tranquilamente, e que fique em minha memória uma lembrança imperecível deste dia tão feliz, único na minha vida, em que celebrei a festa do meu santo. Terminemos os cânticos religiosos e cantemos dias melhores, dias de luz! Dias de redenção! Dias de amor! De reprodução. Ainda que isto não esteja em harmonia com a nossa religião, está com Deus, que é amor, amor e vida eterna.

As minhas companheiras ficaram estáticas. Então eu disse:

– Bebamos! Vamos brindar! À nossa causa! Combater a pobreza!...

E o vinho saboroso tanto nos animou que parecia que línguas de fogo haviam caído sobre nós. Conversou-se durante muito tempo.

À hora conveniente demos a festa por terminada e nos retiramos, todas contentes e satisfeitas, para descansar.

Passei uma boa noite. Meu espírito estava contente, e sorria antevendo o dia sonhado, sem cadeias, sem votos, sem regras monásticas. Sem jejuns nem cilícios, sem templos de pedra nem altares com ídolos, sem martírios inúteis nem fariseus hipócritas. Via a verdade reinando com todas as suas grandezas e com todos os seus prazeres naturais, a humanidade rendendo culto a Deus com as suas boas obras e com as suas investigações científicas. Que belo dia! A visão deste dia eu a tive em meus sonhos porque eu sabia ler no futuro.

Despertei contente e pedi a Deus forças para lutar. Quis escrever, mas... não podia. Quem sabe escrevesse minha sentença de morte, mas... e se eu relatasse o que tinha visto? Seria um relato precioso!...

Não podendo refrear o meu desejo, pus-me a escrever rapidamente; escrevia e chorava ao mesmo tempo. Como seria bom escrever para a posteridade, pensava eu! Mas os *doutores da Lei* não me deixam escrever, murmurei entre dentes. Inutilizarão as minhas obras. Que lástima! E elas seriam, com certeza, boas para alguém!... E ia escrevendo com uma velocidade assombrosa. Eu mesma me espantava. Caracteres desiguais enchiam as folhas de papel que eu mal tinha tempo de substituir por novas.

Sem que eu pressentisse seus passos, entrou na minha cela o meu amigo padre. Devo tê-lo olhado de um modo tão estranho, que ele se aproximou e disse alarmado:

– Como está atarefada!

– Sim, escrevi porque tinha a alma plena de ideias e tinha necessidade de transladar meus sentimentos para o papel.

– Pois sim; escreveu o bastante para levá-la à fogueira.

– Por quê? Se não escrevi nada de mau?...

– Vejamos. E leu com avidez o que eu tinha escrito. O assunto ia absorvendo-o num crescendo, a ponto de ler e tornar a ler, olhando-me estupefato. Dizia, então, com energia: – Numere depressa essas folhas, rápido, não me faça esperar.

Finalmente, passando as mãos pelos olhos e pela fronte, disse-me mais brando: – Leia-me o que escreveu; eu mesmo lendo me confundo. Vejo as letras dobradas e as orações perdem o sentido original. Leia! Leia!

– Vou ler, se assim deseja.

Conforme ia lendo, ele me dizia: – Prestou atenção a isto? Não foi escrito por você. E aproximou tanto a sua cadeira da minha, que eu lhe disse:

– E se nos virem assim tão juntos, o que dirão?

– Deixe as misérias humanas e leia. Isto é tão grandioso, que não é possível que seja obra sua. Não, isto não é seu! Impossível! Dê-me essa folha em que fala de Deus. É um Deus novo, tão sonhado por mim, que hoje se apresenta maior, mais humano, mais justo, mais sábio!... Leia! Leia!

Quando concluí a leitura, ele repetiu: – Isto não é seu. Há princípios e conclusões científicas que não cabem em sua cabeça. Que fará com estas folhas? Dê-me esta e aquela, e as restantes... é preciso queimá-las.

– Vou rasgá-las e pronto!

– Não, não! Que sejam queimadas. Estas folhas podem ser a sua ruína!

– E as folhas que está levando?

– Estas... não tenha receio; ninguém virá tomá-las. Estarão abrigadas em meu peito. Já sei que passou muito bem o dia de ontem. Sei que teve uma visão – disse ele, mudando de assunto.

– E como o sabe?

– Simples. Ao entrar, a segunda superiora, que tem em mim absoluta confiança, me disse.

Ao ouvi-lo senti o aguilhão do ciúme, e ele, percebendo, disse-me:

– Tanto me quer que receia perder-me. Não tema, o religioso e a religiosa estão ligados para sempre. Agora, acompanhe-me e veja se ninguém me espera à saída.

– Por que leu em minha alma?

– Porque assim quero. Sei a razão do seu ciúme e eu lhe direi como disse Jesus: "meu reino não é deste mundo" – e, abençoando-me, retirou-se.

Bem merecida a lição que recebi. Estando depois com a segunda superiora, quis ler seu pensamento, elogiando o padre, ao que ela me respondeu:

– Ah! Sim, Sim! E além de sábio, é bonito, tem elegância, gentileza, amabilidade, paciência, tolerância. Não há outro como ele.

Tremi ao escutá-la e disse-lhe: – Advirto-a que o padre é muito sagaz e pode ler em sua alma.

– Ainda que leia, madre, o que ele há de ler em minha alma? Minha alma é um livro aberto, com todas as folhas em branco – e retirou-se sorrindo docemente.

Ao ficar só, exclamei com angústia: – Meu Deus! Preocupo-me com ele sim. Tenho ciúmes porque quero-lhe muito. E ele também me quer. Ela é mais jovem, mais bela, só que não tem o meu talento e a minha posição, mas é mais jovem e mais bonita...

Reuni-me depois com a comunidade e observei a superiora por muito tempo. Tranquilizei-me, contudo, porque seu olhar era tão sereno e tão puro, que me arrependi do mau juízo que havia feito. Ao despedir-me, abracei-a com o maior carinho, pedindo-lhe perdão, intimamente. Ela deixou-se abraçar e beijou-me a mão como de costume.

Naquela noite tive sonhos horríveis. Sonhei que me tiravam tudo, bens, convento, a comunidade, até os meus hábitos, tudo! E ouvia uma voz que me dizia: – Como se entretém, infeliz! Como se desvia!...

Quando me levantei, estava rendida de cansaço. Abri as janelas e saudei o Sol: – Feliz de você!... Não tem ciúmes de ninguém! Quem sabe haja outros seres mais esplendorosos que você, e tenha inveja da beleza de outros sóis.

Uma das *florzinhas do céu* disse-me em tom de repreensão: – Por que delira? Por que se martiriza? Receia que tirem o seu amor? Não há por que temer, mulher. Se soubesse mais desse amor!... Esse homem já a odiou e você por sua vez fez-lhe muito mal. Não se amam; atraem-se por motivos desconhecidos para você.

– Mas a segunda superiora pode amá-lo.

– Não. É mais forte e mais casta do que você. Quando deixar a Terra, chamarão você *santa*. Nome mal aplicado, porque irá com os mesmos vícios com que veio. Ela, porém, é melhor que você. Respeite-a. Recobre a razão, não delire; fantasias não a levarão a lugar algum.

– Eu lhe agradeço, florzinha querida, a você e às suas irmãs. Quanto lhes devo! Não tenho palavras para exprimir minha gratidão.

– É justo o bem que lhe fazemos. Somos as florzinhas da fonte onde se regenerou. Presenciamos o seu renascimento, e agora estamos seguindo-a na sua peregrinação.

– Não me recordo dessa fonte.

– Não importa. Foi numa fonte que começou a sua redenção. Ali nasceu a nova Eva, a mulher mártir, a mulher sedenta de vida eterna.

Continuei a observar a segunda superiora e não pude deixar de tranquilizar-me, porque aquela era uma santa. Além disso, meu amigo padre exigiu que eu sempre fosse recebê-lo e, ao despedir-se, acompanhá-lo até a última porta do convento. Deixei claro que já estava sossegada, mas ele me dizia: – Cale-se e obedeça. A verdade é que eu obedecia muito contente.

Uma manhã entrou a segunda superiora e disse: – Está aí uma mulher com um filho doente. A pobre mãe chora desconsolada porque a expulsaram do bairro, com receio de que a enfermidade do menino contagie a todos. É um horror olhar para a infeliz criatura. Tem febre alta e cheira muito mal. Não julguei prudente recebê-la sem ouvi-la primeiro. Quer vê-lo?

– Isso não se pergunta. Vamos!

Cheguei à sala de espera e, realmente, ao ver o menino, ao ver a aflição da mãe, compreendi que era um caso desesperador, e por isso mesmo admiti o pobre enfermo, pois na casa de Deus tem mais guarida os doentes que os sãos. A primeira coisa que fiz foi isolá-lo num cômodo, na companhia de sua mãe para que pudesse cuidar dele... e chorar com ele.

Quando o médico chegou, disse estarrecido: – Que fez? Este menino tem a peste negra, por isso o expulsaram do bairro onde morava. À noite parecerá carbonizado, cheirando mal como se fosse um cadáver em decomposição.

– Mas, senhor, este menino não é um filho de Deus?... Pois se assim é, esta é a casa de Deus, e justo que ele morra nela.

E assim foi. Morreu, como se estivesse carbonizado, com o leito transformado num formigueiro de vermes.

Queimou-se tudo o que tinha sido usado por ele, mas em vão, porque em poucos dias desenvolveu-se a peste no convento. Várias freiras caíram enfermas, entre elas a segunda superiora, de quem cuidei como se fosse minha filha. Mas ela me dizia sorrindo: – Chegou o meu tempo, madre, não se canse que é inútil.

– Não chegou a sua hora. Eu lutarei para que não seja assim.

– Lutará em vão. Minha enfermidade não tem remédio.

De fato, também ficou negra, pestosa, os vermes cobriram-na e ela morreu dizendo-me: – Fez-me um grande bem, eu a abençoarei do céu.

– Ah! – pensava eu – não vai me abençoar porque saberá que tive ciúmes dela, e que desejei a sua morte. Meu Deus! Tenha piedade de mim!

Da comunidade, salvaram-se unicamente cinco freiras e eu. A peste estendeu-se por toda a cidade e povoações vizinhas, e durou seis meses. Que dias! Que noites! Horas angustiantes! Mortos insepultos por falta de coveiros, casas abandonadas. Os que vinham prestar socorro aos doentes, se não morriam, caíam rendidos pela febre e pelo cansaço.

Desenvolveram-se cenas verdadeiramente cruéis. A besta humana mostrou-se com toda a sua ferocidade. Os laços de família rompiam-se, não havia mais filhos para pais, nem pais para filhos! Que repugnante! Que hedionda pareceu-me, então, a humanidade!...

Eu não descansava; foram muitos que morreram me abençoando. Apesar de sentir febre pelo cansaço, a febre respeitou-me.

Quando a epidemia já dava indícios de decrescer, recebi a visita do padre meu amigo, que ao contemplar-me, disse assombrado: – Como está, pobre infeliz! Quanto heroísmo!... Respeito-a e admiro-a.

– A peste também me respeita.

– O mesmo não podemos dizer quanto à comunidade. Já sei que a segunda superiora morreu.

– É verdade, e isso me tem feito sofrer muito.

– Acredito. Era seu braço direito. Não achará outra como ela e por isso senti a sua morte.

– Só por mim?

– Só por você – respondeu-me ele muito seriamente.

Tanto sofri, naquele período, que envelheci visivelmente. Parecia uma sombra; a mim mesma causava dó. Só me consolavam as bênçãos dos moribundos e dos sobreviventes. Novas religiosas chegaram ao meu convento, mas tão fanáticas quanto ignorantes. Que martírio!

Por fim, tudo voltou ao normal, embora se vissem pessoas cobertas de luto. Não houve família que não tivesse perdido pelo menos um dos seus membros; foi uma verdadeira hecatombe.

Quando restabeleceu-se a tranquilidade, de novo visitou-me o padre meu amigo, anunciando: – Prepare-se que agora vem outra peste. Tem que comparecer ante o Santo Tribunal da Inquisição.

A notícia não me impressionou muito. Tinha confiança em Deus! Por fim, chegou o dia de me apresentar. Rodeada de esbirros religiosos, compareci ao Tribunal, que não descrevo, porque, com pequena diferença, era como o anterior: homens mascarados, Cristos agonizantes, luzes trêmulas e vozes sepulcrais que faziam tremer o mais valente.

Falaram de uma denúncia feita por uma mulher que tinha vivido comigo e me perguntaram se a reconheceria ao vê-la. Disse que sim, e mandaram entrar a minha acusadora. Quando a vi, mal pude conter um grito de espanto. Como estava repugnante! Nada restava daquela formosa menina, nem da mulher encantadora que conhecera. A peste tinha deixado em seu rosto marcas indeléveis. Faces corroídas, nariz deformado, lábios enegrecidos, era um monstro de fealdade. Seu corpo e sua alma tinham se fundido para fazer, de uma mulher formosa, um amontoado de carne repugnante. Pobre Maria! A infeliz estava trêmula e usou de tal incoerência que não levaram em conta as suas declarações. Perguntaram-me se eu tinha visões e eu, seguindo as instruções do padre meu amigo, contei simplesmente a verdade. Diversos encapuzados disseram:

– Blasfêmia!

– Blasfêmia! Que sabem vocês? – gritei indignada –, se não conhecem a grandeza de Deus?

– Amordacem-na! – gritaram coléricos.

Senti muito medo, então! Deliberaram e baixaram minha ordem de prisão. E aqueles homens ataram-me os braços às costas e conduziram-me a um calabouço, onde não havia uma pedra sequer onde pudesse sentar. Uma luz agonizante colocada dentro de um nicho fazia mais horrível aquela densa obscuridade.

Ao ficar só, deixei-me cair ao solo e gritei: – Jesus! Por que me abandonou?...

Então, vi-o mais formoso do que nunca a dizer-me: – Não a abandono. Tenho estado com você, mas a sua pouca fé a impede de ver-me.

– É verdade que não vão me queimar?

– Não. Seu martírio não será do corpo, será da alma. Entre o fogo que queima a carne e o fogo do ciúme, qual prefere?

– Qual é que abrasa mais?

– O do ciúme.

– Mas já não tenho de quem ter ciúme.

– Pois vai ter.

Olhando Jesus, ouvi abrir-se a porta e surgiram muitos mascarados. Um deles adiantou-se, e percebi que era o meu amigo, o padre. Prostrei-me a seus pés, pedindo misericórdia, Quando ele me disse: – Jura de novo que tem visto Jesus e que tem falado com ele? – e sussurrou: "diga que sim". Repeti então o que já tinha dito e disse mais ainda: – Aqui, agora mesmo, falei com Jesus. Vi e falei com ele.

– Que horror! – disse o meu amigo –, pois morrerá queimada na praça pública e as suas cinzas serão lançadas ao vento.

Todos se retiraram e fiquei absorvida num mar de confusões. Tinha sido vendida por ele? Teriam encontrado os meus escritos? Que suspense horrível!... Dúvidas cruéis! Para mim, aquela noite foi interminável. Atiraram-me somente um pedaço de pão preto. A sede devorava-me e bebi meu pranto. Pranto amargo, o pranto do desengano!

No dia seguinte voltaram os mascarados. Desamarraram-me os braços e tiraram-me do calabouço. Como anteriormente, fizeram-me percorrer intermináveis corredores escuros e, quando já sem poder me manter de pé, ia cair ao solo, uma mão poderosa me sustentou. Fizeram-me entrar num belo salão sem os lúgubres revestimentos escuros, nem Cristos agonizantes, nem luzes bruxuleantes. O sol entrava pelas janelas muito amplas. Circundando uma mesa grande, estavam muitos sacerdotes, sem máscara nem capuz, e presidindo aquele tribunal mais humano que o outro, estava o sacerdote amigo. Fizeram-me sentar numa cadeira, deram-me um cálice de licor reconfortante e meu amigo manifestou-se:

– Fale sem temores nem receios. Que o tormento não a atemorize. Não pense que morrerá na fogueira. Fale, está entre irmãos.

Incentivada pelos seus olhares amorosos, contei a minha vida, descrevendo minuciosamente todas as visões e curas que tinha realizado.

Minha confissão geral durou vários dias. Deram-me uma hospedagem digna de uma princesa; duas mulheres ficaram a meu dispor, a ponto de adivinhar os meus pensamentos.

Durante o interrogatório, como só via rostos amigos, falei eloquentemente, expondo minhas ideias com toda a clareza. Quando se deram por satisfeitos, meu amigo padre aproximou-se e disse-me muito comovido: – Se não fosse uma religiosa, abraçá-la-ia com todo o meu coração. Sua confissão engrandeceu-a. Todos ficaram assombrados, maravilhados. Quanto tive de trabalhar para salvá-la! Quanto!... Não queriam reconhecer a verdade! Mas triunfei, afinal. Será libertada e a Igreja guardará um altar para você.

Ele estava mais formoso que nunca! Com que entusiasmo falava! Queria-me! Havia dito que iria me querer para sempre!... Para sempre, sim!

Imediatamente, veio-me à memória o que tinha ouvido no calabouço e murmurei, tremendo: – Ó Deus, sei que vou passar ainda pelo tormento dos ciúmes!

76. A água milagrosa

Foi um alívio deixar aquele lugar. Estava deveras impressionada.

Cheguei ao convento e, ao ver-me só em minha cela, caí de joelhos e chorei amargamente. Parecia um sonho horrível, um espantoso pesadelo tudo o que se passara. Olhei então para a minha mesa e encontrei-a completamente vazia. Nenhum papel, nem pena, nem tinteiro! – Tiraram-me tudo! – murmurei desalentada – e até que fizeram bem: já não posso escrever!

Vi que faltavam todas as minhas lembranças mais queridas, porque tudo que havia na minha mesa eram páginas da minha história. Perdê-la era como que me arrancar uma parte do coração.

De repente, lembrei-me de examinar as gavetas e lá encontrei, cuidadosamente arrumados, meu tinteiro, meus papéis, minha caneta predileta, minhas flores secas, minhas pedras multicores e outros adornos que serviam para manter em ordem a papelada que obstruía minha mesa. Embora muito grande, ela estava toda repleta de livros, cadernos de anotações e uma infinidade de folhas soltas que serviam de livros de lembranças, onde eu anotava avisos e receitas dos remédios que melhor efeito produziam nos nossos enfermos.

A mesa era o retrato fiel de minha vida. Nela, mesclavam-se os pensamentos mais elevados com as mais simples vulgaridades. Por isso, quando encontrei aquilo que era o entretenimento da minha vida, exultei, e disse à minha pena: – Você não pode separar-se de mim. Vai me acompanhar sempre, porque nossa parceria promoverá sempre a materialização do meu pensamento. Levei a pena aos lábios, beijando-a carinhosamente.

Olhei depois as *flores do céu* e achei-as mudas e sem aroma. Nada lhes disse, porque minha nova comunidade preocupava-me e tratei de reunir-me a ela o quanto antes possível. Encontrei os mesmos rostos, numa revelação flagrante de escassez de inteligência. As freiras anteriores, pouco depois de estarem no meu convento, haviam mudado por completo a expressão facial. Estas, ao contrário, permaneciam no mais lamentável estado de idiotismo, cabisbaixas, denotando falta total de iniciativa.

Cinco freiras apenas da comunidade anterior haviam permanecido. E uma delas disse-me, desembaraçada: – Durante sua ausência, segui os seus conselhos:

governar sem abusar, sem ferir nem melindrar quem quer que seja. E fiquei satisfeita com todas. Espero que tome suas decisões, considerando que entre nós há mulheres que valem mais do que parece.

Soaram bem aos meus ouvidos as palavras de minha companheira! Imediatamente, nomeei-a segunda superiora, não sem antes perguntar à comunidade se era do agrado de todos a nomeação. Eu não queria pessoas que obedecessem cegamente, mas que pensassem e que emitissem livremente as suas opiniões. Todas me olharam com ar de aprovação, dizendo-me, não só com os lábios, mas com os próprios olhos, que tinha feito uma boa nomeação.

Animada, prossegui: – Agora, falem! Estamos em família; não quero figuras mudas, quero inteligências que vibrem e que deem forma aos seus pensamentos.

E falei com todas, uma por uma, e elas me contaram horrores de outros conventos onde haviam estado. Quanta perversão de sentimento! Que atrofiamento da inteligência! Quanta miséria moral!... Pobres mulheres! Tinham sido vilmente enganadas!...

Julguei, então, oportuno dizer: – Aqui, sob as minhas ordens, ama-se a Deus trabalhando, fazendo o bem pelo bem, amparando os necessitados e cuidando deles nas horas de angústia.

Entre as freiras novas havia uma jovenzinha, lânguida, tímida e recatada, que evitava aproximar-se de mim. Mas acerquei-me dela e disse:

– Minha filha, você sonha com um céu que não está aqui. O verdadeiro céu é ganho trabalhando, lutando em benefício dos pobres e de todos os que precisam de um cireneu que os ajude a carregar a sua cruz.

– Ah! Madre, eu bem sei que a Terra não é o paraíso das almas. E apesar de estar convencida disso, tenho medo, muito medo. Sou perseguida por um capelão que jurou que eu vou ser sua ainda que me esconda no centro da Terra, que para ele não vai haver lugar sagrado.

– Deixe-o falar. Veremos se ele se atreve a entrar na minha cela, onde você dormirá a partir desta noite.

– Eu lhe agradeço, madre! Só assim estarei tranquila.

Contente, reuniu-se às companheiras e eu retirei-me a fim de dar as ordens necessárias, e preparar o que fosse preciso para receber dignamente em minha cela a pobre e assustada freira.

No dia seguinte e nos que se sucederam, bem mais tranquila, ocupei-me dos pobres recolhidos no novo asilo. Muitos tinham tido a peste e ficado horrorosos. Que mulheres repulsivas! Até as crianças... pobrezinhas!... pareciam pequenos monstros, com o rosto inchado escurecido, olhos tão apagados, tão sem expressão, que aqueles infelizes pareciam idiotas, sem que o fossem na realidade, porque a maioria não se expressava mal de todo.

Ao vê-los tão feios, dizia com amargura: – Meu Deus! Não haverá remédio que apague os sinais dessa horrível doença? O que será destes meninos? Que será destas jovens? Quem vai querê-las quando chegarem à maioridade? Ficar tão feia é mil vezes pior que a morte; a fealdade é uma das cruzes que mais pesam na Terra. Ser motivo de chacota ao vulgo é muito doloroso, e estes desgraçados são, com certeza, monstros de feiura.

Uma manhã, logo após levantar-me, estava saudando o Sol, quando me chamou a atenção um menino que passeava por ali. Tinha ares de idiota, apesar de não ser. Estava tão feio, o pobrezinho, que causava espanto. Olhei as *flores do céu* e uma delas me disse:

– Preocupa-se muito com esses infelizes.

– E como não hei de me preocupar? Estão tão feios!

– Pois ouça o que esta companheira tem para lhe dizer.

Olhei o ramo com mais atenção e vi uma flor que se erguia e entreabria. Suas pétalas verde-azuladas estavam engastadas num tronco grosso e espinhoso. Abrindo mais um pouco suas folhas, ela me disse:

– Com flores da minha espécie pode-se fazer prodigiosos milagres, preparando água que, por alguns dias, alimentará as minhas companheiras. Elas vão se desprender das suas folhas, e os troncos deixarão cair seus múltiplos espinhos. Se você quiser experimentar, vou lhe dizer como empregar essa água milagrosa.

– Sim, quero experimentar, mas onde encontrar flores da sua espécie? Ainda não vi nenhuma que se assemelhe a você.

– Está certa, mas eu lhe direi onde encontrar.

Indicou-me, então, como localizá-las.

Não era tarefa muito fácil, porque tinha de andar muito e, embora fosse a cavalo, o caminho era perigoso, entre abismos e montanhas. E lá, onde pés humanos ainda não haviam pisado, no fundo de uma corredeira, naquele lugar ermo e inexplorado, ali encontraria as flores milagrosas, para com elas fazer a *água da saúde*.

Fiquei visivelmente satisfeita com aquela revelação, e na minha alegria não pude deixar de dizer: – Meu Deus! Será verdade o que sinto? Não quero ser vaidosa, não quero que me chamem de *santa* porque bem sei que não sou. Amor dos meus amores! Não o vejo, mas as suas flores dão-me notícias suas.

Naquela mesma noite, não sei se sonhando acordada ou realmente adormecida, vi muitas flores me dizendo: – *Eu sirvo para curar este mal, e eu este outro, e eu aquela dor.* E todas, todas me interceptavam o passo para dizer que eram úteis à humanidade.

Entrei num caminho pedregoso, perdendo meus sapatos entre os espinhos. Com os pés sangrando, não desanimei e continuei a andar até encontrar as flores que buscava. Mas, guardando as flores, havia dois homens muito feios que me disseram: – A que vem esta mulher? Aqui nos domínios da ignorância, não queremos ninguém. Pagará caro a sua ousadia. Amarremo-la!

Ante aquela ameaça, despertei. Examinei os pés, que me doíam como se, de fato, tivesse pisado espinhos.

No dia seguinte, inteirei-me minuciosamente do número de pessoas que tinham sequelas de peste e, acompanhada de alguns servos da minha família e de diversos trabalhadores que conheciam a região, pus-me em marcha. O caminho era longo e acidentado.

Deparamos com trilhas obstruídas por pedras enormes desprendidas das montanhas. Muralhas de sarças espinhosas vedavam a entrada para o rio torrencial. Meus companheiros tentaram dissuadir-me de descer. Onde o nível da água estivesse mais baixo, eles desceriam, e colheriam as flores, mas eu dizia para mim mesma: – E se não as colhem direito? Quando se decide fazer uma coisa, deve-se ir até o fim.

Insisti em eu mesma descer, e tivemos que permanecer naquele lugar tenebroso durante alguns dias e algumas noites, até acharmos o penhasco menos abrupto para, por ele, deslizarmos até o fundo.

Levávamos cordas, que nos foram muito úteis. Os que desceram foram atados pela cintura, seguros por outros que permaneceram em cima segurando-nos. Descemos com mil apuros, mas chegamos, enfim, ao fundo do abismo. Já em terreno firme, olhei para cima e fiquei horrorizada. Parecia que lá no alto os cumes das montanhas se juntavam, e murmurei espantada: – E se não pudermos subir de volta? Ficar aqui enterrados em vida!... Que morte horrível!... Mas não, Deus não premia assim as boas intenções.

Comecei a procurar as flores, e como estava mais tranquila, já achava aquele lugar aprazível. A água brotava dentre as pedras, mas infiltrava-se rapidamente, deixando alguns lugares secos.

Já ia perdendo a esperança de encontrar as flores milagrosas quando, entre as duas rochas mais salientes, vi um pequeno platô coberto de musgo. Por entre o musgo esverdeado elevavam-se centenas de flores iguais às *flores do céu*, com suas corolas meio fechadas, troncos muito espinhosos e as pétalas verde-azuladas. Ao vê-las dei um grito, repetido pelo eco a grande distância. Os companheiros ficaram maravilhados diante daquele pequeno prado e, seguindo as minhas indicações, cortaram todas aquelas flores, enquanto eu ia depositando-as num saco. Quando já as tinha todas em meu poder, confesso francamente que me julguei como uma rainha celeste, dando vida aos meus protegidos. Benditas flores!

Se foi penoso descermos, mais ainda subirmos. Mas saímo-nos bem diante das dificuldades. Entre os meus companheiros reinava franca alegria. Era viva a satisfação. Olhavam-me com tanto carinho, que quando cheguei ao convento não cabia em mim de contente.

Ao indagar à *flor do céu* quanto à maneira de preparar a *água da saúde*, ela fez questão que eu escrevesse as suas instruções, para maior segurança, dizendo-me depois:

– E não me diz nada?

– Tem razão. Sou muito ingrata.

– Não é ingrata: é esquecida, distraída e não para pra pensar. Não compreendeu que foi ajudada por forças superiores na descida e na subida? Não reparou que as cordas e demais utensílios que levou teriam sido inúteis para descer e subir naquela altura se outras *cordas* e outros *braços* não lhes tivessem sustentado sobre o abismo?

– Tem razão, flor querida. Quantas graças devo dar a Deus!

– Não basta dar graças, é preciso pensar no bem que se recebe e na maneira e forma que se recebe, para empregar novos meios de precaução e defesa. A providência divina empresta-lhe apoio para que saiba buscar novos apoios. Alenta-a para que se lance em novas empreitadas. E ao proporcionar-lhe facilidades, espera que as estude e analise até compreendê-las, e não para que as receba sem conhecer nem apreciar o seu valor.

Compreendi que a *flor do céu* tinha me dado uma lição e jurei tirar proveito dela. Dediquei-me imediatamente à tarefa de preparar a água milagrosa. Não perdi de vista um só momento as freiras utilizadas no trabalho. E o líquido, uma vez pronto, ficou parecendo um bálsamo, um tesouro precioso para mim. Era a água da vida! Bastavam algumas gotas misturadas com uma quantidade de água, que eu própria media escrupulosamente, para se conseguir exatamente o que me tinha dito a *flor do céu*!... Daquele líquido tomavam-se pequenas colheradas a horas fixas e lavava-se suavemente o rosto, umedecendo-o apenas. Não se desperdiçava nem uma gota.

Experimentei a sua eficácia num menino cuja tez negra e horrível foi voltando lentamente ao seu estado normal. Enquanto eu umedecia o seu rostinho, o menino dizia-me ternamente: – A senhora é um anjo, madre! Só os anjos podem fazer tanto bem!

O resultado foi maravilhoso. Chamei muitos doentes, que, de lugares longínquos, vieram curar-se com a água milagrosa. Todos, ao falar de mim, diziam: – "É uma santa! Sua água dá a saúde". Chamavam-na: *a água da santa*!

Meu amigo padre visitava-me com frequência e dizia-me com grande satisfação:

– É uma santa! Uma santa!

– Crê que sou santa sentindo como sinto?

– Sim, é santa, e eu gostaria de abraçá-la mil vezes.

– Deveras?

– Não abraçaria o seu corpo; arrebataria a sua alma e, unido a ela, voaríamos juntos. Agora, conte-me tudo o que diz respeito à composição dessa água milagrosa.

Como fiquei contente! Falar com ele, contar-lhe as minhas impressões, minhas dúvidas, meus receios, meus temores, minhas esperanças e meus triunfos... Era a minha glória. Queria-lhe tanto! Ele era tão entendido! Tão sábio!... Contei-lhe tudo e ele respondeu emocionado: – Quero beijar essa flor.

– Não me beije porque não sou flor!

Olhamos ambos para o jarro onde estavam as *flores do céu* e só vimos terra. Terra que depois se agitou suavemente, aparecendo de novo o ramo mais gracioso do que nunca.

O meu amigo ficou maravilhado e disse-me: – Você é um mistério; nunca chegarei ao seu nível.

– Chegará, sim, porque é sábio e bom.

– Não, minha irmã, você será a eterna sensitiva arrancando os segredos da natureza, e eu o cantor filósofo descrevendo à humanidade as grandezas de Deus. Tornarei a vê-la. Bendita seja!

Atraído pelo clamor geral da *água da santa*, meu médico veio ver-me. Examinou-a e disse-me: – Diga-me a verdade; mas... pensando bem, não poderá me explicar. Quem sabe de onde terá vindo esta água!...

– Pensa, talvez, que isto é obra de um anjo ou de um demônio? Escute-me.

E contei-lhe tudo o que tinha acontecido. O homem estranhou não conhecer tais flores, apesar de ser um bom botânico. Assegurou-me que também ele iria aonde eu tinha ido.

Quando fiquei só, a *flor do céu* disse:

– Como enganou o médico...

– Eu!...

– Sim, porque agora ele vai e não as encontrará. Essas flores só brotam nos dias do ano que você foi. Abrem-se ao amanhecer e, ao chegar a noite, desprendem-se das folhas rapidamente, e o tronco se retorce despojando-se dos espinhos, que voltam à terra, para renascer no ano seguinte.

E o meu amigo padre voltou. Só que desta vez com a maioria dos juízes que me tinham julgado recentemente. Todos queriam ver a *água milagrosa*. Aproveitei para lhes dizer: – Este líquido é o produto do trabalho, não do milagre. O milagre se processa por si só, sem intervenção humana. Nesta água intervieram muitas pessoas. Todas trabalharam para alcançar o objetivo a que nos propúnhamos. Se há aqui algum milagre, é o da perseverança em conseguir o medicamento capaz de produzir tão bons efeitos.

– Bem – disse um deles –, mas quem lhe disse que existia essa flor?

– Esta aqui.

E mostrei-lhes o jarro colocado sobre uma pequena cornija que adornava a janela do centro da minha cela, onde estavam as *flores do céu*.

Meu amigo olhou-me alarmado. Seu olhar me dizia que eu estava sendo imprudente, inconsequente... Mas olhei-o tranquila e continuei falando com meus juízes. Um deles, de baixa estatura, quis subir numa cadeira para ver as flores de perto. Subiu, olhou ansioso para o jarro e viu que ele não tinha nem uma só flor. Desceu da cadeira e o ramo brotou de novo com as suas mais belas cores. Todos me olharam admirados. Mas, como eu estava muito longe da janela, tiveram de convencer-se que aquilo não era um truque. Meu amigo, aproveitando a surpresa geral, disse sentencioso:

– Esta irmã é um arcano e está protegida por Deus, não resta a menor dúvida, porque só Deus produz o bem de seus filhos. Roguemos a Deus que no-la conserve por muito tempo para o bem nosso e de toda a humanidade.

77. Perdendo a confiança

Quando aqueles sacerdotes se retiraram, e fiquei só, serenei-me, apesar de compreender que tinha agido com impetuosidade desusada, falando aos meus inimigos sobre *as flores do céu*. Procedimento que o padre amigo reprovara por completo, pois o vi contrariado e procurando retirar-se com os seus companheiros, receoso das suas argúcias e da minha simplicidade, tão prejudicial para mim. Mas eu era de tal forma apaixonada pela verdade, que não sabia mentir. A mentira queimava-me a alma e abatia-me o físico. Por isso, fiquei aliviada por ter dito a verdade, sem o menor receio. Estava contente, e quando minha consciência falava a meu favor, eu fazia prodígios de atividade. Estava em todas as partes, atendia à comunidade, aos pobres albergados na parte térrea do convento e aos que já ocupavam algumas salas do asilo, que não estava ainda concluído totalmente, apesar de o arquiteto secundar os meus desejos, imprimindo às obras a velocidade possível. Pela admiração que ele me inspirava é que às vezes lhe dizia:

– Se não fosse religiosa, eu o abraçaria!

– Eu também, senhora, faria o mesmo. Devo-lhe tanto!... A saúde dos meus filhos e da minha esposa, a tranquilidade do meu lar, o bem-estar e o progresso da minha família... Eu, antes, vivia no inferno. Agora vivo no céu, porque a minha casa é um céu. Pena que a senhora não seja tão feliz como deveria. Estimo-a tanto!...

As palavras do arquiteto davam-me novas forças para fazer boas obras. Eu só pensava em descobrir os meios para que não faltasse trabalho aos pobres. Ele, por sua vez, aguçava a sua criatividade, cooperando sempre para que alcançássemos com êxito os objetivos daquela obra humanitária. Disse-me um dia muito entusiasmado:

– Precisamos mandar encanar as águas sujas que correm a céu aberto, e que formam lagoas pestilentas. Delas originam-se todas as pestes e calamidades que temos sofrido. Tenho um bom plano. As obras vão ficar um pouco caras porque será preciso fazer grandes escavações, até encontrar o ponto onde nasce a água. Mas, uma vez descoberto o manancial, beneficiaremos os campos, sanearemos o ambiente e dotaremos esta cidade de uma fonte monumental, que batizarei com o seu nome.

– A respeito do nome falaremos depois. A questão é levarmos adiante esse melhoramento tão importante. Ideia feliz, a sua.

– Certo, senhora. Água é vida e faz muita falta. E água já temos; o que é preciso é saber aproveitá-la.

As obras do asilo encantavam-me porque todas as suas dependências eram amplas, ventiladas, claras, alegres, higiênicas. Ali os pobres voltavam da morte à vida. Tanto me entusiasmei um dia contemplando aquele *porto de salvação*, que me encerrei na minha cela e escrevi uma bela poesia intitulada *A Casa dos Meus Pobres*. Meus pobres eram a minha vida, porque eu também o era, sim, uma pobre de entendimento. Depois de escrever, deitei-me e dormi tranquila.

No dia seguinte, levantei-me muito contente e, pelo meio do dia, anunciaram-me a visita de uma senhora.

Não sei por que, estremeci e perguntei com receio:

– Quem é?

– Não deu o nome. Vem coberta com um véu negro e deve ser muito feia.

– Talvez seja uma vítima da peste. Que entre.

A mulher de rosto coberto entrou, ou seja, apareceu no limiar da porta e disse-me com voz insegura:

– Posso entrar?

– A porta da minha cela está sempre aberta, assim como os meus sentimentos. Entre, entre.

A mulher entrou e deixou-se cair numa poltrona. Não levantou o véu, mas eu a reconheci logo pela voz. Tremi! Era minha acusadora, era Maria, a formosa menina que eu tinha arrebatado da miséria e, quiçá, da perdição. Aquela que mais tarde se convertera em mulher formosa, mas sem coração, perdendo depois toda a beleza, sem que lhe ficasse no rosto o menor vestígio da sua esplêndida formosura. Quando se sentou, reanimou-se e disse-me: – Reconheceu-me?

– Sim, infeliz.

– Perdoe-me – e atirou-se aos meus pés.

– Perdoar de quê?

– Da minha acusação.

– Não tenho que perdoá-la, infelizmente. Se fez mal, foi a você mesma. O que quer?

– Piedade! – e levantou o véu.

Como estava horrível! Olhei bem para ela e disse a mim mesma: – Talvez eu tenha culpa por tê-la abandonado; faltou-lhe o calor e a ternura da minha solicitude e... quem sabe se a responsabilidade dos seus atos ainda caia sobre mim! Deixei-a só e ela foi vencida pelas tentações...

Maria, alarmada pelo meu silêncio, disse-me desesperada: – O quê! Tem dúvida se deve curar-me?

– Não, infeliz, não duvidava. Pensava noutras coisas muito diferentes. Quero que entenda: mesmo que só restasse uma gota da água milagrosa, essa seria para você. Só queria saber o porquê do seu ódio contra mim.

– Não vim confessar-me, venho curar-me e nada mais. Não conte com a minha amizade; não quero ser hipócrita. Peço perdão pelo mal que lhe fiz e nada mais.

Então me pareceu ouvir uma voz que me dizia: "eu sempre a perdoei, perdoe também".

Ao ouvir aquele conselho, estreitei Maria nos meu braços, beijei-a na fronte e disse-lhe: – Eu a perdoo com todo o meu coração.

Maria, comovida, pediu-me humildemente o remédio prodigioso. Passei-lhe às mãos o frasco com a *água da vida* e expliquei-lhe minuciosamente a maneira de usá-la.

Ela tremia como uma folha sacudida pelo vento. Saiu da minha cela como se estivesse ébria. Infeliz! Quem seria o responsável por tanta desventura? Minha própria consciência respondeu-me, mas tapei os ouvidos para não ouvir.

Depois me perguntei tremendo: – Será que eu a havia perdoado espontânea e sinceramente? – Não. Perdoei porque ouvira uma voz a me dizer que sempre havia me perdoado. Eu não era tão boa como diziam, não! E chamavam-me *a santa*!... Como a humanidade é cega!

Voltei então minha atenção à freira que dormia na minha cela. Apesar dos meus desvelos, ela mostrava-se cada vez mais receosa comigo, evitava os meus olhares e fazia todo o possível por fugir da minha presença.

Uma manhã fiz com que me acompanhasse até o horto. Sentamo-nos à sombra de uma parreira e ali lhe disse docemente:

– Você não tem confiança em mim, não me conta suas mágoas. Olho-a e não me olha nos olhos. Falo com você e não me responde! O que há com você?

E olhei-a tão profundamente que ela atirou-se em meus braços, chorando amargamente. Esperei-a desafogar e disse-lhe:

– Fale sem receio, fale. Compreendo que além de medo do padre, tem outros temores...

– Sim, tenho. O sacerdote de quem lhe tenho falado esteve aqui, viu-me e não me disse nada. Tive medo e me escondi.

– Quem é esse sacerdote? Aqui só vem um. Mas agora me recordo que ultimamente vieram diversos, atraídos pela novidade da água milagrosa. Vejamos se é algum desses. E fui descrevendo, um por um, todos os que tinham vindo, deixando meu amigo por último. Quando comecei a descrevê-lo, disse ela: – Não prossiga, é esse o meu perseguidor.

Ao ouvi-la senti um calafrio. Olhei-a fixamente, tomei-lhe as mãos, e a pobre jovem exclamou assustada:

– Ai, madre! As suas mãos queimam, parecem fogo!

– Sim, minha filha. Há fogo em toda a parte, pois a própria Terra era fogo. Mas me diga: está certa de que foi esse sacerdote que lhe disse que iria encontrá-la onde quer que estivesse?

– Certíssima – e a pobre jovem desta vez olhou-me nos olhos.

Dizia a verdade! Bastava ler nos seus grandes olhos bem abertos, límpidos serenos, irradiando a pureza de sua alma. Eram olhos de santa.

Sem conseguir raciocinar, separei-me dela bruscamente e encerrei-me na minha cela. Ali não chorei. Gritei, desesperada. Lancei as maldições mais horríveis, pedi misericórdia, supliquei, pedi contas a Deus, nem sei o que fiz!... Por fim, caí no meu leito como uma massa inerte. No dia seguinte, despertei com tão mau humor que exclamei com febril impaciência: – Ainda estou aqui?

Ouvi então um lamento:

– Ah! Madre! Quisera morrer.

Era a jovem, ao meu lado, visivelmente preocupada.

– Por quê? – indaguei.

– Porque não quero ser a desgraça de ninguém.

– E de quem você é a desgraça?

– Da senhora, madre, da senhora. Compreendi tudo.

Fiquei perplexa com a sua declaração. Disse-lhe, então:

– Minha filha, você não é minha desgraça; é a minha expiação, a fatalidade que, como barra de chumbo, pesa sobre o meu destino. Abrace-me, filha minha, você não é a minha desdita nem a causa do meu desespero. Só lhe peço que não tente contra a sua existência, porque leio nos seus olhos as mais funestas intenções. Eu serei a sua mãe, entende? A sua mãe.

– Sim, madre, seja minha mãe e assim estarei tranquila. Esta cela será o meu lar; aqui seremos mãe e filha, lutando e vencendo.

– Sim, minha filha. Orgulho-me de chamá-la assim.

Pensei comigo se eu seria digna de ser sua mãe...

Fiquei só e procurei tranquilizar-me, sem sucesso. Temia que chegasse o dia em que ele quisesse fazer uso dos seus direitos e, sob qualquer pretexto, tirasse a jovem do meu lado. Ele tinha na Igreja poder para tudo, para tudo! Mas eu iria me opor, jogando também com tudo!

Quando menos esperava, apareceu meu amigo padre desculpando-se de sua ausência demorada, e eu lhe disse:

– Não importa que tenha tardado, porque chega, como sempre, muito a tempo. Espero que me ajude numa empresa que me propus levar a cabo, e que não poderia conseguir sem a sua ajuda. Como o considero um irmão, mais do que isso, um pai carinhoso, tenho certeza que alcançarei a sonhada vitória.

Ele me olhou, querendo ler em meus olhos o que não diziam os meus lábios, e eu prossegui: – Existe nesta comunidade uma freira jovem, bela como um anjo. Confessou-me que, estando noutro convento, um padre a viu e enamorou-se loucamente dela. Jurou que onde quer que fosse a encontraria, e por bem ou por mal ela seria sua. Tenho-a aqui, na minha cela, porque a pobre moça não se julga segura em parte alguma. E eu conto com a sua proteção para ela. Confio no amigo como em mim mesma. Seremos dois a defender um anjo das garras de um leão.

Ele me olhou como se pretendesse decifrar o meu ser; os seus olhos despendiam fogo, quando me disse com certo desagrado: – O episódio é muito original. Revela acentuada ousadia.

– Não há dúvida.

– E ela disse onde o viu?

– Sim, disse-me que o viu aqui.

– E disse-lhe como ele era? Descreveu-o fisicamente?

– Não.

Ele respirou como quem salta um abismo e disse-me com mais serenidade:

– Vou procurar saber quem é esse padre.

– Posso esperar que venha me dizer que ele jurou a você não pensar mais nesta pobre menina consagrada a Deus?

Ele me olhou – como estava belo então! – e respondeu-me: – Eu lhe prometo que esse padre cumprirá com o seu dever.

– Que os sacerdotes cumpram com os seus deveres: isso é o que mais faz falta!

– Não me acompanha, como de costume? – perguntou ao levantar-se.

– Não, estou muito cansada.

– Sinto muito.

– Não se preocupe. Devo deixá-lo mais em liberdade; os verdadeiros amigos não devem ser exigentes.

Retirou-se. Quando fiquei só, a dúvida envolveu-me. Cumpriria a sua palavra? Sim, ele é nobre e bom. Não, não, esse amor é impossível. Eu lhe quero, meu Deus! E se ele não me quer? Se só me admira? Por que hei de querer o impossível? Este fogo me queima! Como é horrível querer e não ser querida! É como conceber um mundo novo e destruí-lo no momento preciso de admirar sua beleza.

Que dias aqueles! Não atendia a nada nem a ninguém; abandonei os pobres aos cuidados da comunidade e neguei-me a receber a todos os que vieram visitar-me. Não comia, não dormia, não sossegava, até que um dia disse-me a freira perseguida:

– Madre, isto não pode continuar assim! Quer combater o que não é possível vencer. Bastou-me uma noite para saber de tudo. A senhora se levantou, acercou-se do meu leito, abraçou-me amorosamente e me disse: minha filha! Beijou-me na fronte e logo após gritou: "Fuja! Fuja antes que a estrangule!..." Acredito, madre, que quer a esse padre tanto como eu o odeio, porque é um miserável.

– Cale-se, não blasfeme.

– Não, madre, não me calo. Todo aquele que quer arrebatar pela força o que não lhe dão de bom grado é um miserável.

Quanto me feriram as palavras dela! Eu também era tão miserável como ele.

– Madre – prosseguiu ela –, vou-me embora daqui e, se esse padre se apoderar de mim, eu me matarei e eternamente o perseguirei do outro mundo com o meu ódio. Não quero vê-la sofrer.

As palavras da freira reanimaram-me. Procurei fazê-la esquecer o meu sonho e disse-lhe: – Não vai se separar de mim, não quero que me deixe só. Não faça caso dos meus sonhos e, sobretudo, nunca pense em suicídio. A sua morte seria a minha condenação; tenha piedade de mim.

Faltando-me ar para respirar, abri a janela do centro, onde estavam as *flores do céu*, e disse a uma florzinha: – Quando terão fim essas provações?

A freira tremeu e perguntou-me: – As flores falam?

– Sim, minha filha, eu tenho flores que falam e dizem a verdade; não mentem como os sonhos.

– É que os sonhos não mentem – replicou outra flor.

A freira não ouviu a réplica e aproximou-se mais das flores, ansiosa por ouvir melhor, quando lhe disse uma florzinha: – Não se acerque tanto. Pode ouvir-nos à distância. Somos as vozes da vida. Aqueles que assim desejam, ouvem-nos em toda parte. Escute: nesta existência pode estar contente de si mesma, porque tem nobreza e honradez. Seja uma filha digna daquela que se ofereceu como sua mãe. Espere, confie, não odeie. Perdoe, tenha piedade, e chegará o dia que valerá tanto como ela.

– Oh! Madre! Eu lhe juro que serei uma filha digna.

– Não jure – disse outra flor –, as boas obras são os melhores juramentos.

A jovem impressionou-se tanto, que disse muito comovida: – Meu Deus! Reconheço o seu poder e creio que as almas são infames se não escutam e atendem à sua voz. A Deus chamei e Ele me respondeu. Madre! Serei sua filha!

O aposento iluminou-se como se a luz do sol o inundasse por completo. E eu senti na alma um consolo que não sentia há muito tempo. O fogo dos ciúmes tinha convertido a minha vida num inferno. Entre o fogo do corpo e o da alma, eu elegera o que mais queimava, que é morrer a fogo lento, por querer o impossível.

78. Ao contato das paixões

O entusiasmo da minha jovem companheira foi doce bálsamo para o meu coração, embora, ao comparar-me com ela, me visse pequena, muito pequena. Eu tinha entendimento suficiente para reconhecer as minhas limitações. Os aplausos da multidão não me cegavam e por isso pude admirá-la em todo o seu potencial. Ela valia, sim, muito mais do que eu, pois bastou-lhe pouco para compreender a grandeza de Deus, enquanto eu, que tantas provas tinha tido, nunca sentira a emoção que ela acabava de experimentar. Era bem melhor do que eu!...

A cada dia que passava mais aquela criança ia crescendo a meu ver. Sentia-me ínfima à sua frente; travando com ela e comigo uma verdadeira luta velada. Dizem que lutar para viver é horrível. Mas há outra luta mais horrível ainda: a luta das comparações. Quando nos julgamos superiores aos demais, custa-nos muito descer do pedestal em que nos colocam as adulações de muitos e o nosso convencimento. E isto se passava comigo. Já há algum tempo ressoava nos meus ouvidos: "aí vai a santa! lá vem a santa!" E eu sabia que a minha alma estava muito longe da santidade, mas aquele murmúrio lisonjeiro era como nuvem de incenso, carícia aos sentidos. Vendo a outra junto de mim, naquela patente superioridade moral, sentia como que um destronamento íntimo. O que assistia produzia-me um mal-estar indefinível.

Ninguém sabia da minha luta interna. A única que poderia saber algo do que se passava era a minha jovem companheira, mas ela não o fazia por dois motivos. Primeiro, porque me admirava e via em mim um ser superior aos demais. Não podia conceber que eu pudesse abrigar algo mesquinho em meu pensamento. E segundo, porque a sua bondade não lhe permitia ver nos outros aquilo que não era capaz de sentir. Em razão disso, eu lutava sozinha com a minha baixeza e a minha pequenez, enquanto ela crescia de modo surpreendente. Adivinhava os meus pensamentos, lia em meus olhos o meu menor desejo, trabalhava pelos pobres recolhidos ao asilo e, particularmente, pelas crianças, como se todas aquelas criaturinhas fossem seus filhos.

Com que carinho, com que doçura os tratava! Quando eles a viam, envolviam--na em abraços, beijavam-na e acariciavam-na com tanta confiança, como se fosse a sua própria mãe.

Eu, de minha parte, cumprindo o meu dever, nunca lhe falava das minhas angústias e me comprazia em enaltecer suas virtudes. Aconselhava-a tão somente a metodizar o seu trabalho para não prejudicar a saúde, ao que ela dizia sempre: – Mãezinha, não se incomode; tenho muita força porque nessa janela estão as *flores do céu* e com elas a minha felicidade. Quero, além disso, ser como a senhora é: útil à humanidade. Seu último triunfo foi a água milagrosa.

Ela se expressava tão bem! Entusiasmava-me ao ouvi-la. Mas, ao lembrar a sua beleza, pensava no meu amigo padre e parecia que ele me dizia: – Para esta mulher, tudo! Para você... nada! Para ela, o meu amor, para você... a minha amizade.

Era como se algum espírito maléfico sentisse prazer em me atormentar. Na verdade, eu sofria demais, lutando comigo mesma. Para não sofrer tanto, decidi ir em busca de novas dores, pois, consolando os males alheios, esquecemos os próprios. Ao mesmo tempo, pensava: – Se me afastar e ele vier procurar-me, acabará vendo-a e... como é horrível querer e não ser querida! Mas se não me querem... que hei de fazer? Ela é jovem e ele é tão belo! Se combinam... quem sabe!... Meu Deus! E se ela chegasse a amá-lo? Não! Não me afastarei. Sairei, mas voltarei à noite para minha cela. Pode não ser uma boa ideia, mas não quero enganar a mim mesma. Já estou farta de ocultar de todos o que sinto.

As lutas morais enfraquecem o organismo, e o meu, que já era naturalmente enfermiço, acabou por perder as suas escassas energias.

Tive, assim, um bom pretexto para sair de novo a passeio, acompanhada por uma das minhas antigas servidoras, mulher já de certa idade, que me estimava muito. Ouvi novas queixas e novos clamores, ocupando-me com verdadeira dedicação em aliviar parte de tantas misérias. Visitei também todos os meus parentes, entre eles a viúva e filhos de meu irmão, orientando no que foi possível quanto à aspiração externada de seguirem a carreira diplomática.

Uma manhã, estava na casa dos meus pais, quando foi-me entregue um volumoso envelope fechado, com o selo real. O lacre não era vermelho como de costume. Estranhei.

Abri-o tremendo, encontrando muitos papéis. Entre eles uma extensa carta de despedida. O poeta satírico que tanto havia me ferido na corte, quando da minha apresentação ao mundo das letras, partia para não mais voltar.

Uma carta muito bem escrita e plena de verdades. Terminava assim: "Ao deixar a Terra não lhe peço orações, porque não me fazem falta. Seus olhos já me disseram, e a sua dignidade também, que você sempre orou por mim. Com você aprendi que a minha alma poderia voar. Leia esta poesia. É o meu último canto. Ao lê-la, despertarei".

A poesia era linda, mas repleta de pensamentos amargos! Imagens desconsoladoras, fruto de um profundo conhecimento da farsa social!...

Ao terminar aquela comovente leitura, minhas lágrimas caíram sobre o papel. Então, entre a carta e mim, materializou-se o poeta. Vi-o claramente. Era ele, não havia a menor dúvida. Disse-lhe, então, comovida:

– É o senhor?

– Sim, já despertei. Esperava só as suas lágrimas.

Olhou-me sorrindo como só ele sabia, e continuou: – Amanhã voltaremos a nos encontrar. Vamos unir nossas penas para trabalharmos juntos. Deixo a Terra enfastiado dela. Tive e não tive família, pois a humanidade foi pequena para mim... por isso vivi sempre tão só... por isso ri amargamente das misérias humanas. Mas não queria ir-me deste mundo sem apreciar algo que não fosse amargo. Esperava as suas lágrimas sinceras; elas fizeram-me despertar.

Lentamente, o poeta foi se afastando, voltando a cabeça e sorrindo daquele jeito peculiar. Senti por ter ido. Era-me grato ouvir sua doce promessa de voltarmos a nos encontrar...

Antes de a noite descer, voltei para o convento. Em minha cela, li todos os escritos que acompanhavam o último canto do poeta e as críticas aos meus trabalhos, desde o sarcasmo mais cruel ao mais veemente elogio. Estranho, que agora que estava morto, achava sua ironia mais razoável que o elogio. Cada ser com o seu abismo profundo... senti muito a morte daquele homem. Eu estava ficando cada vez mais só!

Certo dia, quando me preparava para sair, chegou meu amigo padre. Confesso, desta vez não me alegrei ao vê-lo.

– Não venho visitá-la mais amiúde para evitar possíveis traumas.

– Traumas?

– Sim, quando aqui estive pela última vez pareceu-me que estava enciumada. Agora quero que falemos claro. Você me disse que havia um padre perseguindo uma freira que estava em sua companhia. Pois bem, esse padre sou eu. Digo-lhe que quero a essa mulher. Ela é o meu culto, a minha adoração. Disse que a encontraria fosse onde fosse, mas lhe garanto que nunca desceria às misérias humanas. A mim, basta-me vê-la. Não preciso mais que isso. Hoje venho vê-la porque você é minha irmã, minha filha, mas venho decidido a vê-la também. E quero vê-la ao seu lado. O seu espírito atrai-me e seu corpo me fascina. Vê algum inconveniente em que ela venha estar aqui conosco?

Enquanto ele falava, eu pensava no poeta e nas suas últimas palavras: "reuniremos as nossas penas para trabalharmos juntos". O meu espírito queria deixar a Terra, mas tive que voltar a ela e respondi-lhe com acentuada ironia:

– Tem razão. Antes éramos dois; agora somos três.

– Sim, três para estudar, três para aprender.

Chamei a minha jovem companheira. Ao entrar e deparar com o sacerdote, lançou um grito. Disse-lhe então: – Venha, minha filha. Este padre tem sido o meu protetor, o meu apoio mais poderoso para resistir às perseguições clericais, e agora quer protegê-la também. Não quer o seu corpo, quer a sua alma.

– Isso mesmo – disse ele –, quero ser útil a vocês duas em todos os sentidos.

– Então, minha filha, já não sente medo?

– Estando com a senhora, não. Mas só... Não quero estar só com ele.

Olhando para ele, disse com firmeza: – Não me peça amor. O senhor me aterroriza.

– Não tenha receio; eu só buscava um ideal. Se quisesse o seu corpo, ele já teria sido meu. Não é isso o que eu quero; corpos não faltam! Diz que me odeia? Pois o seu ódio aumenta o meu desejo... desejo que será satisfeito Deus sabe quando. Na eternidade sempre sobra tempo.

Ela lhe respondeu com aspereza, mas o certo é que falaram muito tempo, sem se importarem comigo.

Por fim, ao despedir-se, disse-me ele: – Retiro-me muito magoado.

– Eu também estou muito magoada – disse-lhe com amargura.

– Está magoada por ela, e eu estou por você. E você, minha filha, por quem está magoada?

– Estou ferida por um ser invisível, porque sonho que ele me diz: – "Breve virá a mim, conquistando o progresso através do trabalho". E esse que assim me fala é um ser belíssimo.

Decepcionada, murmurei para mim mesma: – Se ele também é ingrato, nada me resta aqui nem lá!...

O padre, ao despedir-se, disse: – Voltarei mais amiúde e quero que estejamos os três juntos. Vivo muito mal e preciso de consolo e amor. Posso esperar das minhas amigas um pouco de compaixão?

Suas palavras causaram boa impressão em nós. Era homem que sabia o que queria. Seu poder de convencimento era muito grande. Quando ficamos a sós, disse à minha jovem companheira: – Não tenha mais receio, minha filha. Cessou a perseguição.

– Sim, madre, já estou mais tranquila. Tenho ouvido coisas assustadoras e estou convencida das misérias humanas. Mas agora só quero pensar na grandeza de Deus.

– Ah! Minha filha! É ainda muito jovem. Não sabe o que vai ter que passar.

– Sei, porque estou muito decepcionada. Em minha própria família há esposas sem maridos, mães sem filhos, mulheres abandonadas por seus sedutores, misérias, escândalos e torpezas de toda a sorte.

– Eu também pensava como você, mas creia, nem tudo são misérias na vida. Há mães que adoram os seus filhos e meninos que veem o céu nos olhos de suas mães. Quisera ter sido mãe... há existências em que se vive como os astros, dando luz, alento e fortaleza, sem que ninguém se lembre de apreciar verdadeiramente os benefícios que recebe do astro rei. Assim tenho vivido e assim vive todo aquele que se consagra a cuidar dos outros. Em compensação, há existências em que os prazeres são recíprocos, pois Deus disse à mulher: *Ame, ame ao homem, e cumpra-se a lei da reprodução universal. Ao casal que se queira verdadeiramente, estão reservadas bem-aventuranças que os justos desfrutarão.*

– Está bem, madre, respeito as suas palavras, mas as doçuras do céu chamam-me a atenção.

Seguimos trabalhando, cada uma em seu terreno. Ela continuou cuidando dos pequeninos com esmero maternal. Seu empenho aumentou, porque desenvolveu-se uma epidemia na cidade que só afetava crianças. Não era fatal, mas atacava seriamente a vista. O trabalho de minha jovem companheira duplicou. Era tão dedicada aos pequenos enfermos que não os confiava nem a mim para cuidá-los. Ela lavava-lhes os olhos, aplicando os medicamentos que o médico do asilo receitava. Tanto se entregou à tarefa, tantas noites passou de vigília, que acabou por adquirir a mesma doença dos meninos: seus belos olhos fecharam-se e, chorando, desesperada, disse-me:

– Minha mãe, não quero ficar cega. Que faremos? Pergunto às *flores do céu* e elas não me respondem.

– Pergunte-lhes com calma, que responderão.

A jovem obedeceu temerosa e uma florzinha respondeu-lhe:

– Ama dessa forma as crianças e é justo que assim seja, porque elas foram o seu consolo em outras existências.

– E dos meus olhos, não dizem nada? O céu não tem remédio para mim?

– Procure-o primeiro na ciência da Terra. Quando esta for impotente, procure-nos.

– Não há remédio para esses olhos? – perguntei.

– Há, sim. Você pode curá-los.

– Eu?

– Sim, você, mulher. E apesar de ater-se às misérias humanas, esquecendo-se das inspirações do céu... Atualmente só tem pensado em amores terrenos. Houve um tempo em que foi amada e vendeu miseravelmente o ser que a amou. Desde então tem rolado de abismo em abismo, e hoje tem um corpo que é a sua expiação, porque ele é como uma harpa sonora, cujas cordas vibram ao mais leve contato com as paixões, mesmo as mais violentas. Domine-se. Você pode. Procure fazer o bem a todo aquele que precisar de você.

A jovem companheira nada ouviu do que me disse a flor, mas como que interpretando o meu silêncio, disse-me em tom de súplica:

– Tenha piedade de mim, minha mãe! Devolva-me a luz; não quero ficar cega.

Pedi água e, como que levada por uma força incompreensível, submergi a mão direita na vasilha com o precioso líquido. Comecei a batê-la com os dedos como se a estivesse preparando para confeitar um prato de doce. Lavei suavemente os olhos da minha companheira, aplicando sobre eles uma venda embebida naquele líquido. Ajudei-a a despir-se e fiz com que se deitasse. No dia seguinte destapei-lhe os olhos. Paralelamente, consultei o médico, aceitando os conselhos da ciência, embora ela quisesse como remédio somente a minha água batida. Mas as melhoras não eram visíveis. Até que, uma manhã, ela me disse:

– Minha mãe, cure-me! Cure-me!... Eu também a curaria se pudesse. Imponha as suas mãos. Com elas tem feito milagres. Faça mais um.

Para satisfazê-la apoiei as minhas mãos sobre os seus olhos e ela sentiu como se estivessem sendo retirados ferros em brasa, que lhe oprimiam a cabeça. Deu um grito de alegria e disse-me: – Veja, madre, as suas mãos são mãos de santa. É tão boa!...

– Sim, somos boas, muito boas, e mesmo assim... não compreendemos a grandeza de Deus.

– Madre, tudo a seu tempo! Temos a eternidade pela frente.

79. Voltas que a vida dá

Os olhos da minha companheira, apesar dos cuidados médicos e da imposição das minhas mãos, não se curaram por completo. Parecia uma expiação. Ela, ao levantar-se, ao deitar-se, não fazia senão chorar amargamente, dizendo em desespero: – Não vou tornar a ver como antes! Que horror!... Que delito devo ter cometido?... Senhor! Misericórdia, senhor!

Eu a escutava sem me fixar muito no que ela dizia, até que, uma manhã, senti um estremecimento estranho em todo o meu ser e murmurei: – Na verdade o seu mal prolonga-se demasiado. Não piora, nem tampouco melhora.

Neste momento ouvi a minha consciência: – Você se compraz em vê-la sofrer.

– Eu?

– Sim, você. Dê a ela tudo que é seu.

Ouvi essas palavras tremendo, porque aquele aviso era dado com voz de trovão. Aproximei-me então dela e, impondo-lhe as mãos na cabeça, disse-lhe incisiva: – Já está curada; não quero que sofra mais.

A enferma deu um grito, dizendo numa delirante exaltação:

– Sim, sim, já estou curada! É como se tivessem tirado amarras de ferro quente que me oprimiam a cabeça.

– Minha filha, que os seus olhos fiquem sãos, como sã é a sua alma.

Nesse momento pareceu-me ouvir dizer:

– Sofreu mais do que devia; sua dor cairá sobre você convertida em chuva de fogo.

Quando fiquei só, caí de joelhos e exclamei: – Meu Deus! Meu Deus! Tornei-me tão má! Estarei, de novo, enferma do corpo e da alma?

Uma voz fez-se ouvir: – O que sente, o que tem, é... amor! Amor!...

– Um amor maldito, pois me torna pior do que eu era. Mas quantos amores tenho eu, meu Deus?!...

– Tem amores no grande além e amores aqui na terra.

– Mas o que amo na Terra? O talento? A virtude? A carne?... Que vergonha! Oh! Deus! A alma, na Terra, precisa do orvalho da ternura e estou tão só! Sou amada pelas mulheres, mas do que me serve o seu amor? Que me dá a religião? Tormentos. O vibrar dos bronzes de seus sinos não comove a minha alma. Eu tenho dois amores, sim, dois amores. Jesus é o amor de minha alma, e um homem é o amor do meu corpo. Do meu corpo, sim! Sou mulher e mulher apaixonada, sensível. Sinto em mim a explosão de todas as ternuras, de todas as afeições humanas. Eu creio que Deus, na sua piedade suprema, envia continuamente os seus anjos à Terra. Por isso as crianças são tão formosas; são os anjos que têm rodeado o trono de Deus!..

Eu ouvia constantemente vozes que me falavam, às vezes com doçura, às vezes com duras repreensões. Se de dia sentia-me mal, de noite aumentava mais ainda o meu sofrimento, porque durante o sono intranquilo levantava-me chamando o meu amigo padre e dizendo-lhe: "Venha, fujamos para outras Terras onde viveremos livres e felizes, onde as religiões não tosam as flores antes de desabrocharem. Venha! Não espere mais, que a vida é curta e é preciso aproveitá-la".

E corria pela cela como se quisesse alcançar a sombra do meu amigo, que eu vislumbrava a curta distância.

Uma noite em que, nesse pesadelo, eu corria aflita, minha jovem companheira estreitou-me em seus braços, dizendo-me em tom imperioso: – Desperte!

Despertei e, como conservava a lembrança do meu delírio, murmurei: – Que vergonha!... Ela já sabe das minhas fraquezas. E a comunidade? Agora, sim, vai acreditar que estou endiabrada. Meu Deus! Meu Deus! Antes a morte. Tenho tanta vergonha! Quero morrer! Basta de loucuras e desejos levianos.

Minha companheira compreendia perfeitamente quanto eu sofria. Acariciando-me com ternura, fez-me sentar numa poltrona. Trouxe-me um tônico reconfortante que ela mesma preparou, para me reanimar. Que suplício! Ela, tão boa, e eu, tão ingrata! Eu não lhe queria mal, isso não, mas... não a amava, como ela merecia pela sua bondade; sempre desejei que ela se fosse. Sua presença humilhava-me. Perto dela sentia-me pequena!

Uma manhã fui ter com as *flores do céu*. Estavam murchas as pobres flores! Inclinei-me e disse-lhes com profunda tristeza:

– Acabou-se tudo?

Respondeu-me uma delas: – Não, não se acaba tudo. Se pensa em morrer, isso não passa de ilusão!

– E o que farei aqui?

– Sofrer. Há de beber na taça da dor que lhe cabe, até a última gota. Ainda não bebeu três quartas partes.

– E por que Deus me deu um corpo cheio de paixões, que não podem ser satisfeitas? E se é assim, Deus não trabalhou bem sua obra.

– Escute, o corpo exige o que é da Terra. Você está querendo que a alma lute contra as leis do corpo e que o corpo lute contra as leis da alma. As leis de Deus são imutáveis e vocês, os reformadores temerários que querem destruir o indestrutível. As leis de Deus são perfeitas; disto não tenha a menor dúvida.

– Pois eu sou obra Sua e em mim a imperfeição é flagrante.

– Não é isso. Confiante na sua força de vontade, você acreditou que poderia lutar contra o tormento do ciúme, inimigo implacável da felicidade! Na sua enfermidade, você chegou à fase álgida, à crise que decidirá sobre a sua vida ou a sua morte. Se quer salvar-se, medite, reflita, compare, analise as coisas e fatos e alcançará a vitória sobre você mesma. A insensatez só destruirá tudo o que tem feito, porque uma mulher ciumenta é a hiena da humanidade, capaz de cometer toda a sorte de loucuras. Fatalmente será maior o número das suas infâmias que o das suas boas obras. Então, resvalará pelo despenhadeiro das misérias humanas, o que não é conveniente para uma mulher como você. Temos estado ao seu lado para provar que nada pode destruir o reino da verdade, e que você está nele, porque tem merecido permanecer onde impera a verdade. Nós, as *flores do céu*, somos seus anjos da guarda. Quer ver-nos robustas? Pois volte a si e dê-nos bom--dia todas as manhãs. E saudando o Sol, como fazia nos seus bons tempos, não delire. Não diga que Deus fez Suas obras imperfeitas. Quanto mais tranquilidade de espírito alcançar, mais sentirá o fogo do amor de uma maneira diferente da que tem sentido até agora. O seu amor e o seu desejo terreno se acalmarão e chegará o dia em que precisará mais de companheiros do que de amores tempestuosos. E outra flor acrescentou: – Pobrezinha! Chore, chore comigo. O seu amor não está aí na Terra. Escute, olhe! Está ouvindo?

– Sim, ouço.

– Está vendo?

– Sim, estou.

– Pois beba até a última gota do fel que a outro fez beber.

Nesse momento, tive a sensação de separar-me do corpo e vislumbrei belezas indescritíveis no espaço. Quadros maravilhosos, paisagens encantadoras, inenarráveis na linguagem humana e irretratáveis pelos mais hábeis artistas.

Deixei-me cair na poltrona e dei graças a Deus por ter as *flores do céu* tão perto de mim: – Que ingrata sou, Senhor! – murmurei com tristeza. – Quanto me dá... eu que tão pouco mereço!...

Nessa hora entrou a minha jovem companheira com algum alimento para mim, como fazia de hora em hora, tal era o meu abatimento. Ao entrar, qual não foi o seu assombro! Tudo que tinha nas mãos foi ao chão e ela caiu de joelhos com as mãos postas. Nessa mesma posição, chegou até mim e disse: – Madre! Mãe querida! É uma santa! Ao entrar vi um coro de anjos. Eles ainda estão aqui... como são belos! Beijam-na, acariciam-na, e deixam em torno da senhora suas nuvens de incenso. Minha mãe! Minha mãe! Eu a adoro e não é de agora...

– Eu também quero-lhe muito, minha filha.

– Não. A senhora não me ama. Há entre nós uma maldita sombra negra!

– Não blasfeme, não maldiga a ninguém, minha filha. Não há nada maldito na Terra, porque Deus não pode renegar a sua própria obra.

Naquela noite, em sonhos, vi o meu corpo. – Pobrezinho! – disse ao vê-lo –, você não tem culpa do meu martírio. Devia ser fecundo e útil à humanidade, porque é bem formado e sem o menor defeito para servir de berço a novos seres. Pobrezinho!

Depois vi meu amigo padre e ouvi que ele me dizia: – Eu a amo!

– Mentira – respondi-lhe –, é um sábio, mas miserável. Se não fosse um miserável, não me teria dito que amava uma mulher e que queria que ela vivesse junto de mim, vendo que o fato de saber de seu amor por ela me martirizava. Vá-se embora!

A sombra do sacerdote afastou-se. Tranquilizei-me, então. Comecei a ver uma claridade que transformou-se numa torrente de luz. Entre ondas luminosas, vi o espírito amado. Ele! Mas, ao vê-lo, senti vergonha e, atemorizada, quis fugir. Ele, porém, me disse:

– Por que foge?

– Porque sou culpada.

– Pobre de você! Como é pequena ainda! Tem a dor dos ciúmes; eu também sofri em outros tempos a mesma dor. Eu a escolhi entre muitos espíritos. Foi a eleita de minh'alma e me enganou. Vendeu-me e entregou-me aos inimigos do progresso. Não senti a dor do corpo, senti a dor da alma. Venha comigo, venha, já não tenho ciúmes. Você será boa, seguirá os meus passos, será o meu discípulo querido, pelo muito que terá custado a sua redenção.

Ao ouvi-lo, esqueci por completo as misérias humanas e disse-lhe:

– É verdade que a minha alma não está manchada? Que só ao senhor ela quer?

– Sim, mulher. Sua alma é minha, minha!... e nunca se apartará de mim. Eu vou lhe dar alento. Volte à Terra e lute. É necessário que sinta uma parcela das muitas dores que você produziu.

Como estava belo o meu amor! Olhava-me com tão terna compaixão!... havia em seus olhos tanta doçura, tanta clemência!... Seu olhar traduzia-se em perdão de todas as faltas. Nunca vi figura mais formosa. Se Deus tivesse forma, configuração, eu diria que tinha visto Deus, porque só Ele pode ser tão clemente e tão belo.

Depois de contemplá-lo por longo tempo, foi se afastando lentamente até se perder entre nuvens brancas e rosadas.

Quando despertei, de manhã, senti-me muito bem disposta, e a minha jovem companheira ficou contente por me ver alegre, risonha e tão tranquila.

Aquele estado de alma permaneceu por muitos dias. Trabalhei muito pelos pobres, repassando a minha alegria a todos os que me rodeavam.

Uma manhã, minha companheira trouxe-me um belo ramo de flores que ela mesma havia colhido. Pusemo-las junto das *flores do céu*, para sentirmos a diferença que havia entre umas e outras. Quando estávamos falando entusiasmadas sobre botânica, anunciaram que um grupo de sacerdotes solicitava permissão para visitar-me. Entreolhamo-nos preocupadas, porque tais visitas eram sempre prenúncio de más notícias.

Traziam um enfermo e aguardavam-me no salão, onde estavam uns vinte sacerdotes rodeando uma luxuosa liteira. Dela pendia um braço coberto com manga de seda bordada, cujos relevos deixavam ver uma mão enegrecida, rugosa e como que coberta de escamas. Aquela cena causou-me repugnância. Ocultando a minha desagradável impressão, dirigi-me ao padre que parecia o chefe. Secamente ele disse: – Aproxime-se do enfermo, que ele mal pode falar.

Aproximei-me e reconheci nele o meu primeiro acusador, aquele mesmo que tinha empregado todos os esforços para que eu fosse sentenciada à morte. Quando me viu, disse com voz quase imperceptível:

– Venho morrer aqui.

– Não morrerá.

– Venho, então, recobrar a vida? – perguntou com voz anelante.

– Se quiser, sim.

– Não me odeia, então?

– Não.

Era meu dever perdoar... Inclinei-me para ele e pude observar o seu rosto cadavérico e seus olhos sem brilho. Da sua boca entreaberta saía aos borbotões um líquido sanguinolento. Sinceramente compadecida, disse-lhe: – Aqui vai repousar de tantas fadigas. Confie em Deus e em mim.

Dei as ordens necessárias e o enfermo foi conduzido para um leito, enquanto me retirava para a minha cela acompanhada da minha jovem companheira. Ela era a minha sombra; nunca me deixava. Pobrezinha! Parecia o cão fiel que nunca deixa o seu dono, ainda que este o trate mal. Eu não a tratava mal, mas, comparando com o seu procedimento, eu era ríspida e desagradável. Em contrapartida ela era tão boa! Tão complacente!... Quando ficamos a sós, disse-lhe:

– Sabe quem é esse moribundo?

– Um príncipe da Igreja. Deus me perdoe, mas creio que o livro da sua consciência tem folhas muito negras.

– Não está muito longe da verdade. Foi ele o meu primeiro acusador, o que trabalhou com mais empenho para levar-me à fogueira. Eu, em troca, quero dar-lhe a vida.

Naquele momento, entrou o meu amigo padre, a quem eu disse:

– Chega, como sempre, no momento oportuno.

– Conseguirá ressuscitar esse cadáver?

– Sim, conseguirei!

Ficou admirado com a minha resposta e mais surpreendido ainda quando nos viu, as duas, alegres e satisfeitas, olhando-o sem receio, falando-lhe com a maior naturalidade. Aquela calma chamou-lhe vivamente a atenção e, então, passou a ser ele quem nos olhava receoso.

Olhei para as *flores do céu* e notei-as mais cheias de viço do que nunca. Todas com as corolas abertas, balsamizando a minha cela numa mescla de variados perfumes. Isto me trouxe mais ânimo e saí resoluta, seguida por ela e pelo padre, dirigindo-me ao aposento do enfermo. Este já estava no leito. Os sacerdotes formavam um semicírculo, entoando preces que mais pareciam um zumbido de besouros.

Ao entrar, disse-lhes: – Meus irmãos, basta de rezas. A melhor oração é a elevação do pensamento, o bom sentimento posto em ação. Calem-se. Quero silêncio e verdadeiro recolhimento.

A maioria dos padres afastaram-se de mim, fazendo o sinal da cruz com hipócrita dissimulação, ficando apenas três junto ao leito do enfermo. Aproximei-me e disse-lhe imperiosamente:

– Quer viver?

– Sim, quero viver.

– E vocês que aqui estão, querem orar mentalmente por ele?

– Se a sua obra é de Deus, queremos – disse o chefe.

– A minha obra é de Deus.

Voltando-me ao enfermo, disse: – Eu lhe darei calor e vida! Eu tirarei a febre que o consome!

A corrente magnética que lhe dirigi da cabeça aos pés foi tanta, e tão potente foi a minha força de vontade, que os três padres que estavam mais perto de mim foram arremessados contra a parede, enquanto eu prosseguia: – Reanime-se!

– Sim, eu me reanimo.

– Você vai se recuperar.

– Sim, eu vou! Você é um anjo. Só os anjos podem dar a vida!...

Entretanto, os padres pareciam autômatos. Seus semblantes não revelavam a menor alegria ao verem o morto ressuscitado. Eram corpos sem almas. Mais ainda: sem coração. Não sabiam sentir.

Vendo o bom resultado que tinha obtido – o paciente parecia outro, olhar vivo e animado –, disse eu aos circunstantes: – O enfermo necessita que eu lhe coloque as minhas mãos, uma na fronte e a outra sobre o coração. Permitem que eu assim proceda? Antes que eles me respondessem, disse o enfermo em tom de mando que não admitia réplica:

– Eu autorizo. Ponha as suas mãos sobre mim.

Assim fiz e o pobre doente respirou livremente, dizendo: – Suas mãos são as mãos de Deus! Ao dizer isto seus olhos encheram-se de lágrimas. Mas o orgulho do príncipe da Igreja falou mais alto, e nem uma só lágrima rolou. Ficou imóvel, e eu, para não mortificá-lo com a minha presença, apressei-me em sair, deixando a seu lado só um padre, a quem recomendei o maior silêncio, para que ele pudesse entregar-se a um sono reparador.

Ao voltar à minha cela, disse-me o meu amigo:

– Acho que está enganada; esse homem vai morrer. Já está em estado de decomposição.

– Estava, agora não está. Quando me sinto com esta força, sou capaz de levantar um mundo, e esse homem sairá daqui forte e animado. Eu sei disto. Enxergo-o deixando o leito.

Ele me olhou, moveu a cabeça com incredulidade, tornou a olhar-me e exclamou: – Tenho razão em crer que não é mulher, mas uma santa!

– Santa!... A santidade não existe na Terra; só tenho o desejo de ser boa, perdoando aos meus inimigos, devolvendo-lhes o bem ao invés do mal, que é o exato cumprimento da lei de Deus.

80. Removendo montanhas

No dia seguinte, levantei-me muito cedo, quando as estrelas, nas suas órbitas longínquas, ainda enviavam sua misteriosa claridade. A jornada da véspera tinha sido memorável. Colocava novamente minhas forças em ação e voltava a produzir milagres. Falo em milagre, pois não acho outra palavra para qualificar fatos cujas causas se desconhecem, mas que empolgam, pelos seus efeitos. Vesti-me apressadamente e contemplei a minha jovem companheira que dormia o sono dos justos. Ela era bela! Olhei-a como uma mãe olha sua filha e ouvi que me diziam:

– Você não a quer; não se esforce em olhá-la.

– Como assim? Quero-a sim.

– Não é verdade, você não a quer.

– Por quê?

– Porque ainda resta em você algo que o impede, mas o tempo irá extinguindo tudo.

Olhei depois as minhas *flores do céu* e disse-lhes:

– *Bom-dia!*

– Muito bom-dia – disse uma florzinha, destacando muito as palavras.

– E por que é tão bom este dia?

– Cuidado com o enfermo – replicou outra flor, em tom sentencioso.

– Está muito grave?

– Está, sim, mas não é por isso. É que há quem queira destruir a sua obra. Tenha muito cuidado, porque terá que lutar com vontade.

Contemplei depois a estrela matutina, mais bela do que nunca. Percebi que as *flores do céu* murmuravam entre elas muito acaloradamente, formando um zumbido incômodo, tanto que lhes disse com impaciência:

– Que há? O que discutem?

– É que estávamos recolhendo os maus pensamentos que se agitam em torno de você. Queremos apresentar-lhe este espelho para que quando lhe for dado observar de novo as misérias humanas, esteja de sobreaviso e lute com vantagem. Tudo isto se relaciona com o enfermo.

– Mas eu deixei-o curado.

– Sim, mas o seu trabalho foi destruído tanto quanto puderam.

– Não importa, eu vou curá-lo. Sua vida é a minha. Prometi a mim mesma restituir o bem pelo mal, e se ele morrer eu morrerei também. Vida que não se presta à redenção, não a quero.

As *flores* emudeceram. Fiquei muito preocupada. A vida daquele homem interessava-me demais naquele momento. Queria tanto dar-lhe a saúde, que não sabia o que pensar nem o que fazer. Olhei o Sol e disse-lhe:

– Você, que é a imagem de Deus, o calor da vida, a esperança das almas! Dê-me forças que eu quero vencer.

E como se ele respondesse à minha súplica, vi em seu centro mais fogo de vida, de criação. Começou a espargir chispas luminosas para o ar. Cada chispa parecia um mundo, porque o seu volume aumentava gradativamente. E aquela chuva fabulosa de mundos multiplicou-se, num festival de raios luminosos de cores variadas. Ante aquele maravilhoso espetáculo, exclamei: – Estes mundos são as gerações que trabalham em busca de Deus!

E ouvi que me diziam: – Ame! Ame com todo o calor do seu sentimento! Ame, que o amor tudo pode, e tudo alcança. E se encontrar sombras no seu caminho, arme-se com sua vontade potente e as destrua.

Sentei-me junto à minha mesa, cada vez mais agitada. Minha companheira despertou e o seu primeiro olhar foi para o céu. Olhava de modo especial!... A sua alma era bem melhor do que a minha! Aquele modo de olhar! Rogava e bendizia com os olhos. Era um anjo na Terra.

Ela admirou-se de me ver levantada. Tomei algum alimento em sua companhia e, tomada de ânimo e temor ao mesmo tempo, dirigi-me ao aposento do enfermo no andar térreo.

Dois padres muito mal encarados guardavam a porta. Vendo-me chegar, disseram rudemente:

– Não pode entrar, madre. O enfermo está pior.

– Pior? E ele não quer ver-me? É ordem dele?

– Não, o padre que nos manda assim ordenou.

– Pois digam ao padre que quero entrar, que a vida deste homem é a minha. Que, ou se salva comigo, ou eu morro com ele.

Ouviu-se, então, a voz cavernosa do enfermo: – Deixem-na passar! Deixem...

O seu rogo, porém, não foi atendido. O padre veio ao meu encontro. Encarando-me com concentrada ira, disse-me:

– Nunca julguei que se atrevesse a gritar dessa maneira na casa de Deus. O doente está pior e eu decidi que não seja perturbado mais. Bastam-lhe os auxílios da religião.

– Está me negando a entrada?

– Sim, nego porque faz coisas que se opõem à moral. Toca nos homens com o pretexto de curá-los, e a imposição das suas mãos só serve para avivar os desejos amortecidos da carne. Retire-se daqui!

– E se eu vier em nome do rei, vai negar-me a entrada?

– Já está decidido!

– Decidido, está dizendo?! E se esse homem morrer, quem vai ser o culpado?

– Retire-se a madre, que aqui não entra ninguém.

E fechou a porta com a maior violência.

Sem saber se andava com os meus pés ou se algum ser invisível me ajudava, voltei para a minha cela. Só pensava em morrer se aquele homem morresse. Tinha plena convicção de que a sua vida estava nas minhas mãos, que eu o salvaria se me deixassem entrar, mas... como entraria? E repetia com insistência quase que doentia: – Eu entrarei! Eu entrarei!

Olhei para as *flores do céu*. Estavam murchas e tão silenciosas, que compreendi perfeitamente que eu mesma é que devia tomar qualquer iniciativa. Chamei minha companheira, que acudiu, como sempre, imediatamente. Contei-lhe o ocorrido, pintei-lhe os meus apuros e decidimos as duas chamar nosso amigo padre.

Ao chegar, contei-lhe tudo o que se tinha passado e ele respondeu-me secamente: – Se tivesse despedido os sacerdotes logo que o enfermo chegou, ficando apenas você e eu com ele, poderia tê-lo curado. Mas agora... agora deve desistir de vez de sua cura.

– Renunciar a restituir a vida ao meu maior inimigo? Sabe o que está dizendo? Sua vida é a minha. Eu o salvo ou morro com ele. Ainda tenho armas com que me defender, ainda posso fazer valer a minha vontade. Busquei o meu anel e a minha condecoração. Com eles todas as portas deveriam abrir-se, porque aquelas insígnias representavam o papa e o rei.

– Desconheço-a! Está completamente louca. Só pensa em fazer escândalo. Agora, sim, que não está bem inspirada. Tome cuidado; lembre-se que a sua violência só servirá para levá-la à prisão. E a prisão será agora a sua tumba. Não se mova daqui; espere as minhas ordens e ai de você se não me obedecer.

Quando ele se retirou, eu disse à minha companheira: – Vê, minha filha? Todos os religiosos são parecidos: orgulhosos, pretensiosos e autoritários.

– Ora, madre, não se incomode tanto. Deixe que façam o que querem. Pensando bem, se morrer, é apenas um miserável a menos.

– Está louca! Eu quero curá-lo e hei de fazê-lo.

O padre voltou e disse-me: – Pode ver o enfermo, mas não lhe dirija a palavra. Não tente colher-nos de surpresa, porque do leito do enfermo vai-se ao calabouço, e de lá não poderá sair, a não ser para a fogueira.

Estremeci ao ouvir as suas ameaças e o segui em silêncio. Ao chegar, porém, aos aposentos do enfermo, esqueci as suas palavras e o meus temores: só vi a vítima e os seus verdugos implacáveis. Todos os sacerdotes ali estavam. Que caras aquelas!... eram outros tantos Judas. Que horror me causaram aquelas presenças!

Olhei para o enfermo e disse resoluta: – Este homem está muito pior do que quando entrou aqui. Quis colocar as mãos em sua fronte, mas um braço de ferro me impediu, e eu disse então: – Ponham-me uma mordaça, se quiserem, mas estão praticando um horrível assassinato, estão matando este homem sem piedade.

Minhas palavras soaram como uma chuva de fogo, caindo sobre aqueles miseráveis. E prossegui: – Todos são cúmplices neste delito, todos desejam a morte deste homem. Vocês o envenenaram. Sei de tudo, vejo tudo.

Minhas palavras fizeram com que aqueles homens rugissem como leões famintos. Com que prazer me despedaçariam! Dirigindo-me ao meu amigo, continuei: – Quer que eu morra agora mesmo? Eu morro! São muitos contra mim e um corpo é fácil de ser despedaçado. Mas a minha alma flutuará sobre os verdugos do corpo e amanhã... amanhã... mais forte do que hoje, derrubarei os seus templos pedra por pedra. Publicarei a história de seus crimes e serão amaldiçoados pelas gerações vindouras.

Sentiu-se então um ruído ameaçador como se a Terra se abrisse para nos tragar. Apagaram-se as luzes e eu senti em volta de mim braços que queriam trucidar-me o corpo. Pareceu-me sentir o contato da mão do meu amigo, que me tapava a boca. Senti que me arrastavam para fora do aposento e que me conduziam para outra cela, a de reclusão. Em meu convento não havia calabouços e todas as celas eram claras e ventiladas. Como eu ainda não havia castigado ninguém, a cela estava sem mobília. Ao entrar, um dos padres que me conduzia aplicou-me um golpe tão violento na espádua que me fez cair ao solo. Ali permaneci todo o dia. Ninguém me visitou, nem o meu amigo padre, nem a minha jovem companheira. Eu olhava o céu, que podia ver por cima das altas janelas, e dizia: – Bendita seja a luz! Quem me diria, quando dirigi a construção deste convento, que seria eu a primeira a ocupar a cela de reclusão!... e eu que tanto tinha recomendado ao arquiteto que não lhe faltasse luz, porque o preso, mais que ninguém, precisa contemplar o céu!

Durante o dia todo pensei no enfermo: – Querem matá-lo e eu não quero que ele morra. Pois que fique aqui o meu corpo para a satisfação de meus inimigos e que voe o espírito em busca do doente. E repeti minha súplica, pedindo muito a Deus pela vida do meu maior inimigo. E tão calorosa foi a minha rogativa para que a minha morte fosse útil àquele que de mim necessitava, conservando o meu espírito toda a lucidez e toda a sua boa vontade para realizar obra tão digna, que, por fim, o meu corpo ficou inerte, estirado e rígido sobre o chão duro, e o meu espírito entrou no aposento onde o enfermo agonizava. Ao me verem, todos os padres fugiram espantados, fazendo o sinal da cruz entre gritos gemidos. Pude, então, ficar só com o enfermo. Sem perder um momento, examinei-lhe o peito, energizando seu coração. Realmente, tinham-no envenenado. Tirei do espaço os elementos que deviam servir de antídoto ao tóxico que lhe haviam ministrado em pequenas doses. Trabalhei tão pronta e acertadamente, que cessou o estertor da agonia. O ressuscitado abriu os olhos e disse-me: – Dê-me água! Muita água! Queimo por dentro!

Quis pegar um copo que estava sobre a mesa, e ele disse horrorizado:

– Não, não! Essa água é maldita! Você mesma, dê-me água da sua! Você pode tudo! Agitei então as minhas mãos fluídicas sobre sua boca e gotas de água cristalina começaram a cair em suas faces abrasadas. Aquelas gotas transformaram-se em fios líquidos que ele bebeu com ânsia e prazer indescritível.

Foram momentos grandiosos! O enfermo parou de beber, levou as mãos ao coração, passou-as depois pela testa. Seus olhos adquiriram um extraordinário brilho e disse com voz firme: – Acredito no inferno porque eu estive lá. E creio em Deus, no seu céu e nos seus anjos, porque devo-lhe a vida. Não vá ainda. Espere, ninguém virá. Não quero que me deixe sem antes me abraçar. Abrace-me como uma mãe a um filho, e esse abraço selará nossa aliança para trabalharmos juntos na eternidade. Quando eu me for da Terra, prometo-lhe todas as honras que merece. No espaço, vou procurá-la e a vida que lhe devo será para você um raio de luz no futuro. Em seguida levantou-se, abraçou-me calorosamente e beijou-me na fronte sem que eu sentisse a pressão dos seus braços nem o hálito do seu beijo. Voltei para a prisão e lá estava o meu corpo inerte. Abracei-me a ele; não sabia quanto tempo levaria o meu espírito para reanimar o seu envoltório. Despertei com passos. Abriram a porta e o meu amigo padre disse: – Levante-se e saia.

Obedeci quase sem poder me manter de pé, e seguimos até à minha cela. O Sol já estava alto. Deixei-me cair na poltrona e ele, visivelmente triste, disse-me em tom de censura:

– Quanto mal nos fez a todos!

– Mas o que fiz eu?

– Cale-se.

Fizeram-se ouvir muitas vozes a entoar um hino de graças e apareceu à porta da minha cela o ressuscitado, vestido com a sua túnica de seda bordada. Estava pálido, mas andando sem bengala e sem ajuda de ninguém. Ao ver-me disse: – Permite que me sente?

Sentou-se, olhou o meu amigo e este apressou-se a fechar a porta, ficando apenas nós três, enquanto os demais sacerdotes iam se retirando em direção ao templo. Iam entoar novos salmos em ação de graças.

Como eu ignorava o que sucedera, olhava aquele homem que há pouco agonizava, sem saber a que se devia a sua visita. Ambos guardaram silêncio, enquanto eu me perdia em conjecturas. Mil lembranças confusas aglomeravam-se em minha mente, até que, finalmente, falou o ressuscitado:

– Devo-lhe a vida. Minha gratidão será eterna.

Olhou depois para todos os lados e, reparando nos dois leitos, perguntou: – Não dorme só, madre?

– Não, senhor. Faz-me companhia uma religiosa, que às vezes me substitui. É uma jovem muito boa, um anjo. A comunidade a adora.

– Pois chame toda a comunidade.

Seu desejo foi atendido e entraram as freiras. Ele, então, disse-lhes: – Minhas filhas, aproximem-se. Quero olhá-las, uma a uma.

Olhou-as todas e continuou dizendo: – São dignas de viver ao lado da mulher que me salvou a vida. Vou me recordar sempre das horas que aqui passei porque nelas eu vi os horrores do inferno e os amores do céu. Vão, minhas filhas, e benditas sejam, como bendita é a mulher que lhes serve de mãe.

Quando ficamos novamente a sós, ele tirou do dedo um magnífico anel, que me entregou, dizendo: – Tome. Este anel vem do papa. Guarde-o como lembrança minha. Se lhe suceder de novo o que aconteceu aqui, se negarem a você entrada em alguma parte, apresente-o e todas as portas se abrirão.

– Mas, padre, eu não mereço esta recompensa porque não fui eu quem o curou. Quis curá-lo, é verdade, mas não me deixaram. Prenderam-me por um dia e uma noite. Voltei há pouco para minha cela...

– Cale-se! Sei de tudo. Compreendo tudo.

Nesse momento chamaram-lhe vivamente a atenção os tons chamativos das minhas *flores do céu*. Quis falar-lhe da origem daquelas flores, mas o meu amigo desviou o assunto. O ressuscitado resolveu retirar-se e, ao despedir-se, disse ao padre meu amigo: – Preciso ir a Roma. Entrego-lhe esta mulher. Fique atento quanto ao estado de sua saúde diariamente, visitando-a em meu nome. E não se esqueça que a vida dela é a minha.

Quando me vi só com a minha companheira, esta me abraçou extremamente comovida. Chorava com tanto desconsolo, que fiquei deveras preocupada.

– Por que chora, minha filha? Que nova desgraça nos assombra?

– Ah! Minha mãe... queriam queimá-la a fogo lento, para que o seu martírio fosse horrível.

– E como sabe disso?

– Porque ouvi tudo, escondida por trás de um altar. E o seu amigo, esse infame a quem tanto quer, presidia o tribunal e aprovou tudo, tudo!

– Está delirando, minha filha! O padre curou-se e, com certeza, ele acreditou ter sido eu. Por isso deve ter-se declarado meu inimigo, para despistá-los.

– Não, madre, não! Ele não fez nada. Foi o primeiro a espantar-se e a fazer cruzes ao ver o enfermo que se tinha levantado e se vestido sozinho.

– Pois, minha filha, então não sei o que terá acontecido aqui.

– Nem eu, tampouco, minha mãe. Só sei que quando os religiosos nos visitam, as iras e as fúrias do inferno desencadeiam-se contra nós. Se tivesse ouvido aqueles miseráveis!... todos queriam que o seu suplício fosse interminável! Que infames eles são...

Passaram-se muitos dias e eu continuei perturbada. Que teria sucedido?...

Uma manhã pedi ao Sol que aclarasse as minhas dúvidas. As *flores do céu* agitaram-se e uma delas me disse: – Que tem? Fale, mulher, fale, senão vai enlouquecer.

– Tem razão, flor querida, e confesso que tenho motivos de sobra. Quando deixei o enfermo, ele estava mal. Depois ele apareceu praticamente ressuscitado, dizendo que me deve a vida. Como pude curá-lo, estando presa?

– Sim, foi você quem o curou. Seu corpo adormeceu e o seu espírito voou livremente, porque a alma pode trabalhar independentemente do corpo, sem abandonar por isso o organismo de que se serve na Terra para o cumprimento da sua missão. Sua alma quis salvar um homem, quis pagar ao seu primeiro verdugo *o mal com o bem*. Como *quis* fazê-lo com sinceridade, encontrou forças no espaço, pois é no arsenal do infinito que as almas encontram tudo o que precisam, quando têm vontade de fazer o bem aos seus inimigos. Tranquilize-se que à sua memória emergirão todas as recordações daquela noite verdadeiramente memorável para o ressuscitado, para você e para os seus verdugos. A luz sobrepôs-se à sombra, pela sua vontade firme.

– *Flores da minha vida!* Têm razão.

E, ébria de alegria, saí à procura de minha companheira. Encontrei-a rodeada de meninos, ensinando-os a ler com o carinho de sempre. Tomei-lhe o braço, levei-a ao horto, procurei o ponto mais solitário e disse-lhe:

– Já sei tudo; fui eu quem curei o moribundo.

– Como?

– Sente-se. Muito comovida, contei-lhe todo o ocorrido.

81. Símbolos da natureza

Minha companheira ficou assombrada e maravilhada ao mesmo tempo com meu relato. Contentes e satisfeitas, entregamo-nos ao descanso após aquele dia de perfeita tranquilidade. Mas quando eu me dispunha àquele tipo de trabalho, que as pessoas chamavam de milagres, ficava em mim tal exuberância de vida que o meu repouso, tanto físico como mental, durava muito pouco. Fugia-me o sono e a serenidade, e só pensava em andar, correr, voar. Assim é que despertei de madrugada e, sem raciocinar que praticava uma verdadeira imprudência, chamei minha companheira e beijei-a na fronte.

A jovem olhou-me, dizendo surpresa:

– Que tem, madre?

– Nada. É que hoje quero fazer alguma coisa extraordinária. Vista-se.

– Mas, madre, ainda é noite! Veja as estrelas no céu!

– Tanto melhor, já que vamos para o campo.

– Para o campo? Pois se nós já vivemos no campo!...

– Não importa. Quero respirar melhor e nós duas vamos sair.

– Mas eu não posso sair, madre. Esquece que sou reclusa?

– Não há reclusões para uma vontade firme. Vamos sair. Iremos à casa de uma família de trabalhadores da minha confiança, onde mudaremos de roupa, e entenderá.

– Mas, madre, vão notar a minha ausência.

– Nisso tem razão. Então chamemos a comunidade. Vou dizer que vamos cumprir uma penitência.

– Bem pensado, mas... e se nos perguntarem onde vamos cumpri-la?

– É verdade. Você pensa em tudo! Determinaremos um lugar: o sítio onde encontrei as flores da água milagrosa. Chame as freiras.

Ela saiu e pouco depois voltou acompanhada de todas as outras, por sinal muito mal-humoradas, por terem sido levadas a se levantar uma hora antes do costumeiro. Ao inteirar-se da minha resolução, quase se alegraram. Desfrutariam um dia inteiro de liberdade, sem ter quem as molestasse, porque a minha jovem companheira parecia um missionário fazendo sermão a toda hora, para que cumprissem com seus deveres.

Tomadas as providências necessárias, saímos eu e minha companheira. Começava a clarear e dirigimo-nos à casa da família de operários, cujos membros me julgavam, não uma santa, que era pouco para eles, mas um Deus! Pedi ao chefe da casa que nos acompanhasse. E apenas exprimi o meu desejo, dois irmãos de sua esposa me pediram a graça de deixá-los ir conosco. Acedi, contente, aos seus rogos. Em seguida, mandei chamar a viúva de meu irmão. Ao chegar, ela surpreendeu-se com o pedido que lhe fiz: dois trajes de mulher dos mais simples que tivesse.

Não fez menção de dissuadir-me do meu intento. Saiu apressada, voltando pouco depois com o que precisávamos para nos disfarçarmos. Alegres, como duas adolescentes, mudamos o vestuário, e minha jovem companheira, olhando-se num pequeno espelho, disse satisfeita: – Ah! Madre! Que bonita estou! Como é bom ser mulher! As freiras não são mulheres, são múmias mal enfeitadas.

Saímos acompanhadas de nossos três servidores, tendo eles tido o cuidado de levar algumas provisões e o mais necessário para uma refeição no campo. Minha companheira, ao ver-se no bosque, ficou tão contente que me disse com naturalidade:

– Madre, e se fôssemos para não mais voltar? Um convento é um sepulcro.

– Tem razão, minha filha, mas os gaviões costumam perseguir as avezinhas.

– Ai, madre! Não voltemos, não voltemos mais.

– Tudo pode-se ajeitar. Voltaremos ao convento e voltaremos aqui com o pretexto de colocar algumas pedras que sirvam de base a uma cruz.

Chegamos ao local desejado e paramos. Amontoamos muitas pedras e oramos diante do altar improvisado. Mais tarde, almoçamos com grande apetite e, depois, a minha jovem companheira começou a subir aceleradamente, desejosa de chegar ao cume da montanha. Subi também, mais devagar, e quando lá cheguei, ouvi que dizia: – Meu Deus! Por que nos encerramos para adorá-Lo? Se o Senhor tem um templo tão belo!... E efetivamente, ela tinha razão. Aquelas paragens reuniam todas as belezas imagináveis, e não há templo na Terra que encerre tantas maravilhas como as que ostenta a natureza nos bosques, nas montanhas, nos esplendores dos céus, no ambiente aromatizado, em tudo, enfim, que constitui a criação.

Os nossos servidores, prestativos e discretos, guardavam-nos sem nos estorvar com sua presença, colocando-se a prudente distância. Há momentos em que a alma precisa de isolamento, e em que duas almas formam uma só. E eu queria estar a sós para conversar com minha companheira, somente com ela. Tomamos de novo algum alimento e passeamos por sobre um tapete de relva abundante. Já no bosque senti-me inspirada e falei de Deus a minha companheira. Ela escutava-me imersa em agradável êxtase. Vez em quando, dizia: – Ah, madre, como fala bem!

Andamos um largo trecho até que nos detivemos numa saliência de rocha, estranhando que por ali não houvesse uma só flor. Havia muitas trepadeiras que se enlaçavam aos troncos das árvores e pedras que, ali e acolá, formavam estranhas figuras, como se uma legião de gigantes encolerizados tivessem-nas lançado aleatoriamente à terra. Minha companheira não se cansava de olhar para tudo que nos rodeava, dizendo sentenciosa: – Madre! A rocha dura é a imagem da ingratidão, e as plantas trepadeiras são o símbolo da vida, melhor dizendo, da humanidade que se enlaça ao tronco do amor vivendo à sua sombra.

– As trepadeiras são bonitas, mas eu desejo ver flores.

– Estou vendo lá longe uma flor vermelha. É muito bonita. Parece que está à beira de um abismo. Vou colhê-la.

– Não, minha filha, não quero que se exponha ao perigo por minha causa.

– É que ela me atrai. Parece simbolizar a minha esperança e por isso lhe quero. É tão bonita...

– Não sei explicar. Mas eu quero outras flores que vejo em minha mente, que nascem instantaneamente.

Acabava de pronunciar as últimas palavras, quando vimos brotarem pequenas flores em torno de nós, formando, em linha reta, um lindo caminho. Estava encantada por ver realizado o meu desejo, quando ouvi a minha companheira dar um grito e dizer:

– Ai, madre! Arrancaram aquela flor que eu queria. Um homem arrancou-a.

– Talvez tenha sido um dos nossos guardiões. Verá como logo vai tê-la em suas mãos.

– Madre, agora estou vendo flores que não havia ainda há pouco. Como é estranho tudo isto!

Arrancou uma delas, aproximou-a do nariz e retirou-a depressa, dizendo:

– Como cheira mal!

Não tire nenhuma flor, minha filha. São um presente de Deus e devemos respeitá-las. Assim como não há nenhum mortal que não tenha alguma virtude, também não há nenhuma flor que não contenha uma gota de bálsamo para a humanidade. Nosso dever é procurar essa gota preciosa.

Como eu supunha, um dos nossos acompanhantes, o mais jovem, tinha ouvido a minha companheira e apressara-se em ir colher a formosa flor para presenteá-la. A jovem, porém, ao aspirar-lhe o perfume, atirou-a para longe, dizendo:

– Como cheira mal! Parece mentira que, sendo tão bela, seja tão desagradável o seu odor!

O servidor que tanto havia se exposto para colher a flor, consternado, apanhou-a de novo, dizendo: – Pobrezinha!

Foi a minha vez de tomar a flor, entregando-a à jovem com as seguintes palavras:

– Chamava esta flor a *flor da sua esperança*. Se não cheira bem, que trabalhe a sua esperança e a flor que não tem perfume adquiri-lo-á!

Minha companheira apanhou mais flores, dizendo desalentada: – Oh! Madre! Estas são inodoras. Que pena! E são tão bonitas!

Ao segurar as flores, coisa estranha, nas minhas mãos adquiriam doce fragrância, o que maravilhava minha companheira, que não sabia como explicar o que se passava. Mas eu também estranhava aquilo.

– Como é bela a liberdade, minha mãe! Ser livre é viver!

– Tem razão, minha filha, é muito bela a liberdade, mas é preciso trabalhá-la. Estas flores de geração espontânea são a imagem perfeita da liberdade. A liberdade, por si só, não tem fragrância e, trabalhada, adquire os mais deliciosos perfumes.

– Então as suas mãos são a alegoria do trabalho, pois que as flores sem perfume, em contato com seus dedos, adquirem e exalam aroma penetrante.

A minha companheira continuou a desfrutar aquele belo dia, fazendo verdadeiras loucuras infantis. Atirava-se ao solo, deixando-se deslizar pela ribanceira, lançando gritos de imensa satisfação. Até que se deteve. Seu bonito semblante coloriu-se, os olhos brilharam com todos os resplendores da vida, e caiu de joelhos, exclamando:

– Oh! Madre! Como é belo!... não se ajoelha?...

Era o amor de meus amores! Não me ajoelhei, fiquei de pé admirando-o. Que formoso o meu amor!... Estava sentado sobre uma pedra. Disse, então, a minha companheira que nos sentássemos também, ela à sua esquerda e eu à sua direita. Sentamo-nos e eu lhe disse:

– Senhor! Perdoa-nos por este dia?

Antes de receber a resposta, notei que ele já não estava sentado entre nós. Estava de pé, um pouco afastado, contemplando-nos com amor imenso. Disse-nos, então, com sua voz doce:

– Vocês fazem bem. Adquirem fôlego para a sua existência.

– Senhor, como está sério! Não cumprimos com nosso dever?

– Sim, cumprem.

– Senhor! Quero ir com o senhor, não quero voltar para o convento, não quero! – disse minha companheira.

– Ah! Minha filha! Tem ainda que beber e purificar a taça da sua vida. Continue amando os meninos, que quando beija um deles, beija a mim.

– Pai! O senhor me dá vida!

– Não me chame pai; chame-me redentor.

E dirigindo-se a mim, disse: – Para alguma coisa veio aqui. Ponha o seu dedo nesta rocha.

Coloquei o dedo na junção de duas enormes pedras e ele perguntou:

– Não pede nada?

– O que vou pedir eu, senhor? Peça o senhor.

– Não, peça você, pois foi para isso que lhe disse pusesse o dedo na rocha.

– Senhor! Que brote a água!

E brotou um manancial espumoso.

– Pois ponha o dedo da sua razão na rocha da sua consciência e dela brotará o manancial do seu dever. O cumprimento de todos os deveres é o somatório de todas as felicidades.

82. Fonte da vida

Ao aconselhar-me que pusesse o dedo da *razão* na minha *consciência*, desapareceu o amor dos meus amores e pareceu-me que tudo girava em volta de mim. Senti como que despojada do meu envoltório carnal e achei-me mais livre, mais ágil, mais disposta a voar. Aquela transformação impressionou-me profundamente. Caí em mim e disse: – Meu Deus! Será que morri?

Ouvi então a voz de minha companheira, que chamarei Angélica, que me dizia:

– Está me ouvindo?

– Sim, ouço.

– Mas percebe que está se molhando?

– Ah! É verdade! Quanta água! Brota do meu dedo... brota desta rocha!... E ele se foi.

– E por que se foi tão depressa, minha mãe? Eu o contemplaria eternamente. Sem ele este lugar já não tem encantos para mim. Vamo-nos. É muito tarde.

– Sim, tem razão. Partamos.

Mas eu não me movia. Olhava a água e parecia-me que dela brotavam chispas luminosas. Toquei-a e disse: – Água, é verdade que antes não havia água aqui?

– Não, não havia. Jesus lhe disse: – Ponha aqui o seu dedo – e a água brotou.

Chamamos nossos guardiões e um deles, o que nos servia de guia e que era um homem muito simpático pela sua elegância e presteza, ao ver o espumoso manancial, fez o sinal da cruz e disse:

– Que fato extraordinário!...

– Acha mesmo?

– Sim, madre. Antes não havia água aqui. Conheço este terreno, palmo a palmo. Desde menino que percorro estas cercanias e sei que aqui a seca era completa. Por isso me surpreende essa água em abundância. Parece mentira que seja água o que vejo. Quero beber dela.

Bebeu e exclamou: – Que água boa!...

– Vamos, então, que se faz tarde.

– Sim, madre, vamo-nos, mas eu gostaria de voltar aqui amanhã. De qualquer modo, não poderíamos chegar esta noite à cidade, e a poucos passos daqui há uma casinha cujos donos me conhecem muito e nos dariam albergue por esta noite. E amanhã, madre, eu lhe peço, quero voltar aqui. Há coisas que fazem enlouquecer; eu maldisse a Deus quando não tinha pão para os meus filhos e hoje envergonho-me de ter duvidado da Sua existência. A água desse manancial batizou-me de novo e sinto em todo o meu ser alguma coisa que não posso explicar.

Pusemo-nos a caminho e chegamos a uma casinha muito pobre, mas muito limpa. Nela, havia três casais, entre pais, filhos e netos. Três casais que representavam o alvorecer do dia, o Sol, com os seus raios luminosos e o ocaso, com as suas sombras.

Aquelas seis criaturas receberam-nos muito bem. Cederam-nos o seu melhor leito e não sabiam que mais fazer por nós para serem agradáveis. Angélica deitou-se logo e adormeceu rapidamente. Feliz dela, que não tinha recordações nem expectativa! Em compensação, eu não tinha o menor sono. Pensava em todos os acidentes da minha vida e sofria e me regozijava ao mesmo tempo. Quanto tinha lutado! Mas sempre havia vencido!

Por fim, rendida pelo cansaço do corpo e da alma, adormeci tão profundamente que custou a Angélica despertar-me na manhã seguinte. Ela se levantou muito cedo e apressou-se em me chamar: – Madre, madre, minha mãe! Como se respira bem aqui! Ter-se-ia que destruir todos os conventos para que ninguém pudesse viver encerrado. Quem inventou a clausura?

Na companhia de nosso guia, fomos em busca do manancial que tanto nos impressionara. Durante o percurso disse-me ele: – Madre, eu não dormi toda a noite. Chorei pensando no que vi ontem. Se ainda brotar a água daquela rocha, deixe que eu me lave com ela. Ela será a redenção para mim.

Tão inquieto ele estava que, distraidamente, adiantou-se muito de nós, chegando sozinho à fonte. Ajoelhou-se e orou fervorosamente, permanecendo assim durante muito tempo. Por fim levantou-se e disse-me: – Madre, diante dos grandes, nós os pequenos devemos humilhar-nos. A senhora fez um milagre; deixe-me adorá-la de joelhos.

– Não fui eu a autora desta maravilha; foi ele, o amor dos meus amores, que veio e me disse para pôr o dedo nesta rocha, pedindo o que quisesse. Pedi água e ela brotou.

– Madre, o seu amor é Jesus, todos dizem. A Jesus eu pedi alento muitas vezes e hoje ele respondeu ao meu chamado por seu intermédio. Senhora, é impossível que a água suba aqui, senão por milagre. Jesus de minha vida! Jesus de minha alma! Virei aqui nos dias de festa; aqui vou repousar das minhas fadigas, e Deus permita que algum dia eu possa vê-lo, meu Jesus!

Embargados por aquele doce sentimento, olhávamos os três para a água que jorrava na nossa frente, quando o nosso guia deu um grito de assombro. Tinha visto um homem que ia por uma trilha. Parecia estrangeiro. E, como por aquelas paragens não se via ninguém, aquela aparição chamou a atenção de todos, principalmente porque tão rapidamente ele estava no cume duma montanha, como à borda de abismos profundos.

– Ele vai cair – dizia o guia com voz angustiada. – Que imprudência! Que temeridade! Não vê? Como corre! Parece que voa! Seus pés não tocam o solo. Parece impossível que ele possa correr tanto! Que estará procurando por aqui?

E o nosso guia, receoso de que o estrangeiro pudesse fazer algum mal à rocha milagrosa, colocou-se junto ao manancial.

O estrangeiro, então, aproximou-se de nós, descobriu-se e disse-lhe:

– Tem medo que eu esgote o manancial?

– Como sabe que aqui existe água se nunca havia tido?

– Pois é por ela que venho; para desfrutar dela.

O estrangeiro olhou-me e eu vi que era ele; os seus olhos me disseram isso! Exclamei alvoroçada: – Senhor! Senhor! O guia olhou-me assombrado e mais assombrado ficou quando Jesus lhe disse: – Chamou-me e aqui me tem. Beba, beba da minha água, é água de vida, de amor e de fé. Beba, beba agora a água da terra. Da outra água eu lhe darei de beber no céu.

– Senhor! Quero ajoelhar-me e não posso!

– Não importa, os homens em pé chegam aos céus. Os que se ajoelham mumificam-se, os que estão de pé trabalham. Venha, aqui será um lugar onde os enfermos virão e encontrarão alívio para suas dores. Mas não chame a água dessa fonte, veja bem, de água milagrosa. Esse manancial nada tem de milagroso. Amanhã, por meio da ciência, saberá que não é impossível fazer subir a água a grandes alturas. O que por vezes parece impossível é fazer brotar o sentimento em um coração endurecido.

– Senhor! Senhor! Amor dos meus amores!...

– Sim, todos me chamam de *seu amor* quando não *soçobra* o barco das suas ilusões. Mas quando sofrem, renegam o meu amor. Esta fonte lembra-lhe outra, rodeada de folhagens e sombreada por árvores exuberantes. Naquela fonte você encontrou a água da vida, e desta, fica-lhe a lembrança de nos termos visto aqui. E quanto a você – disse ao nosso guia –, não se esqueça nunca que acudi ao seu chamado.

Compreendemos que ia desaparecer, e Angélica exclamou: – Senhor! Senhor! Tenha piedade de mim!

– Não esqueça as crianças – disse ele –, porque delas é o reino nos céus. Ao beijá-las, estará beijando a mim.

– Senhor! Senhor! – gritou o guia – deixe-me adorá-lo.

– Não quero que me adorem, quero que trabalhem em meu nome.

E desapareceu instantaneamente.

O guia disse emocionado: – Madre, hoje nasci de novo. Já tive momentos de verdadeiro desespero. Quis, por mais de uma vez, matar meus filhos para que não sofressem os horrores da fome. Agora, se não tiver trabalho, vou mendigar de porta em porta.

– Terá trabalho, eu lhe prometo.

Quando deixamos o manancial, jorrava água com tanta força que, ao chocar--se contra as pedras, levantava arcos caprichosos de espuma branca.

Paramos de novo na casinha. Notei algo de muito agradável nos seus seis moradores. Fiz com que a jovem me acompanhasse num pequeno passeio e sondei o seu coração.

Também naquele canto do mundo se agitavam os sentimentos indesejáveis. Os velhos invejavam as crianças porque elas eram mais acariciadas do que eles. E a miséria tornava mais penosa a situação de todos. Naquela casa, somente o marido da jovem trabalhava para manter a todos. Ela já fazia muito em saber distribuir o pouco que seu marido ganhava.

Para amenizar as privações daquela pobre família, dei à jovem a minha bolsa, que estava cheia. Ela apressou-se em esvaziá-la diante de todos, dizendo: – Nosso Senhor passou por aqui! Quantas bênçãos recebemos!

Procurei deixá-los o mais depressa possível, mas as crianças seguiram-me durante um longo trecho, dizendo-me: – Bendita seja! Já não passaremos mais fome! Bendita seja!

Angélica corria, cantando alegremente e colhendo flores silvestres. Contemplando-a, eu dizia: – Ela é muito melhor do que eu, sabe agradecer. Eu, que tanto recebo, não posso ainda desprender-me dos meus ciúmes, das minhas inquietações, das minhas paixões. Quero subir ao céu, mas me arrasto pelo lodo do inferno. Não há dúvida: estou endemoniada. Chamam-me mãe e este nome me desespera. Quisera eu ser mãe de verdade, com um filhinho nos braços, porque um filho é um presente da Providência. Um menino é para sua mãe um anjo a dizer-lhe para crer em Deus!

Como entramos na cidade de noite, pernoitamos na casa de meus pais. Ali também encontrei desarmonia na família. Meus sobrinhos rebelavam-se contra sua pobre mãe. Convenci-me então que para a missão de mãe tinha muito que estudar para saber desempenhar bem o papel. Ensinar um menino a andar não era o mesmo que evitar que corresse quando homem.

Na manhã seguinte, bem cedinho, vestimos nossos hábitos e dirigimo-nos para o convento. A comunidade recebeu-nos muito bem. Soube que o padre meu amigo lá estivera perguntando por mim. Encontrei uma carta do meu primeiro acusador, dando-me milhões de graças pelo seu completo restabelecimento.

Angélica movia-se como um passarinho recém-enjaulado e me dizia com impaciência: – Ai! Madre! Quando tornaremos a sair? Fico sufocada aqui dentro.

Quando o padre meu amigo apareceu, repreendeu-me pela minha saída, dizendo-me: – Acho muito estranho que uma mulher como você tenha de fazer penitência. E creia, é um escândalo a saída das religiosas.

– Pois fique certo de que tornaremos a sair, porque preciso respirar. Fiz aqui um edifício claro e ventilado, mas ele encerra más paixões e eu, repito, precisava respirar.

– Escapou de boa...

– Já sei. E sei também que uniu-se aos seus e me condenou.

– Não deve duvidar de mim. Lembre-se que a salvei, e sempre serei o mesmo.

– Será sempre o mesmo para mim? Pois é um ingrato.

Nisto, chegou Angélica e, muito alegre, disse-lhe: – Está aqui? Pois nestes dias não precisamos do senhor.

– Já sei. Você também está contra mim. Saibam vocês que a tormenta ainda persiste e eu tenho tido necessidade de lutar muito mais do que supõem.

– Acredito – disse eu.

Ele percebeu minha ironia e ficou incomodado. Procurei dissuadi-lo, demonstrando-lhe que estava errado. Mas Angélica continuou falando-lhe tão ironicamente, que ele disse: – Não faço caso do que diz, porque é uma criança e perdoo a burla das crianças.

– Ora! Perdoa a todos menos a mim. A ela concede tudo, enquanto a mim... nada.

Por fim, ele retirou-se e Angélica exclamou muito contente: – Como estou satisfeita por ter enfadado esse homem! É um miserável!

– Não, não é.

– Para a senhora, madre, que o ama, é muito bom. Mas para mim, que o aborreço, sei até onde chega a sua infâmia.

Falamos muito, então, sobre a nossa saída e Angélica estava tão entusiasmada que dizia: – Que sensação agradável se sente no campo! Lá vemos homens robustos, cheios de vida! Oh! Quanto valem os filhos do povo!...

Eu escutava a minha companheira e, ao ver o seu entusiasmo, disse para mim mesma: – Esta alma está despertando; é preciso vigiá-la.

Passaram-se muitos dias e ela sempre me dizia a mesma coisa: – Quando vamos sair, madre? Podíamos até levar os meninos. Pobrezinhos! Iriam soltar-se, correndo pelo campo!

Novamente, recebi carta do meu antigo acusador. Que carta aquela! Que diferença da época de sua primeira acusação! Dizia ele: "Nada tema, minha filha. Está sob o amparo de uma força potente. É a minha filha, minha vida, meu anjo tutelar! Haverá em breve uma ação de graças pelo meu completo restabelecimento. Rogo a você que não deixe de comparecer, pois será na igreja do seu convento. Deverá submeter-se a tudo quanto se exija. Não chame a atenção nem promova distúrbios".

Chegou o dia esperado e o templo tornou-se pequeno para conter a enorme afluência de prelados. Pode-se dizer que vieram de toda a Espanha. Houve procissão geral e fizeram-me entrar na igreja. Quanto sofri com tanta mentira! Dos que me rodeavam, a maior parte, de bom grado, teria levado lenha para a minha fogueira... Calei-me para evitar escândalos, e escutei o orador sagrado, que esteve eloquente, noticiando que havia em meu convento uma água milagrosa e que a comunidade era um coro de anjos que, por graça divina, haviam descido à Terra para curar os enfermos. E que aquele príncipe da Igreja havia se curado graças aos cuidados da comunidade.

Quanto mentiu aquele homem! Que mal o inspirava o Espírito Santo! Mentira e religião são sinônimos.

Terminou, enfim, a farsa, e já não foi sem tempo, porque eu não poderia resistir mais.

Ficamos, depois, somente os mais íntimos, e houve necessidade de lhes oferecer doces e bons vinhos. Começou de novo a comédia religiosa ao dizer-me um dos prelados:

– Madre, viremos aqui nos curar quando o mal nos surpreender.

Não pude deixar de responder, cansada de tanta hipocrisia: – Senhores, não há necessidade de virem aqui para se curarem; o mundo é um repositório de saúde, porque a saúde está onde se pratica o bem. Não é neste nem naquele lugar. Onde se fizer o bem pelo próprio bem, aí estará a saúde.

83. Com direito ao sol

Aquela festa deixou-nos impressões das mais diversas. Eu não podia ler todos os pensamentos, mas como por regra geral o semblante é o espelho d'alma, cada um era para mim uma revelação. E, por certo, não havia dois rostos que expressassem o mesmo.

A grandeza de Deus!... Que variedade nas manifestações da sua obra e que unidade no fim!

Eu, de minha parte, confesso que estava satisfeita e orgulhosa de como havia agido. Não tinha influído, por pouco que fosse, na comédia que me fizeram representar os religiosos. As misérias humanas e as pompas sem fundamento sempre me causaram asco e desprezo. Eu me orgulhava da minha lealdade. Não sabia mentir, e não saber mentir na Terra é uma grande virtude, já que a mentira é a moeda corrente entre os homens, desde o momento em que as primeiras tribos começaram a disputar a água de um rio, a lenha de um bosque ou o fruto sazonado de um grupo de palmeiras. Desde o astuto escravo ao sagaz diplomata, todos têm manejado com perfeição a arma de dois gumes da mentira. Pobre condição humana.

O padre meu amigo é quem havia proferido o discurso na festa de ação de graças. Ele, que tanto valia por seu talento e erudição, quanto havia mentido no seu discurso! Quanto... Pode-se garantir, sem medo de errar, que não tinha pronunciado duas palavras cujo fundo fosse a verdade. Tudo que ele tinha dito era mentira. Mas mentira cheia de encantos!... falara muito bem! Com que eloquência! Como é bom ter talento! Quando ele falava eu ficava tão encantada, que dizia de mim para comigo: – Este homem é tão bom quanto sábio.

Quando me vi em minha cela respirei melhor e murmurei com pena: – Já terá ido embora? Com que gosto o teria abraçado! Não ao homem, mas ao sábio, ao gênio, ao artista da palavra.

Quando mais mergulhada estava em meus pensamentos, entrou ele, pálido, lívido. Parecia um desenterrado.

– Que tem? – perguntei solícita.

Ele me olhou contrariado e, deixando-se cair numa cadeira, murmurou irado:

– Você é o meu pesadelo em tudo. A sua insensatez levará tudo por água abaixo.

– Mas o que fiz eu? Não fui discreta? Não assisti à função religiosa? Não consenti passivamente que me colocassem como protagonista da mais indigna comédia, conferindo-me honras que não mereço? Não permaneci entre todos eles contra a minha vontade? Que mais querem de mim?

– O que nunca poderá dar: obediência e submissão. Por isso, quantos vieram à festa querem-lhe mal; você se trai, porque não é religiosa. Durante o tempo que esteve na igreja, esteve inquieta, impaciente, nervosa. Seu olhar, em lugar de fixar-se no altar, procurava ansioso... sei lá que procurava! E no pouco que estivemos juntos na mesa, você foi lacônica e falou mal, positivamente mal. Quer refutar a ideia do milagre e acaba faltando com os seus compromissos.

– Pois não quero mentir como fazem vocês todos. Quando eu morrer, vão me fazer santa e dirão mentiras sobre mentiras, auferindo-me virtudes que não tive e dons milagreiros que a razão repele. Não quero mentir. Vocês querem fazer do meu convento uma casa de exploração, e eu quero que ele seja um porto de salvação para os enfermos, nem mais nem menos. Vocês querem o milagre que ilude, e eu quero o trabalho, que afugenta os vícios, e a ciência, que demonstra a grandeza de Deus. Vocês querem o maravilhoso, o sobrenatural, o incompreensível. Eu quero o simples, o natural, o fruto da investigação na grande oficina da natureza, onde tudo é útil desde a sarça espinhosa até a flor mais delicada e perfumada. Vocês povoam os seus céus de santos; eu quero homens sábios que sirvam de catedráticos na universidade deste mundo. O milagre adormece as faculdades da alma; o estudo desperta-as no ser mais ignorante. Mas deixemos uma questão tão desagradável. Permita dizer que esteve admirável. Que eloquência! Mas por que não disse a verdade?... – e olhei-o de um modo que o fez responder aborrecido:

– Não me olhe assim, não quero que me domine.

– Mas eu não quero dominá-lo! Como é ingrato comigo! Como me rechaça!

– Rechaço, mas com dignidade!

– Pois eu o advirto que as humilhações já estão me cansando. Eu lhe ofereço o meu amor, mas ao seu talento, ao seu gênio sem rival, não ao homem, porque como tal não é digno de meu amor. É um ser insensível. Se fosse capaz de sentir, ter-me-ia amado, pelo menos, por compaixão. Não foi em vão que *alguém* me disse que você não é meu amigo, que não se pode amá-lo. E é uma verdade.

– Seria melhor não tê-la conhecido, porque não me deixa viver nem descansar. Quando não a vejo, quero vê-la. E quando a vejo, coloco entre nós uma barreira maior que o céu e a Terra. Antes de conhecê-la eu era grande por mim mesmo, porque tinha me proposto a sê-lo, e consegui. Agora, não sei o que se passa comigo. A mando de outrem converti-me em criado, pois venho diariamente perguntar pela sua saúde, mesmo tendo tantos servidores para mandar.

– Não manda seus criados porque interessa-lhe vir pessoalmente. É um bom pretexto para ver outra mulher; vem por ela e não por mim. São para ela os seus olhares e os seus desejos não satisfeitos, porque quer minar o seu coração pela persistência. Contenta-se em esperar, porque o dia de amanhã é a esperança que sorri a todos os enamorados.

– Tem razão, venho por ela. Não quero ser hipócrita.

Naquele momento entrou Angélica com um ramo de flores, que me ofereceu cheia de satisfação. Mas ao ver o padre disse acidamente: – Se o visse no campo talvez o abraçasse, mas ao vê-lo aqui dentro, não posso disfarçar: odeio você! Quão maus teremos sido os três! Vivemos disfarçados e os nossos trajes representam a escravidão. Olho para você, depois para mim, e envergonho-me de não ser mulher. Como é bonito o traje que usam as mulheres do povo! As que vi outro dia, como me agradaram! Muitas delas traziam os seus filhinhos nos braços... lá no campo há vida, há amor, tudo sorri, tudo nos leva a amar a Deus na sua obra, que é a eterna reprodução.

Ele a olhava encantado, como eu a ele. Ela continuou falando sem se importar com a impressão que causava ao padre. Como se tivesse uma ideia fixa, prosseguiu: – Se visse! Como é bom estar no campo! Lá minha mãe fez brotar água. Pôs o dedo na rocha e dela brotou o líquido precioso, porque nosso Pai que está nos céus assim quis. Mas dessa água, que é a água da virtude, não beberão os religiosos, que só sabem mentir.

Ele ficou deveras incomodado com a alusão tão direta, quando eu lhe disse: – Não faça caso de Angélica, que às vezes se converte em criança malcriada. Se quiser beber dessa água, eu direi onde é o manancial e onde mora o guia que nos acompanhou. Lá beberá até saciar-se, pois a água de Deus é para todos os seus filhos.

O padre levantou-se e saiu tão contrariado e tão apressado que nem sequer nos saudou.

Angélica voltou a insistir para voltarmos ao campo, mas eu tentei fazê-la compreender que tinha outras obrigações, que as crianças reclamavam a sua presença. Como no fundo ela era muito boa, entregou-se com novo ardor às suas tarefas de rotina. Contudo, não deixava de me lembrar diariamente o seu desejo de passar outro dia no campo, ao que eu respondia que tivesse paciência, que "com o tempo e o sol amadureciam as uvas". Porém, tantos e tão repetidos foram os seus rogos que, por fim, eu disse: – Bem, qualquer dia sairemos, mas para voltar no mesmo dia à noite; fora do convento não podemos mais ficar.

Ela conformou-se. Seu problema era sair para respirar melhor, e na verdade bem precisava disso, porque a pobre passava a vida entre crianças doentes, que cuidava como a melhor das mães. Era tão boa!

Na véspera da nossa tão programada saída, recebi várias correspondências e uma me chamou a atenção pelo seu lacre. Nela, estavam desenhados castelos e leões, bandas e cruzes e uma coroa de conde, tudo ao melhor estilo. Com o subscrito nas mãos, disse a Angélica: – Creio que esta carta nos impede de sair amanhã.

– Pois leia depressa, minha mãe, e assim tiraremos a dúvida.

Abri-a nervosa. Deparei então com uma epístola admiravelmente escrita, onde não havia a menor falha, nem no fundo nem na forma. A letra era das mais preciosas que eu tinha visto, e a carta era concebida em termos realmente carinhosos. Dizia: – "Madre!... mãe da minha alma! Dentro em pouco estarei nos seus braços, porque preciso que restitua a saúde aos meus filhos".

Firmava a carta a condessa de Castro Enriquez, título completamente desconhecido para mim. O restante da carta da condessa deixava transparecer que me devia mais que a vida, porque me devia a saúde e a beleza.

Angélica, contrariada, sugeriu que a fizéssemos esperar um dia a mais, mas eu retruquei: – Nunca deixe para amanhã a oportunidade de praticar o bem. Esta mulher espera que eu devolva a saúde a seus filhos, e devo tomar conta desses desventurados o quanto antes. Se nasceram em berço dourado, nem por isso estão livres de horrível enfermidade. Ainda não os vi, mas sei que quando chegam até aqui, é sinal que estão desenganados pela ciência. Os pobres, os plebeus creem em milagres; os nobres e os ricos nem se dão ao trabalho de crer.

A condessa não se fez esperar. Ouvi o ruído de duas carruagens e apressei-me em sair ao seu encontro. De um dos carros desceu uma formosa mulher que se atirou em meus braços chorando amargamente e dizendo: – Madre! Eu vou adorá-la de joelhos; acabaram-se as minhas infâmias e as minhas traições. Olhe para mim, não me reconhece?

– Sim, Maria, eu a reconheço, e tem razão: uma mãe não pode ser infame, e se você é mãe, já está santificada, já está redimida.

E estreitei Maria nos braços, aquela mesma menina que eu tinha recolhido na infância, e que se vingou da minha indiferença entregando-me à Inquisição.

Em seguida, ela virou-se para um homem já maduro e, com humildade, apresentou-o a mim como sendo seu esposo. Era um tipo elegante e distinto. Quis ajoelhar-se e beijar-me a mão, o que não permiti. Ele, então, disse: – Madre, deixe que eu a adore, porque espero da senhora a minha glória e a minha salvação no céu. Temos três filhos pequenos que são o meu tormento e o meu desespero. Vivem doentes e espero o seu renascimento, com a sua santa ajuda.

Angélica e outras freiras tinham se apressado em tirar os meninos da outra carruagem, ajudadas por duas criadas de Maria, colocando-os sobre macios almofadões. Ao vê-los, fiquei espantada. Pobrezinhos! Não eram feios, mas eram três seres engendrados no vício. Eram como frutos podres, empestando o ambiente, apesar de cobertos com indumentária finíssima e rica em detalhes.

Olhei para os pais e disse-lhes baixo: – São muito culpados porque têm satisfeito os próprios desejos sem se lembrarem que os seus filhos teriam direito de recriminar vocês.

– Tem razão, madre – murmurou o conde com profunda tristeza –, mas, ainda que muito tarde, reparei os meus erros, dando o meu nome a Maria, ao nascer-nos o último filho. Ambos temos pecado muito, mas é tanto o nosso sofrimento que eu creio que Deus terá misericórdia de nós.

– Só nela confio. É uma santa, eu já a vi fazer milagres. Madre, tenha piedade dos meus filhos! – disse Maria em prantos.

Enquanto o conde falava, eu olhava os meninos. Parecia que estavam cobertos de lepra. Pobres crianças! Eram três pequenos monstros. Mas, quanto mais eu me inteirava daquele quadro horrível, mais segura estava de salvá-los. Assim é que disse ao pai: – Eu vou curá-los! Como farei, não sei, mas serão curados. Deixe-me agir. Quanto a vocês, podem retirar-se se quiserem, porque não faltarão ternura e cuidados aos pequenos doentes.

– Ó, minha mãe! – exclamou Maria, abraçando-me de novo –, deixe-nos permanecer ao lado dos nossos filhos... se morrerem, queremos receber o seu último beijo, e, se se salvarem, o seu primeiro sorriso.

Incumbi Angélica de atender no que fosse preciso a Maria e seu marido, e retirando-me para a minha cela pus-me a refletir. Pouco depois entrou Angélica dizendo-me com ar de criança contrariada: – Que saída ao campo, madre, que saída!...

– Sim, Angélica, sairemos ao campo da ingratidão e lá semearemos boas obras. Cumprirei um dever sagrado. A mãe desses meninos, eu desatendi na sua juventude, não lhe dei o que ela precisava, deixando-a abandonada, até que caiu no abismo da prostituição e do crime. Ela, então, para vingar-se da minha desatenção inconsciente, fez-me todo o mal que pôde e regozijou-se com meu tormento. Mais tarde, eu lhe devolvi a sua perdida beleza e hoje pede-me a salvação dos seus filhos, de cujo infortúnio também eu tenho minha parcela de culpa, por não ter velado pela mãe na juventude. Confio que vou salvar essas crianças, sei que vou conseguir, mas tenho medo, muito medo!

Recostei-me, pedindo a Deus um daqueles arroubos de fé, em que a minha vontade levantava as montanhas dos desacertos humanos, reduzindo-os a pó, libertando os escravos da horrível escravidão do erro.

No dia seguinte, dei as instruções a Angélica, que era a minha melhor auxiliar, pois me entendia só pelo olhar. E dei início à cura dos meninos.

Devo ressaltar que, ainda que meu relato pareça inverossímil, é rigorosamente exato. Não é pelo fato de escassearem pessoas dotadas de qualidades curadoras, que elas deixem de existir. Muitas existem que passam completamente desapercebidas, mas que nos levam a dizer: "como é bom estar junto de fulano ou de sicrano!" Sem se saber por que, nos tranquilizamos ao lado deles. Pois esses seres de boa influência farão, com o tempo, o que fiz, depois de muitos séculos de trabalho pela minha redenção.

Os homens nascem, não para viver isolados, mas para completar-se uns aos outros. Eu já havia entendido assim, e curar era o meu mais belo ideal. Quanto maior era o mal, mais se impunha ao meu espírito a obrigação de lutar e vencer.

Assim é que, ao entrar no aposento onde estavam os meninos enfermos e seus pais, impus silêncio e aproximei-me do mais velho, que devia ter cinco anos; quatro, o segundo, e três, o terceiro.

Coloquei as minhas mãos sobre a sua cabecinha tomada pela lepra e olhei-o fixamente. Pouco a pouco comecei a ver tudo, como que através dum véu vermelho. Meus dedos agora eram, cada um, uma fonte que deixava cair, gota a gota, um líquido amarelado e pestoso.

Horrorizei-me diante daquela experiência e ouvi que me diziam: – Cure esses infelizes! Cure-os!

Recomecei, então. O véu vermelho transformou-se em preto e minhas mãos já não destilavam a matéria putrefata gota a gota: o líquido pestoso era mais abundante! Pedi água, muita água, e fui me lavando até concluir a cura do primeiro.

Todos estavam admirados, e mais ainda eu ouvia: – Cure-os! Não tenha receio! Não se impaciente.

Pedi mais água, e com ela fui orvalhando copiosamente os pequenos enfermos.

Repousei algumas horas, que devem ter parecido séculos a Maria e a seu esposo. Então, mandei que me trouxessem três tinas, que fiz encher de água, e fui banhando, sucessivamente, cada criança. O maiorzinho dizia:

– Madre, deixe-me morrer.

– Não, filho! Está curado.

Disse isto com tal energia e convicção, que ninguém pôde conter uma exclamação de assombro.

Quando acabei de banhar os três meninos, eles pareciam outros. Pobrezinhos! Já não estavam com o aspecto horrível de antes. Tinha desaparecido a lepra e o mau cheiro. Maria olhava-me contente e aterrada, porque eu estava horrível, e tive de passar imediatamente a outro aposento onde me banhei duas vezes. Sentia um grande mal-estar.

Maria não se separava de mim e eu lhe disse: – Percebe o que se passa?

– Ai, madre! Se eu soubesse o que ia acontecer, aqui não estaria. Quero muito aos meus filhos, eles são a minha vida, mas não me julgo com direito de expô-la ao perigo do contágio.

– Nada tema, vamos todos nos salvar.

E durante três dias repeti os banhos com tanto êxito, que os meninos ficaram completamente curados.

Como eram bonitos! Não os deixei sair sem que se passasse um mês. Ao vê-los brincar e correr pelo horto, a minha alegria era indescritível. Num desses momentos em que eu os observava gratificada, ouvi uma vozinha que me dizia: – Já está contente! Como vocês são pequenos!... e nos momentos de perigo, ficam sempre receosos, vacilantes.

É verdade, eu vacilei muitas vezes e não devia, porque me adiantei ao meu tempo, realizando, sem saber, curas que até então não tinham explicação, e que a ciência mais tarde se encarregou de explicar.

Ao partir com os filhos, Maria não sabia como me demonstrar a sua imensa gratidão. Seu marido não podia falar. Abraçou-me com tal frenesi, que parecia incrível a um homem da sua idade ter tanta força nos braços.

Maria jurou-me pelo que havia de mais sagrado que me adorava como a uma mãe, como a uma santa, como à representante da Providência. Desde então, foi a minha mais fiel aliada na Terra e no espaço. A saúde dos seus filhos valeu-me o perdão da menina ofendida. Ela, em sua juventude, esperava por um afeto que eu, desatentamente, não lhe concedera. Mais tarde arrisquei-me a ficar cega, por devolver a vida aos seus filhos. Santificada pela dor e pelo martírio, Maria soube corresponder e agradecer o meu sacrifício.

Um inimigo a menos é um raio de sol na eternidade, e ela tinha sido um inimigo terrível.

Quando ficamos a sós, Angélica olhou-me e disse: – Ai, madre!...

– Não prossiga; amanhã mesmo iremos ao campo.

– E se vier alguma outra carta esta tarde?

Não abriremos; já temos direito a um dia de sol.

84. Vila dos miseráveis

Quando, no dia seguinte, passado aquele turbilhão, dei-me conta do que se tinha passado, horrorizei-me. Há crises na existência que, se não fosse a ajuda espiritual, que seria de nós! Quanto mais eu pensava nas curas que tinha realizado, mais me assolavam as dúvidas: eu era pequena ou era gigante!

Instintivamente, dirigi-me à janela do centro da minha cela, olhei o espaço e disse: – Meu Deus! Na sua magnitude, utiliza-se de átomos pequeninos para a concepção de obras titânicas, maravilhosas. Aqueles meninos tinham inoculado nas suas veias o veneno mais mortífero que se conhece na Terra, e eu destruí a sua ação, renovando aquele sangue putrefato e arrancando pela raiz aquele vírus peçonhento! De monstros disformes, fiz criaturas belas e saudáveis. Eu, meu Deus! Eu que nada sou! Eu, que desconheço por completo os princípios fundamentais da ciência médica. Eu, pelo senhor, Deus meu, fui um poderoso agente da Providência! E o que é a Providência? Uma demonstração inegável da sua divina vontade. Deus meu! Eu o adoro!... eu o adoro, porque é a verdade e a vida!

Ouvi, então, que a brisa murmurava: – É uma santa!... Uma santa!

E eu respondi com exaltação: – Não, não, eu não sou uma santa. Na natureza só há um santo, e esse é o senhor, meu Deus! Por isso eu o adoro! Como desejo estar junto do senhor!...

Respondeu-me uma das *flores do céu*:

– Basta, basta, ainda não é hora de subir tão alto.

– Tem razão, flor querida. Perdoe o meu devaneio.

– Eleve-se.

– Minha querida flor, como é bondosa! Quanto devo a você e às suas companheiras! Vocês são para mim o céu na Terra. Nunca se agastam comigo; são a imagem do amor de Deus.

E caí de joelhos, dominada pela mais doce e mais pura das emoções.

Ao ver-me ajoelhada, disse outra *flor do céu*:

– Nem tanto. Procure ter os pés no chão, a cabeça erguida e a vontade firme. Os estáticos não trabalham, e sem trabalho não pode haver vida.

E como se alguém me suspendesse, senti deslocar-me e ser deixada na poltrona.

Ali chorei muito. Aquele pranto me fez um bem enorme, equilibrando-me as forças quase sempre em desarmonia.

Nisto, entrou Angélica e disse-me com a mais terna solicitude:

– Está chorando, madre?

– Orava, minha filha.

– As flores lhe falaram?

– Falaram, sim.

– E a mim nada dizem, *florzinhas do céu*?

As flores não responderam logo, mas pouco depois uma delas disse:

– Nada lhe dizemos porque, por ora, só será permitido a você aspirar nossos aromas. Espargiram, então, todas elas, os seus delicados e variados perfumes.

– Ó, madre! Com as suas flores e as suas orações, esqueceu-se da sua promessa. Ontem disse que hoje iríamos ao campo... e não fomos ainda.

– Não se impaciente, mulher! Dê tempo ao tempo e descanso a quem precisa. Hoje eu não teria podido andar; amanhã será diferente. Prepare tudo, tome as providências para que as crianças não sintam a sua falta, e amanhã bem cedo sairemos.

Efetivamente, cumpriram-se os desejos de Angélica. Saímos ao amanhecer e ela externou as mais alegres e ruidosas manifestações de satisfação, dizendo:

– Madre! Isto sim é que é viver! Aqui não há muros como no horto do convento. Foi planejada uma prisão muito clara, alegre e espaçosa, mas uma prisão, em suma. Lá impera a monotonia, as mesmas flores, as mesmas árvores, as mesmas caras. Felizmente já temos o asilo dos pobres, mas ver somente miséria e sofrimento não é agradável.

Eu a deixava falar. Parecia um passarinho que escapa da gaiola, piando, sem saber voar. Chegamos à casa do nosso guia e encontramo-lo na porta. Ao ver-nos, saiu ao nosso encontro e disse:

– Já a esperava, madre. O coração me dizia que viria. E hoje a sua vinda me alegra mais que nunca, porque há uma surpresa na fonte.

– Uma surpresa! O que é?

– Não posso dizer. Exigiram que jurasse não revelar.

– Está bem, então não diga nada. De qualquer modo não pensava em ir hoje à fonte.

– Não, madre? Por que não?

– Hoje não pode ser.

– É que hoje estão lá pessoas que a senhora curou, e também o padre seu amigo. Graças a ele, os meus filhos já não padecerão os horrores da fome. Pelo fato de havê-lo guiado ao manancial que brotou da rocha ao toque do seu dedo, ele assegurou a manutenção de toda a minha família. Ele é boníssimo, madre! E então, não quer mesmo ir à fonte?

– Não, hoje passearemos apenas pelos corredores.

– Então, não precisa dos meus serviços? Quanto sinto, madre! Não vou poder ser útil...

– Pois não se incomode por tão pouco, porque irá conosco.

– Quer vestir-se como as mulheres do povo?

– Sim, queremos – disse Angélica –, será muito melhor.

Ela tinha razão. Entramos em casa e rapidamente mudamos de traje, ficando perfeitamente disfarçadas com aquelas roupas tão humildes. Saímos, e Angélica começou a correr como uma gazela. Nosso guia olhava-a sorrindo e eu ia pensando, preocupada com a fonte. Egoisticamente, doía-me que profanassem aquele lugar, palco de acontecimentos tão maravilhosos.

Em sua pequenez, meu espírito queria reservar só para mim aquele tesouro que, gratuitamente, tinham-me dado! Havia passado tantos anos entre os religiosos, que tinha me contagiado com suas misérias.

O guia fez então uma ponderação: – Nos lugares mais próximos não encontrará sítio que a agrade como aquele da fonte. É preciso ir mais longe para encontrar boa vegetação. Por aqui só há um riacho, que nasce aqui mesmo na região. Entre os matos da nascente a água não é muito limpa. Lá perto há algumas choças de gente tão pobre como alegre e que passa a vida a cantar e a renegar a Deus.

– Visitaremos ambos os lugares, já que estão tão perto um do outro.

Dito isso, começamos a subir riacho acima até encontrarmos a nascente descrita pelo guia. A água brotava um tanto turva. Lá nos sentamos e comemos muito. Angélica parecia uma criança faminta. Eu, sem poder evitar, estava triste, pensativa. O guia então me disse:

– Que lhe parece esta água tão turva?

– Parece-me muito boa.

– Muito boa? Uma água tão suja?!

Eu sorri e fixei a vista em Angélica, que corria e saltava como se fosse uma menininha. Tanto ela agitava-se que eu lhe disse: – Você vai cair!...

– Pois isso é o que eu procuro; quero provar emoções fortes. E creio que se caísse aqui não sentiria nada. No céu não pode haver dores e isto aqui é um céu.

Mas, como se a força dos fatos se encarregasse de dar-lhe uma lição, correu de novo, e a saia prendeu-se no mato espinhoso. Ela puxou, mas perdeu o equilíbrio e caiu de cara contra um monte de pedras. Angélica quis rir, mas ao levar as mãos ao rosto e vê-las manchadas de sangue, desandou a chorar como uma criança mimada, dizendo-me: – Ai, madre! No céu também se sofre?

– Mas por pouco tempo; creio que esta água vai curá-la!

– Suas mãos irão me curar.

– Não, não! Será esta água. Desde que cheguei eu pensei comigo: eis aqui um tesouro escondido. Veremos se me enganei.

Sem perder tempo, lavei-lhe o rosto naquela água, e como por encanto, os ferimentos e arranhões desapareceram. O nosso guia olhava-nos e dizia: – Madre! Onde a senhora estiver, o milagre é certo.

– Não, homem, não. Não há milagre; é que olho e encontro o que os demais não encontram. Desde que vi esta água assim turva, compreendi que ela era mineral e que continha substâncias aproveitáveis para curar muitos males.

– Pois eu creio que são as suas mãos, disse Angélica e... se soubesse, madre, como me doem os joelhos!... Ai, como doem!

O guia afastou-se prudentemente e eu disse a Angélica: – Eu não quero que se fanatize. Aproxime os joelhos da água e vai ver como, sem a imposição das minhas mãos, ficará curada, ou pelo menos aliviada. E assim sucedeu. Ela não tinha fratura alguma, apenas os joelhos contundidos e esfolados. Ao ver-se em tal estado, Angélica chorou amargamente. Procurei então consolá-la e fiz com que colocasse os joelhos em posição tal que a água lhes caísse em cima. Sem que eu tocasse, a água produziu o seu maravilhoso efeito. Desapareceram o inchaço e a cor arroxeada da carne, ficando unicamente uma dor leve, fácil de suportar. Rasguei depois um lenço em dois, molhei e fiz duas ataduras com as quais lhe amarrei os joelhos. Ela, então, contente, disse ao ver-se curada: – Ai, madre, como é amarga a dor! Nem mesmo no céu ela muda de sabor!

– Não, minha filha, não. A dor é sempre a mesma, porque, regra geral, é o resultado das nossas torpezas e loucuras. Sendo a origem sempre a mesma, seus efeitos têm que ser os mesmos, porque as leis da natureza são imutáveis. Vamos agora visitar essas cabanas habitadas por gente pobre e alegre.

– E o que faremos entre essa gente? Ouvir queixas e sandices?

– Não seja egoísta. Já desfrutou de uma manhã inteira, e é justo que pensemos agora nos pobres.

Pusemo-nos a caminho e ela já não corria, já não queria receber impressões fortes, como dissera antes. Pelo contrário, apoiava-se em meu braço em doce abandono.

Paramos diante de uma cabana. Com a nossa chegada veio até a porta uma mulher não muito velha, mas toda encurvada. Lançou um olhar de impertinente curiosidade e dirigiu-nos um gracejo de mau gosto. Angélica riu dos seus insultos e disse-me: – Parece um cão sentado.

A mulher irritou-se com as risadas e frases de Angélica, mas eu lhe disse:

– Acalme-se, pobre mulher! Não há motivo para tanto.

– E por que hei de me acalmar?

– Calma. Talvez eu possa consolá-la.

– Ah! Sim? Vai me dar alguma coisa?

Dei-lhe algumas moedas e ela olhou com cupidez para as muitas que me restavam.

– Por que está assim tão encurvada?

– Porque sucedeu-me uma desgraça há muito tempo atrás.

E contou-me muitas mentiras. Mas sem grande esforço ficava claro que aquela infeliz era cheia de imperfeições. Procurando suavizar a fala e lançando olhares cobiçosos à minha bolsa, disse-me em voz baixa: – Entre, entre a senhora sozinha na minha cabana e eu contarei muitas coisas que quero que só a senhora saiba. Não tenha receio, que sou a mulher mais honrada do bairro. E, maquinalmente, estendia a mão para a minha bolsa.

– Vamos, venha.

– Não vou entrar na sua cabana.

– E por quê?

– Porque ela está suja, como sujos estão o seu corpo e a sua consciência.

Ao ouvir as minhas palavras a mulher encolerizou-se e, chamando uns pequenos muito sujos e esfarrapados, disse-lhes, apontando para mim: – Essa, essa é uma bruxa! Ela me insultou.

Foi dizer estas palavras e caiu sobre mim uma chuva de pedras num repente. Então, sentindo um daqueles arrancos muito meus, exclamei: – Mulher, você me apedrejou e eu devolverei pedra por pedra. Endireite o seu corpo e olhe para o céu, porque todo esse tempo tem olhado para a terra!

E com a potência da minha vontade, aquele corpo encurvado endireitou-se e ela olhou para o céu. Deu um grito de espanto e refugiou-se na sua cabana, batendo com a cabeça no portal por ser muito baixo para o seu corpo esticado. Ouvi que lançou uma maldição e eu continuei o meu caminho, dizendo: – E dizer que este corpo é animado por uma alma!...

À medida que passávamos, as mulheres iam saindo das choças e riam ao ver-nos, porque, realmente, nós estávamos tão mal arrumadas que não parecíamos recomendáveis. E teríamos passado maus bocados se não tivéssemos levado o guia. Ele era muito conhecido delas, e só graças à sua presença pudemos passar sem ser incomodadas.

Chamou a atenção de Angélica uma jovem que dava de mamar a um menino. Com a sua franqueza habitual, exclamou inocente:

– Venha, madre! Venha ver como é belo isto. É a imagem da vida! Como deve ser bom dar de mamar a um menino!... Você lhe quer muito?

– Quero sim, pois é meu filho! É tonta esta mulher? Qual a mãe que não quer bem ao seu filho?

E a jovem olhou Angélica com um sorriso tão zombeteiro que me fez mal. Aproximei-me mais e percebi que ela estava muito enfraquecida. Disse-lhe, então: – É verdade que, quando dá de mamar ao seu filho, apesar de lhe querer muito, doem o seu peito e as costas?

A jovem olhou-me receosa e disse: – Como sabe disso?

– A sua pobreza me diz. Não é verdade que é muito pobre? Mas é tão pobre como boa!

– É verdade. Nunca fiz mal a ninguém, casei-me por paixão e temos sobra de amor e falta de trabalho. Meu marido é muito infeliz. Por mais que procure, não encontra trabalho.

– Pois agora vai encontrar, porque o seu filho necessita de mais alimento. E é lastimável que se prejudique a criação de um menino que promete muito. Eu farei que deem trabalho ao seu marido, e o seu filho prosperará. Merece viver porque valerá muito.

– É o que eu digo – disse uma velhinha.

– Esta mulher sabe tudo – replicou uma moça toda esfarrapada. – Será uma bruxa?

– Não sou bruxa, mas tenho um talismã.

Foi dizer isso e todos me rodearam, porque todos queriam saber que males tinham. Adiantou-se um velho muito engraçado e disse-me a sorrir:

– E eu, que mal tenho?

– Uma vida trabalhosa e um vício persistente, que o enfraquece e faz dobrar os seus joelhos – apoiei, então, minhas mãos nos joelhos do ancião. Ele me olhou, ficou muito sério e disse:

– Perdoe-me, sou muito incrédulo. Mas agora creio e posso jurar que, realmente, possui poderes mágicos, porque sinto-me mais forte. E deu alguns passos ligeiros.

Nosso guia não estava tranquilo entre aquela gente, tanto que, sem pensar, acercou-se de mim e disse:

– Mãe, já é muito tarde, temos de ir.

Aquele homem despertou a curiosidade geral. Pela sua idade, não podia ser meu filho, e muitos disseram:

– Mãe... madre... que madre será esta?

A jovem do menino aproximou-se e disse-me humildemente: – Já suspeitava que a senhora não era uma mulher do povo. Não esqueça, madre, que quando dou de mamar ao meu filhinho, minha boca enche-se de sangue.

Pobrezinha!... dissimuladamente, dei-lhe muitas moedas, repartindo as restantes entre os que pareceram mais necessitados, e pusemo-nos em marcha.

Ao passarmos pela cabana da mulher que eu tinha curado, ela apareceu dizendo, ameaçadora: – Você me pôs direita, mas, com boas palavras, me chamou de ladra. Eu saberei quem é você. Se pensa que me fez um bem, não lhe agradeço, porque eu vivia muito bem a olhar para o chão. Saberei quem é e há de se lembrar de mim.

Angélica ficou assustada e eu lhe disse: – Tenha pena dessa infeliz. É muito desgraçada. Quer maior desgraça, do que preferir a vida das toupeiras ao voo das águias? Essa mulher, que hoje pode olhar para o céu e que prefere o lodo da terra, está condenando a ela própria às galés do sofrimento durante séculos.

Chegamos à casa do guia e pedi-lhe albergue por aquela noite. A sua família ficou exultante e tudo lhes parecia pouco para nos obsequiar. Recebi muito contente as suas demonstrações de carinho e consideração. O guia repetia que nunca nem sonhara com a honra de nos hospedar.

Angélica estava tão alegre entre aquela boa gente, rodeada de quatro crianças cada qual mais carinhosa, que me dizia:

– Ó, madre! Como estou arrependida de ser freira! Qualquer outra mulher é mais feliz do que nós. Como é bom estar aqui!

– Está bem, pense agora em descansar, que amanhã bem cedo voltaremos para o convento. Vamos recolher dinheiro e outros objetos e voltaremos a visitar as cabanas. Lá temos muito que fazer, e hoje não fizemos senão começar.

85. Religião verdadeira

Antes de o dia amanhecer pusemo-nos a caminho. Chegamos ao convento tão cedo, que a comunidade ainda dormia. Tomei bastante dinheiro em ouro e em cobre e demos meia-volta. Angélica ia muito contente. Ao ver-se fora do convento desapareciam quaisquer preocupações. Pobrezinha! Como estava arrependida de ser freira!

O mesmo guia nos acompanhava, e ia preocupado. Compreendi que a sua contrariedade devia-se ao fato de voltarmos ao lugar das cabanas. Ao indagar sobre o assunto, ele respondeu com ingenuidade:

– É verdade, madre, por que negar? Por que ir até lá? Ontem apedrejaram-na e hoje não sei o que acontecerá conosco, nem o que eu terei de fazer, porque lá há gente muito má.

Angélica estava a favor dele e, animada pelas suas palavras, disse-me resolutamente: – Eu saio para me divertir e não para sofrer.

– Há tempo para tudo.

– Se quiser, madre, iremos a outro lugar, de gente que não seja tão má como esta e que também é muito pobre – acrescentou o guia.

– Vamos primeiro concluir a obra começada. Hoje, que vamos com os nossos próprios trajes, talvez não nos apedrejem.

Angélica e o guia olharam-se como a dizer: temos de obedecer. E pusemo-nos em marcha. Os dois iam tão entretidos, conversando animadamente, que andavam e falavam sem se preocupar comigo. Enquanto isso, eu ia refletindo no desconhecido e ouvi a voz de sempre, que me dizia:

– Esse, esse é que é o trabalho proveitoso. Já devia ter feito isso há mais tempo. Mas vamos, nunca é tarde.

– E haverá muito que fazer?

– Não se preocupe. Tem feito tantas boas obras! No local que vai pode fazer um bem imenso.

– É bom saber. Sinto-me alegre com isso. E... você gosta muito de mim?

– Alguma coisa a mais do que se gosta na Terra.

– E quando deixarei este mundo?

– Não me faça semelhante pergunta.

– É que estou farta, muito cansada de estar aqui.

– Bom preparo para fazer obras de misericórdia!...

– É que estou só, muito só. Sinto uma tristeza imensa e o vazio aumenta em torno de mim. Todos os meus parentes e amigos estão indo...

Chegamos às cabanas. Angélica e o guia detiveram-se. Senti muito frio. Julguei que o meu amigo invisível tinha se separado de mim. Mas, de novo, ouvi a sua voz doce, que me disse: – Nada receie; não está só.

Estas palavras animaram-me. Eu, Angélica e o guia andamos até encontrar uma pequena praça, onde havia assentos bem toscos de pedra. Ali nos sentamos para descansar.

Minha companheira e o guia continuaram conversando, e eu pensava na eternidade da vida, dizendo para mim: – Se nada mais houvesse para as almas, além do que constatamos aqui na Terra, como seria triste viver!... a vida, então, seria o pior dos castigos, o suplício mais horrível, a crueldade sem limites posta em ação, a negação do amor supremo! E em Deus não pode haver negações.

Os habitantes das choças paupérrimas foram abrindo as portas. O despertar daqueles infelizes era repulsivo. As crianças pareciam enxame de moscas, umas choramingando, outras xingando e algumas rindo de forma grosseira. Parecia que as graças da infância tinham sido negadas àquelas pobres criaturas. Infelizes que eram! O que traz o abandono, a miséria, a falta de asseio!... Os meninos, o que há de mais belo na natureza, ali pareciam todos feios! Pobrezinhos! E alguns deles não eram feios; por trás da sujeira percebiam-se feições agradáveis. Mas estavam tão sujos!... Cheiravam tão mal! A uma légua de distância se percebia que eles fugiam da água como da peste. Um deles, mais atrevido, aproximou-se de mim, beijou-me a mão com timidez e depois atirou-se ao chão e rolou com impressionante agilidade, vindo depois cobrar-me o preço da sua demonstração. Queria dinheiro.

– Aproxime-se mais – eu disse.

– Não, estou muito sujo e posso manchar o seu manto.

– Não importa.

– Mas não me dá dinheiro?

– Não, meu filho, eu não dou nada.

Angélica tomou-lhe a mão e deu-lhe uma moeda de cobre. A partir daí logo se familiarizaram, e ele disse: – Você é melhor, você dá alguma coisa. Ela, não. E fazendo um gesto gracioso, retirou-se dando piruetas.

Atrás dele, vieram todos os meninos da vila e todos pediam dinheiro. Angélica seguia distribuindo moedas de cobre. Como nem todas eram iguais, ela recomendava ao que recebia a de maior valor que a trocasse em menores e as distribuísse pelos demais, por questão de justiça.

Mas aqueles meninos, em se tratando de dinheiro, já não eram crianças. Eram homens viciosos, pidões e mercenários. Roubavam-se uns aos outros com destreza, habilidade de ladrões consumados. Os despojados, porém, não se contentaram com o papel de vítimas e logo as pedras voaram pelos ares. Nisso, um deles caiu ferido, o que fez com que sua mãe saísse, dizendo: – Malditas freiras, a que vieram elas?... fora daqui!

Aos gritos da mulher, apareceram diversos homens, todos munidos de paus e facas, e armou-se tal barafunda que ninguém se entendia. Vários deles insultaram-nos, mas a prudente distância. Parecia que uma barreira invisível os separava de nós. E nosso guia os admoestava:

– Por que não respeitam estas pessoas? Vocês não sabem o bem que elas poderão fazer por vocês?

Nisto, apareceu a mulher que, no dia anterior, havia me atirado pedras, como recompensa por ter-lhe endireitado o corpo. Olhou-me irada e disse-me: – Hoje não sairá daqui, pois veio promover agitação com seu dinheiro miserável.

Nada respondi, porque senti em torno de mim algo inexplicável. Parecia que brisas suaves refrescavam-me a fronte. Homens e mulheres começaram a retirar-se para as suas choças, e a minha inimiga foi ficando como que petrificada, dizendo-me com voz que não parecia a sua: – Maldita! Maldita seja!...

– Por que me amaldiçoa? É porque endireitei você?

– Sim, maldita! Por ter-me posto direita! Eu vivia muito bem olhando para o solo. E agora, desde que passei a olhar para cima, os maus espíritos me perseguem.

– Quer que eles se afastem de você?

– Quero.

– Pois prepare-se. Nada de mal vai acontecer a você, mas por enquanto vai emudecer e ficar de pé sem poder se sentar.

Ato contínuo, aquela mulher furiosa emudeceu e ficou imóvel, com seu semblante de assombro.

Naquele momento surgiu um grupo de homens velhos que, embora sujos e mal vestidos, pareciam mais decentes, em particular um deles, que era o representante da autoridade daquele vilarejo. O homem saudou-me com rispidez e me disse:

– Suplico a vossas mercês que se retirem para que não se repitam esses distúrbios, que a nada de bom conduzem.

– Pois devo dizer ao representante da justiça que não tivemos a menor intenção de promover desordem, muito pelo contrário. E tanto é que o meu único objetivo ao vir aqui foi distribuir dinheiro. Como prova, a minha bolsa, que aqui está – e entreguei a ele.

Fácil perceber que o pobre homem ficou deslumbrado ao ver reluzindo tantas moedas de ouro; desejou ardentemente ficar com o dinheiro:

– Mas, madre! Para repartir é necessário trocar este dinheiro. Se não for assim, haverá novas disputas e desgraça maior. Melhor que eu o guarde até que se tenha oportunidade de trocá-lo por prata miúda. Aí, então, repartirei o dinheiro.

– Isso não pode ser, porque quero que hoje mesmo ele seja repartido. E, olhando para o guia, disse-lhe: – Vá trocar este dinheiro.

– Mas... sozinho, madre?

– Sim, só. Tem medo?

– Medo, não, madre; mas... tem certeza que tornarei a vê-la?

– Voltará são e salvo, porque terá quem o acompanhe.

O guia olhou-me com ar de dúvida. Cinco ou seis velhos foram atrás dele em passo acelerado. Quando os perdi de vista, tive medo e murmurei: – Meu Deus! Que imprudente eu sou! E se o matarem? Neste instante, ouvi a voz querida que me dizia: – Não tenha receio, voltará são e salvo.

Ante aquela afirmativa tranquilizei-me e voltei-me para a mulher que tinha emudecido e que parecia uma estátua de pedra. Os meninos e alguns rapazolas dirigiam-lhe pilhérias e eu, fazendo uso da minha vontade, sem dizer-lhes uma só palavra, fui apartando-os daquela infeliz. Angélica, impaciente e contrariada, disse-me: – Madre, não se lembra que não almoçamos ainda? Estou com fome.

Algumas mulheres apressaram-se em lhe oferecer as suas pobres viandas, que ela aceitou com certa repugnância. Eu nada comi, na verdade. De nada necessitava.

De repente, ouviram-se gritos desesperados. Era uma pobre mãe que levava nos braços um menino ferido por uma pedrada. Parou na minha frente e disse: – O meu filho está morrendo!

– Se morrer, enterre-o e vá cuidar dos outros – disse o representante da autoridade.

Fiz sinal à pobre mulher para que se aproximasse mais. Ela assim fez e vi que o menino tinha uma ferida grande na cabeça. Quando tirei uma porção de trapos, o sangue brotou em abundância. Pedi água e lavei-lhe a ferida. Ia jogar mais do precioso líquido, quando ouvi a voz amiga, que me dizia: – Não lhe ponha mais água. Poderia matá-lo. Imponha a sua mão e a ferida se fechará. Aproximei dele a mão e senti como se os estilhaços dos ossos se juntassem. A ferida fechou e ainda não sei explicar como pude realizar aquela cura prodigiosa, pois parecia impossível que aquela enorme fenda pudesse fechar-se somente com a imposição da mão, ainda que Jesus tirasse minha mão e pusesse a sua.

O menino ficou como morto e a mesma voz ordenou: – Desperte-o.

Despertei-o e ele sorriu. Pobrezinho!

Disse, então, à sua mãe: – Quer deixar que o seu filho repouse nos meus joelhos?

– Sim, madre! O meu filho é seu.

Coloquei-o sobre os joelhos e beijei-o na fronte e na boca. O menino reanimou-se, tentou levantar-se, mas ficou sentadinho, olhando-me com muito carinho.

– Pobrezinho! Feriram você porque queria moedas?

– Sim, por isso mesmo, porque peguei uma moeda pequenina.

– Pois eu lhe darei, não uma, mas duas.

– Vai me dar duas?

Apoiei de novo as mãos sobre a sua cabecinha e disse: – Que fique fechada de vez a sua ferida.

E o menino saltou ao solo. Dei-lhe as moedas e ele abraçou-se à sua mãe, gritando alegre: – Já tenho duas moedas! Duas!...

A mãe ficou perplexa. Não conseguiu nem sequer agradecer-me.

Nem é preciso dizer que, com a cura obtida, acudiram todos os feridos. Já ninguém nos maldizia. Aproximou-se um dos feridos, a quem eu disse: – Em você não aplicarei água; somente vou lhe impor as mãos.

– E assim curará a ferida? – e riu-se tolamente.

– Sim, com certeza. E a ferida cerrou-se totalmente!

Eu estava maravilhada, nunca havia produzido tais milagres.

A mulher que tinha ficado imóvel começou a dar sinais de vida, e disse com voz muito rouca:

– Estamos fartos de ficar aqui, e esta mulher logo vai rolar pelo chão.

– Não vai.

– Vai rolar, sim, porque somos os reis do inferno.

– Não há reis no inferno. Vocês mentem como velhacos. São unicamente maus espíritos, vítimas da sua ignorância.

– Que sejamos maus espíritos. E para nos entretermos vamos jogá-la ao solo – e levantaram o corpo da mulher no ar.

– Pois bem, se ela quiser eu vou afastá-los, mas se ela não quiser, então não. Incontinente senti-me tomada por uma força superior e exclamei com firmeza: – Basta! Basta já! Eu quero que esta mulher fique livre de vocês e livre ela ficará!

Os espíritos, ao levantarem o seu corpo, tinham a intenção jogá-la de grande altura. Mas a minha vontade venceu a deles e, lentamente, o corpo foi descendo, descendo, e sem traumas, a mulher ficou estendida no chão como massa inerte. Contemplei-a por um momento e exclamei com energia singular: – Está livre! Nunca mais os maus espíritos vão dominá-la.

Pus as mãos em sua cabeça e a infeliz despertou chorando. Olhou-me, assombrada, e disse-me:

– Venho do inferno, e graças à senhora estarei no céu. Tenho sede, muita sede! Dê-me água, muita água, mas quero bebê-la da sua própria mão.

Dei-lhe água tal como ela quis, e ao apoiar os seus lábios na concha das minhas mãos, parecia que brasas acesas me queimavam. Bebeu até acalmar a sua sede ardente. E vômitos violentos concluíram a sua cura.

Infeliz! Parecia mentira que num corpo tão frágil coubesse tanta imundície. Pediu mais água e vomitou de novo. Ao sentir-se curada quis me beijar as mãos, mas eu a estreitei nos braços. Pobre mulher! Parecia outra!

O representante da autoridade disse-me muito admirado: – Madre, é uma mulher muito boa. Tem forças humanas e outras que não sei se são de Deus ou do diabo.

– Acredita que minhas obras não são de Deus, quando difundo a saúde e a vida?

– Bem, se são de Deus, e Ele deve querer a todos os seus filhos por igual, não poderei também fazer o que a senhora faz?

– Poderá, quando não ambicionar as bolsas cheias de ouro.

– Como sabe?...

– Seus olhos me disseram.

– Eu lhe prometo que, de hoje em diante, serei bom.

Chegou uma mulher muito pobre e disse-me: – Venha comigo. Tenho um filho que está morrendo. Faça mais um milagre.

Angélica olhou-me receosa e disse: – Não vá, madre.

– Espere-me aqui – e fui com a pobre mulher.

Chegamos à sua cabana, que era a pior de todas. No fundo, sobre palhas apodrecidas, estava um menino que cheirava mal. Compreendi que ali dentro nada faríamos de bom e pedi que trouxessem o menino até a porta da casa.

Diversas mulheres se ofereceram para conduzi-lo. Por fim colocaram-no sobre umas mantas e outros trapos limpos.

O menino parecia estar em decomposição! Quando o vi à luz do dia fiquei horrorizada: era um esqueleto putrefato. Olhei-o, ele também me olhou e os seus olhos pediram-me tudo, dizendo-me, além disso: – Tire-me desse sofrimento!

– Quer curar-se, meu filho?

– Quero, sim.

Continuei olhando para ele. Ele também me olhava com toda a sua alma. Comecei a ministrar-lhe fluido de forma bem suave. O menino murmurava: – Ai! Ai! Dê-me mais! Dê-me mais!

– Basta, basta por hora.

– É que ainda não estou curado.

– Já sei, meu filho.

– Olhe-me, madre, olhe para mim! Assim! Assim!

E o menino olhava-me sem pestanejar.

Por fim ouvi a voz do céu a me dizer:

– Dê-lhe a sua energia, dê-lhe o seu alento.

Estranho mal tinha o menino, tanto que ao aproximar as minhas mãos de seu corpinho, elas ficaram como quando curei os filhos de Maria. Mas não me assustei. Continuei agindo, somente sacudindo as mãos. Delas brotava um líquido pestilento, enquanto ele me dizia: – Ó, madre! Agora sim, estou ficando bom!

Continuei o trabalho de cura até que as minhas mãos deixaram de expelir aquele líquido sanguinolento. O menino deu gritos de alegria e repentinamente as mãos ficaram limpas.

Quem as teria limpado, não sei, mas foi o que vi admirada.

– O que está sentindo, meu menino?

– A vida, madre! A vida!

Quis retirar-me e o menino desandou a chorar desconsoladamente, implorando que não me fosse.

– Voltarei.

– Não voltará, eu sei. Quem irá vê-la serei eu. Diga-me onde mora.

Não tive remédio senão indicar-lhe a casa do guia, para que este o conduzisse ao convento. O menino beijou-me agradecido, dizendo-me: – Se não tornasse a ver os seus olhos, eu morreria!

Separei-me daquele inocente, deveras emocionada. Aqueles olhos... eles me recordavam alguma coisa...

Ao voltar à pequena praça, todos os meninos me rodearam. Queriam tocar-me o manto como se eu fosse uma santa.

Já escurecia quando chegaram o guia e seus acompanhantes com o dinheiro. Notei que ele vinha muito satisfeito.

– Madre, viemos muito bem acompanhados. Encontramos uns forasteiros que ninguém conhecia, a não ser um que me parece já ter visto em sonhos. É um homem altivo. Cumprimentamos os homens e eles nos saudaram sem falar. Seguiram pelo mesmo caminho nosso e desapareceram ao chegar aqui. É extraordinário!...

Passamos a repartir o dinheiro; todos receberam a mesma quantia. Ouvia-se um murmúrio geral de satisfação. Sem dúvida, muitos deles nunca tinham tido tanto dinheiro...

Sem que ninguém pedisse, providenciaram archotes para nos iluminar o caminho. Acompanharam-nos por muito tempo e, ao separarmo-nos, choveram bênçãos sobre nós. Até a rocha dura se comove ao receber um beijo de amor!

Angélica, ao tempo em que caminhava, confidenciava ao guia: – Que obstinação tem a boa madre! Empregamos bem o dia, mas para fazer estas caminhadas, prefiro não sair do convento.

Eu, então, disse: – Angélica, não seja egoísta. O tempo deve ser repartido com todos, para que seja bem aproveitado. Amanhã cedo voltaremos ao convento e lá farei você ver que as verdadeiras religiões só cumprem com a lei de Deus fazendo boas obras.

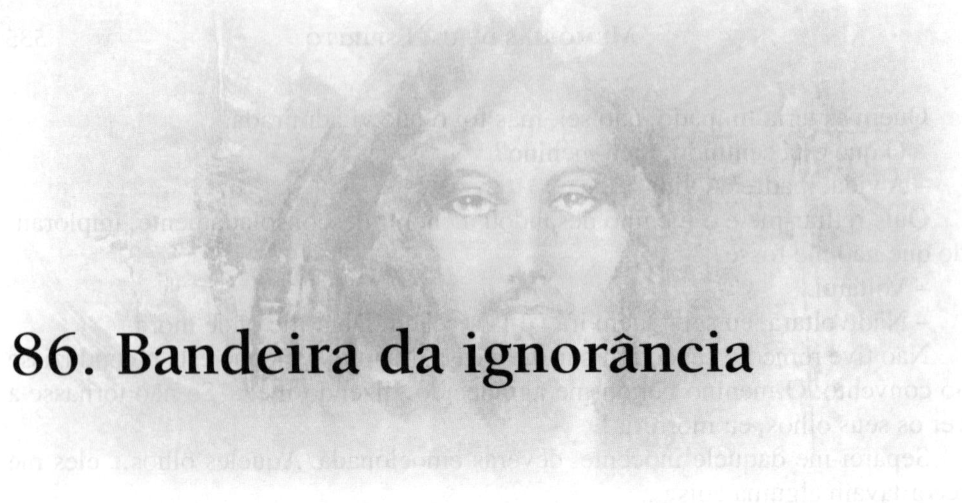

86. Bandeira da ignorância

Na manhã seguinte retornamos ao nosso convento. Eu precisava descansar. Angélica havia dormido a noite anterior, eu não. Assim é que, ao entrar na minha cela, disse-lhe: – Hoje não recebo ninguém; quero estar completamente só. Se não for ao refeitório, não me chame. Angélica olhou-me surpreendida, beijou-me a mão com veneração e saiu fechando a porta de mansinho. Compreendia-me admiravelmente e percebia que eu queria entregar-me à meditação.

Quando me vi só, deixei-me cair em minha cadeira. Pensei muito nos fatos do dia anterior, pois embora já estivesse acostumada a produzir o que chamavam milagres, não me preocupavam tanto as curas efetuadas nem tampouco os insultos que tinha recebido. Tinham me apedrejado!... e acho até que aqueles homens que me ameaçavam de longe com seus facões teriam me assassinado! Que horror! Sentia uma dor profunda na alma. Que lugar maldito era a Terra! Lugar de maus religiosos perseguindo os que querem implantar a verdadeira religião. Lugar de pessoas que se aviltam pelo ouro, pela cobiça. Lugar de pessoas que não reconhecem o valor dos raios do sol, que é o melhor ouro que Deus dá aos seus filhos. Lugar onde se mata sem piedade por uma miserável moeda. Mais parece que estamos vivendo entre feras famintas e não entre seres inteligentes. Quanto deve ter sofrido, meu Deus, quando esteve na Terra!... Ouvi, então, que uma voz do céu me dizia: – Que diz, insensata? Deus encarnado na Terra?! Que loucura! É ignorar por completo o Ser Supremo!

– Tem razão, que bobagem! Deus não pode descer à Terra, mas um outro ser muito bom, sim.

– Muito bom? E quem é muito bom?

– Não sei, mas eu não me julgo má. Serei, quem sabe, uma selvagem bem intencionada?

– Isso, isso, uma selvagem bem intencionada – repetiram muitas vozes.

– Serei o que quiserem, mas a vida me aborrece. Quisera que o meu corpo fosse fogo, fosse água e que se desfizesse.

– Vê como se manifesta a *besta*? Fica alterada porque a chamam de *selvagem*!

– Eu, meu Deus, tenho a impressão que ascendi. Tenho estado entre trabalhadores e lá não me chamam de *besta* nem de *selvagem*.

Ouvi, então, outra voz muito clara dizer-me: – Basta, basta. Até quando durará isto? Você quer ser grande?

– Sim, quero ser grande.

– Pois, então, por que se espanta?

– Senhor, eu quero ser grande, preciso passar por cima de mim mesma.

– Pois passe.

E olhei o meu corpo. Estava fosforescente.

– Venha – disse a voz.

Parecia que tudo estava derretendo em minha cela. E me encontrei em um mar de fogo, mas aquele fogo não queimava.

Eu estava aflita. Cheguei até a janela do centro e ouvi as *flores do céu*: – Não se mova. Para ir não precisa se mover.

Caí na minha poltrona, ou seja, meu corpo caiu, porque o meu espírito correu, fugiu, voou. E vi-me em meio a um imenso globo azul. Via céu por toda a parte, não havia *alto* nem *baixo*, tudo era uma luz azulada.

– Onde estou? – perguntei assombrada.

– Sossegue – disse a mesma voz.

Fixei a vista e disseram-me: – Não olhe, que os seus olhos estão longe daqui. Sossegue, acalme-se, tranquilize-se. Eu estava no espaço, cercada de variadas auréolas multicores, ouvindo em uníssono a voz de milhares de criaturas: – Dê-me o seu amor! Dê-me a seiva da vida! Dê-me a saúde! – e vi uma mulher jovem que eu conhecera apresentar-me seu filhinho e dizer-me angustiada: – Salve-me! Salve-me!...

– Está salva! – disse-lhe eu com autoridade tal que me admirei de mim mesma. No momento, a multidão que me rodeava fazia um ruído ensurdecedor impossível de descrever. E as minhas mãos distribuíam mananciais de vida. Quanto mais energia vitalizante e curadora distribuía, mais seres acudiam, até que, não sabendo a quem atender primeiro, agitei as mãos em todas as direções e disse: – Para todos! Para todos! – e refleti: – Meu Deus! Poderei ser útil a todos?

– Pode sim – disse a voz do céu. – Para todos será o seu amor, sua abnegação, seu martírio, seu progresso até a sua ascensão aos céus.

E desapareceu tudo. Estava agora sentada à minha mesa, continuando a ouvir, como para que não duvidasse do que se tinha passado: – "A todos! A todos!..."

– Está consciente de que fez um compromisso? – disse uma *flor do céu*.

– Oh! sim! Comprometi-me e disse o que não devia.

– Não se compreende a ascensão da alma sem a prática do bem.

– E *a besta* e *a selvagem*, já não a preocupam? – replicou outra florzinha.

– Não, creio que a alma foi criada para ser inteligente e saber cada vez mais. Sempre mais. Obrigada, *flores do céu*, companheiras da minha vida. Benditas sejam!...

Fui me acalmando. E o dia foi se acabando. Quando Angélica chegou, não pôde conter um grito de admiração: minha cela estava cheia de listas luminosas enlaçadas umas às outras, formando esmeradas figuras.

– Madre! – exclamou ela –, já está em glória?!

– Não sei, minha filha. Só sei dizer que hoje foi um dia de jejum para o meu corpo e de fartura para a minha alma.

Naquela noite, embora meu corpo descansasse, meu espírito continuou ouvindo cânticos místicos, cantares obscenos, rezas, gritos, blasfêmias, maldições, que só eu sei!... Crianças abandonadas seguiam-me por toda a parte, chamando minha atenção um menino todo esfarrapado, a quem eu disse: – Não quero que sofra!... – e o infeliz transformou-se em um anjo sorridente.

Acordei tranquila, com o corpo ágil e saudando o Sol e minhas flores, que me ofertavam seus mais delicados perfumes. Chamei Angélica. Ela abriu os olhos, olhou-me, mas tornou a cerrá-los, dizendo: – Ai, madre! Eu estava tão bem!

– Sonhava com os anjos?

– Não, madre, sonhava com um homem jovem e belo. Eu estava sentada no seu colo e ele me beijava com afã.

– Cale-se! Cale-se! Isso são loucuras da carne.

– Pois essas loucuras, madre, preocupam-me cada dia mais. Como é triste viver sem beijos de amor!

Beijei-a na fronte e ela me disse: – Seu beijo é o de uma mãe... Graças, minha mãe!... Mas não é o beijo de um amante.

– Está louca?

– Não, madre, não estou louca, mas arrependida de ser freira. E digo francamente: se me aparecesse o homem que vi esta noite, iria com ele, madre, iria com ele. Ah! Se ele viesse!...

Fiquei muito preocupada com as palavras de Angélica. Naquele dia não a deixei um instante. Ajudei-a em todos os seus afazeres, passando em revista todo o asilo. Ela, percebendo minha intenção de distraí-la, disse-me: – Ai, madre! Como hoje queima o coração! Só agora compreendo como o seu também deve ter queimado! Pobre coração!... deve ter ficado triturado, convertido em cinzas.

– É verdade, minha filha, mas assim como os vulcões, aparentemente extintos sob a camada de cinzas, conservam em seu cerne o fogo central, também o coração da mulher honrada conserva o fogo dos seus amores sob as cinzas dos desenganos e das exigências sociais.

Naquela tarde quis estar presente à hora das crianças se recolherem. Angélica era a encarregada desse mister. Fazia com que trocassem de roupas, beijava-as carinhosamente e, com os seus alvos dedos, traçava uma cruz na testa de cada um. Era tão boa que tanto beijava os sãos como os enfermos, estes com mais ternura. Era um anjo!

Havia um menino que tinha uns olhos divinos! Eram grandes, negros e rasgados. O seu olhar parecia o de um filósofo. Não pude deixar de fixar o olhar nele e dei-lhe um beijo na testa, dizendo: – Durma bem.

– Sim, madre. Esta noite dormirei melhor, porque a senhora me olhou. Esta noite voarei melhor.

– Você voa?

– Sim, o meu espírito voa, e vou à casa que era de meus pais antes de morrerem. E fico com eles e eles me dizem: – Volte ao seu corpo e ame muito as santas mulheres que recolheram você, porque elas são muito boas. E minha mãe vem comigo e passeamos os dois no convento. Já vi a senhora, madre superiora, fora do seu corpo e perguntei à minha mãe: – O que é isto? Essa freira tem dois corpos? – e minha mãe respondeu: – Não, o que você vê é o seu espírito, assim como vê o meu. Esta noite, madre, dormirei melhor, porque fui premiado com o seu olhar. E adormeceu, dizendo: – Até logo, madre, até logo.

– Madre, este menino vai morrer? – perguntou Angélica.

– Não, não vai morrer. É que irá muito longe. Nós também podemos ir com ele.

– Eu não, quero sonhar com o homem que vi a noite passada.

– Não, esta noite você vai com o menino e comigo. Iremos os três juntos. Já vai ver.

Angélica deitou-se à hora de costume e me disse sobressaltada: – O menino está aqui!

– Pois esse menino é o homem dos seus sonhos. E ouvi a sua voz que me dizia: – Não adormece, madre? Vamos aproveitar o tempo.

– Não se impaciente que o tempo é um relógio que não atrasa nem adianta. Deus é o seu relojoeiro e todas as suas obras são perfeitas.

Comecei a arrumar os meus papéis, mas tive que deixar a tarefa de lado; uma mão invisível mudava-os de lugar... Observei algum tempo as estrelas e deitei-me. Adormeci, passando a ver Angélica e o menino, que a acariciava.

– Eu não quero estas carícias – dizia ela.

Subitamente, senti impulsos de olhá-la fixamente e ela tornou-se menina. E as duas crianças se beijavam com a maior ternura; pareciam irmãos. Até que foram envolvidos por uma nuvem e eu ouvi que ele dizia: – Eu serei a sua esperança, o seu amor, e responderei aos anseios da sua alma. Seus votos irão quebrar-se quando morrer a superiora. Serei um filósofo, então.

Quis afastar-me, mas o menino deteve-me, dizendo: – Não, não. Precisamos estar juntos os três esta noite – e discorreu admiravelmente sobre filosofia e os mistérios religiosos.

Angélica ouvia-o extasiada, aproximando-se dele mais e mais, enquanto ele dizia: – Assim, assim, alma minha, quero-a assim, muito junto a mim. Serei a sua esperança, a sua felicidade. Por você vim à Terra, por seus amores. Eu é que recolherei o seu último suspiro, e para mim serão todos os seus desejos divinos e humanos.

Nuvens brancas envolveram os dois espíritos até que despertei com uma paz indizível.

Depois daquela noite, Angélica voltou ao seu estado normal. Não pensava senão nos seus meninos e nos seus enfermos.

O padre meu amigo visitava-me diariamente. Como a sua visita era por obrigação, não lhe satisfazia. Devia obediência e isso o humilhava. Para não mortificá-lo, procurava afastar-me, ou então falava-lhe da comunidade, pondo-o a par de tudo.

Angélica, a cada dia, queria mais ao menino dos olhos de fogo. Beijava-o com paixão e dizia-me: – Madre! Eu enlouqueço! Ele me pede um beijo e eu lhe dou cem.

– Cuidado, cuidado com os seus exageros, para não despertar ciúmes nos outros.

– Não tenha receio. Todos os meninos querem tanto bem a ele... Ele diz-lhes umas coisas!... parece um homem, e um homem muito sábio!

Notei que Angélica nunca mais me falou em saídas. Eu, sim, toquei no assunto e então ela disse: – Só se pudéssemos ir à fonte e levá-lo.

– Seria cometer uma injustiça. Ou saem todos ou não sai nenhum.

– É verdade, tem razão. Pois que saiam todos, os sãos e os doentes que puderem andar. Talvez, bebendo daquela água, fiquem bons.

– Devemos aconselhar-nos com o nosso amigo.

Este chegou mal-humorado. Angélica falou-lhe do passeio que seria feito em procissão, com toda a comunidade. Ele, porém, irritou-se e disse:

– Que loucura! A comunidade não pode sair daqui.

– Pois sairemos, a superiora e eu.

– A superiora, sim, se lhe aprouver. Você, não!

– Realmente, a sua religião tem mangas largas para uns e estreitas para outros...

– Vamos, padre – disse eu –, venha conosco, para que os meninos possam também ir à fonte. Vamos orar no monte.

– Mas qual o motivo desta saída? Lá não há nenhuma imagem que se possa adorar... Se fôssemos colocar uma pedra...

– Pode-se ir benzer aquele manancial – disse Angélica, resoluta.

– Mas se ele já está bento! Se lá se operou um verdadeiro milagre! Não pôs o dedo na rocha, e a água brotou?

– Não vejo nisso nenhum milagre.

– Tem razão. A água brotou porque era chegado o tempo para tal. Nisto os homens creem, mas não deve ser assim com o padre. E olhando Angélica como os homens olham as mulheres a quem amam, disse-lhe comovido: – Vamos fazer a procissão, benzer a água. Que os meninos saiam, já que assim desejam.

Quando um homem quer, realiza verdadeiros milagres. Ele fez prodígios e, em pouco tempo, organizou-se uma verdadeira peregrinação em que iam representadas todas as classes sociais: músicos religiosos, músicos populares, coros de meninas e de meninos, bailarinos típicos, que sei eu... Era uma romaria poética, e todas as crianças levavam ramos de flores nas mãos.

Toda a comunidade acompanhou. Só que as freiras, só se viam os seus olhos! Pobres mulheres! Angélica dizia: – Oh! madre! Como é bonito! Que movimento! Que vida!... mas eu me afogo aqui dentro deste capuz. Estamos parecendo espectros saídos do túmulo.

– Cale-se! Cale-se! – dizia eu –, agora vamos até o fim.

Celebrou-se a missa na mesma pedra de onde brotava a água, e um dos melhores oradores daquela época – não o padre meu amigo, mas outro de renome – fez um sermão alusivo ao manancial. Nunca havia visto orador sagrado dizer tantos disparates. Que tormento! Em seu entusiasmo exclamou: "Esta água é a fonte única que o próprio Deus pôs no mundo, e nenhum homem esgotará este manancial. Poderá Deus, em sua cólera divina, destruir a própria Terra, mas sobre os seus escombros cairão eternamente as gotas cristalinas desta água milagrosa".

E como se os fatos quisessem desmentir as palavras do padre, a água começou a diminuir visivelmente. A espuma branca que se formava ao bater da água contra as pedras desapareceu. E num instante a água apenas gotejava por entre as ervas aderidas à rocha.

Na verdade, aquilo acontecia periodicamente. Ninguém havia ainda observado o fenômeno, já que aquele lugar era pouco frequentado. Coincidentemente pareceu uma reação da natureza à mentira religiosa, aproveitando a oportunidade ímpar.

Não é possível descrever o tumulto que aquele fato gerou. Mais uma vez, ali, a ignorância do povo hasteou a sua bandeira vitoriosa. Foi dito até que o diabo tinha destruído a obra de Deus, e que ele tinha triunfado porque freiras hereges tinham-no ajudado com suas invocações. E o resultado foram mulheres desmaiadas, meninos atropelados, homens contundidos, feridos e alguns mortos! Que final desastroso! Todos corriam como loucos fugindo do diabo, e aquele lugar aprazível e tranquilo, onde eu tinha visto o amor dos meus amores, mostrou-se ao vulgo como maldito, onde o diabo tivesse dito a Deus: "Eu posso mais do que você!..." Quantos absurdos! Quantas barbaridades!... Religiosos atrozes! Eram os que faziam e diziam mais disparates.

Chegamos ao convento dispersas, maltratadas. Angélica estava desesperada porque muitos meninos tinham desaparecido. O padre meu amigo, irritadíssimo, disse-me: – O que fez?

– Eu! Pobre de mim, nada sei. Volte amanhã e falaremos.

Angélica, ao deitar-se, disse: – Madre, eu estou aterrada! Que passeio! E se a água não brotar mais? Se isso acontecer, vão nos perseguir como hereges. Hoje, isso quer dizer que não escaparemos da fogueira.

No dia seguinte, disse-me uma *flor do céu*: – Não faça mais procissões.

– E não jorrará mais a água?

– A água foi dada a você para que dela fizesse uma caudal de vida, estudando as suas propriedades, fazendo experiências para ver quando seria mais útil a sua aplicação; se quando brotava, buscando a altura, ou quando descia, correndo por entre as plantas tenras, recolhia delas substâncias benéficas; ou se aplicando as próprias plantinhas por ela regadas sobre os tumores endurecidos ou julgados incuráveis, surtiria efeitos desejáveis e positivos. A água foi dada a você para auxiliá-la nas suas curas, e não para aumentar as mentiras religiosas.

– Mas vai continuar brotando?

– Continua e vai continuar brotando.

Nisto, chegou o padre. Estava muito abatido. Deixou-se cair na poltrona e pude, então, lhe dizer: – Que tem a dizer?

– Nem me fale! Ontem estávamos todos loucos. A água não cessou de correr. O guarda daquele lugar, que é um homem incapaz de mentir, jurou-me que ela está jorrando, às vezes em borbotões, subindo a grande altura, e outras vezes caindo suavemente, fecundando as trepadeiras que cada dia estão mais viçosas.

Angélica chegou e apressou-se em dizer: – Que dia o de ontem! Tenho agora mais meninos doentes! Que religião a sua! Que religião!... De que serve ela se não sabe evitar os tumultos?

– Cuidado com o que diz. Está se tornando muito insolente.

Angélica saiu chorando, e ele disse fora de si: – Ainda vou aplacar o orgulho dessa mulher.

87. Visões reconfortantes

Fiquei a sós com o padre meu amigo, e falamos longamente sobre o sucedido na fonte que chamavam milagrosa. Ele estava muito expansivo e aconselhou-me quanto à linha de conduta que devia adotar, concluindo:

– Eu não quero prejudicá-la e não a amo. É preciso que sejamos claros para que nos entendamos melhor. Não a amo, não posso amá-la. Em compensação, venero-a com tão profundo respeito que a minha veneração pode confundir-se com a adoração dos crentes por seus santos preferidos. Para mim é algo que já não pertence a este mundo, e por isso os meus conselhos só podem ser puros e desinteressados. Digo-lhe, pois: – Não se alvoroce, fique tranquila, dedique-se a escrever o que quiser e do modo que lhe aprouver, porque ninguém mais vai censurar os seus escritos, nem profanará os seus segredos. A época da perseguição passou. Registre seus pensamentos, tantos quantos brotarem em sua mente. E deixe de lado as suas escandalosas saídas. Não abandone as paredes do seu convento, porque aqui tem tudo o que precisa para uma vida tranquila e confortável. E se quiser sair, participe-me antes.

Naquele momento eu o escutava com muito interesse, mas, ao mesmo tempo, com amargura, porque havia tanta hipocrisia nos seus conselhos!... tanta, que não pude deixar de lhe dizer:

– Falemos claro: a liberdade que me concede para escrever é completamente inútil para mim. Sei tão bem quanto você que, quando eu morrer, a Igreja inutilizará todos os meus escritos. Das minhas poesias, das minhas orações, das minhas lamentações, não restará nem a mais leve sombra. Por esta razão não tenho mais vontade de escrever. Para quê? Sei que a mesquinhez do dogmatismo religioso profanará as expansões da minha alma, e sei que vou perder um tempo precioso que posso empregar em algo mais útil para a humanidade e para mim! Por isso não quero mais escrever. Está me impedindo que saia, mas ao fazê-lo demonstra que não me conhece deveras. Já não o amo, mas preciso do seu talento, das suas energias. O que não quero, o que detesto, é a capa de hipocrisia religiosa que o envolve.

Quer impedir-me que saia e eu renego uma religião que tudo coíbe, que corta todas as asas, que converte todos os seres pensantes em autômatos. Não me conhece, não! Quer que mantenha a luz debaixo do alqueire! É dos que não querem seguir os conselhos de Jesus, o grande entre os grandes, o herói de todos os heróis, enquanto nós – que vergonha! – somos menores que os pigmeus. Sim, meu amigo, estamos nos comportando como que *mortos do espírito*. Quanto mais me dizem *fique quieta*, mais se avivam, mais crescem as minhas paixões intelectuais. Penso nos que choram e lembro-me das palavras de Jesus: *Bem-aventurados os que choram porque deles será o reino dos céus*. E eu, unindo o meu pensamento ao de Jesus, digo: – Bem-aventurados os que se compadecem de quem chora, porque deles será o reino da gratidão. Sinto-me atraída pelos que choram. Disse-me que quando quisesse sair lhe pedisse conselho, e eu lhe digo que sairei seja qual for o conselho. Sairei quando queira, porque quando saio, enxugo muitas lágrimas, e para fazer o bem não é preciso pedir conselho a ninguém. O que é preciso é procurar o caminho mais curto para chegarmos mais depressa ao lugar onde gemem as vítimas da miséria e da dor.

– Você não me compreende. Julga que sou como os demais religiosos.

– Não, não julgo! Sei bem que vale mais que todos eles juntos, mas, no seu egoísmo, não esparge a sua luz, porque não faz todo o bem que poderia.

– Isso é o que você não sabe. Pois fique sabendo que faço muitas obras de caridade. Faço-as, porém, em silêncio e não ao som de trombetas. Tenho meus pobres, meus protegidos, e pode acreditar que eles estão muito contentes comigo.

– Isso não basta! A história o julgará muito favoravelmente, porque é um luminar da Igreja romana. Não será de estranhar que até o façam santo. Mas quando se for deste mundo, olhará para si com horror, porque então entenderá que fez o bem na proporção de um grão de mostarda diante da miséria que assola a Terra. Faz falta o alarde produzido pelo mártir; o bem espargido aos quatro ventos é muito mais útil que o que se prodigaliza na sombra. O bom exemplo que se dá é outro bem que se faz sem o menor sacrifício. Ser modelo do amor universal numa humanidade em que se vende e que se desonra por um prato de lentilhas, é fazer obra verdadeiramente humanitária. É bater à porta dos corações empedernidos, despertando sentimentos que dormem nas trevas do egoísmo. Provavelmente, também a mim chamarão santa, e a Igreja transformará minha existência numa história mentirosa. A minha suposta santidade, porém, será mais útil que a sua. As gerações tornar-se-ão devotas das minhas ideias. As mulheres, especialmente, irão fanatizar-se com a minha história e, seja como for, entre abundantes mentiras e escassas verdades, eu serei útil à humanidade, porque terei causado muito ruído. E entre tantos seres curados e aliviados por mim, alguns haverá que irão lembrar-se de mim eternamente. Quanto a você, nem agora nem depois será útil aos seus semelhantes, e, com o correr dos séculos, vai me dizer: – Por que não me guiou melhor? E eu lhe direi então o que estou lhe dizendo agora: que nunca se pode convencer quem julga saber de tudo. Um ignorante de boa-fé escuta; um sábio pretensioso faz-se surdo, e não há pior surdo do que aquele que não quer ouvir.

– Vamos encerrar por aqui, pois vejo que não nos vamos entender. Ficarei com o meu silêncio e continuarei fazendo o bem da forma mais oculta possível.

– Pois eu continuarei fazendo o maior alarde possível. Abrirei as portas do meu convento a todos os enfermos, a todos os aleijados, a todos os que tiverem fome e sede de justiça.

– E será capaz disso?

– Pode estar certo. Para mim a inércia é a morte, e eu tenho obrigação de conservar a minha vida até para que Deus disponha dela. Por acaso é algum crime desejar viver praticando o bem?

Meu amigo levantou-se, olhou-me com amargura e saiu da cela. Acompanhei-o até à porta do convento e ainda lhe disse: – Não me guarde rancor, não se esqueça que começo a querê-lo como as mães aos seus filhos.

Ao ouvir minhas últimas palavras, ele deixou correr duas grossas lágrimas. Inclinou-se e saiu cambaleando. O vulcão da sua mente fazia mal ao seu corpo. Nunca vi reunidas em um homem só tantas irradiações de luz e tantas sombras ao mesmo tempo.

Voltei para a minha cela e interroguei-me vacilante: – Terei sido imprudente? Não, não me arrependo. O bem deve ser como um furacão de luz, que se deixa sentir por toda parte. O bem em silêncio não é bem completo. Dizem que eu quero a popularidade. É verdade, quero, não para minha glória, mas para a daqueles que puderem alcançar-me e seguir-me os passos. Quero fazer muito bem por mim mesma e, em consequência, pelos meus semelhantes. Quero ver rostos agradecidos, porque o sorriso do agradecimento é o sorriso de Deus. Semear o bem é dar sequência à Sua obra. É evidente que, se não se morre nunca, Deus não nos deu a vida para permanecermos sempre no primitivismo do mal. Não! Os céus de que nos falam as religiões não devem ser senão a fraternidade, fazer o bem pelo próprio bem; amar hoje mais do que ontem e amanhã mais do que hoje, e sempre mais! Quanto mais amarmos, mais vamos encontrar na natureza novas fontes de vida, não só neste pequenino mundo, mas em todo o universo.

Senti um ruído naquele momento, como que o ribombar de um trovão muito longe. Eis que surge, no fundo de minha cela, o amor dos meus amores, deslumbrante de formosura, mas de formosura humana. Parecia um homem de carne e osso, envolto numa larga túnica. Fiquei maravilhada de vê-lo tão humanamente belo, com os seus olhos grandes rasgados, sua ampla fronte, com os seus cabelos louros. Seu nariz era perfeito, sua boca sorridente, e sedosa a sua barba abundante. Suas mãos eram brancas e transparentes e os dedos pareciam folhas de açucenas. Não me cansava olhar para ele. Disse-lhe, então:

– Como está formoso, senhor! Quem dera vê-lo sempre assim! Sempre!...

Aquela belíssima figura adiantou-se e aproximou-se até apoiar a mão no respaldo de minha cadeira, dizendo: – Não me olhe com olhos humanos. Olhe-me de outra maneira, como deve olhar-me.

Ao dizer estas palavras ficou envolto numa espécie de nuvem esbranquiçada e luminosa, mas tão sutil, tão tênue, que permitia-me ver o seu corpo inteiro. Mas já não era o homem de carne e osso, era o habitante dos céus, com os seus olhos divinos, seu rosto admirável, com seu sorriso celestial.

Olhou-me com a maior doçura e prosseguiu: – Você se excede quando diz que não pode resistir à hipocrisia religiosa. Sua alma está e deve continuar acima dessas coisas. Venho dar-lhe uma boa notícia. Não me separarei mais de você.

– Morrerei logo, senhor?

– Não, não morrerá ainda. Quer subir ao calvário e a ele subirá. O seu martírio não será como o meu. Eu semeei o que os homens ainda não quiseram colher. Você também vai semear, já que quer subir ao calvário. Acha que já está nele?

– Não sei, senhor, só sei que estou sofrendo.

– Se se queixar, não é boa discípula, porque quer colher o que ainda não semeou. Não pleiteie que os dias cheguem antes do tempo, porque a impaciência de desejos injustos não apressa o resplendor da aurora nem a sombra do ocaso. Breve ver-se-á respeitada, não adorada.

– Ah! Senhor! É esse o meu sonho, mas aqui vivo tão só!... Não me amam! Não me amam!...

– Queixa-se de que não a amam! Por acaso sabe você o que é o amor?... Amor é aquilo que se pratica na eternidade, a reunião de todas as qualidades sublimes do espírito. Quando está comigo, crê que eu seja o amor dos seus amores, e quanto mais avançar, menos vai me querer como agora, e mais me amará na essência do meu ser.

– Mas o amor espiritual não liga as criaturas?

– Deixe de lado moldes estreitos de ver as coisas. O amor é como o conjunto dos sóis. Assim como estes irradiam eternamente no universo, também o amor irradiará, a seu tempo, em todas as almas.

– Não o entendo, senhor, não o entendo.

– Ainda vai entender-me.

E, lentamente, a figura fluídica foi se desfazendo, mas o meu quarto ficou cheio de belíssimos arcos luminosos, formando como que um pequeno templo, em cujo centro estava eu sentada na cadeira junto à minha mesa.

– Senhor! Senhor! – murmurei – não me deixe! Sinto-me tão pequena!...

– É assim mesmo. Quanto menor se vir, mais se engrandecerá.

Maquinalmente, levantei-me e aproximei-me da janela do centro onde estavam as *flores do céu*. Mais viçosas que nunca, elas exalavam os mais penetrantes perfumes. As avezinhas que se aninhavam nas árvores em derredor revoluteavam e cantavam ruidosamente diante da minha janela. Aves e flores, tudo dizia: Vida! Grandeza! Amor!... Ouvi, então, uma voz muito sonora que me disse com amorosa compaixão: – Sente-se pequenina, mas breve crescerá.

88. Devassando o impalpável

Aqueles momentos reanimaram-me de tal maneira que senti-me tão forte e corajosa como nos melhores dias da minha juventude. Posteriormente, vim a saber que o que me dava vida e novo alento era o fluido de outras almas que, do espaço, velavam por mim, e tão de perto que, pode-se dizer, habitavam comigo. Assim, na minha cela, tudo vibrava, tudo se movia. Os móveis oscilavam sem fazer o menor ruído. Elevavam-se até o teto e tornavam a cair sem produzir barulho algum. Os objetos que eu tinha sobre a mesa pareciam dançar. Angélica, que observava aqueles continuados fenômenos, dizia-me com certo temor:

– Que lhe parece tudo isto, madre?

– Não compreendo, sei tanto como você. Só sei dizer que acho-me bem disposta, cheia de vida. Com esse vigor, eu seria capaz de levantar o mundo. Não sei, realmente, o que se passa, mas posso dizer que nasci de novo e que o meu corpo já não pesa como antes.

Durante muitos dias, meu amigo padre só passava às pressas, para saber como eu estava passando. Fugia de mim a olhos vistos. Ocorreu-me, então, fazê-lo dormir, já que me evitava sem motivo aparente. Um dia, em que ele se preparava para deixar o convento, pedi que se demorasse um pouco mais, que eu precisava lhe falar de assuntos importantes. Ele sentou-se visivelmente contrariado e disse-me muito secamente: – Muito bem, o que tem a dizer-me?

Comecei por pedir a sua opinião sobre o ensino que estava sendo ministrado aos meninos no asilo. Ele me olhava muito aborrecido, como a dizer-me: – Logo a mim que você pergunta? Por acaso desço eu a coisas tão insignificantes?

Percebia que ele estava muito aborrecido, mas não fiz caso de sua impaciência e, com toda minha força de vontade, fiz com que adormecesse. E por que eu tinha tanto interesse em fazê-lo dormir? Para falar-lhe do meu amor? Não, eu não queria amá-lo, mas queria que me falasse adormecido. Queria sondar de novo aquela mente onde germinavam tão desencontrados pensamentos, desde os mais sublimes até os mais vulgares, desde os mais puros aos mais grosseiros.

Ao adormecer, o seu semblante perdeu a expressão de desgosto que tinha ao sentar-se. Seu rosto adquiriu de novo aquela suave expressão de majestade e um sorriso leve aflorou-lhe aos lábios e ficou calmo. Eu queria que ele fosse o primeiro a falar, e, obedecendo docilmente à minha vontade, disse-me com voz muito pausada:

– Que quer?

– Queria ler no fundo dessa alma, para ver se ela está disposta a ir ao céu ou ao inferno.

– Para que me fala de céus e infernos se sabe que não há céu maior que uma alma sem remorsos, nem inferno maior que a consumação de um crime?

– Por que foge de mim? Em que eu o ofendi?

– Eu lhe digo. Estou desgostoso de você, quer como homem, quer como padre, e tenho motivos para isso. Em compensação, como alma, não estou. Como alma quisera ir com você.

– Trabalhe para conseguir.

– Não consigo, não sei o que fazer. Vendo-a na condição de alma, você é adorável. Farão de você uma santa. Sinto, porque essa santidade será uma cadeia que a fará sofrer.

– Já sei que assim será, e ainda que a Igreja não quisesse, o povo assim faria, porque santas são todas as almas que cumprem com seus deveres, e eu sempre procurei cumprir com os meus. Por outro lado, a santidade não será uma cadeia de sofrimento, porque a maior cadeia para uma alma é o orgulho, e não sou orgulhosa.

– É verdade, em você o orgulho não tem tido guarida, e é por isso que você levanta as almas e revoluciona a humanidade.

– Não, eu não levanto senão arroubos de tosca gratidão. Amanhã serei adorada, porque o vulgo não sabe senão levantar ídolos para sua eterna desgraça. E desse embrutecimento, quem tem culpa?...

– Quem tem?

– Vocês, os maus sacerdotes, que não seguem a religião do Cristo. Que, ao contrário, empregam recursos menos dignos, como a mentira, a luxúria e todos os vícios que degradam o homem.

– Está me cansando o corpo com um sono tão prolongado.

– Está mentindo. Seu corpo está tranquilo. Olhe para mim.

– Está bem.

– Que observa em mim?

– Uma força ilimitada. Sua vontade é tão potente que você tudo pode.

– Então também posso mandá-lo aonde eu quiser.

– Não, não! Não me separe do meu corpo.

– Não tem coragem? Onde está, então, a sua sabedoria? A miséria em que vive agrada-lhe?

– Por Deus! Desperte-me.

– Vou despertá-lo, não se preocupe. Mas eu o quero mais espiritual, com mais sede do infinito. Como tem medo de se separar da sua Igreja!... Em compensação, a mim não me assustam nem todas as religiões juntas.

– Você já se assustou. Lembre-se do medo que já sentiu das fogueiras da Santa Inquisição.

Naquele momento, Angélica entrou e eu achei que a presença dela ia nos atrapalhar. Mas pensei bem e mudei de ideia, mandando-a sentar. Apontei para o padre e disse: – Que lhe parece?

– Vejo que ele dorme. Acho que já fez da suas.

– Quer dormir como ele?

– Não, madre, não!

– Gostará de descansar, vai ver.

Apoiei a minha mão na sua fronte. Ela lançou um profundo suspiro e adormeceu, mas com sono intranquilo. Obedecendo às minhas ordens, seu corpo agitado ficou imóvel e relativamente calmo, dizendo-me em tom de carinhosa repreensão:

– Madre, como pôde?!

– Está sofrendo, porventura?

– Não, madre, não. Quem sofre é o capelão. Desperte-o.

– Não sofre, não. A propósito, não se preocupe com o que se passa aqui. Quero que deixe o seu corpo.

– Mas, madre, não quero morrer!

– Eu também não quero isso, mas afrouxe um pouco os laços que prendem sua alma ao corpo. Não vai se desprender totalmente. Verá o seu corpo como se visse a roupa que vai vestir ou que usa quando está desperta.

– Não fale mais. Já entendi. Como estou me sentindo bem, madre! Como!

– Poderia separar-se sem deixar de ver o seu corpo e transladar-se à fonte que chama milagrosa?

– Não preciso mover-me daqui, madre. Vejo tudo!

– Pois contemple as choças onde estivemos ultimamente e observe o menino que curei, à porta da sua casa.

– Aquele menino não está lá.

– E onde está, então?

– Bem perto daqui.

– Muito perto?

– Sim, perto do convento.

– E quais foram os resultados da nossa visita?

– Oh! madre! Aquelas pessoas são como vermes!... O dinheiro que lhes deu tem sido motivo para novas rixas entre eles. Roubam-se uns aos outros, ferindo sem piedade. São piores e mais daninhos do que irracionais! Parece incrível que sejam filhos de Deus.

– Não os insulte. Deus é justo em suas obras.

– Não nego isso, madre, mas... são tão deprimentes as cenas que vi!...

– Não olhe mais para esses desventurados. Afaste-se um pouco, só um pouquinho, e diga-me o que está vendo.

– Lamento que ainda esteja aí na Terra, madre. Lamento muito.

– Onde está você, então?

– Em outro mundo, e estou muito bem! Como me olham! Aqui ninguém briga, ninguém discute. Olham-me como se fosse um ser muito especial. Aqui o trabalho e a solicitude são as leis maiores. Não sabem o que é cansaço, nem aborrecimento.

– Então esse lugar é o céu.

– Não, o céu é criação das religiões. Os habitantes deste lugar me dizem que não existe céu, mas sim mundos de várias categorias onde as almas buscam aperfeiçoar-se.

– Quem me dera voar também! – disse o padre.

– Voe com ela. Quem o impede?

– Minha inferioridade. Nem posso ir com ela, nem você. Somos três átomos que nunca vamos poder nos ligar. Cada um de nós segue por caminho diferente. Na Terra pertencemos os três à mesma Igreja, mas nossas almas estão tão distantes umas das outras, que jamais poderão trabalhar juntas. Quero despertar, já dormi bastante.

– Os dois vão despertar, recordando o que quiserem recordar.

– Recordarei alguma coisa que me sirva de estudo – disse o padre.

– Pois eu não quero recordar nada – disse Angélica –, porque morreria de medo, e não quero morrer.

Ambos despertaram, olhando-me com visível contrariedade. Ele saudou-me rapidamente e retirou-se, pretextando ocupações urgentes. Ela, mais franca, mais sincera, disse-me com ar grave: – Madre, não faça de novo o que fez hoje.

– Pois você deve levar em conta que a alma não deve contentar-se apenas com a vida na Terra. Precisa ascender e relacionar-se com outros seres que habitam os espaços.

– Deixemos isso para quando chegar a hora. Não sinto ainda essa necessidade de buscar o que não vejo.

Desde aquele dia, Angélica começou a olhar-me com medo, a ponto de não entrar mais em minha cela senão à hora de deitar-se, quando me dizia: – Vejo aqui o meu anjo de guarda.

Na realidade, estava mentindo, dominada pelo medo. E como aquela situação ia se tornando crítica, certa noite decidi falar-lhe com toda a seriedade: – Não tenha receio. Não vou fazê-la dormir mais; seu espírito não quer voar, não se parece com o meu. Quisera ter em você a minha continuadora, mas vejo que não quer me seguir. Ouça, não vou mais molestá-la. Durma tranquila e não fuja de mim. Volte à sua calma habitual. Como o tempo é eterno, amanhã você mesma vai procurar o que hoje repele.

Meu amigo padre também começou a ter medo de mim. Não queria permanecer ao meu lado em hipótese alguma. Fiquei então convencida de que nenhum dos dois queria ser meu discípulo. Pensei em procurar na comunidade alguma outra mulher que me seguisse os passos, porque me parecia um crime que tanta luz, tanta vida, tanta grandeza que minha alma vislumbrava se apagasse comigo, na cripta de um templo. E que só restasse de mim a farsa, a mentira, o exagero, a parte ridícula, a santidade grotesca, o absurdo... Era inadmissível! Eu queria iniciar alguém nos meus segredos, nas minhas aspirações, nas minhas vidências, nos meus diálogos com Jesus, em tudo que é grande, maravilhoso, em tudo de divino que me rodeava. Queria fazer luz, muita luz!... E como o avaro buscando ansioso a sua moeda de ouro perdida, assim eu ia, olhando para cada uma das pobres mulheres que me cercavam. Pobrezinhas! Nenhuma queria voar! Bastava vê-las e ouvi-las para me convencer que olhara em vão.

Foi quando fixei-me numa jovem quase menina recolhida pela comunidade. Achava-se disposta a seguir o caminho que eu indicava. Experimentei imensa alegria!... Refugiei-me em minha cela para agradecer a Deus. Ao lá entrar, achei-a completamente iluminada! Sobre um fundo luminoso vi uma taça madrepérola, sobre a qual estavam grafadas as seguintes palavras: – "É chegada a hora. Deve deixar neste mundo uma sucessora digna de você. Deus é justo, e você saberá cumprir as Suas leis".

89. Almas enfermas

Passados mais alguns dias, Angélica recobrou sua tranquilidade habitual. Deixou de ter medo de mim e, à noite, ao deitar-se, olhava para mim como se eu fosse, realmente, a sua protetora e dizia: – Como é boa, madre! Que energia para praticar o bem! Até sinto por não ter permitido me fazer dormir, para seguir suas pegadas no espaço.

– Pois não se preocupe em me seguir no *além*. A mim me basta e dou-me por satisfeita que me siga *aqui*. E devo adverti-la pela centésima vez: nunca mais a farei dormir.

Angélica, quando estava em harmonia consigo mesma, era uma das mulheres mais ativas que jamais conheci. Nunca se cansava no seu intenso trabalho. Era a alma do asilo, e por isso passávamos quase o dia inteiro sem nos vermos, só nos reunindo para comer e dormir. Eu, de minha parte, aproveitava o tempo para escrever. Bem sabia que meus escritos eram réus condenados à morte horrorosa, queimados ou esquartejados, mas... gostava tanto de escrever! Sentia-me feliz quando me sentava à minha mesa, pegava papel e pena, transformando a tinta escura em figuras luminosas que cruzavam a Terra, anunciando dias de redenção ao povo.

Como Deus é bom, dizia eu sumamente comovida. Deus me dá a pena com que posso voar. Dá-me papel e tinta com que eu traço a carta geográfica do universo, carta em que estudam as almas que me cercam. Eu não escrevo para os terrenos, não, escrevo para as almas e passo-lhes a essência do pensamento. As almas me falam, alentam-me, compreendem-me. Por isso, eu falo com elas. Quanto bem pode-se fazer com uma pena, papel e tinta, manejados com amor e boa vontade!

E eu escrevia com verdadeiro prazer. Era feliz escrevendo.

Certa manhã senti-me tão bem que disse entusiasmada: – Como é bom a gente ter a consciência tranquila! Desde a última vez que vi o amor dos meus amores, estou radiante, mas na Terra ninguém tem direito de ser feliz, havendo tantos seres em desgraça. A felicidade, nesse caso, passa ser sinônimo de egoísmo, e não quero ser egoísta. E estou aqui para lutar, vibrar, sofrer, lutar sem trégua nem descanso. Ouvi então uma voz que me dizia:

– Não se impaciente, mulher, não se impaciente. Você procura aflição; breve a terá. Aflição e sofrimento são plantas trepadeiras que se enlaçam nos muros dos palácios e se enredam nas paredes débeis das cabanas dos pobres.

– E quem é você que me fala assim?

– Não importa quem eu seja. Sou aquele que pode.

– Seja mais explícito.

– Sou a representação do tempo, da história, do trabalho, da luta e da inteligência universal.

– Mas não é um ser terreno?

– Não, não sou.

– Não é você a alma dos meus amores?

– Como são pobres os seus amores!

– Pobres! Quando amo a Jesus?!...

– Sim, pobres, porque ama a Jesus unicamente porque é formoso, porque o vê com todos os atrativos e encantos humanos e divinos. O amor das almas é outra coisa. Amar a um só é muito pouco; é o mínimo que se pode fazer, quando há tantas e tantas almas esperando por um beijo de amor. Pedia há pouco novas desgraças. Pois prepare-se para novas campanhas, para batalhas e lutas onde será sua a vitória. Não me separo de você; dou-lhe alento e vida para que prodigalize entre os necessitados. Não posso separar-me de você porque sou a imagem do amor universal, e não deve mais pecar amando a um só ser. É preciso amar aos bons, porque merecem, e também aos maus, porque necessitam da medicina do amor.

Ainda ressoava em meus ouvidos a voz do ser invisível, quando entrou Angélica em minha cela, dizendo-me, ofegante: – Madre! Temos o convento rodeado por homens armados, mas que vêm com bandeira branca, escoltando vários carros. São damas e cavalheiros que chegam para vê-la e pedir-lhe a saúde.

– Querem muito, mas será feito o que Deus permitir. Leve-os até a sala capitular, que já vou até lá.

Sem perder um momento, sem preparar meu espírito com uma prece que fosse, dirigi-me àquela dependência do convento. Lá encontrei damas e cortesãos palacianos, presididos, se assim se pode dizer, por um ancião muito respeitável. Lembrei-me de já tê-lo visto na casa de meu protetor, bem como a maioria de seus acompanhantes.

Logo que entrei, o ancião veio ao meu encontro e beijou-me a mão. Os outros repetiram o seu gesto, ao que acedi como se o corpo não me pertencesse. Sentei-me, então. Olhei a todos e, não me lembrando mais do que Angélica tinha me dito, perguntei a mim mesma com estranheza: – Que quererão eles?

O ancião, como que lendo o meu pensamento, disse de forma cortês:

– Vimos conhecê-la porque a fama das suas virtudes é universal. Estamos em busca da cura, porque todos estamos enfermos.

Eu o escutava em silêncio, pois ele continuou esbanjando elogios, e embora eu fosse contrária a elogios imerecidos, naquele dia parecia que não era eu mesma, pois deixei-o falar sem dar-me ao trabalho de desmenti-lo. O ancião, um tanto impaciente, sem dúvida, pelo meu obstinado silêncio, destacou bem as seguintes palavras: – Madre, leve em consideração que viemos curar o corpo e a alma.

– Devem partir do princípio, meu senhor, de que eu não dou saúde a ninguém, mas se têm desejo de curar-se, quem sabe vou curá-los e será a fé de vocês todos o principal fator dessa cura.

– Não, não será a nossa fé. Será a imposição das suas mãos.

– É que minhas mãos nem sempre dão saúde.

– Pois eu quero que me imponha as mãos – e quis ajoelhar-se.

– Meu senhor, não se ajoelhe, a não ser diante de Deus.

E pondo minhas mãos nos seus ombros, desci-as levemente até as costas e disse-lhe: – Olhe para mim como um pai olha sua filha.

O ancião olhou-me com toda a ternura, e em seus olhos já quase sem brilho reluziu a vida, exclamando alvoroçado: – Sinto um calor inexplicável, apesar de estar sempre a morrer de frio. Você me dá vida! Sinto-me rejuvenescido! Bendita seja!...

– Entenda, não sou eu que lhe devolve a juventude. É a sua vontade sã que o cura.

O ancião, mais ágil e animado, dirigiu-se a uma dama altiva e formosa, a quem falou em segredo. Ela aproximou-se de mim, desdenhosa a princípio, mas por fim dirigiu-se humilde a mim: – Estou enferma do peito.

– Está mais enferma da alma.

– Da alma?!

– Sim, da alma. Mas experimentemos; não se perde por experimentar.

Coloquei a mão direita sobre o seu coração e ela saltou como uma pantera ferida. E foi com ar de desprezo que ela disse: – Não quero que me cure.

Suas duas filhas apressaram-se a dizer-me, em voz baixa, marcada pela angústia: – Por piedade, madre! Por piedade, cure nossa mãe. Não se pode viver junto dela, e se não a curar, vamos morrer todas de dor e aflição ao mesmo tempo.

– Pobres meninas! Vocês também estão enfermas e eu vou curá-las, porque é fácil curar anjos. Só com a minha vontade já rompi as malhas da rede que as envolvia. Benditas sejam em nome de Deus!

As jovens, sem se conter, choraram, riram, abraçaram-se com entusiasmo. Estreitaram-me também num abraço comovido, repetindo em meu ouvido: – Por piedade, cure nossa mãe!...

Eu, então, olhei a altiva dama e disse-lhe em tom de ordem: – Durma até que eu a desperte.

Ela foi adormecendo, mesmo contra a vontade, e eu insisti: – Durma! Tem a alma muito enferma. É preciso que durma.

Ela fez esforço para levantar-se, mas não pôde, até que um sono tranquilo dissipou-lhe a dura expressão do semblante. Sua boca pequena entreabriu-se e ela suspirou docemente. Suas filhas, admiradas, sentaram-se junto dela e, pelo movimento dos seus lábios rosados, compreendi que oravam. Eram dois anjos, aquelas formosas meninas, ou antes, eram duas santas... santas e mártires.

Todos foram me relatando suas dores e a todos fui curando sem o menor esforço. Não sentia o peso do meu próprio corpo e, quando impunha as mãos em algum doente, sentia-me mais leve ainda.

Chegou Angélica e, como a porta da sala estava encostada, perguntou:

– Madre, posso entrar?

– Não entre.

– É que já é muito tarde da noite e ainda não se alimentou.

– Não há noite para a alma que trabalha.

E passei o resto da noite a curar os irmãos enfermos.

Ninguém sentiu fome. Havia naquele recinto uma atmosfera tranquila e refrigerante e alguns adormeceram em suas cadeiras. Eu não dormi, velando por todos, até que amanheceu. A aurora estendeu o seu manto de nuvens avermelhadas e eu chamei a todos: – Meus irmãos, despertem, que um nascer do sol é um sorriso de Deus! Movam-se! Despertem para a vida e bendigam a misericórdia de Deus!

E acercando-me da dama altiva que dormira, disse-lhe: – Viu o nascer do sol?

– Sim, vi – e rompeu a chorar amargamente.

– Quer ver outro nascer do sol?

– Quero, sim.

– Pois mude sua conduta.

– Faça com que todos se retirem. Vou me confessar com você.

– Não, confesse a Deus, no retiro do seu aposento. Ele é o único confessor em quem se deve confiar.

– Nossa mãe ficará curada? – perguntaram as meninas.

– Não, minhas filhas, não de todo. Sejam para ela anjos de amor.

– Tem-nos feito sofrer tanto!

– Eu sei, minhas filhas, sei até que tem batido em vocês. Tenham pena dela, que a mãe que maltrata os filhos está longe de reconhecer a grandeza e o amor de Deus.

E dirigindo-me à dama, disse-lhe: – Quer despertar?

– Não, não quero. Estou muito bem assim.

– Pois eu vou despertá-la e fazê-la mudar de rumo.

– Não é possível.

– É, porque eu quero. Não tem o direito de ser a desgraça de suas filhas.

– Pois que morram! Se você soubesse o que essas filhas representam!...

– Senhores – disse eu –, estão todos curados, exceto esta senhora, porque a sua alma não quer. Desperte, mulher, e desperte com um sorriso doce nos lábios.

Ela abriu os olhos, sorriu e, voltando-se para mim, disse: – Onde dormi?

– Aqui, senhora. Aqui passamos toda a noite. Não se esqueça nunca do nascer do sol que viu hoje. Agora, vão alimentar-se. Serão servidas pelas nossas companheiras que atenderão a todos de bom grado. E amanhã vão beber a água da fonte milagrosa, a água da vida.

Saí da sala, dei as instruções necessárias a Angélica e retirei-me para a minha cela, onde me deixei cair na cadeira. Ali permaneci completamente alheia a tudo, até que entrou Angélica chorando amargamente por julgar-se preterida pelo fato de eu não haver permitido a sua entrada na sala capitular. Abracei-a, beijando-a e acariciando-a como a uma criança, e disse-lhe:

– Não chore mais. Lembre-se que, quando estou trabalhando, sou eu e não sou eu quem age. Quando recebo tantos mananciais de energia e de vida, não posso distrair-me, não posso romper a rede que me envolve. Poderia morrer no mesmo instante! Você não pode compreender o estado da minha alma e do meu corpo nesses momentos. Este não me pesa, não o sinto. Parece que estou suspensa no ar, que os meus pés não têm o menor ponto de apoio. Não sinto nenhuma necessidade orgânica, a sede não me atormenta e a fome não me perturba. E já que tantos bens me são concedidos, quero espalhá-los a mancheias. Quando me vir praticando o bem, deixe-me, porque o bem é o maná que Deus envia às almas. E o salvador de um náufrago não precisa naqueles momentos de outro conforto senão da doce lembrança da boa obra que praticou. Agora que sou eu, somente eu, vou acompanhá-la ao refeitório.

Apoiada ao seu braço, fomos até onde estava reunida a comunidade. Comi pouco e depressa. Após, fui com Angélica ao horto do convento, onde me sentei junto a uma fontezinha. Pedi à minha companheira que me deixasse descansar por um momento. Ela afastou-se. Cerrei os olhos, mas não dormi. Surgiram, então, quadros admiráveis, paisagens encantadoras. Vi passar incontáveis gerações que me diziam: – Vamos lembrar sempre de você.

– Não me recordem como a um ídolo – dizia-lhes eu. – Lembrem-se do meu trabalho e continuem a minha obra. Que morram os ídolos e renasçam os trabalhadores de boa vontade!

Vi passar, depois, muitos homens respeitáveis, de longas barbas, envoltos em togas negras com peitilhos brancos. Olhavam-me com atenção e eu perguntei:

– Quem são vocês?

– Somos sacerdotes de uma religião a que você pertenceu e que desonrou com as suas obras. Como hoje se mostra tão envaidecida, vimos recordar-lhe o seu passado.

– Pois todo aquele que caiu e se levantou pelo esforço próprio deve ufanar-se de sua vitória, como eu estou, adorando Jesus.

– E julga estar servindo a Jesus?

– Sim, porque em seu nome pratico boas obras.

E aqueles homens foram se transformando em outras figuras mais formosas, mais resplandecentes. Com suas largas túnicas brancas, olhavam-me todos bondosamente, dizendo-me um deles: – Seguimos seus passos e seremos sacerdotes de Cristo.

Um deles apontou para o horizonte. Seguindo a direção indicada percebi que seu dedo indicador alongava-se, tornando-se luminoso. Prolongou-se até o cume da montanha, onde vi a formosa figura de Jesus, que me disse: – *Vocês são a minha Igreja. Meus fiéis são os que não se cansam nunca de trabalhar, os que não deixam atrás de si nem ódios nem rancores, nem fogueiras nem patíbulos*. Nesse instante ouvi a voz de Angélica, que me dizia: – Madre, que tem? O que se passa? Está dormindo de olhos abertos?

– Não vê o que está em volta de nós?

– Não vejo nada.

– Pois durma como eu e verá.

E Angélica adormeceu.

– Oh! madre! Por que me fez dormir?

– Cale-se e olhe. Venha comigo e verá Jesus.

– Que formoso ele é, madre!...

– Sim, é formosíssimo! Olhe para as suas mãos. Parecem fontes de vida, de saúde e de amor.

Ambas despertamos e Angélica observou: – Nunca vi coisa mais extraordinária. Adormeci logo que cheguei junto da senhora!

– O que viu?

– Vi Jesus, madre! Que belo estava!...

Quando retornamos do horto apareceu meu amigo padre, que me disse:

– Quero pedir-lhe um favor.

– O que é?

– Que amanhã, à primeira hora, acompanhe os nobres enfermos que aqui se albergam à fonte milagrosa.

– Eu não vou. E se acontecer o mesmo do outro dia?

– Não tenha receio. Eu não irei e haverá tranquilidade.

– Tranquilidade total?

– Bem, algum enfermo, ao beber água, pode parecer-lhe que bebe fogo...

– Por que me envolve sempre nos seus trabalhos? Não sabe que não quero escândalos?

– Hoje preciso de você. Amanhã pode precisar de mim!

Mas ele terminou cedendo e atendeu ao meu pedido de juntar-se aos enfermos, na excursão à fonte. Compreendeu a importância do papel que representava e pôs-se a caminho, alegre e satisfeito da sua missão. Afinal, ia com os seus, com os nobres, pelos seus títulos, não pelas suas virtudes.

Na tarde do dia em que se foram os enfermos, chegaram alguns frades capitaneados por um que pediu a Angélica para me ver o quanto antes.

– Está bem – disse eu –, mande-o entrar, só a ele, e não se separe de mim.

Quando entrou, o frade chamou-me de sua rainha, seu anjo, sua mãe, seu céu, sua salvação, seu tudo! Era aquele pobre frade que alguns anos antes tinha feito o meu retrato. Era uma alma agradecida, e, como tal, recordava-se de que eu tinha feito todo o possível para salvá-lo dos seus opressores.

Disse-me com franqueza: – Madre, não estou enfermo. Fingi que estava para vir com eles e poder vê-la, falar-lhe e bendizê-la. Meus companheiros querem curar-se. Esperam que, com a imposição das suas mãos, os seus corpos venham a sarar.

– E as suas almas?

– Não sei se as têm, madre.

Passamos à sala capitular e mandei chamar todos os frades. Eles chegaram, com seus hábitos cinzentos e capuzes fechados, a ponto de só mostrarem o rosto.

Angélica estava junto de mim olhando-me assustada. Lancei um olhar significativo e ela praticamente se tranquilizou.

Olhei então os capuchinhos e disse-lhes:

– Estão todos doentes?

Todos inclinaram a cabeça em sinal afirmativo.

– Falem – repliquei com impaciência –, falem claro. O silêncio de vocês me diz muito pouco. Levantem a cabeça e olhem-me bem de frente, porque quem olha só para o solo não vislumbra grandes coisas, e os homens estão de pé para estar mais perto do céus.

– Não vimos em busca de prédicas; vimos em busca da saúde – disse um frade em tom deveras desagradável.

– Recebe-se a saúde também pela palavra, se quem escuta quer ouvir.

– Mãos à obra, que será melhor.

– Pois vamos. E você, Angélica, pode ajudar-me.

– Eu!... E o que posso fazer?

– Faça o que eu fizer. Fique à esquerda e eu à direita de cada um, e comecemos a impor nossas mãos em seus ombros. Peçamos a Deus a saúde dos seus corpos e a salvação das suas almas.

Demos início à nossa humanitária tarefa. O primeiro frade que atendemos, ao sentir contato das minhas mãos, deu um salto para trás e disse como se estivesse louco:

– Não quero a saúde, já que ela provém desta casa.

– Pois saia, que é demais aqui.

– Sairemos todos – replicou outro –, não queremos bruxarias.

– São todos uns mal-agradecidos, e embora tenham pedido a saúde do corpo pelos seus excessos e desregramentos, eu vou restituí-la, mesmo sem a imposição das mãos. Somente pela força da minha vontade ficarão sãos dos seus corpos! Assim quero e assim será! Quanto à saúde das suas almas, voltarão piores do que quando aqui chegaram. Deus tenha misericórdia de todos.

90. E eis que se levantaram e andaram

Depois que os frades partiram, fui com Angélica até à minha cela, onde ela me disse:

– Por Deus, madre, não me obrigue mais a fazer o que fiz hoje. Não estava entendendo o que se passava.

– Não se preocupe, mulher, porque muitas vezes eu também fico fora de mim.

– Não há comparação entre a senhora e mim, madre. Asseguro-lhe que nunca esquecerei o dia de hoje.

Continuamos conversando até que, de repente, entrou uma religiosa, gritando: – Madre! Os frades! Os frades! Muitos deles estão mortos lá fora do convento. É como se tivessem sido atingidos por um raio.

Angélica olhou-me aterrada. Tremia convulsivamente. Como se não me apercebesse do seu estado de descontrole, eu disse: – Atenda aos seus afazeres, que por ora não preciso de você.

Ela ficou visivelmente dividida por não estar incluída em meus planos. Retirou-se apressadamente sem virar a cabeça, seguida da outra religiosa.

Saí de minha cela e dirigi-me às portas do convento. Quando alcancei a entrada principal e fiz menção de sair à praça que havia em frente, uma mão invisível me deteve. Meus pés cravaram-se no solo e não pude mover-me. Deparei, sobressaltada, com diversos frades que jaziam inertes no chão. Aquele que, agressivamente, tinha me dito que não haviam ido ali atrás de discursos, mas de saúde, aproximou-se de mim com gesto ameaçador e disse raivoso: – Veja a sua obra. Dela prestará contas a Deus, se não prestar antes à justiça humana, pois já é tempo de pagar o muito que deve.

Confesso que tremi, mas procurei dominar-me e disse: – Saíram todos vivos daqui desprezando a saúde que lhes oferecia de boa vontade. Disseram que não queriam a saúde desta casa. Se não a queriam, por que me relaciona com esse fato?

– Deixemos de palavras vãs e vamos ao que interessa. Quero que os mortos fiquem depositados aí dentro.

– Não, não – replicou outro frade –, não entremos. Se entrarmos, vamos morrer todos aí dentro!

– Vocês farão o que eu mandar. Estes servos de Deus não podem ficar aqui expostos ao tempo até que se faça o seu enterro. Franqueando ele mesmo a entrada, ordenou aos frades atemorizados que reconhecessem os companheiros e os conduzissem para dentro do convento.

Coloquei-me então diante da primeira porta e disse ao que parecia ser o chefe: – Deste ponto não passarão, que o convento não é depósito de cadáveres.

– É que aqui estarão como cães...

– Eu estarei com eles.

– E o que fará com estes mortos que vieram buscar a saúde? Diga o que fará.

– Que saiam todos, todos!...

Nisto, os mortos levantaram-se e os vivos fugiram espavoridos! Os "mortos" olharam-se uns aos outros e um deles disse:

– Que sonho esse que tive?

– O peso da sua consciência afetou o seu organismo. E oxalá que ao despertar sinta remorso por haver pecado. Aquele que tudo pode foi clemente com vocês todos. Vão, e não voltem mais aqui. Vão! Os ressuscitados, como que movidos por uma mola mágica, caíram de joelhos aos meus pés. Como que sentindo-se afogar, atiraram os capuchos para trás e, cabeças descobertas, curvaram-se até o solo. Seus companheiros, já recuperados do susto, uniram-se a eles, e reverentes deram graças a Deus pelo milagre que acontecera, dizendo o chefe: – Ponhamo-nos a caminho e entoemos louvores àquele que tudo pode.

– Sim, sim, vão, desventurados! Vão, pobres infelizes! Vão, pobres cegos do mundo! Não são estes os seus religiosos, Senhor. Não são estes!

Tranquila e serena, retirei-me para a minha cela. Pouco depois chegou Angélica e me disse:

– Ai, madre! Escapamos de boa! Que susto passei! Estou atordoada até agora.

– Não tenha receio. Deus, por intermédio de Jesus, disse-me que não vou morrer de morte violenta. E estou convencida que ainda que os frades estivessem mortos, eu os ressuscitaria, como Jesus fez a Lázaro.

– E... quem sabe se Lázaro estava morto? Jesus poderia criar um mundo inteiro, mas não dar vida a um corpo em completa decomposição, onde seus componentes estão desorganizados, onde a coesão já não existe, já que cada partícula busca separadamente seu centro de atração.

– Quem lhe ensinou essas coisas, Angélica? Desde quando está tão incrédula e tão sábia ao mesmo tempo?

– Não sei dizer, mas... deixe-me sentar, madre. Cambaleando, aproximou-se da minha poltrona e deixou-se cair, adormecendo como um anjo. Mas caiu no sono tão rapidamente, que fiquei admirada, e mais ainda quando ela me disse com acento meigo:

– Ouça-me! Você tem visto muito, tanto em sonhos quanto em vidências. Nós outras, as almas, comunicamo-nos por meio de outros seres. De outras vezes você tem feito Angélica dormir para ouvi-la falar e para que ela visse o que você via. Hoje sou eu que a adormeço, para me manifestar por seu intermédio.

– E quem é?

– Para outro qualquer eu daria um nome. Mas quanto a você... olhe-me!

Lancei, então, um grito de júbilo. Alegria impossível de poder explicar, porque vi diante de mim a minha adorada sobrinha, a formosa menina que um dia me coroou de flores. Porém, em meio à minha alegria, um temor me assaltou e exclamei:

– Minha filha! Bendita seja pelo bem que acaba de me fazer! Mas... onde está o espírito de Angélica?

– Olhe! Está de sentinela junto ao seu corpo.

Realmente, fixando-me em Angélica, vi o seu espírito junto ao seu corpo apoiado ao respaldo da poltrona, olhando-me tranquilamente.

– Está aborrecida? – perguntei a Angélica.

– Não, não estou. Aproveite a ocasião e fale com ela.

Então, quanto conversei com minha adorada sobrinha! Como estava formosa! Era toda luz e perfume, uma figura celestial. Eu lhe disse: – Você deixou para mim uma coroa que ainda conservo. Deu-me flores em outro tempo e novas flores está me dando hoje.

– É verdade, e flores de mais valor. Hoje venho ensinar-lhe que os mortos não podem ser ressuscitados. Jesus não ressuscitou ninguém, porque as leis da natureza não se pode burlar.

– Mas então o Evangelho mente?

– O Evangelho escrito pelos homens, sim. O verdadeiro Evangelho, não. E ele é tão simples... não diz mais do que *fazer o bem pelo próprio bem*.

– Estou admirada por tudo que me fala, minha querida.

– Aceite as minhas palavras. Elas são a expressão da verdade. Não fez nenhum milagre. Nada mais fez do que demonstrar fatos naturais de leis ainda não conhecidas. Os frades não estavam mortos; estavam magnetizados. Não se esqueça: *magnetizados*. E dentro de poucos séculos o magnetismo será uma lei conhecida de todos, que servirá tanto para curar enfermidades como para desvendar os mais recônditos mistérios. Será um auxiliar poderosíssimo para determinadas ciências, e o milagre desaparecerá, dando lugar à demonstração da verdade científica. Você se adiantou, minha tia, a esses dias de luz a que me refiro. Deixe-me dar-lhe mais vida e energia, mais alento, mais esperança. Olhe! Olhe bem. Olhei e vi uma figura majestosa, que procurei reconhecer. Era a de um menino cuja vida eu tinha salvado, e eu gritei: – Meu Deus! Estou enlouquecendo?

– Não, não está.

– Deixe-me beijá-la, minha filha.

– Na Terra não há beijos para as almas. Logo nos beijaremos no espaço.

Angélica despertou sorridente, olhando-me surpresa e dizendo:

– Fez-me dormir outra vez, madre?

– Não, minha filha. Você mesma adormeceu, e disse-me coisas, fez-me revelações tais que eu estava longe de esperar de você.

– Acredito, madre. Sinto-me muito bem disposta e com muito apetite. Passemos ao refeitório.

E assim fizemos. Após a refeição, visitei o asilo, sendo bem recebida pelos meninos, como sempre. O menino filósofo acariciou-me mais do que os outros e disse-me sentenciosamente: – Madre! Ainda não chegou o momento de voar? Estou esperando.

– Você não tem motivo para querer ir embora. Aqui todos mimam você mais que aos outros.

– Não me queixo, madre. Sei muito bem o valor do que fazem por mim aqui. Mas isto não me impede de esperar a hora da minha liberdade, não com impaciência, mas sim como o cumprimento de uma promessa divina.

Fatigada de tantas emoções, retirei-me para a minha cela, a meditar sobre tudo o que tinha me dito minha sobrinha. Eram conceitos profundos: "os mortos não ressuscitam", "Deus criou leis imutáveis", "ninguém podia ressuscitar um morto"... E estas *flores do céu*, que mistério encerrarão? – interrogava eu. Para elas não há inverno nem primavera; são sempre as mesmas. Jamais uma gota de água umedeceu a terra que cobre as suas raízes. E nunca as toquei, com receio... Por quê? Não sei. E por que elas não são como as demais flores? Devo atrever-me a tocar nelas?

– Toque-nos, se quiser – disse-me uma florzinha –, que achará flores, embora não haja flores.

– Toque – disse outra –, procure convencer-se. Vai encontrar troncos, talos e folhas.

Toquei-as e, efetivamente, encontrei o que tinham dito. Mas não tinham a consistência das flores da Terra, embora exalassem suaves perfumes. E ao tocar o jarro em que elas estavam, este produziu sons metálicos, numa deliciosa harmonia.

– Que é isto, flores queridas?

– Pensava que fôssemos *flores* – disse uma delas –, mas somos almas que, sob a forma de flores, estamos junto de você. Nossa forma é tomada dos elementos que existem na atmosfera. Não brotamos da terra, somos o agrupamento de substâncias que os sábios pesquisarão no futuro. Deus disse ao homem: "você será grande pela ciência. Criará, como eu, porque eu lhe darei elementos para tal. Não será como eu, mas será o continuador da minha obra. Nunca será Deus, porque não criará as substâncias primeiras. Mas valer-se-á de todos os elementos que encontrar na natureza para imitar ela própria. O homem que julgar-se tão grande como Deus sofrerá as consequências de sua própria loucura, porque o sábio orgulhoso e pretensioso perde, por isso mesmo, o seu valor. É uma flor sem perfume, e seu hálito envenena. É árvore cuja sombra produz a morte. Quer voar e o fogo da sua ousadia queima-lhe as próprias asas. É um filho que renega seu pai. É alma ingrata, e dos ingratos é o reino das trevas". Damos-lhe esta lição porque a merece. Quando era Íris, a mulher mais formosa da sua época, um sábio dava a você estas mesmas lições, e você orgulhou-se por tê-lo a seus pés. Vendeu-o para demonstrar que a sabedoria, que todas as ciências reunidas servem de joguete a uma mulher bonita que enlouquece com seus olhos e enfeitiça com as suas palavras; que a matéria e só ela será a eterna rainha do mundo. Assim pensou ao entregar o sábio aos seus verdugos. Assim pensou quando acumulou sobre sua consciência todos os crimes que lhe sugeriram a sua baixeza, a sua infâmia. O corpo do sábio foi-se, mas ficou a sua alma imortal. Quando você percebeu a que ficou reduzido o mágico poder da sua formosura, então volveu os olhos do seu entendimento ao sábio sacrificado, à sua escola, dispersada por sua culpa. E os resplendores do seu espírito imortal iluminaram você, e o amou, pedindo-lhe perdão humildemente. E seguiu amando-o porque cada vez mais aumentava a glória dele e o seu envilecimento. Quanto mais ele brilhava, em mais densas trevas você se envolvia, pois mesmo quando ele lhe dizia de tempos em tempos *eu a perdoo*! o seu próprio perdão engrandecia a personalidade dele e tornava pequena a sua. O orgulho da Íris de outrora foi justamente castigado. Você o tem visto em todo seu esplendor do seu saber e do seu amor e tornará a ele quando o seu espírito for tão sábio e tão bom como aquele que você vendeu, desconhecendo a sua grande sabedoria e o seu elevado sentimento.

– Como é amarga a verdade!

– Verdade é sabedoria! E a sabedoria é a essência de Deus. Assim, não pode ser amarga. O que se dá é que as almas pequenas como a sua ainda não encontram o seu delicado sabor. Acham amargo o que é considerado um manjar dos deuses...

– E quando dois sábios iguais se encontram, que fazem? Como se completam? Os sábios também se amam?

– Sim, e amando elevam-se, buscando novas grandezas, novos horizontes, novas fontes de vida. Perguntam, investigam e empregam o seu tempo cada vez melhor. Mas não pergunte agora mais sobre o que não compreende, porque tudo quanto possamos dizer-lhe não vai satisfazer a sua curiosidade. É tão pequeno o seu horizonte!... Não sabe senão que duas almas se amam e se completam. Pois olhe, os amores estão em consonância com o trabalho. Duas almas amando-se somente uma à outra, por que representariam o universo? Dois átomos luminosos. Mas muitas almas, amando-se mutuamente, são muitos sóis a encher o espaço. Um amor é o produto de muitos sacrifícios, é o resultado de muitas abnegações e martírios; e o conjunto de muitos amores é a própria vida da humanidade.

– Não deixe de unir o amor à poesia – disse outra flor. – A alma é o filho querido e eterno de Deus. Se ela se remonta, se se engrandece, é porque a poesia lhe propicia as asas. O que seria uma alma sem o instinto do belo, do harmônico, do sublime? Que é um sol? Por que ele é luz? – perguntam os sábios. Pois um sol é uma prova da arte divina, porque um sol desenvolve a vida com todas as suas belezas e atrativos. Se soubesse quanto vale um sol!... O seu próprio planeta, sabe o que ele é? Não. Pois então não conhece a poesia de Deus! Sabe o que são as letras? A impressão fiel do canto das almas. Há letras na natureza? Sim, cada mundo é uma letra do alfabeto do infinito. E a poesia, que é o sorriso de Deus, une essas letras e forma vocábulos que as humanidades vão lendo e decifrando. Deus nos fala por meio da poesia. Você não ouve os cantos dos passarinhos nos bosques, guardando seus ninhos? Pois o homem também canta junto ao berço de seus filhos. Deus é o amor, a ciência eterna. E a poesia é a própria linguagem divina de que se serve o homem para dirigir-se ao Pai Todo Poderoso.

– Bendito! Bendito seja meu Deus!...

– Sim, repita sempre que Deus seja bendito e repita também que bendita seja a poesia! Ela é a intermediária entre Deus e o homem.

– Graças dou pela sua lição, flores minhas!

– Anime-se, trabalhe, e não se esqueça que há mortos que servem para despertar energias das almas. Não são, porém, os mortos da carne, são os do espírito. Os mortos da carne pertencem aos vermes; os do espírito são os que ressuscitam, os que se levantam quando escutam uma voz do céu dizer-lhes: – Levante-se e ande!

– Jamais esquecerei esta lição.

Nisto, chegou Angélica e disse-me: – Madre, descansemos, que já é muito tarde. Tenho sono!...

– Observei-a e achei no seu semblante uma expressão de passividade e desânimo que não me agradou nada, e disse-lhe severamente: – Pois procure não dormir quando o sono a atormenta em pleno dia. É preciso estar desperta para lutar contra as artimanhas de quem vemos e de quem não vemos.

91. Infinita misericórdia

Passados alguns dias recebi a visita do meu amigo padre. Ainda que vivêssemos sempre discordando, eu sentia sua falta quando ele não vinha. Por isso, manifestei ruidosa e carinhosamente minha alegria quase infantil.

Ele me olhou com certa reserva. Tinha formado tão mau juízo a meu respeito, que tinha receio de mim. Via sempre segundas intenções em minhas palavras. Não me preocupei com seus olhares receosos, e contei-lhe tudo o que se tinha passado na sua ausência, dizendo-lhe por fim: – Que será dos pobres frades?!

– Você faz coisas incompreensíveis.

– Que diz? Já sabia do que se passou aqui?

– Já. E dizem tantas coisas!...

– Os frades... pobrezinhos, como estão afastados do reino de Deus!

– Que diz? Afastados de Deus? Os humildes servos religiosos?... Que loucura! Que insensatez! Como pode dizer semelhante disparate!

– Vamos, padre, seja franco comigo. Sei que não me quer mal, mas é arisco como todos os sábios. Acha que o saber não se coaduna com a amabilidade, o que não deixa de ser um erro. Deixe por um momento o seu belo e honroso papel de sábio e falemos como bons companheiros. Concorda que não há nada mais belo que a verdade? E o reino de Deus, que outra coisa é senão a verdade? É o que há de mais simples, mais sincero e mais puro! Por isso os hipócritas religiosos estão tão longe do reino de Deus.

Nós, os que vestimos o grosseiro hábito, dizemos temerosos: "além está Deus!" E dobramos os joelhos, baixamos a cabeça e cerramos os olhos. Por que este medo? A criança não corre, eufórica, para os braços de sua mãe? Por que não corremos também em busca de Deus se Ele é nosso Pai?... Se assim não fazemos, é porque somos delinquentes...

– Logo, quer que Deus seja como um pai da Terra...

– Sim, senhor! Deus é o nosso pai e não o nosso tirano. O amor de Deus não nega nada aos seus filhos; dá-nos sempre, sempre. Eu sinto por mim, quanto mais lhe peço, mais Ele me dá. Julga que sou eu que curo os enfermos? Não, é o amor de Deus que me proporciona inesgotáveis forças e me diz: – Quer dar vida? Pois tome vida – e Ele faz tudo, tudo. Eu lhe digo: – Amor de minha vida! Dê-me os mananciais da Sua bondade. E Ele derrama-os sobre mim, como sobre todos os seus filhos que, em seu livre-arbítrio, fazem o uso que melhor lhes parece dos bens que possuem. Se perdem o seu capital e se declaram falidos, não importa: o *Banqueiro do Infinito* lhes dá de novo meios para viver, e pensando bem, não há um só pobre na criação. A pobreza é resultado dos vícios, e nunca causa originária. Deus reparte por igual os seus dons, por isso devemos considerá-lo como Pai amantíssimo.

– Está bem, a sua filosofia é grandiosa, sublime, mas ainda não podemos passá-la às gerações.

– E por quê?

– Porque a humanidade não pode digerir ainda manjar tão fantástico e é preciso pôr barreiras entre os grandes e os pequenos.

– Voltamos à mesma. Nunca nos vamos entender.

– Que quer? Eu a escuto como se escutasse o canto dos passarinhos, muito doce, gratificante, harmonioso, e nada mais.

– Ora, isso não! Há no que digo mais do que no canto das aves.

– Falemos de outra coisa. Os cortesãos, que aqui vieram em busca de saúde, já estão a caminho de volta.

– A caminho de volta? Pois como cortesãos pouca educação acabam de demonstrar.

– Não prossiga. Fui incumbido por eles de apresentar-lhe os seus agradecimentos. Mulher, que contraste! Tão rapidamente sobe ao céu do mais puro idealismo como baixa à Terra com todas as suas misérias. Nunca vi o gigante tão perto do pigmeu! Em você eles se tocam e se confundem, formando um todo incompreensível. E agora sou eu quem deve dar-se por ofendido. Todo o meu empenho com você não tem produzido os resultados esperados.

– Não se incomode. Já sei o que fez. Elevou-me ao céu da sua Igreja, mas eu não preciso desse céu, porque ele só dá esplendores aos poderosos e miséria aos desvalidos.

– Pois eu advirto que não deve contar comigo para mais nada!

– Ouça-me. Você serve à sua Igreja, e eu à minha. A sua é muito pequena, rodeada de muros altos, enquanto a minha é a imensidade.

– Nunca nos vamos entender.

– Por que não, se sei que me quer bem?

– Você vale-se disso. Realmente eu lhe quero, infelizmente, como a uma criação divina, e não humana.

– Pois olhe, agora quero uma coisa e hei de conseguir.

– Que quer? Será algum novo capricho?

– Não é capricho. Quero que os cortesãos voltem aqui antes de chegarem à corte. E voltarão.

– Impossível, vão diretamente para a corte.

– Pois voltarão, porque entre eles vai uma mulher que precisa de mim.

– Você os fará voltar?!

– Eu não. Eles mesmos voltarão.

– Folgo em saber disso, para não voltar aqui pelo menos durante alguns dias.

– Voltará, sim. Amanhã mesmo. Eu o espero.

Quando fiquei só, senti uma felicidade muito grande: já não queria o seu amor, mas a sua sábia proteção. Era tão sábio!...

Continuei a pensar nos cortesãos. Eram realmente grosseiros. Encontra-se a cura e nem sequer se deixa um sorriso de gratidão!...

Depois que Angélica chegou, falamos bastante e ela perguntou sobre os cortesãos.

– Foram-se – disse eu.

– Que diz?!

– O que você ouviu, mas voltarão.

– Voltarão! Quando?

– Talvez não demorem a chegar.

Chegou a noite. Deitamo-nos e Angélica dormiu em seguida. Eu não, porque estava vendo, sem mover-me do leito, como os cortesãos avançavam, rodeados pelos seus serviçais. Quando chegaram, não foi surpresa para mim. Esperava-os às portas do convento. Pediram hospitalidade, que concedi, deixando para o dia seguinte a nossa entrevista. Voltei à cela. Quis dormir, mas não pude.

Ao amanhecer levantei-me e saudei o Sol: – Bendito seja porque você é o próprio olhar de Deus. É o representante do tempo.

Ao sair da minha cela, ouvi uma voz que murmurou ao meu ouvido:

– Pobrezinhos! O que seria de vocês todas sem um raio de sol!

Saí para o horto e ali reanimei-me. Estava inexplicavelmente contente. Angélica também se reanimou comigo e disse: – Os hóspedes já estão de pé. Querem visitar o asilo.

– Pois faremos isso juntos.

– Espere um pouco, madre, que é preciso fazer alguns preparativos.

– Está equivocada. Os grandes devem saber como realmente vivem os pobres. Não temos que ocultar as chagas sociais; ao contrário, devemos descobri-las. Não escondamos os espinhos que nos fazem sofrer, e que por isso são lembrados. Enquanto isso, evapora-se o perfume das flores. Devemos impressionar, e não abafar.

Fui então até os cortesãos. Ao ver-me, quantas mentiras me disseram! Quantos louvores e elogios! Como exageravam! Somente duas meninas, as filhas da dama incurável, abraçaram-me com toda a sua alma, dizendo ao mesmo tempo:

– Madre, nossa mãe não se cura.

– Sim, vai se curar, vocês verão.

– Vamos acabar morrendo por culpa dela.

– Não, minhas filhas. Sua mãe mudará muitíssimo. Usará do respeito para com vocês e quase as amará.

Nisto, chegou a mãe das meninas e, ao vê-las abraçadas a mim, olhou-nos surpreendida e disse secamente:

– Que fazem, minhas filhas?

– O que está vendo. Querem-me, são muito carinhosas, são dois anjos e deve aproveitar suas virtudes, porque não abundam anjos na Terra. Agora, minhas filhas, deixem-me só com sua mãe, que temos as duas que conversar.

As meninas obedeceram-me. Quando ficamos a sós, a dama olhou-me de um modo muito estranho. Seus belos olhos ficaram injetados. Seu rosto coloriu-se, para empalidecer de imediato. A sua boca cobriu-se de espuma, e ela começou a falar de um modo tão insolente, tão provocador, tão insultuoso, que perguntei: – Com quem falo?

– Conosco.

– Então, são mais de um?

– Sim, somos vários que dominamos este corpo.

E ao dizer isto, atiraram a pobre senhora ao solo, sem que eu pudesse evitar. Ela começou a gritar. Eram juramentos horríveis, blasfêmias, ameaças, impropérios. Dos seus lábios saíram as palavras mais torpes que se possa imaginar, em meio à espuma que lhe escorria pela boca.

Todos os cortesãos acudiram ao ouvir os seus gritos, mas não deixei entrar ninguém no aposento em que nos achávamos. Só suas filhas, rompendo por entre todos, conseguiram entrar. Fiz com que se retirassem, dizendo-lhes: – Vão, minhas filhas, que acima de todas as más vontades está a vontade de Deus.

Entrou Angélica, e a esta não despedi; ao contrário, ordenei-lhe que se colocasse junto à cabeça daquela infeliz, e que me dissesse o que fosse vendo.

– Ai, madre! Desperte-me, pelo amor de Deus! Há aqui muitos homens armados. Querem enforcar-me, ameaçam-me e querem cercar-me... um, um mais ousado, está disposto a estrangular-me.

– Não tenha medo.

E passei-lhe a mão pela garganta com tal energia, que ela suspirou com satisfação, abrindo repetidas vezes a boca.

– Fale, fale, que já pode falar sem temor.

– Vejo aqui homens horríveis, espantosos. Há um que parece um gigante. É o que envolve essa dama com uma espécie de capa avermelhada, de um tecido transparente.

– Pois rasgue essa capa.

– Rasgue-a você – disse uma voz sarcástica e cruel.

– Não é necessário. Ela a rasgará, porque eu quero!

A dama lançou um grito tão raivoso que me fez estremecer, e Angélica disse debilmente: – Pronto, já está rasgada a capa, mas parece que me arrancaram o coração.

– Não lhe arrancaram nada. Levante essa mulher. A dama levantou-se, abriu os olhos e disse: – Que estranho sonho eu tive!...

– Dê-me a mão – disse eu à dama.

Ela assim fez e ficou como que estática. Fiz com que saísse do aposento em que estávamos. Angélica, ainda em transe, a seguia de perto. Ao chegarmos ao horto, paramos junto à fontezinha, onde nos sentamos. E Angélica disse: – Madre, desperte-me, por piedade!

– Está bem, retire-se. E ao despertar, que não se lembre de nada do que se passou. Que não fique em você outra lembrança que não uma satisfação íntima, o gozo que uma boa ação praticada nos deixa, como herança divina.

Ao ficar só com a dama, fiz com que despertasse e disse-lhe:

– Falemos agora como se toda a vida nos tivéssemos conhecido. É uma mãe, e as mães devem ser sóis sem eclipse para os seus filhos. Você não é um mau espírito, mas está dominada pelos maus espíritos.

– Maus espíritos?...

– Sim, maus espíritos, porque o seu exacerbado orgulho os atrai. Sua vaidade a cega e a domina de tal maneira, que imagina que todos os grandes da Terra devem se humilhar aos seus pés. Nem falemos dos pobres, que são para você pior do que escravos. Não consegue concebê-los com alma; são coisas que se movem e nada mais. Veio aqui buscar a saúde, foi à fonte, bebeu da água milagrosa, e nada de satisfatório obteve. É que, para curar-se, tem de mudar radicalmente de vida.

A dama quis chorar, olhou para todos os lados, suspirou exaurida.

– É bom que suspire, porque atrás dos suspiros virá o desejo de ser boa. Quer confessar-se? Não é preciso, sei de tudo.

– Tudo? Tudo?!... Por Deus, cale-se!

– Não tema, aqui ninguém nos ouve.

E contei-lhe várias passagens da sua vida, que uma voz ia relatando aos meus ouvidos. Ela tremia convulsivamente e eu prossegui: – Suas filhas são o testemunho da sua infâmia. Não há dúvida de que deve amá-las, porque são inocentes. Não se mancharam com o lodo da culpa, não suspeitam sequer dos atos criminosos de sua mãe. Já quis matá-las por mais de uma vez, para encobrir a sua fraqueza com o mais horroroso dos crimes: matar um inocente!... dois inocentes que viveram dentro de suas entranhas!... E nesse momento, em que se coloca em nível mais baixo do que as próprias feras, é quando os maus espíritos batem palmas e se apoderam de você e dizem, vingando-se de pesados agravos: *agora é nossa! Para você não há mais salvação possível*.

Senti que ela estava receptiva e continuei: – Tem muitos inimigos, senhora, porque o seu orgulho e a sua vaidade os criaram. Nunca se compadeceu da dor alheia, e aquele que não se compadece justo é que sofra as consequências da sua impiedade. Tudo, porém, tem seu termo, quando o espírito assim quer, reconhecendo a sua fraqueza. Veio aqui por algum motivo. Também eu me interessei mais pela senhora que pelos outros. Eu vou aliviá-la e dar-lhe novo ânimo. Quero, porém, que ame as suas filhas, embora uma lhe recorde um chefe de bandidos e a outra um carrasco. Não importa, elas são suas filhas e deve amá-las porque são, não se esqueça, os dois únicos seres que a amam na Terra.

A dama abraçou-se a mim com tal emoção, que parecia impossível que fosse a mesma mulher de algumas horas antes. Dirigiu-me as frases mais apaixonadas e agradecidas. Chamou-me até *mãe* e *rainha dos céus*, e eu lhe disse:

– Devagar, não sou *mãe* nem *rainha*. Sou uma alma que lhe quer bem e deseja--lhe o melhor *aqui e além*.

– Madre, eu juro que vou obedecer-lhe em tudo e por tudo.

– Quer entregar-se a mim com absoluta confiança?

– Quero.

– Pois deixe-me agir sem pronunciar uma só palavra.

E conforme foram me inspirando, pois eu trabalhava intuitivamente, limpei-a dos maus fluidos, ministrando-lhe depois fluidos de amor. Magnetizei-a com tal energia que ela se transfigurou por completo. Que bela estava!... Quando julguei terminado o meu trabalho, disse-lhe: – Quero que seja boa, e se assim não for, que a fulmine um raio, porque os miseráveis não fazem falta na Terra. Beba agora a água desta fonte. Acaba de fazer um pacto com a virtude e com a verdade. Lembre-se do martírio de Jesus e fique certa de que essa água vai lhe trazer a saúde do corpo e da alma. Essa água, buscando mais tarde a fonte dos seus olhos, deles brotará convertida em benéfico orvalho. Tome-a com as suas próprias mãos e verta o líquido divino sobre a cabeça. Será o seu batismo na Terra e a sua purificação nos céus.

Minhas palavras produziram na pecadora um efeito mágico. Chorou copiosamente, parecendo que os seus grandes olhos iam dissolver-se em água. Deixei-a chorar sem dizer-lhe uma só palavra, afastando-me a prudente distância, deixando-a falar com a sua própria consciência. Quando se acalmou, veio a mim e abraçou-me fortemente, dizendo: – Madre! Madre! Nunca a esquecerei. Agora deixe-me repousar.

– Já repousará, assim que eu concluir a minha tarefa.

Sem perguntar-lhe se queria ou não, fiz com que percorresse todo o asilo. Contei-lhe histórias interessantes de meninos órfãos, de velhos abandonados. À medida que eu ia falando, a mulher redimida olhava-me anelante. Já não me acompanhava quase à força. Adiantava-se, tomava um menino nos seus braços e perguntava:

– E este, qual é a sua história?

Quando terminamos a visita ao asilo, disse-me ela: – Oh! madre! Quisera ficar aqui como irmã de caridade.

– É impossível. Tem duas filhas e elas reclamam os seus cuidados maternais. Uma mãe que abandona os seus filhos é indigna de servir aos órfãos.

A redimida abraçou-me soluçando e as suas filhas se aproximaram, formando nós quatro um grupo de amor. Pobres meninas! Com que delírio me beijavam!...

Ao ensejo, eu disse à dama: – Nunca mais tornará a sentir a dominação dos maus espíritos. E quanto a vocês, minhas filhas, deem graças a Deus que em Sua piedade lhes devolveu o amor de sua mãe. Entendem? Ela as ama. Ontem estava enferma, mas hoje está curada do corpo e da alma. Repitam comigo, minhas filhas: *bendita seja a misericórdia de Deus! Bendita seja!...*

92. Acima dos votos

Passados aqueles conturbados momentos, em que eu havia empregado toda a minha energia, procurei, tanto quanto possível, refletir, analisar a mim mesma. Achei-me tão pequenina, que parecia impossível suportar tantas lutas. Se nos assusta lutar com adversários que vemos, muito pior é lidar com inimigos invisíveis.

– Vontade não me falta – exclamei aflita. – Mas – Ó Senhor! – nem tudo consegue a nossa vontade. Quem sou eu, Senhor, na minha pequenez? Quem sou eu?...

Ouvi então uma voz que me dizia: – Quem é? Alguma coisa que amanhã pode ser um mundo, porque já não é orgulhosa. Vê-se como pigmeu, mas chegará a ser grande.

– Senhor, pode a alma deixar de ser? O futuro me inquieta. Eu, sonhadora dos tempos, idealista do amor divino, o que será do meu futuro? Tenho medo! Tenho medo!...

E ouvi outra voz que me disse com energia:

– Que se levante o pigmeu, pois o futuro lhe pertence.

Aquelas palavras continham tanto consolo, que perguntei mais encorajada:

– Senhor, onde está a felicidade? Está no canto das aves? Na contemplação das inúmeras belezas que encerra o universo?...

Respondeu-me outra voz:

– Felicidade! Felicidade!... A alma é feliz quando não pratica nenhuma falta e quando conhece as leis imutáveis que regem os mundos.

Estava tão comovida que chorei muito e senti-me sem forças. Assustava-me a luta pela vida, e murmurei angustiada: – Quanta luta, meu Deus! Quanta luta!...

E ouvi uma voz muito doce que dizia:

– Hoje é um cego do universo; faz o bem sem ver. Amanhã verá claro e deixará de ser ignorante. Quando podia aprender, você destruiu sem compaixão as sementes da primeira escola filosófica do mundo. Agora, *cega*, vai construindo sem saber nem conhecer o valor do que constrói. Amanhã certamente vai construir, sabendo avaliar a extensão das suas obras.

– Contento-me por hoje, com o meu papel de cego, mas quero ser o cego do bem, quero ser útil aos meus semelhantes. Quando despertar, irei aprendendo. Tenho tanto que aprender!

Fiquei depois como adormecida e quis voar, mas uma mão de ferro me deteve e uma voz me disse: – Aonde vai? Ainda não pode voar. Precisa aproveitar a sua existência.

– E o bem que faço? Alguém vai me agradecer?

– E o que lhe importa o agradecimento?

– Mas não sou, então, digna de que me agradeçam?

– Ainda não. Colherá a semente da gratidão quando souber edificar o seu entendimento, quando tiver levantado solidamente o edifício da sua razão. Trabalhe e espere.

Despertei, sentindo-me bem. Minhas forças tinham se equilibrado. Passada a crise, dediquei-me com novo ardor às minhas habituais tarefas. Angélica ajudava-me com a melhor boa vontade. Queria-me mais a cada dia, bem como a comunidade. Desde a primeira à última, todas as freiras demonstravam o seu afeto para comigo.

Um dia, estávamos à mesa, quando eu disse às minhas companheiras:

– Vocês me querem tanto, que não me julgo credora de tanto carinho. Este estado de felicidade para mim não deve durar muito, é impossível.

– Madre – disse uma delas –, estamos identificadas com a sua vontade. Somos suas filhas. Ordene e obedeceremos.

– Agradeço-lhes, minhas filhas, o bem que me querem. Escutem-me agora atentamente: desejo que assim como querem a mim, que queiram-se umas às outras. Meu único desejo atualmente é que se amem, porque só no amor mútuo reside a felicidade.

Voltei os olhos para elas e todas desviaram o olhar para baixo. Fui enfática, então: – Não quero que amem somente a mim. Quero que se amem umas às outras. Quero que se olhem agora.

Olharam-se, mas seus olhos não demonstravam carinho pelas companheiras, e eu repliquei: – Que adormeçam os seus maus sentimentos! Olhem-se sem rancores.

Não pude atingir o objetivo a que me propunha e disse a Angélica: – Vê? Essas mulheres não se olham como você e eu; entre elas reina a desconfiança. O que se pode esperar de um agrupamento que não se ama?... Uma comunidade não deixa de ser uma família também, que deve procurar aperfeiçoar-se em bases de amor. Querem-nos a mim e a você. Por que não se querem assim entre si?

Voltando-me para todas eu repeti: – Vocês sabem que amo a Deus, de verdade, por isso me estimam. Por que não me imitam? Para as boas obras todas estão na mesma altura. Por que, então, para se amarem não hão de estar também? Têm ciúmes umas das outras? Não deveriam, porque todas têm o seu valor, as suas virtudes.

Todas me olharam e emudeceram e eu continuei: – Não quero o seu silêncio, quero a sua confiança. Falem. Vocês me amam? Sei bem, os seus olhos dizem. Amam-se umas às outras? Não! Esses mesmos olhos revelam que não se querem. Julgam-se humilhadas umas pelas outras? Confessem comigo.

Ninguém falou; todas se olharam com receio e eu lhes disse: – Querem que eu as interrogue uma por uma?

– Madre, não nos obrigue a confessar nossos pecados.

– É que a alma deve ser leal e dizer o que sente, o que deseja, o que sonha. Diga-me você que falou: que queixa tem de suas companheiras?... E vocês, pensem em corrigir-se, para que a harmonia se faça. Fale você, então.

E a freira falou, queixando-se das suas penosas e humildes ocupações. Terminou confessando que já estava farta de tanto sofrer.

– E como estamos quanto a ciúmes?

– Madre, tenho ciúmes de todas. Perdoe-me.

As respostas de todas elas eram a mesma: ciúmes de todas. A última a ser arguida, porém, disse:

– Estou contente com tudo.

– E de ciúmes, como estamos?

– Madre, não conheço essa enfermidade. Se preciso fosse morrer por minhas companheiras, morreria satisfeita. Só tenho ciúmes das almas que já estão no reino dos céus.

– Minhas filhas, prestem atenção: uma comunidade é uma família. Perguntei-lhes se tinham ciúmes, porque não há coração que não os tenha. Qual de vocês quer chegar a mim primeiro?

– Eu! Eu! – gritaram todas.

– Pois olhem-se sem ciúmes e venham todas a mim. Quero que sejam boas umas para com as outras.

Todas me abraçaram com desvelado carinho, falando-me com a mais doce confiança. E eu dizia: – Assim, assim minhas filhas, assim é que eu quero vê-las.

Retirei-me com Angélica para os meus aposentos, dizendo: – Quero que me avise quando lhe pareça oportuno, para que eu repita a admoestação de hoje. Tenho o defeito capital de voltar a atenção mais ao que se passa lá fora, desatenta aos problemas internos do convento.

Ao ficar só, comecei a filosofar: – Como é triste viver, meu Deus!... Quando chegará o dia em que a humanidade vai ser um só rebanho, com um só pastor?

– Jamais – disse uma voz – a luta será eterna. A virtude lutará com o vício, a sabedoria com a ignorância, a atividade com a indolência. A vida é ascensão eterna. A escala universal é o símbolo do progresso indefinido de tudo quanto existe na criação.

– E eu saberei subir, meu Deus? Poderei praticar o bem?...

Naquele momento entrou o capelão.

– Quanto me alegro de vê-lo! – disse eu.

– É gratificante saber que se alegra.
– Não está bem?
– Nunca estou.
– Está enamorado?
– Que está dizendo? Por acaso posso eu enamorar-me?
– Você disse isso em outras ocasiões. E não é nenhum disparate. É um homem e os homens amam.
– Falemos como quiser, mas... as paredes têm ouvidos.
– Nada ouvirão.
– Mas por que haveríamos de falar de amores?
– Pela simples razão de que é muito natural falar de amores. Acha que os votos religiosos podem endurecer e petrificar o coração? Você, que tem ouvido tantas confissões, quanto não terá amado! Confesso que se tivesse de confessar meu amor a um homem que também gostasse de mim, que o faria sem titubear, pois a tentação de se querer o proibido é inato na raça humana. Quer que falemos das paixões no sentido amplo do termo? Temos muito que falar, muitíssimo.
– E onde acharemos tanto assunto?
– Na comunidade que tenho a meu cargo.
– Quer analisar as suas paixões?
– Não, não quero ir tão longe. Só trato de fazer com que a moral mais pura ali impere. Por isso obrigo a comunidade a trabalhar de forma que a fadiga do corpo evite os abusos degradantes que existem em outras comunidades. Quero falar-lhe do quanto esse agrupamento me quer.
– Isso não é novidade para mim.
– O que faria para acabar com os ciúmes e a desconfiança que existem entre elas?... Nisto, sei que é mestre, que conhece a fundo o assunto da alma humana. É por isso que peço me aconselhe. Ah! antes que me esqueça, o que espera do mundo e da religião?
– Mas onde quer chegar com tantas perguntas? Do mundo eu espero desenganos. Da religião espero um nome, um título de grandeza e um lugar privilegiado na história.
– Acredita que irão fazê-lo santo?
– Não penso nisto, mas creio que a religião reconhecerá o meu valor.
– Pois então fará de você um santo, porque você brilha e chama muito a atenção. E a nossa religião santifica os que despertam curiosidade, não os mártires nem os que sofrem fome e sede, para não mancharem as suas consciências. Eu, da minha Igreja, não quero senão justiça, se é que justiça pode haver num rebanho de ingratos, que tudo falsificam e com tudo comerciam. Escreverão a minha história e... quanto hão de mentir!... Entretanto, eu lutarei sempre, abrindo espaço para o meu eterno progresso.
– Mas quer dizer-me por que tantas divagações? Onde ficam os ciúmes e as suspeitas?

– Tem razão, mas não se aflija, que haverá tempo para tudo. Voltemos a tratar dos ciúmes. Você tem ciúmes de mim e suspeita de Angélica.

– É verdade, adivinhou. Tenho ciúmes, e uma certa inveja, reconheço, da sua glória, do seu nome que será imortal. E de Angélica tenho desconfiança porque ela quer a um homem, eu sei.

– Deveras? Quanto me alegraria que ela fosse feliz! É tão boa! Quer tanto aos meninos! É tão complacente com os velhos!... Seria uma excelente mãe de família.

– Pois cuidado com o que faz. Percebo que seria capaz de pedir ao papa a liberdade de Angélica. Entenda que eu lhe quero, que sonho com ela noite e dia! Ela é a minha vida.

– Ah!... já não tem receio de confessar que está enamorado? Vê como, acima de todos os votos religiosos, estão as paixões humanas?

– Eu respeitarei Angélica enquanto na clausura, mas se por sua interveniência ela sair do claustro, então verá do que o meu amor é capaz.

– Lembre-se que ela o odeia.

– Não me importa. O ódio entre mulheres e homens é um problema que o tempo resolve, às vezes, de um modo inesperado. Cuide para que ela não se separe de você. Se isso acontecer, nem imagina o que posso fazer. Mas renuncio à minha glória terrena, à satisfação de meus desejos, somente porque quem vela por ela é alguém que respeito muito.

Quando meu amigo se retirou, eu disse resolutamente: – Está de pé a minha tese anterior: acima dos votos religiosos estão as paixões humanas, o poder da natureza, a lei da eterna reprodução. Religiões! Religiões tão sem valor! Infeliz da casta sacerdotal que vive mentindo, que vive negando a mais bela das leis, a lei do amor, da reprodução universal!

93. Incontido amor

Terminada a entrevista com o padre amigo, fiquei na dúvida como sempre. Ele era mais sábio, mas menos inspirado que eu. Quando falávamos, eu ficava sempre muito pensativa. Pensava na comunidade. Todas as monjas me queriam, e eu a elas. Consolava-me com as demonstrações de carinho, mas pensava em minha clausura e isso me entristecia.

Pensei muito em Angélica, lembrando o prazer que ela sentia ao ver as mães de família com seus filhinhos, e me perguntei: – Ela estará amando? Se ela for embora ficarei sozinha. E eu lhe quero tanto!... ela é a alma deste convento!... Mas não posso retê-la contra a sua vontade; seria egoísmo da minha parte.

Tratei de procurá-la o quanto antes. E falei-lhe de amores, enaltecendo as glórias da maternidade. Ela me olhou admirada e me disse: – Se fosse mais jovem, madre, diria que sua intenção é abandonar o claustro.

– Não, minha filha, eu me refiro às jovens. Você, por exemplo.

– Pois bem, madre, sonho sim com meninos, maternidade, e com um homem jovem e formoso, vigoroso e gentil, mas me lembro que também tenho visto famílias em desgraça, e temo ser uma desventurada. Nessa dúvida cruel, prefiro viver junto da senhora.

– Angélica, minha filha, quero que seja franca comigo. Não quero rodeios nem subterfúgios. Ama algum homem?

– Sim, madre, e é um amor impossível, porque o homem a quem me refiro é casado e tem filhos.

– Ele disse que a amava?

– Não é necessário falar. Seus olhos falam por ele. Ao mesmo tempo, quando nos olhamos, sinto que ele sabe da extensão do problema. Quanto a mim, sei que é impossível. Não se incomode, madre. Ao seu lado eu tenho aprendido muito e tenho podido evitar muitas loucuras que me teriam feito feliz um segundo, para ter depois uma eternidade de dores! Assim, madre, ao seu lado aprendi a beber gota a gota o cálice da amargura. Quem muito ama muito sofre, e você, minha mãe, também padece muito, porque ama o padre, e cada vez que ele vem aqui, quanto se atormenta no íntimo!...

Angélica abraçou-me com ternura e retirou-se. Pensei muito na minha companheira, mas não achei meios de fazê-la feliz. Para o que é impossível na Terra, não há outra solução senão o martírio, e Angélica tinha que ser mártir.

Passaram-se alguns dias e o padre voltou muito contente, disposto a discutir. Ao vê-lo, porém, senti uma coisa estranha. Sua alegria me fez mal e fui aberta com ele:

– Hoje não estou para filosofar.

– E por quê? O que há?

Sem poder me conter, chorei amargamente a ponto de ele se comover e me dizer:

– Que tem você? Se a ofendi, perdoe-me, tenha piedade de mim.

– Não me compreende. Não me ofende. Acontece que seguimos rumos diferentes. Você está apegado às mentiras religiosas e eu rendo culto à razão. Só estamos de acordo em um ponto: no licor amargo que ambos bebemos, embora em copos diferentes.

Ele ficou muito triste ao escutar as minhas palavras sentenciosas, e eu prossegui:

– Dirá que estou louca, porque sempre lhe falo de amores, e de amores impossíveis. Diga-me, você me quer como se fosse sua irmã?

– Não digo como a uma irmã, mas como a uma filha.

– Mais amor, é o que eu quero. Mais amor!

– Eu a amo como se ama um ideal, aquele que nos leva diretamente ao céu. É o ímã da minha alma. Quero-a, porém, até certo ponto. Há algo que me detém.

– Diga-me, repele a minha personalidade?

– Não, porque não a considero de carne e osso. Respeito-a e venero-a, como se venera uma santa.

– E o que pensará depois da minha morte?

– Não fale de morte.

– É que eu irei antes de você. Tenho uma sede de amor inextinguível, e desejo ouvir uma voz que me diga: “amo-a! amo-a!”... e essa voz não a ouço aqui.

– Você duvida da minha lealdade? Quer que lhe diga que lhe quero? Pois eu a amo como uma filha rebelde, como a uma irmã incorrigível, como a uma mãe, mais ainda: como se ama ao ideal mais belo que encerra todas as nossas ilusões em suas malhas de ouro.

– Pois eu o amo muito mais, amo como se ama na Terra e nos céus.

Nessa hora Angélica entrou e olhou-me com melancolia. Com seu sorriso significativo, parecia dizer: – Madre! Já está bebendo o cálice da amargura.

Ele olhou para ela de tal modo que fez com que ela perguntasse: – Por que me olha assim?

– Não sei como a olhava, estava distraído. Às vezes olha-se sem se ver. Se a ofendi, perdoe-me, como eu a perdoo.

– Está mentindo, você não sabe perdoar. Bem vi o que fez quando aqui estiveram os seus companheiros. Não a fez morrer então – e apontou para mim – porque faltou-lhe oportunidade. E sei que, se ela morresse, eu iria morrer a fogo lento se não cedesse às suas exigências profanas.

– Não a castigo como merece em respeito à sua madre guardiã. Mas se ela morrer, tem razão, vencerei a leoa.

– Não, a leoa saberia defender-se de todos os tigres religiosos. Ouça bem: eu o odeio, odeio! E não sei por quê, estamos sempre aqui juntos, três seres que sofremos e sofreremos sempre! Sempre!...

E como se escutasse uma voz longínqua a chamá-la imperiosamente, Angélica saiu rapidamente da minha cela.

O padre ficou como que aterrado com as suas palavras, e murmurou desalentado: – Que mistério! Entro contente e saio chorando!

Foi-se embora sem dizer-me adeus, deixando-me triste e arrependida das minhas exigências, dos meus delírios, dos meus loucos desejos.

Ó Deus, toda a humanidade poderá dizer a um espírito: – Amo você! Amo você! Mas o espírito tão amado continuará a sentir o mesmo vácuo, se dentre tantas vozes amorosas falta uma, a que encontra ressonância em seu pensamento e em seu coração. Mas se essa humanidade emudece, e um só ser diz a esse espírito: "amo você", naquele *amo você* a Terra se faz céu. Meu Deus! Que sou eu? Minha alma ama a dois seres ao mesmo tempo, um que está no céu, outro que está na Terra. O do céu é tão formoso!... mas o da Terra também me atrai. O do céu não se agasta comigo. O daqui... como é pequeno!... nem sei como posso amá-lo!...

Olhei depois e vi longe, muito longe, o amor dos meus amores. Que formoso estava! Trabalhava com as diferentes gerações e as multidões rasgavam a terra endurecida com ferramentas luminosas. Outros escreviam em grandes folhas de pergaminho, e ele falava ora com uns, ora com outros. Multiplicava-se, pois eu o via em todas as partes. Mas estava tão longe! Era imensa a distância que me separava dele. Foi quando eu disse angustiada:

– Não posso chegar até você?

– Não tenha pressa. Correr não é progredir.

– Mas pelo menos me ama?

– E o que faço, senão esperá-la?

– Disse que me espera, mas não disse que me ama. Ama-me?...

– Quando deixei de amá-la? O meu amor guarda-a, o meu amor eleva-a!

E ele foi se aproximando lentamente, até que nos encontramos ambos na fonte da minha redenção, onde ele me disse: – O meu amor é a sua vida. Ame-me, mas que seja com o martírio que me fez sofrer em outro tempo. Amo-a! Amo-a...

Senti como que nascer de novo. Aquele *amo-a* repetido fez-me sentir o que nunca tinha sentido, sensação inexplicável que jamais poderei definir, porque a linguagem humana nunca vai poder interpretar os prazeres divinos.

Bebi água da fonte. Tinha o gosto do néctar dos deuses. Numa taça rústica de pedra ofereci-a também àquele que, com a magia das suas palavras, tinha me dado a vida. Ele bebeu e disse-me: – Vê? Sua vida é esta, dar água aos sedentos de amor e de verdade.

– Deixe-me ir com você.

– Não ainda.

– Então, acompanhe-me.

– Aonde?

– Ao meu convento.

Vi-me em minha cela e ele me perguntou: – Que mais quer?

– Deixe-me adorá-lo como a Deus.

– Não delire. Quando compreender a grandeza de Deus, então verá que eu sou somente um dos seus filhos.

94. Sem razão

Tais situações geravam fortes emoções em meu espírito. As vidências que tinha continuamente, de cenas interessantíssimas à minha volta, levaram meu ser a tomar um caminho perigoso. Meu espírito só ansiava por fugir o quanto antes da Terra.

Eu queria viver em relação direta com tudo aquilo que me atraía, que me seduzia, que me arrebatava da Terra. Dentro daquele desejo voraz que me consumia, achava triste tudo o que me rodeava. Minha cela parecia-me uma masmorra.

Eu, em meus momentos de lucidez, reconhecia que não tinha razão para me queixar e dizia sentida: – Quantos pobres gostariam de viver como eu!... mas, Senhor, mesmo levando em conta que todos os desvalidos se considerariam felizes em possuir o que possuo, sinto-me cansada desta clausura. Necessito mais espaço para viver e seguir os impulsos do meu coração. Meu Deus, quero honrar a mim e ao Senhor, e o que me dá é um mundo de mendigos! Que importa que entre esses mendigos haja homens de talento, se eles são hipócritas e mentem? Dão-me um Cristo cravado na cruz e eu não quero o Cristo assim. Quero o Cristo que eu vejo. Grande! Formoso! Sublime! Dando vida às pessoas com o seu alento, ensinando aos povos o caminho da perfeição por meio do trabalho e do sacrifício mútuo. Quero falar da sua esplêndida formosura e não posso! Não posso nem escrever nem falar: meus juramentos, meus votos proíbem. Quisera também dizer que amo um homem, porque o meu coração é sensível às doçuras inefáveis do amor, e... não posso!... Uma religiosa não pode amar senão aos seus ídolos! Isto não é viver, Senhor! Será sempre assim? E viver sempre temendo a fogueira? Apesar de que o fogo que queima as carnes não é tão voraz como o que abrasa o espírito!

Foram inumeráveis as minhas lamentações. Tomou conta de mim uma melancolia, uma tristeza, um abatimento tal, que não podia suster-me de pé. Às vezes caía de joelhos e pedia a Deus para morrer. Quando não há esperança, viver para quê?... E tanto pedi a morte, tanto supliquei, que um dia, no momento de minha rogativa, tudo estremeceu em meu aposento. Rugiu um trovão e serpentes de fogo atravessaram o espaço. Mas não me assustei. A luz dos relâmpagos como que energizava-me, porque a vida manifestava-se plena naquele movimento, e eu vivia sentindo o estrondo ameaçador. Foi então que chegaram aos meus ouvidos vozes ásperas, dizendo:

– Que quer? A destruição?...

– Não, não quero destruir nada, mas quero deixar a Terra e buscar no Eterno a grandeza a que aspiro. Aqui só há sentimentos maus.

Como por encanto, o ambiente serenou-se, ou melhor, serenei-me, porque a tempestade só existia no meu pensamento e no meu coração. Olhei as *flores do céu* e achei-as murchas, dizendo-lhes eu com amarga ironia: – Ainda estão aí?

O jarrão que as continha moveu-se lentamente e flutuou no ar. E as flores voltaram a ser viçosas.

Ao vê-lo flutuar, gritei: – Flores minhas! Por piedade! Não se separem de mim! Fiquem, por favor!...

– Não a deixaremos – disse uma delas –, não somos tão ingratas. Não a deixaremos enquanto estiver na Terra. Depois, já não vai precisar de nós. Sua fascinação faz com que tenha visões.

– Não querem dizer-me nada?

– Nada. Não é ora de trocarmos impressões.

– Estão aborrecidas?

– As *flores do céu* não se aborrecem.

– E as da Terra?

– Essas, sim. Mas você ainda não sabe o que são as flores.

Aquela resposta entristeceu-me, feriu meu amor próprio. Consideravam-me tão ignorante, que nem sequer me concediam que soubesse conhecer e apreciar uma flor.

Às vezes, quando menos se espera, uma palavra de desdém faz-nos voltar à vida real, e foi o que me aconteceu naquele momento. O tom de desprezo da flor comoveu-me.

Olhei em torno e lembrei-me de Angélica, da minha boa e carinhosa companheira. Pareceu-me que havia muito tempo que não nos víamos, e murmurei: – É muito estranho! Se ela dorme aqui, como é que não a tenho visto? Terei perdido a noção do tempo? A verdade é que não sei medi-lo. Que terá acontecido? Sinto-me cansada; é melhor deitar-me.

E deitei-me, pedindo a Deus paz para minha alma. Não pude conciliar o sono, pensando em Angélica. Era meia-noite quando ela entrou na cela com todo o cuidado para não fazer ruído. Trazia na mão um copo cheio de um líquido leitoso, que agitava com uma colher. Mantive os olhos fechados. Ela aproximou-se do meu leito, entreabriu-me a boca com a maior delicadeza e fez-me ingerir uma colherada do líquido. Eu tinha consciência de que não estava mal e saboreei-o, demonstrando isso com os lábios e com a língua, movimento que foi percebido por ela, fazendo-a lançar um grito de júbilo. Olhou-me fixamente, abraçou-me, e ao ver que eu correspondia às suas carícias, chorou, chorou como choram as almas que sabem amar.

Ao ver-me com os olhos abertos gritou alvoroçada:

– Madre! Madre! Já recobrou a razão?

– Mas eu tinha perdido a razão?

– Não foi bem assim, mas ficou fora de si por muito tempo.

– Ó, Meu Deus! E quanto tempo durou minha morte aparente?

– Não sei, madre, não sei. Quantas noites! Quantos dias sem ouvir a sua voz! Sem ver o brilho dos seus olhos!...

– Diga-me, e nesses dias que disse eu? Que fiz eu?

– Parecia que queria morrer.

– Mas Deus ainda não me quer.

– É verdade, Deus ainda não a quer.

– E o diabo? Acha que ele me quer? Que acha?

– O diabo não existe, madre. Isso ficou bem demonstrado em seu delírio, fazendo ver que ele foi inventado pelos maus sacerdotes. Mesmo assim, a comunidade julgou que ele aqui se albergava e que era o gênio do mal que a atormentava.

Com a doce companhia de Angélica, tornei da morte à vida. Naquela noite operou-se em mim uma transformação tão benéfica que, pela manhã, senti-me completamente restabelecida. Seguindo, porém, os bons conselhos dela, somente alguns dias depois é que deixei o leito.

Uma manhã, pedi à minha companheira que me contasse tudo o que acontecera comigo, e ela me disse:

– Ai, madre! Não agitemos as brasas, que as fagulhas podem provocar de novo o incêndio.

– Não tenha receio, estou muito bem.

– É difícil explicar. A senhora ficou em êxtase, com os olhos bem abertos e fixos no céu, e assim permaneceu por muitas horas. Depois, levantou-se e, andando de um lado para o outro, presa de violenta agitação, falava do Cristo. Dizia também que amava um homem e que queria ir com ele. Renegava a religião, os sacerdotes, os votos religiosos. Evocava o diabo e ria, dizendo: "estão vendo como não vem? Não vem porque não existe, porque jamais existiu". Numa determinada noite, sua cela encheu-se de uma luz avermelhada e houve momento em que ela parecia parte do inferno. Em meio àquela atmosfera de fogo viam-se monstros terríveis, répteis gigantescos, e ouvia-se o ulular de feras raivosas, que só eu sei. Rugia o trovão, sibilava o raio e a senhora dizia: – "Senhor, quero morrer! Não quero mais clausuras, não mais a escravidão religiosa". A comunidade assustou-se e em sua cela só eu entrava. Quando veio o capelão do convento, ficou horrorizado. Todos diziam que havia perdido a razão, que o diabo tinha vencido Jesus. Não estranhe que a comunidade faça o sinal da cruz ao vê-la; acreditam que está endemoniada.

Quando fiquei só, pedi a Deus clemência e repouso para a minha alma, lamentando amargamente os meus extravios, que não tivera intenção de provocar.

Saí de minha cela, e as freiras, muito a contragosto, beijaram-me a mão. Logo percebi que faziam o sinal da cruz e muitas delas limpavam os lábios, umedecendo os dedos numa pequena fonte que havia num dos claustros.

Saí para o horto entristecida. Estava convencida de que me julgavam endiabrada. Pobres mulheres! Elas, sim, que estavam obsidiadas pela ignorância.

Dirigi-me, depois, a um pequeno bosque onde havia uma fonte. Sentia muita sede e bebi água em abundância. Podia observar que as freiras me espiavam através das grades das janelas. – Meu Deus! – murmurei. – Por que me julgam endiabrada? Vigiam-me, por certo, para ver se falo com o diabo!

– A culpa é toda sua – disse-me uma vozinha.

– Minha?!

– Sim, pelas suas exigências, pelas suas impertinências. Nas suas loucuras, foge da normalidade da vida e na sua imprudência encontra o merecido castigo.

Olhei, e a voz disse em tom mais enfático:

– Quer ver? E para quê? Não precisa ver nada.

– Pois deixe-me só.

– Só! Só!... que seria de você se estivesse só!... Quer matar o seu corpo, mas o que ele pede, a sua alma repele. Pobre de você se estivesse só!

Levantei-me e passei pelo horto, vigiada sempre pelas freiras, que não me perdiam de vista. Por fim, entrei no convento. Observei que elas fugiam de mim.

Passei ao refeitório. Lá estava o capelão do convento, que sentou-se no extremo oposto da mesa, à minha frente. Antes de começar a comer elevou uma prece pelos míseros mortais que estivessem endiabrados, para que não molestassem ninguém nem produzissem escândalos. Terminada a refeição, ele repetiu a oração, pedindo a misericórdia de Deus para os infelizes endemoniados. Por fim levantou-se e preparava-se para sair quando eu lhe disse:

– Vi que sentou-se à minha mesa, e como esse lugar não lhe pertence, necessito saber quem o autorizou.

– As circunstâncias me obrigaram, pelo fato de a superiora estar com a razão transtornada. Se quiser mais explicações, espero-a no confessionário.

– A superiora – aquela que comanda esta comunidade – não necessita acudir ao confessionário e aguarda-o em sua cela.

Ele sorriu ironicamente e retirou-se. As freiras seguiram-no como almas penadas, deslizando os pés sem fazer o menor ruído. Somente Angélica ficou ao meu lado, pálida e convulsa, dizendo-me, depois de alguns instantes, com voz embargada:

– Madre! Isto está ficando ruim. Sinto até falta de ar.

– Pois olhe, minha filha, não se afogue em tão pouca água. Querem fazer-me enlouquecer, mas eu lhe asseguro que vou desfazer em mil pedaços as nuvens da ignorância que nos envolvem. Já estou senhora de mim, em luta pela verdade. Não quero dirigir comunidades de hipócritas. Quero ter sob a minha custódia mulheres que pensem e raciocinem, e hei de tê-las. Fora daqui, os meus adversários pensarão que estou endemoniada, porque o capelão assim os fará crer. Mas eu farei compreender a meus inimigos que a minha razão funciona perfeitamente, e que ninguém está isento de ter uma enfermidade, como eu tive. Mas já estou curada. O que ainda me preocupa são as religiões da mentira, pois eu quero uma religião que seja verdade. Quero que se adore a Deus sem necessidade de encerrar-se dentro de quatro paredes. Quero que se compreenda a obra humanitária de Jesus e se reconheça a sua grandeza e o seu incessante trabalho. Não quero madeiros tintos de sangue nem corpos deformados pelo martírio. Quero espíritos formosos dirigindo a caminhada dos povos, quero mulheres amorosas amamentando os seus filhinhos. Quero homens fortes lavrando a terra, e não virgens sem coração nem encapuchados sem sentimento. Quero uma humanidade que se ame, que se proteja, que se multiplique para embelezar a Terra com as suas maravilhosas descobertas. Não quero conventos, quero oficinas. Quero uma humanidade livre e feliz, e não múmias insepultas.

– É muito belo tudo o que diz, minha mãe, mas isso não é destes tempos e, acredite, se não quer que julguem-na endiabrada, fique muda.

– Emudecer? Nunca! Os precursores não têm o direito de ocultar o lume debaixo do alqueire.

– E a fogueira, madre? E a fogueira?

– A fogueira só queima o corpo, enquanto a alma voa solta no espaço. E se me fizerem morrer antes do tempo, tanto pior para eles, porque somarão mais um crime a tantos outros que vêm praticando.

95. Pedra de escândalo

Quando fiquei só, refleti muito sobre o que acontecera. Tentava relacionar os fatos e ordenar meus pensamentos. Não chegando a conclusão nenhuma, perguntei-me:

– Estarei, realmente, louca? Os meus afastam-se de mim, benzendo-se. Um pobre homem, o capelão do convento, atreveu-se a olhar-me com desprezo... Só Angélica me quer bem; é a única que me aceita.

Meu Deus! meu Deus! Para onde estou caminhando? Que tenho eu? Por acaso é crime uma mulher ter um corpo que aspire por carne e uma alma que aspire por céu? Que sabem destas lutas cruéis os que me ironizam e me insultam? Como eles não lutaram, como não caíram, não sabem quanto custa sustentar-se de pé. Que fazer, meu Deus? Se eu ceder na representação de uma farsa indigna, contrária à minha franqueza e lealdade, com mais razão vão me apontar como endemoniada. Tudo indica que este adjetivo vai me acompanhar, ainda que me banhem com água benta. E, porventura, tenho culpa do meu desvario intelectual? Tenho culpa de que o meu corpo lute com violentos desejos de vida, de amor, de sentimento, de algo que o ser humano necessita? Eu não sou culpada, não, e por isso não vou ceder às suas exigências injustas. Substituirei o pessoal que me rodeia. Mas... e fora daqui, quantos já não terão falado contra mim?

Há momentos na vida em que pigmeus se transformam em gigantes, mas logo vem o desânimo, porque há lutas terríveis como as que se desenrolam na nossa consciência, muito piores do que as lutas de feras famintas. Há ocasiões em que o número de inimigos ocultos espanta, porque na sombra o volume de todas as coisas aumenta.

Foi uma crise horrível. Quantas vezes me levantava alvoroçada e dizia: – Estou oprimida! Falta-me ar! Falta-me liberdade! Meu Deus! O Senhor me abandonou? Por que a natureza, com a sua eloquente linguagem, já não me fala mais? Que fiz eu? Faltei, porventura, com meus deveres religiosos? E que é uma religiosa de agora comparada com a eterna verdade da vida? Se a minha vida é eterna, por que hão de pesar tanto na minha balança os meus protestos de hoje contra imposições tão injustas e cruéis? Não amar! Não sentir! Ter tudo quanto é preciso para cumprir todas as leis a que são submetidas as demais espécies, e ter que se converter em um corpo morto! Que horror! Que crueldade!

Apesar de os meus pensamentos em incessante luta absorverem por completo a minha atenção, fui observando com estranheza e sentimento que até Angélica ia me abandonando pouco a pouco. Até que uma noite não a vi entrar na cela para descansar, como de costume. Oh! Como foi longa aquela noite! Parecia interminável. Levantei-me ao romper do dia e saudei o Sol, dizendo: – Não me abandone, você que é a única verdade!

E ouvi uma voz que me dizia asperamente:

– Aonde vai, infeliz?

– Não sei. Meu Deus! Dê-me forças. Lembro-me das minhas comunicações com o Senhor, depois lembro-me dos meus delírios, das curas que realizei, e agora não sei o que fazer. Deverei provocar um escândalo?... Parece que a Igreja assim o quer.

Senti depois o rumor de muitas asas, mas nada vi e, pouco a pouco, fui me tranquilizando, sempre perguntando: – Que farei? Que farei? – respondendo a mim mesma: – Calma, calma, a luta principal está em mim.

Chegou então Angélica com o meu café da manhã. O modo como a olhei fez com que ela deixasse cair o que tinha na mão. E prostrou-se aos meus pés, dizendo:

– Madre, creio que está louca, e fazendo-me enlouquecer também.

– Sente-se aqui comigo. Então, todos julgam que estou louca?

– É verdade, madre. E a autoridade agora é a dos seus inimigos e dos meus.

– Meus inimigos?! E quem são os meus inimigos?

Nesse momento, cresci, senti-me outra vez grande e potente. Angélica, ao ver-me tão reanimada, imaginou que eu tinha um novo acesso de loucura, e gritou, quando eu me dispunha a sair da minha cela:

– Madre!... Madre!... Não saia daqui, que seus olhos me assustam.

Peguei um pequeno espelho para ver o meu rosto. Efetivamente, não parecia a mesma.

– Estarei louca, realmente? – murmurei verdadeiramente espantada.

E virando-me para Angélica, disse-lhe, aparentando tranquilidade:

– Vá, minha filha. Logo vou procurá-la.

– Por Deus, madre, não saia daqui. Se sair, não tornará a entrar.

– Por quê?

– Porque querem amarrá-la. Na verdade está presa aqui, e consegui que a respeitem enquanto estiver aqui dentro.

– Está bem, vá. Preciso ficar só.

Angélica retirou-se. Aquele foi o pior dia da minha existência. Quantos pensamentos surgiam em minha mente atropelando-se uns aos outros! Teriam me dado algum tóxico para transtornar minhas faculdades mentais? – perguntava eu com angústia indizível. Antes eu dispunha das forças acumuladas da natureza e agora... agora não dispunha nem de mim mesma.

Passei muitos dias verdadeiramente horríveis. Minhas vidências eram espantosas. Via constantemente campos de batalha semeados de cadáveres, cidades incendiadas, barcos desgovernados ao sabor das ondas, montanhas de neve soterrando aldeias, multidões tresloucadas pelo terror!... Minha cela, quando eu tinha tais visões, enchia-se de uma luz avermelhada, e todos os que se aproximavam diziam ver figuras disformes, corpos sem cabeças, cabeças sem corpos, mãos crispadas, que só eu sei!

Uma manhã levantei-me mais calma, acreditando que tinha chegado a minha hora de morrer. E antes de partir queria saber de que enfermidade eu morria. Foi quando entrou Angélica, e eu lhe disse:

– Preciso que o meu antigo médico venha até aqui. É muito velhinho, mas só nele eu confio totalmente.

Ela saiu e voltou pouco depois dizendo:

– O seu médico morreu.

Senti que ela mentia, mas calei-me. Como se me desse por satisfeita, disse-lhe: – Pois bem, já que o médico do meu corpo morreu, que venha o médico da minha alma. Quero confessar-me com o nosso amigo padre.

Angélica saiu e voltou dizendo que ele estava enfermo e que, por isso, não podia vir. Compreendi que ela mentia mais uma vez, e disse-lhe: – Pois necessito que venha um confessor, e ninguém melhor do que aquele que aqui governa.

Ela saiu e voltou de novo. Estava deveras perturbada ao dizer-me: – Dizem que ele nada tem a ver com o seu caso.

– Pois eu quero que venha um confessor, seja qual for.

Falei com tal autoridade que Angélica inclinou a cabeça e saiu velozmente. Voltou logo após acompanhada de um padre de figura vulgar que, ao entrar na minha cela, assustado, fez o sinal da cruz, olhando para todos os lados com horror. Por fim acalmou-se e disse-me com voz trêmula:

– Aqui me tem, irmã.

Sente-se, padre, para conversarmos.

– Não tenho tempo a perder. Seja breve.

Levantei-me e disse-lhe: – Já vê que o respeito, pois me levanto, mesmo sem poder.

– E por que não se ajoelha?

– Porque só devo ajoelhar-me perante o Santo Padre.

Olhamo-nos e ele nada disse. Eu, por não conseguir manter-me de pé, caí de joelhos. Ele não fez menção de levantar-me. Fiz então um esforço supremo, dizendo para mim mesma: "A vida ou a morte! Senhor, quero que este homem me obedeça, quero que ele execute docilmente o que a minha vontade lhe impuser". E, dissimulando, fui me arrastando, pesarosamente, como se fosse uma serpente, sem poder encará-lo, mas olhando-o de soslaio e dizendo em pensamento: "quero que seja meu, meu, meu". E o padre, ignorando o que se passava, disse quase sorrindo: – Sim, sim, sim.

– Quer sentar-se, padre?

– Sim.

E sentou-se. Fui me aproximando dele o mais que pude, tratando de envolvê-lo na rede da minha vontade, e ele foi-me obedecendo cegamente. Estremeceu e deixou-se dominar sem opor a menor resistência. Vendo que ganhava terreno, disse-lhe:

– Padre, somos todos pecadores. É natural que eu também tenha pecado. Nossos extravios chegam a formar barreiras que nos perturbam. Padre, estou consciente dos meus desvarios e não estou louca.

– Louca, não, não está. Nós é que a fazemos passar por louca, isso sim.

Como me horrorizei ao ouvir a sua afirmação!... Reprimi meu terror e disse-lhe:

– Padre, deixe-me sair dos meus aposentos. Assim ficarei logo boa. E se eu sair daqui, acontecerá um milagre.

– Milagre! Milagre!... Essa é a sua desgraça.

– Padre, deixe-me sair daqui; venha comigo se quiser. Iremos a uma fonte onde beberei uma água milagrosa que há de me curar.

– Está bem, vou acompanhá-la.

Ele saiu num estado difícil de se explicar, pois quase caía de sono. Teria sido fácil dominá-lo por completo, mas não quis me aventurar a tanto, pois tanto me sentia com a energia de um Hércules como com os temores de uma criança desamparada.

Ao ver-me só, pensei: – Voltará?

Esperei, mas em vão, porque não voltou, e eu passei toda a noite sem dormir, lembrando todos os meus parentes. Como que desfilavam à minha frente dizendo cada um palavras duras. Ao passarem meus pais, estes detiveram-se e me disseram:

– Por que se preocupa com ninharias? Não se lembra que tem a chave de tudo em suas mãos?

– Que chave? Que remédio é esse?

– Infeliz! Tem tido energia durante toda a sua vida, mas lhe tem faltado paciência.

As últimas palavras ecoaram, repetindo: "Paciência, paciência, paciência!..."

– Mas não me deixem assim. Digam-me, que remédio é esse? É a morte?...

– Coitada! Já chegou a pensar até no suicídio... Tem tido em sua vida energia de sobra, mas nunca teve paciência.

E o eco repetiu de novo: "Paciência, paciência, paciência!..."

No dia seguinte, voltou o padre que me havia confessado. Dando-me a mão a beijar, disse:

– Não sei o que tenho desde que aqui entrei. Creio que o diabo está me tentando.

– Oh! Também acredita no diabo?

– Sim, acredito. Que tem na testa? É sangue?

– Sangue? Não sei.

– Esse sangue lhe assenta muito bem. De cada gota brotam chispas de luz. Está formosa, muito formosa! – e olhava-me de um modo que me causou asco.

– Padre, não vamos à fonte beber a água?

– Vamos, e acompanhados. Nosso superior quer tirar a última prova.

– Que prova é esta?

– Verá. Verá.

Naquela situação de angustiosa incerteza, ouvi a voz de meu pai, que me dizia: "Paciência, paciência! Se não tiver paciência, não chegará ao seu objetivo".

– O que quero é sair daqui. Quando me vir livre, vai me enclausurar – disse para mim mesma, e dirigi-me ao padre:

– E quando sairemos?

– Logo, muito antes que possa imaginar.

E saiu sorrindo, lutando contra o sono que se ia apoderando dele. Ao vê-lo naquele estado, dei graças a Deus. Era indício de que ainda restava em mim algo do muito que tinha possuído em outro tempo: energia e força de vontade suficientes para lutar com os meus inimigos implacáveis.

A Igreja não podia me culpar por ter nascido antes do tempo. Minha impaciência levou-me à Terra numa época em que não se permitia pensar nem discutir. Era crer ou morrer, e eu não cria nem na religião nem na morte. Por isso me fizeram pedra de escândalo.

96. Inquietação no convento

Houve momentos, no breve espaço de tempo que me deixaram só nos meus aposentos, que me pareceram intermináveis séculos de sofrimento. O tempo, conforme o nosso ânimo, parece-nos muito para chorar e pouco para rir.

O que me mortificava? Certamente, a luta que mantinha minha alma. Estava só. Poucos compreendiam a minha sinceridade. Outros não a queriam compreender; queriam-me fazer passar por louca!... e não há nada pior do que ter a razão sã e teimarem em dizer que está enferma.

Com sofreguidão pensava na minha próxima saída e dizia com alvoroço:

– Amanhã sairei, meu Deus! amanhã!...

Quis dormir para recuperar as forças, mas não se consegue dormir quando os pensamentos lutam sem tréguas nem descanso. Assim, disse desesperada:

– Meu Deus! Tenho pecado tanto assim, que não mereça nem um momento de repouso?

Respondeu-me uma voz longínqua: – Por que perde a calma? Não quer sair daí? Pois espere, que o tempo não se altera em seu curso.

– Piedade! – murmurei desalentada.

– A piedade existe no Eterno. O que lhe falta é a serenidade necessária para esperar.

Era verdade. Nunca soube esperar. Adiantei sempre os acontecimentos com a minha imaginação. Sempre quis colher o fruto antes de amadurecer. Por isso tenho sofrido tanto. Acho que conheço todos os erros que levam a esta penitência.

Minha tranquilidade começava a voltar, até que Angélica entrou na cela. Ao vê-la senti um prazer imenso. Ela me olhou e disse ternamente:

– Orava, madre?

– Sim, orava.

– Então, não estava aqui.

– Como sabe?

– Os seus olhos de iluminada me dizem. Eles revelam tudo o que sente. Agora, alimente-se – e apresentou-me uma refeição frugal, repetindo: – Alimente-se, madre, para recobrar as forças.

– Não notou que ao vê-la senti uma alegria enorme? Nem a uma filha eu teria olhado com tanto prazer.

– Sim, madre. E tanto notei que, antes mesmo de entrar aqui, ouvi que dizia: *Filha! Filha minha*! E... sairemos amanhã, madre?

– Sairemos.

– Sairemos ou sairá?

– Creio que sairemos, pois onde eu vou também você vai, bem sabe.

– Falemos mais baixo, minha mãe, porque acho que nos espreitam. E ao dizer isto, Angélica levantou-se sem fazer ruído, abeirando-se da porta da cela para verificar se havia alguém. Não havendo, aproximou-se de mim novamente e disse em voz baixa:

– Madre, a senhora é uma vítima. E de mim! Quisera morrer por isso! Quando penso em matar-me, não tenho coragem para separar-me da senhora...

Aquela revelação inesperada produziu em mim um efeito tão prodigioso que, como por encanto, retomei minha antiga lucidez e disse-lhe com serenidade:

– Fala de suicídio? De morte violenta? Não, você não. Você não pode morrer ainda. Sua morte será no tempo devido e da forma como acontece com os justos.

– Madre, é que tenho culpa de tudo quanto lhe sucede, de tudo quanto lhe atormenta, e não é justo viver mais. Perguntei se sairíamos amanhã, porque sei que não me deixarão sair.

– Que diz?

– O que acaba de ouvir. Existe aqui uma intriga muito confusa, uma maquinação muito séria!...

– Não, Angélica, aqui não há senão uma paixão violenta e um procedimento infame. O homem que eu amo quis obrigar você a render-se aos seus desejos. Você manifestou a ele que o odiava e que nunca seria dele. Como castigo à sua desobediência, à sua rebeldia, ele valeu-se de mim para obrigá-la a ceder aos seus desejos vulcânicos. Ele conhece os laços de carinho que me unem a você. Sabe, igualmente, que você não consentiria que me tratassem como louca. Agora compreendo tudo. Já sei por que não veio ver-me. É porque esse homem, diante de mim, perde a vontade própria. Eu o domino como quero, faço-o adormecer e nesse estado acaba contando a mim os seus mais íntimos projetos. Esse homem, cuja arrogante figura tanto me fascina, quer arruiná-la e a mim também. Quanta infâmia, meu Deus! Quanta infâmia! Parece incrível que um corpo tão belo seja animado por um espírito tão miserável. Diga-me tudo que sabe. Não tema, saberei guardar os seus segredos.

– Pois bem, soube que urdiram contra a senhora uma trama horrível. Bem sabe que perto daqui existe um convento cuja superiora é aquela religiosa ruim que você expulsou de um asilo de pobres. Aquela, que tratava os infelizes internos como cachorros sem dono... A dita superiora, mancomunada com o meu perseguidor, quer ocupar o posto da senhora que, tida como louca, ficará presa sob sua custódia. Já vê que é um plano iníquo, um projeto infame. Essa mulher quer vingar-se da senhora, e eu, que poderia evitar tantas infâmias, não as evito, madre. Tenho ou não razão para querer morrer?

– Não, minha filha. Você vai continuar a cumprir com o seu dever de mulher e de religiosa, porque a mulher digna jamais se prostitui e a boa religiosa não falta com seus votos. Quanto à minha inimiga, não tenho medo. Intrigas desse nível não devem merecer a nossa inquietação. Quando fiz com que essa infeliz saísse do asilo, cumpri um dever de humanidade. E na balança divina, não pode pesar mais o ódio de um espírito vingativo do que as bênçãos de muitos velhos e crianças que então salvei de uma morte certa, já que viviam no abandono e cercados de todas as misérias e asquerosidades. Tenho certeza de que fui justa e usei da misericórdia para com todos. E estou tranquila porque não lhe fiz nenhum mal, embora pudesse, pois podia tê-la castigado até com a prisão. Optei por deixá-la livre e separada dos pobres, para que não cometesse mais abusos, porque o castigo não faz senão irritar mais o culpado. Você se julga uma derrotada, Angélica?

– Sim, por isso pensei no suicídio. Ao matar-me, vão apagar-se os desejos desse homem que tanto ódio me inspira.

– E pensa que, se você se aniquilasse, não cometeria eu um crime? Esse homem sentiria todo o peso da minha justiça porque ainda posso muito. Não delire, minha filha, não delire. Se se empenharem em tirar-me o cargo, você me substituirá, Angélica. E será a superiora e eu vou ocupar-me de novos trabalhos pelo bem da humanidade.

Angélica, olhou-me surpreendida e satisfeita, porque, afinal, era mulher. E conquistar um papel de destaque é sempre agradável.

– Sim, minha filha. Sinto-me serena, e suas revelações chegaram muito a propósito. Não julgue que quero lutas e vinganças. Vou admitir as imposições que me fizerem até um certo limite. Agora vamos tratar de dormir para que amanhã estejamos fortes.

Recostei-me, mas não dormi. Pensava na minha antiga inimiga, recordando o seu procedimento iníquo para com os pobres, e dizia para mim mesma: – Eu nunca maltratei nenhum pobre, tanto assim que muitas vezes foi-me dito que eles me bendiziam. Ouvi, então, a voz doce de minha sobrinha dizer-me:

– Minha tia! Nada receie. Eu a coroei e não há de descer do seu pedestal.

– Por que não a vejo?

– Porque não é conveniente, mas receba um beijo – e senti o seu beijo na minha fronte, o que aumentou o desejo de vê-la.

– Quisera vê-la, minha filha.

– Iria comover-se demasiado. Nada tema, que tornará a ser coluna firme da sua Igreja.

– Quero vê-la.

E ouvi que me diziam: – Não insista, que já tem mais do que merece.

Angélica despertou, dizendo-me, chorosa: – Ai, madre! Que noite!

– Ouça, quero que viva, que jamais pense em suicídio. Quanto deve ter sofrido! Pobrezinha! Eu lhe ofereço o reino dos céus, mas quero vê-la forte e animada.

Abracei-a com tanto entusiasmo que ela gritou: – Madre! Que força tem! Seus braços parecem barras de ferro.

– É que eu quero transmitir-lhe as minhas energias. Nada receie, que vai sentir-se bem.

– Tem razão, madre, sinto-me agora mais forte do que nunca. Deu-me vida, realmente!

– Eu não dou vida, mas sei agradecer os sacrifícios que fazem por mim. Agora vá, para que a nossa conversa prolongada não cause suspeita.

Angélica retirou-se e saudei o Sol. Olhei, então, para as *flores do céu*, que estavam mais viçosas do que nunca. Estavam imóveis e mudas.

– Nada me dizem? – perguntei. – É que se aproxima a hora decisiva da minha vida? Deixem-me que beije uma de vocês.

E subindo numa cadeira, aproximei o rosto do jarrão em que elas estavam, mas ele flutuou, detendo-se no peitoril da minha janela. Ao ver aquela mudança tão rápida, surpreendi-me e disse com tristeza: – Não mereço beijá-las, não é?

– Não é aqui que deve beijar-nos – disse uma delas –, mas já que assim quer, beije-nos. E o jarrão, por si só, trasladou-se do peitoril para minha mesa e parou. Ao aproximar-me para beijar uma flor, senti um perfume tão forte, tão embriagador, tão penetrante, que fiquei atordoada e tive de retroceder. Ao notar o meu movimento brusco, disse-me uma delas:

– Vê como nós a beijamos? Você quis beijar-nos. Não sabe que somos apenas essência? Parece incrível que seja ainda tão material! Nós somos a essência de todas as paixões e é inútil que queira tocar-nos, porque a essência não tem forma consistente.

– Flores minhas, quanto lhes devo!

– Lembre-se – disse uma delas – que falta ainda muito aprendizado à suposta santa. Precisa de mais filosofia, mais grandeza de alma, mais elevação de sentimento. Tudo então tremeu ao meu redor e o jarrão levitou de novo, indo colocar-se no seu antigo lugar. Nesse momento meu confessor, que havia chegado e observado atônito a cena, tentava fugir e não podia. Passava as mãos pelo rosto e tocava o corpo para ver se estava são e salvo. Eu, compreendendo o seu natural espanto, aproximei-me e disse-lhe:

– Padre, veio buscar-me?

– É quase que proibitivo vir aqui.

– Por que, padre?

– Por estes atos de bruxaria que não acabam nunca!

– Padre, o que tem?

– Não sei, mas sempre que entro aqui, fico confuso, madre. São coisas muito estranhas que acontecem.

– E não vamos sair, padre?

– Vamos, foi para isso que vim.

– Então, retire-se por um instante até que me vista convenientemente. Chamo-o em seguida.

Fiz questão de sair o mais bem vestida possível e saciei a minha vaidade de mulher, a ponto de dizer: – Ainda não estou velha!

Ouvi, então, que me diziam:

– Lembre-se que uma flor, quando não dá alento a outra, murcha mais depressa.

Não sei por quê, naquele dia, eu tive até o desejo de parecer formosa. Tinha a intuição de que tinha que representar um importante papel.

Saí dos meus aposentos e não só encontrei o meu confessor, mas um enxame de religiosos de diversas comunidades, que disseram ao ver-me: – Por aqui, madre, siga por este caminho.

– Esse não é o caminho que devo seguir. Mas, e a segunda superiora? Onde está sóror Angélica?

– Está muito ocupada – disse o meu confessor –, e não pode acompanhá-la.

Aquela proibição imediatamente me desconcertou. Fiquei tão triste que já perdi a ilusão do penteado monacal com que me preparara. Voltando à minha cela, tirei a touca de finíssimo bordado, lembrança de minha sobrinha quando me coroou. Minha tristeza, porém, desvaneceu depressa como nuvem de fumaça. Saindo novamente da minha cela, disse àqueles que me impediam a passagem:

– Deixem-me passar! Abram alas! Aquele que se opuser opõe-se à vontade do Sumo Pontífice e do monarca reinante, pois de ambos tenho objetos que me conferem alta dignidade eclesiástica. E apresentei-lhes a mão com dois anéis que revelavam minha hierarquia de princesa da Igreja. Tão imponente foi o meu gesto, que padres, freiras e frades me abriram passagem e eu segui triunfante, percorrendo todo o convento à procura de Angélica. Toda aquela turba seguia-me a prudente distância. Percorri também o asilo e percebi que todos me julgavam louca, exceto os meninos. Estes me rodearam, queixando-se da minha demora em visitá-los. Aquele carinho muito me comoveu. Eles, em sua inocência, eram os únicos que me faziam justiça. Percorri depois o horto, detendo-me junto à fontezinha, e pareceu-me que a água dizia ao cair: – Muito bem.

Da fonte passei à igreja, onde entrei, e encontrei Angélica, num estrado junto ao confessionário, prostrada de joelhos, rezando fervorosamente.

– Que faz aqui?

– Madre, cumpro a penitência que me impuseram.

– E por que tem que fazer penitência? Que falta cometeu?

Enquanto eu formulava minha pergunta, abriu-se o confessionário. Saiu dele o meu *amigo* padre. Ao vê-lo horrorizei-me, tremi convulsivamente. Perdi todas as minhas forças, todas! Por milagre, não caí ao chão, dizendo com voz entrecortada:

– Padre, se eu soubesse que era você quem mandava aqui, teria obedecido em tudo.

Ele olhou-me surpreendido. Não esperava tanta humildade, e disse compassivamente:

– Madre, volte para sua cela. Sairá logo mais.

Quis ir para a minha cela e dei alguns passos vacilantes porque mal podia suster-me de pé, quando ouvi uma voz potente: – Covarde! Retrocedendo...

– É verdade – exclamei. – Angélica sofre penitência injustamente, por mim, e não devo abandoná-la. E voltando-me para um padre que me seguia, disse-lhe:

– Diga ao seu chefe que não posso mover-me daqui, que estou cravada neste lugar.

– Mesmo? Pois eu vou descravá-la! – disse ele em tom de mofa. E pegando-me brutalmente pela cintura, quis arrastar-me até a minha cela.

Eu, porém, que já estava em pleno gozo de todas as minhas forças, ajudada, sem dúvida, por aquele que tinha me chamado de covarde e impedido-me de retroceder, afastei violentamente os seus braços e atirei-o ao solo com tal força, que ele não pôde mais levantar-se. Quis mover-se. Impossível! Quis levantar os braços, vão intento! Só a sua língua ficou livre para gritar furiosamente: – O diabo me pegou! O diabo!...

Aos seus desenfreados gritos acudiram todos os religiosos, todas as freiras, todos os asilados, mas ninguém se atreveu a tocar no padre que rugia no chão como uma fera faminta. Ninguém teve coragem para se aproximar de mim. Contentavam-se todos em fazer o sinal da cruz. Aproveitando-me daquela confusa e inusitada situação, aproximei-me de Angélica e disse-lhe: – Levante-se e ande! E se aqui se desconhecem as forças de Deus e se admitem as do diabo, que jamais existiu, que seja o diabo quem vai arrancá-la daqui.

E levantando-a, como se ela fosse uma pluma, saímos as duas do templo. Aquela multidão de hipócritas não se cansava de fazer o sinal da cruz.

Quanto pode a violência de uma paixão! Um só homem era a causa de todo aquele alvoroço!... de toda aquela farsa ridícula!... de todas aquelas agressões inferidas à religião!...

Se se pudesse dar forma ao diabo, se o mal pudesse personificar-se, não ficaria tão bem representado naquele religioso dominado pela soberba e pela luxúria!

Quantos crimes têm se cometido! Quantos infelizes têm ido à fogueira... O fogo purificando o que o vício e a paixão desmedida mancharam...

Quantos répteis arrastam-se pela terra sob a forma humana!...

97. Tempo de colheita

Extraordinária perturbação, a que se apoderou de todos os que aguardavam a minha saída do convento. Um verdadeiro desconcerto! Para que possam fazer um juízo aproximado do que se passou, direi que, entre as centenas de religiosos que se achavam ali para me acompanhar e gente do povo que tinha vindo de toda a comarca, havia milhares de espectadores. A minha voz ressoou potente dentro e fora do templo. Parecia que todos os ecos do mundo repetiam as minhas palavras e produziu-se uma confusão indescritível, aumentada pelos gritos da multidão. E muitos gritaram ao mesmo tempo: – O diabo apoderou-se da superiora do convento. É o diabo que atira os homens ao chão e os mata...

Os religiosos fugiam apavorados. Outros homens já diziam: – É mentira! A superiora não está endiabrada, porque os bons não se deixam enganar pelo demônio!

E a onda popular crescia e ninguém conseguia ser escutado. Apesar de tudo eu me sentia forte e satisfeita. Sentia que havia triunfado.

Levei Angélica para a minha cela, e, nem bem chegamos, minha companheira desmaiou.

Foram muitos os religiosos que chegaram até à porta dos meus aposentos, mas nenhum entrou. Ocupei-me de Angélica com toda a calma, dizendo-lhe:

– Desperte! Não há o que temer.

Falei com tamanha força de vontade que Angélica levantou-se e me olhou. Estava aturdida e meio tonta ainda. Coloquei-a no seu leito e disse-lhe:

– Está sofrendo muito?

– Muito, madre! E... por que me despertou? Queria dormir o sono eterno.

– Sono eterno? E por acaso existe o sono eterno?

– Horas cruéis me aguardam...

– Não tenha receio, desperte bem e acalme-se, porque quando chegar a tempestade é que é preciso ter mais serenidade para lutar contra os elementos.

Aproximei-me da porta da cela e os religiosos que enchiam o amplo claustro fugiram em debandada à minha aproximação. Uns caíram escada abaixo, outros atropelando-se, esbarravam brutalmente nas paredes. Ouviam-se lamentos e maldições.

Disse, então, consternada: – Que é isso? Quem manda aqui? Quem está promovendo tais atropelos? Por que acodem a este lugar tantos imbecis e hipócritas?

Quis sair, mas não pude andar. Uma força superior à minha vontade me deteve. Retrocedi então para junto da mesa e perguntei à minha companheira:

– Como está?

– Bem – e chorou silenciosamente.

– Bem, e por que chora? Tenha coragem, mulher. Você tem valor.

– Pode confiar, madre, já estou bem.

– Então, levante-se, sente-se e conversemos. Crê que estou louca?

– Não, madre! Não está louca.

– Está segura do que diz?

– Muito segura.

– Não estranhe a minha pergunta; preciso certificar-me do meu estado. Olhe-me bem. Nota alguma coisa nos meus olhos?

Ela me olhou fixamente e disse-me: – Seus olhos são como a esperança que abre horizontes que não têm fim. Há neles mundos de luz e de amor. Que formosos são os seus olhos, madre!...

Eu olhava para Angélica muito satisfeita, porque seu semblante irradiava a verdade. Disse-lhe contente: – Pois se não estou louca e você está forte, que havemos de temer?...

Tantas coisas lhe disse que consegui reanimá-la a ponto de fazê-la rir e gracejar, pois me disse:

– Ah, madre! Com que graça me tirou do templo! Pronunciou uma palavra mágica e acredita que ninguém entrará aqui. Pudera, todos veem o inferno nesta cela! Mas o desfalecimento que estou sentindo lembra-me que há muitas horas não nos alimentamos. Vou buscar alguma coisa para comermos.

Ia saindo, quando apareceu à porta o padre meu amigo, dizendo com acento irônico:

– Posso entrar, madre?

– Sua entrada sempre esteve franqueada, padre.

– Nem sempre.

– É que tem receio, talvez, de entrar no inferno, e de ser queimado pelas chamas eternas?

Ao ouvir as minhas palavras, ele me olhou de um modo ameaçador, mas logo pôs-se a rir, e seu riso era satânico. Como me pareceu pequeno aquele homem! Caiu a venda dos meus olhos e disse de mim para mim: – E amei este homem tão vulgar e tão miserável! Como fui insensata!...

Procurei acalmar-me e repeti em tom jovial: – Por que não entra? Tem medo?

– Não vim para entrar, vim para dar algumas ordens. Você me provocou, expondo-me ao ridículo, e isso não posso tolerar nem esquecer. Antes, quando não estava louca, eu me comprazia em falar com você, mas agora não. Agora sou obrigado a dar ordens que devem ser obedecidas.

A sua linguagem fazia-me crescer. Minhas energias aumentavam e ouvia vozes que me diziam: – Ponha em prática a sua filosofia e a sua paciência.

Aquelas palavras provocaram minha audácia e disse-lhe:

– Acho que pode mais que eu. Pois ordene e obedecerei. Não quer entrar? Pois eu irei até você. E aproximei-me.

Ele tremeu visivelmente e, um tanto comovido, disse em voz baixa: – É muito imprudente.

– E você?

– Eu... o homem mais insensato. Já vou dar as minhas ordens.

– Fale, vou escutá-lo pacientemente, ao menos pelo muito que o amei.

– Pelo muito que me amou?

– Sim. Amava o homem eminente, o grande sábio da minha Igreja. Hoje, porém, não posso querer o sectário dominado pela concupiscência. Fez-me perder todas as minhas ilusões. Seu amor insensato, ou antes, o seu apetite carnal promoveu todo este escândalo – e apontei-lhe Angélica, que ouvia em silêncio. Prossegui:

– Aí a tem, mas não lhe dará a felicidade, da mesma forma que não a achei em você, que é belo, formoso mesmo, mas com coração de tigre. Parece incrível que um exterior tão atraente encubra tantas misérias como as que aninha em sua mente! Aqui entre nós, que ninguém nos ouve: você é um miserável, digno de compaixão. E sabe por quê? Porque não mudará nunca. Voltará amanhã à Terra transformado em mísero mendigo, e toda essa grandeza que hoje representa na Igreja ficará reduzida à posição do mais ínfimo sacristão da mais pobre igreja de aldeia. A vida é eterna e tudo se paga. Hoje está pecando muito, e abusa covardemente de duas indefesas mulheres. Conhece a minha linhagem, o que representei na Igreja, a proteção que tenho tido, e tudo despreza para satisfazer seu desejo e sua vaidade! Goza vendo-me sofrer!...

Tanto lhe disse, que dos seus grandes olhos desprenderam-se duas grossas lágrimas que rolaram pelas faces pálidas. Havia conseguido comovê-lo. Continuei: – O seu pranto é o prelúdio da paz. Aproveite o momento para se redimir.

– Espere pelas minhas ordens – e tremendo, cambaleando como se estivesse doente, retirou-se.

– Madre! – disse Angélica – tanto roguei enquanto falava com esse homem, que vi o amor dos nossos amores. Como é belo! De seus dedos brotavam verdadeiras caudais de luz. Não o viu?

– Não.

– Pois ele ainda está aqui. Prepara-se para retirar-se. Como é belo!... Ele me disse: – *Nada receie. As mulheres honradas chegam sempre até mim.* Mas não o vê? Parece que estamos no céu, não se veem paredes neste aposento!

– Pois eu nada vejo, minha filha. Estou demasiado preocupada com as misérias que nos cercam. Por você foi que me contive, falando com esse homem. Cheguei a recear pela sua segurança, ao observar o olhar dele. Que expressão sinistra! Um homem dominado pelas paixões, e com poder, é temível!

– Nada receie, minha mãe. Tenho plena convicção de que se ele usar da violência e profanar o meu corpo, estará usufruindo apenas de um cadáver.

– Persiste em morrer?

– Não, eu não me vou matar. Vou morrer no tempo certo. E agora, madre, pensemos em nos alimentar. Vou buscar alguma coisa.

Angélica saiu e fiquei a pensar: – Meu Deus! Será que este tormento vai ser eterno?

– Ouvi que me diziam: – Não é bem assim; é preciso que reflita!

– Nesse momento, ouvi que alguém pronunciava meu nome e virei-me para ver quem era. À porta da minha cela estava uma religiosa toda envolvida num véu. Mal se podia distinguir suas feições.

– Por que não entra? Minha porta está sempre aberta para todas as irmãs da comunidade. Que quer?

– É que não sou uma irmã deste convento.

– Pois entre, se é que não tem medo das chamas do inferno – disse-lhe sorrindo.

– Exatamente por isso é que a chamo, pois se quisesse entrar não precisava pedir-lhes permissão. Venho para dizer-lhe que sou a nova superiora desta comunidade, e que está, por conseguinte, sob minhas ordens. Não pode sair daqui sem minha autorização. Logo a chamarei, assim que estiverem concluídos os exorcismos necessários em seus aposentos.

– Pois eu preciso de mais formalidades para respeitá-la como superiora. Quem a nomeou?

Ela pronunciou o nome de meu inimigo e eu lhe disse: – Alegro-me muito saber quem a mandou. É muito meu amigo.

A religiosa olhou-me assombrada e virou-me as costas no momento em que chegava Angélica com alguns alimentos. Quando deu meia-volta para se retirar é que a reconheci: era a minha inimiga feroz, a que eu tinha expulsado do asilo pelo seu mau procedimento.

Angélica disse-me: – Madre! Devo confessar que estamos muito mal aqui. Ninguém queria me dar nem o mais indispensável para nos alimentarmos. Só uma religiosa compadeceu-se de nós e me deu o que estou trazendo, recomendando muito que comêssemos logo porque a comida fria é indigesta.

Enquanto Angélica falava, uma voz murmurava ao meu ouvido: *Não coma, não coma*. E eu repeti à minha companheira: – Não coma, não coma, que alguém me diz que não comamos.

– Mas, madre, vamos morrer de fome?... E amanhã, o que faremos?

– Amanhã, só Deus sabe.

Chegou a noite e estávamos praticamente desfalecidas. É muito cruel o tormento da fome; eu nunca havia passado por aquilo. Íamo-nos deitar, quando ouvimos cânticos religiosos. Estremecemos ao ouvir duas fortes pancadas na porta da cela.

Angélica foi abrir e eu vi um padre que me disse:

– Irmã, saia daqui, em nome do Santo Ofício.

– Sozinha?

– Não, com sua companheira.

Saímos e eu disse a Angélica: – Não tenha medo. Confie e espere.

Ao sair pensei nas minhas *flores do céu*, mas lembrei-me logo que elas, não sendo flores da Terra, nem sequer seriam vistas por eles. Entraram como um tropel e, sem perda de tempo, queimaram quantos papéis encontraram. Minha mesa ficou limpa e só escaparam duas penas que não foram vistas. Desapareceram todas as minhas recordações, todas! Quanta iniquidade!...

Nossos opressores levavam a cabo o que deviam estar achando louvável façanha. Fizeram-nos entrar numa sala pequena, onde se achava reunida uma parte do Santo Tribunal. Ali tomavam-se apenas as primeiras providências, e por isso não havia tapetes negros nem velas verdes de cera. Entrei calma e serena, e logo que nos viu, disse-nos o presidente:

– Como querem ficar? De joelhos ou de pé?

– Eu, de joelhos – disse Angélica, e prostrou-se humildemente.

– E eu de pé – disse resoluta.

– A que se põe de joelhos demonstra arrependimento, e a que fica de pé manifesta a sua soberba. São acusadas de bruxaria, de estarem endiabradas, de manterem um comércio ilícito com as potestades do inferno.

– Não digo nada. Sei que não irão me escutar.

– Faça como quiser.

Acusaram-nos como quiseram. Mentiram e disseram os maiores disparates. Terminada a acusação, separaram-nos, encerrando-nos em prisões distintas, improvisadas por eles nos sótãos do convento, construídos, aliás, para uso muito diferente. Em meu convento não havia prisões nem esconderijos. Tudo era claro, limpo e alegre. Não havia outra sombra senão a da intolerância e da ignorância religiosa, da inveja e de todas as paixões rasteiras dos hipócritas.

Ao entrar na prisão escura, ouvi que me diziam: – Paciência! Paciência!...

Lembrei-me então dos meus extravios, dos meus delírios, dos meus amores do passado, e disse: – Adormeci sobre os meus lauréis e agora colho o fruto da imprudência.

Tocando as paredes percorri todo o recinto, e não encontrei nem cadeira nem algo em que pudesse reclinar o meu corpo debilitado. Tinha me deitado no solo áspero, quando entraram dois religiosos com um estrado: – Durma aqui – disseram –, e assim, sobre as tábuas duras, mortificará o seu corpo. É disso que precisa, já que tantos prazeres têm-lhe dado a companhia do diabo.

Nada respondi; para quê? Deixei-me cair e murmurei, até com certo prazer: – Minha alma é livre. Quero voar e voarei. Que fique aqui o meu corpo que, tão maltratado, já não me serve. E o sono do cansaço apoderou-se do meu organismo, enquanto minha alma se preparava para voar.

Mas ouvi uma voz imperiosa a dizer: – Tenha paciência, não estropie o seu corpo porque ainda precisará dele e já está muito debilitado. Não alimentou a vaidade de se passar por santa e virtuosa? E de que modo tem sido virtuosa e santa? Querendo ser superior aos demais? Deixando que a vaidade falasse mais alto?... É preciso que sofra as consequências do seu erro.

– E vou ficar para sempre aqui? Vou morrer nesta escuridão? Não tornarei a ver o Sol? Não aspirarei mais o ambiente balsamizado das manhãs de primavera?

– Não se preocupe com o futuro, descanse. Quiseram, e você também, fazê-la santa em vida. Isso foi danoso para você porque a santidade é uma usurpação que se faz à eterna igualdade da natureza. Tem que sofrer, então, a consequência das transgressões da lei. Depois de morta, vão fazê-la santa novamente e a sua santidade será então mais duradoura e mais merecida. Não tenha a menor dúvida de que será uma figura luminar da sua Igreja.

– Morrerei na fogueira?

– Não; terá outro fogo que fortifica a alma. Não se passarão muitos dias até que seja obrigada a assinar obras que não escreveu e cujo conteúdo é indigno de você. Se recusar, outro as assinará por você. Passará por esposa amantíssima de Jesus, por alucinada, por enamorada, por fingida na sua Igreja.

– Não diga mais nada. Não quero saber do que me espera.

– Não queria saber o seu futuro? Pois ouça e lembre-se que todos os seus tormentos são justos, porque o seu passado é horrível. E dê graças porque há um ser que vela por você e que nunca a abandona.

– Oh! sim, não duvido que o amor dos meus amores me assista nas minhas tribulações.

E ouvi que outra voz me dizia: – Sim, se cumprir com o seu dever.

– Cumprirei! Cumprirei! Que venha o martírio! Desonrada pelas minhas obras, que é pior que a desonra do corpo, tudo sofrerei. Mais tarde, porém, vou dizer aos habitantes da Terra quais são as minhas obras, e assim a verdade surgirá, resplandecendo através dos séculos, porque Deus é justo.

Fez-se o silêncio e a minha alma aproximou-se do corpo. Retrocedeu, porém, ao verificar que não estava junto ao corpo da desfalecida freira. Meu corpo estava transformado. Era uma mulher jovem e formosa, mas mal vestida, quase andrajosa, para quem eu olhava e dizia: – Essa sou eu! Aquela mulher que ao conhecer a verdade seguiu de joelhos ao que a redimiu! De joelhos subi ao monte! De joelhos cruzei os areais! De joelhos o tenho seguido porque sempre o amei! Porque me une a ele o que tenho vergonha recordar: sim, sim, o meu passado! É... horrível, mas ele tem me perdoado sempre.

– E vai perdoá-la! – disse uma voz.

Eu olhava o corpo daquela mulher e gostava. Era muito formosa e eu preferia os seus farrapos aos meus hábitos de religiosa. Aquela existência pareceu-me muito mais digna que a minha atual, e disse com desespero: – Maldita freira! Maldita! Não tem feito nada de bom! Não tem feito mais que enlouquecer e escandalizar!

E uma voz potente bradou: – O seu martírio, do passado e de hoje, há de levantar-lhe o monumento donde resplandecerá amanhã!

98. Reassumindo

A triste realidade de estar encarcerada fez com que a noite parecesse eterna.

Foi um suceder de visões até o amanhecer, quando eu disse: – Volto a mim, à vida real e sinto de novo todas minhas necessidades imperiosas. Sinto fome! Como é horrível a fome.

Procurei levantar-me e fui tateando as paredes até encontrar a porta, mas desorientei-me, caindo ao solo. Lancei um grito de desespero. Horrível a minha situação! Toda a eternidade de uma vida de luz pode desaparecer ante um momento de obscuridade.

Ao meu lamento ninguém respondeu e gritei de novo: – A que querem me reduzir? Que se propõem a fazer comigo?...

Eu queria me animar, encontrar forças, mas era a escuridão querendo sobrepor-se à luz. A fome devorava-me e a sede fazia-me sentir uma ansiedade inexplicável. Era tal o meu desespero, que gritei de novo: – Por que não me matam de uma vez, assassinos? Maldita seja a religião que acoberta tantos crimes!

E golpeando as paredes do meu cárcere, exclamei com angústia: – Paredes que levantei cheia de esperanças! Por que não dão passagem à minha voz? Pedras! Sejam mais piedosas que os homens!...

As minhas palavras ecoaram pelos corredores e a porta do cárcere foi aberta, enfim.

Ver a porta aberta e precipitar-me sobre o meu carcereiro foi obra de um segundo. Empurrei-o com tal violência que ele foi ao chão. E saltando por cima do seu corpo, saí para o corredor, dizendo: – Não me vão encarcerar estes bandidos!

Vendo a luz do dia gritei: – Bendita seja a luz! Bendita seja! Miseráveis! Querem induzir-me a que me atire de uma destas janelas para fugir de vocês, mas isso não farei, porque ainda amo a Deus. E caí de joelhos, porque a vertigem da fome fez com que eu sucumbisse.

Ao ver-me no solo, o meu desespero aumentou e exclamei: – Venham! Acabem comigo! Venham, fúrias infernais! Desejaram o inferno e ei-lo aqui, pela sua iniquidade. Aqui está morrendo uma religiosa, e de fome!... Ninguém me escuta? Ninguém me ouve?...

Olhei para todos os lados e vi uma religiosa que me olhava a prudente distância. Ao vê-la, disse: – Piedade! Piedade! Não tenho sido má para vocês, e se tenho sido, matem-me de uma vez – e caí quase desmaiada.

Muitas religiosas chegaram de um e outro lado. A freira a quem eu tinha implorado compaixão aproximou-se resolutamente de mim, tocou-me a fronte e disse com terror: – Morta!

– Não estou morta, mas estou morrendo.

A freira, ao ouvir as minhas palavras, saiu correndo e voltou pressurosa dizendo-me: – É salvá-la ou morrer – e procurou reanimar-me.

– Vem acabar de me matar?

– Não, madre. Quero morrer com a senhora ou salvá-la.

– Olhei-a e vi lealdade nos seus olhos. O bálsamo que deu-me para beber me reanimou. Sentei-me reclinada contra a parede e ela disse-me baixinho:

– É uma infâmia o que estão fazendo com a senhora, e por isso estou arriscando a vida para salvá-la.

Quis levantar-me e não pude. Vi, então, um religioso dos chamados Filhos de Jesus. Voltei-me para ele:

– Se é religioso, se ama a Deus e se não tem entranhas de tigre, leve-me para um lugar onde possa repousar.

– E não vai lançar serpentes pela boca?

– Só se for de fome...

– Não me aproximo mais porque o teto pode desabar. Aliás, acho que ele já está se inclinando...

Ao ouvir estas palavras, todos os religiosos fugiram. Novos escândalos, novas desgraças, novos atropelamentos. – Vá, minha filha – disse eu à religiosa –, que o teto desaba. Vá embora.

– Não, madre, o que desaba aqui é o bom-senso.

– Talvez morra esmagada pela minha própria obra. Vá, minha filha, vá!

– Madre! Quando chegar ao reino dos céus, lembre-se de mim.

– Minha filha, ainda estou muito longe do reino de Deus.

A religiosa afastou-se um tanto atemorizada, e eu ouvi vozes que me diziam: – Ande! Ande! Vá para os seus aposentos, que você pode andar.

Realmente, a bebida reconfortante que havia tomado tinha me reanimado. Levantei-me e, depois de muito esforço, cheguei à sala capitular. Guardava dali gratas lembranças de outras épocas. Daquele lugar ouvi melhor como os religiosos rodavam pelas escadarias lançando maldições.

Que tristeza senti com tanto atropelo! Quanto mais me entregava a estas considerações, mais a mesma voz imperiosa me dizia: – À sua cela! À sua cela!

Ao chegar, encontrei a porta fechada. – Como entrar? – murmurei com desalento.

– Empurre a porta – replicou a voz. – Já não tem vontade própria?

Animada com o conselho, empurrei com tamanha força que a porta se abriu de uma vez. Perdi o equilíbrio, batendo com o rosto contra o piso. Os ferimentos derramavam bastante sangue, embora não sentisse dor alguma. Estava na minha cela onde entrava o sol por sete janelas bem grandes. Tanta luz permitiu ver que lá não havia sequer uma cadeira em que me sentasse. Todos os móveis tinham desaparecido.

Aproximei-me da janela central, percebendo que minhas *flores do céu* estavam mais viçosas do que nunca.

Enquanto isso, uma turba de religiosos queria entrar para me prender de novo, mas nenhum se atrevia. Por fim, entrou o meu inimigo padre, dizendo:

– Vamos acabar com isto.

– Isso mesmo é o que desejo.

E ouvi uma flor que me dizia:

– Não se afaste da janela e enlace seus braços à coluna em que se apoia.

– Vamos evitar a violência. Entregue-se, porque senão virão homens fortes que a arrancarão daqui, nem que seja preciso cortar-lhe os braços.

– Então, é assim que tratam as religiosas! Ah! Se o rei soubesse! Se ele soubesse o que fazem comigo!...

– Pois não me irrite, não faça assim. Seja humilde e não lhe faltará alimento. Não quer me seguir?

– Não quero.

Ao ouvir a minha negativa, entrou uma verdadeira avalanche de religiosos dispostos a apoderarem-se de mim. Mas apenas entraram, recuaram espavoridos, gritando:

– O teto desaba!... São chamas por toda parte!...

– Mas que é isso? Que estão fazendo? Por que fazem um inferno onde não existe? Não estou vendo tais chamas. Não sabe que minha alma é sua – disse ele.

– Sua alma, minha? De que maneira? Que sabe você do sentimento que une as almas? Cuidado, que posso fazê-lo dormir.

Ele virou-se e disse aos poucos religiosos que ainda guardavam a porta: – Vão, que há perigo.

E, ao ver-se só comigo, disse com raiva:

– Dormir! Se me fizer dormir, fique certa de que vai morrer. Ter-me feito dormir foi a sua desgraça, porque me fez ver outra vida muito diferente desta. Porque me fez chegar até perto de Deus, para cair depois no abismo da dúvida, mais que isso, da negação, porque tenho de aparentar a crença em tudo e por sua culpa não creio em nada. Tenho estado a ponto de enlouquecer e você é a culpada. Não me faça dormir, porque não sabe o que poderá acontecer.

Ao ouvi-lo, senti-me forte. Sua ordem induziu-me à desobediência e desprendi-me da coluna, pegando-lhe as mãos de surpresa. Ele adormeceu instantaneamente, murmurando em voz sepulcral: – Farei a sua vontade.

Ao ver o que havia feito, tive medo, mas as flores me disseram em coro: – Não o deixe, não o deixe, aproveite a ocasião. Senti-me forte de novo e disse-lhe: – Pois vá e ordene que tudo volte ao normal.

Ele se retirou e mandou reunir a comunidade.

Ao ver-me só, aproximei-me das flores e chorei amargamente. Quanta luta! Quanta violência! Como me entristecia tudo o que ocorrera! Senti murmúrios abafados e ouvi à porta da minha cela: – Não! Não entraremos. Que ela mesma venha buscar...

– Pois então vão e deixem-me em paz – disse a religiosa que tinha tido compaixão de mim –, e entrou com várias irmãs da comunidade, recolocando os meus móveis no lugar, com todo cuidado.

Todas as freiras me olharam com carinho e eu lhes disse:

– Têm medo de mim?

– Não, madre.

– Pois queiram-me bem. Eu serei a sua mãe. Tal foi a minha força de vontade para atraí-las, que todas me chamaram mãe, chorando ao ver-me tão desfigurada. E trabalharam com entusiasmo para deixar minha cela em ordem.

Alegrei-me muito em ver meu leito, mas a minha alegria transbordou ao ver minha mesa tão querida. Até a beijei! Como é bom reaver um objeto que demos como perdido.

De repente, senti uma pontada no coração; lembrei-me de Angélica e envergonhei-me. Estava sendo ingrata em alegrar-me por recuperar os móveis, sem me lembrar daquela que era minha outra metade. Apressei-me em corrigir meu erro e disse: – E Angélica? Não posso viver sem ela. Onde está?

– Não está aqui – disse uma religiosa.

– Não está aqui?! E onde está, então?

– Levaram-na.

– Pois eu não quero viver só. Digam ao encarregado que quero vê-lo.

Saíram para atender à minha ordem e daí a pouco voltou uma religiosa, dizendo: – A situação dele é delicada, não pode mover-se.

– Senti que tinha praticado uma maldade. Meu inimigo devia estar passando por uma crise horrível, e só obedeceria à minha vontade imposta com energia e diretamente. Assim, chamei-o pelo pensamento e ele se apresentou.

Ao vê-lo, fiquei assustada. Não era ele! Era um autômato movido pela minha vontade! Disposta a tudo, disse-lhe resoluta:

– E Angélica?

– Está segura.

– Morreu?

– Ainda não.

– Eu a quero aqui.

Ele retirou-se e eu disse então: – Como pode um homem viver assim! Se manda, envereda pelos caminhos do crime. Se mando nele, sequestro-o, porque me apodero de sua vontade, inutilizo-o mentalmente. Poderei dominá-lo sempre assim? Impossível!... É agradável dominá-lo? Não. Amo demasiado a liberdade de pensar, para regozijar-me na escravidão do pensamento de outrem. Mas agora tenho que ir até o fim.

Esperei impaciente a chegada de Angélica, que tardou muito. Até que chegou, por fim. Estava cadavérica, numa padiola. Ao vê-la naquele estado, não pude deixar de gritar: – Assassinos!...

Todos fugiram, menos meu inimigo.

– Desperte! – disse-lhe eu.

Uma vez acordado, olhou aterrorizado para todos os lados e rugiu como um leão faminto ao ver Angélica.

– Aí está o resultado do seu crime! – e apontei-lhe minha companheira.

– É o que vamos ver – disse, e dirigiu-se à porta.

– Alto lá! Temos que terminar isto de uma vez.

– Ah! Se tivéssemos nos entendido!

– Por que quer o impossível? Por que não procura obter com ternura o que o terror não pode conseguir?

– Porque a amo loucamente, porque ao dizer-me que me odiava, jurei que seria minha – e olhando-a com adoração, murmurou: – Morta! Morta não a quero, quero-a viva!... se não para me pertencer, para adorá-la de longe!

– Ah! Quanto o amava! – murmurei sem que ele me ouvisse. – Felizmente já não o quero tanto.

– Desperte-a! Desperte-a – suplicou ele.

Orvalhei o rosto de Angélica com água. De cada gota saíram raios luminosos.

– Que está fazendo? Isso não é água, isso é fogo!

Chamei-a com ternura e ela despertou. Ao ver-me exclamou: – Isto é um sonho?

Ao ver, porém, o padre, gritou resolutamente: – Quero morrer! Quero morrer!

– Não, não, minha filha. Viva para mim, que eu quero que prossiga com a minha obra. O que seria de mim sem você? Preciso dos seus cuidados, da sua solicitude, da sua ternura, dos seus conselhos. Ainda quero trabalhar muito pela humanidade, e se a perco, perderei o meu braço direito – e tanto falei sobre os meus planos para o futuro, que o padre chorou como uma criança e disse-me:

– Quanto a amamos!

– Pois se a ama, por que a martiriza?!

– Não sei! Não sei!

– Por enquanto, saia daqui para que ela se tranquilize.

Ele se retirou e eu tratei de alimentar Angélica. Eu já havia comido, isto é, devorado o alimento que haviam trazido. Como é bom comer quando se está com fome! Como é bom beber quando a sede nos queima a garganta sem piedade! Eu não me cansava de beber copos e copos de água. A água era para mim o néctar dos deuses.

Angélica não comeu com a avidez com que eu tinha comido. A infeliz estava muito doente.

No dia seguinte, disse-me: – Madre! Tenho tanta sede! Sinto-me abafada. Falta-me o ar para respirar!

Coloquei o copo de água entre as mãos por alguns instantes. Dei-lhe então de beber.

– Madre! Que água é esta? Isto não é água, é o elixir da vida. Que poder tem! Não é de se estranhar que julguem-na endiabrada aqueles que não creem na existência de Deus.

Dei-lhe mais água, que ela bebeu satisfeita. Pobre Angélica!

A infeliz tinha os pés inchados, apresentando ferimentos, que curei com água acalentada entre as minhas mãos. Ela ficava assombrada, maravilhada, ao ver como seus pés desinchavam e adquiriam movimento, ao toque da água.

– Madre! – gritava entusiasmada. – Está me dando vida! – e corria pela cela como uma criança travessa.

Satisfeita, quando vi o resultado da minha obra, dei graças a Deus, dizendo: – As minhas mãos fazem da água um elemento de vida! Ainda posso fazer o bem! Ainda sou útil aos que sofrem! Minha vontade ainda é potente!

Passaram-se mais alguns dias até que ficamos ambas recuperadas. Disse então a Angélica: – Agora, cada uma deve cumprir com seus deveres.

– Madre, parece um sonho o que se passou. E se os dias de terror voltarem?

– Venceremos. Ainda tenho vontade e vencerei.

– Vontade! Vontade! – disse uma *flor do céu* – ainda é vaidosa. Ainda crê que a sua vontade tudo pode. Ingrata!... pede auxílio a Deus e quando Ele lhe concede força e valor, diz que *a sua vontade conseguiu tudo*! Pois não se esqueça que ainda lhe falta o melhor.

– Que me falta? – perguntei com temor.

– Prepare-se devidamente para compreender melhor o que é a sua atual existência.

Impressionei-me tanto que disse a Angélica que fosse ver o que faziam os meninos. Ao ficar só, quis orar, mas não pude, eu não sabia orar. Só pude dizer: – "Senhor! Reconheço que sou culpada, tenha piedade de mim". Recordei naquele momento o meu canto *Quão Grande é Deus!*... e tomando de uma pena, passei-o de novo para o papel, repetindo: – Quão grande é Deus!

Quis ler o que tinha escrito e dizia com estranheza: – Aqui há conceitos que não me pertencem! Quem escreveu isto? O canto está gravado na minha memória, mas não no papel. No papel há pensamentos mais profundos, mais elevados, mais sublimes! Quão grande é Deus! Este será o poema da minha existência. Quanto mais se estuda a grandeza do Pai, menores nos parecem as misérias humanas.

Saí da minha cela e achei tudo como estava anteriormente. As freiras, muitas delas me beijaram a mão e eu as abracei a todas. Ao encontrar Angélica disse: – Quão grande é Deus!

– Sim, madre, quão grande é Deus! Os olhos dos meninos assim dizem. E eles são anjos e os anjos são mensageiros de Deus.

No dia seguinte, saudei o Sol emocionada, dizendo: – Quem é você?

Subitamente, pensei em dedicar um novo canto ao Sol. Tinha queimado todos os meus escritos, mas eu tinha na mente uma biblioteca para a qual não havia meios de destruição, pois as ideias são sempre indestrutíveis. Ainda que me queimassem o corpo, minha alma iria conservar todas as suas lembranças, todas as suas aspirações. Já naquela época, muito mais atrasada que a de vocês, eu tinha a convicção íntima de que a morte destruía os corpos, mas que para as almas a morte não existia. E não existindo, meus sonhos, meus delírios, meus cantos, meus amores, tudo me acompanharia na minha eterna peregrinação.

Quão sábia e justa é a obra de Deus! Por que é que se quer tanto o que brota da nossa mente?! São tão queridos os filhos do pensamento! É grande a maternidade do corpo, mas a maternidade da alma é imensa.

Eu amava muito os meus trabalhos literários, confesso. E ao verificar que eles me acompanhavam intactos, repeti com entusiasmo: – *Quão grande é Deus!...*

99. Pelos dogmas da igreja

Escrevi, então, uma poesia dedicada ao Sol. Recordei que era a mesma que havia feito anteriormente, com a diferença, apenas, de que ao terminar cada estrofe, dizia: *Que grande me parece o Sol! Cada vez o vejo maior.*

Quando concluí meu canto, juntei-o ao que tinha dedicado a Deus e disse com tristeza: – Agora também vão queimá-los?

– Também. Queima-se tão depressa o papel!... – respondeu-me uma voz.

Muito me contrariou aquela resposta, mas ouvi em seguida minha pequena sobrinha dizer-me: – Acaso o músico recolhe as notas que produz no momento da inspiração? A arte está no entendimento. Cem vezes que queimem os seus escritos, poderão destruir-lhe a memória? Recite o seu canto *Quão Grande é Deus!*

Obedeci ao seu mandado, e passeando pelos meus aposentos, fui repetindo todas as suas estrofes. Uma alegria imensa tomou conta de mim ao verificar que recordava o canto inteiro. Na minha mente estava gravado tudo; minha memória fazia prodígios.

Entrou, então, Angélica. Contou-me muitas misérias e tragédias. As crianças, pobrezinhas... haviam sofrido os horrores da fome durante o tempo da minha enfermidade e do cativeiro de minha companheira. A superiora que me substituíra – tão má era ela! – sentia prazer fazendo sofrer! Angélica, horrorizada, disse-me:

– Se voltasse a nova superiora, tudo iria por água abaixo, tudo!

Suas palavras fizeram-me tanto mal que, subitamente, senti uma dor insuportável nos olhos. Receei pela minha vista e tive medo, muito medo mesmo. Pedi a Angélica que pusesse água numa tigela e submergi a mão, passando-a depois pelos olhos. Cessou a dor que sentia e recobrei a visão. Que formoso pareceu-me, então, o Sol!... Meditando no que teria motivado a minha dor nos olhos, murmurei com espanto: – Teriam doído porque senti ódio da nova superiora?... mas pensar que essa mulher possa voltar para cá!... que o vício, que o crime sobrepuje a virtude... Seria horrível! Os meninos chorando, pobrezinhos! E os velhinhos? Os anciães merecem respeito, amor e solicitude. Que todo o mal caia sobre mim, meu Deus! E que não sofram os desvalidos.

Angélica olhava-me triste. Abracei-a com ternura, dizendo: – Não tenha receio. Os vícios e as infâmias nos rodeiam, mas não há dúvida de que nos vamos salvar! Você ama os meninos e por isso viu aquele que disse: – *Deixem vir a mim os meninos*. Você, com suas obras, pronuncia as suas mesmas palavras. Continue amando as crianças, e ame também os velhos, que são os meninos de ontem e os indefesos de hoje.

– Madre, com a senhora irei até o martírio, e sem a senhora, à morte.

– Não, não! A morte provocada, jamais! A alma deve resistir até a sua última hora. Seu dever é lutar, não é morrer.

Saímos depois, dirigindo-nos ao refeitório. As freiras me receberam muito bem, menos algumas que me olharam com certo receio. A estas últimas eu disse:

– Por que não se aproximam de mim? Pensam que estou endiabrada? Olhem-me bem. Não sou sua irmã, sou a mãe de vocês. Tenham confiança em mim porque eu quero bem a todas e sei esquecer as ofensas.

Uma das freiras retraídas aproximou-se de mim com uma expressão de pavor e disse em voz baixa: – Madre! Sinto-me queimar!...

– Onde? Em que parte do corpo sente mais dor?

– Todo o corpo me dói como se tenazes candentes me apertassem a carne.

– Quem sabe os remorsos estão queimando-a! Não foi você, por acaso, quem envenenou minha comida? Queima-a a ideia que você mesma teve!

– Madre, a ideia não foi minha. Mandaram fazer e eu obedeci.

– Conserva ainda algo do veneno que usou?

– Se não me castigar falarei, porque senão me afogo.

– E acaso eu castigo alguém? Eu sempre perdoo. Só peço franqueza e lealdade. Se exigiram que me fizesse mal, eu a perdoo. Tem ainda o resto do tóxico? Eu vou buscá-lo.

– Não, madre. Eu o entregarei à senhora. E tenha muito cuidado, que cada gota é uma sentença de morte. Disseram-me que pusesse quatro gotas e eu só pus uma, acredite! – e ajoelhou-se chorando amargamente.

A comunidade, vendo-me falar em segredo, foi se afastando. Desejando ficar só com a declarante, ordenei que todas fossem para o horto. Assim fizeram e então abracei a pecadora, dizendo-lhe: – Pobre de você! Disseram-lhe que pusesse quatro gotas e só pôs uma... já fez uma boa obra.

– Não, madre! Dizem que uma só gota mata como um raio, e eu fico horrorizada em pensar no que fiz!

– Não pense mais nisso, e aproveitando que estamos sós, vá buscar o frasco.

Foi e voltou pouco depois, entregando-me a garrafinha. Ao tê-la nas mãos tremi e ouvi uma voz que me dizia: – Esse frasco é morte e é vida, porque essa substância, bem ministrada, com sensatez e método, pode dar a vida ao fraco, não se esqueça.

A freira olhava-me assustada pelo meu silêncio, até que a abracei e lhe disse: – Minha filha, mais vale morrer que matar.

– Madre, vou obedecer-lhe. Antes a morte que o crime. Não tenho vivido estes dias. Oh! Como tenho sofrido!...

De posse da pequenina garrafa que continha um líquido azulado muito transparente, não sabia o que fazer. Onde a esconderia? Decidi por guardá-la em um gavetão de minha mesa, cuja chave amarrei em cordão preto e pendurei no pescoço. Não me esquecia do que tinha ouvido: *Este líquido dá a vida e a morte*.

Senti, de novo, dor nos olhos, uma dor muito intensa, realmente insuportável, e disse para mim mesma: – E se eu pusesse uma gota desse veneno numa quantidade de água, na proporção de um por mil, quem sabe, e lavasse os olhos com ela? Vou experimentar.

E pus, de novo, água na tigela, que era bastante grande e funda. Deixei cair cuidadosamente uma gota, que propiciou uma cor azulada. Lavei os olhos, tendo a cautela de que o líquido não tocasse senão os olhos. Imediatamente, senti um ardor muito forte, que pouco a pouco foi se transformando num bem-estar imenso. A dor cessou por completo e os meus olhos ficaram mais brilhantes do que nunca. Mas, apesar do êxito obtido, eu olhava o gavetão da mesa com certo receio, até que uma *flor do céu* me disse: – Nada tema! Não estamos aqui?

– Agradeço-lhes, flores queridas! Quantos benefícios lhes devo!

Entrou depois Angélica muito preocupada, dizendo:

– Madre, cada coisa aconteceu aqui! Viu quantas infâmias foram cometidas? Mesmo sem ter ouvido nada, compreendi tudo. E... guardou o resto do veneno?

– Guardei.

– Fez muito bem, porque quem tira a ocasião tira a intenção – e dos olhos de Angélica brilharam duas lágrimas.

Passaram-se muitos dias, e eu sempre olhando o gavetão da minha mesa. Ouvia, repetidamente, que me diziam: – Não tenha receio, ainda está aí.

Uma manhã anunciaram-me a visita de muitas freiras.

– Freiras! – disse eu com estranheza – pois que entrem.

E, inadvertidamente, deixei-as entrar em minha cela, que ficou repleta de religiosas de diferentes ordens. Ao vê-las em tão grande número, disse à que as chefiava:

– O objeto de sua visita deve ser muito importante, já que são tantas.

– Sim, madre, nossa missão é muito grave e não estamos bem aqui, pois não há lugar para sentarmos.

– Têm toda razão, passemos à sala capitular e ficaremos melhor!

Lá chegando fiz com que todas se sentassem, sentando-me na minha cadeira abacial.

A chefe daquele grupo de religiosas disse-me, então, com insolência:

– Está sentada num lugar que há pouco foi ocupado por outra superiora, que aqui não está por achar-se enferma. Mas trazemos ordens dela, que deve cumprir.

– Se é madre de uma ordem, ocupe desde já o meu lugar. Sente-se nele, pois.

– Se assim quer... tanto importa ser já como depois – e sentou-se no meu lugar, dizendo: – Fique certa de que ocupo esta cadeira em nome da nova superiora, porque a que antes a ocupava tem parceria com o diabo, como atestam os padres da Igreja. Não acham, irmãs, que estamos cumprindo com o nosso dever, substituindo-a?

Ninguém respondeu; só uma freira bem idosa, muito pequena e obesa, disse: – Procedamos com justiça. Que outra freira ocupe seu lugar interinamente.

– Pois que seja a mais velha – disseram várias delas. E então, a anciã que tinha proposto que se procedesse com justiça disse-me gracejando, grosseira:

– E a antiga superiora, vai me obedecer?

– Não. Só pela força deixarei o meu lugar.

A nova superiora levantou-se e disse irritada: – Que se cale a blasfema! Quem tem pacto com o diabo não é digna de estar na casa de Deus!

– O que de mais demoníaco pode haver além da sua figura e da sua intenção?!...

Amotinaram-se todas e eu lhes disse: – Não me obriguem a arrojá-las daqui violentamente se necessário. Vieram e eu as escutei, mesmo sabendo que aqui estavam com o propósito de causar agitação. Saiam daqui como devem sair as religiosas: com humildade cristã. Não provoquem distúrbios que não levam a nada. Eu sei que o poder religioso é a ruína da Espanha, porque todos os religiosos são conspiradores. Eu não conspiro contra ninguém. Deixem-me em paz com minhas crianças e meus velhos. Vão embora e acusem-me como quiserem. Em compensação, eu pedirei a Deus que as ilumine.

Minhas últimas palavras foram a *gota d'água*. Aquelas mulheres não eram freiras, eram feras raivosas. Uma delas teve o atrevimento de dar-me uma tremenda bofetada. Nessa hora, confesso, fiquei cega e nada mais vi. Há ofensas que uma mulher de estirpe elevada não pode sofrer. Tive ímpetos de matá-la e estendi as mãos para estrangulá-la. Diante do meu gesto hostil, as outras gritaram: – Arrastemo-la! Arrastemo-la!

Minha comunidade colocou-se do meu lado e as freiras começaram a enfrentar-se furiosamente. Foi quando ouvi uma voz: – Imprudente! E sua paciência?... Evite uma catástrofe. Nós a ajudaremos.

Dominei, então, aquele tumulto estendendo os braços e tocando com as mãos as mais revoltosas, que iam ficando imóveis ao meu toque, sem poder dar nem um passo. Quando se acalmaram, mandei-as sentar, aguardando as minhas ordens. Todas obedeceram, fazendo o sinal da cruz. Mandei abrir a porta do convento para observar quem estava do lado de fora. Deparei com uma grande força armada. Dirigi-me resolutamente a um grupo de oficiais. Um deles veio ao meu encontro e saudou-me respeitosamente, dizendo:

– Ai, madre! Como está abatida! Pensando bem é de se estranhar que ainda esteja viva. Tem tantos inimigos!... Se os seus irmãos ainda existissem, não haveria tantos. Pobre madre! Quantos inimigos tem!

– Agora, que saiam as freiras.

– E fica aí a que substitui a senhora?

– Não fica nenhuma, porque eu não quero.

– Está agindo mal. Abra uma exceção, fique com uma, e assim evitará uma nova invasão.

Vi que o militar tinha razão, e convidei-o a ir comigo até o locutório, dizendo então à freira mais nova, muito bonita, por sinal: – Você fica.

– Eu?! – disse a jovem –, está louca? Tem muito mais idade do que eu. Como hei de mandar na senhora?

– Não importa, ficará aqui.

Todas as demais se foram, benzendo-se. A que ficou, como refém, tremia de medo e seguiu-me contrafeita até à minha cela. Logo ao entrar, arregalou os olhos e disse com impaciência:

– Mas o que é isto, meu Deus? Foi entrar aqui e me doerem os olhos! Não entendo! A minha dor aumenta cada vez mais. Ai! Meu Deus! Tenha misericórdia de mim – e olhava-me com terror. Angélica, ao vê-la sofrer tanto, compadeceu-se e disse: – Madre, cure essa infeliz.

– Está bem. Tente distraí-la. Vou preparar a água.

Enquanto Angélica usava de palavras de consolo e esperança, eu tirava o pequeno frasco de dentro da gaveta e deixava cair uma gota na água. Fazia isso com todo o cuidado para que minha companheira não visse a operação. Naquela pequena garrafa estava a vida e a morte, e Angélica tinha muita vontade de acabar com a vida.

A freira oferecia resistência a que eu lavasse seus olhos, que, pouco a pouco, iam se injetando de sangue e inchando ao mesmo tempo. Mas minha companheira a sujeitou e eu apliquei a água. O alívio foi imediato e as dores desapareceram por completo. A freira então disse, muito satisfeita:

– Como me sinto bem! E agora, madre, o que devo fazer?

– É a nova superiora. Ficará em minha cela.

– Isso não pode ser – disse Angélica resolutamente –, a senhora não pode sair daqui! E se sair, não respondo por mim.

Comoveu-me muito o gesto súbito e carinhoso de Angélica, e disse à freira estranha:

– Que quer fazer?

– Sair daqui o quanto antes.

– Pois passe a noite aqui e amanhã conversaremos. É muito jovem e ainda pode fazer muito no mundo.

Na manhã seguinte, muito cedo, a freira bateu à minha porta, e disse muito assustada:

– Madre, não posso ficar aqui nem mais um momento. Passei uma noite horrorosa! Vi serpentes de fogo! Feras famintas! Torvelinhos de chamas! Cidades em ruínas, que só eu sei!... quero ir-me embora.

– Comerá alguma coisa antes.

– Não, não quero comer nada aqui.

– Não está sendo coerente. Não se recorda que foi aqui que curou-se dos olhos?

– É verdade, tem razão... mas... quero ir-me embora.

Era hora de o Sol começar a abandonar preguiçosamente o seu leito de fogo. Angélica, a freira e eu aproximamo-nos da janela central, onde saudei o astro rei, dizendo: – Bendito seja! Você é a imagem de Deus! É a vida, o amor universal, pois estende o seu manto de calor e luz por sobre bons e maus! Você é a divina igualdade!

Orando assim, dos meus olhos brotaram algumas lágrimas, e pude ver que a freira chorava também.

– Por que chora?

– Porque me comovi com a sua oração matutina.

– Gostou dela?

– Sim, muito! Mas se eu orasse assim no meu convento, diriam de mim o que dizem da senhora: que está endiabrada.

Uma *flor do céu* murmurou: – Orou bem!...

A freira, ao ouvir isso, disse espantada: – Essa flor falou? Madre, eu quero ir-me daqui.

– Deixe-a sair, madre. Não vê que não é alma que possa compreender a senhora?

– Hoje, não, mas amanhã, quem sabe! Vá em paz, minha filha. Eu a perdoo de antemão pelas acusações que me fizer.

A jovem saiu como se fugisse e Angélica emendou: – Madre, já estamos sós. Mas a avalanche voltará de novo e com mais horrores ainda!

– Tem razão, as freiras são muito invejosas, porque o seu círculo de ação é muito restrito. É preciso defendermo-nos a todo custo da inveja religiosa.

– Sim, é preciso defendermo-nos. Se pudéssemos sair! Como seria bom! Lembra-se da outra vez?

– Lembro-me sim, Angélica. Você quer sair para ver algo impossível.

– É verdade, madre. Um impossível que está gravado em meu coração.

– Não seja louca. Não podemos sair. Estão nos vigiando.

– Estamos prisioneiras, então? E a senhora, o que vai fazer?

– Eu!...

– Sim, madre. Invente alguma coisa! Não pode adormecer alguém que peça auxílio? Experimente comigo.

Sem refletir no que fazia, estava prestes a fazê-la dormir, quando me disse uma flor: – Não empregue recurso tão pequeno!

– Angélica, vá cumprir os seus deveres.

Minha companheira retirou-se muito contrariada e eu fiquei só, pensando no que fazer e veio-me à lembrança o meu inimigo padre, até que disse: – Se há prejuízo em me servir do sono de alguém como arma, que caia sobre ele e não sobre Angélica.

E ouvi uma voz que me disse: – Como é bom o seu Evangelho! O dano para o seu adversário, quando devia retribuir-lhe o mal com o bem!

Não me importei com a admoestação. Pensei com insistência em meu inimigo, até que ele chegou. Estava muito contrariado e disse:

– Acabemos com isso, madre.

– Pois acabemos – e despertei-o subitamente. E ele disse:

– Não sei por que vim aqui agora. Sem dúvida, fez-me vir.

– É verdade. Fiz com que viesse para que lutemos com a razão e não com a força.

– Lutar! Com você não posso lutar.

– E o que seria de mim se não procedesse assim? Por que não é bom para comigo? Por que não é meu amigo?

– Não me sinto bem, não quero lutar. Fique longe de mim.

– Ficar longe? Isso não pode ser, porque quando Deus nos chamar a juízo, se você sofrer, eu irei onde estiver para sofrer junto. Sei que comigo não iria proceder assim. Se eu lhe pedisse água, sei que iria dar-me um veneno que me fulminasse.

– Isso não!

– Isso sim! Sei de tudo. Recorde-se da época quando nos conhecemos. Lembre-se do amigo que nos protegeu e que infelizmente perdemos. Busquemos na sua lembrança um pouco de claridade, um tribunal que nos julgue. E se acha pouco, ainda temos amigos religiosos de valor. Busquemos o seu conselho. Assim não podemos prosseguir.

– Desobstrua a minha mente. Ponha suas mãos na minha testa e sobre o meu coração. Agora sim, estou bem para discutir.

– E que diz do meu projeto?

– Que é uma loucura, que nada temos que fazer. Eu não a persigo; você é que persegue a si própria e a mim.

– Percebo toda a sua ruindade. Não há saída. Ficam cortadas as nossas relações.

– Cortadas?... sei que quando sair daqui vou continuar com o cabresto que continuamente me coloca...

– Crê em Deus?

– Creio.

– Pois o verdadeiro religioso não crê em poderes misteriosos. Eu creio em Deus, e porque creio n'Ele não tenho nenhum prazer em dominá-lo.

– Reconhece que é culpada?

– Não, culpada não. Mas vejo que não quer fazer acordo comigo, e faz mal, porque serei obrigada a usá-lo para espalhar a todo mundo o que faz com o Santo Ofício.

– Não, não, isso não! O que quero é outra coisa. Não a molestarei mais, se me obedecer assinando uns papéis que vou trazer. Tem fama de santa e o povo já a tem como tal há muito. Milhares de enfermos a bendizem e centenas de famintos acham que você é a sua salvação. Com muito menos se pode proclamar santa uma mulher. Mas como os seus escritos e os seus atos não estão dentro dos moldes da religião, os padres amigos da Igreja, para preservar o dogma, não queremos a sua história com os seus sonhos e delírios gentílicos, com a sua adoração aos astros, em detrimento dos santos mártires. Nós não queremos a sua verdadeira história, e por isso temos queimado todas as suas obras e queimaremos quantos papéis tocar para registrar os seus pensamentos. Coerentes, porém, com nosso credo e fiéis servidores da Igreja, temos escrito uma história que passará por legítima sua, digna de você. Faremos de você santa, teóloga, doutora, tudo o que se pode ser de grande dentro da nossa Igreja.

– Pois eu não vou assinar semelhante história. Podem até me cortar a mão!

– Não importa. Se não a assinar, outro assinará. Já se falsificou a sua letra e parece que a história foi escrita realmente por você.

– Roubam a vontade da minha alma! Foi você o encarregado de escrevê-la?

– Eu não, mas está muito bem escrita. Se lesse, iria gostar. Seja razoável e assine.

– Nunca!

– Pois eu a trarei para você. Leia essa história. Acredite que será ela que a humanidade vai conhecer. Já faz tempo que o vento espalhou cinzas de seus cantos estampados no papel.

Retirou-se sem que eu o detivesse, e então chorei amargamente ante tanta traição e tanta maldade. Minha história... um tecido de fábulas ridículas! Minha santidade! Minha santidade... fundada sobre irrisórias mentiras! Minhas doces poesias, os meus hinos inspirados, as emanações de uma alma digna e honrada... tudo destruído! Meu Deus! Querem desonrar-me em vida e santificar-me na morte!... Mas o tempo é eterno e dia chegará em que eu publique a minha verdadeira história. Enquanto não conseguir, enquanto não reivindicar minha memória entre os homens da Terra, padecerei todos os martírios que Deus me quiser impor, mas sofrerei satisfeita. Sonharei com o dia em que possa dizer: – A santa que adoram não existiu jamais! O que existiu e existirá eternamente é um espírito que caiu na lama e se levantou, lutou e progrediu, porque, bem longe, um espírito de luz lhe dizia: – *Venha a mim! Sua alma é minha alma!... por isso, por suas culpas passadas, eu a perdoo!...*

100. Que brilhe a sua luz

Passaram-se muitos dias e uma profunda tristeza tomou conta de mim. Meu corpo perdia o seu vigor habitual e eu tinha o espírito atormentado. Minhas forças foram se esvaindo, até que cedi ao peso do abatimento e, certa manhã, já não pude levantar-me do leito.

Angélica não havia perdido o menor detalhe do meu gradativo aniquilamento físico e moral, mas confiava tanto em minha força de vontade, que não deu tanta importância à minha estranha enfermidade. Mas, ao ver-me prostrada no leito, sem forças nem para falar, ficou alarmada e mandou chamar um médico, sem perda de tempo.

Perspicaz como era, ela nada me disse dos seus receios. Assim é que me surpreendi, ao ver o médico, como se despertasse de um profundo letargo.

O doutor inspecionou-me detidamente e fixou-se no movimento anormal do meu coração. Ao receitar, disse a Angélica que conseguisse os medicamentos com a maior urgência.

– Que há? Vou morrer? – perguntei.

– Quer morrer?

– Eu não.

– Então, quer se transformar em múmia?...

– Espere... Que estranho! Está fazendo uma pergunta que responde ao que me sucede, porque penso e não sei pensar, ou melhor, não brota nenhum pensamento em minha mente...

Por acaso não tomou alguma coisa que a deixasse tonta ou que deixasse a vida mais tranquila e aceitável?

– Eu propriamente não, mas... agora penso que outro pode ter feito isso. Salve-me! Não quero morrer assim, embrutecida.

Nesse momento senti-me desfalecer novamente e acrescentei: – Pensando bem não é ruim morrer assim.

Trouxeram o medicamento e o próprio médico deu-me a primeira dose, sentando-se ao lado do meu leito, observando-me atentamente e contando as pulsações do meu coração.

Eu estava como uma criança abobada. Talvez pelo fato de o médico ter-me comprimido o coração em seu exame, senti uma dor muito aguda, como se me arrancassem as entranhas, e soltei um gemido aterrador. O médico passou-me outro medicamento e, dominado por dolorosa ansiedade, abriu-me bruscamente os olhos. Não sei o que viu neles que gritou desesperado: – Malditos! Malditos!...

– Quê!... Quiseram assassinar-me?... – pensei.

Quis dar-me medicamento de novo, mas os meus dentes estavam convulsivamente cerrados, e ele repetia: – Malditos! Malditos!...

Eu, lutando com as ânsias da morte, consegui gritar: – Água!... Água!...

Trouxeram-me água, que bebi com avidez. Nesse momento, chegou Angélica e o médico lhe disse: – Tudo é inútil! Tudo! Ela foi envenenada!

– Está mentindo – gritou ela desesperada.

– Pois verá se ela torna a levantar-se.

Angélica, ao ouvir minha sentença de morte, olhou para todos os lados como que perdida. Quis chegar até o meu leito, mas cambaleou e caiu como morta.

– Você também! – gritou o médico. E o pobre homem ficou aniquilado. Não era para menos. Tentou recompor-se para auxiliar a minha companheira. Angélica voltou a si e também pediu água, muita água! O médico deu-lhe toda a água que ela quis e saiu da cela, gritando: – Venham todas! Venham!

A comunidade acudiu em peso, e ele disse às primeiras freiras que entraram: – Aí está o resultado da sua obra! As duas envenenadas!... As duas!... Podem acusar-me ao Santo Ofício, mas é sua obra – e saiu como um louco.

Eu, que tudo via e sentia, sofria horrivelmente. Padecia violentas convulsões que me atiraram ao chão. Angélica e eu rolávamos e retorcíamo-nos como duas serpentes. As freiras, umas choravam, outras maldiziam-se. Algumas delas foram ao encalço do médico, que foi forçado a voltar.

Ao vê-lo, procurei levantar-me e pedi-lhe mais água! Angélica também suplicava a mesma coisa.

Tanto bebi que senti náuseas, ânsias horríveis. Apoiada no meu leito vomitava tanta água, sangue e matérias putrefatas, que causava espanto. Angélica também teve vômitos de sangue e o médico não sabia a quem atender primeiro, até que disse: – Que horror! O que fazer?!...

Fiquei completamente inerte, quando então colocaram-me no leito. A pobre Angélica mais parecia um cadáver. O médico voltou a examinar-me a cabeça e o coração. Abriu-me de novo os olhos e, chorando como uma criança, exclamou: – Ainda há esperança!... Bendito seja Deus!

– Ordene! O que é preciso fazer? – disse uma religiosa. – Não nos calunie, que não tomamos parte neste crime. Juramos por Jesus crucificado.

– Está bem. Está bem! Deixem de juramentos e tragam duas tigelas de caldo, se tiverem. Trouxeram o caldo e o médico entregou-se de novo à tarefa. Angélica teve de novo abundantes vômitos de sangue. Trouxeram novos remédios, e o médico e as freiras fizeram o que era possível. Eram só cuidado e atenção. Abri os olhos, dizendo ao médico:

– Quanto trabalha! É um homem muito bom!

Depois de medicar novamente Angélica, ele perguntou-lhe: – Tem sono?

– Sim, o sono da morte. Como é triste ficar entre a vida e a morte!

– Agora suplico às duas enfermas que procurem dormir. Um repouso absoluto pode salvar a situação.

Não vou detalhar o quanto sofreram o médico e as freiras comigo e com Angélica. Minha jovem companheira, de natureza muito fraca em relação a mim, nem levantava a cabeça. Estava ferida de morte, era uma flor murcha sem ter exalado os seus perfumes. Eu, mais forte e de mais idade, resisti melhor aos efeitos do veneno. Assim, depois de muitos dias pudemos nos levantar e de novo olhar o Sol, mas sem sair da minha cela, porque não podíamos manter-nos de pé, e também porque precisávamos de um completo isolamento.

As freiras só entravam na minha cela duas a duas, sem falar nem fazer o menor ruído, tal era o nosso abatimento e desânimo. E como se não bastassem as duas enfermas, para dar-lhes trabalho, exatamente naqueles dias chegaram diversas famílias procedentes da corte, hospedando-se no convento. Vinham acompanhadas de uma celebridade médica, doutor muito famoso, que queria ver a fonte da água milagrosa, analisar a substância que continha, juntamente quanto a outros mananciais perto do convento. Sobretudo, queria ver por si mesmo os milagres que eu fazia, milagres que a sua ciência negava, mas que ele, como verdadeiro sábio que era, não queria negar em público sem primeiro os estudar secretamente.

Os excursionistas deviam ter ficado muito contrariados ao chegar ao convento, principalmente porque entre eles vinham alguns enfermos padecendo de males incuráveis.

Dispersaram-se pelas cercanias, passando o tempo como puderam, exceto o doutor. Inteirado de tudo que acontecera pelo meu médico, não quis apartar-se de nós. Aprovou o que tinha feito o seu colega, mas quis assumir o encargo do completo restabelecimento.

Era ele um velho muito agradável, pouco falador, mas um observador profundo. Como era um verdadeiro sábio, não tinha a mínima presunção. Era um mestre a ensinar com simplicidade. O meu médico estava contentíssimo, e creio que aprendeu mais naquele temporada do que em todos os seus anos de estudo.

O velho doutor tratava-me com verdadeiro carinho e olhava para Angélica com imensa compaixão, adoçando a sua lenta agonia com medicações tão acertadas, que a minha companheira recobrou a cor da face e o doce brilho dos seus olhos. Mas havia algo em seu semblante que dizia: – *Irei logo*...

Eu estava curada. Minha força de vontade tinha me feito expelir tudo quanto de nocivo havia em meu estômago, mas parecia um esqueleto andando, e o doutor dizia, rindo: – Madre, eu vim atraído pela fama dos seus milagres, e nem de longe iria supor que eu é que faria o milagre. Sem orgulho, posso dizer que, se não fosse a minha chegada aqui, as duas iam fazer o milagre de ir para o céu antes do tempo. E a propósito, madre, que mau gosto esse de viver nestas paragens! Não sabe que na corte também há conventos? Uma mulher da sua classe não deveria viver neste desterro! Não sabe que nos desterros abundam os répteis? Se bem que na corte há feras, mas mais vale lutar com feras do que com répteis traiçoeiros. Pobrezinhas! Foram ambas envenenadas muito lentamente, com um sangue-frio aterrador. A saúde de Angélica está seriamente comprometida. Se eu fosse Deus, não perdoaria o infame que a envenenou. Iria fazê-lo sofrer eternamente a dor da agonia!

– Doutor, isso seria crueldade demais! Por um delito, uma eternidade de pena?!

– Sim, porque o envenenador é o mais criminoso dos criminosos. Mata a sangue-frio, goza com a sua obra e escapa à perseguição da justiça, porque não é encontrada a arma homicida nem o menor indício do crime! Mas, mudando de assunto, tenho pensado seriamente que aqui está muito mal, pois só tenho visto répteis neste lugar, excetuando Angélica. Quer vir para a corte? Há conventos lá dignos da senhora, onde vão respeitá-la e vão conceder-lhe todos os direitos de que a sua linhagem a faz credora. Pense nisso.

– Não preciso pensar. Para que hei de ir para a corte? Já não tenho ninguém lá. Não quero sair daqui.

– Quer morrer entre répteis?

– Répteis ou não, é aqui que ficarei.

– Sinto. A senhora tem muito valor!

– Como sabe?

– Pelos seus olhos. Eles, na sua mudez, espelham o universo. Seus olhos podem fazer levantar mortos. Já andei muito e vi muitas coisas... Sei que a alma que possui esses olhos é capaz de regenerar o mundo. Aqui vai lutar com répteis e será vencida.

– Quer ouvir um segredo?

– Fale.

– Diz que fui envenenada?

– Sim. As feras matam, os répteis envenenam.

– Ouça, eu bem sei que tenho adquirido muita celebridade e que por isso querem desvirtuar a minha história.

– A história não se desvirtua, madre.

– Oh! sim! Se se escreve uma obra e alguém a destrói, colocando outra em seu lugar, não é desnaturá-la? Não é desonrá-la?

– Não, madre. Que façam das minhas obras de medicina o que quiserem, desde que curem através das minhas prescrições, desde que guiados pelas minhas instruções, façam o bem da forma que quiserem. Quais são as suas obras? Já vi uma parte delas aqui levantada, mas esta morrerá, porque as pedras caem sob o peso dos séculos. Mas se alguém consolou alguém, se produziu cura pela força da fé, isso não se esquece, passa de pai para filho, e as gerações vão guardando a lembrança do milagre que resiste ao poder dos tempos. Eu sei que tem feito numerosas curas, umas vezes pelo desejo de ser útil e outras por vaidade. Também sei que tem escrito muito. Pobrezinha! Na Espanha só há almas ruins e vocês, as mulheres, é que têm culpa, porque se entregam mais à adoração de ídolos que aos deveres da família. O dogma religioso é o eterno vilão que rouba sempre renome, fortuna e liberdade. Sei que tem escrito muito e sei que as suas obras morrerão, se já não morreram. Venha para a corte e acredite, será preferível. Dos males, o menor...

Vacilei, mas disse-lhe logo depois: – Não, não. Agora é tarde.

– Pense bem.

– Não, não. Fico.

– Não a apresentei ainda às famílias cortesãs que aqui vieram atraídas pelo seu renome, porque quis respeitar o seu estado alarmante. Como ele durou tanto tempo, resolveram retirar-se amanhã, e eu irei também. Agora, como já está forte, se quiser, posso trazê-las à sua presença. Mas tenha cuidado com o que fizer, que vieram também enfermos incuráveis.

– E se eu pudesse fazer-lhes um bem, iria deixar que eu fizesse?

– Não, não quero de maneira alguma que faça o menor esforço, porque senão irá para a corte, mas para a corte celestial...

– Vou obedecer-lhe, e para que se convença disso, não se separe de mim.

– Assim farei, porque para ser franco, eu não me fio muito na senhora.

O bom doutor ofereceu-me o seu braço e conduziu-me à sala capitular. Fez-me sentar e ficou de pé junto a mim. Começaram então a entrar diferentes damas e cavalheiros, as feras da corte. Os homens olharam-me com vaga curiosidade. Devia ter-lhes parecido um objeto inútil. Já as damas olharam-me com desdém e algumas com desprezo.

Imediatamente, fixei-me numa jovenzinha vestida de branco, que caminhava muito vagarosamente, sustentada pelos braços por duas damas que a olhavam com o maior respeito. Foi vê-la e levantar-me. Aproximei-me dela e perguntei a uma das suas damas de companhia: – O que tem esta menina?

– Está cega.

– Cega, sim – disse a jovem com amargura –, perdi o mundo ao perder a vista. Vim aqui em busca de um prodígio, de um milagre, dos muitos que aqui se têm realizado. Mas disseram-me que a madre que os produzia já não tem forças para nada. Vim buscar a luz e... vou sem ela!...

Quanto me comoveu aquela menina!... Tanto, que aproximei-me do doutor e disse-lhe:

– Quer me deixar fazer uma travessura? Já que diz que sou uma menina malcriada... Aqui há outra menina, deixe-me curá-la.

– É impossível. A ciência já deu a última palavra sobre ela e por isso seria inútil tudo o que tentasse. Só conseguiríamos atormentá-la.

– Deixe-me fazer as minhas travessuras.

– Já lhe disse que é impossível. Só Deus pode fazer o que está querendo, e se não o fez, não foi por falta de rogos e promessas.

– Por Deus, deixe-me agir. Venha o senhor com ela. Juro que não farei o menor esforço. Só desejo falar com essa menina.

– Pois então vá para a sua cela. Prometo que irei depois com a menina, sem dizer nada, para evitar contratempos.

Retirei-me contentíssima para a minha cela e, naquele momento, senti-me forte e animada. Olhei as *flores do céu* e disse-lhes:

– Minhas queridas!... – e uma delas me disse:

– Adiante! Vá em frente!

– Quase me deixaram morrer.

– Mas não morreu. Adiante. Adiante!

Pensei no veneno que tinha guardado, e em derramar uma gota na água e com ela lavar os olhos da menina, quando disse-me uma flor: – Não! Só água, só água e em abundância, sem receio de nada!

Ao ouvir aquelas palavras animei-me tanto que fiquei certa da vitória.

Entrou o doutor com a menina, que lhe perguntava: – Aonde vamos?

– Fazer uma visita à boa madre.

– Alegro-me muito, porque ainda não perdi de todo a esperança.

E a ceguinha estendeu seus braços como se buscasse os meus. Num abraço apertei-a junto ao meu coração, beijei-a nos olhos, e fiz com que se sentasse na minha frente. Pedi-lhe então notícias da corte, falando-lhe de mil assuntos triviais. A menina falava com desembaraço. Seu semblante irradiava a esperança. E o doutor, vendo a minha tranquilidade, acalmou-se também, não sem me dizer: – Cuidado com o que faz.

Continuei a falar, olhando fixamente os olhos da menina, muito grandes e abertos. Só que eles não eram brilhantes; pareciam cobertos por uma gaze.

– Vejo nos seus olhos algo que me parece poder se rasgar. Você não está cega. Tem como que um véu que lhe cobre a vista, e se fixar bem a vista deve ver a luz, através dessa tela transparente. Mesmo de forma velada, deve ver. Vejamos, vire a cabeça, assim, de frente para o Sol. Não vê um reflexo luminoso?

– Sim, vejo.

– Pois então – disse o doutor –, diga se está percebendo um corpo opaco em meio a essa réstia de luz. E colocou a mão na frente da menina.

– Sim, vejo. Não distingo bem o que é, parece... parece uma mão. É a sua, doutor?

Este olhou-me assombrado e disse-me baixinho: – Continue... continue.

Coloquei minha mão direita sobre os seus olhos, permanecendo assim bastante tempo, até que senti a mão molhada de um líquido pegajoso. Escorriam-me pelas pontas dos dedos como que gotas de leite. O doutor estava estático, a menina também. Até que tirei a mão e ela gritou: – Já vejo! Estou vendo!...

– Vamos vendar-lhe os olhos! – gritou o doutor, fora de si – porque senão ela enlouquece.

– Enlouquece, como diz?... – e sem pensar em mais nada, peguei a bacia cheia de água e despejei todo o líquido sobre a cabeça da menina, dizendo: – Luz para os seus olhos! Luz para o seu entendimento!

Há cenas que se não pode descrever, e aquela foi uma delas, porque a impressão que a menina recebeu com a água e com a luz é indescritível. O doutor procurava ampará-la, imaginando que ela fosse cair, mas ela, abrindo desmesuradamente os seus olhos formosos, olhou para todos os lados. Não se cansava de olhar e ver. Olhou para o Sol, para o doutor, para mim, com verdadeiro arrebatamento e disse: – Os seus olhos podem dar luz a muitos olhos enfermos. Que olhos bonitos que tem, madre!...

O doutor não se cansava de olhar para ela, enquanto esta o acariciava, dizendo-lhe: – Devo-lhe mais que a meu pai! Bendita a hora em que me trouxe aqui!

Ele estava verdadeiramente assombrado, mas receoso, ao mesmo tempo. Tomava-me o pulso e dizia-me: – É estranho! Seu pulso não acusa a menor alteração! É uma santa, porque só os santos podem fazer milagres que desafiam a ciência.

Enquanto isso, a menina já havia percorrido várias vezes minha cela, tudo olhando, tudo tocando, tudo mudando de lugar, até que chegou à minha mesa. Ali não escapou nem um papel que não lhe passasse pelas mãos. Tudo revolveu até que encontrou o meu *Canto ao Sol*. Leu-o e disse: – Madre! Dê-me este canto. Vai ser meu, porque diz numa das suas estrofes: *Se não a visse, que seria de mim*. Madre, por este canto, se há um Deus e se há um céu, vou pedir ao Eterno um lugar para a senhora junto ao seu trono.

101. Entre víboras

Muito me comoveu o entusiasmo daquela menina. Era só alegria e satisfação lendo o meu canto. Seu júbilo era tão intenso que o doutor estava verdadeiramente emocionado. Olhava a menina e não se convencia de que ela havia recuperado a vista sem perder a razão. O que toda a sua ciência não havia conseguido em tanto tempo, eu conseguira em menos de uma hora. Por fim, procurou dominar a sua comoção e disse:

– Agora, precisamos ser muito prudentes.

E dirigindo-se à menina, continuou: – Vamos nós dois dar um passeio e eu lhe darei algumas instruções para que não seja molestada com exigências de detalhes sobre o ocorrido. E a senhora, madre, espere-me um pouco, que preciso falar-lhe.

Saíram, não sem que antes a menina me abraçasse ternamente e me beijasse com tal delírio que o doutor se assustou. Tranquilizei-o explicando que era natural a exaltação da menina, pois que ela havia *ressuscitado*, porque viver sem ver não é viver.

Ao ficar só, senti por haver-me desfeito da minha poesia. Não possuía cópia alguma. No entanto, eu a tinha na mente. Poderia escrevê-la de novo. Recitei as suas primeiras estrofes, mas as últimas tinham se apagado da memória e isso me contrariou muito. – Meu Deus! Como sou egoísta!... e mais de que isso, injusta! Essa menina guardará a minha poesia com verdadeira adoração, enquanto, se estivesse em meu poder, o fogo a devoraria mais tarde. Como ainda sou má, meu Deus!...

Senti passos e vi entrar Angélica. Estava pálida, lívida, mas havia no seu semblante uma animação extraordinária. Com um sorriso divino nos lábios, disse-me agitada:

– Madre, sou muito feliz!

– Por quê? O que tem?

– Em todo o convento só se fala da senhora, e o doutor está dizendo a quem quiser ouvir: – Essa madre tem muito valor. É mulher mais do céu do que da Terra.

– E pensava você, talvez, que eu tinha perdido a minha força de vontade? Não! Nem você nem eu fizemos mal a ninguém e por isso recobramos nossas forças para fazer o bem.

– Ai, madre! Se eu morrer antes da senhora, que os seus beijos sejam os últimos que se imprimam na minha fronte. Quanto senti quando o médico disse que eu a tinha envenenado! Madre! Eu não fui, e as freiras todas juram pelo que há de mais sagrado que nenhuma delas prestou-se a praticar crime tão horrendo. Faça-me dormir, para constatar se falo a verdade.

– Está louca, criança? Quando é que duvidei de você? O que há aqui são três amores que são o nosso martírio. Você ama, eu amo e ele ama. Ele com veemência aterradora, e nossos três amores são o triângulo da dor.

– Madre, repita que me beijará depois de morta.

– Que insistência! Eu não quero que morra, entende?... não quero que morra, não quero! E ouvi uma voz que me dizia: – Desperte-a.

– Está adormecida?

– Não percebe? Desperte-a, mas suavemente.

Assim fiz e Angélica abriu e cerrou os olhos diversas vezes.

– Fez-me dormir, madre?

– Não, minha filha, eu não a fiz dormir. Quando entrou, já estava adormecida.

– E como era belo o meu sonho! Sonhava que já estava morta e que a minha alma volitava livre, inteiramente livre!

– Pois eu não quero que morra. E agora vá cumprir com suas obrigações, que tem muito que fazer. Quero que empregue todo o seu tempo no trabalho, porque o trabalho é o melhor companheiro da mulher. Trabalhando, não vai adormecer, e não é conveniente que durma durante o dia.

Angélica olhou-me, estranhando a minha forma de falar áspera e fria. Mas era necessário falar assim, para afastá-la de novos perigos e novas murmurações. Se a comunidade a visse adormecida, iria proclamar que havia mais uma endiabrada.

Angélica saiu deixando-me muito preocupada com a sua obstinação em querer morrer, em falar a toda hora de sua morte, e na sua fixação, chegando a ponto de abandonar o corpo em pleno dia. Vislumbrava-se nova catástrofe?

Quando mais absorta estava nestas amargas cogitações, entrou o doutor e perguntou-me: – Está só?

– Estou só.

– Pois então falemos. Estou realmente convencido: seus olhos valem muito. Seu ato foi de grande ressonância! Fez uma cura prodigiosa! Essa menina é muito boa, e como está muito agradecida, será a trombeta que vai propagar aos quatro ventos o milagre que você fez. Como ela é de estirpe quase real – porque seu pai é príncipe e sua mãe tem mais títulos que a metade da nobreza da Espanha –, as suas palavras terão crédito. Basta a voz dessa menina para santificá-la. Com certeza ela iria adorá-la de joelhos, porque é uma alma muito agradecida. É o oposto de sua mãe, que se acha merecedora de tudo que tem. Pela sua alta linhagem julga-a santa, isso sim! Mas santa obrigada a render-lhe vassalagem.

– É uma fera da corte, doutor...

– Fera, sim, mas preferível aos répteis daqui. Ouça-me, vale muito, muito mais do que pensa. Quer unir-se a mim, ser minha poderosa aliada, para fazer o bem? Aqui vive entre víboras que picam. Víboras têm que ser esmagadas e você não se presta a isso. Assim, vive no pior lugar que se poderia escolher e... vive-se tão bem noutros lugares!... Eu pertenço a uma sociedade consagrada à prática do bem. Venha à corte e eu a iniciarei nela. Lá não terá rivais como aqui, lá não vai morrer só como morrerá aqui. Na minha sociedade será respeitada e querida. Lá poderá escrever sem medo algum. Seus companheiros arquivarão tudo quanto escrever e, a seu devido tempo, a sociedade se encarregará de publicar todos os seus escritos sem anotações nem mentiras, e o mundo vai ler os seus cantos tais como os escreveu. Pense nisto. Tendo em vista o que se passou aqui, vou demorar-me mais alguns dias, para estar com os enfermos incuráveis. Quero que olhe para eles, mas sem chamá-los, como fez com a menina, que toda minha ciência não vale um olhar dos seus olhos.

Fiquei sensibilizada com a manifestação do doutor e disse-lhe: – Sou-lhe grata. Deu-me a vida, mas não irei para a corte, não. Meus inimigos lá também me perseguiriam. A Igreja é uma fera que não abandona a sua presa, embora esteja farta.

– Já se vê que não tem a menor ideia do que seja a sociedade a que pertenço. Seu poder tem alguma semelhança com o de Deus. Os reis da Terra, os príncipes da Igreja, os donos de tesouros fabulosos lá não são mais que instrumentos de outra vontade mais poderosa que a de todos os grandes da Terra. Pense bem, repito.

– Eu o ajudarei a curar os enfermos que trouxe, e pode contar sempre comigo quando tratar-se de fazer o bem.

– Pense em tudo o que tenho dito, madre. Aqui vai morrer a troco de nada. O povo falará de você e nada mais. Na corte, acredite, não será assim. Pense bem.

– Doutor, sou irredutível em minhas resoluções e ficarei aqui.

Ele se retirou e eu fiquei muito triste. Ouvia vozes que me diziam: – Vá, vá com ele. – Não vá – diziam outras –, aqui pode fazer mais benefícios do que lá!

– Não me perturbem! – gritei desesperada – deixem-me a sós com a minha razão.

E fugindo da minha cela, onde parecia que tudo falava, fui para o horto. Ali me tranquilizei. Ninguém me espiava, já não me temiam. Cheguei à fontezinha, onde me sentei, murmurando: – Ai!... as misérias humanas afastam-me de você, amor dos meus amores! Pensa que o esqueço? Não vê que o amo sempre? Na Terra amo um homem, é verdade, mas aborreço-o, ao mesmo tempo! E o que amo nesse homem? O seu corpo? Seu corpo não, amo o seu talento, a sua erudição, a sua eloquência. Minha franqueza o ofende? Pois eu sou assim. Você me atrai por seu amor, por sua bondade. Quanto ao daqui, amo-o pela sua sabedoria.

Ouvi então que me diziam: – Por desprezar o imenso valor da ciência, você arruinou um homem, e com ele a sua escola filosófica. Agora, querendo a ciência personificada em um homem, você se perde a si mesma.

– Senhor! Quisera saciar a minha sede de sabedoria, quisera ter os poderes da ciência para dar luz aos cegos e movimento aos paralíticos. O que dou não é meu. São forças de outros seres despojados do seu envoltório carnal. Que crime cruel terei eu cometido contra a ciência, já que hoje procuro-a e não a encontro?...

Ouvi passos. Olhei, e aquela voz inconfundível de sempre me disse:

– Não me olha de frente? Tem medo?

Olhei e vi-o sentado junto a mim. A borda de sua túnica descansava sobre a de meu manto. Que lindo estava o amor dos meus amores!

– É o meu Deus? – exclamei.

– Não sou o seu Deus, porque Deus não é uma figura. Ele é a essência universal. Eu não sou Deus, mas compreendo-O melhor do que vocês – e agitou a sua mão, ao que agigantou-se. Parecia que das suas mãos e dos seus cabelos brotavam mundos de luz. Que semblante o seu! Não havia nada igual!

– Você é *o sábio*, senhor?

– Eu não sou *o sábio*. Sou um dos muitos aprendizes do universo.

– Mas deve ser um dos aprendizes mais adiantados, porque eu o tenho visto nos céus, na Terra, nas oficinas do infinito, nos templos da glória... Fale comigo! Fale!... Sorri sempre e não me diz nada! Será por que talvez eu não compreenda as suas palavras?

– Eu falarei... palavras do passado.

– Do passado?

– Sim.

E transformou-se num ancião altivo e venerável, cujos olhos diziam: – Eu sou a luz do mundo, porque sou um intérprete da sabedoria infinita!

Ele não estava só. Em torno dele havia muitos homens jovens e velhos que o contemplavam com verdadeira adoração e lhe diziam: – Mestre, fale, que os seus discípulos esperam pela sua divina palavra.

E ele falava dando-lhes instruções filosóficas, fazendo demonstrações científicas, e quanto mais falava, mais eloquente e persuasiva era a sua linguagem: – *Venham a mim os que querem chegar ao templo da ciência.*

E um ancião lhe disse: – Deixem que se aproxime uma jovem para coroá-lo.

Vendo uma jovem formosíssima, não pude deixar de dizer com regozijo: – "Aquela mulher fui eu!..." E vi-a com uma coroa na mão, mas naquela coroa havia as flores da inveja, da hipocrisia, da maldade mais horrível, da traição mais infame. O sábio olhou-me como Deus aos seus filhos e uma voz longínqua me dizia: – Essa coroa é a coroa do seu presente. Ela será o seu martírio do futuro.

Vi então que a multidão que rodeava o sábio dispersava-se apavorada, enquanto o ancião se retorcia em convulsões horríveis.

– Assassinei-o? – perguntei aterrada.

– Você mesma disse – e vi de novo o amor dos meus amores, mais formoso do que nunca.

– É a mesma pessoa? O velho e o jovem?

– Eu sou o símbolo da vida, que é a transformação eterna, e depositário da esperança, que é o ósculo de Deus. Os que esperam alguma coisa seguem-me os passos. Cometeu um delito, mas nunca me odiou. Procura por mim sempre e sempre a espero. Espero-a para que venha comigo. Entende? Comigo!...

– Sim, entendo. Mas com que sede estou!

– Beba – e aproximou a sua mão da minha boca.

– Isto não é água.

– Não. Sua sede não é de água, é de amor. Sua alma necessita de calor.

– Mas minha sede é insaciável!

– Dê-me você de beber.

– Eu!... E como?

– Como me deu de beber em outra fonte.

Sem me mover, encontrei-me em outro lugar mais agreste, mais pitoresco e solitário. Uma fonte natural embelezava aquelas paragens. Ele estava junto à fonte. Eu também, mas não com o hábito de religiosa, oferecendo-lhe um vaso tosco de pedra cheio de água, dizendo-lhe: – Beba, Senhor! Beba a água da vida! – e ele me disse:

– Vê como me deu de beber? Pois agora beba você – e bebi até ficar satisfeita.

– Como é bom, senhor!

– Quando eu me for, relembrará e compreenderá melhor tudo o que acaba de ver.

– E o seguirei de joelhos, senhor. Quero segui-lo.

– Ainda não pode ser. Virei buscá-la quando tiver atingido o período glacial do seu martírio. Então, estará comigo na imensidão dos céus.

102. O drama de cada um

Afastei-me da fonte cambaleando. Minha cabeça parecia voar, mas procurei dominar-me e disse: – Por que estou chorando? Por que quero ter o que não mereço ainda? – e senti-me mais infeliz que nunca, porque o infortúnio pesa demais depois de ter-se vislumbrado o sol da felicidade.

Ao regressar à minha cela, encontrei Angélica, que me disse:

– Estava procurando-a. Aonde foi?

– À fonte, beber água. Tinha sede no corpo e na alma.

– E bebeu? Satisfez a sua sede? – e olhou-me significativamente.

– Satisfiz.

– De certo não pensou em mim. Quando se eleva, ninguém lhe faz falta!

Vi em Angélica inveja dos meus êxtases, e disse-lhe: – Amanhã iremos as duas juntas à fonte.

– Viu-o?

– Sim, vi-o formoso como sempre.

– Amanhã também o veremos, madre.

– Como sabe?

– Porque amanhã entrarei no seu reino.

– Está louca?

– Não, madre, sei que me vou. Sinto o que nunca senti e vejo o que nunca vi. Vejo raios luminosos, céus de fogo, mas um fogo que não queima e uma figura formosíssima que me diz: – Espero-a!...

– Desperte, minha filha, desperte.

– Madre, eu durmo e velo ao mesmo tempo.

Ia repreendê-la, admoestá-la, mas não tive coragem para tanto e disse-lhe:

– E se conseguisse o que deseja, ainda quereria morrer?

– Se ainda pudesse ser feliz... quem sabe!...

Procurei fazê-la amar a vida, empregando todos os meios imagináveis. Até menti dizendo que o homem que ela amava estava prestes a ficar livre. Menti para que não morresse, para que não desejasse tal coisa, e terminei dizendo-lhe:

– Você ainda pode ser feliz. Eu não, porque almejo um amor impossível, a personificação da ingratidão.

– Está dizendo que morrerá em breve a mulher do homem que amo? Quase posso dizer que sinto por ela. Pobrezinha! Como deve ser triste morrer vendo-se amada! Se ela morrer, a sua memória será uma sombra entre mim e ele. Ele também me ama.

– Como sabe?

– As almas que se querem se entendem, madre, e buscam-se uma à outra durante o sono. Temos falado em sonho muitas vezes.

Aquele dia passou. A noite foi inquieta e só pude dormir pela madrugada. Despertei, já era dia alto, com Angélica dizendo:

– Está doente?

– Doente, não, mas abatida.

– Ai, madre! Vivemos mal, porque vivemos duas vidas: uma do céu e outra da Terra.

– Pois vivamos a vida da Terra.

– Sim, madre, sim. A vida daqui, que é a que vemos e tocamos.

– Mas... será possível viver, contendo o pensamento e a inspiração? Eu, infelizmente, recordo uma fonte situada num lugar agreste, em meio a pedras irregulares, sobre as quais crescia uma vegetação silvestre. Junto a essa fonte, vejo uma jovem aldeã e um homem muito belo que lhe pede água e ela diz a ele:

– Beba, senhor, a água da vida.

E ele diz a ela: – Beba você também a água da vida – e aquele homem tão formoso, tão jovem e tão altivo torna-se velho. A aldeã quer segui-lo e o velho lhe diz: – Não me pode seguir, a não ser pelo caminho do martírio que você me fez sofrer.

– É tão enigmático tudo isso, madre!

– É e não é.

– É porque a alma vive muitas vezes na Terra?

– Creio que sim, porque se não fosse, o que faria Deus com as almas rebeldes? O inferno não existe, porque se existisse seria a negação de Deus.

Angélica retirou-se abanando a cabeça, como se duvidasse das minhas afirmações. Fiquei vendo um chafariz luminoso, o que me fez exclamar entusiasmada: – Escreverei uma poesia à *fonte da minha esperança*!

Comecei a escrever com rapidez vertiginosa, mas a chegada do doutor interrompeu o meu trabalho. Aquilo me contrariou muito, porque cortar as asas ao pensamento é como cair das alturas. A pancada é violenta e o abalo terrível, mas... o doutor era muito bom e não merecia um gesto de desagrado. Por isso, quando me perguntou se podia entrar, eu lhe respondi:

– Bem sabe que a enferma está sempre à espera do médico.

– Pois a minha paciente não está bem. É uma mulher enigmática; nos seus olhos há um céu e na sua cabeça um inferno. Que é? Que pensa? Que quer? Pela última vez digo que venha comigo para a corte. Aqui morrerá louca por completo – e pintou-me um plano de vida muito agradável, dizendo-me com toda a ternura:

– Não queira ser mártir. Medite nisso. Espero-a. Marque-me um prazo; farei por você o que se faz por uma filha muito querida.

Não pude deixar de chorar de gratidão. Aquele sábio queria-me de verdade. Lutava entre ir e ficar, e ele prosseguiu dizendo-me:

– Há algum inconveniente para você em se relacionar com os seus hóspedes? Embora já os tenha visto, é bom que se apresente aos que vieram em busca de consolo. A cura da menina chamou vivamente a atenção, apesar de eu ter procurado desvirtuar o fato, para seu próprio bem. O caráter milagroso do fato iria ser-lhe muito prejudicial dentro da Igreja e voltaríamos às perseguições.

– Agradeço-lhe. Percebo o quanto me quer e o seu real valor, e perdoo de bom grado as mentiras que empregou em meu benefício. Por que não o conheci há mais tempo?! Teria me poupado, sem dúvida, os maiores tormentos da minha vida.

O doutor afastou-se e continuei a escrever a poesia dedicada à fonte da minha esperança. Escrevi muito, muito. Li depois as estrofes escritas e entusiasmei-me, exclamando: – A *fonte da minha esperança!* Onde está essa fonte? Na Terra? Não, na Terra não está. Não está? Está sim, porque na Terra é que a alma trabalha para o seu engrandecimento. Onde se cai e é onde se tem que achar os meios de se levantar.

O doutor voltou, e enquanto eu me adornava com as insígnias da minha posição eclesiástica, leu a minha poesia e disse-me:

– Onde está essa fonte?

– É a fonte do meu futuro.

– Enigmática como sempre...

Olhou depois as minhas *flores do céu* e disse: – São poucas, mas preciosas. Muito bonitas! Sobretudo muito viçosas!

– Mais do que pensa, essas flores conversam comigo.

– Conversam? Mais um enigma!... Falaremos disso depois.

Saímos do meu aposento e chegamos à sala capitular. Lá me esperavam os cortesãos, que já não me olhavam como objeto inútil. O panorama havia mudado. A cura da menina havia despertado a curiosidade e todos me cumprimentaram respeitosamente. O doutor falou-lhes de mim com grande respeito e as suas palavras foram muito bem recebidas. Sentei-me e falei à assistência, em termos gerais, até que a minha vista se fixou na menina que tinha recobrado a visão e perguntei-lhe:

– Está vendo bem?

– Sim, madre, perfeitamente. E a cada momento vejo melhor.

– Está tão quieta!

– A senhora me inspira tanto respeito, mais que isso, tanta veneração, que não me atrevia a me aproximar.

– Pois venha, minha filha, que estou esperando você.

A menina correu ansiosa e atirou-se em meus braços, beijando-me com sofreguidão. Era tão carinhosa! Correspondi às suas carícias e, apoiando-me em seu braço, circulei com ela pelo salão. Ela apresentou-me a sua mãe, uma mulher tão bonita quanto orgulhosa, tanto que me disse com frieza:

– Madre, eu não vejo na cura da minha filha um milagre.

– Tem razão, senhora, os milagres não existem; só Deus pode fazer milagres. Aqui têm vindo muitos enfermos e Deus tem concedido a saúde aos que a mereciam.

– Isso são verdades muito velhas, e sobre merecimentos há tanto que falar...

– Sobre muitas outras coisas há que se falar, senhora. Quantos andam no mundo cegos tendo vista! Quantos tropeçam na rocha do orgulho e caem!... e não tornam a levantar-se enquanto o remorso não lhes diz: – "Levante-se e ande! E lave com lágrimas as manchas do seu passado!"

– E há quem regue com lágrimas o caminho por onde passa?

– Sim, senhora. E até que a terra endurecida se abrande, caem dos nossos olhos lágrimas de redenção.

A dama olhou-me sorrindo com amarga ironia, e ordenou à sua filha que não se afastasse do seu lado. Já que não podia me ferir de outro modo, vingava-se retendo a filha que tanto carinho demonstrava por mim. Olhei-a com pena e continuei a andar, fixando a minha atenção numa jovem muito bela e elegante, que parecia estar muito contrariada. Olhamo-nos e entendemo-nos. Interroguei-a sem falar: – Que tem? – e ela correu para mim, dizendo-me em segredo:

– Ai, madre! Queria falar-lhe antes de ir-me.

– Temos tempo, procuraremos uma ocasião.

– Quanto antes, melhor, madre, porque estou muito mal.

– Estou indo agora para a minha cela. Daqui a pouco vá até lá, porque se sairmos agora juntas, vamos despertar a atenção.

Contei ao doutor o que acontecera, e ele disse: – Tenha cuidado, que a jovem que quer lhe falar não tem a razão perfeita. Cuidado com o que faz; não vá convertê-la de louca tranquila em furiosa, pois que os loucos são terríveis. Não acredite em nada do que ela lhe disser. Mas ela é inofensiva, não faz mal a ninguém, ao contrário, é muito caritativa, muito boa com os pobres e leva uma vida exemplar.

Passei à minha cela e esperei a jovem, que chegou pouco depois. Observou meus aposentos, achando tudo muito pobre, muito desmantelado, um quarto indigno de mim, e eu lhe disse:

– Não sabe que a riqueza não traz felicidade? Só o necessário basta. Estou muito bem com o pouco que possuo. O resto é supérfluo.

– Feliz de você! Mil vezes feliz, se vive tranquila!... Madre, não percamos tempo, pois não quero que suspeitem que vim falar com a senhora. Sou... muito desgraçada! – e atirou-se em meus braços, chorando desconsolada. Procurei acalmá-la quanto pude, fazendo-a sentar junto de mim. Olhei-a fixamente e convenci--me de que aquela infeliz não estava louca. Ela também me olhou com ternura e disse-me:

– Olhou bem a mãe da menina que curou? Sim, sei que a curou e que tudo quanto disse o doutor é falso, e eu gosto de dar a cada um aquilo que lhe pertence. Olhou bem essa mulher? É um abutre. Rouba-me...

– O quê? O carinho do seu esposo?

– Exatamente! Essa mulher rouba de mim o amor de meu marido. Há mais de um ano eu tive um filho que me foi tirado. Assassinaram-no, porque não querem que eu tenha herdeiros; querem que o meu matrimônio seja uma árvore sem raízes, querem separar-me de meu esposo, querem que eu passe por louca. Eu sei de tudo, madre! Sei também que é uma santa e venho pedir-lhe as suas preces, para que algum dia eu saia do inferno, pois é para lá que irei, sem dúvida. Sabe por quê? Porque quero vingar-me dessa mulher, e peço-lhe, madre, que rogue a Deus por mim. Ela e eu não cabemos no mundo. Uma ou outra tem que desaparecer.

Fiquei horrorizada com tantas infâmias praticadas com ela. Parecia impossível que fosse certo tudo quanto me dizia. Não sei de que maneira a olhei, que ela levantou-se, olhou-me com todo o desprezo e disse-me com ironia: – Você também me julga louca!... e dizem que é santa!... os santos devem ser superiores, e em você... não encontro essa superioridade. Não vê que estou sufocada? Dê-me um conselho; não quero queimar-me no inferno. Não quero ser criminosa, mas tudo que me rodeia me diz: "Mate! Mate!". Roubaram minhas ilusões de criança, minhas alegrias de mulher, minha santidade de mãe, minha dignidade de esposa. Em minha casa todos me apontam com o dedo, e o último dos meus lacaios diz quando eu passo: – Aí vai a louca!

– Crê em Deus?

– Sim, madre; creio em Deus, mas quando vejo tantas injustiças, duvido da Sua existência. Como, sendo Ele a suma bondade, é tão inclemente para comigo?

Falei-lhe, então, de Deus à minha maneira. Falei-lhe de outras vidas, da ligação entre as existências, neguei-lhe o inferno com as suas chamas eternas e pintei-lhe as existências de expiação com cores tão vivas que consegui comovê--la. Supliquei-lhe, pela memória de seu filho assassinado, que não matasse, que não se vingasse, que não acrescentasse mais um elo à cadeia de seus desacertos passados. Ela tremeu. Aconselhei-a a que tivesse piedade da sua rival, que não se julgasse a mais desventurada das mulheres, pois que tinha tido uma época feliz na sua vida. Tinha se unido ao homem dos seus sonhos, tinha ouvido palavras de amor, havia sentido todas as doces emoções da vida terrena. Tinha se sentado à mesa da felicidade e tinha desfrutado dos seus manjares. Para ela havia brilhado o Sol, por pouco tempo, é verdade, mas e os desventurados que nunca tiveram um momento de felicidade? E os que têm chorado sempre e têm saciado a sua sede com as próprias lágrimas? E os que têm amado sem que o seu amor tenha merecido sequer a compaixão?

– Ah! senhora – disse-lhe –, seja cristã, ensine ao seu esposo que a lei do perdão é a lei dos que amam. Perdoe, compadeça-se. Matando essa mulher, vai recobrar o afeto do seu marido? Não. Vai ser mandada para o cárcere e a sombra da morta será a sua companheira. E sentirá os seus ais e suas maldições...

– Cale-se, madre! Cale-se! Entre um inferno de remorsos e o martírio de uma existência, prefiro o martírio. Antes de matar, matar-me-ei.

– Nem isso, minha filha, nem isso. Porque ninguém tem direito de dispor do que não lhe pertence. O que provém de Deus, a Ele volta a seu devido tempo. Seja cristã antes de tudo, senhora. Os verdadeiros cristãos nem matam nem se suicidam. Sofrem e esperam.

A jovem abraçou-me soluçando. Olhou-me fixamente e disse-me: – Tinham razão, é uma santa!...

E aquela mártir saiu dos meus aposentos muito melhor do que tinha entrado.

Quando me vi só, exclamei: – Meu Deus!... Vivo queixando-me... Não tenho sofrido como esta mulher.

Chegou Angélica e disse:

– Madre, não vamos à fonte?

– Vamos, sim. Lá eu contarei a você uma história. Verá, então, que horrível é interpor a sombra de um crime entre o amor de dois seres.

Saímos e encontramos o doutor, que me disse muito satisfeito: – É uma grande médica. Creio que vai curar muitos dos que aqui vieram.

– Que assim seja.

– Mas creio, também, que aqui vai sucumbir quem tiver de sucumbir.

103. Luto na comunidade

Chegamos à fonte e sentamo-nos eu e Angélica. Com uma autoridade que não me era usual, disse:

– Fez questão de vir aqui e aqui temos que falar muito seriamente.

– Falemos então, madre, como quiser.

– Ambas estamos enfermas de um mesmo mal. Ambas lutamos, não contra o destino, mas contra nós mesmas. Façamos um exame de consciência. Que tem feito você? Mal, nenhum. Sua alma é delicada e sensível, e é certo que quando partir, o fará sem a menor dificuldade por já estar meio desprendida das misérias terrenas. Você não é um anjo, porque os anjos são por inteiro espíritos, mas está a caminho. Deixar o corpo, porém, não lhe convém. Eu já podia tê-lo deixado, mas ao tentar fazê-lo, alguém me disse: *as existências devem ser aproveitadas*. E vi muitos caminhos, mas todos levavam ao mesmo lugar. Ao contemplá-los, convenci-me de que não era pelo fato de deixar a Terra que alterava-se o meu destino, nem se transformava minha maneira de ser. Nós duas amamos a irradiação de uma alma e essa alma nos diz: *se resistirem na luta, estarão comigo no reino dos céus*. Sabemos que estaremos com ele mais tarde. E ele tem-nos mostrado moradas deliciosas, mundos de luz, e em louvor a essa alma divina devemos resistir com firmeza heroica a todos os embates da vida. Diz que quer morrer, que as suas forças fraquejam... Abra o seu coração, não me oculte nada. Diga-me com franqueza se é verdade que se sente morrer. Diga-me, diga-me! E se a lei da fatalidade se impõe, diga-me também! Quero saber se o que me espera é um golpe mais rude do que possa receber. Diga-me se pressente a sua morte ou se a imagina. Diga-me se morre por querer ou se é chegada a sua hora, e eu lhe direi: – Deus, sempre grande, dar-nos-á a luz necessária.

– Madre – disse Angélica, com a maior seriedade –, eu não me vou matar; morro naturalmente. Amo a vida, porque ela é obra de Deus, e como não amá-la? Amo o céu com as suas nuvens tingidas pelos raios amorosos do Sol. Amo as flores com seus perfumes e espinhos, com suas cores, as fontes, porque com seus mananciais fecundam a terra. Amo as tempestades, porque saneiam a atmosfera. Amo as aves, porque elas me dizem com o seu canto que há um céu. Amo tudo o que me rodeia! A alma, que é uma eterna criança, precisa amar sempre, porque as crianças amam e brincam. Minha alma é uma criança travessa. Quisera brincar, correr, gritar, confiar ao vento os meus desejos infantis. Este mundo é muito triste. Aqui todos mentem. Que pena, madre... Que pena! Aqui todos dizem o que não sentem! Eu quisera brincar e sorrir, ouvir palavras de amor, quisera correr e cair, como naquele dia quando feri os joelhos e que uns braços amantes me erguessem e uma voz apaixonada me dissesse: – *Quero-a! Amo-a! Adoro-a... anseio para você todas as felicidades e que me faça partícipe delas. Que não exista entre nós separação de corpos nem de bens. Você é minha! Eu sou seu!...* Eu não me mato, simplesmente morro. Percebo que há algo de diferente em minhas entranhas. E tenho uns sonhos... nesses sonhos vejo o meu corpo rígido e gelado, pobre corpo! Quanto teria brincado! Quanto teria andado pelas montanhas acima, buscando os caminhos mais escabrosos! Pobre corpo meu! Era tão jovem! Tão saudável!... Já sei que irei aos céus, mas lá não brincarei: nosso Deus não é um menino travesso.

– Está tão mal assim?

– Sim, madre. De dentro do meu ser alguma coisa se desprende.

Difícil de acreditar no que ouvia. Angélica não sabia mentir, e os seus olhos não revelavam seu sofrimento. Esperançada com o brilho dos olhos é que toquei a sua cabeça, o seu colo, o seu peito. Quando toquei seu coração, ela soltou um gemido surdo. Esboçou um sorriso e disse: – Quer curar-me, madre? Há venenos que matam, e o que eles destroem não há mãos que reconstruam. Deixe-me, madre, é tudo inútil, eu bem sei.

– Meu Deus! Meu Deus! Vou ficar tão só!... Começará a minha agonia quando ela se for... – pensei.

E ouvi uma voz nessa hora crucial: – Não se oponha ao cumprimento da lei. Não se oponha, para não sofrer as consequências.

– Não acabe de me enlouquecer! – disse eu com angústia.

Acerquei-me da fonte. Lá estava o amor dos meus amores. Desta fez foi ele quem me disse: – Não se oponha, não se oponha...

– Mas eu vou ficar tão só...

E ouvi a voz da minha sobrinha a dizer-me: – Minha tia, alguma vez eu a deixei só? Deixe que as leis se cumpram. Deixe-a em paz, não queira fazer o impossível.

Olhei Angélica, que estava imóvel, e minha sobrinha acrescentou: – Leve-a para os seus aposentos e cumpra-se a lei de Deus!

Obedeci e, aproximando-me da minha companheira, disse-lhe: – Vamos, minha filha, aqui você não está bem.

– É verdade, madre, não estou. Parece que corre chumbo derretido em minhas veias.

Passei-lhe o braço em redor da cintura; cada pedra que ia pisando parecia-me uma lápide mortuária. Como é triste ficar só! Com Angélica havia vivido tão bem!... Com ela tinha feito a maioria das minhas excursões. Juntas tínhamos praticado o bem, juntas tínhamos corrido pelos campos. E assim, vivemos algumas horas a vida dos pássaros, livres e felizes. Com ela iam-se as minhas melhores recordações, os últimos resplendores de minha vida.

Com muito esforço conseguimos chegar à minha cela. De passagem, avisei o doutor, que atendeu imediatamente e ajudou-me a colocar Angélica no leito.

Ele olhou-a e disse-me: – Não julguei que fosse tão depressa.

A moribunda abriu os olhos e acrescentou: – Doutor, está tudo acabado. Não me toque, não me atormente. Dê-me água, a última que beberei neste mundo.

– A água lhe provocará vômito.

– Dê-me água e deixe-me morrer sem esta sede que me consome.

O doutor deu-lhe água, que ela bebeu com avidez. Reclinei-a de novo e ela ficou inerte. O pobre ancião, verdadeiramente aflito, olhava Angélica e me olhava. Tocava-lhe a fronte, abria e cerrava seus olhos e, por último, disse: – Deus a perdoe! Deus a perdoe!...

Caí de joelhos e orei como nunca havia orado. O doutor fez-me sentar, examinou-me os olhos e disse-me: – Tem os mesmos sintomas, mas ainda vai demorar o seu desenlace. A crise tardará em manifestar-se.

Pedi-lhe que desse a triste notícia à comunidade. As freiras sentiram muito a morte de Angélica. Só uma deixou de ir rezar diante da morta. Notei isso e, quando saí da minha cela, encontrei-a estática. Nada lhe disse então e voltei para junto da minha companheira, de cuja angelical beleza nada restava duas horas depois de haver expirado. O seu corpo tinha enegrecido, as suas feições se congestionado, e dos seus olhos, nariz e boca corria um líquido sanguinolento e pestilento.

A solenidade do enterro aconteceu no dia seguinte. Os mesmos que a tinham assassinado não pouparam preces nem cânticos em sua homenagem, e o meu inimigo padre cumpriu o seu mister grave e triste. Quando o vi junto do cadáver, senti que meus pés não tocavam o solo, e vi duas almas: a de Angélica e a do padre, que iam juntas para não mais se separarem.

Terminado o enterro, retirei-me para a minha cela. Ao contemplar o leito vazio de minha companheira, como me senti só!... Senti frio, muito frio, e deixei-me cair na minha poltrona sem forças. Havia perdido quem mais amava. Bem sabia que me rodeavam outras almas, mas na Terra todos necessitamos de um corpo a quem acariciar, de uma vontade que se imponha à nossa, de uns olhos que nos olhem, de uma boca que nos sorria, de braços que nos estreitem. Senhor! Se de carne somos, de carne precisamos! Porventura, os peixes vivem fora da água? Cada espécie vive no seu meio, e o meio dos terrenos é o amor, é a permuta de afetos. Uma alma só, no céu, pediria para ir ao inferno, porque a solidão é o inferno das almas.

Já estava só! Ninguém me queria! Angélica tinha levado as minhas últimas esperanças, meu consolo e minhas alegrias. Pensando em meu abandono, ouvi a voz do meu inimigo, o padre.

– Posso entrar?

– A porta está aberta.
– É que eu não entro onde não me chamam.
– Faça o que quiser.
Ele entrou receoso, e eu disse: – Como estou só!... Melhor seria que ambas tivéssemos morrido.
– É verdade, mas a sua solidão terá remédio. Logo virá outra jovem fazer-lhe companhia, tão bela e tão risonha como a que se foi. Eu, sim, que tenho uma dor na alma que nunca se acabará.
– Pois esse duelo foi provocado por você.
– Por mim?... Pois veremos quem aqui é a envenenadora.
– Que diz? Será capaz de acusar-me?
– Tenho a alma enlutada, negra, e negro será o expediente de acusação que parta de mim. Perdi quem mais amava. Não a envenenei, porque isso seria envenenar a mim mesmo.
– Pois, então, que se submeta toda a comunidade à confissão.
– Isso não, seria o maior dos escândalos.
– Pois que venham mil escândalos, se for para fazer emergir a verdade.
– Além disso, seria um escândalo inútil. A comunidade não praticaria atos tão deprimentes.
– Não? Pois eu lhe darei uma prova de que estas ovelhas não são tão mansas como parecem, pois que uma delas me entregou este frasco – e mostrei-lhe o recipiente que guardara na gaveta da minha mesa.
– Quem lhe deu isto? – gritou aterrado.
– Uma freira, uma infeliz.
E na ânsia de buscar a verdade, disse-lhe:
– Quem sabe se a freira mentiu para conquistar o meu carinho, minha confiança, minha proteção! Empregam-se tantos meios neste mundo para chegar aos objetivos a que nos propomos!... Talvez este pequeno frasco não contenha senão água límpida. Vou provar. E ao tirar a tampa para levá-lo aos lábios, o padre arrebatou-o das minhas mãos e o atirou por uma das janelas, dizendo: – Não, não! Basta de crimes, que me farão enlouquecer, porque perdi o que mais amava – e saiu como um louco lançando gritos e maldições.

Olhei para o leito de minha companheira, e ao vê-lo vazio pensei nas palavras do padre e exclamei: – "Virá fazer-me companhia uma jovem tão bela e tão risonha como Angélica". Será uma nova cilada? Terão a ousadia, os infames, de profanar a memória de um anjo, pondo em seu lugar uma mercenária para me espionar? Ah! Com essa profanação não vou consentir! Agora, calma, é preciso saber onde está a ponta deste emaranhado.

Esperei que todos se recolhessem e saí de minha cela, dirigindo-me à da freira que não tinha ido orar ante o cadáver de Angélica.

Chamei em voz baixa à porta da culpada. Esta abriu e ficou muito surpresa ao ver-me, mais que isso, espantada e receosa. Não conseguia encarar-me nem dizer--me que me sentasse. Sentei-me, mandei-a sentar-se e disse:

– Observei que não foi rezar junto ao cadáver de sóror Angélica. Tinha algum ressentimento contra ela?

– Não, madre, nenhum.

– Nada tinha e treme ao ouvir a minha pergunta?

– É por vê-la na minha cela. Não me julgo digna de tal honra.

– Nada de fingimentos, irmã, nada de fingimentos. Deus tudo sabe; se tinha contra ela alguma coisa, peça-lhe perdão, para que sua alma não tenha que aqui vir pedir-lhe contas.

– Não. Eu já a perdoei, e creio que ela me perdoou também.

– E por que tinha ela que perdoar você?

– Pensando bem, nada, porque eu... por minha vontade, não a ofendi, mas às vezes... a gente faz coisas... embora sem querer... mas faz... Oh! Que não venha! Que sua alma não venha! Peça-lhe, madre, que não venha! Se não disser a ninguém, eu lhe direi tudo, porque me sinto sufocar desde que morreu essa infeliz. Eu lhe fiz mal, isto é, fiz e não fiz, porque se eu pus nas taças do seu desjejum o que pus, foi porque a nova superiora que veio para cá me ordenou, sob pena de me fazer perder a própria vida. E como eu pertenço a essa mulher, como ela tem sobre mim direito de vida e de morte, disse-me: – *Mate*... – e... eu matei! Ela vem aqui quando quer, e quando a senhora chamou julguei que era ela.

– E por onde entra?

– Por uma portinha do horto, de que nem o jardineiro se utiliza.

Ao receber a confissão daquela desgraçada, respirei melhor. Não era ele o autor de tantos crimes; ainda merecia ser amado, embora, fosse ele que tivesse posto o verdugo junto das suas vítimas. Quanto me pesava reconhecê-lo culpado!

Saí daquela cela deixando a freira verdadeiramente aterrada, olhando para todos os lados, como se esperasse ver a sombra de Angélica infiltrar-se pela parede. Já em minha cela, respirei melhor. Mais calma, pensei em falar com ele e dizer--lhe: – A culpa foi sua! Abriu a porta a essa mulher e ela foi o instrumento de seu desespero. Queria ferir na sombra, e a sombra envolveu-o. Não quero tê-lo como assassino, ter vergonha de amá-lo. Quero saber tudo, e... quero ignorar tudo.

Olhei para a cama de Angélica e exclamei: – Meu Deus! Meu Deus! Agora quero viver! Sim, sim! Agora quero viver, porque quero lutar e desmascarar os hipócritas! Meu Deus! Dê-me forças, porque quero vencer.

104. O gosto amargo da imprudência

Uma vez em minha cela, foi tal a quantidade de maus pensamentos que me assaltaram, que passei por uma espantosa crise de desespero. Afoguei os gritos para evitar um novo escândalo. Foi tanto o esforço que tive de empregar para me conter, que cheguei a morder os lábios, o que os fez sangrar.

Era indiscutível a minha perturbação. Em meu pensamento, seres malignos, que me olhavam e sorriam cruelmente. E eu dizia: – Vou esmagá-los! Estarei sendo orgulhosa? Ou querendo ser mais justiceira que o próprio Deus? Sim, quero, porque há infâmias que não se pode tolerar. Pobre Angélica! Morrer tão jovem! Ela que era tão pura! Tão boa!... Hei de vingar a sua morte.

Felizmente amanheceu, e fui me tranquilizando, dizendo para mim mesma: – Meu Deus! Eu quis que me perdoassem e não sei perdoar! Insensata, que sou! Assassinos! Assassinos!!!... Ai, meu Deus! Que maneira de saudá-Lo! Mas meu arrebatamento não me impede de adorá-Lo. Eu O adoro, Senhor! Eu O adoro!

E ouvi uma voz potente que me disse: – Está mentindo! Quem maldiz os seus filhos não adora a Deus!

– Senhor! Sou impelida por uma força superior às minhas! Estou tão só! Sinto um vazio!...

E uma *flor do céu* disse-me: – Já não precisa de nós? Iremos embora, então.

– Não, por Deus! Se se forem, morrerei.

– E por que se desespera? Não estamos aqui para consolar você? Vamos acompanhá-la até que deixe este mundo e iremos com você.

– Agradeço muito, flores queridas. Conversem bastante comigo. Minha situação é horrível; tenham piedade de mim!

– Acalme-se. Durma, repouse, que você precisa. Ainda não passou o momento mais amargo de sua existência. Que fará, quando ele chegar?

– Ainda não passei o momento mais amargo?

– Não, ainda não. Querem desonrá-la e desonrá-la por completo. Quando o seu espírito contemplar do além tudo o que tiver sofrido, vai parecer impossível a você que tivesse força suficiente para resistir tanto.

– Ai, flores minhas! São tão inflexíveis para comigo! Consolam-me tão pouco!...

– É que somos a verdade, e a verdade não consola, ensina, sim, a resistir aos duros embates da vida. Agora vá descansar.

Obedeci docilmente e deitei-me, adormecendo tão profundamente, que só despertei quando o Sol ia alto. Não me lembrava de nada.

Saí de minha cela e fui ao refeitório. Lá, fui rodeada pelas freiras, e uma delas, em nome de todas, reiterou-me o carinho da comunidade.

Bem em frente a mim estava a freira que me havia dado o frasco de veneno, e eu disse-lhe:

– Por que não se aproxima de mim?

– Porque me julgo indigna da senhora.

– Todas são iguais para mim.

Ela aproximou-se, então, tremendo, e eu lhe disse:

– Queiram-me todas; minha alma precisa de todas, e unam suas forças para cuidar dos meninos e dos velhos aqui recolhidos, até que seja nomeada outra segunda superiora. Velem pelos fracos e serão reconhecidas por Deus.

Todas foram se retirando e eu fiquei só com a que se julgava indigna de mim. Ela me olhou e eu lhe disse:

– Que tem? Por que me olha assim?

– Tenho remorsos, madre. A morte de sóror Angélica feriu-me profundamente. Tenho sonhos horríveis.

– Não tenha medo, você não é responsável. É verdade que o capelão lhe disse que o que nos dava era para nos curar?

– É verdade, madre. Ele não me disse que a envenenava. Só me encarregou de colocar quatro gotas. Eu, receosa e duvidando, sem saber por que, não pus mais que uma, estranhando muito que sóror Angélica morresse depois de tanto tempo. A não ser... que mais tarde... outra pessoa completasse a minha iníqua obra. Mas depois compreendi tudo. Por isso dei-lhe a garrafinha. Não queria pecar mais.

– Tranquilize-se, e que eu não deixe nem um dia de vê-la, para ter a certeza que não está sofrendo.

Na realidade, a infeliz inspirava-me profunda compaixão. Não era má, no fundo, mas era a aliada da minha terrível inimiga. Não ignorava o grande perigo que representava para mim a entrada daquela mulher em meu convento, e por isso era necessário evitá-lo a todo custo. Minha inimiga entra aqui de noite! É preciso que ela mesma não queira mais vir. Quero que ela mesma se destrua.

Visitei o asilo e detive-me no departamento das anciãs. Estava lá a religiosa aliada da minha inimiga. Fiz com que me acompanhasse ao horto, e lá, ela me disse:

– Madre, eu morro de dor. A sombra de sóror Angélica persegue-me como se fosse a minha própria sombra!...

– Pois eu quero que se tranquilize. Afinal, cabe a você apenas uma pequena parte da culpa. Responda-me a tudo o que vou lhe perguntar.

Então contou-me que era ela quem esperava a minha inimiga no horto, indicando-me o caminho por onde passava. Ao chegar, dirigia-se a um aposento em que havia muitos móveis velhos, bancos e tábuas para improvisar altares. Segundo contou, ela ali encerrava-se e ali permanecia às vezes dias inteiros.

Descansamos ao pé da fonte, e dei-lhe as minhas instruções, dizendo-lhe:

– Quando minha inimiga vier, receba-a da maneira de sempre, e, ai de você... se lhe der a entender que estou a par de tudo.

A pobre religiosa jurou-me fidelidade e foi fácil compreender que ela não me trairia. Sofria realmente!

Retirei-me para a minha cela tranquila e satisfeita. Estava no meu direito: assaltavam a minha residência e justo era que me defendesse dos malfeitores.

Quis escrever, mas titubeei quando ouvi uma voz muito minha conhecida, a de minha sobrinha: – Por que não escreve?

– Na luta em que estou, não lhe parece correto? Penso em encerrar minha rival em sua habitação, e depois ir lá prendê-la com o escândalo próprio da captura dos ladrões e assassinos.

– Seu plano vai muito longe, e virão as represálias. Não faça assim, minha tia.

– Isso não, minha filha. Quero lutar, quero castigar os culpados e quero vencer.

– Pois não se esqueça que será terrível a impressão que vai causar.

– Se eu fosse má, iria prendê-la num calabouço e lhe daria um veneno lento... como ela fez comigo. Mas isso não farei. Vou somente prendê-la. Pregar-lhe um susto e nada mais. Depois que lhe der uma lição, pensarei em mim mesma, porque não quero morrer perturbada.

Continuei refletindo, e reparei que dentro da minha cela viam-se relâmpagos continuados. E ouvi ruído de trovão. Olhei pela janela e vi que o céu estava sereno. Aquela tempestade só rugia em minha alma. E me acovardei quando caiu um raio na minha frente. Deitei-me, fechando os olhos, mas continuei a ver os raios de fogo e exclamei: – Meu Deus! Por que me deixa tão só? A solidão me assusta!

Fiquei meio passada, até que a tempestade terminou, e vi-me num caminho muito largo e plano. Eu gostava, e disse satisfeita: – É este o meu caminho.

Apareceu, porém, um homem de semblante grave e severo que me disse:

– Não é esse o seu caminho.

– Quem é você?

– A lei e a justiça eterna.

– Eu não faço mal a ninguém. Castigo a quem merece.

– Ah! Hipocrisia! Chama de justiça a satisfação da sua vingança!

Despertei sobressaltada, pensando no que tinha visto e ouvido. E pensei no triunfo que teria na noite seguinte.

Passei um dia calmo. Recebi a visita do doutor, que me relatou o quanto as famílias dos hóspedes do convento ficaram alarmados com a morte de Angélica. Acreditavam que a minha companheira tinha morrido da peste negra, pela aparência escura do seu cadáver. Disse que ele tinha conseguido tranquilizá-las. Ainda ficariam na hospedaria do convento mais alguns dias. E, mudando rapidamente o rumo da conversa, disse-me: – Já que perdeu quem mais amava, venha comigo. Aqui não a querem. A comunidade mente quando diz que a estima. Temem você. Inspira-lhes medo e não amor.

– Não importa. Quero terminar aqui a minha luta. Depois, irei a um lugar onde as águas me arranquem das entranhas o que ainda resta do veneno que me deram. Hei de curar-me! Sim, curar-me-ei e voltarei então para cá, porque aqui quero morrer como devo morrer: sem temor do meu passado nem receio do meu futuro.

O doutor preocupou-se ao ver-me tão exaltada. Tomou-me o pulso e eu lhe disse: – Não tenha receio, estou bem.

– Mas que nova luta é essa? Confesse-se comigo.

– Não me confesso senão com Deus, pois só n'Ele tenho confiança. Até em meus sonhos fujo de me confessar, se alguém me interroga.

– Conte-me pelo menos os seus sonhos.

Olhei fixamente o doutor e, apelando para a memória, disse: – Recordo-me de ter-me dito que, unindo-me ao senhor, uma sociedade muito poderosa me protegeria.

– Disse e repito. Você é um ramo desgalhado da árvore da vida, e dentro da sociedade a que pertenço seria árvore. Árvore com raízes tão profundas, que através dos séculos brotaria sempre e sempre, convertendo a ramagem seca em bosque frondoso, em cuja sombra buscariam consolo os peregrinos fatigados. Fale, não vacile, seja dócil comigo pelo menos uma vez.

Contei-lhe todo o meu plano e ele me disse: – Devo alertá-la que essa mulher pode estar muito bem guardada ao entrar aqui, e leve em conta que o Tribunal da Santa Inquisição vai atacá-la de novo, porque ainda não pertence à minha sociedade. Venha comigo, quanto antes melhor.

– Pensarei nisso, doutor.

– Sei que fará o que está pensando.

– Tem razão, doutor, farei. Não costumo retroceder jamais.

Chegou depois o padre meu inimigo, anunciando muito secamente que fariam suntuosos funerais pela alma de Angélica. – Espero – continuou – que proceda corretamente durante o ato.

– Farei isso.

– Estamos entendidos.

– Há muito que estamos – e, com um gesto, dei a perceber claramente que dava por terminada aquela entrevista. Ele me olhou um tanto surpreendido com a minha indiferença e retirou-se. Aliás, era o que eu desejava. Queria estar só para amadurecer o meu plano. A vingança é um manjar que quanto mais se saboreia, melhor gosto achamos nele.

Chegou a noite e com ela uma tempestade tremenda. Bela noite para impressionar os criminosos!... Aquele movimento da atmosfera me reanimou. Senti-me forte como nos melhores dias da minha juventude e saí para o horto, apesar da chuva, para esperar a minha inimiga. Cada vez que ressoava o trovão e brilhava o raio, eu dizia: – Eis o símbolo da eterna justiça!

Por fim senti que abriam a pequena porta que dava acesso ao local. Ouvi duas mulheres como que trocarem algumas palavras sobre a inclemência do tempo. Quando me aproximei, o resplendor de um raio iluminou-nos e minha inimiga deu um grito horrível.

– Aqui estamos as três!... – eu disse.

Ela não ouviu, porque caiu ao solo como massa inerte, e a sua cúmplice caiu desmaiada também. Eu, porém, com uma força hercúlea, sentindo o meu ser pleno de vida, levantei as duas mulheres e obriguei a religiosa a ajudar-me a transportar a minha inimiga, até entrar no convento. Protegidas, então, do tempo, deixei-a no solo, enquanto a freira murmurava palavras incoerentes: – Não se apavore inutilmente. Vá buscar um jarro com água.

– Para que, se está morta?

– Cale-se e obedeça.

Saiu, e à luz de uma chama débil, contemplei minha inimiga que, realmente, parecia morta. Eu, porém, tinha tanta vontade de reanimá-la que, ainda que o seu corpo estivesse na mais completa decomposição, creio que momentaneamente eu o teria feito viver. Até os átomos de seu corpo, se estivessem espalhados pelo solo, eu os reuniria com a potência da minha vontade. Queria lutar frente a frente com aquela fera. Naquele ser concentravam-se todos os vícios; era um monstro de iniquidade. Queria vê-la de perto, queria tocar o fogo da infâmia humana, queria ver a distância que existia entre mim e ela.

A religiosa voltou com o jarro. Despejei a água sobre a cabeça da minha inimiga sem a menor contemplação, dizendo-lhe, em pensamento: – Levante-se e ande!...

Ela despertou e, ao ver-me, disse com ironia:

– Você me derrubou.

– Não. Caiu por si só. Vamos agora ao aposento que está ocupando aqui sem direito algum.

– Não irei.

– Irá por sua vontade ou à força, por seus próprios pés ou arrastada por mim. Escolha.

– Pois vamos.

E saímos as três.

Ao chegarmos à porta, eu disse à religiosa: – Retire-se para a sua cela, e ai de você se disser a alguém o que se passou aqui esta noite.

A freira inclinou a cabeça e, amparando-se nas paredes, desapareceu.

Entramos, então, no cômodo e fechei a porta.

– Vai me matar? Diga, para me encomendar a Deus.

– Você mesma se matará pelo remorso que há de sentir na consciência, porque assassinou um anjo.

– Está mentindo.

– Não minto, você bem sabe. Você me odeia porque a expulsei do asilo onde martirizava velhos indefesos e crianças inocentes. Tão brutalmente eram castigadas, que era difícil encontrar quem que não tivesse um braço ou perna machucada, consequência dos seus maus tratos. Aquelas infelizes criaturas eram mártires do seu proceder infame. Todas, mutiladas por sua causa. Os velhos dormiam num formigueiro de imundícies, não porque faltassem meios para tratar com decoro aqueles desvalidos, mas porque você gastava os recursos destinados à manutenção do asilo em bacanais impuros, praticando, bem sabe, todos os desvarios da gula e da luxúria. E eu, em nome da caridade e da justiça, impedi-a de continuar a cometer tantos crimes, não, dando-lhe um castigo exemplar como merecia, não, encerrando-a num calabouço para toda a vida, mas sim, dando-lhe tempo para que se arrependesse de suas faltas em um convento onde suas infâmias não fossem conhecidas.

– Pois eu empreguei esse tempo que me concedeu em odiá-la e maldizê-la. E odeio-a tanto que, se tivesse de encontrá-la no céu, preferia viver no inferno, desde que estivesse segura de não vê-la jamais. Odeio-a, odeio-a com todas as minhas forças. Chamam-na santa e é uma prostituta, uma rameira mística. Já sei que é a amante desse grão-sacerdote que tanto poder tem. Já sei que é a encobridora das nobres rameiras que aqui vieram pretextando enfermidades, mas na verdade vieram é solidarizar-se no misticismo. Conheço todos os seus vícios, que são muitos e são tantos que pode-se dizer que não lhe falta nenhum.

– Fale, fale, assim mesmo. Que ao menos uma vez na vida tiremos as máscaras. Gozo escutando-a, porque vejo como é a sua alma. Agora só lhe direi que não quero mais que entre aqui.

– Pois deixe-me sair e prometo-lhe que não torno a entrar.

– Não tão depressa. Quero saber o que está guardando aqui. Não deve estar vindo para entregar-se à meditação... vejamos, então.

– Isso jamais.

Sibilou de novo o raio, abriu-se violentamente a janela e a luz se apagou. Não me desconcertei. Abri a porta e saí. Ela saiu atrás de mim, gritando: – Socorro!...

– Cale-se, miserável! Cale-se!

Agarrei-a com tal ímpeto que a atirei violentamente contra a parede, e ela caiu ao chão como morta.

Fui buscar nova luz, fechei a janela e voltei ao corredor, atirando novamente água sobre a cabeça de minha inimiga. Ela despertou e ajudei-a a levantar-se. Estava sem forças. Conduzi-a para a cela, impondo-lhe obediência, pois compreendi que o seu desejo era matar-me. Mas eu a mantinha imobilizada; só a língua estava solta para dizer: – Maldita seja! Maldita seja!...

– Amaldiçoe quanto quiser, mas eu hei de examinar tudo o que existe neste lugar. Sente-se, e ai de você se se mover.

Fiz com que se sentasse e reparei que tinha uma pequena ferida na cabeça. Lavei o local e ordenei-lhe mentalmente que não se movesse, enquanto eu fui examinando todos os móveis da cela. Chamou-me particularmente a atenção um grande armário que eu não me lembrava de ter visto no convento. Abri-o e deparei com muitos papéis. Peguei um e li: *História Escrita por ela Mesma*. Estava escrito o meu nome, e tão bem imitada a minha letra que me horrorizei.

– Você quis – disse ela, ironicamente.

– Sim, quis porque pressentia que estava aqui o que há de mais iníquo, de mais infame, de mais vil que se pode praticar contra uma pessoa. Falsificou a minha assinatura, miserável! E deve ter falsificado a minha história, a minha vida de martírio!... de luta... de dores cruentas, convertidas por você... em ações infames, em loucuras e em arrebatamentos inqualificáveis.

– Já viu tudo. Agora deixe-me sair.

– Não, ainda não vi tudo. Falta aquela cantoneira cheia de potes.

– Isso não tem a menor importância. São pomadas que faço para curar feridas.

Sem me importar, aproximei-me da cantoneira, e fui destapando todos os potes que, realmente, continham unguentos. Lá, havia também frascos bem pequenos, que fui destapando. Enquanto isso, ela se esforçava por romper suas amarras invisíveis, sem conseguir. Ao desarrolhar a última garrafinha, senti uma sacudida horrível no braço, e o frasco caiu no chão, produzindo uma espécie de fumaça. Ela conseguiu levantar-se e gritou: – Corramos! Corramos!...

Eu, pensando abrir a porta, abri a janela, fugindo da fumaça cada vez mais densa. Meu corpo ficou completamente vencido sobre o peitoril da janela. Nem sei como me mantive de pé. Tentei ir até à porta para que o ar circulasse livremente, mas não pude mover-me. Fiquei cravada naquele lugar sem poder fazer o menor movimento. Que pensava? Que sentia? Não sei. Olhei o céu e observei que a tempestade tinha deixado limpo o horizonte e começava a alvorecer, e eu pude, até que enfim, mover-me. Afastei-me da janela, olhei para dentro e fiquei horrorizada: minha inimiga estava no solo. Não era ela! Parecia um monstro! Seu rosto parecia ter sido pintado de uma cor azulada, os dentes tinham crescido e, como se não coubessem em sua boca, estavam fora de lugar. Os olhos desmesuradamente abertos saltando das órbitas, as mãos retorcidas procuravam oprimir-lhe os seios. Estava horrorosa! Parecia que todas as fúrias de todos os infernos tinham combinado para desfigurar aquele corpo e aquele rosto, onde tinha brilhado a formosura. Senti um horror indescritível. Quis rezar, quis chorar, quis fazer alguma coisa de útil por aquela mulher e por fim exclamei: – Meu Deus!... Morta!...

E ouvi uma voz potente que me disse: – Você assim quis. É a sua obra.

105. Amor e ódio

Aquelas palavras produziram em mim um efeito aterrador. Olhei para o espaço com avidez. Ia clareando pouco a pouco, mas a claridade parecia-me avermelhada e eu via uma queda d'água imensa. A água, ao cair, transformava-se em sangue, formando um enorme lago. Olhando o lago vermelho, via-me inclinada para fora do peitoril da janela e tinha a impressão que ia cair de grande altura. Mas fiz um esforço e caí para dentro, ouvindo uma voz: – Não se desespere. Não vai morrer ainda.

Quis levantar-me e não pude.

– Levante-se! – disseram.

– Não posso mover-me! Impossível!

– Levante-se!

Tão imperiosa era aquela voz, que me levantei e apoiei-me de novo à janela.

A paisagem adquiriu nova feição e eu disse: – Meu Deus! Que formoso está o dia!... Senhor, sabe que eu não sou criminosa. Quiseram-me matar ateando fogo em minhas entranhas... Não sei por que me odeiam tão cruelmente, pois não atento contra eles. Se se matam na sua luta infame, não é culpa minha; sucumbem oprimidos sob o peso dos seus crimes horrendos. Olhei novamente o cadáver daquela infeliz e murmurei: – Que fazer, Senhor? Devo sair, deixando a morta aqui fechada?

Abri a porta e deparei com um homem que já tinha visto na noite anterior. Era um fiel servidor de minha inimiga, espécie de guardião que ela deixava ao ausentar-se. Ao vê-lo eu disse:

– Que faz aqui?

– Essa mulher que aí está morta colocou-me neste lugar. Sou o cão fiel que a guardava e sei de tudo.

– Nesse caso, poderá declarar a verdade sobre tudo o que se passou aqui.

Quis sair e ele me disse: – Não sairá daqui. Sua vida pela dela.

– Você está querendo a mais injusta das vinganças! Pois se tudo sabe, não ignora que não é minha a culpa pela sua morte. Assim é que tenho direito à liberdade, e se você não me dá, eu a tomarei eu mesma. Quieto aqui e fique mudo! Nada dirá do que viu e ouviu.

E foi tal a minha convicção, que ele ficou imóvel, encostado à parece, enquanto eu, apressando o passo, chegava à minha cela, dizendo logo às minhas *flores do céu*: – É chegado o meu último momento?

– Não tenha medo. Foi muito imprudente, mas nada tema. É uma criança voluntariosa, querendo achar a justiça, e isso não vai acontecer enquanto as almas não forem mais dignas.

Sentei-me e procurei raciocinar, mas não pude. Passou-se mais algum tempo e por fim pude organizar as ideias.

– Se desperto aquele homem, ele falará. E se não falar, vão julgar que foi ele quem a matou e que emudeceu de espanto. Ah! isso não! Não devo compactuar com a condenação de um inocente. Se me matarem, pelo menos morrerei sem remorsos – e saí decidida a despertá-lo.

Estava no mesmo lugar em que o havia deixado, imóvel, recostado à parede. Toquei-lhe na fronte e nas mãos muito suavemente, e disse-lhe: – Desperte.

Ele se moveu e disse: – Deixe-me mais livre.

– Mais livre para dar prosseguimento às suas más intenções?

– Deixe-me sair.

– Sai em boa hora e que Deus o ajude.

Deu alguns passos e, olhando-me com ódio terrível, depois de ter olhado para a sua protetora, disse-me sorrindo, como sorriem os condenados: – Até logo!... Até logo!...

Sem perder tempo, dirigi-me ao refeitório, onde encontrei a comunidade reunida. Perguntei a algumas freiras se tinham ouvido algum ruído na noite anterior, e todas baixaram a cabeça sem responder. Ao ver tanta hipocrisia, disse-lhes:

– Compreendo que estão a par de tudo e alegro-me em sabê-lo. Enquanto sóror Angélica estava viva, vivia-se bem aqui. Reinava a paz e a harmonia. Pouco antes de ela morrer, agentes estranhos trouxeram a perturbação. Fizeram-me passar por louca, por endiabrada, trouxeram uma nova superiora, e o que ela fez na sua cela, não sei. Só sei que ali está o seu cadáver. Matou-se com o que ali guardava. Acreditam que eu seja capaz de ter cometido um assassinato?

Todas se calaram. Só uma freira disse: – Eu não a julgo capaz de cometer nenhum crime.

Olhei para toda a comunidade e disse-lhes: – O seu silêncio me acusa, infelizes!... Eu as perdoo!

Retirei-me para a minha cela, acompanhada da única religiosa que me julgava inocente. Ao entrar nos meus aposentos, ela disse: – Madre, irei com a senhora até o martírio.

– É preciso avisar o doutor.

– Não há quem o avise, madre, já que não posso sair, por meu voto de clausura. E ninguém no convento lhe obedecerá. Não se exponha a novos desgostos, eu lhe peço – e saiu chorando a pobre religiosa.

Cheguei até a janela central e exclamei:

– Meu Deus! Que comunidade me deu!... Estas mulheres julgam-me culpada. Antes chamavam-me santa sem que eu merecesse; hoje lançar-me-iam à fogueira sem o merecer também! Juízos tão errôneos alimentam sempre a ignorância!...

Rendida de tantos golpes, adormeci, até que ouvi uma voz desconhecida:

– Pode-se entrar?

– A porta está aberta – e entrou um homem alto e imponente, com toga negra e gorro da mesma cor. Tinha na mão uma vara com cabo de prata. Olhou-me com superioridade e me perguntou:

– Sabe a que venho?

– Não, senhor.

– Venho dizer-lhe que está presa.

– Eu presa!... É um agente da Santa Inquisição?

– Sou um agente do rei, que se envergonhará, por certo, de ter-lhe concedido as honras que concedeu.

Não soube o que responder, e uma *flor do céu* disse-me:

– Não tenha receio, siga em frente.

Segui o agente e saí do convento. Subimos numa carruagem velha e desconjuntada, e dirigimo-nos, escoltados por um destacamento de soldados, para uma cidade próxima, onde me aguardava imensa multidão. Como correm rápido as notícias! Uns diziam: – Que morra! Não esperemos o cetro da justiça! À fogueira com ela! – Outros gritavam: – É uma santa! Os impostores querem desonrá-la.

Um homem do povo abriu passagem por entre a multidão e, chegando à portinhola do coche, disse-me: – Madre, perdoe, que eles não sabem o que fazem. Eu me vanglorio de dizer que nunca foi nem será criminosa. E se ainda não é santa, está a caminho disso.

Chegamos a um Tribunal de Justiça, onde compareci ante um juiz de aspecto agradável. Era um velho venerável. Pediu-me, cortês, que fizesse as minhas declarações e eu lhe contei todo o sucedido sem omitir o menor detalhe. O juiz escutou-me com atenção e, ao concluir o meu depoimento, disse-me: – Precisamos ir em busca de provas de tudo o que acaba de me dizer, embora eu leia em seus olhos a inocência. Eu não a condenarei, mas outros sim. Por ora terá como prisão a casa dos seus parentes. Ah! Se ainda vivessem seu pai e seus irmãos, não a acusariam injustamente. Tem inimigos terríveis. Por isso, não procure evadir-se, porque seria pior. Não desonre a sua casa.

– Isso jamais.

Olhei-o ternamente, agradecida por ter-me dado a minha casa como cárcere. Quando lá cheguei, desenrolou-se uma cena verdadeiramente comovedora. Nunca pude imaginar que a viúva e filhos do meu irmão me quisessem tanto. As crianças que eu havia deixado eram agora moços vistosos e saudáveis, e o mais velho disse-me com entusiasmo:

– Minha tia, dou minha vida pela senhora, porque sei que é inocente.

– Não, meu filho, não. Você tem que viver para sua mãe. Deus me julgará. Não quero que você nem ninguém se sacrifique por mim. Não quero sacrifícios, não quero nada além da justiça, e se a questão é justiça, não podem condenar-me.

Julguei que me dariam toda a casa por cárcere, mas não foi assim. Fiquei reclusa num aposento dos mais humildes, que servia de dormitório a um dos criados de meu irmão. À porta, dois guardas, para minha custódia. A única consideração que me dispensaram foi que não me deixaram incomunicável. Quando fiquei só, encostei a porta do meu aposento e pus-me a pensar no que me sucederia.

– Não pense – disse-me uma voz. – Para que quer pensar?

Passaram-se dois dias, e ao terceiro senti passos e ouvi uma voz conhecida. Era o doutor que entrava, dizendo-me:

– Não me esperava, não é?

– É verdade.

– Temos que conversar. Falemos do que lhe propus da última vez. Pensou bem na proposta de ir para a corte? Pela última vez, quer vir? Aqui morrerá mal, morrerá desonrada. Já lhe disse que na corte lutará com feras, e aqui... aqui... os répteis vão esmagá-la. Sua quantidade é tamanha, que poderão mais que você.

– Já não tenho forças para ir a parte alguma.

– Advirto-a que há aqui uma intriga muito grande. Venha comigo, que na corte triunfaremos. Diga que sim, que depois de triunfar, voltará aqui, se tanto deseja.

– Desse modo, sim. Se me deixar voltar, vou com o senhor.

O doutor saiu. Não o vendo, então, arrependi-me do que lhe tinha dito – Que fiz eu? – perguntei a mim mesma, assustada. – Esse homem disse que pertence a uma sociedade inimiga da minha religião. Que dirão de mim? Dirão que, realmente, eu me entreguei ao diabo! É ruim o caminho que tomei, mas quem me assegura que esses incrédulos não estão mais errados ainda? Os templos são sombrios, os conventos são sepulturas, mas o que é costumeiro pesa tanto na decisão!... Como eu, desde criança, tinha contato com conventos, tinha certo apego àqueles tristes casarões.

Esperei dois dias com muita impaciência, querendo e não querendo que o doutor viesse buscar-me. Por fim, ouvi várias vozes e estremeci. Era a voz do padre meu inimigo. Quando entrou, notei que estava muito pálido e abatido, com os olhos muito abertos como se buscasse algo que só existia em seu pensamento. Sem me olhar, sequer, disse-me:

– Temos que falar.

– Tenho muito prazer nisso, porque os amigos são para todas as horas. Não pensa assim?

– Não é ocasião de usar tanta ironia. O tigre disputando a presa com o leão... Vamos ver quem vence.

Mandou que os guardas se retirassem e, quando ficamos a sós, disse-me secamente:

– Precisamos falar franca e abertamente.

– Já falamos demais.

– Mas nunca com franqueza, e temos que tratar de assuntos do maior interesse para os dois.

– Falemos, então.

– Em confissão peço-lhe que me diga como morreu Angélica.

– Eu?!...

– Você deve saber.

– Você e esta mulher que acaba de morrer conheciam muito bem o veneno que nos davam.

– É que eu tenho indícios de que foi você quem envenenou Angélica.

– Sabe muito bem que uma freira me deu o primeiro vidro. E o seu conteúdo era mortífero, tanto que você o arrebatou de mim espantado.

– Foi isso que pensou? Pois aquele frasco continha apenas um líquido que a faria enlouquecer se tomasse muitas gotas de uma só vez. Despertava desejos sensuais, administrado com método, em pequenas doses. A freira é que não se inteirou bem do modo de usar.

– Ah! Pretendia que Angélica lhe quisesse e que eu lhe obedecesse docilmente... sonhando com alguma recompensa... Quanta infâmia! Você é, sem dúvida, um miserável.

– Diga-me, diga-me! É verdade que por ciúmes tornou-se criminosa? Não o negue, já está feito. Sei que me quer loucamente.

– É verdade, mas eu amo o seu talento, a sabedoria que o distingue. Amo a magia da sua palavra quando fala aos seus fiéis. Nessas horas vejo em você um *enviado*, um *eleito* e parece-me que devo tê-lo amado em outra existência e que, unidos, evangelizamos muita gente, repartindo juntos o pão do amor divino. Mas eu matar a mulher que mais estimei neste mundo para afastar o estorvo que havia entre nós, isso jamais! Mil vezes teria tirado a minha própria vida, antes de tocar um só cabelo de quem tanto me queria, de quem adivinhava os meus pensamentos, que me fazia amar a vida, porque era o único ser que se interessava pela minha existência e que não invejava a minha glória. Ela era carne da minha carne e osso dos meus ossos. Sem ela a minha vida é um inferno, e não pus ainda um fim aos meus dias porque acato a vontade de Deus.

– Mas se você me quis sobre todas as coisas, se chegou a me dominar contra a minha vontade, se me fez sonhar, e em sonhos a tenho tido em meus braços ébria e palpitante de prazer!... Não sei como explicar os meus sonhos, porque depois de ter sido minha, tenho visto você transformada em anjo luminoso, e de muito longe tem-me dito: – "Infeliz! Não pode aproximar-se de mim! Entre nós existe um inferno!..." Será a vítima, sim, porque teima em negar.

– Faça o que quiser.

– Sim, sim, será a vítima. Em vida e em morte, e eu a farei mártir. Transformá-la-ei em santa, mas uma santa imbecil, alucinada, louca. Logo verá a sua história.

– Já a vi.

– Onde?

– Onde estava o cadáver daquela mulher.

– Ah! Muito bem!... Já tenho o que precisava. Viu a sua história e vingou-se envenenando aquela mulher. Vou acusá-la, e acusando-a todos vão acreditar em mim.

– Faça o que quiser. Quando se ama, sofre-se tudo, suporta-se tudo, mas... não me acusará.

– Quem me impedirá?

– Eu o impedirei, porque o amo e não quero que se afunde tanto na lama, pois esse crime seria tão horrível, a sua ingratidão tão espantosa, seria um criminoso tão miserável, que o fogo do inferno seria pouco para atormentá-lo eternamente. E em si mesmo, em suas lembranças, teria um sofrimento inenarrável. Todos os tormentos imagináveis seriam brinquedos de crianças, comparados ao seu remorso. Eu lhe quero tanto que não deixarei que me acuse. Por que lhe quero? Não sei. Por que me interesso pelo seu futuro? Ignoro. Mas não quero que encha a medida dos seus crimes com o que há de mais horrendo, com a acusação que quer fazer contra mim.

– Ver-nos-emos.

– Sim, ver-nos-emos sempre um ao outro, quem sabe se para nos recriminarmos, ou para nos compadecermos! Nossa história não acaba aqui, tenho certeza. Não se ama nem se odeia tanto numa só existência. O que fomos nós? O que seremos? Deus o sabe! Ele, somente Ele sabe onde começam os amores e onde acabam os ódios.

Meu inimigo retirou-se e eu disse: – Meu Deus! Que contrassenso! Cada vez lhe quero mais! Por quê? Por quê? Não sei. Não quero a prisão, ai, isso não! Se me encerrarem num calabouço escuro, creio que enlouquecerei, e não quero enlouquecer para salvá-lo, para dominá-lo, para que não pronuncie a sua sentença de morte eterna. Que o façam outros, que sejam outros os meus verdugos, se é necessário que eu morra, mas que ele se salve, meu Deus! Que ele se salve!...

Passei um dia muito triste. No dia seguinte chegou o doutor e disse-me: – Obedeça a tudo sem replicar.

Despedi-me chorando pelas demonstrações de verdadeiro carinho. O doutor fez-me subir em uma carruagem confortável e sentou-se em frente a mim. Seu semblante denotava profunda preocupação.

Chegamos a um pequeno povoado e então ele me disse: – Tem de esperar aqui. Preciso de dois dias para vencer alguns obstáculos. Lembre-se do que é capaz a sua religião...

Suas palavras impressionaram-me muito. Foi com tristeza que o vi partir.

Esperei os dois dias e, quando já me haviam indicado que podia prosseguir viagem, veio a contraordem. Tremi, então, como nunca, porque os esbirros do Santo Ofício apoderaram-se de mim.

106. Em marcha

Foi grande a minha frustração ao observar que não continuava a minha viagem para a corte e que ficava em poder das forças do Santo Ofício.

Perdi toda a esperança. Vi-me perdida para sempre. Até sorri como sorriem os idiotas e disse: – Mas que é isto? Por que me incomodo? Se vão me matar, vai ser bom morrer!... Logo, porém, voltei a mim e exclamei: – Não quero morrer assim; por que me deixo abater? Pobre de mim! Perco a coragem tão facilmente!...

Passaram-se muitas horas. O lugar em que estava tinha vista para o campo e eu me consolava olhando as terras lavradas. Ninguém cuidou da minha alimentação. Senti fome e sede, e quando o Sol chegou ao seu ocaso, meu desfalecimento aumentou. A porta do alojamento estava apenas encostada. Entreabri-a e pedi em altas vozes água e pão, mas ninguém me respondeu. Reparei, então, que não tinha sequer onde me deitar, mas resignei-me pensando que noutro lugar estaria pior ainda, porque não me seria dado ver o sol. Mas como a angústia que a fome traz é irresistível, saí sem saber o que fazia, em busca dos meus carcereiros. Encontrei--os sentados no portal jogando dados. Pedi-lhes pão e água e nenhum me respondeu. Cheguei a exasperar-me e tentei sair, mas não me deixaram. Recriminei-os duramente, dizendo-lhes por fim: – Digam-me alguma coisa, digam-me como devo morrer.

Tentei, de novo, sair e um daqueles homens deu-me um empurrão que me fez cair de joelhos. Consegui levantar-me e cheguei à minha cela como me foi possível. Estava tonta, já andava sem ver.

Quando me achei em minha prisão, quis aproximar-me da janela, mas pouco a pouco fui caindo; meu corpo não podia resistir a tantas horas sem alimento, nem o meu espírito a tantas humilhações. O local onde o esbirro havia tocado meu ombro tinha me causado a impressão de um ferro em brasa. Não sei como não terminou então o meu martírio.

Não sei precisar o tempo que estive desmaiada. Por fim, os carcereiros trouxeram-me algum alimento, uma comida tão ruim e mal preparada que, ao ingeri-la, senti-me muito pior, e julguei que eram chegados os meus últimos momentos. Ouvi, porém, uma voz muito imperiosa que me disse: – Ainda não! Ainda não!

Aquela voz deu-me nova vida. Pareceu-me que me refrescavam os lábios com água puríssima, e disse: – Graças, senhor! Vejo que não me abandonou.

– Ingrata! – replicou a voz.

– Não, não sou ingrata. É que estou mais velha e mais enfraquecida.

Senti-me, repentinamente, mais forte e mais animada, tanto que pude levantar-me e assomar à janela, dizendo: – Senhor! Não sou ingrata. Tenha piedade de mim! Tenho medo!...

– Ingrata! Acabo de levantá-la e tem medo!...

– Tem razão, senhor. Já posso resistir, já posso resistir – e pareceu-me que o eco repetia as minhas palavras.

Senti rumor de vozes. De novo vacilei, e de novo me reanimei. Senti depois passos silenciosos e entrou um homem com uma lanterna na mão. Sem saber por que, senti horror. Ao olhá-lo o meu horror aumentou. Naquele semblante, estavam as marcas de todos os vícios. Perguntou-me se eu queria comer e beber, e ao mesmo tempo aproximou a lanterna do meu rosto. Não conseguia traduzir o que havia no olhar daquele homem que, por fim, disse-me com ironia cruel:

– Amanhã passará um grande dia.

– Será o último da minha vida?

– O último não, mas um dos últimos, sim. Amanhã vão fazê-la ir buscar a Deus, já que só se entende com o diabo. Mas buscará a Deus com os olhos cheios de sangue. Agora pode deitar-se no chão, que para os cães da Igreja já é bastante – e retirou-se.

Assim que fiquei só, procurei sentar-me e apoiar a cabeça à parede, mas deixei-me cair por completo. Enquanto meu corpo ficava inerte sobre o duro solo e a brisa da noite acabava de intumescer os meus membros combalidos, meu espírito buscou, como nunca, a justiça de Deus. E ao ver-me livre no espaço disse anelante: – Meu Deus!... Dê-me a noção exata do que sou para saber resistir – e voei para um ponto fosforescente, mas perturbei-me e retrocedi. Prossegui de novo e encontrei uma jovenzinha que ia com passo ligeiro. Não via o seu rosto e a chamei. Ela virou-se e disse: – Sempre a mesma! Sempre impaciente!...

– Até que enfim a encontro, Angélica de minha alma! Não a deixarei ir, não!...

– Detenho-me, porque muito devemos uma à outra.

– Dê-me seus braços.

– Tome-os.

Abracei-a e surpreendi-me: – Como está fria!...

– É que ainda sou uma morta. Ainda não pude entrar no céu.

– E acredita no céu?

– Sim, porque vi o amor de nossos amores, que me disse: – *Não procure aligeirar o passo, não se esforce. Ande, venha, que me alcançará.* E vou andando.

– Mas não compreendeu que essa palavra *venha* não significa que entre no céu? Ele quis dizer, com esse *venha*, que trabalhe, que lute. Vai ver como é assim, porque vou chamá-lo. E chamei-o: – Amor dos meus amores. Venha!... Venha!...

– Madre, que força tem!

– Já está aqui, como é belo!...

– Ai! Eu não o vejo!

– Impaciente! Sempre impaciente! – disse-me ele. – Olhe para mim.

Olhei e vi-o como nunca o tinha visto. Tão depressa me parecia jovem como velho. Tinha na mão um galho de árvore partido em dois pedaços, um maior do que o outro, em forma de cruz.

– Está me mostrando o símbolo do meu martírio?

– Não. É o símbolo da sua rudeza, do seu passado.

– Está me dando essa cruz?

– Não. Conservo-a para encerrá-la mais tarde no túmulo do esquecimento. Só então vai desaparecer a marca da cruz que cravou no peito de um homem que, mesmo recebendo a ferida, a perdoou!

– Deixe-me ir com você!...

– Logo virá! Logo virá!

– E para mim não há nada? – perguntou Angélica.

– Contemple-a agora, pois ainda não pôde fazê-lo – disse ele.

Olhei-a... e disse: – Você!

Ela olhou-me também e exclamou: – Você!...

– Brilhou a luz da eternidade! – respondi-lhe. – Irei com você.

Ele então disse: – Olhe, ainda tenho comigo a sua cruz.

– Compreendo. Ainda me pertence essa cruz!...

E senti... senti... o que não é possível descrever: prazer, dor, esperança, desalento!... Aquela cruz era o símbolo da inferioridade do meu espírito. Aquele tronco ainda era muito resistente... Quantos séculos teriam de passar ainda para que ele pudesse enterrar aquela cruz no túmulo do esquecimento!...

Como é bela a eternidade quando a esperança da nossa redenção nos sorri! Mas quanto tempo precisamos despender para fazer de um tronco forte e tosco um ramo de sensitivas!...

Voltei ao meu corpo e encontrei-o exânime. Pobre corpo! Despertei-o, levantei-me e fui até a janela. A aurora começava a tingir o céu.

– Como é belo o Sol! – exclamei. – Em todas as partes é o mesmo! Você é o renascimento, a vida, a imagem de Deus!...

Ouvi um tropel e vi que eram muitos soldados que chegavam a cavalo. Ao vê-los reanimei-me.

Aumentou o ruído com os cavaleiros que chegavam. Fez-se ouvir o toque de cornetas e clarins, e tão distraída estava que nem sequer percebi a entrada de alguém na minha prisão. Tocaram muito de leve no meu ombro, e tão suavemente, que não me assustei, apesar de distraída. Virei-me e deparei com um homem a quem tentei reconhecer. Sua aparência era a de uma eminência das mais altas esferas da Espanha. O respeito selou-me os lábios e emudeci, perguntando-me ele em voz baixa:

– Há quanto tempo está aqui?

– Creio que há três dias.

– Como a têm tratado? Maltrataram-na fisicamente? Providenciaram a alimentação necessária?

– Sim, senhor, tenho tido os alimentos.

– Pois o seu semblante me diz que não tem comido. Diga-me a verdade, que eu tenho todos os direitos para saber tudo.

– Não sei, não sei. Não faça caso de mim, nem sei o que dizer.

– Dê-me a sua mão. Está fria! Parece a mão de uma morta. Olhe para mim, não me reconhece? Onde tem dormido?

– Não sei, senhor, não sei.

– Mas agora reparo que neste alojamento não há onde sentar.

Mandou trazer dois bancos, encostou a porta e fez-me sentar. Sentou-se ele junto a mim, dizendo-me: – Peço-lhe que seja franca. Diga-me tudo, tudo.

– Agradeço-lhe, senhor. É verdade que não me deixará perecer? É verdade que velará por mim? – e em voz baixa contei-lhe todos os meus sofrimentos.

Ele se comoveu e disse-me: – Eu lhe prometo e juro, pela memória de seu bom pai, que ninguém tocará num só cabelo de sua cabeça.

– Graças, senhor. Serei a sua escrava e sempre rogarei a Deus pelo senhor.

– Vai voltar para o seu convento, e volte tranquila, que ninguém vai insultá-la.

Beijei a sua mão e ele beijou-me na fronte, retirando-se. Da janela pude ver o meu régio protetor se afastando. Olhamo-nos mutuamente, até que o perdi de vista. Saí exultante daquela cela.

Não encontrei ninguém. Meus carcereiros tinham desaparecido. Não demorou muito, chegou um destacamento de cavalaria. Um dos chefes apeou e me saudou com todo o respeito, dizendo-me: – Madre, todos os meus comandados darão a vida pela senhora se for necessário, e eu serei o primeiro. Vão dar-lhe alimentos e descansaremos um pouco, antes de partirmos.

– E se fôssemos ao amanhecer?

– Como queira.

Examinaram a casa e acharam aposentos mobiliados. Passei a noite num deles, dormindo numa boa cama. Levantei-me bem cedo no dia seguinte, para dar graças a Deus pela minha liberdade.

– Meu Deus! Como é bom!...

Nessa hora ouvi a voz de meu pai, que me disse: – Sim, sim, Deus é muito bom quando nos contempla com tudo o que lhe pedimos.

– Ah! meu pai, sou tão pobre, mesmo assim!

– Sim, é verdade, mas eu sou mais pobre ainda.

– O senhor?

– Sim, minha filha, sim.

– E não se dirige a Deus?

– Dirijo-me, sim, mas como Ele é justo não pode afastar a treva do delito que persegue o delinquente.

Pusemo-nos em marcha. Eu ia num bom carro, mas o caminho era acidentado e eu estava muito debilitada. Os contínuos vaivéns da carruagem me sacrificavam o corpo.

O jovem oficial, que galopava junto à portinhola da minha carruagem, fazia-me lembrar meu irmão Benjamim. Como ele, era gentil e garboso, e de caráter impetuoso, tanto que me disse: – Madre, estamos indo muito devagar. Esta estrada é perigosa e receio que a tempestade nos alcance.

– Tempestade? E não se vê uma nuvem!

– Madre, é que por aqui há muitos bandoleiros. Fique com este punhal para o caso de ter de defender-se.

Tomei-o, maquinalmente, beijando a cruz que tinha no cabo e murmurei: – Deus disse: *não matará*! – e deixei cair o punhal no fundo da minha carruagem.

Chegou a noite. Ouviam-se silvos agudos e os cavalos relinchavam ruidosamente. Era um ataque. Os malfeitores nos tomavam de assalto. Em meio a gritos, maldições, lamentos e queixas, os que rodeavam o meu carro pediam: – Madre, ore a Deus!

– Sim, vou orar, que é a melhor arma que se pode empregar no rude combate da vida.

Ouvi dizerem que o comandante da minha numerosa escolta estava ferido. Desci do coche e procurei o jovem oficial, que já tinham colocado sobre um monte de folhas secas.

– Madre – disse-me o ferido –, ainda há perigo e eu jurei salvá-la. Volte para o carro.

– Irá comigo.

Examinei o curativo que lhe tinham feito e vi que a ferida não lhe atingia o coração. Assim, alimentei desde logo a esperança de curá-lo com a imposição das minhas mãos. Pobrezinho! Era tão jovem ainda! Sem dúvida, uma mulher o esperava ansiosa, e eu queria salvá-lo para que fosse feliz nos braços de sua amada.

Depois de muitas idas e vindas, pusemo-nos de novo em marcha. Coloquei o ferido no melhor assento da minha carruagem e encostei a mão sobre o seu peito, conseguindo, com a minha vontade, que ele adormecesse. Coitado! Como me fazia recordar meu irmão Benjamim!

Amanheceu e chegamos a um povoado de aspecto lúgubre. Transmitia uma tristeza muito grande, pois todas as casas estavam fechadas. O segundo comandante da minha escolta logo movimentou sua gente, pedindo alojamento e camas para os muitos feridos. Os bandoleiros que nos assaltaram, não encontrando o que roubar, fizeram todo o mal que puderam. Mas pagaram caro por seu atrevimento, pois segundo ouvi dizer, muitos bandidos haviam morrido.

Todos foram se alojando como puderam. Os feridos encontraram leitos onde repousar e eu, acompanhada do segundo comandante, procurei também um albergue em que pudesse descansar. Mas notei, com dolorosa surpresa, que os camponeses me olhavam com raiva. Ameaçavam-me, quando o oficial não os via, fazendo sempre o sinal da cruz quando eu me aproximava. Paramos à porta de uma casa e duas mulheres que lá estavam olharam-me com todo o desprezo, embora eu lhes falasse com doçura. Responderam-me com raiva indisfarçável e uma delas disse: – Entre, entre, já que somos obrigadas a recebê-la.

Para mim era uma agressividade gratuita. Gerava um desconforto muito grande aquela manifestação.

O oficial aproximou-se e eu lhe disse: – Vamos a outra parte.

– Essa mulheres a maltrataram?

– Eu lhe peço: conduza-me a outra casa.

– Aonde quiser.

Seguimos passeando e detive-me diante de uma casinha branca e muito pequena. Apareceu-me um ancião a quem pedi hospitalidade. Ele negou, e eu lhe disse, então:

– Mas que é isto? Ninguém me quer aqui?

– Ninguém.

– Por quê?

– Por quê? Porque é considerada uma bruxa endiabrada. À noite, em seu convento, mata mulheres indefesas e foge depois, com muitos diabos.

O oficial olhou-me assombrado com o que ouvia, e eu lhe disse:

– Eis o que é o povo! É a paga por curar os enfermos, por dar pousada aos velhos e às crianças, por dar pão aos famintos. E assim me acusam! Que iniquidade!

O velho olhou-me e percebi que estava um tanto arrependido de sua negativa, tanto que me disse: – Quer descansar um pouco?

– Entre – disse o oficial –, que não parece mau esse homem. Ficarei aqui fora de sentinela até nova ordem.

Entrei, sentei-me, que bem o necessitava, e o ancião sentou-se junto de mim. Vendo que eu me conservava calada, disse em tom jovial:

– Madre, a gente não se sente mal ao seu lado, e eu que já estou com um pé na sepultura, não quero morrer com a lembrança de ter sido injusto.

– E não acha que pode ser o diabo quem lhe proporciona esse bem-estar junto de mim?

– Não quero pensar no diabo. E a propósito, enquanto minhas filhas se levantam, coma pão e fruta, que o pão é tenro e a fruta madura – e o pobre velho serviu-me solícito e paternal, esfregando as mãos de contente. Passou a contar-me a sua vida, falando das suas dificuldades.

Era um verdadeiro patriarca, com uma vintena de filhos e uma centena de netos, e à medida que as criancinhas iam se levantando, ele as apresentava a mim, descrevendo as suas boas e más qualidades. Chegou, então, a vez de um menino de seis anos aproximadamente, todo aleijado, com os pés virados para dentro e a cabeça retorcida. Era tão torto que o seu corpo parecia um ponto de interrogação para o lado esquerdo.

– Vê este pobrezinho? Pesada a sua cruz... Nasceu bem, mas caiu de uma ribanceira, dando contra as pedras, ficando assim. Estamos esperando um pastor que endireita os ossos, para ver se ele o cura.

– E se curar-se antes disso? E se eu o curasse?

– A senhora?...

– Eu, ou seja, o diabo.

– Não brinque, madre, que não é cristão brincar com a dor.

– Eu não brinco.

– Pois se o curar eu direi que é uma santa, porque o diabo não faz boas obras.

Peguei o menino e disse-lhe: – Você é bom?

– Sou.

– Quer ser melhor ainda?

– Quero.

– Quer correr?

– Quero, mãe. Cure-me.

– Por que me chama de mãe?

– Porque o meu anjo me diz: *que sua mãe o cure*.

– Cure-o, por Deus – replicou o ancião. – O meu neto não mente e muitas vezes tem-me dito que de noite fala com o seu anjo.

Abracei o menino, olhei a sua carinha triste e macilenta e vi em seus olhos algo que me comoveu profundamente. Fui lhe tocando docemente o corpinho, em especial o lado mais imperfeito. À medida que ia sendo inspirada, ia lhe dando passes magnéticos, aplicando-lhe as mãos sobre a cabeça retorcida e sobre o peito, que parecia saltar. Usei de todos os meios que me pareceram úteis e o menino dizia a cada providência: – Mãe, está me curando!

Sentei-o em meus joelhos, estreitei-o contra o coração e cobri-lhe o rosto de beijos. Compreendi que aquele ser já tinha vivido nas minhas entranhas. Quando? Em que época?... Mas que importava saber quando! Encontrava um pedaço da minha alma que estava me esperando! Seu anjo tinha lhe dito que a sua mãe iria curá-lo, e eu o curei!...

O menino ao ver-se bom e direito teve medo de andar, mas eu lhe disse: – Ande, meu filho!

E o menino andou. O pobre velho quis ajoelhar-se aos meus pés, o que não permiti, estreitando antes as suas mãos calejadas com a melhor boa vontade. Ele, então, disse solene: – Madre, o diabo não está com a senhora. Morrerei tranquilo porque curou o meu neto mais querido. É tão bom!... É justo que um anjo seja curado por uma santa!

107. Fazer o bem: a melhor oração

Procurei conter o entusiasmo do ancião e disse-lhe: – É digno de todo o respeito e consideração, porque tem sido pai carinhoso e avô amantíssimo. Quer entrar no reino de Deus, mas o tem em sua consciência. Tem empregado toda uma existência em amar os seus semelhantes com alma, vida e coração, e quem dá aos outros todo o carinho que o anima, está na graça de Deus.

O velho estava louco de alegria. Olhava seu neto que tornara à vida, e ria e chorava ao mesmo tempo.

– Procure fazer com que este fato não tenha ressonância – disse eu.

– Eu nada direi, madre, se assim quer, mas o menino correndo pela rua dirá tudo. O fato é tão maravilhoso que não é preciso alardeá-lo; ele fala por si mesmo.

Quando deixei aquele povoado, todos me assinalavam com o dedo, e uns diziam: – É uma santa! – enquanto outros gritavam: – É uma impostora! Tem cara de enfeitiçada!

E eu dizia comigo: – Meu Deus! Quantas lembranças confusas em minha mente! Esse menino disse alguma muito transcendental à minha alma. Quanto me impressionou a sua cura! Quando será que o trouxe em minhas entranhas? Quando teriam os seus lábios procurado em meus seios as fontes da vida?... Que eu o tive em meus braços há muito tempo, não me resta a menor dúvida. O amor materno não se extingue nunca, e a cura desse menino causou-me mais júbilo que todas as demais curas juntas.

Notei que íamos muito depressa e perguntei ao segundo comandante da escolta se havia perigo.

– Perigo, não. Mas é preciso que aproveitemos o tempo para não pernoitarmos no caminho.

– E o oficial ferido? Por que não o colocaram no meu carro?

– Para não incomodá-la tanto. A ferida fechou-se, mas ele tem uma dor interna que o faz enlouquecer.

– Não faremos mais nenhuma parada?

– Somente uma, muito rápida, para tomarmos alguma coisa.

– Pois então, quero ver o ferido.

– E ele também assim deseja, porque está sofrendo muito.

O sofrimento daquele pobre jovem contrariou-me sobremaneira, pois eu pensava que ele estivesse curado, e reconheci que era vaidosa, por julgar-me uma potência de primeira ordem. Arrependida dessa loucura, eu ponderei: – Como sou pequena! Minha vaidade persegue-me como um demônio tentador! Volto para o meu convento, e lá está a sombra de uma mulher que morreu vítima da minha intolerância! Meu Deus! Como vou continuar a minha existência? Empregarei melhor o meu tempo? Por clemência divina não vou à fogueira, nem me atormentaram usando de crueldade. Que fazer, meu Deus, para engrandecer-me e demonstrar-Lhe a minha gratidão? Sou religiosa, sim, sou. Pois quero fazer-me digna daquele que é o sábio dos sábios, o melhor dentre os bons, o maior dentre os grandes!...

Paramos e, ato contínuo, visitei o oficial ferido, que estava deitado numa cama improvisada. Quando me viu, quis levantar-se, mas não pôde. Alegrou-se muito por eu estar ali, e eu, sem perda de tempo, coloquei minha mão em sua fronte, ordenando-lhe que se levantasse e se sentasse. Mas ele não pôde obedecer. Deu um grito agudo ao procurar mover-se, e eu lhe disse, então: – Durma! – e adormeceu instantaneamente.

Levantei-lhe os curativos e observei que a ferida estava quase fechada. Suas bordas estavam muito inflamadas. Coloquei, suavemente, minhas mãos sobre o lugar ferido e elas se tingiram de sangue escuro. Ao ver-me com aquelas manchas, murmurei com tristeza:

– Parecem manchas do meu crime. Pobre rapaz, que expôs a vida por mim! Meu Deus! Permita-me que lhe restitua o que por mim perdeu.

Continuei limpando-lhe a ferida e, terminado esse trabalho, disse-lhe: – Desperte!

O ferido despertou, respirando então com inteira liberdade, sem sentir a mais leve dor. Sentou-se ligeiro e disse-me admirado: – Madre! Que fez comigo? Estou bom! O que aconteceu, madre?... A senhora não é para mim a madre religiosa, é a mãe da minha alma. Que alegria! Sinto-me tão forte que posso continuar a viagem a cavalo.

– Não, meu filho. Irá comigo no carro, de onde não devia ter saído.

– Não saí por meu gosto, madre.

Subimos no carro e conversamos muito durante a viagem. Enfim, chegamos à minha cidade natal. Lá, pedi aos meus familiares para passar aquela noite com eles. E foram as mesmas demonstrações de carinho e gratidão, particularmente por parte de meu sobrinho mais velho, que me abraçou com verdadeiro frenesi.

Durante aquela noite pensei em todos os acidentes da minha vida agitada. Lembrava em especial da coroação que me fizera minha sobrinha, estranhando muito não ouvir mais a sua agradável vozinha. Evoquei-a e ouvi uma voz:

– Não seja caprichosa. Sua sobrinha vai falar-lhe quando for necessário, e nunca quando a chamar por simples passatempo.

Agradeci a lição e continuei a pensar em tudo que me rodeava.

Despedi-me da casa dos meus parentes, certa de que não mais a visitaria e, na manhã seguinte, dei adeus a todos, rogando-lhes que não mais procurassem ver-me, porque queria consagrar-me por completo à vida do claustro.

Meu sobrinho mais velho mostrou-se aborrecido com minha determinação e disse-me: – Minha tia, eu porei abaixo as portas do convento, e até as do céu, se estiver em perigo.

– Dê-me um abraço, meu filho, e adeus. Adeus, até que nos encontremos numa paragem onde não haja reclusões nem para as almas nem para os corpos.

Chegamos ao meu convento, onde fui recebida pelas religiosas com profundo respeito. Mas respeito não é carinho, e compreendi que a minha chegada muito as contrariava. Entrei em minha cela e verifiquei que nada faltava. Saudei as *flores do céu*, dizendo-lhes jovialmente: – Já estou aqui.

– Esperávamos você – disse uma delas.

Saí depois e falei com os oficiais, externando a minha gratidão ao rei, a eles e às demais pessoas que me tinham escoltado.

– Madre – disse-me o primeiro oficial –, temos ordem do rei para nos aquartelarmos perto daqui e de montar guarda ao convento, para maior tranquilidade dele e da senhora.

Surpreendeu-me tal medida, mas, vinda do rei, acatei-a. Dei uma volta por todo o convento, falando com as freiras. Notei acentuada frieza em todas elas. Em contato com a freira que tinha jurado dar a vida por mim, ouvi dela sem rodeios:

– Madre, reina aqui uma profunda perturbação. Alegra-me que esteja de volta, para ver se consegue acalmar os ânimos.

– Eu serei para vocês o que ainda não fui, uma verdadeira religiosa. Quero, porém, a justiça e a verdade.

– Obrigada, madre. Não somos más. Estávamos fanatizadas, acreditando que estava entre Deus e o diabo, porque vimos à sua volta coisas horríveis. Mas, estando conosco, ficamos felizes.

Desde aquele dia fui sentindo a comunidade, inteirando-me minuciosamente de como eram tratados os velhos e crianças no asilo, e ouvia de todos: – Madre, percebe-se que a alma de sóror Angélica a acompanha. A senhora é tão boa quanto ela.

Isto me consolava. Meu espírito fortalecia-se, mas meu corpo não. Este se debilitava lentamente. No entanto, estava satisfeita comigo mesma e reconhecia, embora tarde, que eu mesma é que tinha buscado todos os meus males e minhas lutas, porque vivendo como as outras freiras, ninguém se ocupava de mim seja para o bem, seja para o mal. Mas não há dúvida de que cada um escreve a sua própria história, e eu segui escrevendo a minha, prosseguindo no que já tinha começado.

Quando mais tranquila estava, recebi a visita do primeiro oficial que guardava as cercanias do convento.

– Madre, seremos rendidos por outro destacamento, e trouxeram esta carta, endereçada à senhora.

Abri-a e tomei conhecimento de que viria a nova segunda superiora. Era uma freira recém-professada.

– Madre – disse-me o oficial –, parto muito contente com a senhora. Embora tenha recebido um ferimento no corpo, fui curado do corpo e da alma. E tanto lhe quero bem, madre, que esta noite, receoso de que esta missiva fosse portadora de alguma desgraça para a senhora, abri o envelope, para afastar qualquer mal, se isto fosse possível, sem que tivesse conhecimento. Perdoe-me, madre, só queria ajudar. Vou tranquilo, porque vejo que é o próprio rei que envia-lhe um braço forte para ajudá-la.

Passados alguns dias chegou a segunda superiora, acompanhada de outras freiras. Recebi todas como devia. Pareceu-me reconhecer a segunda superiora. Onde a teria visto? Devia ter sido há muitos anos... Seria sóror Agueda? Não era possível, ela era ainda muito criança.

Levei-a à sua cela, onde ela entrou sem ligar grande importância à nova habitação. A única coisa que me disse, e secamente, foi que desejava ficar só. Estava muito fatigada. Magoou-me a sua maneira de falar e ela percebeu isso, dizendo com mais doçura: – Madre, estou muito emocionada. A senhora, que tem sofrido muito, vai compreender que necessito de repouso para o corpo e para a alma.

Como sabia ela que eu tinha sofrido muito?

No dia seguinte, nova luta com o capelão do convento, que me acusou de não cumprir com as cerimônias da Igreja, pois que eu não permanecia em nenhuma missa pelo tempo que ela durava, aliás, como era devido.

– Que quer dizer? Que talvez seja o diabo que não me deixe?...

– Eu não disse tal coisa, embora tudo possa acontecer.

– Pois não se esqueça que sou a superiora, aquela que ordena e manda. Seu papel é obedecer. Quero que aqui se faça o bem, e o bem é a melhor oração que as religiosas podem elevar a Deus.

Ele murmurou alguns latinórios e retirou-se resmungando da minha impiedade.

Passado algum tempo, verifiquei que Agueda não aparecia no refeitório. Fui procurá-la e ela recebeu-me muito bem. Contou-me então que se tinha professado poucos dias antes. Assegurou-me que iria me obedecer em tudo e por tudo, o que me deixou muito contente. Passamos ao refeitório, onde ela foi objeto da curiosidade geral de todas as freiras.

Empreguei o dia em mostrar-lhe todas as dependências do convento. No departamento ocupado pelos velhinhos, Agueda deixou transparecer sua satisfação. Visitamos depois o das crianças e a receptividade foi excelente. Minha jovem companheira, então, disse: – Aqui não há ociosidade. Quanto me alegro com isso! Aqui pode-se trabalhar pelo bem da humanidade.

Prosseguimos na visita, chegando ao aposento onde tinha morrido aquela infeliz. Temendo que aquele recinto ainda estivesse mal impregnado, entrei primeiro, pedindo a Agueda que esperasse no corredor. Entrei, abri a janela, chamando-a então. Despertou-lhe atenção a minha atitude e disse-me: – É esta a cela do castigo?

– Aqui não se castiga ninguém – e como eu não sabia mentir, contei-lhe tudo o que se passara.

Meu relato a surpreendeu significativamente, tanto que saímos, mas ela quis entrar de novo. Olhou tudo e empalideceu visivelmente, fixando-se num armário e dizendo: – Madre, que plano eles tinham!... Livrou-se de boa...

Notei em seus olhos algo de particular. Dele desprendiam-se raios de luz.

– Que tem? – perguntei.

– Não se preocupe, madre, e deixe-me, que é frequente eu ficar num estado que não compreendo bem.

Passaram-se muitos dias e Agueda impôs-se à comunidade. Sabia mandar. Eu nunca soube mandar, nem fazer-me obedecer. Em contrapartida, ela tinha uma graça especial, e todas se apressavam a cumprir as suas ordens. Haviam aprendido a gostar dela e isso me alegrava muito. Era uma boa aquisição para o convento. Já podia morrer tranquila: deixava em meu lugar uma mulher que valia mais do que eu.

Uma manhã, um religioso pediu-me uma entrevista, e eu pus-me logo em guarda, temendo novos desgostos. Entrou um homenzinho magro e encovado, com as mãos cruzadas sobre o peito. Só olhava para o solo, dizendo em voz muito baixa:

– Madre, venho dar-lhe uma má notícia.

– Já estou acostumada com isso.

– Não, não é para maltratá-la, nem para encarcerá-la. É para dizer-lhe que um homem, a quem quer muito, está mal, a ponto de morrer, e pede-lhe ajuda.

– E que posso eu fazer?

– Curá-lo. Ele é tão bom!... diz ele que se a senhora quiser, há de curá-lo.

– Mas quem é esse homem?

– Não adivinha? Está muito perturbada! – e pronunciou o nome do meu inimigo padre.

– Diga-lhe que farei tudo o que puder por ele. Sair daqui, porém, não posso.

– Oh! sim, pode sair se quiser.

O religioso saiu e eu perdi a calma. Pensei que ele poderia morrer e resolvi salvá-lo a todo o custo. Mas, como? De que maneira? Ouvi, então, vozes, gargalhadas, lamentos e maldições, que sei eu! Mas enquanto os seres invisíveis se empenhavam em distrair-me, eu, com mais firmeza e decisão, pensava em ir vê-lo.

– Não posso sair?... Pois sairei.

Só não poderia ir só. Pensei logo na porta secreta de que se tinha utilizado a minha inimiga e esperei a noite. Não contava com os cães que ladraram desesperadamente ao ouvir-me os passos. Tive que retroceder, imaginando também que, ao sair, seria vista pelas sentinelas. Passei a noite nessa luta. Não me deitei, até que, ao amanhecer, fui ter com o oficial da guarda e disse-lhe: – Preciso de um favor seu.

– Favor? Não, madre. Quem pode mandar não tem necessidade de pedir. Ordene, que obedeço.

– Pois prepare-se para me acompanhar, porque preciso ir visitar um moribundo.

Falei em seguida com Agueda, que surpreendeu-se com a minha saída, mas disse logo: – Se vai praticar um benefício, que Deus a acompanhe.

– Sentia todas as emoções no caminho. Parecia-me ouvir de todas as pessoas que encontrava: – Corra! Voe! Voe em busca do amor dos seus amores.

E corri, corri tanto, que o meu acompanhante foi obrigado a correr também.

Cheguei à mansão do meu inimigo. Era uma casa magnífica, mas triste e sombria. O homenzinho que fora me chamar parecia já me esperar. E eu, sem nunca ter estado ali, parece que adivinhei em qual aposento estava o enfermo e entrei, tremendo como vara verde. Ouvi gemidos e corri para o leito do moribundo. Estava irreconhecível: era um esqueleto de cor esverdeada. Abafei um grito de angústia e disse-lhe: – Chamou-me e aqui estou.

– Que Deus lhe pague. Basta um olhar seu e já é o bastante.

Serenei-me e observei atentamente o enfermo para certificar-me da situação. Mas quanto mais o olhava, mais difícil achava a sua cura. Estava morrendo!...

Pedi água e, colocando a minha mão dentro da vasilha, disse: – Se basta o poder da vontade, que esta água carregue toda a força do meu amor a este ser que está prestes a morrer, e que ele se salve, ainda que a sua salvação me custe a vida.

Ouvi então uma voz que me disse: – Se lhe der muita água, vai matá-lo. Dê-lhe água em pequenas doses.

Dei-lhe uma colherada d'água, dizendo-lhe:

– Beba, que esta é a água da vida.

– Só de você posso recebê-la.

Bebeu-a e teve vômitos de sangue. Continuei durante todo o dia a ministrar-lhe a água, até que consegui fazer com que parassem os vômitos. Quando me retirei, já de noite, deixei o homenzinho encarregado de continuar o meu trabalho. Fui ter com o oficial, que logo que me viu disse sorrindo: – Madre, sacerdotes bons não existem. Por que se preocupa tanto com o que nada vale?

Contei-lhe o que tinha feito e ele me disse: – Acabará se salvando. Um pai de família morreria, mas esses padres da Igreja têm muita sorte.

Quando me vi em minha cela, agradeci a Deus: – Meu Deus! Estou satisfeita com a maneira como procedi. Quero-lhe tanto!... não ao seu corpo, não, quero-o pelo seu talento, pela sua sabedoria. Quando ele me olhou, quanto disseram os seus olhos!...

No dia seguinte o religioso procurou-me de novo e disse-me que acabara a água, que o doente estava melhor e que eu voltasse para preparar mais água. Voltei e o enfermo me disse: – Devo-lhe a vida!

– E mais de uma vez.

– Como?

– Toda vez que o fiz adormecer, se não o despertasse a tempo, teria despertado no além.

– Logo, tenho uma conta pendente com você?

– Tem – e sentei-me junto ao seu leito.

– Bem, permito que me cure, mas não que me mortifique.

Quanto me feriram as suas palavras! Preparei a água e observei que dela brotavam partículas luminosas de diversas cores. Dei-lhe uma dose e ele me disse:

– Está me dando a vida!

– O médico já terminou o seu trabalho.

– Não voltará mais?

– Não. Quando estiver melhor, enviarei outra água. Logo que puder, vá à fonte milagrosa, à fonte da vida, e lá encontrará a saúde completa.

Já estava sob o portal, quando ele me disse: – Venha aqui! – e eu corri como uma criança que acode contente ao chamado de seu pai, dizendo-me ele:

– Admiro-a... e nada mais! Por que estarão unidos os nossos destinos? Por quê?... Admiro-a... e nada mais!

Quando saí, disse-me o oficial: – Madre, está triste.

– Ao contrário. Salvei o enfermo.

– Acredito, mas ao salvá-lo tem que pensar nos novos sofrimentos que ele vai lhe trazer.

108. Em prova constante

De volta à minha cela, senti uma alegria imensa. Por que seria? Por que estava tão alegre? Que havia feito para estar tão satisfeita? Curei o homem que mais dano me trouxe neste mundo e a quem idolatro. Que loucura! Virá procurar-me agradecido? Será que acredito que isso seja possível e daí o meu contentamento? Não, não é isso. Não sei explicar, mas o que importa é que estou satisfeita. Será por que conservo alguma esperança? Não deve ser. Nossos corpos já não são bonitos. Eu o quis fisicamente, confesso, mas ele e as circunstâncias me impediram de ir adiante. Eu o admiro e lhe quero bem, porque a sua alma é maior e mais sábia que a minha. Por que é que a minha sorri? Será porque espero que a sua alma venha ainda a me compreender? Que venha dar-me satisfação um dia? Não, não quero tal satisfação. E a minha felicidade quase me causava aborrecimento, por ignorar a sua causa.

Por que estava contente? Vislumbrava a esperança de algum dia a sua alma vir a enlaçar-se à minha? Só o tempo concede às criaturas o que elas mais desejam.

E eu, adquiriria sabedoria um dia? Sentir, sentia muito, mas saber, sabia pouco. Chegaria algum dia a discutir com os sábios? Seria tão grande como eles? A alma é boa sentindo, mas é pequena enquanto não possui as grandezas da sabedoria.

Quisera semear o mundo de flores, saturá-las com a minha sabedoria e colori-las com o meu amor.

Eu preciso saber. Será que a minha alma foge da rotina de uma crença? Estarei em busca de conhecer a mim mesma? Será este homem o sábio com que sonho? Será ele o grande sábio de amanhã? Ele consegue ir tão fundo no campo do pensamento!... mas não com a palavra, apesar de possuir a eloquência, de desenvolver os seus pensamentos admiravelmente. Vejo nele o que os outros não veem. Talvez seja por isso que lhe quero tanto e quero... cada vez mais. É um amor imenso! Esqueço as suas ofensas... e só penso em amá-lo. Para onde irá ele? Nunca o esquecerei, e de onde quer que ele me chame, eu acudirei ao seu chamado.

Reuni-me mais tarde à comunidade. Notei que as freiras estavam todas muito contentes, e a segunda superiora disse-me que as religiosas já me repeliam menos, o que me alegrou muito, pois o meu único desejo era ser amada.

Terminada a refeição, propus à minha companheira que passeássemos um pouco pelo horto.

– Mais tarde, madre – disse-me Agueda –, tenho ainda muito que fazer.

– Posso então ir com você.

– Acho que deve. Mas advirto-a, madre, que os asilados precisam de um corretivo. Tenho observado que alguns deles abusam. Fortes humilhando os fracos. Tenho-os interrogado e todos se calam, mas o seu silêncio não anula o perigo da turbulência.

– O seu trabalho é louvável e eu a felicito por ele. E o que tem feito para conjurar a tormenta?

– Castiguei dois meninos e seis anciãos.

– Castigou?

– Sim, isolando-os uns dos outros.

– E que se conseguirá disso?

– Vai ver. O tempo dirá que não fiz mal. Os que foram punidos pediram-me perdão por suas faltas. Pergunte-lhes agora a senhora por que pecavam. Faça uso da sua autoridade, porque uma instituição voltada à caridade, sem boa direção, é obra morta.

– Vejo que é a verdadeira superiora.

– Não, madre. A senhora é o poder moderador e eu, a lei que impõe a pena. Quero-lhes com alma e coração, por isso mesmo desejo que tudo ande bem neste asilo. Não se esqueça, madre, que os pobres costumam ser quase sempre ingratos; não apreciam os benefícios que recebem porque prestam-se a descobrir defeitos nos seus benfeitores, para os tornarem públicos ao som da trombeta. A gratidão é um fardo muito pesado à humanidade.

Passamos em revista o asilo e encontrei tudo na melhor ordem, com uma exceção apenas. Uma velhinha inválida foi chamada à atenção por minha companheira pela falta de asseio. E a pobre velha queixou-se comigo amargamente, por tanta severidade. Agueda também se arrependeu e até chorou, lamentando a sua maneira de agir, mas... não podia retroceder.

Visitamos também a ala ocupada pelas crianças. Notei que estas estavam todas muito sérias. Faltava a alegria própria do tempo de Angélica. Agueda era uma mulher muito severa. Por fim, com grande satisfação da minha parte, encerramos a visita e fomos ao horto, onde eu disse à minha companheira:

– Os asilados têm medo de você.

– Bem sei, madre, e não me importa que amem a senhora e que temam a mim. Eu sou assim. Meu pai era militar e com ele aprendi todas as regras de disciplina. Educou-me como a meus irmãos. Dizia ele que a bondade fazia excelente parceria com a severidade. Minha mãe era uma alma cheia de amor, mas muito submissa ao marido. Assim, também inculcou em mim os princípios de meu pai, que tinha fama de autoritário. Criada, então, em meio à maior ordem, despertou-me a vocação de mandar. Queria ter sob minhas ordens não um número reduzido de indivíduos, mas sim muita gente, se possível fosse. A morte de meus pais levou-me a tornar-me religiosa, e o sou de coração. O meu sentimento abraçou a disciplina e, por sinal, senti-me gratificada de vir para cá. Quero que me ensine a ser boa, pois tenho de ser hoje melhor do que ontem e amanhã, melhor do que hoje.

Agueda exercia sobre mim um carisma muito grande. Sua alma me atraía, e via-se nela uma mulher de caráter. Combinava e dosava muito bem o rigor da justiça com o melhor desejo de ser útil à humanidade. Conversamos longamente e pedi-lhe que desse liberdade aos seus prisioneiros e que os fizesse passar pela minha cela.

Quando me vi só em meus aposentos, lembrei-me de tudo o que Agueda tinha dito e reconheci quanto ela valia. Pensei também no padre meu inimigo e murmurei: – Conhecerá ele a minha nova companheira? Ficará também enamorado dela? Não há dúvida de que ela é uma mulher formosa, não de beleza angelical, como era Angélica, mas tem todos os atrativos para seduzir e cativar.

Quando os anciãos castigados chegaram, vi que Agueda tinha razão. Não se refletia neles boas intenções. Dei-lhes os melhores conselhos, mas creio que foi como chover no molhado. Entraram depois os meninos e abraçaram-se aos meus joelhos. Nos seus rostinhos via-se algo de bom, embora aviltados pela miséria e pelos desenganos. Como são belos os meninos!... Acariciei-os e eles saíram contentes. Pouco depois, Agueda pedia-me licença para entrar.

Como a sua companhia era-me muito agradável, procurei retê-la ao meu lado um bom tempo, mostrando-lhe tudo o que minha cela continha. Ao ver as *flores do céu* surpreendeu-se e perguntou-me de onde as havia trazido.

– Vieram por si, e elas próprias se deram o nome de *flores do céu*.

– Será por alguém tê-las colhido em algum jazigo, ou no alto de uma montanha e, por estarem mais perto do céu, se lhes deu esse nome?

Compreendi que tudo o que eu lhe dissesse seria inútil. Agueda era boa e inteligente, mas não espiritualizada como Angélica, que estava mais no além do que aqui. Em compensação, Agueda tinha os pés mais na Terra e estava enamorada do seu cargo de segunda superiora. Desempenhava-o às mil maravilhas, atentando sempre para os menores detalhes, tanto assim que disse: – Madre, vou dizer-lhe dos meus planos. Faremos grandes funções religiosas e nelas os meninos desempenharão um grande papel.

– Isto já não é do meu gosto. Não gostaria que as crianças se habituassem a atuar dessa forma na Igreja. Queria que se educassem e se instruíssem, mas não que tomassem a religião como um meio de viver sem trabalhar.

Agueda retirou-se e fiquei entregue às minhas reflexões. Uma *flor do céu* então disse:

– Preocupada com sua companheira? Não se preocupe; falaremos nisso a seu devido tempo.

– E falarão com ela?

– Sim, falaremos com ela e com toda a comunidade.

– Flores de minha alma! Sei que não são flores, mas almas que velam por mim, e se apresentam da forma mais bela e mais poética. Ainda que tarde, reconheço o seu valor.

– Sim, agora começa a conhecer a verdade. Levou tempo! A sua criancice durou quase a sua vida inteira.

– Então... vou morrer breve?

– Vê? Já deixou a seriedade para cair de novo na tontice e merece um corretivo. Por hoje já concluímos.

Passaram-se muitos dias e Agueda foi se apoderando de minha vontade. Fazia-me estar com ela na igreja para ouvir os cânticos dos meninos. Uns pareciam verdadeiros anjos, e quanto melhor cantavam, mais tristeza me transmitiam as vozes daqueles inocentes.

Agueda trazia-me sempre tão entretida, que eu não sentia passar o tempo. Uma manhã, lembrei-me do meu inimigo, o padre, e disse: – Que será feito dele? Que ingrato!... nem sequer veio me agradecer. Naquele momento entrava a minha companheira, dizendo:

– Madre, um padre de aspecto altivo e venerável pergunta pela senhora. Nota-se que é uma alta dignidade eclesiástica.

– Conhece-o?

– Não, madre, não o conheço. Será talvez o seu confessor?

– Não, é um velho amigo da família. Que entre.

O padre entrou. Já estava bom. Tinha ressuscitado, e com vantagem: estava melhor que antes. Saudou-me muito cerimoniosamente e eu lhe disse:

– Como está sério!

– Sério, não, apenas triste – e lançou um olhar para o lugar do antigo leito de Angélica, abafando um suspiro.

– Continua enamorado!...

– Não ria dos meus amores, e falemos desta casa. Aqui você nunca soube mandar: sua comunidade é que tem estado disposta a obedecer-lhe. Só agora é que se começa a agir com justiça nesta *casa* religiosa.

– É certo que a segunda superiora sabe cumprir o seu dever, mas aqui nunca faltou amor e piedade.

– Sabe que tenho estado na fonte milagrosa?

– E tem bebido muita água?

– Sim, tenho. E a propósito, por que a chama de fonte milagrosa?

– Como está desmemoriado! Pois não foi você que lhe deu tal nome?

– É verdade, agora me lembro. O guarda da fonte lhe quer com a maior veneração, mas quem ele adorava era Angélica. Diz que tudo acabou para ele, depois da morte dela.

– Pobrezinho!... quem sabe se as suas almas vão se encontrar!

– Tudo pode ser, porque ele adora a sua memória.

– Antes que se vá, diga-me o que pensa sobre a morte daquela mulher. Acredita-me culpada?

– Não sei. Você é um poço sem fundo, um enigma em ação. É muito boa, não obstante haver em você algo que repele, que a transforma no vazio. Se a mansão do céu e a do inferno estivessem muito perto uma da outra, dir-se-ia que você está entre essas duas mansões, e que é anjo e demônio ao mesmo tempo. Eu tenho guardada a denúncia do seu crime, feita por escrito, por uma testemunha que tudo viu. Se a tivesse apresentado, ai de você!...

– E por que guarda essa acusação, feita por um impostor miserável?

– É sempre bom ter à mão armas de que se possa fazer uso quando chegar a ocasião. Eu creio que se lesse tal relato, identificaria a sua história, que a pinta mais religiosa e mais fanática do que realmente é. Despeitada, sem dúvida, procurou matar-se com ela, incendiando tudo para que desaparecesse o manuscrito, mas o medo se apoderou de você e foi até a janela. Quanto a ela, morreu por não se poder mover. Estava atada, pelo poder da sua vontade. O fato é este, e não replique mais.

Continuei calada ouvindo.

– Logo que senti que estava morrendo, mandei chamá-la e você acudiu com boa vontade. Deu tudo de si e me curou. Isto leva-me a ser grato a você, mas não quero, de maneira alguma, que, quando aqui vier, me mortifique com insinuações. Já está provado que nunca nos entenderemos. Quanto à sua história, o mundo há de conhecê-la tal como quer a Igreja romana, à qual pertence de corpo e alma. E ela precisa de figuras de destaque. Você será uma santa que dará honra e proveito à nossa Igreja.

– Mas eu não quero a santidade que me confere essa Igreja, porque não existem santos, nem nunca existiram. Eu adoro Jesus, mas não o Jesus crucificado. Adoro-o consolando os pobres, curando os enfermos, dando vida com a sua divina palavra. Eu pergunto às flores, aos pássaros, às árvores, aos rios, onde está Deus, e tudo me diz que Ele está em tudo, e que Deus não pode ser crucificado nem personalizado em nenhum homem. É por isso que não me abraço à cruz do martírio de Jesus, porque não é o seu martírio que me faz adorá-lo; é a sua sabedoria, o seu amor, o seu progresso. Eu conheço Jesus de muito antes, e por isso abomino essa história que me converte em fanática, abraçada a uma cruz ensanguentada. Para ver Jesus grande como ele é, não é preciso buscá-lo entre o populacho, morrendo como se fosse um assassino. Ele é maior do que tudo quanto possam ter inventado para engrandecê-lo.

– Acalme-se, acalme-se. Retiro-me agradecido por tudo o que fez por mim. Pouco devo visitá-la de hoje em diante.

– Sinto muito.

– Não minta.

– Não minto, você me atrai.

– É incorrigível nos seus amores.

– Você também o é.

– É verdade. Olhando para o passado... para muito longe... que Igreja! Que religião! Que religiosos nós somos!...

– Tem razão, mas não é culpa nossa. É da religião, que embrutece os padres e faz dos homens seres viciosos, repugnantes, sodomitas, e das mulheres, pobres histéricas, mães vergonhosas e criminosas, que afogam, ao nascer, o fruto dos seus desejos. Se tivéssemos sido livres, você teria sido um grande homem. Teria proporcionado felicidade a uma mulher, e eu teria sido uma mulher digna e boa, um modelo de mãe. Teria vivido, pois como religiosa tenho conhecido da vida não mais que o sofrimento.

– Tranquilize-se. Agora está muito bem guardada.

– Foi interveniência sua?

– Eu nunca peço auxílio de força armada. Estou indo, não sem lhe dizer, para terminar, que está mais eloquente que antes.

– Talvez tenha sido contagiada por você.

– Então, convém que nos vejamos mais amiúde.

– Sim, sim, venha com mais frequência.

Quando ele se foi, murmurei: – Chegará a querer-me um dia? Ai, se ele me quisesse, ainda que fosse um pouquinho. Como eu seria feliz!...

Nisto, apareceu Agueda, que foi se aproximando e dizendo:

– Advirto-a que, no uso dos meus direitos e do meu dever, estive escutando tudo o que falou a esse padre. Vamos até o refeitório e depois vou lhe dizer por que assim procedi.

Fiquei contrariada com o que fez minha companheira. Por que aquele ato de espionagem? Não sei, mas minha alma revoltava-se diante de atitudes tão baixas e desprezíveis. Porventura, cabiam na religião procedimentos tão condenáveis? Sim, cabiam. A Inquisição ordenava que o pai espiasse seus filhos e estes, seu pai. A delação mútua mantinha acesas as fogueiras inquisitórias!

E todas aquelas infâmias eram praticadas em nome de Deus!...

109. Espinhos na carne

No transcurso de uma existência, quando o efeito do passar dos anos já nos pesa sobre os ombros, uma traição fere de verdade. Por isso aquela espionagem impressionou-me profundamente o espírito. Aquele que espia não pode ser bom. E tanto me indignei com a minha ajudante, que disse-lhe, severa:

– Pois saiba que fez muito mal. Que seja esta a última vez que comete uma ação tão indigna e tão miserável! Isso não se faz nem comigo nem com ninguém, sob nenhum pretexto.

– Eu já lhe disse, madre, que depois de sairmos do refeitório, eu direi por que escutei a sua conversa com esse padre. Estou sendo franca e há de concordar que não tive má intenção.

E assim foi. Depois da refeição, disse-me ela: – Madre, acredite ou não, levei tanto a peito o papel que o rei me incumbiu junto da senhora, interesso-me tanto pela conservação da sua vida, que achei muito natural e lógico escutar o que lhe dizia esse padre, para saber ao certo o terreno que pisava. Para descobrir as verdades não há nada melhor do que estudar em segredo. Além disso, desde criança me acostumei à espionagem e espionando cresci. No convento em que me eduquei, desde muito pequena me ensinaram a surpreender segredos. Todas nós educandas fazíamos o mesmo, e nas horas de recreio, quando nos reuníamos para brincar, contávamos umas às outras o que tínhamos ouvido. E logo as mestras vinham-nos perguntar sobre o que mais interessava a elas, e assim ficavam a par dos menores pensamentos de todas as educandas e religiosas.

– Quanta estreiteza de visão! Consciências aviltadas!...

– Pense o que quiser, mas foi assim que me educaram e assim tenho agido. Mas, já que não quer, deixarei de espiar, e em nome de Jesus eu lhe afirmo que não tive a menor intenção de ofendê-la. Dê-me a sua mão e... perdoe-me. Vai me perdoar?...

– Só Deus perdoa, e só tenho a dizer-lhe que não quero espiãs ao meu lado.

Quando Agueda se retirou, respirei melhor e examinei detidamente as paredes da minha cela, para ver se nelas havia fendas ou reentrâncias que facilitassem o trabalho sujo dos espiões. Estava muito entretida nesse exame, quando ouvi uma voz: – Não perca tempo com pequenezas.

– É que não quero que me vigiem.

Tanto mal me causou a atitude reprovável de minha companheira, que fiquei assustada e temerosa por vários dias. Era difícil conciliar o sono, e às vezes acordava sobressaltada perguntando: – Quem está aí?

Agueda estava cada dia mais carinhosa. Certa vez disse-me: – Madre, a melhor e a mais bela época do ano está se aproximando: a estação das flores. Quero fazer uma festa em homenagem à Virgem Maria. Os meninos já aprenderam um cântico.

– Já sei, tenho ouvido. Só há uma dificuldade. É que o canto dos meninos é mais harmonioso no campo, ao ar livre, fazendo coro com os passarinhos, enquanto, no templo, eles ficam amedrontados. E o seu canto fica forçado e cansativo.

– Tem razão. Mas dê-nos um prazer; compareça nesse dia à igreja, que a sua presença é importante. Depois da apresentação haverá um banquete e, em seguida, brincadeiras divertidas para os meninos e os velhos. Haverá danças e jogos criativos e as melhores combinações serão premiadas. À noite, com farta iluminação da redondeza, serão entoados os cânticos no templo. Verá, madre! Verá!...

Ouvi-a satisfeita, e prometi assistir a tudo que fosse programado. Agueda pediu encarecidamente que eu estivesse com ela até à noite para entoar a *Ave Maria*.

Quando me vi só, murmurei desalentada: – E esta festa será boa? Será útil e proveitosa para os velhinhos e para as crianças? Não será maior o cansaço que o prazer?

Passaram-se muitos dias e fui me enfraquecendo a olhos vistos. As lembranças aglomeravam-se em minha mente e um dia exclamei com tristeza: – Outono da vida, sei que se aproxima! E atrás do outono vem o inverno! Flores minhas, o meu corpo está cada vez mais debilitado. E uma *flor do céu* manifestou-se: – Não há nada melhor do que enfraquecer para transformar-se e progredir. É bom mudar de forma quando o corpo, como máquina desgastada, nega-se a funcionar, enquanto a alma, eterna vibração do universo, prossegue nas suas incessantes experiências, porque para ela não existe o sono nem a inação. Uma alma em repouso seria a negação da vida.

– Agradeço-lhes, flores queridas. O que me dizem prova que a alma está com Deus porque trabalha sempre. E eu, estou no caminho para Deus?

– É claro que sim, porque admira tudo que é grande, belo, harmônico, justo, sublime e maravilhoso. Está no caminho para Deus, porque ouve a Sua voz que lhe diz: – Venha, alma querida e boa, trabalhe, lute e vença!

– E você, não me diz nada? – perguntei a outra flor, que me respondeu:

– Eu lhe dou o que há de melhor da estação.

Aspirei, então, uma fragrância tão embriagadora que me reanimei completamente. E outra flor acrescentou:

– Está no outono da vida, é verdade, e ele será breve. Logo virá o inverno, e no inverno caem os corpos. O seu cairá, para ressurgir depois, com novas energias.

O perfume das flores, realmente, restabeleceu-me o ânimo.

Chegou o dia da festa, e a parte religiosa propriamente dita deixou muito a desejar. Foi pouco agradável porque os meninos não estavam à vontade. Um primeiro desafinou e os demais desafinaram um atrás do outro.

Agueda estava contrariadíssima, mais eu não. Sabia que concerto de meninos, tanto quanto de pássaros, para ser bom deve ser de improviso, pois nada mais desobediente que um menino e um pássaro. Amam tanto a liberdade!...

Quando ia começar o sermão, quis sair da igreja, porque as práticas religiosas me aborreciam. Todos os oradores assentavam-se em princípios tão falsos... Mas Agueda suplicou-me que me detivesse mais um pouco. Surpreendi-me ao ver o padre meu inimigo, que subia ao púlpito, majestoso como sempre.

– Madre, eu sabia que este é o orador que mais lhe agrada e por isso o convidei – afirmou Agueda.

Encarei-a, tentando ver em seus olhos qual era a sua intenção, mas não consegui nada. Seus olhos, quando ela queria, pareciam olhos de cristal. Nada diziam.

O orador falou muito bem sobre a magnitude da Virgem Maria, e tanto foi se entusiasmando que, no calor do improviso, disse que a Virgem era o ser maior do universo. Ao ouvir tais palavras, levantei-me precipitadamente e retirei-me do templo. Não podia ouvir tantas mentiras da religião e por isso refugiei-me no meu quarto, exclamando: – Se a Virgem existiu, de fato, foi uma boa mãe e não um ser exageradamente superior a todos os seres da criação. Tudo que dela se disser noutro sentido é absurdo, é errôneo. É tirar-lhe a sua santidade de mãe, cujo sofrimento basta para santificar uma mulher.

Os pássaros, que cantavam nas copas das árvores ao redor do convento, diziam: – É verdade! É verdade!

E uma *flor do céu* exclamou também: – É verdade! É verdade! As mulheres, cumprindo com os seus deveres maternais, quanto se engrandecem!...

Em seguida, chegou Agueda aos meus aposentos e disse-me entusiasmada:

– Ah! madre! Que excelente orador! Fez-nos chorar a todas. Tem razão em amá-lo, porque é um homem de grande talento.

– Não profane um sentimento espiritual meu.

– Não é profanação reconhecer que esse homem tem muito valor. A senhora demonstra grande sensibilidade em reconhecer o seu talento e em amá-lo.

– Está, por acaso, apaixonada por ele?

– Eu... eu, madre, admiro-o. Quer que ele venha sempre predicar?

– Não virá; não é dado a pregar, gosta mais de escrever.

– Participará da refeição, não é verdade? O orador é quem presidirá a mesa.

Quando fiquei só, disse com estranheza: – Não entendo, vem para presidir e não me diz, assiste à festa religiosa e não me envia o menor aviso. Sempre o mesmo... ingrato!... Nem sequer veio me ver!...

E sem poder me conter, deixei-me cair na minha poltrona, chorando amargamente. Quando senti seus passos de muito longe, enxuguei os olhos. Ele entrou e eu disse com a maior ingenuidade:

– Graças a Deus!

– A Deus sejam dadas, pelo bem que você faz.

– Eu não faço bem algum. Eu não curo, sou um instrumento e nada mais. Deus é que faz todo o bem. Dele emanam todas as nossas alegrias.

– Quer refutar o meu discurso?

– Sim. Disse que a Virgem Maria era a mãe de Deus, superior a todos os seres em amor, grandeza e virtude. Isso é depreciar o sacrifício de tantas mártires, de tantas mães que têm visto morrer os filhos nos cadafalsos infamantes, nas batalhas sangrentas, nos naufrágios horríveis. É renegar a grandiosa luta que as gerações têm sustentado.

– Tem razão. Arrependi-me tão logo disse.

Tão exaltada estava, que nem sequer lhe disse que se sentasse. Sentou-se e disse-me: – Surpreende-se da minha visita?

– Não me surpreendo, porque sei que tem muito boas relações aqui.

– Pois não vim há mais tempo porque, da última vez que aqui vim, tive um grande desgosto.

– Foi comigo?

– Não, fiquei desgostoso por saber que nos haviam espiado.

Ao ouvir estas palavras, senti uma alegria imensa, tanto que lhe disse: – Eu o abraçaria de todo o coração.

– Será sempre criança!

– Creio que a minha segunda superiora lhe quer demasiado...

– Não é de se estranhar. Ela me conhece desde menina. Tem uma história.

Olhei o padre e uma suspeita cruzou imediatamente os meus pensamentos. Pareceu-me que entre Agueda e ele havia uma semelhança extraordinária, sobretudo de perfil. Ele também me olhou e não sei o que leu em mim, que levantou-se em seguida e disse-me: – Vou orar.

– Orar?... e o que se consegue orando? Oração é trabalho?

– É que orando, pensamos, e do pensamento nascem todas as atividades.

Reunimo-nos depois no refeitório e o repasto foi uma verdadeira festa infantil. As crianças brincaram quanto quiseram, saltaram, correram, gritaram, e eu dizia:

– Devem ser assim as festas de família. Como é bonito tudo isto!...

Os números da festa, da parte da tarde, foram deliciosos. Só um contratempo: um menino corcundinha caiu e machucou-se bastante, mas era tão vivaz, que filosofou: – Se um só chora e tantos se divertem, isso aqui não é nada! Que reine a alegria, que eu tomarei dela a parte que puder – e superando sua dor, cantou e gritou como os demais.

A cena foi muito alegre. Todos estavam contentes: velhos e crianças. A iluminação era esplêndida e Agueda não cabia em si de contentamento, porque todo aquele regozijo era obra sua. Estava tudo tão bem organizado e dirigido, que não houve o menor abuso, apesar dos manjares e vinhos em abundância. É preciso confessar que ela era uma grande mulher pela sua disposição, pela sua atividade e pela sua retidão admirável.

Os meninos, fora da igreja, cantaram mais afinados e com mais sentimento. No encerramento da festa tive de cantar a *Ave Maria*, mas isto pareceu-me tão frio em comparação à emoção que sentia, que disse à minha segunda:

– Uma *Ave Maria*! É tão pouco!

– Pois fale, madre, que é o que todos esperam.

Isto acabou de me animar e falei com tanto entusiasmo que a minha jovem companheira me disse disfarçadamente: – Madre, não fale mais, que não a acreditarão católica romana.

Compreendi que ela tinha razão e dei a bênção em nome de Deus a todos os que me rodeavam. Quis sair, porque estava muito emocionada e Agueda disse-me:

– Espere, madre, que ainda não concluímos.

– Pois o que falta ainda?

– O melhor. Já vai ver.

Todos os meninos desfilaram então diante de mim, atirando-me beijos e dizendo muitos deles: – Bendita seja!

Uma menina presenteou-me com uma grande coroa de flores e ervas do campo, que tinha o grande mérito de ter sido feita pelos meninos. Eles próprios haviam colhido as flores e confeccionado a coroa e todos se julgavam no direito de estar perto de mim. Fui rodeada por um verdadeiro enxame de pequeninos, quase todos aleijados, pobrezinhos!

O menino que tinha caído de tarde, o corcundinha, destacou-se então dos demais e disse: – Que se ponha a coroa na boa madre, porque a coroa é a expressão fiel da gratidão que por ela sentem todos os asilados.

Agueda olhou-me dizendo-me com os seus olhos: "se a mortifiquei com a minha espionagem, dou-lhe hoje a mais completa satisfação".

Surpreendeu-me sobremaneira aquela prova de carinho da parte dos pequenos. Era tão delicada e poética a sua oferenda! Florzinhas do campo, raminhos de silvas e de margaridas brancas, tudo entrelaçado sem gosto artístico, mas com tão boa vontade!...

Todos os meninos me rodearam, pedindo-me que me deixasse coroar. Cedi diante da insistência e duas meninas colocaram, então, a coroa sobre a minha cabeça. Nela, havia alguns ramos de sarças, e não tinham tirado todos os espinhos. Quanto mais queriam adaptar a coroa para não cair, mais aquelas inocentes criaturas me cravavam os espinhos. Embora eu quisesse ocultar a dor que sentia, a carne cedeu e eu dei um grito de angústia.

Agueda acudiu pressurosa. O rosto estava coberto de sangue que me escorria da fronte.

Com admirável presteza tirou-me a coroa espinhosa, dizendo:

– Ai, madre! Que imprudência dessas crianças!...

– Não, minha filha. O que ocorreu é um ato de justiça.

110. O tempo é o juiz

Procurei resistir à dor lancinante dos espinhos pontiagudos, mas acabei desmaiando. Muito tempo devo ter estado sem sentidos, porque, quando voltei a mim, o dia já clareava.

Minha segunda superiora estava ao meu lado, e várias religiosas estavam ao redor do leito. Agueda estava deveras impressionada. Percebi que ela tinha chorado muito e perguntei:

– Por que tem chorado tanto?

– Nunca pensei que pudesse sofrer tanto assim por minha causa.

Suas palavras me comoveram. Envolvi-a em meus braços e disse-lhe: – Bendita seja a sua dor, minha filha! Ela reconcilia-me com você. Se ainda duvidasse do seu afeto, a partir deste momento as minhas dúvidas seriam desvanecidas. Chore, minha filha! Chore! Há lágrimas que regeneram quem as derrama e saciam a sede de quem as vê brotar.

Agueda, reclinada em meus braços, chorou muito e disse, por fim: – Madre, pode estar satisfeita porque todos a amam; todos os que me rodeiam têm procurado aliviar a sua dor. Todos, entende? Todos.

Estávamos em sintonia perfeita. Sentia uma alegria muito grande. Tanto me animou aquela agradável notícia, que até quis levantar-me, mas Agueda não consentiu. E eu, realmente, deveria permanecer deitada. Bastava levantar a cabeça da almofada para sentir no crânio dolorosas pontadas.

O dia corria célere quando chegou o médico do convento. Fiquei surpresa com sua visita. Perspicaz que era, comportou-se como se sua visita fosse meramente casual. Minha companheira, quando chegou, dissimulou que estivesse de combinação com o médico. Este aconselhou-me, com toda a naturalidade, que não tivesse pressa em deixar o leito. Os ferimentos eram profundos, dizia ele, e como havia sarças venenosas, não seria bom que eu me impacientasse. Deveria ficar em observação.

Deixei-me convencer facilmente, porque, na realidade, não podia me mover, e como surpreendi olhares de cumplicidade entre Agueda e o médico, ficava demonstrado que eu estava mais doente do que pensava. Enquanto eles preparavam uma medicação, eu entregava-me às minhas reflexões e dizia para mim mesma:

– Estarei muito mal? Dói-me o crânio horrivelmente. Morrerei desta vez? Talvez, seria até melhor morrer, porque já não espero nada e tudo me cansa. Vive-se tão mal aqui!... Lutar e dar a vida pela vida... que amarga verdade! Sou religiosa? Não. Pronunciei votos, mas... os votos não são uma religião. Penso em morrer e sinto prazer nisso.

Intrigante o fato de que o médico olhava para mim e olhava para minha companheira e os dois se inclinavam sobre o meu leito, para ver-me melhor. Eu, então, disse ao médico:

– Que vê em mim?

– Um espírito antes muito forte e agora muito fraco.

– Tem razão, o entusiasmo se acaba. Mas, não, não se acaba! Ainda quero viver, ainda quero sorrir e esperar.

– Sim, madre, viva! Agora tem quem lhe queira. Tem aqui uma mulher que é um gigante para velar por você, sem render-se pelo cansaço. Angélica lhe queria muito, mas era uma plantinha sensitiva que se dobrava ao vento, enquanto Agueda é uma mulher que desafia todos os furacões. Todos os seus desvelos e toda a sua boa vontade são para você.

Olhei para a minha companheira e li em seus olhos tanto amor que lhe disse: – Venha para meus braços, minha filha! Se tanto me quer, que Deus a abençoe!

Quando fiquei só, dei graças a Deus por ver-me tão amada e exclamei: – Deus meu! A vida sem amor espanta. Como é bom ser amada! E ser querida por quem convive conosco é ainda melhor!... Agora, se me espiarem, será por amor.

Aquela certeza me consolava e me deixava feliz. E pareceu-me ver que tudo o que me rodeava se movia. Exclamei, então: – Meu Deus!... Uma alma sem a luz da verdade perde-se no infinito. Quero ver Deus e não O vejo!

E as vibrações do espaço disseram-me: – Não corra, não se apresse, desfrute do que tem e não queira mais.

Olhei depois para a janela central onde estavam as *flores do céu* e queixei-me:

– Com a janela assim, não posso falar com elas!

– Nós podemos falar com você – disse uma flor. – Que nos importam as paredes?

– Então, digam-me: vou morrer?

– Deixe de perguntas vãs. Já dissemos que estaremos com você e que a cobriremos de flores, porque havemos de nos multiplicar para dar-lhe um sudário florido. Acha que praticou más ações?

– Que eu saiba, não.

– É verdade. Ostensivamente não praticou mal algum. Só tem uma mancha em sua existência: a morte daquela mulher.

Cessou a voz e tudo ficou em absoluta calma. Eu disse, então:

– Se as flores falam assim, é porque vou partir em breve. Mas eu não queria ir ainda. Não deixo em ordem os meus papéis e o que fica é aquela história deturpada. Que dirão as comunidades religiosas de mim? Irão chamar-me de histérica, de visionária... de endiabrada. Se ao menos me fizessem justiça!... na infeliz religião a que pertenço, a exploração do escândalo é uma arma de combate. Em minha religião tudo é puramente negócio. O vício desenfreado corrói as entranhas dos religiosos e a prostituição reina de forma espantosa nos conventos!... No meu não reina por misericórdia divina, mas em compensação... outras paixões indignas nele se agitam. Eu não queria que me chamassem de histérica. Eu amo Jesus lá no céu, mas também amo um homem na Terra e vou amá-lo até o meu último suspiro. É certo que amo Jesus e dirão que tenho sido sua escrava. É verdade, minha alma tem sido, mas isto não me tem impedido de sentir todas as paixões terrenas. Se antes de morrer me fizessem um pouquinho de justiça, quanto me alegraria!...

Tanto me entregava aos meus pensamentos, que me debilitava de maneira alarmante. O médico continuou a visitar-me e um dia disse-me contrariado:

– Que diabo tem nessa cabeça que não me ajuda a curá-la?

– Eu quero curar-me. Acontece que, fazendo uma retrospectiva da minha vida...

– Pois isso é o que não convém. Pense no futuro.

– No futuro? Não sei, não sei o que se passa comigo. Dê-me alguma coisa para que eu não pense.

– Mas se não pensar com o corpo, pensará com a alma e me deixará o corpo. Se seu corpo está velho, seu espírito é de menina! Ainda pode sorrir, e os meninos esperam muito de você. Se a feriram com a sua coroa de espinhos ocultos, esperam ser grandes para coroá-la com os seus pensamentos, pois todos eles lhe querem muitíssimo.

– Madre – disse Agueda –, conceda-me uma honra.

– Uma honra? E que honra posso eu conceder?

– Sim, madre, pode outorgar muitas. Conceda-me um leito ao seu lado, como fez com minha antecessora.

– Eu o concedi a Angélica porque um abutre a ameaçava. Concedo-o também a você, para que me vigie e me espie bem de perto.

Agueda abraçou-me com tal força, que quase me machucou e, em seguida, mandou transportar seu leito para a minha cela, colocando-o junto do meu. Desde aquele dia foi ela o meu anjo tutelar. Ocupava-se sempre de mim, alimentando-me com tanto método, que pude por fim, graças a ela, levantar-me e sentar-me na poltrona. Seu exemplo era uma lição ao médico e à comunidade inteira. Distribuiu o seu trabalho entre diversas freiras, para que os asilados ficassem bem cuidados e consagrou-se a mim com um zelo admirável. Era uma perfeita enfermeira e fazia-se obedecer sem fadiga. Se os mortos pudessem, por força de cuidados, abandonar os seus ataúdes, com uma enfermeira como Agueda a ressurreição seria líquida e certa. Eu posso dizer que ressuscitei, graças a ela.

Uma manhã disse-me minha segunda:

– Vai receber uma visita.

– Sim?... Já sei quem é.

– Virá ainda hoje de manhã e não haverá *ecos*, madre. Eu prometo.

Como única resposta estreitei-a em meus braços e disse-lhe: – Não tenho segredos para você. Alegro-me com a visita porque preciso ter uma conversa com ele sobre a minha história.

Agueda desprendeu-se de meus braços e saiu aceleradamente. Pouco depois senti os passos do meu amigo, o padre. O coração me dizia que ele já não era meu inimigo. Quando apareceu à porta, notei que estava visivelmente preocupado.

– Realmente, venho preocupado, porque até ontem não tinha conhecimento das consequências daquela bela festa. Segui para a corte naquela mesma noite e só ontem soube da gravidade do ocorrido. Caso deplorável e que muito me preocupa.

– Nunca o vi tão amável. Todos agora me querem bem, mas creio que vou morrer. Tanto creio, que precisamos fazer os dois um contrato de consciência.

– Não se canse. Cessaram todas as nossas questões e rivalidades, que já duraram muito tempo. Diga-me calmamente que gênero de contrato quer fazer comigo.

– Você escreveu a minha história.

– Eu a rascunhei, nada mais.

– Bem, foi você quem a inspirou e pintou-me como uma mulher histérica, alucinada pelo meu amor a Jesus. Eu tenho adorado a natureza e cantei as suas maravilhas. Você diz nessa história que, abraçada a um crucifixo ensanguentado, escrevi, ou melhor, recebi a inspiração para meus poemas. Isso não é verdade. Amo a natureza porque nela encontro Deus, vivo! Palpitante! Formosíssimo! Fonte inesgotável de magnificências infinitas. E nada quero com os crucifixos e o homem-deus desconjuntado e sanguinolento.

– Não se agite, não se canse, calma, calma. Quer que se rasgue tudo o que se escreveu?

– Sim, sim! Quero que o povo me conheça tal como sou.

– Pela sua saúde, que tragam os manuscritos.

Imediatamente, chamou a segunda superiora, e pouco depois quatro freiras deixaram aos meus pés diversos rolos de papéis atados com fitas azuis e vermelhas. Ao vê-los estremeci e ele me disse: – Rasgue tudo o que quiser com a condição de não ler uma só folha.

– Isso é impossível.

– Não convém a você que leia. Vou provar-lhe, escute.

E abriu um rolo, começando a ler. Conforme ia lendo, eu ia me exaltando. Quantas mentiras!... Que maneira de apresentar-me!... Bastou-me uma página e interrompi-o:

– Tem razão. Que sejam inutilizados esses papéis. Amo-o muito.

– Pois ame-me e acredite-me; sei que ama em mim o saber, e se eu pudesse dar-lhe-ia toda a ciência que possuo, porque a sabedoria não nos aproxima de Deus.

– E eu, em troca, depois de morta continuarei amando você.

– Depois de morta ainda me perseguirá? – e empalideceu visivelmente.

– Não se assuste. Os sábios são assim mesmo!... Assustam-se com o amor de uma alma! É que muitos deles não sabem nem sequer o que é a alma, porque não puderam pesá-la nos pratos de uma balança.

– Não se exalte, nem se perca em regiões inexploradas. Fique quietinha. Virei vê-la diariamente, e para evitar que se exalte faço-lhe companhia por alguns momentos.

– A mim basta-me vê-lo para reanimar-me.

Ele se retirou, deixando-me muito contente, mas logo ouvi uma voz:

– Pobrezinha! Acredita você que dirão a verdade?

– Não dirão?

– Não podem nem querem dizê-la. Só quando a religião a que você pertence transformar-se em pó é que os homens saberão o que você passou. Mas antes que chegue este dia, ela, a sua religião, empregará esforços titânicos para manter os seus templos e conservar os seus tesouros incalculáveis. Levantará altares de pedra para os seus santos de barro, queimará os hereges descamisados e renderá homenagens aos que se sentam nos tronos. Cometerá todas as vilezas, todas as iniquidades, antes de confessar-se vencida. Mas o tempo triunfará sobre todos os tiranos e as tiranias religiosas ficarão reduzidas àquela poeira que o vento carrega. Só então resplandecerá a verdade. Não se impaciente, o tempo é o juiz da eterna justiça, porque o tempo é o mediador entre Deus e os homens.

Extinguiu-se a voz e vi entrar Agueda seguida de um homem que tentei reconhecer. Chamou-me a atenção que minha companheira viesse acompanhada e nada me dissesse, tanto que perguntei-lhe:

– Como é que vem acompanhada por um homem e não me apresenta?

– Um homem? Madre! Está delirando?

Continuei olhando para aquele homem, que se converteu em foco luminoso, em cujo centro apareceu ele, a alma da minha alma! Eu via-o tão bem que não podia acreditar que ela não o visse. Tomei-lhe a mão e disse:

– Mas, mulher, não o vê?

E tal foi o meu desejo que ela o visse, que minha companheira estremeceu e disse:

– Jesus! É Jesus!... – e caiu sem sentidos.

Naquele momento não me ocupei dela. Só estava para ele, e gritei:

– Senhor!... Senhor!... como é formoso!... Há tanto tempo que não o via! Veio-me buscar? Já vou deixar a Terra?

Jesus sorriu e foi se afastando lentamente, deixando um rastro luminoso. E quando a sua luz foi se extinguindo, ouvi uma voz longínqua que dizia:

– Espero-a! Espero-a!...

111. A fonte se esgota

Após aquela cena, fixei-me em minha companheira. Como estava demasiadamente extenuada, não pude empregar minhas forças magnéticas para reanimá-la. Fiz um esforço e disse-lhe: – Levante-se, minha filha! Levante-se!

Ela se levantou com dificuldade. Olhei para ela. Parecia que tinha sofrido grande abalo. Não podia mover-se e andava com tanta dificuldade que a fiz sentar-se, receosa de que caísse de novo.

Notei que os seus olhos estavam paralisados. Parecia uma morta de olhos abertos, pedindo que uma mão piedosa os cerrasse.

Ao vê-la em tal estado, retirei forças da minha fraqueza, e procurei explicar-lhe como a alma pode estar em relação com Jesus. Falei muito e bem, porque não era eu quem falava. Disse, entre outras coisas: – Jesus, num altar, nada diz ao pensamento, mas Jesus no espaço diz à humanidade que o seu código é o amor a todas as raças.

Agueda chorou ao ouvir as minhas palavras, e eu continuei: – Chore, chore, minha filha. Não há alma que não seja pecadora. Todos temos pecado.

E falei muito sobre as sucessivas existências da alma, especialmente sobre a interpretação da história de Jesus; que não devemos vê-lo aterrando os homens com o seu cruento martírio, mas sim atentar para suas palavras quando diz: – *Eu sou o irmão maior de sua raça e espero-os de braços abertos para levá-los à presença de nosso Pai que está nos céus*.

– Ai, madre – exclamou Agueda, muito comovida –, se é verdade que vi Jesus, gostaria de lhe dizer: – Senhor! Irei à sua presença de joelhos. Que eu perca carne e ossos nas escabrosidades do meu caminho, que não me importa esfacelar o corpo desde que se purifique a minha alma e eu me faça digna de seu excelso amor.

– Está em erro, minha filha. Em busca de Jesus, caminha-se de cabeça erguida. É louvável admirá-lo no calvário, porque todo o sacrifício merece admiração, mas depois procuremo-lo no templo da sabedoria, porque ele simboliza o progresso. Por isso não devemos procurá-lo cravado a uma cruz, mas sim nos grandes laboratórios da ciência. Ele nos disse que todos teríamos de renascer. E eu lhe digo que só se renasce sabendo por que se vive. Ânimo, minha filha, e abrace-me.

Minha jovem companheira levantou-se, abraçou-me com ternura e eu lhe disse: – Assim, assim é que devemos ir em busca de Jesus. A sua visão transtornou-a, mas também lhe deu vida.

– Não sei, madre, o que se passou, mas todo o corpo me dói. Que indigna sou! Estou ainda muito longe de Jesus.

– Não pense assim. A sua própria reação demonstra que sabe sentir.

– Pois eu confesso francamente que não desejo ver Jesus senão morto; vivo, impressiona-me demais. E... se não fosse Jesus o que vimos? E se fosse o diabo?

– Está falando seriamente? Crê que estou endiabrada?

– Madre, eu lhe passo o que sinto. Tenho dúvidas e temores. Não tenho capacidade para encará-lo. Quisera vê-lo tão somente à hora de minha morte.

– Diga-me, já viu o diabo em alguma parte? Se o diabo existisse, onde estaríamos os religiosos? Que mais diabo que os nossos próprios votos?... Nós, os mal chamados religiosos, estamos dominados pela inveja, pela cobiça, pela luxúria, por todos os apetites e paixões humanas. E disfarçamos com preces e cânticos. Que mais diabos que nós todos? Não duvide. Afaste temores vãos. Já viu Jesus e quão belo ele é!... Você disse que se fosse Jesus mesmo o que viu, teria ido atrás dele, ainda que tivesse de deixar a sua carne e os seus ossos entre as pedras do caminho. E devo dizer-lhe que há outros sacrifícios mais cruéis: os que a alma faz ao abafar as suas paixões, martirizando-se com a abstinência de todos os prazeres naturais, próprios de todas as espécies, menos dos homens obcecados pela ignorância religiosa. Parece-me incrível que tenha acreditado ter visto o diabo disfarçado de Jesus! Por acaso existe o diabo? Que aberração!... Deus não pode ter criado essa verdade enganosa para seus filhos. Eu creio que o homem vê Deus no primeiro estado da sua inocência, quando a alma ainda não deu um só passo nem no bem nem no mal. E torna a encontrá-Lo muito mais tarde, quando a alma se embriaga estudando os problemas da sabedoria. A seu devido tempo, quando eu deixar esta Terra e você me cerrar os olhos, lembre-se que eu não pratiquei o mal, e que por isso, quando nos meus momentos de angústia eu digo "Deus meu, tenha piedade de mim!", tenho visto Jesus subindo aos céus, tenho visto o sábio falando aos seus discípulos. Tenho-o visto sob a figura de um velho venerável instruindo as gerações e conduzindo-as pelo caminho da perfeição. Tenho visto, em seguida, o velho transformar-se em jovem e me pedir água numa fonte, dizendo-lhe eu: – Beba, senhor, a água da vida – acrescentando ele: *– Dê-me dessa água que é dela que necessito, porque um dia tirou-a de mim.*

E continuei: – Não duvide jamais, que eu tenho visto Jesus numa larga peregrinação pela Terra. Sempre grande, sempre nobre, sempre formoso! Sempre com a luz do infinito nos olhos, dizendo: *Eu, como todos os outros, sou um filho de Deus*!

– Madre, eu acredito em tudo quanto diz, creio mesmo que seja uma santa, mas... não me convenceu. Vou lembrar-me sempre das suas palavras; vou analisá-las constantemente, mas... não quero enganá-la nem enganar-me. Ensinaram-me querer a Jesus crucificado, e fora da cruz já não me parece grande. Tenho consciência de que estou dentro de uma Igreja muito pequena, mas nela nasci, nela me educaram e abraçada à cruz morrerei. Agora, deixe-me ir por um momento para que eu possa dar algumas ordens à comunidade.

Ao ficar só, exclamei: – Como tenho estudado pouco neste mundo! Com os meus olhos dominei a muitos, mas... não soube falar a tempo, nem calar quando era preciso... Quantos anos tenho vivido inutilmente! Quantas palavras tenho pronunciado que têm sido mais estéreis que chuva sobre a rocha! Vejamos se posso levantar-me. Como estou mal! Se pudesse escrever, pelo menos, iria distrair-me.

Peguei papel e pena e disse desanimada: – E o que escreverei?... Em outro tempo teria escrito para a minha Igreja um tratado de poesia, de sentimento, de doçura, mas agora... como tudo se acaba!...

Olhei para o céu como à procura de uma resposta, que não se fez esperar, pois ouvi a doce voz da minha sobrinha:

– Escreva.

– E o que escreverei?

– Escreva: *Uma Vida que se Extingue*.

– É a minha?

– Que lhe importa?

– É que não sei o que dizer. Dite-me você.

– Nesse caso não será seu o escrito. Ande, escreva.

– Já que é o que quer, assim seja. Escreverei sobre uma vida que se extingue – e veio uma poesia muito doce e muito triste ao mesmo tempo: *Uma Luz que se Extingue*!...

– Mas que se reanimará no infinito – disse-me uma voz. E outras muitas vozes me falaram tanto que eu disse:

– Que é isto! Meus sentidos estão vacilando?

– Não, é que está ouvindo o que precisa ouvir.

Entrou Agueda, deu-me o alimento e quedou-se como se escutasse alguma coisa.

– Está ouvindo vozes?

– Sim, madre, ouço muitas palavras confusas.

– Não se perturbe que não é obra do diabo.

– Que tem, madre? Está pálida!

– Não sei, não sei o que tenho – e ao dizer isto tive um vômito de sangue.

Agueda assustou-se e eu emocionei-me vendo o chão tinto de sangue escuro. Lembrei-me logo do médico da corte quando disse: – "Os venenos... sempre são venenos, sempre deixam os seus sinais".

O meu corpo estava comprometido. Não havia dúvidas.

E enquanto eu me entregava a tão tristes reflexões, Agueda saía e entrava com outras freiras, até que chegou o médico e me disse:

– O que aqui se passa é muito estranho. Se a senhora dá vida a todos, por que não faz o mesmo milagre consigo mesma?

– É que estou muito abalada, e o meu corpo tem sofrido muito...

– Pois tem que reanimar-se, levantar-se e sair.

– E se morro por aí?

– Não importa. A questão é buscar vida seja onde for, porque aqui dentro perdê-la-á.

Fizeram-me deitar e dormi bem aquela noite. No dia seguinte, levantei-me e sentei-me em minha poltrona. Foi aí que me anunciaram a chegada do meu amigo padre. Ao entrar, olhamo-nos, e ele perguntou ao médico, muito aflito:

– Está muito mal?

– Não.

– Como está? – disse, aproximando-se de mim.

– Disposta a confessar-me e a morrer – e ao dizer isso, tive um vômito de sangue tão abundante, que o seu manto manchou-se e eu disse:

– Vê? O meu sangue manchou você. Todos os rios seguem o seu curso...

O padre empalideceu e disse-me muito comovido: – Para poupá-la de verter uma só gota do seu sangue, eu lhe daria todo o meu.

O médico trouxe um pequeno frasco com um líquido azulado, como o veneno que eu tinha tido em meu poder. Ao dar-me algumas gotas para me fazer parar os vômitos, não pude deixar de falar em voz alta da lembrança que aquele medicamento evocava em minha mente. O padre olhou-me fixamente e reparei que ele tremia. Mudei de assunto rapidamente e tanto consegui dominar-me, que consegui até fazer rir o médico e o padre. E quando este se despediu de mim, aquele *até amanhã* soou tão doce, tão harmonioso, tão consolador, que não pude ocultar a minha alegria. Olhei para ele e disse com os olhos tudo o que sentia a minha alma.

Agueda e o médico desdobravam-se para me cercar de atenções e delicadezas que tanto bem fazem aos enfermos.

O médico vinha sempre ao amanhecer e dizia-me ternamente: – Venho antes de nascer o sol.

– Que bom – disse-lhe um dia –, o Sol e o médico são irmãos gêmeos porque ambos nos dão a vida.

– Anime-se, madre, ainda sairá para beber a sua água.

Certo dia, meu amigo padre entrou e disse-me:

– Venho dar-lhe um prazer – e tirou vários papéis do bolso. Leu, então, uma preciosa poesia. Era um pequeno poema de amor e justiça. Em suas estrofes, admiráveis por bem rimadas e mais bem sentidas, a pergunta: se depois da morte nos encontraríamos, sendo eu tão doce, tão amorosa, tão abnegada, e ele tão insensível, tão inconstante. Num arroubo de sentimentalismo, dizia: – "Se amanhã me perder, você me salvará?..."

E eu respondi-lhe com o maior entusiasmo: – Que formosa poesia! Se a minha alma, como espero, um dia irradiasse, onde quer que estivesse, eu lá iria. E os meus perfumes, as minhas doçuras, os meus amores seriam para você.

– Era o que esperava de você e creia, madre, que ao ouvir isso, passo a confiar no amanhã.

– Também é grande a minha alegria.

– Quer a minha poesia?

– Não. Iria fazer-me sofrer. Há manjares que não se deve degustar senão uma vez. Ela ficou gravada em minha mente. Não preciso mais lê-la, porque a tenho comigo.

– Adeus! – disse-me ele, retirando-se.

Aquele *adeus* quantas coisas prometia!...

Ele continuou a visitar-me diariamente. Já que eu não podia escrever porque me cansava, ele escreveu minha *Adoração a Jesus*, poema em vários cantos. Eu dizia-lhe: – Isto é muito místico, demasiado místico.

– Se quiser – dizia ele muito complacente –, posso tirar este tom de arroubamento e misticismo. Já vê que quero atendê-la em tudo.

Eram muito tardias aquelas condescendências, e eu sabia muito bem que aqueles cantos não seriam nem a sombra dos meus. Às vezes, ansiosa por escrever novamente e de trasladar para o papel as minhas impressões, ajudei o médico e as minhas enfermeiras que queriam aliviar-me, e fui melhorando, tanto que o médico me disse um dia: – Breve beberá da sua água.

Chegou, enfim, o dia desejado. O médico e o padre combinaram com a segunda superiora de realizar uma festa religiosa simples em ação de graças pelo meu restabelecimento. E toda a comunidade me acompanharia à *fonte milagrosa*.

Não sei se pelo fato de ter permanecido bastante tempo na igreja ouvindo cânticos, ou se por ter estado cercada por tanta gente, o certo é que ao chegar à fonte desmaiei e tive um grande vômito de sangue. Ao voltar a mim, estava tudo tão triste, tão morto, que tive de fazer esforço para não chorar. Parecia que já estava dentro da minha tumba e que as freiras eram almas penadas, a me pedir contas do meu proceder para com elas.

As freiras entoaram de novo os seus cânticos, que me faziam o mesmo efeito de um ofício fúnebre. Como me aborrecia tudo aquilo! Parecia que estavam profanando aquele santuário da natureza e lamentava que até ali a farsa religiosa me perseguisse. O médico percebeu e disse-me:

– Vamos, madre, beba da sua água.

– Não é minha, é de Deus. Lembro-me do momento solene em que coloquei o dedo na rocha e dela brotou a água!

E ao falar assim, uni a ação à palavra. Pus um dedo na rocha e a água deixou de brotar. Todos se maravilharam, particularmente o médico, que repetia maquinalmente: – Beba, madre, beba...

– Ai, doutor, a água já não corre! Na fonte já não há mais água! Isso simboliza o que breve me acontecerá. Também minha vida está chegando ao fim. Não brota água da rocha. Tampouco os pensamentos brotarão em minha mente. Água! Pensamento! O pensamento e a água são a vida da Terra! A vida das almas! Já não há água nesta rocha! Em rocha se converteu a minha mente... mas Deus, com a sua varinha mágica, fará brotar, a seu devido tempo, a água das pedras e os pensamentos dos cérebros endurecidos. Então, quando chegar esse dia, cantarei os meus amores com Jesus. Amores castos! Puríssimos! Amores que não foram profanados nem com os arroubos místicos nem com as concupiscências da carne! Amores da alma! Amores do infinito! Amores que nasceram ao calor do sentimento mais sublime. Ele disse: *eu a perdoo*! E o meu espírito respondeu-lhe:

– Eu o amarei com todos os amores que sentem as almas em todos os mundos que se agitam no universo!

112. Homenagem das flores

Seria um relato interminável tentar descrever o estupor que tomou conta de todos, ao verem que a fonte não mais jorrava água.

Todos falavam ao mesmo tempo sem se entender, e houve quem dissesse bem perto de mim: – Maldita seja a hora em que veio aqui esta mulher. Era de se imaginar que a sua funesta vinda iria secar o manancial milagroso!

Formaram-se dois grupos, um a meu favor e outro contra. A maioria era contra. Senti, então, os calafrios da morte e disse angustiada: – Que horror! Morrer assim!... – e ouvi uma voz que me disse:

– Outros que valiam mais do que você morreram em piores condições.

Abati-me ainda mais ao ouvir aquela triste e profunda verdade, mas fiz um esforço e respondi a quem assim me falara: – Tem mil razões, não posso negar, mas cada um é como é. E eu, meu Deus! Meu Jesus! Eu não sou como o senhor. Não sei dizer como disse: – *Perdoe-os, Senhor, que não sabem o que fazem*. Tenho medo de morrer entre pessoas hostis e ignorantes. A hostilidade deles me fere e essa ignorância me envergonha.

Armou-se tão grande tumulto, que o pânico apoderou-se de alguns agitadores que correram em debandada, em busca da tropa que montava guarda ao convento. A força armada veio com prodigiosa rapidez e o oficial comandante pôs-se logo à minha disposição, dizendo-me solícito:

– Madre, o que aconteceu?

– Nada de extraordinário. Fez-se uma procissão a este lugar, em ação de graças pelo meu restabelecimento, e o povo revoltou-se porque a fonte milagrosa secou à nossa chegada. Sinto muito que alguém tenha ido incomodá-los, mas alegro-me ao mesmo tempo de vê-los, porque nos tumultos populares convém, às vezes, que a razão se imponha pelo aparato da força.

As mulheres, entretanto, vociferavam cada vez mais, e diziam entre outras coisas: – A água tem que voltar, se ela é como dizem.

Meu amigo padre estava visivelmente contrariado com aquele alvoroço. Agueda olhava-me e a frustração estava estampada em seu semblante. Outros padres rodeavam-me, como querendo defender-me daquelas pobres mulheres que gritavam aloucadas pedindo a água que curava os seus filhos.

Eu, serena em meio à confusão, disse aos meus: – Eu vim aqui um dia e, pondo o dedo na rocha, brotou a água. Hoje, chamada a voltar, a água deixou de brotar, quando coloquei o dedo no mesmo lugar. Você, meu amigo – voltando-me para o padre –, que tão bem me conhece, diga-me, que devo fazer? Retirar-me ou ficar aqui? Quer que todos roguemos a Deus para que a água torne a brotar?

Todos se olharam e ninguém me respondeu. Olhavam-me com mágoa tão manifesta que, por minha vez, tive pena deles e disse-lhes com leve ironia: – Vamos! Que fazemos?... Noutro tempo eu teria dito "Farei com que brote a água!", mas hoje... hoje não posso, não tenho forças.

– Madre, vamos – disse o meu amigo padre –, se a água não verte, é porque Deus não quer.

Fizeram-se ouvir de novo vozes que diziam: – Que santidade é essa que um dia faz milagres e outro dia os desfaz? Que religião é essa que recua justamente na melhor hora?

Eu não podia reverter a situação. Por isso aquelas palavras magoavam-me fundo. Fui me afastando o mais que pude da multidão, dizendo à minha companheira:

– Por que você não é como sua antecessora? Quando aqui brotou água, Angélica estava comigo. Você, pelo fato de não crer no Jesus que eu vejo, julga que é o diabo, e acaba por não me ajudar como ela o fazia com a sua imensa fé. Por que não é como ela? – e abracei-a, buscando consolo em seus braços.

– Ai, madre! Não me martirize assim. Se a fé pode ajudá-la, eu lhe darei toda a fé que possuo.

– Não, Agueda. Você não crê em Jesus; crê que é o diabo que detém o curso da água que aqui brotava. Você dá mais valor ao diabo que a Deus, mas eu digo: – Rocha, tornará a verter água...

Agueda olhou-me e, maquinalmente, fez o sinal da cruz, e eu repliquei:

– Acha mesmo que é o diabo que detém o curso da água?

– Madre, não posso mais. Não sei o que se passa comigo. A dúvida toma conta de mim e a sua fé me assombra e me admira. Mas, unindo minha vontade à sua vontade, meu desejo ao seu, o meu rogo ao seu rogo e as minhas palavras às suas palavras, eu digo: – Que venha a água!

Imediatamente, caiu desvanecida. Não se machucou porque a amparei, amortecendo o choque, para cair suavemente. Virando-me para os que me rodeavam, disse-lhes: – Ela pediu água, e eu digo que a água brotará de novo, e o manancial não mais secará, ainda que a seca converta em deserto os vales mais floridos.

Pus de novo meu dedo na rocha e a água brotou com intensidade. Quem estava perto de mim recuou assustado. Então, o povo, sempre iludido e impressionável, sempre desequilibrado, atirou-se sobre o manancial, querendo beber todos ao mesmo tempo.

– Madre, devo fazê-los recuar? – perguntou-me o oficial.

– Não. Não precisa empregar suas forças para conter *crianças grandes*. Deixe que o povo hoje se sacie de água, que amanhã faremos com que se sacie das verdades do Evangelho.

– Madre – disse-me o padre –, que milagre acaba de fazer! É maravilhoso!

– Não creia nisso. Deus é o autor de tudo quanto viu. De minha parte, usei apenas de meu veemente desejo de admirá-Lo uma vez mais em Suas obras.

A multidão fartou-se de água e, satisfeita e tranquila, foi se afastando, dividida em grupos que comentavam: – Como é boa a água do milagre!

Dos meus, nenhum atreveu-se a dizer-me que bebera. Até o médico estava receoso. Compreendi que tinham medo que eu quisesse beber e se repetisse o sucedido. Quanta ignorância! Olhei o médico e disse, sorrindo: – Que devo fazer, doutor? Bebo ou não?

– Beba, se quiser. A sua presença provoca coisas tão extraordinárias que não sei o que dizer, nem o que pensar.

Aproximei-me da fonte e apoiei os lábios sobre a pedra. Perdi o mundo de vista por um instante, sentindo um estremecimento doloroso em todo o meu ser. E, em vez de beber, vomitei muito sangue.

Mas a água não ficou manchada. O sangue não escorreu e deteve-se nas cavidades e por entre a vegetação que brotava nas pedras. Vendo as folhas verdes tingidas, comovi-me profundamente e pareceu-me que tudo o que me sucedia era simbólico. Murmurei, então: – Aqui fica o meu sangue. Amanhã voltarei, com certeza, a buscar nesta rocha as partículas da minha vida; e aqui... Deus sabe o monumento que levantarei! Esta água terá aumentado e com ela serei útil, talvez, à humanidade, porque então... saberei mais que agora. Minha religião será a ciência e minha oração, o trabalho.

Agueda havia sido atendida e tinha se recomposto de seu desmaio. Aproximou-se de mim, abraçando-me carinhosamente, mas sem coragem de olhar a fonte.

Caía a tarde e resolvemos voltar para o convento. Contemplei, naquele momento, o céu e exclamei: – Sol meu! Como é belo! Chega ao seu ocaso e eu também chego ao meu. Você brilhará amanhã, mas eu... quem sabe!...

Foi carregada que empreendemos a viagem de volta. Íamos vagarosamente, mas durante o trajeto piorei. Já em minha cela, o médico perguntou-me com afã:

– O que sente?

– Desejos de vomitar. Sinto gosto de sangue...

– Pois não pense em vomitar. Contenha-se.

– Não posso – e arrojei sangue mais uma vez.

O médico se desesperava, e mais ainda quando senti uma pontada aguda no coração. A dor foi tão forte que não pude conter-me e gritei:

– Ai, doutor! Quanto estou sofrendo! Quanto!

Todos estavam alarmados, e o pobre homem, enlouquecido, na ânsia de ajudar-me, ordenou que me calasse.

Agueda tomou-lhe as mãos, enquanto ele movia a cabeça desalentado. As freiras, pobrezinhas, mudas, imóveis, olhavam para minha ajudante, esperando as suas ordens. A dor estava estampada em todos os semblantes. Entretanto, eu continuava a lutar com a morte, embora sem forças. As pontadas no coração já não eram tão doloridas, mas cada vez mais frequentes. O médico não me deixava um só momento, dando-me pequenas doses de um medicamento que era, sem dúvida, um calmante, porque me fazia respirar melhor.

Vi entrar o padre meu amigo, que ao ver-me limpou os olhos. Chorava! Pensei comigo:

– Está chorando! É porque começa a querer-me. Como isto é bom! É o dia mais belo da minha vida! Já me quer! Já me quer!

O médico e ele se falaram em segredo, e notei que disputavam o direito de dar-me o medicamento. Mas o doutor não cedeu, alegando que um movimento brusco podia afogar-me. E tinha razão, porque eu não podia tragar nem sequer uma gota de água.

Ele se empenhava em dar-me o remédio, enquanto eu sentia uma satisfação íntima indescritível, em meio aos meus horríveis sofrimentos, ao observar o padre dando voltas em torno do meu leito, falando com o médico, impondo silêncio às freiras, dando ordens à segunda superiora. Revelava em seu semblante a dor mais profunda.

Estive três dias entre a vida e a morte. Por fim, o médico me disse, esfregando as mãos de contente:

– Triunfamos! Estava em iminente perigo de morte, mas está salva. Agora vamos todos descansar, mas vou deixá-la com boas enfermeiras. O padre e Agueda não queriam afastar-se, e o médico teve de fazer uso da sua autoridade, dizendo ao padre: – Você, mais que ninguém, precisa buscar o descanso do sono, porque está enfermo do corpo e da alma.

E eu dizia para mim: – Como é bom morrer assim!...

Nenhum dos três queria se retirar. Agueda entretinha-se a ajeitar-me a roupa de cama, quando de repente sentiu alguma coisa sobre a cabeça. Moveu-a assustada, quando caiu sobre as minhas mãos uma flor.

– Que é isto?! – exclamaram todos –, que é isto?

O médico tomou a flor branca e rosada e aspirou deliciado o seu perfume, dizendo: – Que fragrância delicada! Não pode haver melhor, nem no céu!

Ao dizer isto, caíram sobre a sua calva muitas florzinhas brancas e azuis. E eu, vendo aquela profusão de flores, fiquei muito contente e disse ao padre: – E para você, não há?

– Pelo que se vê, não.

Ao dizer isto, bateu-lhe na fronte uma flor branca muito bonita. Ele apanhou-a calado com todo o cuidado, olhando-a com assombro. Chamei minha segunda e disse-lhe baixinho:

– Crê que isto é obra do diabo?

– Não, madre, não. Mas não sei o que se passa comigo.

E os três retiraram-se para o merecido descanso. Ficaram três freiras a cuidar de mim, desvelando-se em boa vontade e amabilidade.

Passaram-se muitos e muitos dias, e uma manhã recebi ordem de levantar e sentar-me numa poltrona. Mas bastava mover-me e sentir de novo a pontada no coração. Conseguia resistir à dor. Quando me vi sentada, olhei as *flores do céu*. Estavam empinadas e viçosas, mas instantaneamente ficaram murchas e alquebradas.

– Flores minhas! – exclamei –, estão anunciando a minha morte? Nunca me enganaram.

O jarrão das flores balançou e eu acrescentei: – Não, não me deixem ainda – e elas recobraram a sua aparência vigorosa.

O médico nada percebia. Estava muito atarefado, preparando um medicamento. Ao dá-lo a mim, disse:

– Não desobedeça às minhas ordens.

– Creio que vou desobedecer-lhes muito em breve.

– Como? Por que diz isso?

– Porque a ciência é impotente diante da morte.

– Quem lhe disse que vai morrer?

– As flores – e assinalei-lhe as *flores do céu*, que tão depressa estavam louçãs como murchas e desfolhadas.

Ele moveu a cabeça contrariado. Mas imediatamente sentiu uma chuva de flores miúdas brancas, vermelhas e azuis, sobre sua cabeça.

– Que é isto? – disse surpreso.

– São os sinais da minha existência convertidos em flores. Simbolizam a minha gratidão.

Agueda assustou-se, pois caíram muito mais flores e o médico disse, dominando a sua emoção:

– E se estas flores fossem a alegoria do seu renascimento?

– Obrigado, doutor. Só posso dizer-lhe que morro muito contente, porque Deus não me abandona. A última vez que falei com o amor dos meus amores, ele me disse: – Espero-a!... Espero-a!...

– Mas viu Jesus realmente, madre?

– Vi, sim. A comunidade o viu também. Quer vê-lo?

– Não, não. Não estou para ter visões.

Enquanto o médico falava, vi entrar um homem, que reconheci imediatamente:

– Doutor, que homem é este que acaba de entrar?

O médico voltou-se alvoroçado. A figura daquele homem era belíssima, irradiando sua luz para todo o aposento. E ele caiu de joelhos, murmurando:

– Perdão!... Perdão!...

Jesus foi se aproximando de mim e eu lhe disse: – Senhor! Já está aqui?

– Tenho sede – disse ele com voz melodiosa.

– Eu agora não posso dar-lhe água, bem sabe.

– Vai dá-la a mim no infinito – e tocando a fronte do médico, disse-lhe:

– Você virá com ela. Espero-o!

– Já vou, senhor! Já vou!...

Quis segui-lo, mas uma montanha de flores interceptou-me o passo. Quando a montanha se descompôs, minha cela ficou tomada de flores. Parecia que brotavam do solo, das paredes, que caíam do teto, e que entravam pelas janelas ao mesmo tempo. Desapareceram todos os objetos da minha vista e nada mais vi, a não ser flores perfumadas belíssimas envolvendo-me.

Eu estava encantada! Não sabia o que comigo se passava. Se já tinha deixado o corpo ou se ele ainda era animado por minha alma. Teria permanecido naquele êxtase por muitas horas, se não tivesse ouvido uma voz que me recordou outro tempo, voz que me fez estremecer, porque me dizia: – Salve-me, minha irmã!...

– Que é isto? – disse o médico como se despertasse de um sonho –, que estou vendo? Que estou ouvindo?

– Estão me chamando.

E ouvi de novo a voz dizer mais angustiada ainda: – Minha irmã! Estou no fundo do abismo há muitos séculos. Venha!

– Vou! Vou, meu irmão!

Abandonei o meu corpo, chegando ao abismo, onde o encontrei. Sentia desejos de lhe dizer: – "Infame! Infame! É na sombra que deve viver!...", mas ouvi uma voz que me alertava: – Cuidado com o que faz! Ai de você se o abandonar! – e desci de novo ao abismo, arrancando-o daquele lugar horrendo, infestado de espinhos.

Ao ver-nos em plena luz, disse-lhe: – Adeus!

– Oh! Não. Não me deixe! Quero seguir com você! Sempre!...

– Isso não pode ser – respondi.

Ouvi, então, a voz do amor dos meus amores, que me dizia: – Acaso a separaram de mim quando resolveu me seguir? Deixe que ele a siga, que aquele que quer ser perdoado necessita primeiro saber perdoar.

113. E os sinos tocaram

Grandes crises determinam sempre um novo roteiro para a existência, e aquela decidiu, praticamente, o meu futuro.

Fiquei completamente transtornada, e isso era visível tanto para o médico quanto para os que me rodeavam.

Minha ajudante, pobre Agueda, perdeu toda a energia e vigor. Chorava sempre e eu lhe dizia carinhosamente:

– Por que está tão triste?

– Porque meus olhos estão mal.

– Vou colocar minhas mãos neles.

O artifício não mais surtia efeito. Minhas mãos já não tinham *virtude*. Nem podiam tê-la; elas pertenciam a um corpo que já não reunia condições vitais. Um dia, perguntei à minha querida companheira:

– Quando eu já estiver morta, que fará?

– Não sei, não sei. Não quero ser madre superiora em nenhum convento, não quero governar ninguém. Prefiro que me governem.

Eu a animava nas minhas horas de lucidez, e ela me dizia:

– Se eu soubesse onde começa a tentação e onde se pode achar forças para resistir a ela, eu lutaria. Mas, ignorando tudo, não tenho coragem para lutar.

Eu me comprazia em despertar aquela inteligência e perguntava-lhe: – Não tem fé em Deus?

– Sim, tenho!... mas não me fale dos mortos. Viva, eu a idolatro, mas morta, não me fale.

– Mas em que crê você, que é uma alma falando? É isso, olhe – e estendi a mão colhendo do espaço uma flor, dizendo-lhe: – Aspire o seu aroma.

Agueda aspirou extasiada aquele perfume. Entusiasmada, disse-me:

– Madre, se o mundo inteiro negasse a sua santidade, eu a proclamaria santa!

– Guarde esta flor em uma caixinha e sempre que se lembrar de mim, olhe para ela, que ela irá embriagar você com sua fragrância penetrante.

Falei-lhe, depois, de Deus, esclarecendo: – Deus não é o pobrezinho Jesus que vemos em uma cruz desconjuntado e vertendo sangue escuro. A Deus ninguém pode crucificar, porque assim os homens seriam mais poderosos que Ele. A única coisa que o homem pode fazer é apresentar a Deus os frutos podres da sua ignorância, mas crucificá-Lo... é o maior dos absurdos. Os homens, na sua pequenez, têm amesquinhado Deus. Deus! Que é o amor imenso... o amor sem limites! O perdão eterno!... Eu ainda não soube perdoar e chamam-me santa!...

– Quer que a ajude a perdoar?

– Minha filha, infelizmente, não há ajuda para isso, porque o perdão é concedido quando a alma adquire a profunda convicção de que não deve querer odiar ninguém. Eu ainda não sei perdoar e ouço uma voz que me diz: "Perdão, minha irmã!..." – e eu o perdoo, mas... não é sincero este perdão. Só meus lábios perdoam, mas não a minha alma.

– Será o diabo a quem não pode perdoar?

– Não, minha filha. O diabo não existe. Ele refere-se a mim como "minha irmã!..." Sei que é meu irmão. Quero perdoá-lo e não consigo. É de enlouquecer!...

Falei muito também com o médico sobre ciência. Minha fluência estava ótima. Parecia que o Espírito Santo falava através de minha boca. O médico extasiava-se ouvindo-me, quando eu lhe disse: – O amor é a harpa do sentimento. Dele nascem todas as harmonias e todos os sacrifícios, mas a ciência diz: "Deus é grande! E a ciência é o idioma de Deus. Ela é um sol para o qual nunca haverá ocaso. A ciência sempre iluminará os mundos e através dela as humanidades conhecerão a sabedoria". Irei longe, muito longe, até encontrá-la, porque sem ela não se vive.

Falei, igualmente, com o meu amigo padre, a quem dizia:

– Quando eu morrer, ficará sossegado.

– Engana-se, madre. Não poderia ficar tranquilo.

– E por que não? É meu herdeiro, o responsável pela minha história, e vai me fazer santa! Quantos milagres serão atribuídos a mim! Mas, fique atento, pois é o responsável por essa grande mentira... E depois, muito mais tarde, será encarregado de restabelecer toda a verdade. Terá que tirar-me a santidade de que nunca fui possuidora e dar-me-á a dignidade, a discrição, o bom-senso que uma religião me negou. E eu vou amá-lo sempre. Fugirá sempre de mim, mas eu o seguirei eternamente, porque eternamente o amarei. Hoje o amo, ao homem e ao padre pelo seu talento, pela sua erudição, pela sua eloquência, porque é um gênio. Pena que a sua inteligência se asfixie sob as abóbadas de um templo!...

O padre chorou, chorou sem ocultar o pranto e eu senti pena dele. Quando o vi mais calmo, continuei dizendo: – Depois de minha morte, você praticará crueldades, porque a nossa Igreja é muito exigente e vai obrigá-lo a mentir vergonhosamente.

Ele voltou a chorar e eu lhe disse: – Por que chora? Sente algum remorso?

Ao ouvir-me procurou serenar-se e disse-me: – Madre, farei tudo o que quiser, depois da sua morte.

– Não minta a uma moribunda. Sabe muito bem que tem de desfigurar os meus feitos. Nisso demonstrará, mais uma vez, o seu talento admirável, e não o meu valor nem as minhas condições de mulher superior.

– Deixe-me ir, madre.

– Vai em boa hora. Antes de morrer, quero fazer-lhe um último presente: uma flor! À segunda superiora já dei a dela e guardo outra para o médico. Para a comunidade deixo o som dos sinos, que tocarão sozinhos.

Meu amigo se foi, cambaleando, como se estivesse ébrio. Confessei-me com Deus, dizendo simplesmente a verdade: que eu não sabia perdoar. Ao terminar minha confissão, ouvi a voz de meu pai: – Você é grande, mas pequena ao mesmo tempo, porque não sabe perdoar.

– Pai, não posso ainda.

– Pois é preciso. Escute e atenda, que convém inteirar-se de tudo o que vou lhe dizer.

E explicou-me toda a existência dos membros da minha família. Insistiu muito no fato de que Benjamim sempre me havia querido muito. Lembrou-me os seus brinquedos, suas travessuras e os seus desvelos por mim. Depois, contou-me toda a história de Jesus muito detalhadamente, até o momento da traição de Judas, e ao chegar a este ponto da sua interessante narrativa, eu lhe disse ofegante: – Tudo! Tudo! Diga-me tudo!... – mas de repente meu pai emudeceu.

– Fale! – disse-lhe com impaciência.

– Não posso, o horizonte fechou-se – e ouvi uma voz muito minha conhecida dizer-me: – Descerre você o horizonte.

Nisto, ouvi a voz do médico, que gritava desesperadamente: – Venham! Venham, que ela está morrendo!

Aquela exclamação fez-me voltar à Terra e vi o médico tão perto de mim, que a sua fronte quase tocava a minha. Li nos seus olhos o casto desejo de dar-me um beijo e disse-lhe: – Beije-me, que é um ato piedoso beijar os mortos.

Ele beijou-me na testa e eu correspondi ao seu beijo com um abraço. Ao abraçá-lo, vi-o envolto numa aura de luz tão resplandecente, que lhe disse: – Também você morrerá em breve!... – ao que ele respondeu:

– Meu Deus! Que sinto? Que vejo? Quanta sombra!

– Você também vê sombras? Quem é?... – e me disse um nome.

Aquele nome levantava uma ponta do véu que encobria o meu passado. Recordava um ser muito querido, o que levou-me a dizer alvoroçada:

– Iremos juntos!

– Sim, iremos juntos, mas você há de levar este também – e vi meu irmão Benjamim, que me dizia:

– De você depende a minha salvação, minha irmã!...

E o médico me disse, assinalando meu irmão: – Eis a ciência que tanto desejava encontrar, e que para procurá-la queria ir tão longe.

– Que tem que ver meu irmão com a ciência?

– Que mais ciência quer do que saber perdoar?

– É que não posso, não posso, não posso levá-lo comigo.

Tudo voltou ao normal e vi o médico firme em seu posto à cabeceira do meu leito. Contava atentamente minhas pulsações. Agradecida pela sua carinhosa dedicação, disse-lhe afetuosamente: – Será para você a minha última flor.

– E terá força para arrancá-la?

– Sim, terei – e ouvi o ressoar de uma gargalhada que me fez tremer.

O médico fez com que trouxessem novos medicamentos. A morte disputava a sua presa com uma tenacidade assombrosa. Pedi que chamassem o meu amigo padre, e ele se apresentou cadavérico. Disse-lhe, então, baixinho: – Recomendo-lhe a minha história. Faça-a o mais racional que puder, eu lhe suplico, eu lhe imploro.

Pobre padre. Nem podia manter-se de pé. Pedi-lhe a mão. Estava gelada. Fiz um esforço e colhi no ar uma pequena florzinha que lhe coloquei na mão direita, dizendo-lhe: – Pegue esta flor.

– Vou conservá-la.

– Não, não vai. Ela murchará quando tiver terminado a minha história.

O médico quis que toda a comunidade me rodeasse o leito, ocasião em que eu disse às minhas companheiras: – Se lhes faltei com alguma coisa, não me odeiem, que o ódio é uma mancha indelével que o espírito conserva durante séculos.

As freiras choravam em silêncio. Não fizeram o menor ruído ao retirar-se. Parecia uma legião de sombras, e isto acabou de entristecer-me. Quis ver os meninos e os velhos. Agueda não concordou, temendo que me comovesse demais e que isso apressasse o desenlace temido por todos. Mas insisti em vê-los, e os velhos e crianças foram entrando na minha cela em grupos de dez. Quantos meninos e velhinhos receberam a minha bênção!... Senti muito cansaço e pedi a presença de Agueda. A ela e ao médico eu disse:

– Sou uma luz que se apaga, mas antes que me apague de todo, quero colher uma flor muito formosa para aquele que tanto tem se desvelado por mim – e ouvi uma voz que me dizia: – Se me perdoa, terá a flor.

– Perdoo você!... – exclamei. E a flor caiu em minha mão. Era belíssima, de cores vivas, em forma de lírio. Dei-a ao médico, dizendo-lhe: – Não sei se tem perfume.

– Sim, e é embriagador.

O que sucedeu então, não posso explicar. Só sei que rugiu um trovão e um raio cruzou o céu. Os relâmpagos sucediam-se uns após outros com rapidez, proporcionando em torno de mim uma luz intensa. Desencadeou-se a mais horrível e ruidosa tempestade e eu ouvia vozes que diziam: "Maldita seja! Já está aqui?..." E outras vozes mais distantes repetiam: "Hosana! Hosana! Seja bem-vinda!... Por que demorou tanto?..."

Mas eu não me detinha a ouvir os insultos nem os louvores. Voava! Voava! Voava com uma ideia fixa, convicta que ia, mesmo sem saber onde terminaria a minha viagem naquele momento. Não podia precisar se ascendia ou se descia. Só pensava em chegar! E cheguei! Cheguei até o fundo do abismo insondável, onde encontrei meu irmão Benjamim cheio de sangue e disse-lhe satisfeita:

– Venho buscá-lo! A flor que você me deu foi o pacto da nossa reconciliação. Não me negou o último desejo que tive na Terra. Deu-me uma flor belíssima, que nunca vi igual!

– Ela foi composta com o sangue dos meus sacrifícios. Por isso eram tão vivas as suas cores.

– Venha comigo.

E abandonamos o abismo, de onde só brotavam espinhos, e encontramo-nos num areal sem flores nem abrolhos. Uma luz intensa permitiu que nos olhássemos tal como éramos. Contemplei meu irmão e disse-lhe: – Você e eu somos dois culpados. Tanto um como outro temos sido miseráveis. Você atraiçoou um homem que eu também havia atraiçoado antes. Ambos fomos traidores em épocas diferentes, ambos escolhemos a mesma vítima para faltar de forma vil ao nosso sagrado dever. Ambos devemos lutar para sermos grandes. Vamos caminhar em direções diferentes, mas sempre que nos despojarmos das nossas vestes carnais, vamos nos reunir. Assim daremos conta um ao outro dos nossos progressos ou, quem sabe, choraremos juntos os nossos desacertos. E se durante o repouso dos nossos corpos necessitarmos um do auxílio do outro, venha a mim que não o rechaçarei, porque entre dois traidores não deve reinar o ódio, mas o desejo veemente de apagar os nossos crimes do passado com os nossos sacrifícios.

Olhei depois a Terra e vi no meu convento uma verdadeira revolução. Minha cela encheu-se de flores e os sinos soaram sem que mãos humanas os tocassem. A Igreja celebrou honras fúnebres suntuosas. Mentiu-se muito e as mentiras se multiplicaram de forma prodigiosa. Enquanto na Terra me elevavam altares, eu me ocupava, no espaço, de estudar a ciência mais difícil: *o saber perdoar*!

Dou por terminadas as *minhas memórias*. Começaram quando meu nome era Íris. Nas omissões que detectarem, julgadas dignas de atenção, estou disposta a dar-lhes as explicações necessárias, porque quero que, antes de tudo, resplandeça a verdade.

O espiritismo está agora dando os seus primeiros passos. Estudem-no. Ao aprofundar-se, ele lhes revelará muitas histórias, pois são muitos os espíritos desejosos de relatar as suas fraquezas, para ensino dos incautos e desilusão dos fanáticos.

Eu também, se for possível, dar-lhes-ei novas instruções, pois meu trabalho ainda não está concluído. Mas para isso é preciso aguardar ocasião propícia. Não há limites no tempo, e o que não se faz numa existência fica para a outra. Contarei amanhã com os mesmos elementos que contei até hoje para continuar o meu trabalho.

Tenho ainda muito que dizer, muito que aconselhar e muito que corrigir no que diz respeito às comunidades religiosas.

Continuem a estudar o espiritismo. Estudem os seus fenômenos, as suas transmissões, os seus pressentimentos, as suas intuições, as suas vidências, tudo quanto nele se encerra de maravilhoso – é a vida em ação –, e só assim chegarão a conhecer a verdade incontestável da grandeza de Deus.

Apêndice

Não há dívida que não se pague nem prazo que não se cumpra, e eu considero quitada a dívida moral que contraí voluntariamente com o espírito de Íris. Dou-lhe este nome, já que ela o recorda ao terminar a sua história e suas instrutivas *Memórias*. Considero-as um bom trabalho de espiritismo, pelo tanto que Íris se ocupa de suas extraordinárias mediunidades.

Ensinar e agradar ao mesmo tempo, eis a grande maneira de escrever. E o espírito de Íris conseguiu isso, logrando despertar o sentimento, avivando a curiosidade e ensejando polêmicas mais ou menos apaixonadas.

É perfeita a sua obra? Bem, nenhuma obra é, pois que passa por mãos humanas. E as comunicações de Íris foram dadas por um médium falante e apressadamente anotadas por mim. Eu escrevia com a rapidez possível, pedindo a Íris sua cooperação, a fim de que pudesse copiar e detalhar mais tarde as notas escritas durante as sessões.

Estas múltiplas transmissões não deveriam permitir erros. Mas se são feitos involuntariamente, são considerados erros? Dizia Cervantes que as obras traduzidas pareciam-lhe tapetes de flandres virados do avesso. Esta mesma teoria pode aplicar-se aos trabalhos mediúnicos, não direi em sua totalidade, porque há obras belíssimas dadas pelos espíritos. Mas reconheço que nas *Memórias de Íris* falta unidade em muitos dos seus episódios, o que não é de se estranhar, porque começaram a ser ditadas em 18 de fevereiro de 1897, sendo concluídas em 23 de novembro de 1899.

Durante esse período, tivemos que interromper por três vezes as sessões mediúnicas por vários motivos. Embora levando em conta que o espírito expusesse com clareza os fatos da sua história, os dois médiuns, que recebíamos a sua inspiração, estaríamos sempre em boas condições para recebê-las? Não, porque tínhamos estado doentes, e o espírito, mais prudente que nós, demonstrava sempre que era muito grato pela nossa boa vontade, mas que era conveniente esperar.

Eu bem compreendia que lhe sobrava razão, mas tinha tanto desejo de saber o final das suas lutas e dos seus sofrimentos... e eram tantos os espiritistas que continuamente me perguntavam pelas *Memórias de um Espírito*, que eu retirava forças da minha fraqueza. Na verdade, eu me sentia mais forte, escutando o médium falante, e copiando, da melhor forma, o que ele dizia.

Mas não são esses os melhores meios para se produzir trabalhos literários. Por isso, esta obra está longe de ser perfeita, aspiração que, sem dúvida, não tivemos nem eu nem Íris. Caso contrário, o espírito teria procurado outros intérpretes de seus pensamentos. Ela foi bem clara: bastava-lhe a nossa boa vontade para demonstrar quanto é fácil cair no abismo do crime e quanto é difícil ascender até onde paira a virtude, a abnegação e o sacrifício.

A síntese do trabalho de Íris é esta: ai daquele que cai, gozando na sua queda, porque para ele *será o estalar de ossos e o ranger de dentes*. Como, infelizmente, são muitos os que gozam o prazer deletério do crime, é preciso proclamar em altos brados e apresentar exemplos para se demonstrar que, na vida eterna do espírito, o criminoso condena-se a si próprio a trabalhos forçados, às vezes, por milhares e milhares de séculos.

Quanto às religiões, todo aquele que tem bom-senso compreende que elas têm sido em todos os tempos uma paródia da verdadeira e sacrossanta religião: o amor à humanidade. Não há melhor religião que a de uma consciência honrada. Os deveres religiosos do homem são estes: o *resistir*, o *reformar* e o *adquirir*. Resistir aos embates da vida, reformar nossos costumes e adquirir novos conhecimentos que levem a compreender a grandeza de Deus, que se irradia na natureza. Íris usou destes ensinamentos racionais tão acertadamente, que pôde destruir os céus, os infernos e desmascarar os santos. Demonstrou que os milagres não são outra coisa senão a manifestação de leis desconhecidas pelo vulgo. Deu aos espíritas lições altamente proveitosas. Sua última desencarnação é assunto para aprofundado estudo para todos aqueles que pensam que, ao deixar a Terra, encontram-se logo com os espíritos superiores, seguindo com eles por esses mundos de Deus. Não basta crer na pluralidade dos mundos e das existências.

Há muito que estudar nas *Memórias de um Espírito*. Felizes daqueles que, ao estudá-las, assimilem o quanto é fácil cair... e como é difícil levantar!... Como se resvala pela ladeira do crime!... Como é árdua e sacrificial a subida da transformação moral!... Senhor! Como é ruim ser mau!... Grande Deus! Como é bom ser bom!...

Em 23 de novembro de 1899 escrevi o princípio deste Apêndice. Decorreram de lá para cá cerca de cinco anos. Ao ler novamente as *Memórias de um Espírito*, chego à conclusão que devo ampliar as minhas considerações sobre a obra mediúnica que escrevemos juntos, o médium falante do Centro Espírita "La Buena Nova" e eu.

É preciso saber ler as *Memórias de um Espírito*. É preciso procurar nelas não o que *dizem precisamente*, mas o que *querem dizer*. Tudo o que se refere aos fenômenos produzidos pelas mediunidades de Íris são fatos verídicos, frequentes em nossos dias, em que nos deparamos com médiuns que materializam flores, plantas e aves; em que se obtêm comunicações nas quais os médiuns não empregam nem o lápis nem a pena, mas em que se ouve o lápis correr entre duas placas de pedra convenientemente amarradas. E o espírito responde, deste modo, a perguntas mentais que lhe são feitas, ou a perguntas escritas lacradas, sobre as quais nenhum participante da sessão tinha conhecimento prévio. Temos conhecimento de espíritos que se deixam fotografar e que se materializam a ponto de falar e apertar a mão das pessoas presentes. São casos que não deixam a menor dúvida à família desses seres de além-túmulo, pois eles viram e falaram com eles. E a ciência afirma e demonstra, com provas e experimentações científicas, que é no além-túmulo que se desenvolve a verdadeira vida, a vida da alma com as suas lembranças inapagáveis, com os seus amores profundos e com os seus ódios violentos. Tudo a que se refere as *Memórias de Íris*, seu poder magnético, sua força de vontade, as diversas mediunidades que possuía, tudo pode ser considerado como artigo de fé, por estar em relação direta com as leis naturais da vida. Tais leis não deixam de existir pelo simples fato de serem ignoradas ou negadas. No entanto, elas funcionam por meio de seres aquinhoados de condições especiais para esse fim, produzindo fenômenos que não são outra coisa senão a manifestação de forças desconhecidas pela maioria das pessoas. São energias ocultas que agem ativamente quando encontram quem as acione.

Na noite dos tempos, quando não se conhecia ainda outra luz que afugentasse as trevas, a não ser os archotes à base de resina, se fosse possível fazer uso da eletricidade como em nossos dias e lâmpadas de grande potência tivessem iluminado os bosques, que assombro não se teria produzido?!... Que espanto não teriam sentido os que julgavam que não poderia haver outra luz senão a que eles usavam?... E, não obstante, já existiam na Terra todos os componentes necessários para produzir luz, o que só aconteceu muitos séculos depois.

Cada mundo é um laboratório que possui todos os elementos para experimentos científicos, e os obreiros vão chegando sempre, à medida que a sua presença se faz necessária. Íris chegou à Terra, em sua última encarnação, numa época de fanatismo religioso muito acentuado. Assim, esse fanatismo não constituiu obstáculo a que, à sombra da religião do Crucificado, fossem cometidas grandes infâmias, que se atormentasse sem piedade os livres-pensadores. E uns, por temor, outros, amedrontados pela tirania clerical, abdicavam de sua vontade, transformando-se em mansos cordeiros, como única forma de direito à vida e de poder viver tranquilos, longe das fogueiras do Santo Ofício.

O soberano das três coroas reinava absoluto. A mitra do Santo Padre era o ímã de todos os olhares. As comunidades religiosas eram numerosos rebanhos de cordeiros humildes, onde não faltavam lobos disfarçados com pele de ovelha. Estes, quando não viam satisfeitos os seus desejos impuros, ou a sua ânsia de dominar, levantavam falsos testemunhos contra os desobedientes. E assim enchiam-se os cárceres religiosos de um sem-número de infelizes que morriam vítimas dos seus delatores.

O medo da morte levava a muitos desacertos, e as mulheres prostituíam-se para obter a graça da vida, fosse do modo que fosse; umas, nas celas dos mosteiros, outras, nos seus lares. A questão era viver, libertar-se dos autos-de-fé.

A hipocrisia se assenhoreava das nações onde imperava o poder de Roma. E foi na Espanha fanática de então que nasceu Íris. Era o país onde devia pagar uma de suas dívidas do passado. É inegável que a sua escolha foi acertada. Demonstrou ser talentosa ao encarnar num país infestado pela peste religiosa. Provou ser um espírito adiantadíssimo, pois pelo muito que tinha pecado, tinha grande bagagem espiritual. Sabia, por experiência, que não há mais que um Deus, cuja lei é o amor universal. Sabia que, se por um lado as religiões, ao darem os seus primeiros passos, incutiram moral aos povos, depois os seus sacerdotes foram vencidos pela lascívia, dominados pela ambição de bens materiais. Então, em nome de Deus, crimes horríveis foram praticados, enchendo os povos de espanto.

E quando se chega ao auge da degradação, quando as crenças religiosas, em vez de levantarem o espírito da sua prostração, envolvem-no e afundam-no no vício, quando se ressente da falta de reformadores, estes chegam.

Por isso chegou Íris, com sua clara inteligência, com seu amor à verdade, com sua adoração a Cristo, com as suas maravilhosas mediunidades, com sua vontade inquebrantável, com seu culto à justiça divina, com seu maternal desvelo pelos deserdados, com suas múltiplas energias, para não esmorecer ante a infâmia dos grandes e a ingratidão dos pequenos. E para cumprir com a sua grande missão, para regenerar-se e regenerar os demais, era necessário que encontrasse em si própria qualidades excepcionais, condições especialíssimas para produzir os fenômenos que produzia. Despertava então a admiração de todos, dando-lhes a convicção íntima, a certeza inabalável e lógica da continuação da vida, com seus ódios, seus amores, seus desejos, com suas esperanças, seus desalentos. Era necessário que se convencesse de que a morte não é mais do que uma cortina que cai no cenário da vida, uma troca de decoração e nada mais; que tanto no *além*, como *aqui*, odeia-se e ama-se; que no *além*, como *aqui*, o espírito trabalha para o seu progresso ou para o seu estacionamento, de acordo com suas aptidões, com a sua vontade e com o desenvolvimento da sua inteligência.

Aquele que duvida não pode impor-se aos demais. É preciso crer para fazer crer aos outros. Por isso Íris trabalhou com tanto aproveitamento. Ela acreditava na sobrevivência da alma e em seu progresso sem-fim, e acreditava porque achava em si mesma motivos para crer. Como não crer? Como não aceitar aliados do outro mundo, quando produzia verdadeiros milagres (com o perdão da palavra), tão somente com sua vontade?

E ainda que ela desconhecesse muitas leis que regulavam os fenômenos que ocorriam por seu intermédio, tinha o discernimento suficiente para não admitir o poder das influências diabólicas. Sua lucidez dizia-lhe que no Universo não há poder maior que o de Deus e de suas leis eternas, leis emanadas da Sua sabedoria, justas e imutáveis, leis que são a base indestrutível de todas as ciências, auxiliares incansáveis de todos os sábios que fazem descobertas importantes nas entranhas da terra, nos fundos dos mares e na imensidão dos céus.

E tudo isto, a que obedece? À grandeza de Deus, à perfeição de Sua obra. O homem não precisa mais que querer, para encontrar tudo quanto sonhe em sua fantasia. Íris estava certa de que uma só força atuava no Universo – a onipotente vontade de Deus.

Amava a Deus porque em si mesma achava algo divino que emanava d'Ele, e como O *via* tão de perto, acreditava no seu poder e no seu amor superior a todos os amores. Por isso Íris foi, na sua esfera de ação, uma verdadeira reformadora dos costumes religiosos e, como tal, sofreu a perseguição, em função de sua obra meritória.

Ora vejam! Dizer a verdade onde imperava a mentira! Arrancar a máscara dos perversos inquisidores! Derrubar os ídolos e adorar a um só Deus!... Criar asilos para os pobres, em vez de levantar suntuosas catedrais!... Por muito menos os racionalistas eram levados à fogueira! Em meio a tudo isso, muita sorte teve Íris de morrer em seu leito, rodeada de pessoas amigas e carinhosas que, embora não compreendessem o que ela era – pois tão depressa a criam iluminada pelo Espírito Santo, como possuída pelo próprio Satanás –, viam nela o que não viam em mais ninguém. E como tudo que é *sobrenatural* atrai, para o povo daquela época, Íris ou era uma santa, ou uma bruxa, ou uma endemoniada. De qualquer forma, era um ser excepcional que inspirava curiosidade, interesse, medo, algo diferente do que inspiravam as pessoas comuns. O certo é que houve mãos piedosas que lhe cerraram os olhos, que flores cobriram seus restos, que a Igreja católica elevou a ela suas preces, e a fez *santa* mais tarde, atribuindo-lhe todos os milagres acontecidos e por acontecer. E, na realidade, ela não foi mais que um espírito de história longa, culpado em muitas existências, que à custa de muito sofrimento decidiu corrigir seus erros, ao empregar todas as suas energias para se engrandecer, como antes as havia empregado para se degradar.

Na minha opinião, as *Memórias de Íris* trazem grandes ensinamentos para nós, que nos dedicamos ao estudo do espiritismo, e para os que continuam a crer na utilidade das comunidades religiosas para as pessoas.

A vida de Íris, fundadora e reformadora das ordens e associações religiosas, é digna de estudo para que nos convençamos de que as religiões não querem viver na luz, mas na sombra. São as toupeiras de todos os tempos, que trabalham sempre debaixo da terra e, acostumadas à escuridão, não podem encarar a luz. Por isso Íris foi vítima dos cegos que a rodeavam, que não podiam compreendê-la o bastante para amá-la, mas somente o suficiente para invejar sua grandeza e a elevação de sua alma.

Os espíritos superiores sempre foram um estorvo entre os miseráveis, porque com suas relevantes virtudes põem a descoberto a inferioridade dos seres degradados. E, por mais envilecido que esteja um homem, ele não quer que os outros conheçam as suas misérias. Íris era um espírito que primava pelo seu amor ao bem, pela retidão, pelos seus hábitos de justiça, pelo profundo conhecimento que tinha das leis de Deus, leis que ela praticava com o maior entusiasmo, porque via nelas tudo de grande, de bom, de sublime que pode reinar, não somente na Terra, mas em todos os mundos que giram no éter, porque só há uma lei – o amor universal. E nos mundos mais felizes, a felicidade dos seus habitantes está calcada no amor mútuo. E a prova, a temos na Terra.

Qual é o ser que mais ama neste planeta? A mãe. A mãe, embora reconheça os defeitos dos seus filhos, oculta-os cuidadosamente. E se eles chegam a ser criminosos, muitas mães têm se declarado culpadas para salvá-los do cadafalso. No lar onde reina o amor de mãe, ainda que a desgraça estenda as suas asas negras, há sempre momentos de relativa tranquilidade. E se isto se dá no palco terreno, onde a maioria das famílias é composta de inimigos irreconciliáveis, que se unem para extinguir antigos ódios e começar o difícil ensaio de querer-se reciprocamente; se em meio a tantos espinhos o amor das mães faz brotar algumas flores, o que não sucederá nos mundos onde não se conhece inimizade, ciúme, inveja, rancor, nem nenhuma das más paixões que se agitam na Terra?! Devem ser verdadeiros paraísos, oásis encantadores, onde as virtudes de todos os seus habitantes são a melhor garantia do seu progresso e da sua felicidade.

Íris, com a sua dupla vista, com a sua profunda experiência adquirida em muitas encarnações, pressentia, adivinhava, ou melhor dizendo, *via claramente* a vida do amanhã, vida de paz, de amor, de inalterável felicidade, vida que, para se desfrutar, basta cumprir a lei de Deus. Por isso, ela a cumpria. Sabia o que a esperava depois. Na vida eterna e no progresso sem limites do espírito, os prazos são muito longos e os séculos são menos que segundos no relógio da eternidade. Mas que importa? "Não há dívida que não se pague nem prazo que não se cumpra." Por conseguinte, quando o espírito se despoja completamente do seu maculado envoltório carnal, ainda que conte muitos séculos de existência, é como uma criança que acaba de nascer, porque, se pode contar os séculos que já viveu, não pode contar os que ainda viverá – veio do infinito e para o infinito vai. Ele não sabe ao certo em que época começou a sentir, como não saberá jamais quando a luz da esperança deixará de brilhar em sua mente, nem quando a voz da consciência deixará de vibrar em seu pensamento.

O espírito adiantado, aquele que sabe empregar bem o seu tempo, sabe unicamente que viverá para sempre. Íris sabia disto. Por isso empregou tão bem a sua existência e soube resistir às emboscadas e às traições de seus inimigos, que tinham que atormentá-la, porque não há redentor que não crucifiquem. Tanto mais se esse redentor se ocupar de assuntos religiosos, porque as religiões, todas elas, julgam-se com direitos indisputáveis de escravizar os povos, apoderando-se dos homens desde o berço e só os deixando livres do seu assédio depois de enterrarem os seus restos.

Os religiosos têm sido tão veementes no exercício do poder e da tirania, têm empregado recursos tão baixos para ocultar a luz da verdade, que se todos os seus esforços tivessem sido empregados na prática da lei de Deus, a Terra seria, há muitos séculos, uma das melhores oficinas do Universo. Seria um campo vasto para se estudar a grandeza de Deus na natureza, e os bons, os humildes, os limpos de coração achariam nela verdadeiros caudais de amor com que saciar a sua sede de infinito.

Íris sabia de tudo isto e conhecia quanto eram perniciosos os ensinos das religiões. Sabia também que aquele que conhece a verdade tem o dever de propagá-la a todos, e cumpriu religiosamente sua missão pelas palavras e pelos atos. Ela bem sabia que era tida por feiticeira, por bruxa, por endemoniada, por fazer coisas que os demais não podiam fazer. Com a simples imposição de suas mãos curava os leprosos, devolvia a vista aos cegos, e fazia andar os paralíticos. Mas ela fazia o bem pelo próprio bem, sem se inquietar com as tribulações que sobre si por certo cairiam! Que grande alma a sua! Altruísmo verdadeiro! Que coragem a sua, de encarnar num país tão fanatizado como a Espanha!

Como foram firmes os seus propósitos de emenda!...

A Igreja canonizou-a. Se, a bem da verdade, o heroísmo pode ser classificado de santidade, ela então foi santa! Foi, porque soube resistir a todos os ataques de seus inimigos, fazendo-os compreender as responsabilidades para com o futuro.

Lutou valorosamente com suas paixões, porque era uma mulher de carne e osso como as demais, mas amava Jesus com toda a sua alma. Seu corpo era do mesmo barro com que são formados todos os seres terrenos e sonhava com o amor de um homem e com os beijos enternecidos de criaturas que fossem carne de sua carne, ossos de seus ossos, encarnando em suas entranhas.

Íris não era uma histérica, não era uma mulher enferma e desequilibrada. Teria sido uma esposa modelo e uma excelente mãe de família se a religião não a tivesse obrigado a ser mãe sem filhos e esposa sem marido.

Ela sofreu realmente o tormento de Tântalo. Via-se amada e tinha que repelir a água da vida. Soube unir tantas famílias com seus bons conselhos e ela mesma teve que viver intimamente só, rodeada de seres invejosos, que não lhe perdoavam a elevação moral e intelectual. E só depois de morta, quando já não lhes podia mais fazer sombra, é que eles reconheceram a sua grandeza, sem saber que se engrandeciam a si mesmos com isso. Então, não regatearam elogios. Foi considerada mãe dos aflitos. Rendeu-se a ela tributo de admiração aos seus projetos de reforma religiosa e restituiu-se a ela uma mínima parte do muito que lhe haviam usurpado dos bens espirituais. Já não era bruxa, nem feiticeira, nem endemoniada – passou a santa milagrosa. E a Igreja mentiu então como sempre, porque Íris não foi santa, como não tinha sido feiticeira, mas uma médium admirável, uma enviada do infinito para dar luz a algumas inteligências, aplainando o caminho aos espiritistas do futuro. Seu poder magnético fez prodígios. A potência da sua vontade atraiu inúmeros espíritos que por ela se manifestaram na forma de flores, de focos luminosos, de nuvens coloridas, de figuras angélicas ou aterradoras, segundo o grau dos seres espirituais que a rodeavam, porque os médiuns bastante desenvolvidos tropeçam em muitos inconvenientes. Nem tudo são glórias para eles. Há também escolhos, e perigosíssimos, porque, como não há neste mundo quem não tenha inimigos, seja perto ou longe, Íris os tinha, o que era muito natural, visto que havia vivido muito, nem sempre empregando o tempo em obras de misericórdia. Mesmo que houvesse empregado, basta revelar-se superior aos demais em seus propósitos, para despertar a inveja ou o ciúme. Só as inteligências medianas, só os indivíduos insignificantes é que se veem livres da malevolência dos invejosos. Como ela tinha carisma, quando resolveu ser boa, foi até o heroísmo. Foi, por isso, o alvo de todos os invejosos, não só encarnados, como desencarnados.

Os companheiros de outrora não queriam soltar sua presa. Acreditavam que ela devia lhes pertencer por todo o sempre, e por isso constantemente cercavam-na, tentando aterrorizá-la, simulando raios e trovões. Enquanto isso, seus inimigos mais próximos, enciumados com sua elevação moral e intelectual, faziam dela alvo das calúnias mais cruéis. Como ela não se intimidava, como não esmorecia ante a luta, e quanto mais obstáculos encontrava no caminho, mais firme, mais enérgica e mais potente era a sua vontade, sua vida teria se transformado num verdadeiro inferno, se não estivesse tão rodeada de espíritos superiores. Se não fossem eles... pobre Íris! Todos os seus bons propósitos de reabilitação teriam sido como fogo-fátuo que brilha por um momento sobre os sarcófagos dos mortos, qual bolhas de sabão que se desfazem ao mais leve sopro da brisa.

Os bons trabalhadores, porém, nunca estão sós. Isso porque a sua atividade, a sua perseverança, o seu afã de progredir atrai os trabalhadores do espaço. As almas dispostas ao sacrifício, à abnegação sem limites, ao verdadeiro heroísmo encontram sempre quem as ajude a conduzir a sua cruz. Por isso, Íris nunca esteve só. E nos momentos mais críticos da sua atribulada existência, sempre via o amado da sua alma. E como não havia de vê-lo? Se levava-o fotografado em sua imaginação, se vivia nele, se era ele a sua glória e a sua esperança, e era preciso não esquecer a sua infâmia do passado, para não fraquejar em seu empenho de purificar-se e engrandecer-se.

Soube, em verdade, desincumbir-se de sua tarefa. Lutou heroicamente com o obscurantismo da sua época, com o fanatismo religioso, que é o pior de todos os fanatismos. Apesar de tudo, ante a eterna vida do espírito, sua existência de religiosa, com suas angústias e desilusões, com suas perseguições e martírios, não pôde fazer pender o prato da balança, onde se pesam eternamente as obras boas e más dos espíritos. Íris, ao deixar a Terra, encontrou-se num areal onde não brotava uma flor. Ela mesma se refere a isso, quando relata seu mergulho no abismo, no resgate a Benjamim. "*...eu me ocupava, no espaço, de estudar a ciência mais difícil, o saber perdoar!*"

A volta de Íris à erraticidade encerra tão profundos ensinos que não encontro palavras para ressaltar o seu real valor.

Os espíritas, especialmente, são os que mais devem fixar-se nela, porque são muitos os que creem que, com uma só existência consagrada ao bem, apagam todas as manchas dos débitos contraídos anteriormente, e que ao deixarem a Terra saem ao seu encontro anjos e serafins, entoando cânticos celestiais. Os que assim pensam estão em erro, mas como é um erro muito agradável, evita-se analisá-lo, porque a lógica e o senso comum parece que são inimigos irreconciliáveis da humanidade, que tem todo o empenho em se alimentar de sofismas e mentiras.

Pouco se estuda o espiritismo. A maioria dos chamados espíritas creem que os espíritos existem porque fazem as mesas dançar, porque há obsedados que gritam e vociferam em idiomas que não são os seus, porque mudam os móveis de lugar sem que ninguém lhes toque. Reconhecem a existência de forças ocultas e com isso contam ter paz aqui e depois... glória. Em bem da verdade, o espiritismo merece um estudo mais profundo e meditado. E a isso nos convidam as *Memórias de Íris*, narração interessante que *ensina deleitando*, porque descreve com riqueza de detalhes a luta de um espírito ávido de progresso e de verdade. Espírito corajoso, para quem a palavra *impossível* não existe. Se existisse tal palavra, se Deus houvesse dito a um homem *daí não passará*, ficaria o lugar onde os pés humanos não pudessem chegar, ou ficaria o homem ignorando o que devia saber.

Na minha opinião, Íris fez um grande serviço à causa espírita, ao relatar alguns fatos da sua longa e acidentada história. Demonstrou que, por muito que se lute, que se trabalhe e se esforce para exaltar um credo religioso, filosófico ou político-social, se o propagandista tem em sua folha de serviços algumas notas desfavoráveis, não entrará no reino dos céus ao deixar a Terra. Isso fica para as religiões que, com um minuto de contrição e um *eu pequei* cheio de lágrimas e de lamúrias, já é o suficiente para se sentar à direita de Deus Pai, pois dizem muito formalmente que quanto maior é a ofensa, maior é o que perdoa.

Palavras e palavras, nada mais! A verdade e a justiça medem o tempo de outra forma e penetram mais a fundo na consciência do homem.

É muito bom trabalhar na moralização dos costumes. É muito bom aconselhar o esquecimento das ofensas. Mas se aquele que aconselha se lembrar a todo instante das que tem recebido, ao chegar ao espaço vai encontrar-se num areal *sem flores nem abrolhos*, mas inundado de uma luz vivíssima que o faz ver-se tal como é, como aconteceu a Íris.

Aqui, enganamo-nos uns aos outros facilmente, e até nos enganamos a nós mesmos. Acontece conosco como aos embusteiros de profissão, que chegam a crer que dizem a verdade, pronunciando um amontoado de mentiras. Mas *lá* a coisa é diferente; *lá* os pensamentos mais recônditos são postos a descoberto. *Lá* não se mente. A mentira não cria raízes fora da Terra.

Aconselho os espíritas a estudarem as *Memórias de um Espírito* e enfatizo que é preciso ler nas entrelinhas. Lidas como se fossem uma novela – num rápido passar de olhos –, parecerá uma história mais ou menos interessante. Mas, fixando-se no que querem dizer as metáforas, encontram-se profundos ensinos sobre a sobrevivência da alma, com seus vícios e paixões, com seus ódios e simpatias, com suas crenças religiosas, com seu dissolvente panteísmo e seu ateísmo sem esperança.

Nas suas páginas o aflito encontra consolo para suas dores, o indolente desperta do seu letargo e trabalha para a sua regeneração, o culpado recobra novas forças ao ver que no universo não há portas fechadas para os homens de boa vontade. Percebe-se que com o trabalho e a água dos tempos limpam-se todas as manchas de crimes, e que os espíritos mais enfermos recobram a sua saúde moral, perdoando e esquecendo as ofensas. Enquanto o espírito se lembrar do nome de quem o ofendeu, embora pense que é muito adiantado, perfeito, pela sua religiosidade ou pelos seus conhecimentos científicos, rolará de mundo em mundo como o *judeu errante* da lenda, sem encontrar uma pedra onde reclinar a cabeça. A lembrança das ofensas é semelhante ao ódio, e é preciso arrancar pela raiz semente tão maléfica.

Ao nos entregarmos à oração – pois não há espírito que não ore, cada qual a seu modo –, se nos assalta a lembrança do mal recebido, não prossigamos orando. Nossa oração será um conjunto de palavras sem sentido. Não profanemos a linguagem da prece. Para dirigirmos nossa súplica a Deus, temos que estar na condição de crianças, *limpos de coração*, o que, realmente, é muito difícil, porque parece mentira, mas é verdade, que a memória é um álbum de nossas lembranças mais remotas.

Na luta da vida, o homem costuma esquecer o que fez na hora anterior, mas lembra-se perfeitamente de tudo o que lhe aconteceu na infância. E se são lembrados fatos insignificantes, com muito mais razão vão ser recordados os agravos recebidos. E isso faz tanto mal!... Fere-se com isso cruelmente os nossos corações!...

E não somente sentimos as feridas que nos causam dano diretamente, mas também as que atingem nossos amigos. Nosso primeiro impulso, ao sentir que os nossos companheiros mais queridos foram magoados, é de exterminar os culpados para que não causem mais vítimas com o seu iníquo proceder.

Diz um antigo provérbio: *não coma com o seu inimigo*, isto é, não trate nada com ele, não esteja em contato com ele. Em outras palavras, não se chegue demais ao fogo, que pode se queimar, nem empreenda viagem quando estiver nevando, que pode escorregar e cair. São os conselhos dos homens experimentados que têm naufragado no mar agitado da vida. Só que esses homens desconheciam, sem dúvida, a sobrevivência da alma e a continuação da sua história. Referiam-se, tão somente, a uma só existência, acreditando que o túmulo seria o término de todos os anseios e contratempos. Mas não é assim. A alma continua em sua peregrinação eterna. As encarnações ligam-se umas às outras porque assim o exige a história de cada espírito. São muito frequentes os casos de diversos indivíduos, que anteriormente formavam uma só família, voltarem a viver juntos sob o mesmo teto. Na nova família mudam unicamente os papéis e o sexo, pois é sabido que a mãe autoritária do passado costuma voltar convertida em filha submissa e obediente. E assim, sucessivamente, vão os espíritos aprendendo, na prática da vida, a ser prudentes, honrados, respeitadores, a não desejar bens alheios e a contentar-se com o que lhes coube possuir por merecimento.

E não só encarnam juntos os espíritos que repetidas vezes formaram a mesma família. Às vezes, o próprio inimigo implacável, qual lobo faminto, busca o rebanho das suas vítimas e entre elas encarna, desta vez para começarem juntos o difícil trabalho de reabilitação – unir, por meio do amor, a vítima e o verdugo.

As famílias constituídas por inimigos implacáveis, em processo de reconciliação, abundam tanto na Terra, que é impossível contabilizar. Tanto nos palácios dos césares, como nas mais humildes choças dos escravos, desencadeiam-se as mais horríveis tempestades. O ódio de uns choca-se com a indignação de outros e não raro há pais que matam os filhos, e estes, deixando-se levar por seus instintos perversos, matam seus pais.

Tais cenas nos levam a dizer: – "Que horror! Que infâmia! Romper assim os laços de sangue!..."

Palavras vãs. O que une os seres são os laços do espírito. Estes, sim, nunca se desfazem. Os da carne se desfazem com a maior facilidade; basta visitar os *armazéns de criança*, como denominava Eusébio Blasco as casas de maternidade. Os infelizes internos lá são órfãos antes de nascerem, filhos da luxúria, do vício, da prostituição, sem que o amor espiritual os tenha envolvido por um só momento.

O mais difícil ao espírito é esquecer as ofensas que recebe e, consequentemente, perdoá-las. E em todas as comunicações dos bons espíritos, em todas as obras que servem de base ao espiritismo, quando se fala de adiantamento e de progresso dos seres terrenos, todos os escritores, quer encarnados, quer desencarnados, dizem o mesmo: – *Sem o perdão das ofensas não se pode escalar os céus; é preciso não querer mal aos nossos inimigos, e mais ainda: é preciso amá-los*.

– Impossível!... Impossível!... – dizemos nós que temos, ao menos, a virtude da franqueza. Nem todos vêm para ser Cristos neste mundo.

– Pois é para isso que vêm – dizem-nos os bons espíritos. Jesus teria vindo para quê? Para ensinar-lhes o caminho que devem seguir, através do seu exemplo. Sua missão não foi outra senão demonstrar-lhes, com fatos, a virtuosidade das suas palavras, porque se as palavras não forem acompanhadas das obras, de nada servem; são como a chuva fora de época que não traz benefício aos campos.

A que atribuem o prestígio de todas as religiões? É que a maioria dos seus sacerdotes dizem desavergonhadamente: *façam o que eu digo, mas não façam o que eu faço*, pois não há homem que não seja falível e que esteja livre de cair em tentação.

Vãos subterfúgios!... Se quisermos realmente afastar a tentação, nós conseguimos. A questão está em querer isso. Deus não nos criou para sermos eternamente joguetes das nossas paixões. Por isso, deu-nos o tempo infinito para educarmo-nos, instruirmo-nos, fortalecermo-nos e regenerarmo-nos.

O que muito vale muito custa, diz um antigo adágio. E é uma grande verdade. Por isso nos custa tanto esquecer as ofensas e amar os que nos ferem. Já é hora de reconhecermos que não temos outro caminho a seguir senão o do esquecimento e do perdão, se quisermos assegurar a nossa felicidade futura, se não quisermos estar continuamente expostos a que lobos em pele de ovelhas nos peçam hospitalidade, convertendo nosso lar num inferno.

Nós, que conhecemos o espiritismo, temos que fugir desse perigo. Não há nada pior do que odiarmos um dos nossos filhos ou nosso pai, convertendo-nos, às vezes, em um novo Caim, assassinando o nosso irmão, mesmo sem fazermos uso do punhal homicida. Há muitos modos de matar. Há olhares que matam como o raio, palavras ditas com tanto rancor, que produzem a loucura ao infeliz que as escuta. E é preciso evitar que se formem famílias de inimigos, pois desta desgraça ninguém nos pode livrar, a não ser nós mesmos com os nossos próprios esforços. Ainda que a cada dia viesse à Terra um redentor para sacrificar-se pela humanidade, os que guardassem no fundo de seus corações um átomo sequer de ódio ao seu inimigo, esses não se salvariam. Para eles seria nulo o sacrifício dos redentores.

Isto é muito triste, desconsolador, se preferirem, porque há pessoas que esperam tudo dos outros, mas esperam em vão. Os redentores apontam o caminho que os pecadores devem seguir, nem mais nem menos. E o pecador anda, corre, voa, ou detém-se em meio à jornada, fazendo uso da sua vontade. A verdade inconteste é que ele tem de progredir, embora sem prazo fixo para tal. Pode empregar todo o tempo que necessitar sua atividade ou sua indolência. Mas a redenção será obra de si próprio, e assim deve ser, porque ninguém transporta senão a carga que lhe pertence. É impossível libertar-se de seu fardo aquele que acrescentou peso no crime e na iniquidade.

Por isto, o estudo do espiritismo é rechaçado por muitos, particularmente pelos que se julgam grandes pelo seu conhecimento ou por suas aparentes virtudes, dos quais é preciso dizer:

O Senhor D. João de Robles
fundou este santo hospital.
(mas antes fez os pobres)

Todos aqueles que se habituaram a ser tidos como *celebridades* não querem relações com os espíritos. Isso é até natural, porque ninguém que se julga rico quer se convencer de que é pobre. E os espíritos são hábeis para desmascarar os impostores, ainda que usem trajes de brocado, mantos de púrpura orlados de arminho, e cinjam as cabeças com coroas douradas. Dizem, quando é o caso, das sombras que há em seu passado e das tribulações que lhes reserva o futuro. Quem há de gostar?

Mas como a verdade se impõe e o espiritismo é a verdade, e como as manifestações dos espíritos são inegáveis, percebe-se que já soou a hora do relógio dos tempos, assinalando o momento solene da comunicação entre os *mortos* e os *vivos*. Os primeiros deram o grito de alerta e os segundos tiveram de ouvir, infelizmente, o toque de chamada, surgindo, inevitavelmente, os centros espíritas. E muitos pesquisadores têm se dedicado ao estudo dos fenômenos espíritas. Uns negando a existência dos espíritos, outros fotografando-os, tudo resulta na constatação final de que os *mortos* falam com os *vivos* e seus diálogos não são breves – podem durar anos inteiros. Prova disso são as *Memórias de Íris*, nas quais um espírito *pequeno* no passado, e *grande* hoje, relata uma parte da sua vida acidentada em luta com desencontrados sentimentos, lembranças sombrias e esperanças luminosas, firmes propósitos de emendas e desfalecimentos e desilusões de pecador reincidente. Coroando a sua vasta experiência, uma desencarnação gloriosa e um despertar sem ódios nem rancores.

Viu a luz do *dia do infinito* e, apesar de ter feito tantos prodígios e de haver assombrado o mundo com suas curas milagrosas, de ter escrito inspirada pelo *Espírito Santo* e de haver sido admirada por tantos, pelo seu talento sem rival, por suas excepcionais virtudes, por ter dado um novo rumo à nave da Igreja, por ter sido a reformadora das congregações religiosas... Apesar de tanto saber e de ser, parecendo uma alma *privilegiada*, ao chegar ao espaço, qual não foi sua surpresa ao ver que ainda tinha que estudar a ciência mais difícil de se aprender – a de *saber perdoar*!

Estudemos o espiritismo, a ciência da vida, porque o espiritismo é a verdade.

Amalia Domingo y Soler, 1904.

Yvonne Pereira

Uma heroína silenciosa

Leia também está biografia tecida com os fios do sentimento, registrando eloquentes lições de amor de quem superou as intempéries do destino, sublimando-o, e não sucumbiu frente às asparezas de uma estrada umedecida pelo limo do sofrimento. Lições de um amor vitorioso, heróico, que venceu séculos de descaminho, registrando na Terra a mensagem celestial.

Pelos caminhos da mediunidade serena

Yvonne Pereira

Entrevistar Yvonne Pereira, uma das mais notáveis médiuns de que se tem notícia, é a vontade de todos que entram em contato com suas obras. Nas entrevistas que enfeixam o presente volume, Yvonne nos transforma em interlocutores privilegiados. Com opiniões firmes, profundo conhecimento da doutrina espírita e uma experiência mediúnica inigualável, a médium aborda temas como sofrimento, vida no mundo espiritual, suicídio, divórcio, mediunidade e obsessão.

Memórias Padre Germanno

Amalia Domingo Y Soler

Perseguido, como acontece com todos os que procuram viver conforme os ensinamentos do Cristo, padre Germano viveu isolado em obscura aldeia. Apesar disso, conseguiu transformar sua vida num farol a orientar todos os que com ele conviveram.

O Magneto

Mauro Camargo

A descoberta de uma tina de Mesmer no porão de uma residência rural do século 19 é o ponto de partida para um romance eletrizante que realiza espetacular viagem pelo mundo do magnetismo animal, onde muita coisa improvável pode acontecer, inclusive esbarrar com personagens como o senhor Rivail, Victor Hugo, Benoît Mure, Maurice Lachâtre e Hahnemann. Nesta obra, você terá oportunidade de conhecer um dos mais insólitos empreendimentos que uniu para a sua realização o Brasil e a França, envolvendo o socialismo, a homeopatia e o magnetismo animal, ciências precursoras do espiritismo.

A VOLTA

Yedda Pereira dos Santos

Esta obra tem indiscutível relevância, por divulgar para o grande público a importância de pais e educadores prestarem atenção aos distúrbios de comportamento que podem ter como origem essas lembranças de vidas anteriores. É fundamental, nesses casos, o diagnóstico correto e a boa orientação, evitando traumas e sofrimentos desnecessários ao saudável desenvolvimento infantil.

Na Medida Certa

A educação infantil na visão espírita

O SER HUMANO tem-se mostrado angustiado, violento, sozinho e entediado. Há algo errado com a educação que estamos praticando? Existe outro caminho? Numa perspectiva espírita e reencarnacionista, desvende conosco alguns segredos da educação infantil, com a dose certa de informação e com a mesma medida de carinho e de limites.

Esta edição foi impressa em julho de 2013 pela Vida e Consciência Editora Ltda., São Paulo, SP, sendo tiradas cinco mil cópias, todas em formato fechado 160x230mm e com mancha de 125x190mm. Os papéis utilizados foram o Off-set 63g/m² para o miolo e o Cartão Supremo Triplex 300g/m² para a capa. O texto foi composto em Times 11/12,65, os títulos foram compostos ITC Berkeley Oldstyle Std Black 24/27,6 e as notas, em Times 9/10,8. A programação visual da capa foi elaborada por Andrei Polessi.